下田正弘

# 涅槃経の研究

## ――大乗経典の研究方法試論

春秋社

# はしがき

インドにおいて遅くとも四世紀後半には成立したと思われる大乗涅槃経は、すべての衆生に成仏の可能性を保証した「一切衆生悉有仏性」という言明で幅広く知られた大乗経典の一つである。この経典は、中国・朝鮮・日本を中心とする東アジアの仏教にとりわけ大きな影響を与え、諸宗派形成の際の所依の経典の一つとされることにもなった。ことに日本では、鎌倉新仏教における親鸞・道元・日蓮などの開祖に、宗派を超えて受容されている点が注目される。インドから日本までの仏教を貫く術語を簡単にまとめるなら、それは「空」と「仏性」と言ってよいかもしれない。こうした関心から本経典を取り上げた過去の研究は、質・量ともに相当なものになる。

しかし一方で、大乗涅槃経がインド成立の文献である以上、こうしたわが国に特有の伝統を離れて、一度は徹底してインドの大地に連れ戻してみる必要がある。この意味の先駆的業績として、何人も高崎直道博士の『如来蔵思想の形成』を思い起こすことであろう。この著作は膨大な数の主要な大乗経典を如来蔵思想という、それまではほとんど注目されることのなかった枠で捉え、涅槃経を初めてインドの衣装によってわれわれの前に披露した画期的な仕事であった。しかし涅槃経は如来蔵思想を説くことをもってすべてとする経典ではない。それはさらにより幅広い脈絡に解放しなければならないのである。実はこの趣旨の批判は、筆者に先立って江島恵教博士がすでにその書評の中で的確にもなしている（江島恵教［1975］）。本書は、奇しくもこの両者の対話の続きを、そうした事情をまったく存知しなかった者が継承する形となった。

＊＊＊

筆者が大学に進学した当時、仏教思想の解明を目指すなら、論書を選ぶように勧められるのが大勢であった。それは現在でも変わっていないと言ってよいだろう。確かに論書は表現が明晰で、かつそれ自体でまとまりを持っているものが多いので、われわれの思考には馴染みやすい。それに比して経典は、論理的に一貫せず、曖昧模糊としているかと思うと、一転して断言的な口調に満ち、またときに荒唐無稽な物語を展開するなど、現代の研究者にとっては捉え所のない存在に映る。修士論文のテーマとして大乗の涅槃経を選んだ筆者も、まさに同様な困難に直面することになった。賢明な視点の発見によって、一挙に涅槃経を解読してみようと高を括っていた筆者は、徐々に基本的な姿勢の誤りに気がつき始めた。涅槃経は明晰な解釈を寄せつけない。しかし、そこには明晰さ以上の何かはっきりとした存在感がある。そこに接近するためには、この経典のことばを一語一語訊ねて歩く努力を重ねるという、ただ一つの道しか与えられていなかった。そして解釈ということを諦めてその道を辿ってみたとき、不思議にも涅槃経は初めてその姿を、この私だけに親しく現してくれた驚きがあった。

ここに至って、今日までの国内外の仏教研究が、涅槃経を確認する小さな一歩から絶えず問い返されることになった。研究史を前提として自己の研究を進めるという、それまでに予想していた方向がここで逆転した。涅槃経を解明するために過去の研究を呼び戻さざるを得なくなってきたのである。そうした中で、ことに平川彰博士の諸著作との出会いは特筆しておいてよいだろう。研究の途に着いたばかりの筆者が、そこから得た示唆はまことに大きなものがある。

＊＊＊

筆者の仕事は、こうした先学のさまざまな貴重な成果を、自らの小さな歩みに照らして問い返すことによって初めて前に進めることができた。結果として筆者は、そのいずれの説にも落ち着く先を見出せず、独自の道を開かねばならないことになる。数知れぬ学恩に報いるには、先人たちの跡を誠実に歩き、その歩を少しでも前に進める以外にないことを確信して、その成果をまとめたところ、幸いにも東京大学から博士（文学）の学位を授与していただいた。本著はここから生まれることになったものである。

今日まで恩師、高崎直道博士は、暖かなまなざしを終始変えられることはなく、不肖の弟子を、無言の慈愛によって養育し続けてくださった。江島恵教博士は、やすきに流れようとする筆者を厳しく激励し続けながら、さらには自ら主査として論文の最後までを見届けてくださった。仏教の研究を志して東京大学に入学して以来、早島鏡正、故田村芳朗、山口瑞鳳、鎌田茂雄、前田専学、原実、木村清孝の各博士と、数えれば被った学恩の数ははかり知れない。論文の審査において、インド文学の土田龍太郎教授、宗教学の金井新二教授、言語学の熊本裕教授にはさまざまなご示唆をいただくことができた。お名前をここに列挙することはできないが、苦学の時代に支えていただいた諸先生方、先輩、そしてことに限られた数の、ひたすら学問に真摯だった友には、心から感謝を捧げなければならない。

英文の目次と要旨についてはロルフ・ギーブル氏の懇切な校閲を仰ぎ、東京大学助手の鈴木隆泰氏、同大学院生の加藤純一郎君には面倒な校正の仕事をお引き受けいただいた。また本書の困難な出版に当たって、春秋社の神田明社長、佐藤清靖編集部長には暖かい励ましをいただき、索引の作成では浜野哲敬氏の助力を得ることができた。就中、上田鉄也氏には溢れる熱意をもって一部始終をご担当いただいたことを改めて記しておかねばならない。さらに本書の出版に当たっては、平成八年度文部省科学研究費補助金「研究成果公開促進費」の交付を受けることができた。こうしたさまざまな助力がなければ、とうてい出版には至り得なかったであろう。ここに関係の皆様に衷心より感謝申し上げたい。

平成九年一月十二日

東京大学の研究室にて

下田正弘　謹識

# 目次

目　次

# 涅槃経の研究

——大乗経典の研究方法試論

# 序章　大乗経典研究の諸問題

# 第一節　研究の前提



本著は、大乗『涅槃経』（以下、涅槃経とも）の形成過程解明を通して、大乗を中心とする経典一般の研究成果および方法を再検討し、可能なれば経典読解の、新たな方法を模索しようとする。すでに研究の膨大な蓄積もあり、相当な成果も生み出されている大乗経典の分野で、涅槃経という個別の典籍を課題としながら、こうした包括的な問題を前提にするのは、分不相応な構えに映るかもしれない。しかし、この個別文献研究は、その進みゆく過程の中で、経典研究全体の現状を再検討せずには遂行不可能となる。それは確かに限られた視点からの問題提起に留まるかもしれないが、それでも、本著は、涅槃経の解明に劣らず、経典研究の方法自体の問い直しを迫るものである。副題をあえて掲げた所以は、ここに存する。

近年、ことに方法論をめぐって、仏教研究は大きな進歩を遂げている。『涅槃経』を仏教史全体の中に位置付けようとする本著は、研究の出発に当たって、まず関係研究の現状を押さえておかねばならない。

しかしここでは、研究史の整理や、各々の研究の内容紹介を目的とするのではない。すでにしかるべき業績も存在する仏教研究史の分野において、屋上屋を架する無駄は避けなければならない。しかも研究史の呈示は、比重の置き方によってまったく違った様相を呈してしまうため、時として後世に多大な偏見を強いるものになる。ここでは、こうした危険を侵すことをも避け、『涅槃経』の形成過程を解明する際に必要な条件、そして解釈のための道具立てをなしておくことを意図している。[1] したがってそれは、網羅的、概括的であるよりも、限定され、むしろ多少偏った立場からの整理であることを始めから予想するものでもある。

本著の必要とする道具立ての内容にしたがって分類すれば、これらの研究は、大きく、大乗仏教の教団起源にかかわるもの、思想研究にかかわるもの、文献形成史に関するもの、文献外資料の扱いに関するもの、大乗・小乗の区別立てへの議論に関するもの、仏教史解釈のための類型論にかかわるもの、に分けられる。[(2)]諸研究の詳しい内容に関しては、本論の該当箇所において逐次検討するとして、その概略を代表的研究についてあらかじめ示しておこう。

## 第二節　大乗仏教の教団起源に関する問題

### 第一項　大衆部起源説

近代の欧米の仏教研究は、一方ではインド学、チベット学、シナ学の領域から、他方ではパーリ学の領域から接近がなされはじめた。このうち主に前者の流れに与するロシアやフランスでは、大乗仏教の存在はもちろん早くから意識されている。しかし、それは「大乗・小乗の区別」を主要な関心事としていたことを意味するのではない。その後、主にイギリス、ドイツを中心に、パーリ仏教学が進み始めると、仏教研究の関心は、シャーキャムニ・ブッダそのものの教えの解明、つまり初期仏教の研究に傾いていく。[(3)]ブッダの存在をめぐっての議論が一時期の欧州仏教学界に旋風を巻き起こしたように、[4] パーリ語に限らず、サンスクリット、チベット、中国、いずれの言語による資料を扱う者たちも、関心の中心に「ゴータマ・ブッダの教え」[5] を据え始めていく。

しかし、伝統的に大乗仏教に立脚してきたわが国の場合はかなり事情が異なっている。欧米から近代仏教学が導入されて後、確かに原始仏教、根本仏教という名前で、ブッダ最初期の仏教解明に興味が掻きたてられる、という新たな現象が起こったが、[6] しかしその一方で、それに相応するかのごとく、大乗仏教への関心、それも起源への関心が高まっていった。火つけ役は、言うまでもなく「大乗非仏説」[7] の登場である。すでに議論されて久しいのでここで改めて取り上げないが、大乗非仏説がわが国の研究者たちに与えた衝撃は多大なものがあり、研究の相当部分がこの説への抗弁として当てられた感が強い。こうして、ブッダ根本の教えの解明とそれに相応した大乗の価値の宣揚という、この方向を異にした課題の解決が、日本の仏教研究者たちに同時に課せられていった。そして日本の学者たちは、なぜかこの課題を「大乗の起源」という問いに置き換えて解決を試みていくことになる。

さて、大乗の起源を部派まで辿ろうとするときに、まず取られた方法は、大乗と部派との思想的な連続の発見と、歴史記録による起源の設定の二つであった。周知のように、わが国において村上専精、姉崎正治らが唱えた大乗非仏説に対抗し、この方法によって大乗仏教大衆部起源説の先鞭をつけたのは前田慧雲［1903］である。[8] 彼は『部執異論』をはじめとする部派の論書によりながら、部派の中で大衆部が、「心性本浄説」「仏身説」「過未無体説」「一切諸法空」など、大乗と教理内容を等しくしていることに注目する。さらに『部執異論疏』の「大衆部が法華、涅槃などの経典を有していた」という記述を根拠にして、この部派こそが大乗の起源としてふさわしいと結論するに至った。[9] 当時の学界において影響力ある地位を占めていた研究者たちがこの説を踏まえて所論を展開していくと、具体的資料の吟味を欠いたまま、いつのまにか定説として受けいれられてしまう。[10] 平川彰によって異論が唱えられるまでの間、この大衆部起源説が、大乗の起源としての位置を占めることになる。

## 第二項　欧米の大衆部起源説

ヨーロッパにおいては、すでに一九世紀半ばから各地で仏教関係の写本の収集と解読がなされており、大乗仏教に関する知識もサンスクリット原典を通して紹介されていた。ただ、大乗を仏教史の中で把握する動きは、ロシア・ペテルスブルグを中心としたチベット・モンゴル・シナ学とフランスのサンスクリット・シナ学の成果によって提供されたといってよいであろう。(11) このうちロシアの Wassiljew [1860] は、チベットの歴史書を通して、おそらく大乗に関する歴史としての仏教史を紹介した最初のものであり、またほぼ同時期の Schiefner [1869] はターラナータ仏教史の訳の紹介によって、インドからチベットに至る仏教史を概観させる大きな拠り所となった。(12) 一方、フランスのシナ学の流れから発された、法顕や玄奘らによる旅行記の翻訳も、大乗・小乗仏教の存在を知らしめる役割を果たした。レミュザによって訳された「法顕伝」が刊行されたのは一八三八年にさかのぼり、続いて玄奘の旅行記がまとめられ、五〜七世紀にかけての仏教教団の事情が広く知られはじめる。仏教教団史が紹介されたのはヴァッシリエフのドイツ語訳が出されたよりも早い。(13)

仏教教団の歴史に関する興味は、おそらく続いて起こった結集伝説の検討によって、より高められることになったと思われる。Minayeff [1894] はすでに結集の伝承を検討して、その歴史的信憑性を否定する見解を発表し、Oldenberg [1898] は伝承に忠実な立場でそれに反論、今度は Poussin [1905] が Wassiljew [1860], Beal [1881], Suzuki [1904] などによりながら、ミナエフを支持する意見を出した。しかしこれにはまた Franke [1908] が再反論をなす。(14) 興味深いことに、ここには用いた資料がパーリのものか、漢訳・チベット訳かによって、結集に関する解釈の系統が分かれている。[15] 確かにRegamey［1951］がフランス・ベルギー学派と古イギリス・ドイツ学派を区別したのは卓見である。[16]

しかし、ヨーロッパにおいては、大乗に関する情報は十分持ちながら、また教団の歴史に関する興味は十分に示しながらも、わが国のように大乗仏教に特別の関心を抱かなければならない特殊な事情はなかったので、大乗仏教の起源をことさらに問う意識は存在しなかったといってよい。長いこと大乗仏教研究はパーリ文献学と平行して進められており、そこに大乗のみを特別視する傾向はみられない。繰り返しになるが、むしろ全体の関心は、現資料から原始・初期仏教を問う方向に向かっていた。

しかし、研究対象の文献が、漢訳、そしてチベット訳と拡大、共有されるにつれ、あたかもキリスト教の旧教に対する新教のごとき位置を占める大乗仏教にも関心が集まりはじめ、その運動の実態と起源を求める動きが少しずつ生まれてきたようだ。大乗に関心をもって影響力ある論文を産み出した研究者たちが、ことに漢訳資料を扱えるフランス・ベルギー系の仏教研究者たちであったことは決して偶然のことではない。大乗の問題は、チベット訳と漢訳、なかでも漢訳に基づく仏教を研究対象としたとき、大きく浮かび上がる性質のものなのである。[17]

こうしたなか、大乗の「起源」を問う興味は、むしろわが国の研究者たちの問題意識からかきたてられているとさえ言ってよい。[18] ことに部派分裂の歴史書を紹介したMasuda［1925］は当時の欧州の学界に大きな影響を与えた。大乗仏教の起源に関して、欧米において最近まで大きな影響をもったLamotte［1954］やBareau［1955］はDemiéville［1932］を前提としているが、ドミエヴィル自身、増田の論文に触発され、その仕事を高く評価している。大乗仏教思想研究の先鞭をつけたStcherbatsky［1927］は、増田論文を前提として大乗の起源を解釈しているし、Walleser［1927］も序文においてMasuda［1925］を絶賛しながら所論を展開する。またほぼ同時期に大乗の起源について発表したKimura［1927］も同じく海外の研究に貢献している。Dutt, N.［1930］も両日本人学者の論文に大きく依拠しながら部派と大乗の教団問題を論じている。

ヨーロッパにおいても、大乗の起源を探るとき、思想の類似性と部派分裂の歴史記録とを根拠とする、という二つの方法が取られた点は日本の場合と変わりがないが、さらに加えて考古学資料が考慮されるという新しさがある。『般若経』の記述に促されて、南方大衆部起源説を唱えたDutt, N.［1930］は、その裏付けとしてナーガールジュナコンダの碑文を挙げてくる（Dutt, N.［1931］）。同様の態度はPoussin［1931-32: 382-383］においても現れ、Vogel［1929］を引用して大乗がアンドーラ地方の大衆部に起源する説を支持している。Lamotte［1954］は必ずしもこの説を支持しないが[19]、Bareau［1955］はインド南部の大衆部起源説に同意している[20]。いずれにしても、碑文が解釈される際には、歴史文献、または思想文献の補助が必要とされており、基本的な拠り所は従来と変わることがない。海外において大乗の起源はこうした方向を踏襲していく[21]。

### 第三項　在家・仏塔起源説と社会背景研究

大乗仏教大衆部起源説という大枠が与えられ、大乗非仏説の問題がひとまず回避されると、わが国の学界では、その枠内において仏伝・讃仏文学の発展、菩薩の観念の変化、三昧や陀羅尼との関連、般若の概念の変化など、大乗の思想的特徴をいくつかの角度から深めていく研究が進められていった[22]。

ところが一九六八年、平川彰は『初期大乗仏教の研究』を発表し、大乗仏教の起源について従来見られなかったまったく新しい結論を提示した。それは大乗教団は、部派とはまったく異なった在家の流れに源流を発し、仏塔を起源として興ったというものである。しかもこの研究は、「経典を教団史的立場で読む」という、方法的にも今まで見られない態度によってなされたものであった。この研究の出現は、従来の教理的・思想的アプローチ一辺倒であった大乗経典の研究を大きく変えることになる。

平川はこの中で、たとえ二つの思想的類似性を持つグループが存在しても、それは両者の教団としての類似性・同一性を示すものではないと指摘し、大乗の教団としての起源は教理の問題とは別に求められるべきだと主張する。律蔵の研究成果に基づいて出家者の生活実態を想定したとき、大乗仏教徒は部派と共住することは不可能であり、そのルーツ自体を出家の部派とは別に想定しなければならない。そこで注目されたのが、ほんらい在家者が管理運営に携わったと目される仏塔である。大乗経典の基本的構成要素の一つである仏塔の雅舞楽供養、金銀華鬘による荘厳は、諸規定を通して禁欲的な生活を要求されるはずの部派出家者に許されたことはありえないだろう。代わって在家者たちは、この仏塔を根拠として、出家の仏教とは違ったタイプの仏教を生み出していくことが可能ではなかろうか[23]。こうして出家と在家という構図で部派仏教と大乗仏教の起源が立てられたとき、大乗が部派教徒とみなされる声聞を批判する意味も明確になるし、ブッダへの信仰を説き、他への救いを認めてゆく大乗の教理の性格とも合致する。

その後、平川の研究方法に従った研究が続き、仏教の歴史研究の新たな方法の開拓によって、経典は思想研究としてのみならず、歴史研究にとっても欠かせぬものとの認識ができあがる。仏教学の現在に至る大きな道を切り拓き、研究者たちに大きな寄与をなした平川仏教学の登場は、経典研究方法の確立にとって磐石の基礎を与えたごとくに映ったに違いない。

かねてより碑文の研究を通して部派の歴史を研究し、かつ大乗経典の法師 dharmabhāṇaka のトレーガー Träger としての存在に注目していた静谷正雄は、この平川説が明らかになるとその説に全面的に与し、初期大乗仏教に先立つ「原始大乗」を再構成してみせた[24]（静谷正雄［1974］）。この二つの仕事によって、仏塔を基盤とした在家者の集団から、徐々に法師として結実するに至る仏教専門家が生まれ、部派に対抗する新しい仏教が生み出され、それが大乗と名乗るに至る、との大筋が立てられる。わが国において今世紀の初めから支持され続けてきた大衆部起源説は、ここに至って、在家・仏塔起源説にその定説の座を譲らざるをえないことになる。

平川彰［1968］が与えた影響は、大乗仏教起源の変更という、それだけでさえ十分に大きな成果に留まるものではない。われわれにとってむしろこの結果に劣らず重要なのは、すでに述べたように、その中で提示された研究方法である。経典という、仏教思想を述べたものと信じこまれていた文献から、彼はその教理のよって立つ社会背景を明かそうとした。大乗経典を対象としたこうした作業は、わが国のみならず、海外でもまったく見られなかったものであろう。その後わが国においては、平川の方法にしたがって経典を研究する者たちが続出した。大乗経典は思想を扱う対象としてより、まず歴史的背景を明かすための材料として取り上げられてきた感が強い。(25)

## 第四項　在家・仏塔起源説への日本の学者の疑問

しかしもちろん、わが国の学界がこぞって在家・仏塔起源説に納得したわけではない。平川の説が世に出ると、早くに高田修［1969］、上田義文［1969］から反論が出る。仏教美術研究者である前者は、考古学的資料に基づいて、仏塔がけっして大乗とは絡んでいないことを主張、仏塔起源説に基本的な疑問を呈した。この高田修の立場は海外の学者たちが取っていた態度と共通するものである。また後者は、在家者に大乗経典ほどの思想的に高度な内容をもつ作品を制作する能力がありえないことを主張し、在家起源説に反対した。この論文は、必ずしも文献学的に論じつめられたものではなかったため、あまり表立って取り上げられなかったが、しかしそこには考慮すべき大切な問題が入っており、その後にも幾人かの研究者たちから同様の反論が述べられている。(26) また村上真完［1971］は平川彰によって提出された在家出家の定義を再度厳密にしたのち、『三昧王経』の分析によって、この経典をになった教団は、あきらかに出家者であることを述べて、在家起源に対して反論している。

奈良康明［1985］は仏教の存在形態に関して、遠回しにではあるが、教団というよりは学派として存在していた可能性を示唆している。これは後に述べるように、すでに海外において主流となっていた捉え方である。近年、佐々木閑［1991］は仏塔供養に関する律蔵の規定を調べ、沙弥の十戒のうちの一つである出家者に対する雅舞楽の禁止規定の成立は新しく、ほんらいは出家者に認められていたものが、後になって禁止されるに至った可能性を明かした。また彼は律蔵の破僧伽 saṃghabheda の定義に関しての研究から、『摩訶僧祇律』における異説を唱えるもの同志の共住が可能なことをも示しており、何れも平川説に対する説得力のある反論となっている。

## 第五項　欧米における大乗仏教の教団としての存在に対する疑問

考慮すべき反論は出されながらも、おおむね平川・静谷による説が支持されてきたわが国の学界事情とは異なって、欧米においては大衆部を中心とした部派に大乗が起源したという理解は、大筋で以前と変わることはなかった。在家・仏塔起源説に急速に傾いていったわが国と比較するとき、両者の隔たりには驚きを禁じえないものがある。

いくつか考えられる原因の中で、おそらくは律蔵における仏塔の研究をした Bareau［1962］にその大きな原因の一つがあるだろう。バローは律蔵中の仏塔記述を綿密に辿りながら、結論として仏塔は部派仏教にとって重要な意味を持つとした[27]。欧米の仏教研究において仏塔を文献的に裏付けようとするとき、ほとんどがこの研究成果に則って行われ、それが仏塔供養を大乗経典に固有の現象とみなしたわが国の研究者たちとまったく異なったため、自ずと結論も離反せざるをえなかったと推測される。また、考古学的な研究を精力的に進めていた海外では、その結果が部派起源説と矛盾を来さないという点も、仏塔起源説を支持するに至らない原因をなしていたであろう。ともあれ近年の研究をみたとき、その多くが平川説を否定するものになっている。そこには新たな視点の提供もなされており、興味深い。以下、その諸説をとりあげてみよう。

## (一) 碑文の再検討

欧米で在家・仏塔起源説をまともに相手として反論をしてきたのはSchopen［1975］がおそらく最初であろう。[28] 彼の研究はその後Schopen［1979］［1985］と続き、それは現在の東西の学者たちに、大乗仏教研究に関する大きな衝撃を与えている。少し長くなるが彼の研究の要点を追ってみよう。

従来、大乗の碑文は後期のものを除いては見出せないことが信じられ、そのため大乗は教団ではなく、むしろ学派であるとの理解をしていた学者は少なからずいた。[29] 先ずSchopen［1979］はこの点を明瞭な形で示し直す。彼はすでに報告済みのカタログの中から、六世紀から一二世紀にわたっての一四にのぼる大乗mahāyānaの名前が出る碑文を洗い出し、またその定型句から大乗と認められるもの八〇ほどを精査した結果、①大乗は碑文においては少なくとも四世紀以降にしか現れず、②ナーガールジュナコンダや北西インドにおいては大乗と見られる碑文は存在せず、③四世紀までは大乗は独立した教団を形成することはなしに部派の中で共存し、その後に教団として自立しはじめたことを結論した。この結果は、すでに述べたBareau［1955］とかなりの程度で一致するものであることが目を惹く。

この研究を前提に、大乗の成立に関して決定的な問題提起をなしたのはSchopen［1985］である。この論文は大乗仏教の問題のみならず、過去の仏教学の方法論自体を問い直す画期的な論文といってよい。この中で彼は、文献資料による年代確定が極めて危ういレヴェルでなされていることに警告を発し、碑文資料による年代確定の必要性を例証するとともに、文献資料の限界を示す。その提言は説得力を持っている。(30) 碑文は文献よりもはるかに古い時代のものが利用可能なのであり、かつ知的なレヴェルの仏教というよりは、一般レヴェルの仏教の実態が明らかになる。さらにショーペンは指摘していないが、文献と違って碑文は後代の改変がはるかに難しくなり、原初形態を保存している可能性が高いことも利点として挙げられる。

さて、寄進者名のある碑文を確認すると、時代のもっとも古いバールフトでは、仏塔信仰に関係した聖事物(sacred object) のうち、確実に分かる三八例のもので、全体の四〇%が比丘・比丘尼の出家者によって寄進されている。そのうちbhāṇaka六例をはじめ、sutaṃtika, peṭakin, pacanekāyika が一例ずつあり、一般の比丘ではなく専門的な知識をもったものたちが関与していたことが分かる。事情はコノーの報告によるカローシュティー碑文でも同様である。仏塔・仏像崇拝に関連した寄進のうち四〇%は出家者であり、そこでは vainaika, trepiṭaka, bhāṇaka の名前が現れる。マツラーでは五〇%が出家者となり、bhāṇaka, caturvidya, dharmakathika, prāhaṇikas, trepiṭaka の名前がある。仏教石窟寺院の場合には六五%以上が出家者であり、これが大乗となると七〇%以上が出家者、在家者は二〇%以下となる。総じて、すでに紀元前二世紀から、仏塔信仰には出家者が関与していることを示す注目すべき事実である。それも一般的水準の出家者ではなく、経や律などに関わる専門的な出家者が入り込んでいることが目を惹く。

寄進の中身をみれば、バールフト、サーンチーでは「仏塔」だが、石窟寺院や大乗になれば「仏像」が大半を占める。とすれば仏像を持つところでは七〇%ほどが出家者なのだから、仏像はほんらい出家と関係しているものと見なければならないことになる。そして現在確認されるもっとも古いマツラーとガンダーラ出土の仏像は、やはり出家者によって、しかも双方ともに trepiṭaka の名を持つ者によって寄進されている。これに少しおくれるジョリアーンの仏像は、「律に通じた比丘」によって寄進されている。したがって仏像崇拝は、圧倒的に出家者によって担われたばかりではなく、その当初のイニシアティヴからして出家者が、それも知識人の仏教者が取っているのである。

碑文のみならず寺院建築も以上のことを立証する。すでに発見された相当数にのぼる仏塔は、必ずといってよいほど寺院に付属されており、例外はおそらくシルカップ遺跡の寺院くらいであろう。そして最初期の建物からして仏塔と礼拝堂とがセットになっていることを考えれば、そうした建物に反映される以前から仏塔、礼拝堂は出家者の管理になっていたことが予想されるという。カローシュティー碑文では、たとえ寄進者は在家者であっても、その寄進は出家教団に対してなされており、さらにその寄進に際しての「儀式」は dharmakathika が行っている。[31] こうした分析に続けて、さらにショーペンは回向の文をもつものを部派と大乗とに分け、部派の文が大乗に変わっていくさまを跡づけている。[32]

以上を総合すれば、出家教団が仏塔・仏像崇拝と密接に絡んでいることは事実として疑いようがないだろう。こうして彼は現在の仏教学が基づく、文献学の基本的問題点をかなり徹底してあげ、あくまで「事実の確認」から出発して行こうとする。そして仏教史構築のさいに、文献「解釈」と絡み合った碑文の成果を洗い直し、碑文と文献の方法を分けて議論しようとする。この論述の立場に立てば、大乗仏教の在家・仏塔起源説の基盤は大きく揺さぶられる。そしてこれは、わが国の高田修［1969］、杉本卓洲［1984］、肥塚隆［1985］ら、考古学的立場からの研究者がなす仏塔起源説批判と揆を一にしている。

## (二) 学派としての大乗

さて、今みたように、ショーペンの説に従えば「大乗仏教は部派の内部で成長し、ある時期に独自の教団をもって出現した」との筋が考えられるが、実はすでに早くに Przyluski［1926–28］は、大乗の起源について部派と区別をしない考え方を表明している。プシルスキーは大乗が単一の起源をもった「北西インド仏教の一派から発生した」というこれまでの説を否定して、各部派内部に大乗の運動を発展させていった可能性を示唆し、「説一切有部の大乗」「正量部の大乗」「法蔵部の大乗」といった存在を想定する必要を示した。[33]

このプシルスキーの説を Poussin［1929］［1930］は支持し、部派の定義に関して school と sect とを分けたうえで、前者を vāda に対応するアビダルマの概念、後者を nikāya に対応する律の概念として説明する。そして具足戒 upasaṃpadā karmavācanā によって所属が決まる限りでのものは nikāya であり、大乗はこの nikāya から逸脱するものではなく、あくまでその中で新たな信条を持ったものたちの集まりであると理解している。[34] Lamotte［*Traité* iii XIII-XIV］にしても Dutt, S.［1962］にしても大乗はむしろ学派 school であって教団 sect としての自立性を保っていたわけではないことを表明しているし、Bechert［1973］［1992］も同様の理解を持っていると考えられる。

最近年、Silk［1994］は *Ratnarāśi* の研究の中で、大乗に関する研究史を辿り直し、いくつかのこれまで見落とされていた視点を再発掘して示した。その一つによれば、すでに Barth［1898］は義浄の記録を材料としながら、大乗と小乗との明確な区別について懐疑的な結論を下しているという。すでに見たように、大乗の教団としての起源を探ろうとする試みは歴史記録によってなされていた。しかし、ここでは、これほど早くから、同じ記録によりながら、言うなれば独自の教団の起源は探りえないという、まったく別の解釈が生まれていたのである。[35] 確かに「事実と推定」の間の質的相違には、十分に注意していなければならない。なおシルクはウェーバー流の用法とは区別をしたうえで、部派を sect と定義づけ、大乗はむしろ school とみなし、大乗はまず「経典」としての活動に限定すべきであると言い、大乗経典は在家者にはとうてい作成しえないことを述べている。[36] 本書においても支持される妥当な主張である。

## 第六項　文献資料と文献外資料

さて、第四項〜第五項において大乗仏教の在家・仏塔起源説を否定した説を挙げたが、それらは文献ではなく、むしろ文献外資料を使って検討されたものが多いことが注目される。文献が示唆する歴史と、文献外資料が示唆する歴史とは、時に驚くほど違った外観を示すことがある。しかし、文献資料にしか関心がない場合、われわれは文献外の資料が提示してくる事実に振り向かないばかりか、時にはその内容を文献資料によって描かれた歴史によって歪曲してしまうこともある。確かに仏教学は、基本的に聖書学の影響によって成り立っているので、文献が中心の学問であり、それは時としてイコンを著しく不当に扱う傾向を持つ。そして考古学的に新たな事実が現れても、それによって文献学の成果が反省されることはなく、かえって文献学にもとづいた解釈にしたがって、考古学的事実が無理な解釈を被ることにもなる。[37]

すでにショーペン以前に、仏教の歴史を文献資料に留まらず、文献外資料と実地調査とを加味して総合的に行わなければならないことを述べた研究者として、われわれはフーシェを忘れることはできない。ブッダの歴史的実在性に対する議論がかしがましい中、彼は文献資料がブッダについて語る限界を自覚し、文字化されない研究対象、すなわち考古・美術などの資料を考察する必要性を強調した。そして異部派のテクストを比較検討するのみならず、インドを実際に巡り、ブッダの聖跡をたずねて初めて、生きたブッダの伝記が明らかになるとした(Foucher [1949])。この視点は、今後の仏教研究において、さらに活かされなければならないだろう。[38]

これに関連すると思われる最近年の成果を、Cohen [1995] によって示された一例によって挙げておこう。それは文献研究から発した大乗／小乗という分類が、考古学的な問題の解釈においても用いられ、厄介な問題をひき起こしていた例であると同時に、大乗／小乗というカテゴリーに関して、その区別だての無内容性について基本的問題を提起した例でもある。この問題意識は、本書にとって重要である。

石窟寺院の区別は、やはり大乗／小乗のカテゴリーが使われるのだが、これがまことに曖昧なものであるため、実際の例に適用されるさいには恣意的に揺れ動かざるをえない。このため五世紀のアジャンターの同一石窟を、ある者は小乗として規定し、ある者は大乗と規定する。そしてこの両カテゴリーをめぐってさまざまな中間の段階が提示され、議論は複雑化していく。[39] ここでコーヘンは五世紀後半のアジャンター第二二石窟の「七仏と弥勒とが菩提樹下に座るイコン」の例を示し、そこにはAparaśaila の部派名とともに śākyabhikṣu の名前、そして「すべての衆生の無上菩提のために」という、Schopen［1979］を前提としたとき、大乗の内容と判定できる銘文を出す。こうしてイコンや寺院の解釈に、大乗／小乗という区別が採用されつつも、定義が曖昧であるがゆえに無用な解釈の混乱を来していることを示していく。コーヘンは分類学の手続き（taxonomy）を呈示し、大乗／小乗という区別だてが、決して相互に排他的な集合を構成しないことから、仏教の実態解明にふさわしくない類型であることを述べている。大乗／小乗という区別を、本質的なものとして受け取ってきた日本の研究者たちには、この問題提起は重要な意味を持つだろう。[40]

## 第三節　経典形成史

仏教文献の研究は、大きく二つの立場に分かれてきた。一つは、対象とする文献の内容に歴史的諸段階を想定し、その段階の解明を通して当該の思想なり、社会背景なりを明かそうとする態度であり、他の一つは、歴史的諸段階を想定することなく、与えられた文献をまとまりのある全体として捉え、むしろその統一的な意味解釈を図ろうとする態度である。もちろんこの両者は、一つの研究において相互に密接な関連をもって現れるのが通常であり、けっして無縁に切り離されたものではない。しかし、研究の前提としてはこの二つの方法が原則を異にしていることを理解しておかないと、無用な議論の混乱を引きおこすことになる。本論に必要な範囲で、この二つの流れを押さえておこう。

## 第一項　非大乗（部派）文献の段階的形成

### ㈠　欧米での原始・初期仏教の探求

仏教研究の歴史においては、圧倒的に前者の方法、すなわち経典の段階的形成論を取る学者が主流をなしてきた。聖典全体を一挙に与えられたものとしてではなく、歴史的経緯を内包した複合的な産物だと考え、その形成過程の解明を通して聖典の原初形態、さらにはブッダの教説そのものに至りつこうとする態度である。もちろんこれは、欧米における新約聖書の研究によって、Q資料を求めていく中に培われた姿勢である。わが国においては富永仲基のような例外的な存在を除いて、長い仏教研究の歴史において現れることのなかった態度であるところからみて、われわれが現在考えるようには常識的なものなどではない。

与えられた資料から原形を探りだし、それを通してほんらいの教説に近づいていくという作業は、まずゴータマ・ブッダの教説に関して試みられた。この問題に関しては、ことにスナールが提起した「ブッダは実在したか否か」という、ある意味でセンセーショナルな問いがあり、これがその研究をより刺激することになったようである。この問いかけに対して、ケルンはそれを支持する方向の解釈を出し、リス・デヴィズやオルデンベルクは否定的な立場に立った。後者は歴史的ブッダに迫るための研究方向を立て、現資料からブッダにさかのぼっていくことを試みようとした[41]。これは一面ではパーリ資料によってブッダを考えるか、あるいはサンスクリット資料によって見ようとするか、その両者に起こった対話でもある。サンスクリット資料に従えば、ブッダの伝記はインド文化や、その神話へと解消する傾向を持つのであり、仏教の聖典として抽出されたパーリ資料に従えば、当然ブッダはその基底に実在していなければならない。

この後、トーマスの優れた論攷は、ブッダが三段階を経て、人から神へと神格化されたことを述べるとともに、プラークリットで書かれたはずのアショーカ以前の仏教の存在を想定した[42]。ここでは、パーリ、サンスクリット、チベット等の、異言語の資料を平等に比較して解明するという、明確な資料批判意識に基づいた方法が取られており、現代の比較研究の先端をなすものと見てよいだろう。

次に挙げられるべきは、部派分裂の問題をテーマとした一連の研究であろう。これについては一部前述したが、たとえば Przyluski [1923] は *Aśokāvadāna*, *Mūlasarvāstivādavinaya* を比較し、さらに *Divyāvadāna* 研究の成果を取り入れて、これらのテクストは説一切有部の重要なものであり、ほんらい共通の一ソース、**Aśokasūtra* として予想されるものから発していることを明かした。そして仏教の発展をマガダ、マツラー、カシュミールという三局面に分け、それぞれに文献が対応するとした。対応文献の比較によって原形をたどる、という作業の、早い時期の代表的なものであろう。結論の妥当性はまったく別として、この研究は、ことにヴァルトシュミット、フラウワルナーなどの、ドイツ・オーストリアの学系に影響を与えた点でも、大きな意味を持っていることを留意しておいてよい。このプシルスキーの研究が、いわゆる古イギリス・ドイツ学派の流れを変え、ことにドイツ学派に対して、パーリ学に立脚していく流れから、サンスクリット、チベット、漢訳を総合した研究の必要性を示唆したことが窺えて興味深い。

こうした流れを受けて、この経典の分野での形成史に関して、時代を画し、かつ今日にまで輝く研究として、われわれはまず躊躇なくWaldschmidt［1944-48］（*Die Überlieferung vom Lebensende des Buddha* i, ii）を挙げねばならない。小乗涅槃経の対応モチーフを、パーリ、漢訳、チベット、サンスクリットの文献から可能な限り回収して、その比較からほんらいの形態に遡ろうとしたこの著作は、図らずもトーマスが指摘した方向を、そしてプシルスキーが求めた内容を、見事な形で実演して見せるものであった。そしてその後に生まれたWaldschmidt［1950-51］は、トゥルファン出土の非大乗（小乗）涅槃経サンスクリットの回収、解読、そして異言語における比較の実現という、今日の仏教文献学的研究の確固たる亀鑑を残すことになる。それに続くBareau［1970-71］は、漢訳におけるブッダの伝記を徹底して詳細化した点では追随を許さないものであるが、しかし、ヴァルトシュミットの研究は、そのバローの成果によっても、なんら否定されるものはない(43)。

Bareau［1979］は、その資料の分析に基づき、非大乗涅槃経の形成過程全体を示した。これはニカーヤの中の長い経典の形成を明かしたものとして注目されるし、本書でもその成果の検討を重要な課題とする。しかしその底流に存在する読み解きの基点は「人間的ブッダの神格化の過程」であり、基本的にトーマスによって示されたものと変わりがない。またその過程で、共通な記述の尊重、という方法が取られる点も、ヴァルトシュミットと変わるところはないことだけは指摘しておこう。

## (二) 日本での初期仏教探求

こうした関心は、まったく趣を異にしながらも、おおむねわが国においても同様であったと言えよう。近代仏教学が移入された当初、研究者たちは原始仏教から、さらに根本仏教を区別し、こぞってその解明を意識した。赤沼智善、松本文三郎、宇井伯寿、などはその代表である。原始仏教に関する資料の扱い全体を話題とし、その後の研究のおよその方向を示した宇井伯寿［1923］を見れば、明らかに聖典に発展段階を設け、その跡付けによって思想の解明が可能になる、という立場が取られている。これは当時の研究者たちに共通の態度である。

こうした中、原始仏教の資料の取り扱いを主題として、西洋の研究の批判も同時におこない、方法論的な問題を煮つめたものとしては、先ずは和辻哲郎［1927］が目を惹く。彼は、先に述べたリス・デヴィズ、オルデンベルクの資料の扱いを取り上げ、それぞれを律、経の立場から問い直す。そして当時の漢訳経典研究の諸成果を取り入れながら、パーリのみに頼った結論の偏りを修正していった。そこで呈示された内容は、資料内部に形成された歴史を外の絶対年代と結びつけるにあたっての危険であったり、あるいは涅槃経の形成について、核となるイデーの設定を基準として、諸要素の付加を見出したりする、現在のわれわれの目から見ても、重要なものである。そしてここでは、パーリと漢訳の比較研究から原初形態を探り出すという方法が、単一資料によるよりもより優れたものと意識されて用いられている。

最近年出された中村元［1992a］［1992b］は、歴史的ブッダに迫ることを明確な目的として、該博な知識に支えられつつ果たされた、歴史的ゴータマ・ブッダ像に関する優れた研究の一つである。そこでは種々の仏伝から神話的潤色をいかに排除していくかに主眼が置かれており、そのためには仏教外文献との比較、さらには文献外資料や野外調査の必要性までが視野に収められる。それは上述したように、まさに西欧において過去問題となった歴史的ブッダ解明の方法を総括しつつなされた仕事と言ってよい。

こうした研究者をはじめ、わが国の学者たちがこの分野で研究の能力を自負したのは、西欧では困難な漢訳を用いることができる、という意識であったと思われる——もちろん、事実は、フランス・ベルギー学派に留まらず、漢訳資料は極めて高度なレヴェルで西欧でも読み込まれており、日本の独壇場などではないのだが――。そして注意しておきたいことは、そこには「比較」がより優れた研究成果を呈示し、さらにそれを通して「原初形態」の復活が可能だと、暗黙のうちに意識されたことである。すでにここには、与えられたテクストがそのままで完結したものと捉えられるのではなく、それは時の経過とともに何らかの形で「ほんらいのすがたを離れたもの」であり、したがって一定の操作をして原初形態に戻らなければならない、という姿勢が横たわっている。(44) しかし、くり返しになるが、現在の仏教学者たちがあたかも当然のこととするこの態度は、けっして根拠の呈示なしに認められるようなものではあるまい。

この分野について、個別の研究を挙げ、その貢献を述べはじめれば際限がなくなる。ここではあくまで、方法論の確認ができれば十分である。

### (三) 律蔵の扱い

異訳テクストの比較研究から、ほんらい存在したと考えられる原初形態を復活するという作業は、上述したような経典に関するものよりも、むしろ律蔵を対象として行われたものが目立つ。それはすでに述べたように、部派分裂を含めた仏教の教団史解明に関心が集まったことと関係している。律蔵の研究の始めは、Oldenberg [1879: intro.] によって示されたように、パーリ文献のみによって、律蔵の形成過程を予想するものであったが、やがて漢訳やチベット訳の律が訳されると、ことに結集伝説の相違に関する解釈をめぐって、こうした諸律を比較した上ではじめてほんらい存在した律蔵の形態が明かされる、という意識が強くなった。(45) その成果は Przyluski [1926-28] をはじめ、諸学者の中に確認される。

こうした方向の研究が意識されながら進んでいく中で、律蔵の原形を探り当てようとする画期的な研究 Frauwallner［1956］が生まれる。パーリ、漢訳の諸律を比較し、それらに共通なソースと目される Old Skandhaka を復活する過程は、現在の仏教文献を取り扱っていくための模範的な形を呈示してくれている。基本的な方法としては、異部派の律の比較において、共通な部分をより古いと考えるという、まったくオーソドックスと思われるやり方を示しているのであるが、その過程から復活される古犍度は、極めて意味深い。古犍度の形成過程には、遊行から定住へ、個人からサンガ制度へ、という大きな仏教の理念の変化が反映されている。それは単に文献学的な処理方法の信頼度の高さ、という点に留まらず、呈示された結果が、仏教の類型を考える上で重要な示唆を与えてくれていることを意味している。(46)

また、研究史の上で注意しておきたいことは、フラウワルナーはこの序文で、自らの研究がシルヴァン・レヴィとその学派から大きな示唆を受けたことを述べている点である。その中でも、研究の前提とされているのは、内容から推定する限り、先に述べたプシルスキーにほかならない。(47)

これに少し遅れて、わが国においては平川彰［1960］が現れる。膨大な漢訳律全体とパーリ、そして当時利用可能な若干のサンスクリット資料を網羅し、資料批判を加えた本書は、律蔵研究の比類ない資料集成であり、律蔵の研究を大きく進展させる役割を果たす。その当時までの律に関する東西の研究を視野に収め、プシルスキー、フラウワルナーの研究をもいちいち検討して批判を加えており、その後も、これをしのぐ研究は現れていない。まさしく漢訳を扱うわが国の学者の面目躍如たるものがある。ただ、そこに示された阿含資料取り扱いの方法は、和辻哲郎［1927］を出るものではなく、阿含経典と比較したさいの律蔵の第一の資料的価値も、その異本の数の多さに認められている。平川は和辻が阿含資料に基づく文献内部の歴史を明かすに留めようとした点を批判し、部派分裂史の解明から、文献内部の歴史を絶対年代の想定につなげていく必要性を論じた。しかし、本書では、むしろ和辻の方法を取ることになる。(48)

## (四) 文献研究方法批判

さて、経典や律蔵の形成過程を扱うとき、東西の研究とも、これまで述べてきたように「異本を比較し、その相違点と共通点を明かしながら、ほんらい存在したはずの原形を想定する」という方法に、ほぼ例外なくしたがっていることがわかる。その際、共通な記述をより古いとみなす点でも、ほぼ意見の違いはない。しかし、この読み方は、果たしてそれほど確実なものなのだろうか。ことに律蔵や部派分裂史を研究する研究者たちに、暗黙の前提として存在する「同一テーマを扱った、異なる系統のテクストにおいては、共通の記述が存在すれば、それは分かれる以前の、それだけ古いソースたりえる」という原理は、どの程度に自明なものだろうか。

この問題を正面から取り上げ、批判に晒したのはSchopen［1985］とGombrich［1990］である。すでに述べたように、前者は文献外資料を重視する立場から、まず文献の時代的な制約を強調する。たとえば現存する律蔵は、漢訳にしろパーリにしろ、下限でほぼ四～五世紀の成立と考えざるを得ない。この律蔵の記述の異同を確認し、上記の文献学的操作を加えてわれわれが想定する歴史は、紀元前三～四世紀の事実である。そして、こうして措定された歴史を基準として、その上にさらに大乗の歴史を積み上げようとする。はたしてこうした作業がどの程度の確かさをもって歴史として認められるだろうか。われわれに入手可能な文献がそうしたものに限られているからといって、いかなる推定でもなしてかまわないという結論は導かれない。こうした方法で文献から推定された歴史が認められるためには、すくなくとも一千年近くにわたって、インド仏教の歴史文献が書き換えられていないことを前提としなければならない。しかし、もちろん、この点の確認はだれにもできていないのである。

次に、後者、ゴンブリッチが呈示する問題はさらに本質的で厄介なものである。もし「共通の記述が古い」ということを疑ってかかったらどうなるだろうか。これまでの仏教文献の処理はほとんど変えなければなるまい。

しかし、実際に一般の宗教文献の伝承を見た場合、むしろ伝承は「矛盾のない方向に訂正されながら受け継がれていく」のが真相であるという。とすれば、これまでわれわれはまったく逆の方向を是として進んできてしまったことになる。

おそらく今まで指摘されていないが、この後者の問題については、伝承が「書写」によるか「口伝」によるかによって、まったく違った様相を呈するはずである。この問題は、極めて重要な問いであるにも関わらず、仏教研究に留まらずインド学の世界では、およそ研究が立ち遅れたテーマである。仏教学は共観福音書研究という新約聖書学の方法に源を発しているが、それは基本的に書写された世界を基準として出発可能なものである。ところが、仏教の場合、書写が問題となるのは、スリランカにおいて早くて紀元前一世紀、インド亜大陸では紀元後一世紀ほどであろう。しかも書写が起こっても、口伝が並行したことに注意を払っておかねばならない。とすれば、「共通記述を古い」とする方法は、仏教研究においては、けっして無制限に適用されるべき原理ではないのである[49]。

これについて、今ここで明確な答えは出すことができない。ただしかし、以後、比較研究を志すときに、われわれはこの批判を前提として進まねばならないことを心掛けておこう[50]。

## 第二項　大乗経典の段階的形成

次に、大乗経典に関して、その段階的形成をテーマとしながら、研究を進めたものを見ておこう。このテーマについて、何らかの形で関説する研究者は多い。そうした研究をいちいち取り上げたのでは際限がなく、かえって本書との関係も分かりにくくなってしまいかねない。ここでは最低限の数に絞っておく。この話題は、西欧よりも日本において圧倒的に研究が多い。むしろわが国における大乗経典の研究は、ほとんどいかなるものでも、この段階的形成観を含んだものになっているといってよいかもしれない。この成果の代表としては、先に挙げた平川彰［1968］、静谷正雄［1974］を意識しておけば十分であろう。

さて、大乗経典の段階的形成は、『法華経』の研究をテーマとして進められたものが圧倒的である。Burnouf［1852］は偈頌と長行の別成立を述べ、Kern［1884］は漢訳との比較をも考慮に入れて「偈頌の長行に対する先行成立、末尾六品の後代付加」というその後の法華経形成に関する基本的な視点を提供した。こうした説を踏まえ、注目すべき布施浩岳［1934］が現れる。布施は末尾六品と嘱類品を除いた全二〇品について、長行と偈頌の対応関係、六道説と十界説の相違、書写行の有無、釈尊化導期間の相違、仏塔信仰と経巻信仰の相違、などを基準として分析し、全体を三類に分類する結論を得る。以後この研究は、法華経はもとより、大乗経典研究の一つの模範的な事例となる。その後も、さまざまな法華経研究の学者たちによってこの布施浩岳の説は取り上げられ、いくつかの視点から修正を被りつつも、基本的には勝呂信静［1993］が登場するまで継承されていく。(51)

また、浄土関係の経典に関しては、躊躇なく藤田宏達［1970］を挙げることができる。法華経とならんで、浄土関係の経典も日本の学者たちの関心から、その研究は早くから進んでいた。サンスクリット、チベット、漢訳という、当時までに入手可能な限りの資料を駆使して、藤田は浄土思想の源泉を探るべく、綿密な比較研究を施す。文献学的な立場から批判的に経典を取り扱った代表的な研究であり、浄土関係の経典を総合したものとして空前絶後のものとなっている。ただ、確かにさまざまな観点から浄土思想を捉えようとしているものの、現在の目から見れば、基本的な視点の置きどころとしては、浄土思想をいわゆる「浄土三部経」に収めて解釈しようとする伝統教学の立場を、完全には脱しきれてはいない印象が残る。

今日において認められているその重要性からすれば想像さえできないが、大乗経典のうち般若経は、けっして研究が進んでいた領域ではなかった。エドワード・コンゼの登場とともに、般若経の研究はサンスクリット原典の解明をはじめとして、チベット訳、漢訳との比較をも考慮に入れた形で、飛躍的に進んでいくことになる。諸般若経関係の原典校訂、翻訳の出版という文献学的な仕事を基礎として、般若経類全体の成立についても、大きな見通しを立てた。その果たした役割の大きさは誰もが認めるところであろう。その著作のなかで、もっとも基礎的でありながら経全体の成立を明かした著作としてConze［1960］をあげることができよう。その中では『八千頌般若経』の形成過程の叙述を基準として、加えて他の般若経文献の成立をも論じている。

しかし、そうした仕事の貴重さは認められるにしても、文献成立の解明のさいに用いられているのは、基本的には異本の比較に基づく研究であり、結論としては、やはり共通部分を古くに想定しようとする従来の研究者の態度と変わるところがない。段階をつける理由として挙げられるものも、その断言的な口調に見合うほど説得的ではない。しかもその段階説は、各階層の異質性のみを取り上げて、その連続性については等閑されたままになっている。再度の検討を加えるべきであろう。[52]

さて、こうした大乗経典の段階的形成を念頭に置いた諸研究の中、最近年、注目すべき成果が現れた。勝呂信静［1993］である。彼は『法華経』の段階成立説そのものに疑問を投げかけ、これまで強調されてきた諸品間の異質性の根拠が、説相の相違に求められている事実を洗い直す。そして第一類と第二類の間、さらには諸品間もけっして寸断されたものではなく、有機的連関が存在することを立証しようとする。彼は経典の作者という問題にも踏み込み、一種の合議制によって作品が編纂、あるいは承認されていったことを、瑜伽師地論の研究成果から推定する。そのさい、経典は「全体として教義が大きく統一されていれば、細部の相違は許された」との見方をしている。[53]

成立史という問題のみを四百頁余にわたって論じた勝呂の著書を、ここで詳細に書評することはかなわぬが、しかし、そこにはまことに示唆に富んだ、結論としてこの本書も支持することになるだろう仮説が少なからず含まれている。細部は本論に委ねるとして、そこに述べられたもっとも基本的な点だけを指摘しておけば、一作品には形成の諸段階が想定されたとしても、それはあくまで一作品として成り立っているのだから、そこには異質性とともに同質性も存在している、というまったく単純な事実を尊重する態度にある。それに対して、段階的形成説を取る学者は、異質性の証明には力を注いでも、同質性には驚くべき無関心でいる現状なのである。

そして、実はこの問題を突き詰めていけば、おそらくこの節の冒頭で触れた、仏教研究の大きくことなる二つの態度まで遡ることになる。一つは、与えられた文献が、それで完結したものと見て、その全体の解釈に向かう態度である。他の一つは、与えられた文献は、何らかの意味で不完全であり、それを読み解くための、より広い文脈が補われなければならない、という態度である。前者は、解釈学に向かいやすく、後者は文献批判に向かいやすい。しかし、実はこの両方向は、互いに補うべきであって、何れかを全的に肯定すべきではない。文献の読み解きは、まさにこの両者の中間に存するはずである。勝呂の問題提起の基本的意味はそこにあり、段階説を認めつつ、同質性を考慮する必要を意識している点に注意を払わねばならない。[54]

# 第四節　思想史研究と思想研究

以上で、文献の歴史的な段階を予想しながら、仏教史の構築や文献の発展を読み取っていこうとする態度を簡単に振り返ってきたが、何れにしても仏教研究の関心は、全体としては、その教義や、哲学的、思弁的内容の検討に集中してきた点は共通している。上述の方法、すなわち文献の段階的発展に基づいて思想を考える場合は、想定された原形から現在の形に至るプロセスをもって、当該文献の思想発展と見ることになる。ただし、今しがた述べたように、段階を設定する研究では、異質性の証明で事足れりとし、必ずしも思想的研究にまで至っていないものが多い事実は注意をしておく必要がある。ともあれ、こうした態度でもたらされる成果は、まずは思想史研究として包括することができるだろう。これは、与えられた文献に対して、段階的成立という文献批判のフィルターを通さずに、その内容の統合的解釈に向かう、いわゆる思想研究とは、区別しておいた方がよい。あるいは思想研究を synchronic な立場での経典の解釈、思想史研究を diachronic な立場での読み取りと理解しておいてもよいだろう。この節では、これまでの諸研究の中で、こうした意味での思想史研究と思想研究の立場の相違を明らかにし、本研究の向かう方向を定めるための材料を提供しておかねばならない。

### 第一項　初期経典関係

ここでかりに名づけた思想史研究と思想研究との差違がもっとも顕著に現れてきたのは、大乗経典よりもむしろ阿含・ニカーヤという初期経典の解釈においてである。というのは、すでに述べたように、現在われわれが手にする初期経典は、すでにブッダからいくばくかの時代を経たものと理解され、そのために種々の方法によって、その原初形態の復元が試みられてきた。これまでに述べた研究では、おもに仏教史の再構築の観点からそうした研究を扱ったが、実は初期仏教「思想」の根幹に関わる話題において、すでにこの両研究方法は対峙した形を取っている。

膨大な研究の中から、前者の代表的な近年の研究例は Schmithausen［1981］に見て取ることができる。プサンが早くに、初期仏教における「智慧と禅定」という両者の要素が矛盾、対峙関係にあることを指摘したことを受けて、彼はその齟齬が経典の形成史を反映したものと見た。そしてアビダルマを含めた綿密な資料の検討のすえ、両者の要素が南伝・北伝相互に特徴的な形で経典・論書に組み入れられゆくさまを描いて見せた。これを受けるVetter［1988］は『初転法輪経』において禅定から智慧という方向が生まれたことを仮説している[55]。

しかし、これに対して、この二つの要素を相互排他的なものではなく、むしろ補完的な役割をするものと位置づける立場も存在する。最近年の代表はGethin［1992］である。彼は *Visuddhimagga* の立場から初期経典全体を考察し、一見すると矛盾とさえ見える要素も、*Visuddhimagga* からみれば一体系に収まり得るものであり、そこに歴史的段階を想定しなければ読み取れないものではない、という立場を明確にしている。これは智慧と禅定とを共存する異なった要素と見る態度であり、つまるところアビダルマによって支持される立場である。もちろんいちいち挙げるまでもなく、ゲティンに至るまでこうした態度は、仏教研究の一底流をなしている。同様の立場はHarvey［1995］によっても取られている。

アビダルマの解釈によって経典を解釈するか、それとも経典を文献学的な操作のもと新たな文脈に連れ出し、その批判に晒した上で解釈するか、という基本的な立場の相違がこの両者には存在している。後者からは思想が通時的な段階をもって描き出されるのに対して、前者からはそうしたものは出て来得ない。その一方で、後者は、あくまで一経典がそれで完結し得ないものと捉えられ、かつ段階の異質性が強調されるのに対して、前者においては経典はほんらい完全であって、それを補う方法が存在するといっても、あくまで経典に込められた意味を演繹する形での仕事を補助するに留まるため、一作品としての整合性はより完全な形で実現されることになる。

さて、この後者の立場、すなわちアビダルマによって解釈する立場は、言うまでもなく伝統教学、宗学によって経典を読み取っていく立場に繋がっていく。わが国における近代の仏教学は、一方で宗学からの脱皮を目指してきたため、こうした読みを真っ向から否定する傾向があるが、しかし、それは場合によっては、経典を一完結体として整合的に解釈する態度まで否定することに繋がる危険を孕んでいる点は要注意である。ことに阿含・ニカーヤの中の経典には、明らかに註釈経として存在しているものもある。ということは、経典自体が、すでに註釈を予想して成立している可能性も考えておかねばならない。また、Cousins［1983］の指摘のように、経が大mahā・小cūḷaに分かれ、綱要的に説かれる場合と、註釈的に説かれる場合の差が存在することを考慮に入れれば、経はほんらいアビダルマを予想して成立していることにさえなるのである。(56)

## 第二項　大乗経典関係

大乗経典に目を移そう。初期経典と違って、さすがに膨大な大乗経典全体が同時期に成立したとみなす学者は、まず存在しない。したがって複数の文献にわたる大乗経典の思想は、たとえば「～思想の形成」のごとく思想史として、通時的な観点から考察される場合が多い。しかし、ここにおいても共時的な立場から読み取ろうとする貴重な試みが存在する。それは一口に言えば、大乗経典を「論書」の立場で統一的に読み取ろうとする態度である。如来蔵思想関係の Ruegg［1969］［1989］は次項に別立てするとして、ここでは最近年の研究から、Griffiths［1994］に例を取ってみよう。

論書の立場で大乗の思想体系を明かそうとする試みは枚挙に暇がない。初期のロシア学派を受け継ぐシュチェルバッキーやフランス・ベルギー学派の開祖的な立場にあるシルヴァン・レヴィなど、大乗仏教に研究対象をもった学者たちは、こぞって思想・教義を論書において探ろうとした。以後この流れに沿ってさまざまな研究が、思想という領域においては圧倒的に論書を対象として展開している。現在、仏教学において思想研究といえば、それは論書の研究を指している、という趣であろう。こうした事例をここで列挙することはできない。

Griffiths [1994] の注目されるべき点は、これまでなされてきたような個別研究の成果にあるのではなく、論書 śāstra が教義 doctrine の代弁者としていかにはたらき、仏教教団の統合に役立ってきたか、というその原理的機能的な側面を明かした点にある。本書の関心からその主張を一言にまとめれば、論書はその「解釈」を通して仏教教団をまとめあげる役割を果たしており、それは「ブッダ論 Buddhalogy」という姿を取った、とすることができる。仏教徒は、たとえ究極的には統一的な価値観を採用していたにしても、さまざまな日常に直面する。この統一を欠いた、複数の現実経験諸相は、こんどは解釈によって再度、究極的な、統一された教義に一致していることが立証されねばならない。このように論書 śāstra は、分かれゆく現実を再統合する役割を果たすのであり、その統合能力は、まさに論書が果たす異質なできごとの「解釈力」にかかっていることになる。こうして論書は教義の統一に決定的な効力を発揮する。(57)

興味深いこの問題提起を、「膨大な数の大乗経典」と「限られた少数の大乗論書」という関係から捉え直したとき、論書は、まさに拡大する、複数化する大乗経典を、できるだけ単一の、統合された意味体系に収め直そうとした試みとみなすことができる。それはまた匿名の著者による経典制作活動に対して、有名の一個人がほどこす知的な仕上げの試みでもある。

これを阿含・ニカーヤとアビダルマの関係に比較したとき、ある意味で対照的な性質が見えてくる。伝統仏教においては、明らかに「少数の経」と「多数のアビダルマ」の関係であり、それは経典によって閉ざされたものを、アビダルマが開いていくという役割分担になっているのである。

ともあれ、われわれの目には一見まったく異質に映る諸大乗経典の一群も、論書の立場、インドの論師からすれば、統一的な観点から捉えられるべき、まさに共時的な存在だったのであり、相互に寸断された個人の作品などではなかった点は留意しておかねばならない。研究の基本姿勢として重要な点であり、本書に関係する如来蔵思想においてこの点を具体的に論証したのは後で述べる Ruegg［1989］である。

### 第三項　如来蔵思想関係

大乗経典によって描かれた思想の中、本書に密接に関係する如来蔵思想については、高崎直道［1974］、Ruegg［1969］のまことに優れた仕事が存在する。この両金字塔を取り上げて、大乗経典思想研究の問題点を別の角度から見てみよう。

前者と後者とを比較した場合、前者が思想史的研究であるのに対し、後者が思想研究に属するものと特徴づけることができる。両者いずれも『宝性論』を基準としながらも、前者はそれ以前に遡って『宝性論』前史を構成し、後者はそれ以後のインド・チベットの伝承を、時代に即して下っていった。前者は現存する『宝性論』を、いわば過去に向かって解体していこうとする作業であるから、そこには通時的な軸にそって分裂した、いくつかの異質な要素の集合が描き出されることになる。後者は、『宝性論』という起源にくり返し戻って、展開していった諸思想を再確認するものであるから、生まれるのは最終的にはある程度統合された体系である。時の方向としては、過去に遡っていく前者が単一の起源に達し、未来へと伸びゆく後者が複数の体系に拡散してもよいはずなのに、むしろ逆の結論が出ていることに注意すべきである。

ところで高崎直道［1974］に描かれた内容が示すように、仏教研究において「思想史」と言えば、それは通常、「術語・概念の形成史」を意味していると考えてよいだろう。そうした研究が可能になるためには、まず比較可能な研究対象が、恣意的でなく限定される必要がある。なぜなら、研究対象が限定されたときには、すでにその

「概念形成史」として関与を許される文献が限られているのだから、実質、歴史の中身が相当程度に限定されていることになるからである。こうした大切な作業を、それぞれの研究者の自発的な意識に委ね、古代インドの、しかも特定の脈絡を持った文献を、現代の立場から超越的に裁断することを無条件に認めるなら、そこには少なくとも歴史を求める意識は存在していない。この部分における方法の徹底こそ、従来の宗学との差がもっとも発揮される部分とならねばなるまい。

今、これをできるだけ厳密にやろうとした場合、ある一つの方法が浮かび上がる。それはすなわち、当時のインド仏教者の発言にしたがって、文献の範囲を限定するのである。例えば如来蔵思想を扱うときは『宝性論』の筋に沿って、その中の文献の引用にしたがって範囲を限定すればよい。もちろん、高崎もルエグも基本的にはその方法によっている。実はこのやり方は、要するに「註釈書、論書の読みにしたがってスートラをはじめとする当該の文献を解読する」という、インド思想文献を研究する際に、最も正統として認められた方法と変わりがない。確かにこれにしたがうかぎりには、われわれの恣意が排除されることは間違いない。

ところが、少し考えてみれば、この方法を忠実に実行した研究は、註釈書を解読したものではあっても、自ら新たな「思想史」を構築したものとはならないことが分かるだろう。ここで言えば、『宝性論』が取り上げる経典をまた再び取り上げ、『宝性論』の筋にしたがって術語の検討を始めるのだから、つまるところ、『宝性論』のやった作業をまたやり直しているにすぎない。厳密な意味でそれは「宝性論研究としての如来蔵思想研究」であり、その逆ではあり得ない。実際には高崎は、こうしたレヴェル以上の成果を収めた。しかしそれは実は彼が、『宝性論』の範囲を超えて研究対象文献を視野に入れたからにほかならない。これは高崎が恣意的な判断をしたという意味ではない。彼の場合、研究の出発として『宝性論』に徹底して忠実であることにより、如来蔵思想という大枠を作る作業がかなり信頼のおけるものになっただろうことは想像にかたくない。一三世紀のチベットの仏教学者であるプトゥンが、『宝性論』を超えて取りあげた如来蔵思想関係の文献は、高崎が選びとったものと驚くべき一致を見ている。(58)

しかしそれと同時に彼は、インドの註釈者によって考察の範囲を限定するという、インド学において確実な解釈法とみなされている原則を逸脱してしまうことになる。思想史研究といっても、具体的には、この乗り越えがたい二律背反が存在する点は、十分に意識しておかねばならない。しかも、最も困った点は、大乗経典の思想を構成するという際、確実な手段を提供してくれるはずの『宝性論』のような好都合な論書は、およそ存在しないという現実である。この二点は、われわれに課せられた課題となる。

## 第四項　仏教解釈学としての如来蔵思想の位置

次に Ruegg［1989］の大切な提言を押さえておこう。この主張は如来蔵思想が、インドにおける言語理論、そして解釈学を踏まえて遂行されていることを詳しく跡づけたものである。その点、前項で見た Griffiths［1994］と問題の建て方、および理解の方向と筋を同じくする。

ルエグは、如来蔵思想系の経典や論書が、アートマンを説きながら、それがいわゆる外道、バラモン思想のアートマンとは異なっていることを、ābhiprāyika（意図性）、neyārtha（未了義）、という概念を用いた解釈法で解決を図ろうとすることに注目する。経典の言葉はすべてが同一次元で、かつ判明なものとして捉えてよいわけではない。字義通り理解すれば矛盾を生じてしまうようなときには、そうした表現をとった意図を理解し、そのあるべき姿とへ導いていくことが必要となる。

しかしこの nītārtha/neyārtha（了義・未了義）、そして ābhiprāyika という解釈法は、けっして二次的な、その場しのぎのものとして生み出されたどころではなく、長い間に構築されたインドの言語理論、ことにvivakṣā の理解にしっかりと沿ったものである。ほんらい話し手の意図を表す vivakṣā は、通常の文法的語用にしたがう用法（laukikī vivakṣā）と、特定の条件のもとの発話者の意図にしたがう用法（prayoktṛī vivakṣā）とがある。パタンジャリの *Mahābhāṣya* に見られるこの概念を、後代の学者たちはさらに拡大し、言語表現の決定要因は、その指し示す対象の有無のみならず、話し手の意図にあるとする。意図は、ときに通常の語用を外れた用法をも正当化することになる。ダルマキールティはこの vivakṣā を言葉と意味をつなぐ原因となした。

こうした傾向は美文・修辞学 alaṃkāra-śāstra において重要な発展を見せ、文を述べるときの発話者の意図（prayojana）は、言葉の第二次的意味（lakṣaṇā 比喩的表示）を決定する重要な一役割を果たす。二次的意味が採用される場合には条件が必要であり、①言葉の字義通りの意味と、意図の込められた比喩的意味が両立不能であるため、字義通りの意味が破棄されてしまい（mukhyārthabādha）、そのとき、②二次的意味が実質的に一次的意味と切り離され、発話者の意図にしたがう場合が出てくる。時代を下りやがて vyañjanā, dhvani という第三の意味の範疇が議論される中では、意図（prayojana）は決定的な役割を演ずることになる。

これは、仏教における ābhiprāyika, neyārtha を用いた解釈法と、まったく同様の筋の議論となっている。neyārtha として扱われる表現は、まず明瞭な、一義的な意味をもった経典のことばと矛盾を起こし排斥されねばならない。そしてそれは間接的に隠されたより深い、決定的な意味を表示し、最後にそれは話し手、すなわちブッダの明確な意図によって規制されていなければならないのである。方便 upāya を有するブッダは、まさにこの ābhiprāyika としての表現を取ることを本質としている、とさえ考えられる。

この観点から如来蔵思想系の文献において説かれた ātman を見直してみれば、それは空・中道という、abhidhā に対応すべき第一義的意味（仏教では nītārtha）を基本として、その neyārtha に位置付けられるべき内容を有している。こうした言葉の解釈学の方法に厳密にしたがい、śūnyatādṛṣṭi への対治という明確な意図によって聖典内に位置付けられた如来蔵としてのアートマンは、バラモンの説くアートマンではあり得ないことが明瞭であるとする。

この聖典解釈の方法は、仏教に本質的である。なぜなら仏教聖典は、その始源にブッダという「人」を抱えており、そこには「意図」が予想されてしかるべきだからである。śruti たるヴェーダの場合、言葉の背後には「人」が存在しないから、ほんらい的に「意図」を問題にすることはできない。ルエグは明言は避けるが、仏教における解釈学の伝統が、インド言語理論へ影響を与えた可能性を示唆している。(59)

不手際な要約によって、精緻なルエグの論証の説得力を削いでしまった懸念を持つが、この論攷は、大乗経典が大きな理論的拘束を受けながら成立していたこと、あるいは新たな経典は、以前の内容を必ず包括する形で生み出されていったことを示す、非常に興味深い内容である。「無我」「有我」という字義によっての対立を超える、さらに広い体系を、諸経典は根底において共有していたのであろう。

## 第五節　新たな仏教史への可能性

この節では、これまであまり注目されることがなかった、しかし大乗経典の考察において重要な視点を提供してくれているいくつかの研究を見ておこう。それらは結論として、いずれも伝統部派仏教と大乗仏教の連続性を明かしてくれているものばかりである。

## 第一項　類型論

キリスト教をはじめとする諸宗教においては、マックス・ウェーバーにはじまる「救済宗教の類型論的考察」は、さまざまな立場からの宗教の解明に必須の前提とされている。けれどもこと仏教に関しては、こうした立場から語られる機会は希少である。ほんらい厳密な文献学を志すインド学の領域から生まれた仏教研究であるから、一次資料によらない社会学的な見地からの切り取りには親近感を抱けないのだろう　しかし、ことに社会・文化的な側面から仏教の位置づけを確認しようと思えば、ウェーバーの仕事は未だにその輝きを失っていない。それどころか、歴史に見通しをつけるうえでこれ以上示唆深いものはないとさえ印象される。諸民族が抱えた異なる宗教倫理によって、いかに現世の合理化過程に差異が生じることになったか、理念が歴史の軌道を変える転轍手の役割を果たすありさまを克明に描く諸論攷は、余りある説得力をもって迫ってくる。

Weber [1921] は、世界宗教を分析した広く鋭い洞察の目をもって、ダルマと自然法問題の関係、知識・禁欲・神秘主義、シュラマナとバラモンの禁欲の相違、文献化と科学の問題、ヨーガと宗教哲学の関係、ギーターの職業倫理など多様な問題を押さえ、インドの宗教全体を論じた圧巻である。[60] 彼は仏教前史に存在する宗教を「反狂想的・知性的」な正統バラモンと、「狂想的・呪術的」な俗人の宗教とに分類する。前者は救済方法が知識と結びついて合理化されたのに対して、後者は苦行や陶酔の実践に代表される非合理的な性格をもち、前者における知的合理主義の推進は、後者の持つ非合理的な陶酔的な性格と強い反発を現しはじめる。原始・初期仏教は、高尚な知識人たちによって担われた前者の性格を強く有する宗教であった。これがアショーカ王の時期を境として、後者の要素を受け入れつつ変容していく。

ウェーバー史観を批判的に受け継ぐ社会学者デュモンは、さらに細かくインド社会を分析し、カースト社会にあっては、われわれが今日予想するような「個人 individual」は存在せず、カーストの役割に価値づけられた「世俗内人 man-in-the-world」でしかないが、これに対して出家をしていくシュラマナたちは「世俗外個人 individual-outside-the-world」として存在するとした。類型こそ単純な形となっているが、この分類は初期仏教文献を読み取っていく際に極めて有効にはたらき、幾つかの優れた研究を呼び起こす基となっている。(61)

宗教学者エリアーデの仏教史理解は、ウェーバーを踏まえたとしか思えないほどに一致した理解を示している。「ことば dharma」としてブッダの教義を伝承していく伝統部派のエリート的僧侶の仏教と、「仏塔やイコン」としてブッダの存在を継承していく大衆的な仏教との流れを立て、この両流は絶えず相互に干渉しあいながら、仏教史を構築していくさまを描き出している。(62)

こうした歴史観を受け継ぎながら、インド仏教を「仏塔と僧院」という、極めて重要な二つの宗教類型に分けたのは Dutt, S. [1957] が最初であろう。この二つの型を、それぞれ lay Buddhism と monkish Buddhism と命名し、前者は生天を願い、現世利益を目的とするのに対し、後者は涅槃を目指す専門的仏教者であるとした。この類型の有効性は、現在わが国における大乗仏教の在家・仏塔起源説の支持を見ても、十分に納得がいくだろう。平川彰 [1968] は、もちろん、まったく独自の立場で研究を進めてきたのではあるが、基本的には大乗経典の考察の際、「仏塔と僧院」「出家と在家」という分類をたてている。彼自身はこれを類型としては意識していないが、先行するエリアーデやダットの分類にほぼまったく一致する。仏塔の仏教と僧院の仏教とを対峙させ、広汎な文献を総合して仏教史に見通しをつけたこの著作は、同類の研究に比したとき、比類のない大作であることは間違いない。(63)

最近年、こうした類型論を十分に意識し、仏教史をこれまでとはまったく違った角度から写し取った、白眉といえる研究が出された。Ray［1994］である。ウェーバーのカリスマ論を踏まえながら、仏教教団の成員たちは、自ら目指す世界を「聖人」に象徴的に託して表現することを指摘し、この聖人の型に「僧院型」と「林住型」の二つが存在すると述べる。この両者は、前者が制度的な秩序を重んずる型であり、後者は非日常的な、個人的なカリスマを重んずる型である。レイはブッダの伝記からしてこの両要素がはっきりと現れていることを論じ、大乗に至るまでの膨大な歴史を、極めて見通しのよい断面で描き出してくれている。さらに彼は、この二類型に加えて、「在家・俗人」を媒介項として機能させることを志向する。(64)

しかしこの二分類自体は、レイが初めて提唱したものとは言いがたい。彼は触れていないが、すでにスリランカ仏教教団の分析において、Rahula［1956］は同様の興味深い歴史的事実を指摘している。スリランカには基本的に三つの部派 nikāya（Mahāvihāra, Abhayagiri, Sāgaliya）が存在したが、すでに紀元前一世紀にはこの諸部派を横断する形で「説法者 dhammakathika と糞掃衣者 paṃsukūlika」という類別が誕生している。前者は教法の伝承など知的な仕事に携わるもので、後者はある意味の苦行に関わる者であった可能性がある。また、六世紀になれば、これとは別に「林住者 araṇyavāsin と村落住者 grāmavāsin」なる分類が登場し、この両者は同じ部派に属しながらも異なったグループとして言及されている。村落住者は教義や教育に関わることが求められており、林住者は瞑想を中心とした修行をなすもので、文字どおり苦行者 tapasvin と呼ばれることもあったという。この分類は、ことにインドにおける大乗発生の問題を考察する際に大切な視点を提供してくれる。同一部派において、まったく異なる性質の仏教の型が共存し、それが相互に影響を与えあって、歴史が書き換えられていくのである。(65) またすでに述べた Frauwallner［1956］の分析は、仏教教団が個人・遊行型から教団秩序を重んじる型へと移行したことを、いくつかの興味深い事例によって証明して見せた貴重な研究として、再度挙げておこう。

レイは、大乗仏教には「林住型」が底流をなしていることを指摘する。例えば『維摩経』の主人公ヴィマラキールティは、制度や秩序を逆転し、常識を破り、伝統的カリスマを軽んじ、逆に個人的・霊感的な能力を尊んでいる。これはまさに林住者型にふさわしい性格である。そして大乗には確かにこうした型が多い。ウェーバーの理論に発する過去の研究を総合しながら編み上げられた観のあるこのレイの著作は、仏教史の書き換えに一役買うことは間違いあるまい。

以上、仏教を理解する上での、類型論的試みを取りあげ、極めて簡単にスケッチしてみた。ただ、こうした研究を考慮するとき、いつも注意しなければならないことがある。それはここで立てられたものは、あくまで仏教の複雑な事象を読み取るための「理念型」なのであり、けっして「記述的な事実」ではない、という点である。たとえばデュモンの分類でいえば、バラモンは世俗内にとどまって社会と結びついた儀礼に携わる「役割としての人 man-in-the-world」であり、その反対に沙門はカーストを飛び出して「世俗外の個 individual-outside-the-world」として存在する者となる。しかし、実際の社会では、世俗内のバラモンでも、文法学や儀礼の解釈学に携わる知的な作業を僧院の中でなす場合、意識ははるかに社会と隔絶された、世俗外の個になり得るかもしれない。また、沙門は、日々の乞食の行を通して、かえって直接社会と関わる機会に恵まれているかもしれない。記述的レヴェルではこうした問題は当然おこってくるのである。実際、スリランカで瞑想を志した「林住者型の比丘」が、林住処ではさまざまな宗教者が入り乱れ、落ち着いて瞑想できないので、また村落型へもどり、町中の僧院の中で瞑想を試み直したという例が報告されている。因みに言えば、この基本的な点の誤解が、現在の平川説に対する無用な弁護と批判を呼び起こしているように思えてならない。記述的事実として描こうとする場合、大乗仏教の在家・仏塔起源説は相当の反論に晒されざるを得ない。しかし、類型論として整理する場合、出家↔在家、僧院↔仏塔、という分類は、かなりの程度機能し得る有効な視点である。前者のレヴェルで後者の価値を葬り去ることはできないし、後者の明瞭な類型をもって記述的レヴェルをも包含すると主張することもできない[66]。

## 第二項　経典制作活動にみる伝統部派と大乗の連続性

大乗仏教の特徴を「経典の制作活動」に見出そうとする動きが見られることについてはすでに触れた。この点に関して、阿含・ニカーヤから大乗経典へという経典制作に連続性が認められるという、注目すべき説がMac-Queen [1981-82] において出された。しかもこの論文は、上述の「類型論」をその基底に据えてもいるから、非常に見通しのよい論攷となっている。彼はまず、大乗に対して非大乗側から「経典は仏説buddhavacanaでなければならない」という批判がなされるが、阿含・ニカーヤにおいてもすでに仏説と言えないものが含まれていることを指摘する。そして厳密な意味でブッダ自身のことばでないものが、いかなる基準で経典として認められたかを、次の三つの基準で示す。

①弟子が説いたものを後に「仏」が承認したもの
②説法する前に「仏」が承認して説かせたもの
③その説法に「霊感pratibhā」が認められるもの

ここで大乗との関連を持つのは③の場合である。ニカーヤの中にも一二例にpratibhā構造をした経典が存在する。その中では弟子が仏に対して、「世尊よ、私に霊感が生じましたpaṭibhāti maṃ bhagavā paṭibhāti maṃ sugata」と告げ、それを世尊が許可する内容となっている。しかもそれは単に許可に留まらず、むしろ積極的な励ましである。

このpratibhā構造のタイプは「教義を説くもの・智慧の仏教型」と「純粋な閃きによるもの・信仰の仏教型」という二つに分かれる。前者は十分な訓練のもとに説法が自然に出てくることを内容としており、前提として三昧や修行を必要とする。後者はまったくの霊感によるもので、ウダーナの形で説かれることを特徴とする。後者の代表的な比丘はヴァンギーサであるが、彼は修行からは脱落した者であるにも関わらず、ときに説法の閃きが生じた。彼は教団に入る前はカーヴヤ詩人であり、ブッダはそれを積極的に認めて説かせている。ほんらいpratibhāは文学に必須の能力であり、インドの文学伝統においては、文学に関わるものの直感は、そのまま言語表現に結びつく特徴がある。

もちろん、最後にはブッダによって承認されることが必要なのだが、しかし、しばしば引き合いにだされる「よく語られたのはブッダのことばである」というニカーヤの記述が示すように、buddhavacanaとは必ずしも「歴史的なブッダのことば」である必要はなく、むしろ「霊的spiritualに価値のあることば」として捉えることができる。こうした面があるからこそ、仏語の基準を、dharma/vinayaに照らして整合的かどうか、という態度が認められることになる。

さて、マックイーンはここで『八千頌般若経』を分析し、この経でスブーティがブッダに代わって法を説く手順が、先のニカーヤに見られたpratibhā構造をとっており、そしてやはり最後に「現前するブッダ」の承認を得るという、ニカーヤとまったく同じ構造を持つことを指摘する。もちろんこのブッダは歴史的ブッダではないが、大乗経典もそれを装うように経を作ってはいない。ここにはブッダ観の大きな変革が存在している。

このブッダ現前の意識は、大乗のブッダ観によって生まれていることは間違いないが、それは「有神論的」と「無神論的」なものに分かれ、前者の代表に『法華経』、後者の代表に『般若経』が置かれる。前者が色身のブッダたる仏塔に基礎をおく経典であるのに対して、後者はあくまで法の流れを尊重したものになろう。前者には仏塔を中心として霊的な存在を信じる者の集団が予想されるが、後者にはそれが必要ではなく、むしろブッダそのものを成り立たせる基礎に、法 dharma たる般若波羅蜜 prajñāpāramitā が先行する。ブッダはそれを根拠としてブッダたりえるのである。しかしこれはけっして『般若経』の独創ではない。初期経典における「仏を見るものは法を見る。法を見るものは仏を見る」という一節や、涅槃経においての「われ亡きあとは、法と律を拠り所とせよ」という一節を踏まえているに過ぎない。ブッダ入滅後、比重がブッダからダルマへ移ったときに『般若経』へと通じる流れが解放されることになる。

ここで prajñāpāramitā に立脚し、ブッダに代わって法を説く者は法師 dharmabhāṇaka である。肉身のブッダは滅したという意識に立つ者にとっては、法を伝える者の価値が急浮上していくのは当然である。この法師は「物体としてのテクストを所有しているもの」「テクストを暗唱しているもの」「閃きによって説くもの」と、三種類に分かれる。また『法華経』に見られる法師と『般若経』に見られる法師とではタイプが異なっているだろう。後者は阿含・ニカーヤにいう pratibhā の流れに沿うものであるが、前者では霊的な人格と、いわばチャネリングできる性格の者であった可能性が高い。いずれにしてもここでは仏語 buddhavacana のイメージがすっかり変わってしまっており、「法師から伝えられる、真実を伝えようとする生きたことば」が buddhavacana なのであり、伝統的に守られてはいても、力の響かないことばは価値が下がってしまっているのである。これはインドにおける「ことばの観念」がもたらすものであり、彼らは歴史 history の中に生きているというよりは、物語 story の中に生きている。

以上の MacQueen［1981-82］は、そのままますべて支持されるかどうかは疑問があるが、これまでわが国においても断片的には指摘されていた事柄に筋を通して理解している点、注目に価する。最も重要な指摘は、伝統部派と大乗は、経典の制作活動を通してまったく連続するという一点である。(67)

## 第三項　口伝と書写

最後にGombrich［1988］の指摘を考慮しておこう。彼はこの中で、「書写と口伝」というテーマを取り上げ、大乗は書写が始まった段階で生まれ出た可能性を説いている。大乗に「書写の功徳」が説かれ、また初期経典が口伝であること自体はけっして目新しい指摘ではない。しかしその点に関する内容分析を施したものは、管見によるかぎりこの仕事が初めてである。

まずパーリのニカーヤが口伝にあることについてはCousins［1983］の成果に則って考察を進める。世界各地に見られる口伝の文化を研究すれば、それは新たな伝承が進むたびごとに追加、削除され、変形されゆくのが通常であるが、パーリのものは一定の形が保たれている。しかしそれが可能なためには、必ず何等かの専門家の組織が必要となる。そしてパーリは口伝として伝えられるべき特徴である「数を中心とした記憶形」「ストックフレーズ」「重複」「韻文」といった性格を備えている。さらに同系の経典を比較したとき、中心の教義は同じであるが、それを包みこむ物語・順序などは異なっている。伝承の関心は物語の形式ではなく教義の保存にあったことが分かる。そしてこの「伝承の核は活かしつつ付属の部分を変える」という方法は、たとえばSmith［1977］において明かされたラジャスターン地方の吟遊詩人の手法とまったく同じである。となれば、こうした伝承は文学的素養のある階層によってでなければ維持不能であることが分かり、仏教の教義伝承に関わった階層も自ずと限定されることになる。

また一方で、伝承を試みようとした仏教徒の前には、ヴェーダを伝承してきたバラモンの長い伝統が存在したことを忘れてはならない。かれらは膨大な韻文・散文を含んだテクストを保存するために、特定の分野を定めて暗唱の専門家を育成していた。テクストの伝承には、この組織立ったレヴェルの訓練を必要とするのであり、仏教徒もバラモン的素養をもった出家のサンガによる大掛かりな仕事に依存するしか、その教義保存の方法はなかったはずである。

そして、こうした口伝による教義伝承の段階では、物語部分の改変は起こり得ても、大乗仏教のように核としての教義そのものを異にした内容が入り込んでくる可能性はない。個人の才能が多かれ少なかれ反映され、そこに個人の閃きがいかんなく発揮されている大乗は、おそらく集団組織による口伝ではなく、書写が前提とされているはずである。[68]

インド学の分野において遅れているが、極めて重要なテーマを取り上げたこの論文は、情報量は上述のごとくわずかであり、むしろほとんどが今後の検討課題をなすと言うべきであろう。しかし、他分野における「口伝 orality と書写 literacy」の研究成果を参考にすれば、ここで問われた課題がいかに重要か、多言を弄する必要はない。本論においても振り返らざるを得ない課題となる。[69]

## 第六節　本著の立場

以上、われわれが涅槃経の研究に踏み込むに当たって種々の前提となる、今日までの諸経典研究の方法論、プロセス、そして結果を大急ぎでスケッチした。序論としては冗長であり、研究史としては簡略に過ぎる印象があるかもしれない。しかしこれらはいずれも、本研究にとって密接な関わりを持つものばかりであり、過去の仏教研究の中での本書の位置付けを確かめておくためにも欠かせない必要な作業であった。こうした研究を踏まえて、最後にこの節で、本研究の取る基本的立場を述べておかねばならない。

上述の考察を経て本書が確認しておくべき問題は、大きく以下の四点に総括することができる。

①大乗と伝統部派との関係
②社会背景研究と思想研究の接点[70]
③経典における思想研究の方法
④文献形成史の方法論

本書においては涅槃経の読解を通して、これら四点の問題を解決すべく進んでいく。何れも本論で詳しく触れていく問題であるが、ことに④については第二章、第三章、第四章において取り上げる主要課題であり、具体例を離れた簡略なまとめはあまり意味をなさないので論述はそこに譲っておく。[71] ここでは、①〜③について、本研究の基本的態度を極めて簡単に触れておこう。

### 第一項　部派と大乗の連続性

すでにこれまでの記述で明らかなように、文献学的研究の立場からも、文献外資料の研究の立場からも、部派と大乗という両者は、けっして断絶した存在ではなく、重要な点で連続していることが分かる。後者においては、最も古い時期の考古学的資料からして、仏塔や仏像は出家者と深い関わりを持っているのであり、在家者が組織を作って運営に携わっていた証拠はない。さらに僧院に仏塔は付属しているのが通例であるし、大乗を名乗る碑文が、もともと部派に属していた paramopāsaka/-upāsikā から独立してきたことも、伝統部派教団と大乗とが

連続していた事実を明らかにしている。(72)

また、前者、すなわち文献学的研究の立場からは、まず、大乗経典に固有の性格と考えられていた仏塔をめぐる記述は、すでに現存する律蔵においてほとんどすべて現れていることが、バローによって指摘されている。これは第一章において詳しく触れる。(73) さらに、今しがた述べたように、阿含・ニカーヤと大乗経典とは、たとえば partibhā 構造において一致している。また、諸類型の研究者たちからの提言を見ても、仏塔と僧院という対立は、部派単位での大乗と小乗・伝統部派という対立ではなく、同一部派内部に抱えた異なった類型の仏教として捉えるべきことも明らかである。

周知のように、今日までわが国の研究者たちは、大乗仏教と小乗仏教を別扱いし、さらに大乗の価値的優位性を前提した上で、仏教史を通覧しようとしてきた傾向が強い。今、その詳細に入り込むいとまはないが、この作業は言うなれば、『大乗荘厳経論』などに代表される一部の大乗経典や論書がなしていた試みを、現代の立場でまた繰り返していると見られても仕方があるまい。(74)

また、研究史の流れを遡る中で、大乗と小乗とに仏教の根本的な範疇の相違を見ようとするのは、チベット語資料、中国語資料を対象とする研究者を中心に芽生えた問題であることも分かった。サンスクリット資料を主たる対象とする者は、むしろ仏教全体をインド文化の中に解消してしまおうとするし、パーリ語資料の場合は、仏教をインド文化から孤立させた上で、仏教の独自性を伝統部派にのみ見出そうとする。研究対象の範疇は、けっして進展する歴史の実態に沿って切り出されたものではなく、かなりの程度、便宜的なものである。(75)

以上のような点を考慮すれば、大乗と小乗とを「相互に重なりのない、対立し続ける実態的な存在」とは捉えないほうがよい。それは最大限言い得ても、あくまで連続しつつ、徐々に質を異にしはじめたものである。また、内容に無関係にことばのみが適用されることさえ予想しておいた方がよい。内容的には大乗経典と変わらないのに、伝統部派名を名乗り続ける経典や、内容は伝統教学を超え出ることがないのに、名のみ大乗を名乗る経典が考えられるのである。[76]

もっとも、この問題に明確に回答するためには、まず大乗仏教の定義を明らかにしなければならない、との問いかけがあり得るだろう。確かにその通りなのであるが、しかし定義への試みは、厳密な言葉使いという制約のもとに、具体的なレヴェルの諸問題を、いたずらに抽象的に、複雑に、窮屈に仕立てあげる傾向がある。そして、今度は下された定義の範囲でのみ妥当する個別の事例の取捨選択を行うという、定義をより確かに守りぬくための作業に大きな勢力が費やされるのも、偽らざる現状である。場合によっては、実際の言葉使いを離れ、人工的に作られた大乗という言葉の方を尊重しなければならないことにもなり得よう。しかし、ここではそうした形式的な整合性を確保するために、実際の用法を逸脱するような無駄はしたくない。[77]

さらに何よりも、本論を通して、大乗・小乗という区別は、必ずしも仏教史の内容を豊富に理解させてくれる範疇とはなり得ない、という結論にわれわれの研究は向かっていくのである。

したがって本論文では、大乗の厳密な定義問題には入り込まず、大乗を名乗るものは大乗として認める、極めて単純な立場をとっておきたい。[78]今ここでは、その大乗が、けっして部派と思想的にも教団的にも断絶したものではなく、連続したものであると捉えてさえいれば問題は生じない。もちろんこのことは、仮想的に想定される起源として、両者が別立てされる可能性まで否定しているわけではない。しかし、そのためには、現存の資料、そして諸研究の成果は、少しく程遠い位置に居ることだけは認めておかねばならない。

## 第二項　社会背景研究と思想研究の接点

類型に注意を払っていく研究者を除いて、概ね研究は「歴史的・社会背景史的」な傾向を取るか、「思想的」な内容解明に向かうか、の何れかとなりやすい。ことにわが国の現在の研究状況を見ると、それがかなり歪んだ形で現れている気がする。平川彰によって提示された「教団史的観点から経典を読む」という、それ自体は優れた方法にしたがう学者たちは、個々の経典からその成り立つ一定の社会背景を描き出そうとする。ところがその場合、その背景にいかなる思想が生まれてくるのかについては、教団史研究に関心がある者はあまり責任を負おうとしないのである。場合によっては、経典から思想的、教理的要素を排除すれば、何か確実な教団的事実を手にすることができる、という姿勢を感じさせるものも存する。これでは、教団史の解明が思想の解明と断絶されてしまうのも無理はない。

一方、思想研究に向かう者たちは、その思想がいかなる社会背景のもとに生まれかたについては関心をもたない。論書の場合なら、それを直接の相手として社会背景を読み取ることが放棄されるのも仕方がない。しかし、経典を相手とする場合、自ら読み取った思想が、いかなる背景のもとに成り立っていたかを反省してみることは、無駄ではない。

さらに言えば、そもそも経典から思想を描き出そうとするとき、かなりの研究が従来の宗学によって認められた立場を離れ切れていない気がする。論書を対象とする研究は、ときに自由過ぎるほどに現代の思想や西洋の哲学を仲間として率いてくるのに、経典においては、それがおよそ認められない。もちろんそこには経典という文献の曖昧さが関わっているのだろうが、その成果の相違には驚きを禁じ得ないものがある。

こうして結局学界には、同一経典を対象として、新たな立場で解明された教団研究の成果と、論書によって切り取られた側面から描かれた、あるいは、少なからぬ場合に従来の宗学の範囲を超えない程度にまとめられた思想研究の成果とが、互いに連関を持ち得ないままで横溢する、という現状が生み出される。前者については、平川彰の方法が誤解されて極端化し、「思想に無関係に教団が存在する」という間違った認識を引き起こした、と見てよいであろう。後者は「思想はほんらい社会を超越したものである」という認識に立ち、さらに研究者によっては、経典が論書とは根本的に異なり、自由な解釈を許し得ない、という暗黙の自粛を行っているのかもしれない。

しかし言うまでもなく、人と思想、社会と思想とが無関係に存在したことなど、かつてない。もちろんこのことは、社会背景の諸要素の分かりやすい函数として思想が描き出されることなどを言おうとしているのではない。むしろ思想は社会を拒絶し、社会はその思想を拒絶しようとする。そこには分かりやすい函数などは存在しないだろう。しかし逆に言えば、この緊張関係こそ、その両者の密接な関係の現れそのものである。われわれは、この両者の密接不可分なすがたに接近せねばならない[79]。

次に、③にあげた、経典の思想研究について振り返っておこう。インド仏教の文献の思想的な解読において確実な方法は、「註釈書にそって解明する」という態度であった。しかしすでに検討したように、厳密に見れば、これでは註釈書の解読ではあっても、思想自体を直接に検討するものではなかった。また経典に範囲を絞れば、『宝性論』のような存在はまれであり、大乗経典の註釈はほとんど存在しないのだから、この方法の適用は絶望的である。宗学の方法からの離脱を唱えるのは容易だが、実際に実行する方法となれば、選択肢がどこにあるのか、誰しも迷わざるを得ないのが現状である。

## 第三項　経典解読の試論

実はこの二つの問題、すなわち、②社会背景研究と思想研究の接点、③経典における思想研究の方法は、本書においては、同一の態度によって解決が図られる。それは「ただ一つのことばを、文献内在的に読み取る」という、極めて単純な態度に徹することによってである。社会背景の問題も思想の問題も、ともに複数の文献にわたる術語の検討をして、その成果によってある特定の文献の用法を位置付けようとするところに、時として非常な無理が生じてしまう。もちろん仏教は、おそらく個人ではなくグループによって文献を共有していたことは間違いないだろうから、結果として他文献の用法の考慮は意味を持ち得るだろう。しかし、それは個別の文献の、それ自体での読み取りを先行した後の課題となる。大乗経典は、先ずそれ自身で完結したテクストとして捉えておいてよい。

②すなわち「思想研究と社会背景研究の接点の不在」について、ほんらい一つの文献を追いかけていけば、起こりようがない問題である。一方で教団的側面として当該の文献を超えた範囲の定義なり成果なりが持ち込まれ、また他方で思想的側面として同じことを行うから、その後に両者を突き合わせたとき、そこに何の内的な連絡も存在しないものになってしまう。特定の文献の範囲において、その術語が同じ文献内の他の術語と比べていかなる「差異」を持っているかを検討していったならば、教団と思想とはばらばらになりようがない。

もともと教団も思想も一文献内においては、独立して存在しているものではない。作業自体はあくまで「一つのことば」の読み取りであり、それを、内部の意識が重要視された表現と取るか、あるいは外部の影響、すなわち社会背景を色濃く反映したものと見るか、という程度の差として現れるべきものである。教団は思想と別だという主張は、こうした程度の差のそれぞれ両極を固定的に実体化し、さらにその両者を、相互排他的な実在と見る観念の所産にほかならない。

③においても、本質は同じである。ある術語の検討は、あくまで特定の文脈における相互の「差異性」の確認が第一になされるべきであり、第三の文献における解釈を理解の基本に持ち込むのは、たとえそれがインドに起源を発したものであれ、偏った制限を付してしまう場合がある。そして、この文献内在的な読み取りであれば、註釈や論書の関与しない経典の思想を、直接に取り扱うことが可能となる。つまり『宝性論』のごとき助けが存在しなくても、文脈から浮かび上がる思想が取り扱われるのである。

以上、簡単に本書が基本とする態度を示した。この具体的な肉付けを持った内容は、本論の推移とともに明かされゆくことになる。

最後に一点触れておかねばならない。本研究において大乗経典の解読方法確立を目指すとはいっても、その方法が、第一に文献内在的であるとすれば、あくまで生み出される成果は、涅槃経という特定の文献を出ないことになるのではないか。それはまさにその通りであって、著者は本研究の結果を、そのままの形で他の経典に引用可能なものとは考えていない。むしろ大乗経典研究は、個々のケーススタディがまず存在すべきであり、あくまでミクロな視点での接近、解明を主とすべきであると考えている。あるいは、大乗経典の研究は、現在のところそれぞれの経典に固有の方法しかあり得ないかもしれない。しかし大切なのは、多少なりとも方法論に自覚的な研究の、具体例の提出である。結論ではなくその手続きの方を重要視してもらえば、それは「大乗経典の研究方法試論」となることを理解していただけるだろう。

# 第一章　大乗涅槃経前史

大乗涅槃経の内容を検討する前に、その前提として考察されるべき主題が存在する。大乗涅槃経形成に至る以前の涅槃をめぐる問題である。それはおもに、伝統部派が伝承した涅槃経、すなわち非大乗系涅槃経の問題、および部派における仏塔・舎利崇拝の取り扱いの問題、の両面から検討されるべき要素を抱えている。

従来、大乗の涅槃経と非大乗系（小乗）の涅槃経とは、その所説の内容から判断して、ほとんどの場合まったく別の作品として扱われてきた。しかし実際には、この両者は大切な点で連続する面を有しており、モチーフの引用という、単に形式的な側面からのみならず、内容的な面からも密接なつながりが確認されるものである。

また、部派と大乗との関係を考える上で、仏塔・舎利供養の問題は避けて通ることができない。しかもこの問題に関しては、すでに序章で触れたように、わが国で多数に支持されている平川説が、現在の海外の研究成果と大きく食い違っている、という問題をはらんでいる。涅槃経形成の問題を明かすためには、先ずはこの二つの問題に対する態度を決定していかねばならない。

## 第一節　非大乗系涅槃経

「涅槃」とはもちろん、nirvāṇa にあてられた一般的な漢訳語であるが、周知のようにそれは「煩悩の滅した理想の境地」という意味と、その境地を獲得した「聖者の死」という意味の両義に用いられている。一般には前者を指す場合に nirvāṇa、後者を意味するときには接頭辞を伴った pari-nirvāṇa として表現されると言われる場合が多いが、この理解は正確ではない。両義は両語において重なり合って用いられているのが実態である。[1] 本著にとって題材とされるべき涅槃は、主には後者の意味のものであり、聖者の中でもことに「ブッダの入滅」を主題とするものに焦点が当てられる。

さて、初期経典においては、幾つかのきまった教義が、異なるタイトルにまとめられながらも反復されるという特徴がある。ところが、この涅槃という話題は、取り上げられる経典が極めて少数に限られている点にその特異性がある。後に述べるが、これはけっして偶然的な事柄ではなく、経典の持つ本質的な性格が反映したものである。阿含・ニカーヤ・律蔵においてブッダ入滅を主題として扱った文献を「涅槃経文献群」と名づけるなら、それには以下のものが挙げられよう。[2]

a　パーリ涅槃経（*DN*. ii. 72-136）

b　遊行経（T1 No.1 (2), 11a-30b）

c　仏般泥洹経（T1 No.5, 160b-175c）

d　般泥洹経（T1 No.6, 176a-191a）

e　サンスクリット涅槃経（cf. 根本説一切有部毘奈耶雑事、同チベット訳（Waldschmidt [1950-51]））

f　大般涅槃経（T1 No.7, 191b-207c）

g　雑阿含経 No.1197（T2 No.99(1197), 325b-c）

h　別訳雑阿含経 No.110（T2 No.100(110), 413a-414a）

i　雑阿含経 No.979（T2 No.99(979), 253c-254c）

j　*Saṃyuttanikāya* 6.2.5（*SN*. 158ff.）

k　十誦律（T23 No.1435, 446a ff.）

l　摩訶僧祇律（T22 No.1425, 490b ff.）

m　四分律（T22 No.1428, 966c ff.）

n　毘尼母経（T24 No.1463, 818a ff.）

o　増一阿含経（T2 No.125, 750b ff.）

p　力士移山経（T2 No.135, 857c ff.）

q　仏所行讃（T4 No.192, 52a ff.）

r　仏本行経（T4 No.193, 111c ff.）

s　*Buddhacarita*（P No.5656, Vol.129, Ge 118b6ff.）

t　*Avadānaśataka*（*Av*. ii. 199ff.）

u　*Samantapāsādikā*（*Samanta*. 4ff.）

v　*Mahāvaṃsa*（*Mahāv*. 2ff.）

これらの文献は一様な内容や分量を備えているわけではなく、極めて短いものから長いものまで多岐にわたっている。先ずわれわれはこれらの内容を整理することから始めなければならないが、幸いなことに、すでに複数の学者たちが上記の文献のほとんどを取り上げ、綿密な検討を加えている。(3) 中でもBareau［1979］は、もっとも詳しいばかりでなく、他に見られない明快な結論に至っている。ここではそれにしたがいつつ、われわれ独自の観点をも含めて、非大乗系涅槃経の形成過程について見てみよう。

## 第一項　*Mahāparinibbānasuttanta* の形成過程

バローは初期仏教文献に登場するブッダの伝記を詳しく考察し、その業績を大著にして発表した（Bareau［1970］［1971］）。経蔵・律蔵の中に描かれたブッダの伝記に関しては資料的にこれに優るものはない。さて、彼は上記の文献のうちq～vを除いた文献を対象にそのモチーフを分析し、その相互比較検討を通して、非大乗系涅槃経の原初形態を辿ろうとした（Bareau［1979］）。

通常われわれが涅槃経の名前で呼ぶ、分量の多い経典は、a～fである。次節で検討するが、この他にq～sの『ブッダチャリタ』もこれらの涅槃経に、内容・分量ともに匹敵する文献であることを押さえておこう。今、これらの涅槃経を総括して広経（涅槃経）と呼ぶことにする。この広経の成立は、時代を下ることが予想される。そのうち、最も長い内容を持ったa～eについて、バローはそのモチーフを以下のように分類する。

①ラージャクリハの周辺で
②ラージャクリハからパータリ村へ
③パータリ村にて

④パータリ村からヴァイシャーリーへ
⑤ヴァイシャーリーにおいて
⑥ヴァイシャーリーの周辺で
⑦ヴァイシャーリーからクシナガリーへ
⑧クシナガリーで最期の時
⑨クシナガリーでの葬儀、舎利供養について

さて、このうち何らかの形でa～vすべてに共通するモチーフは⑧と⑨の二つである。したがって取りあえずは、この二つのモチーフが涅槃経の中核をなしていたと考えてよいであろう。しかしそれは、単に「全文献に共通だから古い」という理解に立ってのことではない。「涅槃」という主題を扱うに、もっともふさわしい内容となっているからである。①～⑥は「涅槃」とは直接何の関係もない内容であり、しかも①～⑤はa～eにしか登場しない。(4)

もっともa～eの広経の内容を史実であるとするなら、f～vをその中からの抽出と考えることができる、との反論があるかもしれない。しかしそれは先ずあり得ないだろう。なぜなら①～⑥にはパータリプトラの滅亡や転輪聖王の出現など、明らかに後代の要素が核となって出来上がっている部分が存在するからである。おそらくバローの指摘のように、始めに史実として知られていた「クシナガリーにおけるブッダの涅槃」が核になって、物語が周囲を彩り始めたと考えてよい。これは、考古学的資料によって涅槃のモチーフを研究したエバートによっても支持される。おそらく現在の涅槃経が成立するよりかなり早い時期のイコンに、ブッダが沙羅双樹のもとにて入滅したという事実が描かれているのである。(5)

ここでわれわれはもう一度、パーリ聖典の伝承に関するCousins［1983］の興味深い指摘を想起しよう。パー

リテクストはほんらいオーラルな伝承であり、それが伝えられる際には、文学の才あるものに引き継がれ、教義の中核は保たれながら、その周囲に付随する物語部分をさまざまに変化させていくという。そしてその周囲を彩る物語は、伝承当時の時代状況をもっとも反映した形で落ち着くはずである。したがって史実の伝承は、一面では、物語という形で実現されていたことに注意しなければならない。この意見はことに物語形式を持つ「長部」にあてはまるだろう。そしてアーガマの伝承一般にこのことが成り立つとすれば、涅槃経も例外ではないはずである。バローの研究はこの指摘がなされる前に行われた独立した研究であるが、中核の史実から何らかの形で物語が付随・展開していったと見ている点、両者の一致が注目される。[6]

さて、バローはこのエピソードのうち⑧が中核であり、すぐに⑨が付随したと見る。その根拠は、内容上、涅槃が主題の文献であるとすれば、それはブッダが入滅する事件であるはずだから、という単純な理由による。葬儀や舎利供養は、入滅の事実からすれば間接的な位置を占めることになろう。さらに彼は⑧はSuttapiṭakaを伝承したものたち、⑨はストゥーパに関する儀礼に関心をもったVinayapiṭakaを伝承したものたちが関与したと推定する。本書に直接関係せぬ部分の論証は省くが、結果としてこの後に⑥⑦⑤①③④②の順序でエピソードが付加されていったと見ている。[7]

### 第二項　核の成立と解釈――バロー説の問題点

ここでわれわれが取り上げねばならないのは、上述の涅槃経全体のモチーフではなく、この中核となったはずの⑧⑨に関してである。おそらく『大乗涅槃経』のヒントとなったのも、この⑧⑨が直接的であろう。

今述べたように、バローは涅槃経である以上は、当然、涅槃、つまりブッダの入滅を話題としているのだから、

⑧が真っ先に作られていなければならない、と簡単に前提する。[8] そして⑨を加えたのが律蔵を作成したグループだと見るのは、この部分が仏塔について記すところから、仏塔崇拝の儀礼に関与した律蔵作成グループのものたちが、ほんらい存在した「入滅の話題」に対して、すぐに付加した部分だと考えてのことである。[9] 後に詳しく触れるが、バローは律蔵中の仏塔記述を詳細に洗った結果、同じ部派にありながらアーガマ・ニカーヤ中の「経典」には仏塔がほとんど出てこないことを意識して、仏塔は律蔵と関係が深いという印象を得ている。[10] ここでもそれに基づいた推論をなしたものと考えてよい。

バローにしたがえば、涅槃経でもっとも大切なテーマは「ブッダ入滅の記録」という点に存することになる。ヴァルトシュミットを始めとする従来の研究も、その理解のうちにある。[11] これは一見至当な判断のように思われる。

しかし上記のソースのうち、ブッダの「入滅の事実」のみを記したものは一つとして存在しないことに、われわれとしては注意しておこう。そこには必ずブッダ滅「後」の模様が絡んでいる。つまり、記述の多少や差異はあったにしても、現存のテクストには、基本的に⑧⑨の内容は記されているのである。ということは、涅槃経の核は、この⑧⑨のうち何れであったか、簡単には決められない問題ということになる。

## ㈠　歴史事実と経典制作

この問題の解法の手掛かりとして、先ず一般に確認される「経典制作の意図」を再考してみる必要がある。[12] 阿含・ニカーヤの経典の中で、ほんらい、歴史的事実を記載する必要からのみ経典としてまとめられたものが、はたしてどの程度存在するだろうか。もちろん、ブッダの教説を記録するのが経典であるから、そこにはブッダの語った事実を残そうとする意図が存在することは間違いない。そしてその伝承が正しかったと仮定すれば、その中に歴史的事実を確認することができることも認めてよいであろう。しかし、だからといって、そうした経典が、もともとブッダの事績記録を目的としてなされたとまでは見るわけにいかない。むしろそうした歴史的事実は、逆に教義の保存をはじめとする何らかの宗教的関心に支えられ、それに付随して残された二次的な成果と考えた方がよいだろう。[13]

宗教的に意味のある内容を伝えていこうとする意図とは無関係に、ブッダの事績だからそれを記録しておこうという、たとえば現代のわれわれが、価値の取捨選択は後の課題として、取り敢えず記録を残そうという意図から、議事録や講義ノートをまとめあげるような、そうした記録の意図は、最初期教団においてさえ存在しなかったであろう。

たとえ万一そうしたことを企てようとする者が出現しても、その実現は不可能である。なぜならば、すでに見たように、記録には「記憶」と「口伝」という媒体しか与えられていない。それは個人でなされるものではなく、組織的な集団体制によって果たされていくものである。したがって、個人の意図からそうした提案がなされても、同時代の、あるいはそれを引き継ぐ次世代の「集団の」承認を得なければならない。その集団は言うまでもなく出家者たちである。彼らがブッダの教えを記憶に頼って残して行こうとするとき、そこに働く意図としては、宗教的に価値ありと判断されたものに限られただろうことは疑いようがない。したがって涅槃経の場合も、入滅の記録はたとえ結果としては歴史的事実であったにしても、それは事実であるから記録されたのではなく、何らかの観点で保存の価値あり、と判断されたから残されたと考えるべきである。[14]

これに関連して一つ指摘しておこう。ゴータマ・ブッダの伝記を主題とした文献は、ラリタヴィスタラ、ニダーナカターなどをはじめとしていくつか存在するが、しかしそれらは、上述のものを除いて、涅槃をまったく問題にしていない。そうしたテクストにおいては、関心は入滅よりもブッダの前生に遡って、ブッダを超人化していく方向に発展していく。つまり、ブッダの一代記的な文献においてさえ、入滅は関心を惹いていないのである。この事実も、やはりブッダの事績記録という意味で、涅槃が注目されることはなかったことを示唆していると考えねばならない。

とすれば、事実であるから入滅の記事が涅槃経の核にくるという、歴史的関心を中心に据えてのバローの判断は、そのままでは受け入れ難いものとなる。われわれが考慮すべきは、いかなる関心が経典作者をして「ブッダの入滅」に関する話題に注目させたのか、という点にある。ブッダの入滅に関して断片的に知られていた事実を材料として、一つの作品にまで形作っていったところには、それなりの動機が存在せねばならない。それこそが涅槃経成立の鍵をにぎっているだろう。

## (二)　涅槃を場面とする経典制作の特殊性

ブッダ入滅の経典が単純な「事実記録」としての関心による成立でなかったとして、つまり何らかの宗教的関心に裏付けされて制作されたとして、その宗教的関心とはいったい何だったのだろうか。

ここで第一に注意しなければならないのは、当時の仏教徒たちが「涅槃」という場面をもって経典を制作しようとする場合、おそらくそれ以外の場面でブッダが説法をなす内容によって経典を作る場合とは、根本的に異なる問題に直面しただろうことである。仏教は先ず何よりも、ブッダ自らの口、ないしはその存在を通して真理を開顕するところに展開していく。もちろん実際には、ブッダによって語られたものがどの程度残っているかについては、疑いを持たねばならない。また、そのブッダが、いかなるイメージで捉えられているかについても、それぞれの部派や大乗経典の種類によって、おそらくは差が出てくる。しかし、そんな場合も含めて、あらゆる経典や律は、先ず第一には、ブッダによって真理としての資格を得ていくものである。

ところがブッダの涅槃、すなわち入滅を語るのは、その真理の担い手であるブッダが最期を迎える場面を設定することだから、ある意味で、そこにおいて仏教の源泉が跡絶えてしまう場面を作り上げようとすることになる。それでもあえてそれに関与しようとするなら、そこには通常の経典制作以上の格別な動機が要求されるだろう。もちろん、ブッダの入滅という事実は、動かし難い事件なのだが、しかし先にも触れたように、歴史の事実を記すという関心では経典は生まれない。そこには宗教的意味づけが保証されねばならない。そしてその意味は、涅槃経の場合には、他の経典とは異なったものとなるだろうことが予想されねばならないのである。

すでに見たマックイーンの指摘にあるように、ブッダ存命のかぎり、経典は作り続けられ得る。もちろん、すべての経典はブッダ滅後の編纂であるが、その伝承にはブッダの語ったものである以上、真理としての宗教的意味が与えられており、何らかの形で現実に生きている[15]。そこではブッダと伝承が共存し、あるいは教義伝承の背後に絶えずブッダの存在が実感されている。法は仏を生み、伝承される法から真理を説くブッダが窺える。律蔵を見ても同様であるが、意味のある規定は、その根源に絶えずブッダが要請されなければならない。つまりここでは「ブッダの言葉↓宗教的価値あり」という関係が逆転して「宗教的価値あり↓ブッダのことば」と置き換えられている。後代においてそうした変更が可能になるためには「ブッダのことば＝宗教的価値あり」という前提が存在する。認められた伝承のことばとその背後にあるブッダの存在とは不可分の関係にある[16]。

ところが涅槃経は、ある意味でその聖典を根拠づけるブッダの存在に終止符を打とうとする経典である。それは仏教文献全体の成り立ちを考えたとき、明らかに特殊な性格を帯びてくる。先に述べたように、この事実は重複する教義内容の多い経典群の中にあっても、涅槃を話題としたものは驚くほど少ないことからも窺える。涅槃という話題は、生きたブッダのことばを残そうとする経・律の方向には、素直に沿いがたいのである。

とすれば、涅槃経の制作者たちには、前述のごとき当時のブッダに対する一般意識を背景として、それに矛盾するブッダ入滅の事実、ないしそれに付随する事実をいかに捉えたのか、という解釈を呈示することが要求されたであろう。もし単にブッダが入滅したという事実のみの伝承で終わるなら、ブッダは死んでしまって存在しないことを繰り返し受け渡しするにすぎなくなってしまい、ブッダによって保証される教えの伝承という、第一義の目的と対立し続けなければならない。

### (三) 涅槃の解釈(一)

こうした問題意識に立って、涅槃経の問題を見返してみよう。もちろんここでわれわれが考察したいことは、諸涅槃経文献を通じて得られる涅槃経の制作意図であって、そこから推定される歴史的事実ではない。

ここでは先ず、上記の資料のうち、もっとも簡素な形を保っているg、h、i、j、tに目をつけてみよう(以下、短経と呼ぶ)。しかしそれは、バローのように、短いから古いという発想によってではない。こうした短いものでも、独立した経として成り立っていることに注目し、そこにはすでに経典の制作意図が、おそらくもっとも単純なかたちで読み取れる、と判断してのことである。これらの経典は、内容がすべて一致しているわけではない。そこに説かれた全内容は、

(a)クシナガリーにおけるブッダ入滅の場面設定
(b)最期の説法
(c)スバドラの入信
(d)入滅の瞬間の禅定
(e)滅後の比丘・神々の嘆き

というものにまとめられる。(17)

これらの記述のうちg～tのすべてに共通するものは(a)(e)のみである。とすれば、これまでの文献操作でなされるように、もし共通な要素をもともとの経典の核として取りだそうとするならば、涅槃経は「クシナガリーにおいてブッダが入滅し、それを周囲にいた神々や比丘たちが嘆いた」という極めて簡単な内容に集約されてしまうことになる。確かにそれは歴史的事実として認めるには不自然な内容ではないし、あるいは、それ以外に事実はなかったのかもしれない。しかし再三繰り返すように、その事実のみでは経典を制作することにはつながり得ないだろう。さらに、異なるヴァージョンに共通の記述をもって核とするやり方が危険を伴うのは、すでに指摘した通りである[18]。

涅槃経の制作動機を考えたとき、先ずは上記の内容のうち(b)「最期の説法」が、もっとも涅槃経としての意味を与えそうな印象を受ける。上述のように経典の制作にはブッダの存在が必要とされていた。そんな中であえてブッダ入滅を話題とする涅槃経の制作に入ろうとするとき、先ず考えられるのは、その最期の場面に、仏教のエッセンスと判断されるものを集約しようとする意図ではないだろうか。その教説には、ブッダの遺言としての地位を与えることができるのである。事実、バローにしてもヴァルトシュミットにしても、この最期の説法を涅槃経の中心的核と判断している[19]。

ところが不思議なことに、この最期の説法を記すのは、jのみなのである。こうした伝承の核たるものを後代に省くなど考え難いだろう。にもかかわらず短経涅槃経においては、たった一本しか残っていないし、広経涅槃経においても、c、dには記されていない。とすれば、この最期の説法は、必ずしもあらゆる涅槃経を成立させるのに不可欠な要素ではなかったことになる[20]。

ここでこの一見重要そうでいて、複数の涅槃経に省かれてしまう、その最期の説法の内容を確認しておこう。それは「あらゆるものは移りゆく、放逸なくつとめよ」という、極めて簡単なものである。しかしこれはかえって簡単な記述であるだけに、入滅時のブッダのことばとしては、真実味を帯びている。もし、仏教のエッセンスをブッダ最期の場面にできるだけ入れ込もうとするのが涅槃経の意図であれば、そこでの説法内容は、通常は、手の込んだ複雑なものになる可能性が高いだろう。少なくとも原始・初期仏教に存在した哲学的諸問題や、社会的課題の解決を、何らかの形で入れ込むはずである。そして事実、広経涅槃経はまさにその方向に拡大している。ここで逆に、この記述がブッダ最期のことばとして処々に伝承されていなかったとすれば、この極めて簡単な、単純すぎるほどの言い回しは涅槃経の中に入り込む余地はなかったのではなかろうか。(b)はブッダ入滅時の説法として伝承されていたと考えても不思議ではない。

しかし、こうした予想とは別に、この最期の説法が、涅槃経を成り立たせる核として不十分なことは、すぐに納得されるだろう。なぜなら、これまで述べたように、涅槃経が他の経類と問題を起こすのは、ブッダ滅後に制作・伝承されゆく聖典全体を保証する「ブッダという存在」をなくしてしまう点に存するのであり、ブッダ入滅に関わる歴史的事実をめぐる問題は第二義的なものだからである。入滅の事実をあえて記すことによって、ブッダの存在をなくしてしまうという、まさにその点に、それなりの補償が与えられない限りは、経典はおそらく改編を被り続けるだろう。そして歴史的事実という点でたとえ真実味を感じさせても、簡素すぎるこの説法は、その大切な点の補償としては機能し得ないことは明らかである。

こうした反省をなした上で注目されるのは(d)と(e)である。(d)から見てみよう。ここにはブッダの入滅の最期の瞬間が描かれているが、そこでブッダは、最期の説法をなしたすぐ後に、初禅から第四禅までを繰り返し入定するようすを伝えている。[21] これは当然、事実として判定することは不可能なので、経典制作者によるブッダ涅槃の解釈と捉えるのが穏当である。しかしこの解釈は、先から述べてきた涅槃経制作の意図を読み取る上で、大切なヒントを与えてくれている。すなわちここでは、ブッダの「死」を「禅定」として捉え直し、ブッダの入滅を禅定の階梯の中に読み取っているのである。[22] それは肉体の死から存在の滅を予想させることなく、かえって禅定の世界のできごとを予想させ、姿形を超えた非想非非想処、それさえも超えた最高の世界への入定として把握させようとしている。つまりブッダの涅槃は存在の滅ではなく、最高の禅定への入定なのであり、この(d)はブッダの死の解釈を「滅→禅定」という方向で、みごとに打ち出していることがわかる。ブッダは今「涅槃界」に禅定によって入っただけである。この世界からブッダがいなくなっても、それは最高の禅定に入っているだけであって、機会があればまた抜け出してくる可能性さえ否めない。そこでは法を保証するブッダが、いつも存在していることになるから、仏滅後に制作され続ける聖典の根拠をかえって認めることになる。

この要の問題を解決するに留まらず、この解釈は、仏教徒にとってさらに歓迎されるべき要素を抱えている。それはここでの涅槃が、仏教徒にとって実践として必要な禅定の問題として取り扱われている点である。つまりブッダは、まさに最高の修行を成し遂げたものとしての位置をも同時に得ることになっている。この捉え方は、涅槃がさとりの境地と入滅の双方を意味するという、仏教文献に残された用語法をそのまま反映したものと理解される。

## (四) 涅槃の解釈 (二)

しかし、こうした重要な役割を担うはずの記述(d)は、広経においてはすべて採用されているが、短経においてはjにしか記されていない。残りの短経は、今述べた意味の涅槃の解釈を取ってはいないのである。とすれば、残りの経典においては、「禅定への入定によるブッダ入滅」以外の解釈が示されていなければならないだろう。実は、それが現れるのが記述(e)である。これはg～tすべてに共通している。次にこれを確認してみよう。例えばgでは次のように説く。[23]

＝ある比丘が言った。素晴らしいサーラ双樹が枝を垂れてブッダを礼拝し、華をもって大師の涅槃を供養している。＝

＝シャクラが偈頌を説いた。諸行は無常である。それは生滅する法であり、生じてもまた滅してしまう。それがおさまるときが安楽である。＝

＝そのとき、サハー世界の王ブラフマンが偈頌を説いた。この世界のすべての生あるものは、ついに身体を捨て去るであろう。ちょうど貴い大師、世間に並ぶことなきお方、如来の力を得られた、世間を導く、目たるお方でも無余涅槃に入られたように。＝

＝そのときアヌルッダは次の偈頌を説いた。ブッダは出入息念をなし、意識をよく集中して、所依〔の身体〕によって世間に至り般涅槃された。〔そのとき〕大いなる恐怖が生じ人々は身の毛がよだった。全能の大師は般涅槃されたのだ。〔大師は〕心が怯むことなく、諸愛にとどまらず心が解脱された。まるで薪が燃え尽きるように。(24)＝

＝如来が般涅槃されて七日後に、アーナンダはチャイトヤに赴いて、偈頌を説いた。導師のこの〈宝のごとき身体〉は梵天界に赴かれた。あまりに神威力をお持ちだったので、かえって内なる火が身を焼いてしまい、五百の織物が身を包んでいたが、すべて焼け尽くした。一千領の微細な布が如来の身体を覆っていたが、最上のものと身を包んでいた最下のものは焼け残った。＝

先ず、g〜tに共通する記述は、その内容に若干の差が見られる。先に「入滅→禅定」の解釈を示したjのみは、最後のアーナンダの嘆きのことばが欠けている。短経涅槃経以外の文献ではb（遊行経）、k、l、m（各律）にも記されていないが、残りの文献には、たとえアーナンダのことばとなってはいなくとも、何れかの形ですべてに出ている。(25)詳細に記せばさらにすべての文献に共通の記述は、「ブッダの遺体を包んだ最上と最下の布が焼け残った」というものになる。

では、この記述の意味するところは何だろうか。これはブッダの滅後のśarīra（遺体または遺骨）に関する奇跡を述べたものと捉えるほかはないだろう。ブッダを包んで守っていた布は、外見には何の変化もなかったことになる。そしてブッダの〈宝のごとき身体〉は滅したのではなく、梵天界に赴いたのである。この底には、ブッダの身体に関する特別な配慮が働いていることは間違いない。

この「ブッダの遺体」はbuddhaśarīraである。śarīraと言えばすぐに遺骨が想起されるかもしれないが、しかし涅槃経の場合は、脈絡によっては先ず「遺体」の意味で使われていることに注意しておこう。[26] ここにおいては布が守ったものが遺体・遺骨の何れであるのかが不明瞭である。ところがここで、パーリ涅槃経では次のように説く。[27]

世尊の遺体が荼毘に付されると、膚も皮も筋肉も関節髄液も、その燃えかすの灰が認められないで、遺骨のみが残った。そうしてそれらの五百組の衣のうち最内部のものと最外部のものとの二つの衣だけが焼け残った。

これは焼け残ったもの、衣に守られたものが文脈によって「遺体」ではなく、はっきり「遺骨」となっていることが分かる。

いずれにしても、こうした箇所に盛り込まれた涅槃経の意図は、ブッダの入滅という場面をして「仏身・仏舎利に関する奇跡を認める場」に変えている点に存する。ブッダの身体は荼毘によっても、本当には滅び去ることはなかったのであり、あるいはその遺骨は衣によって守られたのだろう。とすれば涅槃経はブッダ入滅の事実を語ることによって、かえって「仏身の永遠性」というテーマに踏み込んでいることになる。

この意図が存すれば、先に述べた「ブッダの存在と経典の制作」という不可分の関係を、一見断ち切るがごとき涅槃の話題をあえて取り上げる意味が、逆に浮かび上がってくることになる。先に考察した「入定による涅槃の解釈」が、ブッダの滅を出家者中心の修行体系的な価値から捉えなおした試みだったとすれば、この「仏身・仏舎利の奇跡による涅槃の解釈」は、もっと幅広い、在家をも含んだブッダ観を予想する文脈での涅槃の意味づけであると言えよう(28)。

こう見てくれば涅槃経の制作意図は、入滅の解釈を、「仏の入定」という観点と、「仏身・舎利に関する奇跡(29)」という二つの観点によってまとめあげる点に存していただろうことが考えられる。この両者はいずれも重要であり、それぞれ先ず涅槃経の核を構成するに価するものである。そしてこの二つの観点は、もちろん、ほんらい異質なレヴェルの動機づけをなすものであろうが、しかしいずれも「ブッダの存在の確認」という点で一致していることが分かるだろう(30)。

## 第三項　涅槃経の核の発展

### (一)　ミリンダパンハーの例

前者の例の解釈、すなわち無余涅槃界に入ったブッダは、いずこに居るとも示せなくとも存在している、という解釈が穏当なことは、ミリンダパンハーにおけるブッダの涅槃への態度を見ればより理解がいきやすい。感覚には捉えられないものの存在についてミリンダ王が問うのに対して、ナーガセーナ比丘は、灯明の火が消える比喩を用いて、ブッダの涅槃を説明するくだりがある(31)。

〔王が訊ねて〕「ナーガセーナよ、世尊は存在するのですか」。〔ナーガセーナ比丘が答えて〕「王よ、世尊は存在します」。〔王〕「ブッダはここにいるとか、あそこにいるとか、示すことができるのですか」。〔比丘〕「王よ、世尊は無余涅槃界に涅槃されました。ですから、ここにいる、とかあそこにいる、とか示すことはできません」。〔王〕「例えばどういうことですか」。〔比丘〕「王よ、これをどう思いますか。大きな火が燃えているとき、その光炎が消えてしまったら、その光炎は、ここにあるとかそこにあるとか、示すことができるでしょうか」。〔王〕「いいえ、その炎は消えた atthaṃ gata のですから、ここにあるとかあそこにあるとか示すことはできません」。〔比丘〕「それとまったく同様に、世尊は無余涅槃界に涅槃されてしまったのです。世尊は消えてしまったのですから、ここにいるとか、あそこにいるとか示すことはできません。しかし王よ、世尊は法身 dhammakāya として示すことができるのです。なぜならば世尊は法を示されたのですから」。

ここではまずはっきり「世尊は存在する」という前提が示されている点を押さえておこう。その後に火とそれが消える比喩が使われているが、この比喩の意味するところは、すでに先行研究が示すように、「潜在的な存在」を保証していることに注意しなければならない。火は燃料としての材料のもとにまた再燃する可能性がある。つまり火の存在は、むしろ燃料において潜在的に認められているのである。これはウパニシャッド以来の比喩であるし、またニカーヤにおいても適合する例である[32]。

ミリンダパンハーでは、世尊をはっきり法身として位置づけている点で、先の涅槃経の例よりは進んだものとみなされる。しかし無余涅槃界に涅槃したブッダを、感覚世界で捉えられる存在の仕方は脱しても、それを超えて実在たらしめている点は、涅槃経の核を踏まえたものにほかならない。

## (二)　増一阿含における「涅槃」と遺骨崇拝

ここで涅槃経にみた核としてのもう一つの要素である「遺骨・遺体への奇跡」について、注目すべき記述が先に挙げた涅槃経文献群のうちo、pにおいて確認される。このうちoは増一阿含に属し、pは単独経であるものの、oの異なるヴァージョンであることはまちがいない。以後この二経を「増一阿含・涅槃経」と呼ぶことにする。これらの経は、いずれも舞台設定をヴァイシャーリーにおき、そこから入滅の地クシナガリーへと展開する。バローはこの経典の存在をヒントに、広経涅槃経の形成過程を予測して、涅槃経の編纂にはヴァイシャーリーの比丘がかかわったと考えている。

さて、いまの問題はこの経全体ではなく、その主張の中心部分にあたる。oの内容を見てみよう。入滅を目前に控えた釈尊は、嘆く阿難にたいして次のように述べる[33]

わたしは以前にこう思った。過去の仏たちは入滅されてのち、遺された教えは世に久しくとどまることがなかったではないか。どうやってこの教えを世にすえ永くとどめおくことができるものか、わたしは重ねて思惟した。如来の身体は金剛のたぐい *vajropama/-gaṇa である。この身体を砕いて、芥子粒ほどにして世間に流布させよう。後の世の信心篤い信者たちは、如来のすがた rūpa を見ることはできなくとも、それを供養すれば、その福徳のおかげで四姓家・四天王家・三十三天・梵天・自在天・他化自在天に生まれるだろう。このおかげで、欲界・色界・無色界に生まれるだろうし、このおかげで預流・一来・不還・阿羅漢・縁覚、そして仏にさえなるだろう。

これは仏の遺骨、あるいは遺体を基盤とした仏塔供養を勧めた内容である。pにおいては、これとほぼ同様の内容を述べたのち[34]、偈のかたちで「教えよりも仏塔供養の大切さ」を強調して経を終わっている[35]。結局この両経においては、かたちのない法は残らなくても、仏塔が残ることによってブッダの教えは存続していくという判断をなしているのである。

この内容に、さきに考察した涅槃経の核としての「遺骨・遺体への奇跡」をあわせてみれば、両者は見事に重なりあうことが分かるだろう。o、pは広経涅槃経におけるこの一方の核を発展させることによって生まれた経典なのである。そしてブッダの存在形態としての dharma と rūpa を対峙させ、その上で後者を選択する姿勢には、ミリンダパンハーとは、まったく対照的な意識が示されているといってよい。

またここでは、ブッダの身体を金剛と比喩し、その要素の流布を提唱しているのだから、そこには遺骨と遺体の区別をたてず、両方を等しく尊重する意識が横たわっていることが分かる。śarīra のもつ両義が分裂せずに保たれているのである。先に述べたように、バローはこの経を広経涅槃経に先行すると見る。もしその推定が正しいとすれば、ブッダの身体の永遠性を核として涅槃経が形成されたというわれわれの仮定は、より確かなものになってくる。

### (三) 遺骨崇拝への発展

さて、その他の仏教諸文献の特徴、および文献外の資料を勘案したとき、後者のモチーフ、すなわち「舎利（遺体・遺骨）の奇跡」は、その重要性がさらに際立ってくる。そしてまた、遺体への配慮と遺骨への配慮のうち、後代に繋がっていくのは疑いなく後者、遺骨への配慮である。それはやがて大乗の涅槃経にまで発展する。この問題は次章以下に触れることにして、他文献における類似の例を確認してみよう。

涅槃と遺骨崇拝との関わりは極めて幅広い文献に出てくる。*Mahāvastu* においては、

彼ら pratyekabuddha は、虚空に昇り火界定に入って涅槃した。その血と肉は自らの身体の火で燃えて、

śarīra は落下した[36]。

と述べ、*Lalitavistara* は、

彼ら五百人の pratyekabuddha はその声を聞いて、七ターラ樹の高さの虚空に昇り、炎と燃えて、火界定に入って涅槃した。彼らのピッタ、カパ、骨、筋、血などはすべて燃えつきてしまい、清浄な śarīra のみが大地に落下した[37]。

と述べる。

ここで特徴的なことは、pratyekabuddha が火界定によって、不浄な肉・血・筋などを滅ぼしてしまい、そこに「清浄な遺骨 śarīra」が残ったとする点である。上述した短経涅槃経に見られるモチーフが、そのまま現れていることがわかるだろう。ただしその主張の中心は遺体ではなく遺骨である。火界定 (jyotiṣprabhā/tejodhātu) のモチーフにまで至れば、肉体は不浄で遺骨は清浄という理解がはっきり存在する。遺体を否定して遺骨を重要視するのである。ここには、存命中に有余涅槃を達成した者が、肉体の滅後に、無余涅槃に達するさまに重なりあうイメージがある。したがって、短経涅槃経が、もし遺体へ配慮したものとすれば、その意図は、ここではかえって否定されるべきものになっていることが分かる。

この火界定のモチーフは、極めて幅広い文献で確認される。それは大乗・小乗、南伝・北伝を問わない。こうした清浄な遺骨の観念は、仏塔信仰に結びついているものであることが分かるだろう。実際に涅槃経では、この火葬の記述の後に、遺骨分配と仏塔信仰をめぐる内容に展開している。またたとえば、大乗の『宝積経・入胎蔵界』では次のように述べる[38]。

〔尊者は〕「わたしのこの汚れた身体は、生死を流転し、なすべきことはなしてきた。もう生まれ変わることなく涅槃したほうがよいだろう」と考えて、虚空に昇り火界定に入って……無余涅槃界に涅槃した。その

とき長者は〔尊者の〕遺骨を香木で荼毘に付し、乳をもって火を消してから遺骨を集め、新しい壺に収めてstūpaを建立した。

火界定から遺骨へ、そして塔の建立へと繋がっているのがわかる。もう一例、南伝の例を挙げてみよう。*Dhammapadaṭṭhakathā* である。[39]

すぐに自身より火を出し、肉と血とを焼き尽くして、ジャスミンの華のような骨が落ちた。師〔ブッダ〕は白布を広げ、それに包んで四つ辻に置き、祠を建てて言った。「この遺骨を礼拝すれば功徳が増すであろう」。

ここではことに「白布を広げて包む」という点に注意してほしい。結論としてパーリ涅槃経とまったく同じ形に至っている。こうした記述が幅広く見られることを考慮すれば、むしろ涅槃は「遺骨崇拝」を通して捉えられていたと考えてもよいであろう。先のa、c、dの涅槃経はそれを反映していると見てよい。

### (四)　ニカーヤにおける遺骨崇拝

こうした涅槃と遺骨崇拝のモチーフは、もちろん大乗経典に限られているわけではない。すでに増一阿含・涅槃経、およびアッタカターの例を挙げたが、上述の例よりももっと進んだ、ブッダの涅槃と仏塔崇拝を関連させるものがクッダカ・ニカーヤ中の『アパダーナ』「第三スブーティ・ウパヴァーナ」において確認される。[40]

＝パドムッタラという勝者、正覚仏はすべての法に通達して、大火のごとく輝いて涅槃した＝(1)　＝多くの人々は集い来て如来を供養して、〔薪の〕やまを作り仏の遺体sarīraを安置した＝(2)　＝葬送儀礼をなして後sarīraṃ kiccaṃ katvāそこに遺骨dhātuを集め来て、あらゆる天と人々は　仏のストゥーパを建立した＝(3)　＝第一〔層〕は黄金製、第二〔層〕は摩尼づくり、第三〔層〕は白銀で、第四〔層〕

は水晶製＝(4)　＝第五〔層〕は水晶と、紅玉でできており、第六〔層〕は猫目石、上はあらゆる宝石づくり＝(5)　＝基台は摩尼宝でできており、欄楯は宝石製、全体黄金のその塔は、一ヨージャナの高さあり＝(6)　＝神々そこに集い来て、ともにこう考えた。世界の導師・如来の、塔をわれわれも建立しよう＝(7)　＝特別な遺骨 dhātu āveṇika はすでにない。一片の遺体 sarīra もすでにない。そこで仏の塔の上、その覆いを建立しよう＝(8)　＝七宝によって神々は一ヨージャナを増広し、塔は二ヨージャナとなり、暗黒を晴らしつくした＝(9)　＝そこに諸ナーガも集い来て……＝(10)……　＝その〔仏塔の〕光明は月と日を、さらに星宿をも超越した。百ヨージャナの周囲は、灯明の輝くばかりである＝(26)……　＝偉大な世尊、その遺骨の屋形 dhātughara は以上のごときである。彼ら大衆は喜んで、仏に奉仕をつくしている＝(32)　＝世界の導師・救世主に、私（＝ウパヴァーナ）も奉仕をなそうじゃないか。未来に私はブッダの、法の継承者になろう＝(33)……　＝十万劫の間、私は善を積んできた。悪趣を私はしらない。それが幡を布施した功徳である＝(50)　＝四無碍弁と八解脱、それらは私に存在する。六神通力もまた。ブッダの教えを私は証した＝(51)

全体五一の偈頌にて構成されるこのウパヴァーナの過去は、ブッダのストゥーパを供養した功徳によって支えられ、ついには四無碍弁・八解脱・六神通を得たという筋だてになっている。その間に説かれる内容は、天神地祇が競いあってなそうとする仏塔供養のありさまであり、その仏塔の素晴らしさの讃嘆に尽きている。ことにそれが仏塔に対する幡の布施 dhajadāna と結び付けられているところが、現在のスリランカ仏教のありさまと相応していて興味深い。

クッダカ・ニカーヤとは言え、この内容はスリランカ・上座部が伝承してきたものである。もし仏塔信仰が大乗経典に特有のものであるとすれば、この経典は説明のつかないものとなってしまう。

## 第二節　『ブッダチャリタ』

次に北伝に伝わった仏伝を見てみよう。ここで取り上げる『ブッダチャリタ』ほどに、遺骨と涅槃とを結びつけて説いたものはないだろう。そしてこれは意外なことに、如来蔵思想とも関連を窺わせる重要な内容を提起している。

### 第一項　非大乗涅槃経との類似点と『宝性論』

『ブッダチャリタ』の第二七章「涅槃の讃嘆」は、広経涅槃経とまったく同様に筋が展開する。入滅された世尊を荼毘に付そうとするが、マハーカーシャパが到着するまで火が付かない。迦葉が来るとすぐに火が付き、次の偈頌が唱えられる。[41]

＝もろもろの煩悩によって焼かれることのなかった聖者muniの遺体において、皮と膚と肉と毛と四肢とが焼けたのち、バターと毛織物と薪とを用いたにもかかわらず、火は骨を焼くことができなかった（75）＝

＝それから、おなくなりになった偉大なお心のお方のそれら〔遺骨〕を、最高の水で清めて後、やがて〔次のように〕讃嘆しつつ、マッラ族の者たちは町へ、さまざまな金の壺に入れてお運びしたのである（76）＝

＝これ（金の壺）は大きな山の宝の鉱脈のように、至福に満ちた偉大〔な遺骨〕を保存している。諸天に

おける最高神の界が、劫末の火によってそこなわれることがなかったように、遺骨は火によってそこなわれなかった(77)＝

＝慈愛に満ち溢れたこれら〔の遺骨〕は、執着の火によって焼かれることは無縁である。彼（ブッダ）に対する尊敬の力によって保持されている遺骨は、冷たいけれどもわれわれの心を焼く(78)＝

＝愛欲を滅ぼされたそのお方（ブッダ）の力のゆえに、ヴィシュヌ神のガルダ鳥でも運ぶことができないところの、世間に匹敵するもののないそのお方の遺骨を、人間たるわれわれが運ぶのである(79)＝

＝ああ、世間の法は実に力が強い。法に対して力を持っておられたにも関わらず、そのお方（ブッダ）も〔定めの〕力を超えられなかった。名声によってあらゆる人々を覆われたそのお方の、お身体のこの部分が壺の中にある(80)＝

＝自らの光輝によって第二の太陽の如く輝かれ、彼〔自ら〕の光輝によって地をお照らしになったそのお方の金色のお身体は、火によって骨を残したのである(81)＝

この一節は「讃歎涅槃品」の最後の締めくくりの部分に当たるが、その内容はもっぱら残された「遺骨」を相手としての賞賛に終始しているのが分かるだろう。つまり「涅槃の讃歎」とは言っても、それは「ブッダの遺骨の讃歎」なのである。もちろん『ブッダチャリタ』はアシュヴァゴーシャの作品であるから、この「涅槃観」は彼の独創になるものとの反論が来るかもしれない。しかし先に考察した涅槃経の内容を想起すれば、(75)偈のパーリとの一致を始めとして、それは一見して、基本にしっかり伝統を踏まえたものであることが理解される。おそらくこれがインドの文学作品の一つの形式なのであって、今日の詩作における如く独創のみを競うのではなく、あくまで核は伝承によりながら、その周囲のアレンジに「個人」の才能の表現の場が見いだされたのであろう。[42]

さて、この『ブッダチャリタ』の記述には注目すべきいくつかの特徴が存在する。「火は骨*asthiを焼くことはできなかった（75）」「諸天における最高神の界*brahmadhātuが劫末の火*yugānte 'gniによって損なわれなかったように、遺骨dhātu, khamsは火によって損なわれなかった（77）」「そのお方の金色のお身体*svarṇa-kāyaは、火によって骨を残した（81）」などに表されているように、それはこれまでの考察の過程で明かした趣旨と一致するものなのだが、ブッダの全てが失われた後に、遺骨だけは残されたことを強調している点である。これがブッダの残された「遺産」たるものであることは明らかだろう。ここでは「そのお方の金色のお身体」すなわち遺体が滅した後の「遺骨」が問題とされている点で、パーリ涅槃経と同様に――そしておそらくは『雑阿含経』の場合も同様であろう――「遺骨」を強調しているのが分かる。

そしてさらにその遺骨は、先ず「大きな山の宝の鉱脈*ratnagotra（77）」の如きものなのであり、「最高神の界*dhātu」に喩えられるものなのである。この表現からは誰もが如来蔵思想の最も優れた論書、『宝性論』を想起するであろう。両者の記述は、極めて類似している。例えば『宝性論』に、

この同じ清浄な宝の山に比べるべき如来界を意趣してetad eva viśuddhagotraṃ（＝maṇigotraṃ）tathāgatadhātum abhisaṃdhāya〔説く〕(43)

となす箇所は、まさに「仏性buddhadhātu」を「山の宝の鉱脈ratnadhātu」とする点で『ブッダチャリタ』と全く一致しているのである。この譬喩が『宝性論』にとっていかに中枢をなす大切なものであるかは高崎直道[1974: 28]に詳しく明かされている。

また『宝性論』には、

これらの死・病・老の三種の火によっても、如来界が不浄位において変わることがないことに関してavikāratvam ārabhya tathāgatadhātor aśuddhāvasthāyām(44)

と述べる中、この三種の火を「劫末の火 yugānte 'gni・地獄の火 narakāgni・自然の火 prākṛta」と分けて説明している。これは「最高神の dhātu が劫末の火によっても損なわれなかった(77)」ことを説く『ブッダチャリタ』と驚くほど一致していることが分かるだろう。そして損なわれなかったものは、もちろん双方ともに buddha (or tathāgata) -dhātu であある。したがって buddhadhātu, tathāgatadhātu 等の術語に、「仏性」や「遺骨」等の解釈や翻訳を施さないで両者を比べれば、両者は完全に一致している。

このように『ブッダチャリタ』に説かれた「涅槃」には、「如来蔵思想」にそのままつながる基本的要素が存在している。そしてもはや繰り返すまでもないが、この両者を繋ぐものは「遺骨 dhātu」に対する態度である。

## 第二項　如来蔵思想系他文献との関連

さて、先に見た涅槃経や、仏伝文学における遺骨を残すモチーフ、jyotiṣprabhā/tejodhātu の内容は、『宝性論』以外の如来蔵思想関係の文献においても確認される。それは『無上依経』および『甚希有経』である。

〔ブッダが言う〕「例えばウッタラクル州において……預流・一来・不還・阿羅漢・独覚の聖者たちがいて……ある家の者がその聖人をそれぞれ、生涯、尊敬供養し、素晴らしい衣服・飲食物・寝具・医薬品やもろもろの資具を差し上げた。その聖人が涅槃すると、規定どおりに火葬をして遺骨を集め、高いストゥーパを建て、塗香・抹香・薫香・華鬘で飾り、素晴らしい幡蓋・宝幡・音楽で供養し、光明をともして供養するとしよう。おまえ（アーナンダ）はどう思うか。この方が、前の話よりも優れていると思うか」。アーナンダは答えた「ずっと優れています(45)」。

この『甚希有経』の一文は、如来蔵思想を説く経典の一つである『無上依経』の「序品」そのものをなしており、また『無上依経』の最後の章は、やはり『甚希有経』によって構成されている。『無上依経』については、月輪賢隆が提起した問題を、高崎直道が詳細に検討し、その結果、『無上依経』は『宝性論』を不完全に引用しながら編纂されたものとの結論に至っている。[46]やや詳しく言えば、『無上依経』は『甚希有経』を前後に据えつつ、その間に『宝性論』を配置することによって構成された経典である。とすれば、『無上依経』は『甚希有経』と『宝性論』の密接な関係に注目していたことになる。その関係とは何だったのだろうか。

『甚希有経』はサンスクリット原典、チベット語訳ともに存在し、インドに起源を発する経典である。[47]そしてそこで説かれる内容は、ブッダの遺骨dhātuが収められた仏塔供養の意義を説くことで首尾一貫している。主題となる希有な不思議さとは、如来の遺骨としてのdhātuの不思議さに他ならない。『無上依経』はこのdhātuを「序品」で受けて、次には『宝性論』の主題である「如来性・如来蔵」としてのdhātuを展開していく。ここでは、すでに高崎直道によって指摘されているように、『宝性論』と同一の思想を縷々述べていくが、今度はまた最後の章になって、これらすべてが「如来の偉大さ」という『甚希有経』の最後に説かれているテーマで締めくくられる。『甚希有経』では「如来の遺骨tathāgatadhātu＝如来tathāgata」であるから、ここに説かれた如来の偉大さとは、つまり如来の遺骨の偉大さに他ならない。

このように見てくれば、『無上依経』は『甚希有経』と『宝性論』とを材料として編集する際に、実は仏塔信仰の基盤となるdhātuによって媒介しようとしていたことが明らかとなる。それはまさに『ブッダチャリタ』「涅槃品」と『宝性論』とをつないだdhātuとまったく同じものなのである。

## 第三項　碑文資料との関連

さてこの『ブッダチャリタ』を、新たに仏塔崇拝の角度からながめた時、もう一つ注目に価する記述が目に止まる。それは、すでにショーペンが注目しているが、「慈愛に満ち溢れ byams pas yongs su rnam par bsgoms pa, *maitrīparibhāvita ブッダに対する尊敬の力によって保持されている遺骨（78）」という一節である。[48] この表現は先ず『法華経』に全く同様の形で出てくるが、そこでは菩薩にかかる形容句として、「慈悲に満ち溢れた心と身体を有する mairtīparibhāvitakāyacitta」という表現を用いている。[49] とすれば、『ブッダチャリタ』で予想される「遺骨」の位置は、『法華経』の「菩薩」と同様なのであり、それは遺品に留まることなく、むしろ生きた人格と理解されていると考えたほうがよい。

また、この『ブッダチャリタ』の表現と同様に、遺骨を形容する例が『ミリンダパンハー』にも登場している。そこでは buddhadhātu に関して sīlasamādhipaññāvimuttivimuttiñāṇadassanaparibhāvitaṃ dhāturatanaṃ〔戒・定・慧・解脱・解脱知見に満ち溢れた宝のような遺骨〕と表現する。[50] さらに同様の表現は『般若経』にも辿ることができ、「如来の遺骨は、智慧が染み渡っているがゆえに、崇拝すべきである」と述べている。[51] つまり伝統部派の『ミリンダパンハー』であれば、遺骨は三学・解脱門に満ち溢れているのであるし、大乗の『般若経』であれば般若波羅蜜に満ち溢れているのであるから、まさに遺骨は教義の真髄そのものなのであり、それを体現するブッダそれ自身であることになる。この『ブッダチャリタ』の一節には、こうした遺骨崇拝や菩薩を巡る大切なモチーフが読み込まれているのである。

そしてさらに注目に価することは、これらの記述は、初期の仏塔遺跡から出現する銘文に極めて近い表現であ

ることだ。一世紀初頭のカローシュティー碑文には、[52]

ima dhadu śila[pari]bhavita samasiprañavimutiñaṇyade[śa]ṇaparibhavita ..... pratiṭhavemi〔私はここに戒・定・慧・解脱知見に満ち溢れた遺骨を建立する〕

とした例が存在し、さらに紀元後二五〜二六年の作品であることが分かっているカローシュティー碑文には同様に、[53]

śilaparibhabhavida sama[s]iparibhaveṃtu prañaparibhavida〔戒に満ち溢れ、定に満ち溢れ、慧に満ち溢れた〔遺骨〕〕

という表現が表れる。これは今見た『ミリンダパンハー』に全同の表現である。

こうして見れば、上記の諸文献に見られる表現もこの碑文の表現とともに遺骨に関する定型句の一つとなっていることが分かる。そしてこれらの例からも『ブッダチャリタ』の「慈悲に満ち溢れた遺骨」という表現は、「仏塔崇拝」の脈絡にそのまま通じていくものであるばかりでなく、そこにはけっして建造物や遺物ではなく、ブッダの教義的な働きや、真理の生きた働きが読み込まれていることが分かるのである。それは先に見たように「遺骨＝無余涅槃の象徴」を明らかに裏付けるものであると言えよう。これは、やがて後に明らかにされるが、大乗涅槃経の「仏性思想」にも極めて密接な関係を持つ事柄でもある。

『ブッダチャリタ』の作者アシュヴァゴーシャの年代を、もし通説のように紀元前五〇年〜後一〇〇年に定めるとすれば、[54]それはこの碑文の年代とも呼応することになる。こうした早い時期に、すでに遺骨崇拝はかなり高度な発展を遂げているのである。『ブッダチャリタ』の内容からすれば、それはもうほとんど如来蔵思想を生み出しても不思議ではない段階にまで達している。

しかし、先をはやる前に、この節の考察を通じ、繰り返し注意しておきたいことは、やはり涅槃＝入滅という出来事が、遺骨崇拝の立場で解釈されることによって、そしてその遺骨に教義の集約を見る態度が存在することによって、入滅したはずのブッダの現存が、かえって可能ならしめられている点である。ここまで進めば、これが涅槃経制作の大きな動機となったことは、いよいよ鮮明になってくるだろう。一見、入滅の事実を記した印象を与える非大乗系涅槃経は、実は仏の存続を断つのではなく、それを永遠ならしめんがために制作された可能性が極めて高い。

## 第四項　涅槃と遺骨

以上の考察を通して、ブッダの入滅に言及する涅槃経編纂の目的は、ブッダ入滅を涅槃界への入定として捉え、ミリンダパンハーに発展するような、法身 dharmakāya と見ていくか、あるいは幅広い経典や碑文資料に認められる遺骨としての存在に認めていくか、という二つの解釈をともに打ち出し、ブッダの滅を超えて、その存在を確認するところに存していることが明らかになった。

一つ付言しておこう。先に涅槃の解釈について起こった軌跡が、遺体に関するものか遺骨に関するものかやや不明な文献が存する由を述べた。また、増一阿含・涅槃経の例では、身体と遺骨とが同等の価値を担わされていた。従って、ある時期この両者ともに尊重される存在だったことが考えられてよい。しかし、火界定の例で見たように、おそらく時代を下ると、遺体を尊重する傾向は払拭されてしまう。仏身といったとき、それは遺骨を宿した仏塔に確認されることはあっても、遺体自体にそうした価値を認めることはない。ただし、遺体に関する葬送儀礼は重要であるから、それが終わるまでは火葬にできないので、その時までは遺体が保存されている必要がある。しかし、火葬が終わって後は、むしろ清浄な遺骨のみが残ることが期待されている。

そして文献全体に目を配ったとき、ことに、涅槃の場面に関するその後の展開では、遺骨との関わりが決定的となる。そこでは、パーリ涅槃経で守られた遺体自体はかえって「不浄なものは焼け去った」として否定の対象とされるに至っている。ここでは明らかに遺骨の評価が遺体のそれに勝っているのである。舎利（śarīra）をめぐっての、遺体→遺骨へという、こうした解釈の変遷は想定しておかねばならない[55]。

しかし考えてみればこの「遺骨の重視」という方向は、涅槃経の核となるべき「ブッダの存続」という主題、それ自身がいくら発展しても、そこから決して必然的にもたらされる帰結ではない。ということは逆にその変化は外から何等かの影響を被ったものと考えざるを得ないことになる。そこに予想されるものは、もちろん「遺骨＝仏塔」崇拝の文脈でしかない。涅槃経は、すでに存在した仏塔信仰を組み込む形で制作、あるいは改編されていったのであろう。この点でわれわれはバローと同じ結論に至りつく。

## 第三節　律蔵における仏塔の位置

以上、非大乗系の涅槃経の成立過程と、同様のテーマを持つ文献の追跡をすれば、幅広い脈絡において「仏塔stūpa＝ブッダ」という関係が認められるという点に集約されることになる。この結論自体は一見、従来のわが国における研究結果と矛盾を来すようなものではなさそうに見えるかもしれないが、しかしそこには重要な問題が含まれている。

これまでのわが国の学界においておおむね支持されている理解によれば、仏塔の価値を認めるのは大乗の特徴であり、それは大乗の教団的起源とさえされることもある。とすれば伝統部派仏教の流れにおいて、塔崇拝はほんらい受け入れられないものであるか、あるいは無視されるはずのものであるかでなければならないだろう。言い換えれば、従来の大筋の理解に沿う限り、「塔・遺骨＝ブッダ」という関係を見れば、それはひとえに、大乗の問題として限定してしまわざるを得ないことになってしまう。

しかし、すでに序章において明らかになったように、またこの章における、ここまでの考察においてだけでも、ストゥーパや舎利を問題とするのは、けっして大乗に留まるものではないことが分かる。それどころか、振り返ってみればこれまでに論証過程で引用した資料は、むしろ逆にほとんどが非大乗・部派のものであることに驚かされてしまう。そこにはこれまでのわが国の学界の理解では解決不能な問題が提示されていることになる。

結論を先に言えば、仏塔の位置づけに関してわが国の学界は、在家や大乗仏教に引き寄せすぎているために、処々に無理な立論や解釈が認められる。以後の考察に先だって、われわれはこの誤解を先ず解いておかなければならない。本節においては、部派仏教の代表的歴史資料と言える「律蔵」における塔・遺骨の問題を検討することにしよう。部派の文献資料として唯一のまとまったものである律蔵の検討は、塔を巡る部派の態度を考察する上で、必要にして十分なものであろう。

## 第一項　本書における律蔵の取り扱い方法

出家者の生活を規定した文献である律は、仏教の社会的実態を探る上でこのうえない資料を提供する。近年、わが国においては平川彰によって本格的に律蔵研究が推し進められたことにより、その主要な内容が明らかにされるとともに、仏教の歴史解明にとって律蔵研究が必要不可欠なものであるとの認識が生まれることになった[56]。

それは大乗仏教の興起を主題とする研究に当たっても、重要な方法を提供することとなり、仏教研究の新たなるパラダイムの提供をなしたと言っても過言ではない。今日のわが国における部派・大乗仏教の教団の実態解明は、この碩学の成果に負うところが大きい。

ところが、この成果を諸外国におけるもの——このテーマでは、具体的には Bareau [1962] しか存在しないが——と比較した時、大きな問題が生じることが分かる。それは律蔵の解釈と、それに端を発した大乗の問題の二つに渡るものである。このうち、後者の大乗の問題に関しては、後に節を改めて考察することとして、ここでは、律蔵の、ことに「ストゥーパ崇拝」の解釈に関して触れておこう。結論から言えば、平川の研究によれば、部派では仏塔崇拝がほんらい認められず、大乗仏教に特有のものであるとされるのに対して、バローによれば、部派では当然仏塔崇拝を認めているとする。両者で結論が正反対になってしまっているのである。同じ律蔵という資料の同じ箇所を問題としながら、なぜこうした決定的な差が生じてしまったのであろうか。

この問題を考察しようとする時、律蔵の本格的解明に当たった平川彰 [1960] [1964]、とりわけ、その成果に基づいて大乗の興起を論じた、平川彰 [1968] に取られた方法を振り返らなければならない。というのは、バローの主張は、律蔵の記述をそのまま復元する形でなされており、研究成果の検討に格別の配慮が必要ないのに対して、平川の場合は律蔵の記述を単に追いかけたに留まらず、その他の主題の考察から得られた、複数の視点を導入した処理が施されているため、その扱いには少々注意が必要だからである。

先ず資料の扱いに関して、最も確実な方法は、極めて素朴なことながら、バローがなしたように、現存の資料に格別な処理を施さないで、記載された内容をそのまま使う態度である。つまり資料批判をしないまま資料を用いるのである。しかし、もちろんこの成果の利用には制限がある。律蔵は新古の内容が合わさった、成立的に階層をなした文献と考えられるべきであろうから、もしその記述全体を批判なしに使用するなら、その資料によって考察しようとする主題の時代が、少なくとも律蔵の現在型が成立した時代か、それよりも以後の内容に限定されなければならない。しかしこの簡単な制限を守る限り、この最も無批判に思える方法が、最も確実な方法である。われわれの課題は、大乗涅槃経の解明である。その成立は、明らかに現型の律蔵とほぼ同時代か、あるいは前後しても大きな開きはないと考えてよい。したがって、涅槃経の問題を律蔵との関連で探ろうとする限り、この方法が最も無難であることは明らかである。

ところが現在、すでに序章で触れたように、律蔵の研究に関して、この確実な方法が取られることはあまりない。それはある意味で無理からぬことであって、資料批判を経ない形での研究はおよそ考え難く、資料批判を抜きにするならば、仏教学に担わされた最も主要な役割の一つを放棄することになってしまうからである。したがって、ほんらい求められるべき筋としては、新旧の入り交じった雑然とした内容を、その成立時期を勘案しながら整理し、律文献内部での階層を明らかにした上で、その成果を議論するという姿になる。

しかし、この一見極めて説得力を持ったように見える方法は、危険な側面をも併せ持っている。この方法にしたがって、たとえ律蔵の「内部」でその成立の階層が明らかになったにしても、決してそれはその各階層の成立の絶対年代が明らかになったことを意味しない。けれども、一旦そうした成果が打ち立てられると、直ちに研究者たちはその成果を内部に閉じこめて置くことに満足せず、外部の他の文献の考察に適用を試みてしまう。そしてそこに、律蔵に留まらない一連の歴史が構成されてしまうことになるのである。こうしたやり方で、現在の仏教史のかなりの部分が書き上げられるに至っていることは、想像に難くないであろう。

しかし、こうした方法が許されるためには、言うまでもなく単純な、二つの条件を満たすことが必要である。すなわち一つは、律蔵の内部で明らかになった、文献自身に即した、いうなれば即自的歴史が、外部の歴史的事件と同定できること、さらに、その結果を用いて考察する第二の文献も、その外部の事件を共有していること、という二点である。そうなれば、律蔵の研究結果を用いて、第二の文献の歴史も絶対年代をもって明かされることになろう。ところが律蔵の中では、そうした絶対年代を定め得る外部の事件は、およそ信頼できるほどの確かさを持って確認されるものはけっして多くないことは、いくら強調しておいてもよいだろう。さらに、律蔵の内部の即自的歴史の結果が、他文献の即自的歴史と同定できるための、共通項となるべき出来事も、簡単に定まるはずはない。したがって、この二つの条件を明確に備えることができないままでは、律蔵の研究成果を直接の根拠として、他の資料の歴史を語ることは危険である。

## 第二項　平川彰の仏塔理解

### (一)　律蔵の研究

さて、こうした問題意識を前提として、先ず平川彰［1960］を見てみよう。平川は、当時その資料取り扱いの方法が、宇井伯寿、和辻哲郎らを通じてほぼ確立されていた、わが国における阿含・ニカーヤの研究を踏まえ、国内外の学界を通して初めて律蔵の資料全体を明らかにした。その際注意すべきことは、彼が従来のいわゆる「原始仏教」の方法論を踏まえながらも、それに完全には満足せず、さらにそれを一歩進めようとする態度を持っていたことである。平川の批判は、ことに方法論的に明確な態度を持った和辻に向けられている。和辻の取った原始仏教の資料論は、それまでの西洋の仏教学や宇井を踏まえた上で、前章でわれわれが考察したように、その資料の内部の歴史を明らかにする、文献内在的、即自的歴史の態度に限定することにあった。すでに少し触れたが、それは厳密な方法論の検討によって成り立っていた。当然、和辻にしたがう限り、一つの文献で明かされた成果は絶対年代を問題にすることはできない。ところが、平川の不満はそこに存在する。「いかなる文献も歴史的存在である以上、その年代的位置づけを回避することはできない……そして「原始仏教」という用語が年代論を抜きにして成立し得るか否かを疑問に思う……われわれの場合には、仏教の歴史的研究を目的としているのであるから、資料内部の新古の研究のみでは、目的が達成できないことが、これによって明らかであるといわねばならない[57]」と述べ、和辻が施した制限を、再度取り去ることを試みている。

ところが、この問題意識にしたがっての、律蔵を基準とした新たな年代論の展開、そしてその年代論に至る新たな方法論の提示は、この何れもが明確に述べられずじまいになってしまっている。インドにおける歴史構築の基本的方法論に関わると思われる部分については、それ以前の諸学者によってなされた研究成果を超える、新たな方法的知見は、この著作の中には見出すことができない。年代決定の基本的要素となる部派分裂の歴史や、アショーカ王碑文との関連については、過去の成果を全面的に踏まえた形で所論が展開され、最終的には、諸律で記述が共通する部分は古く、部派以前に遡れるという、オルデンベルク以来の基本的態度をそのまま踏襲しながら、全体の分析を終えることになっている。

続いて、この平川彰［1960］を踏まえた形で、平川彰［1964］（『原始仏教の研究』）が登場する。この著書は、律蔵に基づいたサンガの生活形態を全体として整理しながら紹介したものとしては、海外をも含めた諸研究の中で疑いなく第一級の内容を持ちながらも、彼は年代論に無批判に、「律蔵」の内容をそのまま「原始仏教」としてしまった。その中では資料編である平川彰［1960］でせっかく明らかにした、「波羅提木叉が部派分裂以前のもので、その他衆学法等は時代を下る」という見解などは、考慮されることがないまま、そのタイトルが示すように律蔵の記述全体を再現することで原始仏教が再現された、と前提するに後退している。先に「原始仏教という用語が、年代論を抜きにして成立し得るか否かを疑問に思う」と語った自らの前提を閑却した観がある。

しかし実は、すでに述べたように、この平川彰［1964］で再現されたような、資料批判を経ない形での律蔵の利用こそが、われわれがここで確実な方法として採用しようとしている態度なのである。それは一見、粗雑なやり方であるようでいて、推定を混えずに実際の記述のみを利用するのであるから、現存の律蔵ができた時点以降の仏教を語ろうとする際には最も確実な方法となる。もちろん、そこでは原始仏教は語ることはできないことは自覚しておかねばならない。

実際われわれは律蔵研究の現状を認識し直す必要がある。膨大な分量の現存の律蔵の、個々の記述を利用しようとする時、どの部分を古いとし、どの部分を後代の付加とするべきか、という大切な選択に関して、信頼できるほどの全体にわたる資料批判は未だに成し遂げられていない。まして絶対年代を考慮しての問題となると、それは目標の実現にほど遠い印象を拭いきれない。(58) 繰り返しになるが、こうした現状にあっては、律蔵の全体を、それが成立した時代以降に——具体的には漢訳の翻訳年代が下限になるだろうが——限定して語ること以外に、確実な方法はあり得ないだろう。

## (二) 仏塔の位置づけ

われわれの最も大きな関心事である律蔵における「塔崇拝」を扱った研究は、その後にわが国の今日のインド大乗経典研究の方向を決めることとなった画期的名著『初期大乗仏教の研究』（平川彰［1968］）となって現れる。その第七章において平川は、部派教団と仏塔の関係について、律蔵中の記述を引きながら論を進めている。そこには、ほぼ中心的な仏塔に関する記述は列挙されている。その内容は次節において Bareau［1962］に導かれながら、新たな資料も加え詳しく論じていくこととして、ここで注目しておきたいのは、平川がこの第七章で律蔵における仏塔の記述を取り上げながらも、結論として全てそれを「後代の改編」として位置づけ、仏塔記述は、ほんらい部派仏教のものではなかった、との基本的見解を示している点である。
しかしその根拠は、パーリ律に仏塔記述が登場しないという一点以外には、律蔵の記述そのものから帰納されるものではない。その論述は、仮説的な推定が織り成されながら進められているので、読む者は、場合によってはしたがうことも拒否することも同様に可能な印象を抱いてしまう。最終的にパーリ律に仏塔記述が存在しない点を、次のようにまとめている。根拠は律とは無関係な『大般涅槃経』における記述である。
『四分律』『五分律』『摩訶僧祇律』『十誦律』『根本有部律』等には仏塔供養の説明がある。しかし『パーリ律』には見当たらない。……このように『パーリ律』には仏塔に関する明確な記述はないが、しかしこれは、パーリ上座部が仏塔礼拝をしていなかったことを意味するものではない。『島史』や『大史』によれば、セイロンでは古くから大きな仏塔が造営されていた。法顕もセイロンを訪れて仏塔を見ている。このようにパーリ仏教でも仏塔の造営が行なわれながらも、『パーリ律』にその記述がないのは『パーリ律』が固定した時代には、僧伽が仏塔の経営に直接関係していなかったためであろうと思う。『パーリ律』は種々なる点において、他の律蔵よりも古型を保存している。そして古い律蔵には、仏塔経営の記述は存在していなかったものと思われる。その理由は、『大般涅槃経』で、比丘たちに仏塔供養が禁止されているからである。[59]
けれども現在のわれわれとしては、この論述をそのまま受け入れて、諸律蔵中の仏塔記述を後代の改編と決定する訳にはいかない。先ず『パーリ律』が古型を示しているという点に関して、平川は何の根拠も示していないが、現在の研究ではむしろ逆の結果が出されていることに注意しておこう。[60]
さらに本書にとって重要なのは『大般涅槃経』（＝非大乗系涅槃経）の位置づけである。この問題はすでに先に論じたが、この「出家者に対する舎利供養の禁止」という平川の結論は、もしこの舎利供養を遺骨・仏塔信仰ととれば、われわれの考察による涅槃経成立の核たる「ブッダの永遠化」の現れとしての「舎利の奇跡」という捉え方に、真っ向から対立してしまう。確かに、従来解釈されてきたこの「出家者に対する舎利供養の禁止」は、広本涅槃経にはすべて何らかの形で確認される記述であり、しかもバローの分類でいう⑧にあたり、涅槃経の中核に関わってくる部分である。

しかし、この部分の解釈は、十分に注意を払う必要がある。先ずこれは、従来理解されてきたように、遺骨崇拝を諫めた箇所と捉えるべきではなく[61]、最も否定的に見ても「葬送儀礼」に関して関わることに、一定の躊躇を示したものと理解すべきである。

それは涅槃経の諸広経を辿れば明らかとなる。この箇所の話題の設定からして先ず『遊行経』では「仏滅度後葬法云何」、『般泥洹経』では「仏滅度後、当作何葬」、『仏般泥洹経』では「仏滅度後、吾等葬仏身体法当云何」、『大般涅槃経』では「入於般涅槃後、供養之法当云何耶」とする[62]。最後の例は仏塔崇拝を指したものとも受け取られ得るようであるが、しかしこの場合でも、この後に登場するのは、葬儀の方法に関する指示であり、先の三経と同様に葬儀の方式を尋ねたものと見なければならない。しかしなぜこれが、仏塔崇拝の戒めと理解されたのであろうか。この漢訳にしたがう限り、とうていそうした誤解は起こりそうもない。

おそらく、この誤解が生み出されることになったのは、『パーリ涅槃経』の読み方に原因がある。説くところを見てみよう[63]。

「世尊よ、我等は如来の遺体に対して tathāgatassa sarīre どう処置したらよいでしょうか」。「アーナンダよ、お前たちは如来の遺体の供養に tatāgatassa sarīrapujāya かかずらうな。お前たちは正しい目的のために努力せよ。正しい目的を実行せよ。正しい目的に向かって怠らず、勤め、専念するがよい。アーナンダよ、クシャトリヤの賢者たち、バラモンの賢者たち、居士の賢者たちで如来に対して浄信を持つものたちがいる。彼らが如来の遺体の供養をなすであろう tatāgatassa sarīrapūjaṃ karissanti」。「尊者よ、しかし如来の遺体に対してわれわれはどう処置すればよいのですか……」。

この箇所も先の漢訳と同じく、ブッダの葬送儀礼に関して問答をなす部分である。この記述の後には、いずれの文献も葬儀、納棺などの方法が示されている。ところがこの sarīre patipajjāmā, tathāgatassa sarīrapūjā などの術語がそのまま遺骨崇拝と訳されているので、あたかも遺骨崇拝を禁止した箇所のような印象を抱かされてしまっているのである。しかし、この箇所の sarīra は単数、於格であり遺骨ではなく、遺体と解釈しなければならないだろう。これはもちろん先に見た śarīra なる語の持つ意味の展開とも関わる問題である。すでにそこで述べたように、確かに時代を下り、さらに文献によっては śarīrapūjā は遺骨崇拝を意味することがある。しかし、それは脈絡の読みとりを十分に注意して決定されるべき事柄である。この箇所の sarīra に関してはショーペンが詳しく問題にしており、詳しい検討はそちらに委ねるが、この箇所は遺体と解釈して問題はない。パーリの涅槃経は、他と比べて間違いなく進んだ形を持っており、それだけ原初形態からは離れている。こうして見ると、実は広本涅槃経は、五本とも一致して葬送儀礼に関して、出家者の関与について躊躇を示しているのであり、けっして遺骨崇拝を戒めたものではない[64]。

さらに、これらの非大乗涅槃経は、一旦はこうした śarīrapūjā に対する躊躇を示しておく形を取りながらも、結局ブッダは、その方法を提示する。これは、依頼を理由を建てて退け、最後に許可をなすという、経典や律に見られる「新条項設定のパターン」である。したがって当然、結論としては śarīrapūjā は認められていると考えねばならない。

こう見てくると、平川が古い時代の根拠として引用する涅槃経中の「出家者における仏塔否定」という積極的証拠は受け入れ難いものとなる。となればこの平川彰［1968］第七章の考察の中で残るのは、パーリ律を除いて全ての律に仏塔の記述が現れ出ているという事実、そしてパーリ律には登場しなくとも、南伝の諸地域には仏塔が極めて古くから認められるという事実だけとなってしまう。そしてわれわれにとっては、この事実の再確認のみが、次の課題を形作ることとなる。次に見るバローのなした律蔵における仏塔の研究は、まさにこの方向に沿っているのである。次項では律蔵に確認される仏塔の記述を探り、部派教団におけるその位置を確認してみることにしよう。

## 第三項　律蔵の仏塔記述――バローの仏塔理解

すでに述べたように、Bareau［1962］は、一定の判断から資料を加減して取り扱うことをせずに、時代の交錯には配慮しながらも、全体の記述を整理することに主眼をおいたものである。したがってその論文の成果は、そのまま後代の者が利用できる形になっている。筆者自身も律蔵の仏塔記述の整理を試みたが、このBareau［1962］には若干の漏れを除いて、そのほとんどの仕事はそこに成し遂げられていたことが分かった。そしてそれはこの上なく整然と整理されているという利点もある。しかし残念ながらわが国においては、この有益な研究が十分に参照されることはなく、したがって同じ主題を持った平川の研究と比較されてもいない。そうした意味を含めて、ここでは彼の研究の枠にしたがいつつ律蔵に説かれた仏塔を概観することにしよう。

### ㈠　ストゥーパの起源

バローは漢訳律蔵全体に目を通して、仏塔関係の記述を整理しながら、平川とは対照的に、それらは何れも古いものである印象を語り、パーリ律に現れないことを必ずしも重要視しない（Bareau［1962: 230］）。おそらくはその理解の背後には、考古学的に仏塔が古くから確認される事実が横たわっている。そして律蔵の細かい仏塔規定からして、仏塔が律蔵によって、部派教団の中で掌握されていたことに、何の疑問も抱いていない。繰り返しになるが、これは律蔵の記述に、何らかの操作を加えないでそのまま受け取る限り、素直な結果である。

さて、先ず彼は律蔵の記述によってストゥーパの起源・意味を二つに分けて考える。一つは死者の墓から発展した「墓としての塔 stūpa cadavre」という位置づけがなされるストゥーパであり、もう一つはブッダの髪や爪を祀った「聖遺物 stūpa reliquaire」としてのストゥーパである。(65) 前者に関しては『鼻奈耶』の中に「共同体の者が亡くなったら土を盛り上げた墓を作るので、まして世尊に対しては当然である」と記され、『毘尼母経』には「墓の上に塔を建てる。塔から吊るされた布は一片たりとも盗んではならない」と記している。(66) 後者については、『十誦律』に「「ブッダが遊行に出かけて不在の時でも、ブッダに礼拝をしたいので何か小さな供養の対象を下さい」という給孤独長者の依頼に応えて世尊が髪を与えられ、それを塔として祀った」ことを述べている。(67) 同様の例は『毘尼母経』『四分律』にも確認でき、ゴーパーラ長者が旅に出る際、ブッダから「髪」を与えられたことを記して「塔」のいわれとしている。(68)

この二つの区別を挙げたバロー自身は意識していないが、しかしこの塔のいわれをめぐっての区別は重要だと判断する。バローは前者を塔の起源の古い形と見ているが、しかしわれわれはその解釈は取らず、むしろ後者の起源に発する塔としての意味に注目したい。後者においては、ことに「ブッダ在世中のできごと」である点が見逃せない。そこでは、ブッダと空間的に離れて過ごさざるを得ない者が、ブッダを絶えず意識するために、あるいはブッダと共に過ごせることを実現するために、ブッダの身体の一部を持つことで、それを実現させようとしているのである。そこには身体の一部があれば、それによってブッダの現存が実現される意識が横たわっていることが分かる。離れているので目には見えないが、しかし空間的に隔てられた他処で、ブッダが今現に存在することは疑いない事実である。その同じブッダの残した聖遺物は、存在するブッダそのものとして意味付けられ、今生きて活動しているブッダがその遺物の中に映し出されることになる。ここにはいわゆる感染呪術の術語で説明される意識が横たわっている。

このことを前提とすれば、前者の墓としてのストゥーパの意味は、容易に説明がつく。そこではブッダが、時間的に隔たった他処に赴いてしまったのである。そしてその時残された遺物が、「遺骨 dhātu」に他ならない。この空間と時間の隔たりは、われわれにとっては絶対的な断絶を持つかもしれないが、インドにおいてはこの両者を明確に区別する要素はむしろ少ない。前者においても後者においても、肉体としてのブッダの現存が、五感を通じて捉えられない世界にいる点では全く等しい。そうした条件の中で、それでもブッダと共に居ることを可能ならしめるもの、ブッダの現存を感じせしめるもの、それがストゥーパの存在に他ならない。こう考えてみると、実際の成立前後関係は別としても、その意味合いとしては、むしろバローの想定とは逆に、stūpa reliquaire の方が stūpa cadavre より本質的であることになる。

さらにこの想定は、これまで見てきた非大乗系涅槃経の成立に通じる発展を考える場合にも、無理のない道を開いてくれる。先に述べたように、涅槃経は「ブッダの肉身を超えた永遠性」を宣言できるようになって、初めてその形を整えてくることになった。しかし実はその永遠性は、ブッダ入滅の場面に至って初めて降って湧いた問題ではなく、すでに空間的隔たりという条件の下に、ブッダ在世中から準備されていた問題と考えることができる。そうなれば涅槃経の思想の核が熟成されるためには、おそらくあまり時間を必要としなかったことにさえなろう。

## (二) ストゥーパの構造

バローは先ずストゥーパの構造について触れた記述を取り出し、その①素材、②色、③形、④壁、⑤建築要素、

⑥周囲の環境について詳しく論じる。[69]そして⑤に関しては、内容を基台・円筒・高楼・輪竿・輪蓋・宝瓶・欄楯・覆・龕・供養建築物に、⑥に関しては円柱・園・池・チャイトヤ・諸付嘱物に細分して詳しく論じている。今これらに関して、ここに詳しく再録する必要は認めないが、その記述を通じて明らかなことは、諸律によって多少の相違を示しながらも、かなりの構造が明らかになり、律蔵がストゥーパを十分に把握している現実である。

ここで特に注目したい記述は、ストゥーパにおける「供養・儀礼」の実態である。その記述によってサンガ内部でなされた「塔やそれに付嘱した仏像供養・儀礼・禁止事項・宗教的思想」などが明らかになる。この部分に関しては、詳しく辿ってみよう。

### ㈢　供物

先ずは供物である。塔に対する供物の種類には花・香料・灯明・傘蓋・幡・食物・音楽舞踊など多種なものが存在する。順次に記述を追っていこう。

#### ①　花[70]

これはあらゆる律に見られる最も普及した形態の供物であり、華鬘の形を取るのが普通である。『摩訶僧祇律』ではその花の種類も列挙する。それにはāmra, jambu, vaṃsa, campaka, atimuktaka, sumanas, nāgapuṣpa, aśoka などがあり、また付嘱の池には utpala, padma, kumuda, puṇḍarīka などの蓮を浮かべることが記されている。『根本有部律』には金銀の華鬘の供養も指示している。

また『四分律』『十誦律』『根本有部律』には供養すべき場所も指定されている。『四分律』では「塔の基台・欄楯・nāgadanta の場所・二つの階段の間・屋根の突出した縁」、『十誦律』では「花瓶・モニュメントの周りに吊り下げられた縄の上の杭・供養が設けられた場所」であり、『根本有部律』では「象牙の柱は許されるが塔に釘を打って飾ってはいけない」ことを規定する。塔に直接供物を付けることを許さないのは『四分律』も同様である。後になす考察を勘案すれば、これは塔を傷つけることを配慮したためと思われる。また『摩訶僧祇律』では塔に供養された花が枯れて塔を汚していたら取り去れと規定し、浄化に心掛けている。

② 香料・塗料(71)

この供物もあらゆる律に登場する。ことに『四分律』『十誦律』『根本有部律』では詳しい規定をなしている。『四分律』では「香泥が豊富な場合は手形・車輪・Mahendra・籐・葡萄・蓮花の像を作って供養せよ」とし、『十誦律』では塗香・香油・花香・枝香について触れ、さらに障壁に塗り込むことや香料箱に置くこと、花や泥と混ぜ込むことなどが記される。『根本有部律』は『四分律』と同様の香料の種類に触れるとともに、香料入りの水で塔に入る者の足を清めることも説く。塔を洗う水は紫礦や金・栴檀入りの水であることも説かれている。

③ 灯明(72)

これは『摩訶僧祇律』『十誦律』『四分律』『根本有部尼陀那』に説かれている。『摩訶僧祇律』では、灯明は塔や庭の余剰となった花を燃やすことが記されるが、『四分律』『根本有部尼陀那』では、油の灯明が説かれている。前者では、花・香料とともに所定の場所に置くことが定められ、後者では、灯明を一列にして塔の階段の上や下に、あるいは灯明は木の上に、または屋根の突出した部分に置くことが定められている。『十誦律』に関しては灯明を置く場所が特定され「灯処」なるものが設けられていた。

④　傘蓋[73]

傘蓋 chattra に関しては、ストゥーパに建築構造として付属しているものと、供物として捧げられるものの二種類を区別しなければならない。初期のストゥーパには必ずしも傘蓋がついていないことから、おそらくは後者の方が起源をなしていると思われる。諸律のうち『摩訶僧祇律』『根本有部律』『鼻奈耶』『五分律』では前者のタイプの傘蓋を言うが、『四分律』『十誦律』『毘尼母経』ではそのタイプは出ていない。『摩訶僧祇律』では caitya に捧げることを言い、『五分律』『鼻奈耶』では場所を明記しない。一方『四分律』『十誦律』『根本有部律』ではストゥーパに付属する傘蓋を説いている。また『摩訶僧祇律』『四分律』『根本有部律』『鼻奈耶』では「幡傘 chattra-dhvaja」の形で出されている。おそらくこの傘蓋は「王者 cakravartin の象徴」と考えてよいであろう。

⑤　幡[74]

今述べたように、『摩訶僧祇律』『十誦律』『四分律』『五分律』『根本有部律』『鼻奈耶』では、傘蓋に幡を付けるよう指示している。このうち『摩訶僧祇律』『十誦律』『根本有部律』では絹製の幡を指示し、『四分律』では siṃha, nāga を描いたものを、『根本有部律』ではこれに suvarṇapakṣa を加えて幡に描くことを指示する。『十誦律』では幡の図柄に関しては説明がないが、しかし、その幡を仏像の前に引くか、獅子像の前に掛けるか、ストゥーパの周りに植えられている木に掛けるかが指示されている。これは現在のスリランカにおける仏教で見られる通常の形であり、部派を異にする、しかも律蔵に何の規定もないテーラヴァーダの様式と一致している事実は看過できない。

なお、バローはこの幡 dhvaja はいったい何を象徴したものか不明であるが、おそらくは墓のイメージをもった「不浄」で「聖」なる性質のものと解釈する。しかしZimmer〔1968: 257〕によれば南インドに見られる地母神sapta-mātṛkāを祭る土塚に幡が見られ、これをストゥーパの幡の起源と考えていることは考慮しておいてよい。

⑥ 食物・水[75]

この供養は『摩訶僧祇律』『四分律』『十誦律』『根本有部律』に述べられている。しかし、詳しい記述がなされるのは、法蔵部の『四分律』においてのみである。そこでは、舎利弗・目連の塔に対して、在家者が供養する設定で、

「かの〔舎利弗・目連の〕二人の存命中は、常に飲食を供養していた。今は般涅槃されたが、世尊が、私たち〔在家者〕に美味しい飲食を塔に供養することをお許し頂くなら、お供えしたいのです」。比丘たちはそれを仏に告げた。仏は言われた。「供養を許そう」。けれどもどんな器に入れるかが分からなかった。そこで世尊はおっしゃった。「金銀鉢・宝鉢・種々宝器を使ってもよい」。どうして運んだらよいか分からなかった。「象・馬・車に乗せてもよいし、肩に担いでも頭に乗せてもよい[76]」。

とした規定がなされている。そしてこの供物は塔の運営に関わる比丘・沙弥・在家者たちが消費すべきことを定めている。

この供物規定はまことに重要であり、塔はまさに「生きた人格」として捉えられていることを物語っている。この点は後の考察によってより明らかになるが、塔はたんなる建物ではなく「生きた存在」である。また、余剰を消費するのに、塔の運営に関わる比丘・沙弥・在家者を列挙していることも注目される。この在家者はおそらく優婆塞を指したものと理解してよい。インド仏教において優婆塞はかなり程度の高い、専門家に近い在家者で

ある。

⑦　音楽・舞楽[77]

これはあらゆる律蔵に記載されている。『鼻奈耶』では「太鼓・法螺貝」を楽器として挙げ、『四分律』でも「法螺貝」を挙げる。『摩訶僧祇律』と『五分律』では音楽・舞楽の双方を挙げ、『鼻奈耶』では音楽のみを挙げる。ただし『五分律』と『四分律』では、比丘自身が演奏や演舞をすることは禁止しており、在家者にさせることを述べている。『毘尼母経』では仏塔供養に関しては伎楽を認めている。

この規定は、ことに大乗教団の仏塔起源説を考えるとき重要である。この仏塔における歌舞供養は、大乗経典に頻出する事項である。平川はこの問題を取り扱うに当たって、沙弥の十戒に「歌舞の観賞禁止」が規定されていることを重要視し、その戒を受けた上で、さらに具足戒を受ける比丘は、歌舞供養に関わっているはずはないと言う。これを一つの根拠として、歌舞供養が深く関わる仏塔供養を説く大乗が、ほんらい出家教団から出ているはずはないと主張するのである[78]。

しかし、ここでも明らかなように、律蔵でもはっきりと「音楽・舞楽供養」を規定している。しかもそれは――ただしパーリ律は除いて――あらゆる律に出ている事項なのである。もちろん、これを後代の改編と解釈することはできる。しかしそのためには、なぜあらゆる律で挿入されたのかを明確にし、かつ、沙弥の十戒における禁止との連関を示さなければならない。まさにこの角度からこの問題に取り組んだのが、佐々木閑［1991］である。それは示唆に富む、説得力を持った説であり、単に歌舞供養の問題に留まらず、律蔵の成立過程を研究する上でも参照されるべきであろう。いずれにしても結論として彼は、歌舞供養はほんらい出家教団が関わっていたという見解に至っている。沙弥十戒の方が成立が新しいのである[79]。

かりにそこまでの議論に踏み込まなくとも、冒頭に述べたように、律蔵の記述に操作を加えることなく、それを事実として受け取っていく態度を持つわれわれとしては、この歌舞供養も部派教団によって実行された、大切な仏塔供養の要素であったことを認めておかざるを得ない。

⑧ その他の供物

その他の供養物で目を引くのは先ず宝石類である。これは『四分律』『十誦律』『根本有部律』に出ている。通常は環になされたもののようである。また前二者の律では、宝石や金銀での「鈴飾り」にも言及している。(80)次に『摩訶僧祇律』では、衣服を捧げることが記されている。(81)『四分律』ではおそらく供物を載せる台とおぼしき「高台」や「車」を挙げる。車は『十誦律』も同様である。しかしその使用目的は明瞭ではない。

以上、ストゥーパに捧げられる諸供物に関して、バローの説を追いながらほぼ隈なく見てきた。これらの詳細な規定を前にする時、部派が仏塔に関わりを持っていないという印象は、どこから出て来ようか。ここに挙げられた内容は、大乗経典に出てくる仏塔関係の記述をそのまま写しだした観さえあるだろう。われわれの手元に残された律蔵による限り、伝統部派は仏塔崇拝に密接に関わり合っていることを、ここではっきりと確認しておかねばなるまい。

㈣ 像・画

次に「像・画」の仏塔儀礼に関する役割を見てみよう。(82)『毘尼母経』のみはこれらを仏塔に捧げることを記している。(83)残りの五律全ては、塔やチャイトヤにおける像・画の装飾を述べている。(84)この像は『摩訶僧祇律』では壁龕・チャイトヤに、『五分律』では壁龕・柱に、『根本有部律』ではチャイトヤ・幡に、『十誦律』では柱・塔の表面に描かれることが定まっている。

像の性質に関しては、『根本有部律』が仏像を指示するのに対し、『十誦律』では仏像を描くことは許さず、菩薩像にすべきことを記す。『摩訶僧祇律』でも同様に、チャイトヤにおいて菩薩像の設置には何の抵抗も示さないのに対して、Buddha, pratyekabuddha に関しては足跡を空洞にして、象徴的に示すに留まっている。もっとも少し離れた箇所に仏像を述べる箇所があるが、それはおそらく時代を下ったものであろう。『根本有部律』を除いて仏像が描かれない背景を考えた時、おそらくはインドにおける仏像の制作が紀元一世紀を下ることはなかった事実を反映しているのであろう。とすれば、この規定は少なくとも、それ以前の時代を反映したものと考えておいてよいかもしれない。

また『十誦律』では男女和合像を描くことが禁止されている。(85) これは遺跡から発見される塔にはかなり見られる図柄であり、禁止事項として取り上げられることは、逆にそうした像が、当時はびこっていたことを物語っているのだろう。

先に述べたように、『四分律』においては「香泥」を使った手・輪・蓮華などの図像が指示されていた。(86) これは仏塔そのものではなく、あるいは僧院を飾ったものかもしれない。この香泥を使った像は、ヒンドゥー寺院に見られるものと共通している。

また動物の図像も特徴的である。目だったものはライオン・象（龍）であり『十誦律』のみには nāga が記されていないが、他律にはこの二つは表れている。他、多少の動物が描かれるよう指示されている。

これらの図像は、『十誦律』と『四分律』によれば、在家者が礼拝する対象であったことが分かる。菩薩を描いた像の前で、未来の仏になすように幡を引いて自分の家に再度仏が住するように願うのである。また『摩訶僧祇律』は、チャイトヤの中の諸像の前で花を捧げるよう指示している。

上記に説明をなしてきた供養も、もちろん儀礼と関わっている。ストゥーパにおいてはその供養、つまり布施dāna が最も中心をなしているのである。以下に説明するのは、その布施を除いたストゥーパを巡る諸行為と考えてよい。

### (五) 儀礼[87]

#### ① 布施に伴う誓い

『摩訶僧祇律』によれば、花・香・音楽・衣・水・伎楽などを布施する時は、「この世間に利益を与え、輪廻の世界において一切衆生に安穏を与えるためである」由を述べることになっている。[88] また同律は、供養をなす際に「善心」をもって供養することを強調している。一方、『根本有部律』では、「この最高の福田*anuttarapuṇya-kṣetra である供物の善根 kuśalamūla によって、輪廻を繰り返しながら輪廻を終結し、穢身を捨て果ててしまうに至ることができますように」との内容である。[89] これによれば、ストゥーパ供養に伴う誓いでは、天界を得るというよりは、輪廻の終結や利他という、出家的で大乗的な内容が中心をなしていることが分かる。

しかし他の律にはこの供養に伴う心情に関しては全く触れていない。上述の如く、儀礼の形態に関しては詳しすぎるほどの規定をなす律が、それを行う精神的側面に関して無関心であるのは奇妙に思えるかもしれない。しかし律蔵は、経・論と比較した時、教理的・理念的な表現に、甚だしく欠けているという特徴を持つ。そもそも儀礼としての意味合いが保たれた仏塔供養であれば、その意味内容を問うことは二次的な問題となる。逆に、儀礼の意味が問われはじめると、すなわち主知主義的要素が現れ始めると、儀礼はかえって崩壊し始める可能性がある。こうした意味で、経蔵と律蔵とは、ほんらい、異なった方向性を有する聖典である。[90]
しかし、こと仏塔を巡っての行為は、バローも報告するように、決して在家者向けの儀礼に留まっているのではない。現在のスリランカを見ても分かるように、出家者にとっては三昧・経典の読誦などを伴っている点に注意しておこう。

② 供養の状況[91]

この話題に関して、律蔵はあまり多くの情報を提供してくれないが、しかしそれでも十分に興味深い記述が存在する。先ず『摩訶僧祇律』において、ストゥーパ・チャイトヤ供養のイニシャティヴを、出家者が取ることを規定しており、それはブッダの誕生・成道・初転法輪・五年大会 pañcavārṣika の時と指定している。[92] 誰しもこの中に、般涅槃の日が含まれていないのを不思議に思うのではなかろうか。それは pañcavārṣika に置き代わってしまっている。しかしこれこそ、「涅槃」が、ブッダの生涯の中で特別な意味を持って捉えられていたことを表しているに違いない。ブッダが亡くなった事実それ自体では、生きているブッダの記念である誕生や成道と同様に解釈することができなかったのであろう。何度も述べたように、仏教徒にとってブッダは何らかの形で生きていなければならない。そしてストゥーパ自身が、そのブッダの涅槃の象徴でもあり、生きたブッダの象徴でもある。そこには改めて涅槃を祝う必要がない。

『摩訶僧祇律』では供養のグループを二分し、上・中者はブッダのストゥーパ、下者はチャイトヤの供養をなすことを定めている。[93]

また『摩訶僧祇律』と『四分律』にはストゥーパ荘厳のための供養具の撤収の状況が語られている。[94] 何れにしても比丘が指導者となってその回収に関わるのであり、特別な在家者が指導的に関わっているわけではない。ここでも塔を中心とした、出家と異なった別教団の存在はまったく影を見せない。

③　遺骨・遺品の移動[95]

法蔵部の『四分律』によれば、金・銀・宝石などの器に入れた、遺骨・遺品を象・馬・車などに載せて、人や動物に引かせて運ぶことを規定している。『毘尼母経』にも同様の規定をなす。そこでは種々の音楽を奏でることをつけ加えている。[96] この様子はさきに見た『ブッダチャリタ』に説かれるブッダ葬儀に至る場面を髣髴とさせ、一連の文献につながりが保たれていることが分かる。

④　尊崇・礼拝の特徴[97]

仏塔に対する積極的な礼拝・尊崇の形態に関してはあまり多くの資料が得られない。『十誦律』『四分律』『毘尼母経』では「右繞 pradakṣiṇī-Kṛ」、つまりブッダや声聞の塔を右回りにする礼拝を挙げるに留まる。しかし『根本有部律』においては、その右繞の他に別の礼拝の形態を記す。それは「ストゥーパの前に出て、多くの供物を賛辞を唱えながら陳列する。そして五体投地をしながら礼拝する」というものである。

またこれとは別の情報が、『四分律』『毘尼母経』にある。そこでは前者はストゥーパを拭うために、ターラ樹の葉・マールの葉を勧め、後者は蠅叩きのたぐいを勧めている。[98] またバローはここに掲げた例の他にも、葬列を踏まえた供養の様子を取り上げている。[99]

㈥　禁止事項[100]

塔に関する禁止事項は、極めて記述が詳細であり、かつその意図を明確に示しているので、その儀礼の意味を明らかにする上で大切な資料を提供する。

① ストゥーパに対する尊崇の念からの禁止事項

先ず『摩訶僧祇律』によれば「塔の中では頭や肩を覆ってはいけない」と言い[101]、『四分律』では「塔 stūpa reliquaire を運ぶ際には、衣を逆にしてはいけないし、首に巻き付けたり頭を覆ったり、両肩を覆ったりすることなく、上品に右肩を出すべきである」と規定している[102]。『四分律』では、塔を腕で運ぶことを禁じ、履き物を脱いで頭・肩で運べと指示しており、塔との間に仕切りがない場合は、塔に向かって足をのばして座ることを禁じてもいる[103]。また有部の『十誦律』では、塔の前、ブッダの前で他人に挨拶することを禁止する[104]。これらは何れも、最高の人に対しての礼を欠かない態度として要請されるものと考えられる。またこうした規定から、出家者は塔と直接に関わる状況で生活していることも明らかである。

『四分律』には、塔への尊崇の気持ちから禁止する事項が多く記述されている。不浄処に行く時は、塔（携帯用の塔）を携えてはならないし、行った後には、身を清浄にして持つべきである。また自分が過ごす場所よりも劣った部屋に塔を置かず、優れた部屋に安置しておくべきである。部屋の位置が上下になる時は、塔を必ず上にしなければならない。ほんらいは同じ部屋で宿泊をしてはならないのだが、塔を守護するためには、龍牙上か部屋の上に安置して過ごすことを許可している。

また、この『四分律』では塔内に守護のために比丘が宿泊することを規定している。その時の振る舞いについては、上記に挙げた「塔 stūpa reliquaire」に対する態度と全く同じことを定めている[105]。しかし、その中で「塔に足をのばして座ることの禁止」を述べる箇所で、「僧院内の塔であれば、途中に障害があるので——直接に塔に足が向けられるわけではないので——許す」由を述べている。これらの記述は、当時のストゥーパの様子とサンガの関係を見る上でまことに興味深い。

塔内で履き物を禁止することは、『摩訶僧祇律』でも認められる。[106]『毘尼母経』においても、塔内および塔を右繞する時には履き物が禁止されている。[107]『根本有部律』では多少違った内容であるが、塔の像は尊敬しなければならないので、食物で塔の形を作って、それを壊したり食べたりしてはいけないことを規定している。[108]

このように出家者にとっては、塔は極めて尊敬されるべき位置に置かれていることに改めて注意しておかねばならない。以下に項目を分けて考察する事項も塔に対する尊崇と密接に関わっている。

② モラルとしての禁止[109]

この項目でバローは極めて重要な発言をしている。それはストゥーパが、ブッダや尊敬されるべき人物と全く同様に見なされているから、布施を受ける権利やその他の権利が人格に対するのと同様に守られなければならないというものである。『摩訶僧祇律』によれば、塔の財物は奪ったり勝手に使用してはならず、また破壊することも厳しく戒められている。ストゥーパの破壊はことに重罪 sthūlātyaya とされており、「世尊は貪欲・瞋恚・愚癡を離れているのだから」という理由で塔物を使えば、罪であるとしている。また仏塔の園にある花や樹木の実を、「仏は欲 rāga・瞋 dveṣa・愚 moha を離れているのだから」という理由で勝手に使えば、それは越比尼罪 vinayāpatti であるばかりでなく重大な業の異熟につながる行為であると、厳しく規定している。[110] また『鼻奈耶』では、この規定を因縁譚と共に引いている。それによれば「婦人に花をあげようとして仏塔地から花を奪った青年は、皮膚に発疹ができて命が危うくなった。塔に手厚い布施をなしてようやく治った」というものである。[111]

さらに『摩訶僧祇律』では、塔地内で衣を洗濯したり染色したりすることを禁じているし、顔や手を洗ったり器を洗ったりしてもならないとする。しかし、下流に流れてきた余分な水は、許可無しに使用してよいとしている。総じて塔物を、私用や俗的なことに使うことは禁止されているとみてよい。[112]当然ここでは、塔＝世尊という解釈に立った上で、勝手な解釈で不敬をなすことや、私物化することが、悪業の異熟を招くという厳しい形で戒められているのである。バローはMahīśāsaka, Vetullaka, Caitasika, Pūrvaśaila, Aparaśailaなどの部派が「仏塔に布施しても大果はない」ことを主張する一方で、仏塔に十分な敬意を表していたことに注意すべきであると述べる。

平川はこれを「ストゥーパとサンガの経営権の相違」といった立場で考察し、[113]その解釈が彼の大乗仏塔起源説の一つの根拠をなすものともなるのであるが、しかしその説はあくまで推定に基づくものであって、僧院と仏塔両者の経営母体の相違について、律蔵の中にはどこにも説かれていない。

③　浄化の観点からの禁止事項

塔に対する尊崇のため、浄化に関してもさまざまの禁止事項がある。殊に人・動物・屍体の接触に関する規定が目を引く。先ず先に挙げたように、『摩訶僧祇律』においては塔内で「身体を洗う」ことを禁止していたが、その条項で「唾を吐くこと、大小便をなすこと」などをも同時に禁止する。[114]これは『四分律』『毘尼母経』においても同様に確認される。また後二者では「塔であくびをすること」をも禁止している。それは「呼吸そのものが不浄だから」である。[115]また『四分律』では携帯用の塔stūpa reliquaireを運ぶ際に、「用足しをすること」も禁止されている。[116]『四分律』『十誦律』では「塔の前や龕の前で楊子を嚙むこと」を禁じ、[117]『四分律』では「食べ物の残りで塔を汚す」ことを戒めているほか、[118]先に見たように『根本有部律』では「食べ物で塔の形を作り食べてはいけない」ことを定めている。[119]

また、『摩訶僧祇律』『十誦律』『四分律』においては、「犬・猫・馬・鳥・雌牛・猿などの不浄な動物が入らないように」柵を設けることを規定する。[120] ヒンドゥー一般の理解からすると聖なる動物である猫や雌牛が不浄と考えられて退けられていたとすれば、仏教徒たちは彼らとは理解を異にしていたことが分かる。

屍体による汚染の禁止は『四分律』に出ている。そこでは、屍体を持って塔を通過したり、屍体を運んだりすることも禁止するし、煙がかかるという理由で、塔の前や付近で荼毘に付したりしてはいけないと規定する。さらには香によって清めることなしに、死人の「衣」を運んで塔を通過することも禁止する。[121]『毘尼母経』でも同様に、塔に入る前に、その衣を水や灰で清めることを定めている。[122]

④ 宗教的畏敬からの禁止事項

この規定は『四分律』には詳しいが、他の律にはあまり確認されない。『四分律』では「供物を載せるために塔に上がってはいけない」とするが、その理由に「塔を守る神が怒りをなすから」と説明している。また理由の提示はないが、牙の上の台や供養物用の像に上ってはいけないと指示している。[123]『根本有部律』でも同様に「塔の上」に上ることを禁止しているが、その理由は「供物を載せる部分に比丘が上るのは不浄だから」とする。その代わりに「在家者や沙弥 śrāmaṇera」を上らせるように言う。それが不可能な場合には比丘自身が足を洗って、「これから師匠に供物を捧げたいと思います」と誓ってから供養をなせとしている。[124] したがって、必ずしも『四分律』の理由は絶対的ではない。しかし『四分律』ではこの他にも、「塔の守護神の怒りから守るために」という理由で規定をなしている箇所がある。[125]

この守護神は、塔そのもののほんらいの神性——もちろんそれはブッダそのものだが——ではない。おそらくは yakṣa の如き、樹木や柱などに宿ると目された諸神の類であろう。『四分律』と『毘尼母経』には、「敬意の籠った恐れの感情」がブッダの髪を切ることを禁じている話を記している。[126] しかしその恐れは、ブッダそのものから由来するのではない。ブッダはその状況において、むしろ保護を与える立場を示しているのである。こうした物語とどの程度関わりが深いかは、資料が十分ではないので必ずしも明らかではないが、聖なるものにたいする危害を恐れる意識と関連するものとしてバローは挙げている。

以上、塔に関する禁止事項を概観した。資料としては『四分律』が目だっているが、それでも広律全体に渡っており、この僅かな資料を通じても、いかに塔が聖域として指定され、それを巡るいわばタブーが設定されていたかが窺われるであろう。

### (七)　ストゥーパの利益・財産

最後にストゥーパの利益・財産を巡っての記述について触れておこう。『摩訶僧祇律』と『十誦律』は比較的詳しく塔の財産について語っている。『摩訶僧祇律』に関しては、すでに塔や園の水、供物を、個人の生活目的のために使用することを禁じた規定を見た。塔の園や池にある花は、塔を荘厳するための華鬘として使わなければならない。余剰のものは油や香に変えて、仏を供養するべきであり、あるいは仏の、すなわちストゥーパの蓄財とすべきである。[127] ただ園の果実だけは、施主の許可によってサンガが消費してよい。布施のうち優れた物と並のものは塔に供養し、劣ったものはチャイトヤに供養することになっている。なおバローは触れていないが、塔物をサンガが使用する時、さらにサンガのものを塔に回す時には、それぞれ文面で確認した後にされることが定められている。しかしこうした文字の使用は、多少時代を下ったものかもしれない。[128]

『十誦律』では塔の蓄財は、他に譲渡不可能であるとする。さらに塔に捧げられた供物は、他の目的で使用してはならない。それをサンガの財産と混同してはならないし、僧院を建て直したり、修理をしたりする時、先ずストゥーパに掛かって、次に僧院に掛かるべきであり、その逆ではない[129]。

なお、『四分律』では、塔への供物は、塔の造営者、比丘、沙弥、在家者たちが消費して構わないとする[130]。

こうした記述を見て分かるように、塔に属する物は特別扱いをされており、生活をする場であるサンガの物とは区別が建てられている。そして有部も大衆部も法蔵部も、塔を十分に尊重した態度を取っていることが分かる。律蔵を根拠に、われわれが前提にできる事実は「塔の物をサンガが使うことが原則禁止されている」ことであり、その理由として全体を貫き得るものは、これまで見てきたように、ストゥーパがブッダと等しく捉えられているため、神聖性を有していると理解されていることである。


以上、多少煩雑ながら、律蔵におけるストゥーパの記述をBareau［1962］に導かれて探ってきた。上記の整理でもまだ塔記述に関する網羅的な列挙ではないが、その限りでも、いかに律蔵においてストゥーパが重要な位置を占めているか十分に明らかであろう。われわれはこれらの記述を、たとえ大きく譲って、それが発生的には二次的なものであると認めたにしても、部派仏教からこの仏塔を削除して考える態度には、とうてい同調しかねる。誰もが気づくように、大乗経典であっても、これほど詳細にストゥーパの運営について規定しているものは、目にしたことはないだろう。塔崇拝の問題は、律の重要な関心事であり、決して大乗に限られるものではない。そしてその塔は、生きたブッダそのものと捉えられていたことを、繰り返しのくどさを厭わずに、何度でも確認しておこう[131]。

# 第四項　仏塔＝ブッダ

## ㈠　人格としての仏塔

Schopen［1987］は Bareau［1962］を踏まえて、ストゥーパが人格的意味を担うことに、さらに注意を喚起する。それは文献資料に確認される遥か以前の碑文においてすでに現れており、その概念の起源の古さを示唆している。例えば紀元前一世紀と目される、サーンチーのストゥーパにおける記述を見てみよう。そこでは、塔における石の盗みを次のように規定する。

何人にしろ、この Kākaṇāva（＝Sāñchī）から石像を奪ったり、奪わせたりし、あるいは他の師匠の家 ācariyakula に移転せしむれば、彼は五逆罪を犯し、すぐに業熟する趣へと赴くであろう。(132)

ここではストゥーパからの盗みが、仏教で最も重い罪である五逆罪に当たるという非常に厳しい内容になっている。この碑文において次の二点が目を惹く。先ず一つには、ここでストゥーパは ācariya-kula「師匠（＝ブッダ）の家」と名付けられていること、つまりそこにはブッダが存在する意識が認められることであり、(133)もう一つは、この規定が律蔵に見られる「塔物 staupika の窃盗規定」とオーヴァーラップしていることである。

このストゥーパに属する物の取り扱いについては、律蔵以外においても、例えば *Upāliparipṛcchā*, *Śikṣāsamuccaya*, *Bodhisattvabhūmi*, *Rāṣṭrapālaparipṛcchā*, *Gaṇḍavyūha* などの大乗の文献も含めて規定されている。これはすでに Edgerton［ii: 608b］が staupika のもとに引用している。ショーペンは、規定の内容が最も鮮明に現れる *Ratnarāśi* の記述を挙げる。(134)

現前サンガの物に余剰が出た場合は、満場一致の原則により、四方サンガにその物を流用しても構わないが、塔物に余りがあっても、現前サンガ・四方サンガに流用することは許されない。……塔に属する物は、たとえわずかに断片であっても、それはそれ自身が天人を含む世界の中で聖なる物（caitya）だからである。……塔に捧げられたものは、布切れでも日光や雨に曝されて塔で朽ちるべきである。そんな布でもお金と交換してはならないし、塔物は一切値段を付してはならない。

塔に特別の地位を与えるこの規定は、律蔵で確認されるものと同様の内容を持つ。先ず塔物と僧物を現前と区別するのであるが、その背景には塔物が神聖な物であると捉える態度が横たわっている。

先にも触れたが、平川はこうした記述を、ストゥーパの経営とサンガの経営の運営母体が異なっていることを示唆したものと解釈し、そしてそれを根拠に塔の教団としての独立性を主張していた。しかし、ストゥーパに独立の経営主体があったことは、いかなる文献にも碑文にも現れない。もちろん塔経営者の言葉は散見するが、それは律蔵の記述から推す限りサンガの構成員と考えておいて問題はない。

実際に確認される記述を重視する限り、塔が神聖なものと理解されていたことが、塔物と僧物の混用を禁止した根拠と見なければならない。つまりここでもストゥーパは神聖なブッダそのものと見なされていると考えられるのである。実際に漢訳のこの対応箇所では塔物を「仏物」としている。

また塔物の窃盗に関して、すぐに異熟する五逆罪に等しい罪と見なすものは、*Ākāśagarbhasūtra*, *Upāliparipṛcchā* が存在する。[135] これは次章以下で主題とする大乗涅槃経でもほぼ同様である。[136] 言うまでもなくこの五逆罪はブッダを傷つけることを始めとした仏教徒最大の罪である。ことに五逆罪のうち四項目までが貴人を傷つけることへの戒めとなっている。したがってここの塔の規定においても、ストゥーパを傷つけることが、ブッダ自身を傷つける罪と見なされた背景を物語っている、と見ておいてよい。

## ㈡　生きたブッダ

このようにストゥーパが生きたブッダを予想することは、それを傷つける場合に限るのではない。逆にストゥーパに対する礼拝は、そのままブッダに対する礼拝に結びつくはずである。Schopen［1987: 209-210］はさらに考察を進め、生きたブッダの崇拝と、そのストゥーパの崇拝との間に違いがないことに関して『根本説一切有部律』の Toyikā の塔の記述に着目する。

〔バラモンが遠くからブッダを見たが、農作業をやめてブッダに礼拝をしに近づくことをためらい止めてしまう。それを見た仏は〕かのバラモンは間違っている。彼がもしこの場所に近づいて、彼がここで礼拝したとすれば、彼はこの場所に迦葉仏の遺骨を発見したであろう。彼が近づいて来たら私に礼拝をしたであろう。実に彼は二人の正等覚に礼拝をしたことになるであろう。なぜならアーナンダよ、この場所には乱されない迦葉仏の遺骨が存在するからである。(137)

ここではバラモンが二人の仏に礼拝をしそこなったことが説かれているが、カーシャパ仏の場合は「遺骨 asthi」でしかない。しかし、逆にみれば、それがそのまま生きたシャーキャ・ブッダと同一視されているのである。

これはヴァルトシュミットが涅槃経の Sondertext と名付ける『仏塔右繞経』*Caityapradakṣiṇāsūtra* における次の記述と共通する。

現存のブッダと般涅槃したブッダとそれぞれに礼拝する者の功徳は変わることがない。(138)

この記述は、「二果報の平等」として涅槃経の中で知られてきた伝承の筋にのるものと考えてよい。二果報の平等とは、スジャーターの布施とチュンダの布施との果報が、それぞれブッダを成道と涅槃とに導いた布施として平等であると理解されているものだが、それをこの「現存のブッダ」と「涅槃したブッダ＝遺骨」との関係で捉えるなら、今見た *Mūlasarvāstivāda-vinaya* の例も同様のものとして理解されることになる。また、『マハーヴァスツ』における「アヴァローキタスートラ（*Mv.* ii 362）」でもまったく同様の内容が説かれている。[139]

こうして見れば、遺骨ないしストゥーパは、まさに生きたブッダと同様の位置を与えられて、崇拝の対象とされていることが理解されよう。仏滅後に、諸王の間に「遺骨」を巡る争奪戦が繰り広げられた、という涅槃経の記述は、誇張された伝承であるとしても、いかに遺骨の評価が絶対的であったかを示してくれている。遺骨にまみえることは、ブッダそのものにまみえることなのである。

繰り返しになるが、ここで明かされたことはただ一つ、遺骨・塔は、生きたブッダそのものとして、広く大乗・非大乗を問わず、仏教徒の前に存在していたことである。この結論を勘案するなら、先に考察した涅槃経成立の「核」としてブッダの永遠性が獲得されなければならなかった動因として、「遺骨の奇跡」が決定的な役割を演じていたことが容易に理解されることになるであろう。

### (三) 涅槃におけるブッダの身体

こうした仏塔の性質に関してすでにはやくミュスが、仏教前史をたどる中から獲得した興味深い知見を発表している。彼は仏塔の源流を、インドの二つの伝統の中に確認する。その第一は、死者は宇宙のプルシャを模倣した石造の墓において、いうなればその墓を身体として生存し続けるというものであり、第二には、アグニチャヤナにおいては、その構築をなすものが聖なるものとの出会いを実現するが、同じように、死して後のシュマシャーナの構築は、このアグニチャヤナになぞらえられ、やはりその構築に携わる者に、聖なるものとの接触が起こり得るという考え方である。[140]

あまりにも簡潔にまとめられた二点であるだけに、複雑な仏塔の歴史展開を考えたときに物足りなさを感じさせる理解に思えるかもしれない。しかし仏塔の研究がはるかに進んできた現在でも、このミュスの与えた視点は、色あせることなく有効な力を持ち続けている。文献の範囲内でこの理解を実証してみたければ、大乗経典のうち、目につくものを自由に取り上げてみるとよい。たとえば『法華経』「方便品」において、泥で仏塔を作り上げる子供は、まさに仏塔を作ることにおいて、そして作る本人がブッダそのものと接する功徳を得ることが記されている。[141]これは律蔵においても確認される内容であり、また先述の増一阿含・涅槃経においても同様であった。基本的な点は、まさにミュスの理解につきてしまう。[142]

エバートはこのミュスの理解に立脚しつつ、さらにブッダの涅槃に関するさまざまなイコン研究を通して、涅槃と仏塔との密接な関係を明かすに至っている。[143]不思議なことにインド仏教においては、ブッダの死は最も古い時代から、バールフトにおいてもサーンチーにおいても、イコンとしてはストゥーパの姿によって表現されている。確かにその後時代を下ってから、ガンダーラにおいてブッダの寝姿が現れるが、しかしインド仏教全体からすれば、ブッダの涅槃をこうした人間的な死の姿において表すのは、ストゥーパとして表されるものに比して、極めて例外的であることに注意せねばならない。このブッダの人格像的描き方が普及して後も、グプタ期以降になれば、ブッダの死姿を描きながらそこにわざわざ仏塔を描き加えていることもある。つまりインド仏教の脈絡においては、ブッダの涅槃はあくまで仏塔をもって表現しようという意識が働き続けるのである。[144]

この点を先のミュスの理解に照らし併せて考えれば、実は仏塔が、単にブッダの死を示した墓標に留まらず、むしろ「ブッダの涅槃における永続する身体」であり、同時に「ブッダの絶対的なはたらきに出会うための場」として捉えられている証左であると考えられる。死を超越した証しが仏塔の形を取っているのであって、写実的な死の姿自身は、ブッダの涅槃を描くにはふさわしくないのである。

これら二学者の洞察は、インドにおける仏塔の役割を考えたとき、極めて示唆深い。すでに見たように、伝統部派における涅槃経は、「ブッダの死」の事実をある意味で乗り越え、永遠のブッダという理解が生まれ出たところにその核がある、というのがわれわれの考察結果であった。これはイコンを対象としてきた、この両研究者の「涅槃」「仏塔」に関する解釈とまったく一致しているのが分かるだろう。このインド仏教における趨勢を考えるなら、涅槃という主題は仏塔と密接に結びつきながら存在しているし、それはブッダの存在を予想させる、もっとも中心的な題材ともなっていることを認めざるを得ない。

## 第五項　パーリ律における仏塔記述欠如

### (一)　南伝における仏塔

これまでの考察を通じて、非大乗、すなわち伝統部派仏教において、いかに仏塔が重要な位置を占めているかは十分に明らかになったと思う。しかし、それにしてもこの重要な記述が、なぜパーリ律には存在しないのであろうか。もっとも、この問題はわれわれには直接関係はない。なぜなら、われわれの関心の対象である大乗涅槃経の成立を探っていくためには、インド亜大陸における仏教の状況が明らかになれば十分なのであって、北伝の律が考察されればそれで目的が完全に果たされてしまうからである。したがって、ほんらいはパーリの問題に立ち入る必要はない。けれども、仏教史全体を視野に入れる立場から、敢えてここでこの問題に少し立ち入り、パーリ仏教、すなわちテーラヴァーダにおいても、実際にはいかに仏塔が意味を持っていたかを確認し、記述不在の意味に言及しておこう。

まず、ここまでの引用において、われわれはすでにパーリ文献において仏塔を巡る記述が取り上げられているものをも拾い上げてきた。それらを確認するだけで、南伝における仏塔の重要性は認識され直すことと思う。ここではすでにこれまでの研究で触れられた情報を加えて整理しておこう。

従来も注目されてきたが、われわれが先ず押さえておきたい記述が『マハーヴァンサ』に存在する。五世紀にその成立が認められるこの歴史文献において、スリランカを改宗させることになったマヒンダと、相手のDevānaṃpiyatissa 王との間に交わされた会話が、仏舎利（dhātu）を巡ってなされている。マヒンダは王に向かって忠告をなして次のように述べる(145)。

〔マヒンダ〕「国王よ。われわれは正等覚、師匠にお会いしなくなって久しいです。われわれは師匠がなく生きています。われわれにはここに尊崇の対象がないのです」。〔王〕「しかし、等正覚は涅槃に入られたとおっしゃったではありませんか」。〔マヒンダ答えて〕「舎利 dhātu が存在するところには勝者（ブッダ Jina）が存在するのです」。

この答えを聞いて王はストゥーパの建立を約束する。これがスリランカにおける仏塔の起源の説話である。このマヒンダの「舎利あるところにブッダあり」との答えは、まさに仏塔＝仏という、これまで確認してきた仏塔ほんらいのあり方を凝縮して表現している。インド亜大陸に確認されるストゥーパの意味と何等変わるところがない。このように、わずかではあっても重要なパーリ文献に確認されるストゥーパの性質は、やはり「塔＝生きた仏」という位置づけを持っている。

次に聖典文献を離れ、南伝仏教に確認される「塔」に関して報告されている、興味深い記述を見ておこう。もちろん南伝の諸地域にはパゴダと呼ばれる僧院付属のストゥーパが古くから存在し、今日まで仏教の極めて重要な位置を占めていることは改めて言うまでもない。その塔を巡る問題として、オベーセーカラはスリランカに見

られる次のような伝承を紹介している。それは、

この時代を破壊してしまう洪水が起こった時、さまざまな場所に存在する「仏の遺骨 buddhadhātu」が神通力によって集まり、ブッダ自身がその骨から再現出される。そして彼は最後の説法をなす。(146)

という。さらにスパイロもタイに伝わる同様の伝説を紹介している。

彼〔マイトレーヤ〕が到着する直前に、現在のブッダであるガウタマの遺骨が再結合してブッダの肉身を再実現する。彼を崇拝することによって、weikza は自然に涅槃を獲得することになる。(147)

この二つの例は Schopen［1987: 221,n.47］において取り上げられた。何れも、ブッダの遺骨 buddhadhātu は、いつでもブッダを再現できる潜在力を持っていることを言う。この伝承の内容が、これまでわれわれがなした理解にいかに相応したものであるかは改めて触れるまでもないであろう。これらは canonical texts で確認されるものではないが、聖典には収められていなくとも、「遺骨＝仏」という解釈が、南伝仏教の世界でどれほど幅広く行き渡っていたかを物語る報告である。こうした事例を考慮に入れれば、パーリ仏教の分野においても、仏塔はインド亜大陸と全く同様の役割を演じていることを想定して何らの問題はない。

## (二) パーリ律での仏塔記述欠如の意味解釈

しかしもちろん、こうした事例を並べても、なおそれでもパーリ律に「仏塔規定が存在しない」ことの積極的理由の説明にはならない。しかし実は原理的に言って「存在しない」ことの理由はほんらい論証不能なのであり、あくまで解釈によるしかない点を考慮しておかねばならない。

ここで解釈可能な視点を一つ提供しておこう。先に見てきたことからも分かるように、北伝の諸律においても仏塔関係の諸規定の詳しさには粗密が認められた。そして主題によっては全く何の規定も設けない律も存在する。

しかしその場合でも、規定がないことが、その部派教団が仏塔に関わっていないことを意味していたのではけっしてない。十分に関わりながらも規定を持っていないだけに過ぎない。

翻ってみると、規定が必要になるのは、その時点で「規定に関する現象が生まれた」ことを意味するのではないだろう。そうではなく、それは、「その現象をある種の制度に収める必要が生じた」ことを意味している。ある現象が存在しているにも関わらず、放置しておいても何の問題も生じない場合は、その現象は規定という形となって現れる必要はない。したがって、仏塔の問題が律に規定された時点をもって、仏塔を部派教団がはじめて取り込んだと見るのは、穏当な推定ではない。ただ言えることは、その規定が生まれた時点で、仏塔を、部派の規定として制度化する必要が生まれたという事実だけである。

そうなれば重要な点は、この制度化がいかなる方向で行われたのかを確かめることにある。その方向が明らかになることによって、逆に、部派がそれ以前に直面していた状況を、どんな方向で集約させようとしたかが明らかにされ、規定ができる以前の部派の存在した背景が明かされる可能性もあるからである。

結論から言えば、この仏塔制度化の方向とは、まさにこれまでの考察で明かした仏塔の理解そのものに他ならない。上述の律蔵におけるさまざまな仏塔記述の方向を一つにまとめるなら、「仏塔＝生きたブッダ」という関係を認めさせ、そこを中心としてさまざまな規制の強化を図ろうとしていたと考えてよいであろう。とすれば、部派教団の直面した予想される問題というのは、一つには「仏塔≠生きたブッダ」という理解の存在であり、もう一つには「ほんらい機能していたはずの仏塔に関する規律の弛緩化」ということになろう。この二つを戒めるために律蔵中の仏塔記述は機能している。おそらく部派は、律規定のこの段階で初めて仏塔を採用したのではなく、すでに存在していた現実を、さらに積極的に制度的に取り込むために、律において規定し直したものと考えるべきであろう。そこに想定されるのは、むしろ仏塔に対する否定的動きへの戒めである。

とすれば、パーリ律が採用された段階では、テーラヴァーダにおいては、この種の問題は起こらなかったと考えてよいのではなかろうか。少なくともアショーカ王の時代にスリランカに仏教が伝播したとすれば、しかもその時はすでにストゥーパは重要な意味を持っている時代だから、仏塔のみが伝わらなかったはずはない。伝えた媒体がマヒンダというアショーカ王の子息であれば一層ストゥーパに対する評価は高かったはずである。これは先の *Mahāvaṃsa* の記述からも素直に首肯される。それにもかかわらず仏塔に関する規定を持たずに済ませられたのであるから、スリランカに仏教を伝えたパーリ上座部では、仏塔に関するさしたる問題は起こらなかったと考えざるを得ないだろう。

事実、時代を隔ててブッダゴーサの註釈になれば、仏塔の規定に関して新たな条項が登場する。その条項からして、仏塔は僧院内にも僧院外にも存在することは明らかであるが、問題が起こり始めてから改めて規定を設けたことがはっきりする。(148) こうした規定が成立する以前、おそらくパーリ上座部では、長い間、仏塔がほんらいの意味を保ち続けて機能していたと理解しておいてよいであろう。

以上、すでに見たように、律蔵においてさえ仏塔は「生きたブッダ」として位置づけられている。それは布施を受ける主体であり、出家者からの不敬を拒み、さまざま供養を要求する人格的存在であった。それは碑文においても同様に確認されるものである。また、テーラヴァーダの仏教にしても、「仏塔＝生きたブッダ」としてその功徳がたたえられている。それはけっしてブッダの墓たるに留まるものではなく、涅槃において現存するブッダの身体である。こうした仏塔の持つ性質を表す、あるいは仏塔供養を進める大乗以外の文献は少なからず存在する。これらの記述や、先に見た律蔵の記述を思い起こすだけでも、仏塔の意味を大乗・部派が共有していることを認識するには十分であろう。

## 第四節　大乗経典における仏塔の位置

さて、仏塔がけっしてブッダの墓を意味するのではなく、生きたブッダそのものを指していたこと、これはもちろん、大乗仏教にも共通する理解である。大乗仏教における仏塔の位置の重要性は、今さら本書が繰り返すまでもない。しかし、すでに見たようにわれわれは仏塔を部派・大乗等しく共通する要素と見るので、その立場からすれば、従来の大乗経典における仏塔の理解とは若干異なって来るだろう。大乗経典における仏塔の位置について、本書の基本的立場を示しておこう。

### 第一項　『法華経』と初期大乗経典出現の意味

「大乗仏教在家・仏塔起源説」の根拠とされる代表経典は、『法華経』といってよいだろう。『法華経』は世界の諸仏教学者たちが最も関心を示してきた経典の一つであり、その仏塔との関係でも数しれない業績がある。それらを総合すれば、ここに資料を列挙して考察すべき仕事はおよそ残っていない。しかしそれらの研究は多くが、ことにわが国の研究については、大乗仏教の在家・仏塔起源説に与していることは重要である。ここではその代表である平川において取り上げられた箇所を再検討すれば、われわれの関心の中心的問題は解決する。[149]

『法華経』は、大乗経典の中でも、かなりのスペースを割いて仏塔の記述をなす経典である。その分量を見れば『法華経』が仏塔と関係が深いことは何人も疑い得ない。しかし今述べたように、われわれの理解によれば、仏塔と関係を持つのは全ての仏教である。したがってここでは、その仏塔の説き方に注意しなければならない。平川彰［1990: 205-208, 454-460］においても『法華経』において「仏塔崇拝が経名と結合」し、教理ができていることを明かしている。そしてさらに『法華経』においても『般若経』と同じく「仏塔を否定して経典崇拝を主張する」思想がある。それは後半の「分別功徳品第一七」において顕著である。

人中の指導者が涅槃に入った後で、この経典を受持する人があれば、その福徳は無量であると私は繰り返し説いた。その人は私を供養したことになり、遺骨を収めるストゥーパを建てたことになる。そのストゥーパたるや、宝玉製で色とりどりで、美しく輝かしく、高さは梵天界に等しく、傘蓋が連なり広大で豪華で、勝利の幡が建てられており、飾り紐で結ばれ、澄んだ鈴の音が鳴っている。風に揺れる鈴は、勝者の遺骨の上に輝いている。それら〔の塔〕に対して花・香水・塗香・楽器や衣や太鼓をもって、大規模な供養が繰り返し行われる。それらの遺骨では楽器が甘美に奏でられ、香油の灯明もあまねく献上される。〔法の〕火が消える時、この経典を受持し、説く人があれば、その人は私に対して、かくの如く種々無数の供養をしたことになる。(150)

このモチーフはずっと繰り返される。仏塔の美しい情景描写に心を奪われるが、しかし結論としては、経の受持が仏塔の建立と等置されているのである。

また、これ以前の諸品においても、これほどあからさまではないが、仏塔と経典の対比は示されていることに注意しよう。例えば「仏塔供養」を全面に出した例として、しばしば引き合いに出される「方便品第二」においては次の説相を取る。

乗り物は実に一つである。第二のものは存在しない。同様に第三のものも世間には、決して存在しない。

ただ人中の最高者の方便として、乗り物が別々であると説かれることを除いては。ブッダの智慧を明らかにするために、世間の保護者はこの世に出現するのであるが、そのなすべきことは一つであって第二のものは存在しない。ブッダたちは劣乗によって導くことはない。

……勝利者たちは、他にも種々の方便があるが、〔その〕信解を知り、意欲を知るなどして後、これら〔方便〕を用いて、如来たちは、神々を含めたこの世間において私の最高の法を説く。そこにはそれら〔如来〕の面前で法を聞き、あるいはすでに聞き終わった衆生たちがいて、〔彼らは〕施しもし、戒律も守り、忍耐の行をもってあらゆる修行を完成し、精進や禅定をもって奉仕をなし、あるいは智慧をもってこれらの教えを思惟し、種々の徳行をなしたので、その彼らは全て菩提を得ることとなった。ある者たちはすでに涅槃に入られた勝利者たちの教えの場に列席し、その場で心静まり、訓練され、化導されて彼らも全て涅槃を得ることとなった。

またある者たちは涅槃したそれら勝者たちの遺骨に対して供養を行い、宝でできている何千という塔を作り、金銀・水晶で、あるいは碼瑙ででき、猫目石ででき、真珠でできた、あるいは優れた瑠璃ででき、青石でできた塔を建立する。彼らも全て菩提を獲得した。……さらに子供たちのなかには、遊び戯れながら砂山をあちこちに作ってそれを勝利者の塔になぞらえるものもいる。彼らもすべて菩提を獲得する者となった。……ある者はその塔に対して合掌し、それが完全な形であるにせよ、片手を少し差し上げただけにせよ、また少しの間頭を下げただけにせよ、一度体をかがめただけにせよ、その時遺骨を収めたそれら〔塔〕に向かって、彼らが一度だけでも「諸仏に帰命し奉る」と唱えたならば、それが心乱れたままであるにせよ、単に一度だけにせよ、彼らは全てこの最高の菩提に到達したのである。

その時、すでに涅槃に入られたにせよ、あるいはまだこの世におられるにせよ、諸善逝からその時、「この教えの名前」だけでも聞いたならば、かの衆生たちは全て菩提を得る者となったのである。未来にもまた無数の多くのコーティ数ものブッダたちがおられ、その数は計り知れないものであるが、最高の世間の保護者たちも、「この方便」をお説きになるだろう。それらの世間の指導者たちは、みな「巧みな方便」が無限にあるだろう。「その方便」を用いて、彼らはこの世において、幾コーティもの生命あるものたちを、汚れのないこのブッダの智のなかへと導くだろう。(151)

この「方便品」の偈頌では「一乗なる仏説」を説くことが中心を占めており、仏塔の記述はあくまでその延長で出されている。そして「教え〔経典〕の名前を聞く」ことが、そうした数々の仏塔供養に匹敵することを明らかにしているのである。この品の構成自体も、大きくは「一乗の教説」→「仏塔」→「一乗の教説」という形を取る。仏塔の記述に目を奪われて、仏塔信仰を説き起こそうとしていると取るべきではない。

これは仏塔が中心をなす「見宝塔品」にしても同様である。七宝の塔をブッダが顕現させて後の、説法の方向に注意しよう。偈頌を冒頭から見てみよう。

比丘たちよ、すでに涅槃された指導者である偉大な聖仙でさえも、宝玉でできたストゥーパにいて「この教え」を聴聞に来られたのだから、教えのために誰が精進をなさないものがいようか。……私が涅槃に入った後、「この法門」を受持するものがあれば、世間の指導者たちの前で速やかにその誓いを語れ。悟りを得た賢者である多宝如来は、すでに涅槃に入られながら〔この法門受持の〕決意を固めた者の師子吼を聞くだろう。……彼は常に私を供養したことになるし、「その教え」を聴聞するために絶えずあちこちに赴く勝利者であり、自己存在者である多宝如来も〔供養したことになる〕。……また〔この経典を説くなら〕私にも塔の中央の〔多宝〕世尊にも、この座席においてまみえたことになり、さらに幾百もの国土から集まった保護者にも〔まみえたことになる〕。

……〔ここにさまざまに述べる難行をなしても無駄だが〕世間の王が涅槃に入って後、極めて恐ろしい後の時代に、人が「この経典」を受持するか説くかするなら、それこそがまことになし難いことである。……私が涅槃に入って後に、人が「この経典」をさらに書写までするならば、これこそなし難いことである。……この経典は、全ての中で最高と言われ、「この経典」を受持する者は、勝者の身体を獲得することになろう。(152)

同様の説相は続き、あらゆることにまして「この経典」の受持・説示等が最高であることを説いている。やはり仏塔は経典を明かすための手段とされているのである。そしてそれは最終的に「勝者の身体 jinavigraha」を獲得することに等しいと言われている。これは『法華経』の他の箇所でも変わりはない。

とすれば、『法華経』の基本的な態度は、仏塔信仰に否定的な『般若経』と変わりがないと見てよいではなかろうか。しかし考えてみれば、『法華経』といえども、上述の例のように「仏塔」と比較して「経典」の重視をことさらに打ち出すのは当然のことである。なぜなら、先ず第一に、繰り返すが仏塔崇拝はすでに部派にも存在しており、全仏教の前提となっているものであるから、そこに改めて主張する必要は何もないからである。

さらに仏塔信仰は「儀礼」としての意味を持っていることに注意しなければならない。したがってそれはほんらい「理由」を要求するものではなく「事実として」意味を持っている。もしそこに仏塔信仰の成り立つ「根拠」を改めて述べなければならない状態になっていたとすれば、それはその儀礼としての仏塔信仰自体が、ある意味で「知的」な要素によって揺さぶられ始めていることを示していることになろう。

こうした事情を前提として大乗経典の出現を考える時、たとえそれが仏塔信仰を背景として成立していたにしても、それはすでに存在する「事実上の仏塔信仰」に何等か別のものを付加する意図が存することが分かる。もちろんその具体的な意図は各経典によって異なる。そしてその相違が場合によっては、『般若経』や『法華経』

に見られる相違、一方は仏塔に冷淡で一方は仏塔に詳しいという相違、をもたらすことになるのであろう。しかし何れにしても、そこに仏塔以外の要素を、各経典が付加する意図がなければ仏塔を背景とした仏塔以外の要素、すなわち経典が成立する事情は説明がつかなくなるであろう。こう考えれば、仏塔そのものから経典へとその価値を移行した所に、最初期の大乗経典は成立していることになる。

## 第二項　主要四ニカーヤにおける仏塔記述の欠如

こうなれば問題の関心は、なぜニカーヤ・阿含において仏塔の記述が出てこないのか、という点に移ってくる。確かに律蔵には現れていても、初期「経典」においては、涅槃経を除いてはほとんど仏塔の話題が出ていない。たとえ真意としては否定意識を抱えているにしても、大乗は仏塔に大々的に言及するし、初期経典ではほとんどまったく言及しないのである。ここに大乗経典の特質が見出され、初期経典と別の流れを想定したくなるのも当然である。大乗仏教の仏塔起源説が最も意味を持つのは、一つはこの点においてであろう。もっともそれは在家起源を意味することはない。

われわれは、大乗経典が仏塔と深い関わりを持っていることについては十分に肯定する。そして初期経典を、クッダカを除く四ニカーヤと阿含に限ったとき、それらが仏塔とほとんど関わりを持たぬことも、同様に肯定する。しかし、この二つの事実は、いったい何を意味するだろうか。これは大乗経典と初期経典の編纂者たちの、関心の在処の相違を示すものではあっても、両者が異なる制度の集団にいたことまでも示してはいない。つまり、平川の理解と全く対立するようであるが、この事実は、教理的・思想的な違いを表明してはいても、教団的な違いまで示している保証はないのである。教団の問題は何よりも律蔵において示されている。それにしたがう限り、仏塔は部派において存在している。その上で初期経典はそれに触れず、大乗経典はそれに言及する。これのみが与えられた事実であろう。

しかし初期経典と比較したとき、大乗経典の特色はけっして仏塔記述に限定されるわけではないことにも注意しなければならない。法蔵説話などにみる、菩薩の誓願の基底をなす過去世の行の記述なども、大乗を一貫する特色である。しかしそれは同様に阿含・ニカーヤにはほとんど現れない。われわれはこの事実をも、仏塔記述と同様に尊重しなければなるまい。言うまでもなく、この過去世の行は、ジャータカ、あるいは律蔵の一部が威力を発揮する分野である。そしてジャータカの説話は、実に最初期の仏塔そのものと関わっている。ジャータカは四ニカーヤからは外れるが、しかし部派の所有であることは間違いない。つまり、物語であれ、伝記文学であれ、また仏塔であれ、伝統部派は、すでに大乗経典の「材料」は所有済みなのである。種々の仏伝にしても、ほんらいすべて部派所有であることを注意しておこう。

とすれば、われわれは教団として大乗を別立てする必要はないことになる。もし、大乗と伝統部派との区別をつけるとすれば、それはひたすら「解釈の相違」という一点に収まってしまう。もちろん、若干の概念は大乗に固有と思われるものがある。しかし、それは持ち合わせた材料の、根本的な相違を示すようなものではなく、まさに思想的発展の産物と考えられてしかるべきである。

そして、仏伝・ジャータカという、初期経典には馴染まない「物語」において語られる内容が仏塔に反映され、仏塔を部派が律蔵において認めているという事実を認識したとき、大乗経典の特色は、けっして仏塔を扱うという材料の新しさにあるのではなく、むしろそうした仏塔信仰を否定して、新たな経典や教理へと昇華させた点に存することを認めざるを得なくなる。

われわれはむしろ阿含と四ニカーヤという初期経典の内容が、ある限られた様相を呈していることに注意を払うべきである。初期経典の主要な部分は、さまざまな瞑想の技術的関心に割かれている。それは言うなれば、修行実践のためのマニュアル書的性格を持つ[153]。確かに物語に当てられる部分も存在するが、それは、すでに指摘されているように、教義の保存という役割に働いている傾向が強い[154]。教義はあくまで実際の禅定と関連していることに注意が必要である。こうした伝承を習う必要があるのは、基本的に教義保存の役割を得た限られた出家者たちであろう。

しかし、同時に、主要ニカーヤから外される、性質を異にした典籍が存在することも認めなければならない。上述したジャータカ、律の仏伝などもしかりであるが、それに留まらず、クッダカ・ニカーヤに含まれる諸経典は、こうした限られた目的に収まりきれない、多様なありさまをしている。それは日常的な文脈における教戒に満ちていたり、伝統的な価値を逆転する発想を抱えていたり、さまざまなレヴェルで刺激を与える内容を持つ。これは実際の修行のための手引きではなく、その「ことば自体」で意味を与えてくれるものである。こうしたことばの伝承は、むしろ相手を予想し、多様な日常の文脈で活躍できる性格を抱えている。伝統部派においてはクッダカとされてしまったが、こうした経典が部派においても伝承され続けていることには注意していなければならない。序章で触れた大乗における霊感的なことばの尊重は、こうした系統に親和的であることは言うを待たないであろう[155]。

仏塔の記述が漢訳律蔵、アパダーナ、アッタカター、ミリンダパンハー、そして大乗経典などに現れてくることを考えれば、むしろ四ニカーヤの方が例外的な存在であることにさえなる。そしてここまで至れば、すくなくとも、教団としての大乗を部派と別だてしなければならない理由はほとんどなくなってしまう。

# 第五節　巡礼と仏塔

## 第一項　非大乗系涅槃経と巡礼

ここで話題を変えて、「広経」涅槃経に見られるもう一つの特徴、すなわち巡礼の要素を取り上げておこう。涅槃経には明らかに定住のサンガを予想しない、遊行・巡礼型の宗教が予想される一面がある。最も進んだ形をもつパーリ涅槃経においては、次のようにブッダの聖地巡礼を勧めるくだりが存在する。「雨安居において比丘たちが集まって来る素晴らしい習慣が、ブッダが入滅された後はなくなってしまう」と嘆くアーナンダに対して、ブッダはこう答える。(156)

アーナンダよ、……次のような四つの如来の聖地を見て如来を思い、世を厭う宗教心を起こすだろう。それはどこかと言えば、〝如来はここでお生まれになった〟という如来誕生の地であり、アーナンダよ、良家の師弟たちはここを見て如来を思い、世を厭う宗教心を起こすことができよう。また、〝如来はここで無上正等覚を悟られた〟という如来の正覚の地であり、……また〝ここで如来は無上なる法輪を転じられた〟という如来の初転法輪の地であり、……また〝ここで如来は無余涅槃に入られた〟という如来入滅の地であり、……アーナンダよ、この四つの如来の聖地を見れば、信仰厚い良家の師弟は、如来を思い、世を厭う宗教心を起こすことができるだろう。

さらにアーナンダよ、仏弟子となった比丘・比丘尼・優婆塞・優婆夷たちもまた、〝ここで如来はお生まれになった、ここで如来は無上正等覚をお悟りになった、ここで如来は無上の法輪を転ぜられた、ここで如来は無余涅槃に入られた〟などといって、これら〔四つ〕の地へやってくるだろう。アーナンダよ、心清浄で信仰厚く、聖地を巡礼して歩くものたちは皆、死んで肉体が滅した後、善趣・天界に生まれるだろう。

涅槃経の他のヴァージョンはもう少し簡素化されているが、やはり同様に聖地巡礼と目される記述が現れている。仏塔の由来をたずねるとき、多くの研究者たちが、ほんらいブッダの事績をめぐっての「聖地」と関係させられていたことを指摘している。それはこの四大聖地が中心であり、やがてブッダの八相成道へと広げられることになる。[157] 何れにしてもはじめはその場所に聖性が存在すると考えられており、その中心を占めていたのが、その聖化された地のマークとしての仏塔だった。それが後には、実際の聖地よりも、徴としての仏塔の方に聖性の中心が移っていく。

さて、この涅槃経の巡礼の問題についても、すでにSchopen [1987] が取り上げている。彼は先ず pre-Aśokan と目される二つの Lumbini 碑文に注目する。その碑文にはアショーカ王の言葉として次のように記す。[158]

愛見王は……自ら訪れ礼拝して言う、「ここはブッダ・シャーキャームニの生まれた所である」。彼は石壁を建設し、石柱を建てた。「ここはブッダ・シャーキャームニの生まれた所である」と言って、ルンビニ村は税金を免除し、八分の一だけ掛けた。

この記述の「ここはブッダ・シャーキャームニの生まれた所である」という部分に関しては、引用の ti が用いられていることからして、アショーカ王の独創になるものではなく伝承の形を踏まえたものであり、おそらくは涅槃経の何らかのヴァージョンを知っていたと理解することができる。[159] もともと、こうした巡礼を勧める記述は、ニカーヤにおいては涅槃経をのぞきまことに珍しいことに注意しておこう。確かに涅槃経の系統の伝承と碑文との関係は想定されてよい。

またショーペンはこのくだりでdarśanaという言葉が用いられていることに注目する。このdarśanaはすでにヴェーダの脈絡でGonda［1970］が詳しく論じているが、インドにおいては「見る」ことは直接に「経験」することを意味しており、ある領域を「見る」ことはそこに現存するものと直接に出会うことを示唆する。したがって、それぞれの神が存在する方向を見ることによって、その神との出会いを疑似体験することになる。(160)

ここで涅槃経の一節も同様のことを述べたものと理解してよいだろう。四つの場所は出家者も含めた信者が訪れて、仏にまみえるべき場所なのである。すでに引用した部分「私が涅槃して後、比丘たちよ、チャイトヤを巡礼する者たちがやって来て、このように言うだろう。その〔巡礼の〕間にここで、私の現存を信じて死んだ者たちは、業は存在しても天界に赴くだろう(161)」から見ても、ブッダが涅槃して後にも、かつてブッダが存在していたその場所に現在もブッダが存在することが信じられていることが分かる。そしてその場所で信者が命絶えた場合天界に生まれることが考えられているのである。このパーリは、多少は内容を変えてはいるが、その本質をより明らさまに伝えている。

## 第二項　小塔の意味

さらにショーペンは興味深いことに、これらの表現をブッダの聖跡地におけるストゥーパのパターンに比較し始める。インドの遺跡においては、かつてブッダが生存した場所に建てられたストゥーパには共通の特徴が確認される。その代表例がボード・ガヤーのものであるが、その特徴はメインのストゥーパの周辺に、極めて多数のさまざまな形の小塔が配置されていることである。さらにその特徴はそうした聖地に限らず、他の遺骨を備えたストゥーパにも確認される。

例えばタキシラのダルマラージカーの仏塔は、おそらく紀元前二世紀の建設であろうことが確認されているが、その周りには塔の建設後一世紀以内に多数の小塔が建てられ、取り囲まれることになっている。同様の例はジョリアーン、ミルプール・カス、サーンチーでも確認される。さて、このメイン・ストゥーパを取り囲んだ小塔は、これまで通例「祈願用小塔 votive stūpa」と解釈されてきた。ところが詳しい研究の結果、この塔には「遺骨」や「灰」が含まれていることが判明する。この「遺骨・灰」はもちろんブッダのものとは違っている。基本的にブッダの遺骨はメイン・ストゥーパに収められており、小塔の遺骨はそれを取り囲む形で存在するのである。この例はジョリアーン、ミルプール・カス、サーンチー、ボード・ガヤーも同じである。

カニンガムの分析によれば、Bodh-Gayā のストゥーパは頂点部分が破壊されており、そこに多数の小塔が置き変わっている。彼はその事情をメインのストゥーパが壊れた後に、新たに建設され直したものと解釈している。[162] ところがショーペンは最近のオリッサのラトナギリストゥーパ検証の結果を、ことに Mitra, D. [1958-61: 166] を引用し、その小塔が多数の遠隔地からもたらされたものであることを指摘する。そしてその小塔はメインの塔にセットされているのである。ミトラは、この小塔が、各地からメインのストゥーパのもとで葬るためにもたらされたものであることを述べている。この小塔は構造が全て先端を欠いた形のものに仕立てられているが、それは実はソケット型にすることによって、その上にさらに小塔を重ねることを意図していると見なければならないというのだ。ということは、先述のようにメインのストゥーパも頂点を欠いていたが、それはカニンガムの言うように単に破壊されたためではなく、もともと、その上に小塔を置けるような構造を持っていたことを予想した方がよいことになる。

そして注目すべきことに、この事情は義浄『南海寄帰内法伝』に記された内容と全く一致する。義浄はその記録の中で、

> 比丘たちは場合によってはkulaと呼ばれる遺骨śarīraを収めるための小塔を死者に対して準備するが、その先端は欠けている。[163]

ことを述べている。これはミトラの解釈を裏付けるものであることが分かるだろう。

ミトラはさらにこの小塔の中にかなりの数でdhāraṇīを中心とした、それも「死や不幸な再生を避ける願い」に関する文献が入れられていることを指摘する。[164] その典型的な例は例えば*Raśmivimalaviśuddhaprabhādhāraṇī*に確認される。

> さらに、もし誰かがこのダーラニーを他者（=死者）のために書いてストゥーパの中に入れ、熱心に崇拝し、その後に死んだとすれば、不幸な境遇から逃れて天界に生まれるであろう。実に兜率天に生まれた者は、ブッダの加護のおかげで、決して不幸な運命に舞い戻ることはないであろう。[165]

こうした文献が入れられた小塔には、何れも遺骨や灰が入っていることが特徴である。おそらく実際に発見された実例以上に小塔には遺骨が入っていたことが予想される。

ここでダルマラージカーの塔を始めとして、サーンチー、バールフト、ジョリアーン、ミルプール・カス、ラトナギリなどの大ストゥーパには共通の性格がある。それはその場所が、何れもかつてのブッダが存在していたことが確認される所であったり、あるいはブッダの遺骨・遺髪等が存在する場所であったりすることである。そしてこれまでの繰り返しになるが、そのメイン・ストゥーパの周囲を多数の、時代を隔てた小塔が取り囲む形をとっているのである。小塔はほんらいのストゥーパとは建設のプランを異にしたものである。したがって、ミトラの解釈のように、この小塔はブッダのストゥーパのできる限り近くに位置させようとしてセットされたものと

理解するよりほかはない。その小塔は何れも持ち運び可能な形態に作られたものであり、地方からわざわざメインのストゥーパに持ち寄られるために作られていたものである。

ショーペンはこうしたストゥーパにまつわる事情を、スペインやフランス、そして日本の「聖者崇拝」にまつわる事績に解釈のヒントを求めている。例えば日本の大師信仰を持つグループでは弘法大師が「入定」した高野山において信者が最後を迎えるのが理想とされ、あるいはそれが叶わなければ「遺骨」を入定の地の高野山にまでもたらすのが信者の願いとされている。それは入滅した聖者と共なる地で最後を迎えることに、来世への特別の意味を認めた信仰がなせる宗教行為である。今のストゥーパを巡る一連の事情は、まさしくこれと同じような意図を持った行為と解釈してよいであろう。

さて、ここで先に見た涅槃経の記述――ここはかつてブッダが生まれた場所である……――に戻れば、まさしく「ブッダがかつて存在した場所」は特別な意義を与えられているのであり、ブッダと巡り会える場所として理解されていることが分かる。涅槃経ではあくまで「かつてブッダが存在した場所」にその意味が限定されているが、しかし上述のような考古学的な資料を考慮に入れれば、遺骨・遺髪などブッダの身体にまつわる遺品が存在する場所であっても同様の意味を有することが理解される。

この事実はすでに紀元前二世紀の Menandra 王がブッダの遺骨を収めた仏塔を作る際に次のように表明していることからも窺える。

　　Kārttika 月の一四日に、生命の宿った〔シャーキャームニ世尊の舎利を〕収めた kārttikasya [māsasya] divase 14 prāṇasametaṃ [śarīraṃ] [bhagavataḥ śākyamuneḥ] pratiṣṭhāpitam/[166]

この「生命の宿った舎利 prāṇasametaṃ śarīram」という表現は、さらに複数の碑文からも確認されるものである。これはすでに先にみた『ミリンダパンハー』などに見られる「戒定慧からなる舎利」なる表現に通じていくことは容易に理解できるであろう。何れにしても、そこでストゥーパは、「生命ある現存するブッダ」の意味が担わされているのである。

## 第六節　小　結——仏塔信仰と大乗経典の関係

以上の考察によって、伝統部派、大乗に関わりなく、仏教全体にわたって仏塔が重要な文脈を形成していたことが明らかとなったと思う。この節では、本章の結論として、仏塔信仰と大乗経典との関係に対するわれわれの理解を示しておこう。

### 第一項　二つのブッダ観

仏教は個人としての開祖が存在するいわゆる創唱宗教である。社会宗教であるバラモン教と異なって、開祖の存在の意味は極めて大きく、その歴史はブッダの存在の確認とともに進展する。それは経典の形成においても例外ではなく、すでに見たように、ブッダの存在によって成り立ちが保証されるような形式を取っていた。

序章において取り上げた、従来の仏教における類型論を参照にしたとき、このブッダの存在は、大きく分けて、形象・イコンに託されるか、あるいは形象を超えた「ことば」に託されるか、その何れかの系譜に分かれていった、とひとまずは見てよい。前者の流れは、先ず四ニカーヤを中心とする初期仏教経典となって現れ、後者の流れは仏塔や仏像に象徴される。もちろん、仏教全体を視野に入れたとき、「ことばとイコン」という、この異質な要素に表現されるブッダの存在は、相互に接触を保ちながらも、異質性を残しつつ伝承されていったことが分かる。

このうち、阿含・四ニカーヤという形にまとまっていく前者の伝承の大部分は、比較的早くに閉ざしてしまった可能性が高い。しかし、その中の一部、たとえばpratibhāを尊重する流れの者たちは、後者、すなわちイコン、仏塔としてのブッダの表現から示唆を得ながら、経典制作活動を続けていった。マックイーンの研究から理解されるように、この流れが大乗経典制作に結びついている可能性は高い。したがって大乗仏教が、経典の制作においてその特徴が認められる以上、大乗はイコンとしてブッダを表現するのではなく、ことばとして表現する立場に立っているのである。(167)

この最も大切な点を考慮に入れて、仏塔を背景とする大乗経典の成り立ちを考えてみよう。その経典の成立には、質的に二つの異なった流れが考えられる。一つは、すでに『法華経』の例で見たように、儀礼的事実としての仏塔信仰に飽き足りず、「経典」という形で表される新しい真理のすがたを模索しようという流れである。これは基本的に最初期の変革運動を起こしてきた、主要な大乗経典に当てはまるはずである。これはイコンとしてのブッダではなく、ことばdharmaへと昇華させていくところに、その真意がある。

しかし一旦そうした初期の大乗経典が成立してしまえばどうなるだろうか。今度はおそらく、それに形式的に従おうとするものが、次々に現れてくる可能性がある。それがもう一つの流れであり、言うなれば、大乗経という新たなメディアを与えられた、実質的には仏塔信仰に変わらぬものが、そのメディアの変化のみを利用しようとする追随型のものである。おそらく分量から見るなら後者が圧倒的であることは予想に難くない。それは仏塔信仰が、ただ経典という姿を取っただけのものに留まるであろう。もし、そうした経典から大乗を眺めた場合は、大乗＝仏塔信仰という印象が抱かれることにもなろう。しかし、この二つの流れは、本源を区別しておくべきであり、われわれは、あくまで前者を大乗の基本型とすべきである。

然るに、なぜこれまで大乗仏教在家・仏塔起源説の支持者たちの多くは、この前者の流れにあるはずの『法華経』を、仏塔信仰を説いた経典と見なしたのだろう。その理由は極めて単純である。それはすでに述べたが、『法華経』が仏塔信仰を「詳細に」説いているからに他ならない。そしてもちろん、それのみを根拠に『法華経』を「仏塔」に結びつけ得たのは、「非大乗（部派）では仏塔信仰を持っていない」という前提に立っているからである。この前提がなければ、仏塔信仰が説かれていても、その説き方こそが問題とされ、内容の吟味を必須のこととしたに違いない。けれどもこの前提を持っていたから、仏塔が現れることを何か特別であることのように印象し、大乗固有の背景と限定してしまったのであろう。しかし、上に述べたわずかの例でも確認されるように、『法華経』でも仏塔は新たに説かれる自説の補助としてしか使われていない。

『法華経』に限らず、ほんらいの初期大乗仏教では、部派と同様に仏塔信仰を背景としつつも、それを変更し、場合によってはさらに否定することに経典制作の意図が注がれたことは重要な点として改めて理解しておくべきである。

それでは、もう一つの流れとしてここに述べた、形式のみを経典とした、いわば追随型の大乗などというものは実際に確認されるのだろうか。次の事例を見て欲しい。

### 第二項　仏塔信仰における「縁起頌」の意味

インド亜大陸の仏教が広がっていた諸地域から、過去一五〇〇年に渡って、何千という泥製の小塔が発見され、その中には「遺骨」ではなくye dhammā hetuppabhavā tesaṃ hetuṃ tathāgato/āha tesañ ca yo nirodho evaṃvādī mahāsamaṇo 'ti/なる偈頌が収められていた。これはグプタ後期からパーラ朝最後まで、仏教の中心的存在形態であったとさえ言われている。時代的には六〇〇～一二〇〇年に渡っているので、それは「仏塔」におこった最後の長期的な出来事であり、インド仏教史の底にある大きな流れであると見てよい[168]。

この偈頌はもちろん阿含・ニカーヤに確認される「法を見る者はブッダを見る、ブッダを見る者は法を見るyo kho ..... dhammaṃ passati so maṃ passati, yo maṃ passati so dhammaṃ passati」なる古い偈頌を踏まえ[169]、さらには「縁起を見る者は法を見る、法を見る者は縁起を見るyo paṭiccasamuppādaṃ passati so dhammaṃ passati, yo dhammaṃ passati so paṭiccasamuppādaṃ passati」と[170]、法を縁起と解釈するものを結び付けた形のものである。

これが大乗の*Śālistambasūtra*になればさらに推し進められて、

ここで如何にして縁起pratītyasamutpādaを見るのか。世尊はこれについて言う。この縁起を永遠satatasamita・非寿命ajīva・無寿命nirjīva・自然態yathāvad・非顛倒aviparīta・非生ajāta・非存在abhūta・非作akṛta・非作為asaṃskṛta・非障害apratigha・非支持anālambana・吉祥śiva・無畏abhaya・非把捉anāhārya・非破壊avyaya・寂静なる本性avyupaśamasvabhāvaとして見る者は、法を見る。同様に、法を永遠・非寿命・無寿命・自然態……として見る者は、無上の法の身体としてブッダを見るanuttaradharmaśarīraṃ buddaṃ paśyati[171]。

となっている。ここでは「縁起」にさまざまな形容詞が懸かってくるが、それがそのままブッダの身体に結び付けられている点に注意しておかねばならない。これは大乗の法身dharmakāyaの原義を伝えるものと考えられるが、縁起という法がブッダの身体として置き代わっている。言うまでもなくその意味では『般若経』と『法華経』に共通する。

そしてこの「縁起＝ブッダ」と見る態度が、上述したように、仏塔に遺骨ではなく縁起頌を収める態度にそのままつながっているはずだ。つまり発見された小塔においては、肉身の śarīra に変わって法身の śarīra をストゥーパに収めているわけである。

実はこれはグプタ期まで下らなくとも、すでに二世紀のものと認められるカローシュティー碑文の中に同じ趣旨のものが存在する。それは銅製の小塔から発見されたものであり、そこにはブッダの遺骨のみならず「縁起の法」が収められている。[172]

Avadunaka 月の二〇日、この時に Yaśa の息子 Śvedavarman はシャーキャームニの遺骨を説一切有部の師匠たちの所有たる塔に安置する。世尊がおっしゃっているように、無明によりて行あり、行によりて識あり、識によりて名色あり、名色によりて六入あり、六入によりて触あり、触によりて受あり、受によりて愛あり、愛によりて取あり、取によりて有あり、有によりて生あり、生によりて老・死・悲・愁あり。これがこの全ての苦悩の根源である、全ての衆生のために、そしてこの縁起 paticasamupada が全ての衆生のために Mahiphatika によって書かれた。

これと同様の記述は、他に複数の遺跡からも発見されている。[173] ここでは遺骨とともに縁起の法が収められている点で、塔に遺骨を収めるものと縁起頌を収めるものの折衷の形態と見える。

さて、ここで玄奘の記録を見てみよう。『大唐西域記』に、玄奘の師匠であり『大乗荘厳経論』などを教授したとされるジャヤセーナの行状を記す箇所に次のくだりがある。

インドの風習に香木の粉末を練って高さ五、六寸の小さな塔を作り、書き写した経文をその中に安置する習慣があり、それを法舎利 dharmaśarīra と呼んでいる。数が増えると大きなストゥーパを建てて、これをその中に皆集めて常に供養を行う。それでジャヤセーナはその日々の仕事としては、口では甚深の妙法を講義して学生を指導し、手では塔を作って福徳を積むことにつとめていた。(174)

とする。

これは二点において注目される記事である。一つは、この風習が、上述の考古学的証拠に全く相応していることである。おびただしい数の小塔が発見された場所は著名な大塔の付近であることが明らかである。両者において、塔に収められるものが「法身の舍利 dharmaśarīra」と呼ばれて、「肉身の舍利」の代わりとして用いられている。さらに第二点としては、玄奘の師匠であり学識に通じた出家者が、講義の傍らに塔供養を認めていた事実である。やはりストゥーパ信仰は決して平俗の信者に留まるものでない。

最後に経典の中に、同様な例を確認しておこう。一つは唐・義浄訳『浴仏功徳経』である。これは仏塔の功徳を説いた経典であるが、その中に、

諸仏世尊は三身を備えている。すなわち法身・受用身・化身である。私が涅槃して後、この三身を供養したいと願うなら舍利供養をなすべきだ。ところで舍利には二種類あり、一つは身骨舍利*dhātuśarīra 一つは法頌の舍利*dharma[-gāthā-]śarīra である。つまり ye dharmā ……なる頌である。(175)

と述べている。

また同じ唐の地婆訶羅訳『造塔功徳経』では、経名の通り塔を作る功徳を説く中で次のように言う。

〔世尊〕「その塔の中には如来のものである舍利・髪・牙・髭・爪などの一部か、如来の法蔵である十二部経か一偈頌が含まれている。その〔布施者の〕功徳は梵天に等しく、命終わってのち梵天に生まれるであろう。……このように塔の功徳は無量なのである」。……〔そこで対告衆の〕観世音菩薩が尋ねた。「今世尊がお説きになった舍利または法蔵を安置するということについては私はすでに〔それらを〕有しています。し

かし一偈頌の意味が分かりません。どうか詳しくお説き下さい」。そこで世尊は次のように説かれた。ye dharmā ……(176)

ここでも全く同様の内容を説いている。遺骨と法の偈頌とが等価を有しているのである。

## 第三項　仏塔否定の経典から仏塔肯定の経典へ

さて、この事例と、先の『般若経』及び『法華経』に代表される大乗経典の事例を考え併せて見よう。『般若経』『法華経』では明らかに塔よりも経、法に比重をかけていたので、第二項で確認した一連の例の方が、その意味では後退した思想を持っていることになる。つまり「遺骨」を有した仏塔の否定、法への止揚、という観点からすれば、「法」を重視する初期大乗経典の『般若経』等の方が思想としては進んでおり、「遺骨＝法」という等置関係を認め、経典に遺骨と同様のイコン的意味合いを被せる上述の例の方が、明らかに遅れているのである。

とすれば、もし、直線的な思想的発展を予想するなら、上記の「遺骨＝縁起頌」なる塔の方が、『般若経』より古いと考えるのが自然であろう。つまり遺骨重視の仏塔信仰が前提として存在し、その後に「遺骨＝縁起頌」と言う等置関係が生まれ、さらにそれを受けて遺骨を否定し法のみを重視する動きが出た、と考えるのが穏当な推定になるのではなかろうか。ところがそれにも関わらず、出土時代を考えるなら、実際は『般若経』等の方が成立が古いことは間違いない。この事実は重要である。

この一見した舎利崇拝否定の後退を理解しようと思うなら、以下の説明しかない。すなわち、『般若経』などで芽生えた「舎利信仰の否定・法の重視」という稀少な運動が、幅広い仏塔信仰に次第に影響を与えて行った結果、一般の仏塔信仰の地盤にも「遺骨＝法」という考え方が浸透して行った、と理解せざるを得ないのである。

『般若経』や『法華経』は、仏塔信仰そのものとは多少なりとも異なった、ある意味で反省的、批判的な脈絡から誕生している。この運動が、仏塔信仰そのものへ波及した結果、その法という形のみを採用した結果が、この「縁起頌」を収置した仏塔の発生となったのだろう。

この縁起頌の機能を考えて見れば、それは単に遺骨に代わるために使用されているに過ぎず、決して『般若経』が意図したような、思想的な意味合いを担ったものではない。つまり見方を変えれば、そこでは『般若経』等の法を重視する主張が、逆にイコンとして取り入れられることによって、「仏塔信仰」に利用されてしまっている。純粋な法の主張をなそうとする『般若経』『法華経』等の意図からすれば、自ら主張した法の重視が、またしても再度儀礼的な意味で仏塔信仰に取り入れられることなど、予想もしない、本意ならざることだったかもしれない。

考えてみれば物質的な遺骨には限りがある。しかしそこに『般若経』が舎利信仰を否定する意味で法の舎利を説いたことが、かえって物質的制約を越え、無限に舎利崇拝を可能にするという皮肉な結果を与えることになってしまったのだ。仏塔信仰における、恐るべきイコン的表現の強さである。

以上、第一章全体を通じて、伝統部派系の涅槃経の誕生過程、そしてそれと密接な関係を持つブッダの存在、その存在形態としての仏塔・遺骨の意味、仏塔信仰と如来蔵思想との関連、そして大乗の出現による仏塔信仰とその変化、という一連のテーマが、複数の角度から追求され、そして一筋の流れとして解明され得たと思う。総じて仏塔信仰こそはインドにおける全仏教の「地」をなすものであり、その上に部派や大乗の「思想」という「図」が描かれている。そしてその図としての大乗は、「経の出現」という体裁を取ったところに、著しい特徴が認められる。それはほんらい、おそらく「法」の伝統から出て、自らとは流れを異質にするはずの「仏塔信仰」

を昇華しようとした動きであっただろう。ところが、時代を下れば、先に見たように、『造塔功徳経』の如き「仏塔信仰」をそのまま推奨する経典が生み出されてくる。この順序は逆ではないことが大切である。こうした動きは、初期大乗経典で仏塔信仰を大きく変更する運動が起こり、その影響を純粋の仏塔信仰が再度被り、その仏塔信仰が仏塔否定の運動を自説に融合させようとした結果であると見なければならない。さらに付け加えるべき大切な点として、こうした仏塔信仰をそのまま認める経典の制作には、仏塔信仰が大乗「経典制作」運動の影響をも被り、単に「事実としての儀礼」に留まることが許されなくなり、「経典という形の宗教」としても自己表現をすることが余儀なくされ始めたという、信仰の表現媒体における変化が反映されていることも含んでおかねばならない。

今のわれわれの関心である涅槃のテーマについて限るなら、伝統部派系の涅槃経からして「ブッダ＝仏塔」との理解が大きな前提になっていた。それは決して特殊なものではなく、インド仏教の抱えていた「地」を、最も適切なテーマで表現しようとした作品だったはずである。

# 第二章　大乗涅槃経の形成史

# 第一節　本書で扱う範囲

この章では本書の主題である大乗涅槃経について取り扱う。その際、どの範囲を考察し、またそれはいかなる態度によってなされるのか、という基本的な点について示しておかなければならない。それはこの第二章に留まらず、第三・四章の前提ともなる。

## 第一項　範　囲

先ず、本章以下、第三章、第四章において大乗涅槃経ないしは涅槃経の名で呼ぶ文献は、法顕訳『大般泥洹経』（以下（法））に相応する曇無讖訳『大般涅槃経』前一〇巻部分（「序品第一」から「一切大衆所問品第五」まで、以下（曇））、及びその範囲に相応するジナミトラ Jinamitra, デーヴァチャンドラ Devacandra, ジュニャーナガルバ Jñānagarbha 訳のチベット訳 *'Phags pa yongs su mya ngan las 'das pa chen po'i mdo*（以下（T））、サンスクリット断片の全体を指す。[1]

したがって、曇無讖訳『大般涅槃経』の一一巻以降四〇巻までは、直接の考察対象に入っていない。これは本書における研究を、インド成立部分に限るという問題意識からである。残った部分は今後の大きな課題となる。

## 第二項　諸文献

大乗涅槃経の文献に関しては、すでに過去複数の研究によって詳細に触れられているので（ことに高崎直道[1974], Yuyama [1981], 松田和信［1988］参照）、無意味な重複によって紙数を費やすことは避けて、これまで問題にされていなかった点のみを中心に取り上げることにする。

### ㈠　漢訳

(1)『大般涅槃経』四〇巻、曇無讖訳（曇）（T. No.374, Vol. 12, 365c-603c）。
(2)『大般涅槃経』三六巻、慧厳等編纂（T. No.375, Vol. 12, 605a-852b）。
(3)『大般泥洹経』六巻、法顕訳（法）（T. No.376, Vol. 12, 853a-899c）。

(1)の伝訳に関して、筆者がかつて触れたように、これまで注目されていない問題になる記述がある。[2] 従来、(1)の翻訳事情に関しては、『高僧伝』の記述にしたがって、曇無讖は中インドで涅槃経一〇巻分を入手し、その後コータンで中・後分を入手した、との理解がなされている（代表的には布施浩岳［1942: 100-113］；横超慧日[1981b]）。

ところがこの記録に先立つ『出三蔵記集・巻八』の「作者未詳の大涅槃経記（T55 60a10-20）」には、この伝承とは異なったものを記録している。それによれば、はじめ曇無讖が入手した経は「寿命品第一」から「一切大衆所問品第五」までの五品であり、次に続く部分を胡人から入手したという。注目されるのはこの胡本に、全体の分量を「二万五千偈」と示している点である。[3] これは現チベット訳、及びサンスクリット断片に見られる奥書に出てくる数字と一致するものとなっている。(T) の最後の章が終わる部分に、「『大般涅槃大経』、すなわち一切の教説の精要たる正法、究竟論の如く、極めて難解な法蔵にして、ひたすらに如来蔵を説示する経典の、二万五千品の中の、「天・人・アスラ・キンナラ・ヴィドヤーダラ・ラークシャサ等の集まりが尋ねる」という名の品が説かれた (P 156b7–8)」と述べている。(T) では二万五千「品 (le'u, *parivarta)」とし、『出三蔵記集』の「偈」とは確かに相違するが、しかしこの数字の一致は単なる偶然として看過しがたい。もしここに胡本と (T) の一致を仮定するとすれば、(曇) の一〇巻以降の増広部分も、インド、あるいはその周辺に根拠を持つことになろう。

(2)に関しては(1)を基にして慧厳が中心となり、慧観・謝霊運らによって(3)の章立てにしたがって編纂し直したものであり、翻訳資料としては二次的な価値しか持たないので、本書では考察の対象に加えない。この容易ならぬ編纂事情に関しては布施浩岳 [1942: 172–176] に詳しい。

(3)について翻訳者が法顕であるか否かは異説がある。『歴代三宝紀』には「旧録に云う。覚賢出し、宝雲筆受すと」として Buddhabhadra 訳を記すものがある。『開元釈教録』では法顕と覚賢の共訳を記す。布施浩岳 [1942: 73–74]; 横超慧日 [1986b: 44] 参照。しかし何れの経録も法顕の関与は基本としているので、大筋問題はない。

興味深いのは漢訳の原典となった梵本の入手経緯である。先ず(3)に関しては「マガダ国の首都パータリプトラにあるアショーカ王のストゥーパ・天王精舎において、伽羅先というウパーサカから原本を手にいれた（『出三蔵記集（T55 60b2–7）』）」とされている。[4] ウパーサカ所有のものという点がとくに目を惹く。

また註(3)に記した智猛訳二〇巻本の伝来についても、「ヴァイシャーリーのカーシーに多くの一族を率いたバラモンがいて、生来賢く、大乗を尊崇し、あらゆる典籍に通達していた。彼の家には縦横八尺、高さ三丈の銀のストゥーパがあり、四室の銀像は高さ三尺以上あり、多くの大乗経典を有して様々に供養している。このバラモンに、貴国に大乗があるかと尋ねられて、大乗ばかりだと答えると、悦んで涅槃経を与えた（『出三蔵記集（T55 113c4-9）』）と記されている。ここではバラモンが涅槃経を保持していたとする。更に『出三蔵記集』は、この智猛が訪ねたバラモンと法顕が訪ねたバラモンとは同一人物であると判断している[5]（『出三蔵記集・智猛法師伝（T55 113c6）』）。この最後の点の信憑性は今措くとしても、以上の記述から、大乗涅槃経はいわゆる出家教団の中でのみ伝承されていたものとは違った性質の文献であることが確認される。

## （二）チベット訳

本書で参照したテクストは以下のものである。

(1) Peking (P): No.788, Tu 1b1-156b8.
(2) Lha sa (L): No.122, Ña 1b1-222b5.
(3) Derge (Sde dge) (D): No.120, Tha 1b1-151a4.
(4) Narthang (Snar thang) (N): No.107, Ña 1b1-231b5.
(5) Stog Palace Manuscript Kanjur (S): Wa 44b2-251a4.
(6) Kawaguchi Collection Manuscript Kanjur (T): Wa 40b6-231a7.

他にも参照すべき諸版が存する。詳しくは Yuyama [1981: 9-12] 参照。

チベット訳カンジュールの伝承と系統を考慮する時、(1)、(4)、(5)、(6)を参照したことによって、東西の系統は網羅され、テクストに関する基本的な問題は回避できている（なおチベット・カンジュールのテクスト伝承の問題については Eimer [1983] [1988] [1988a], Harrison [1992] および下田正弘 [1993] 参照）。

サンスクリット原典を問題にする時、東西の系統を併せた可能性のある⑶、及び今世紀になって⑷を基本としつつ⑶で訂正を施しながら総合して編集し直した⑵の利用はあまり意味がない。しかしここでは、従来の学界におけるチベット資料取り扱いの慣例と便宜をも考慮して参照することとした。

上記とは別に漢訳からの重訳が存在するが、翻訳としては二次的な価値しか持たないので本書においては考察対象としない。詳しくは Yuyama［1981: 12–13,10b］参照。また現存する重訳が、デンカルマ目録に記載されているものと一致するか否かについては議論があり、山口瑞鳳［1985: 1–61］、松田和信［1988: 10, n. 26］にも記されている。

### (三) サンスクリット断片

サンスクリット断片に関しては、以下の研究の中に現在報告されており、ことに⑻の松田和信［1988］に詳しく、その全体の歴史が概観できる。

⑴渡辺海旭［1909］
⑵ Hoernle［1916: 93–97］
⑶高楠順次郎［1917］
⑷ Yuyama［1981］
⑸ Bongard-Levin & Vorobvya-Desyatovskaya［1985］
⑹ Bongard-Levin［1986］
⑺高崎直道［1987］
⑻松田和信［1988］

なおこの他に『宝性論』所引のサンスクリットが本書で取り扱う範囲内で確認される。これは *RGV*（74.20-75.12）の箇所に相当する。

## 第二節　文脈把握に関する三階層の設定——第二章・第三章・第四章の序として(6)

涅槃経のように分量が膨大な経典の理解を示そうとするとき、古の註釈家たちは、全体の筋の整合的理解を前提とした、訓詁的読み方を実現してきた。涅槃経に関する近代の研究も、そうした解釈に従おうとするものが大勢である。それは確かに意味のある作業ではあるが、しかし本書が目指すのは、あくまで大乗涅槃経の直接的な読み取りであるから、そうした先人の解釈の跡を辿って、われわれ自身の読解に肩代わりさせるわけにはいかない。

本書は、大乗涅槃経をインド仏教史の中に位置づけるという、ある意味で狭い範囲の、しかし明確な目的を抱えている。その場合、読み取り方も自ずと限定されてくるはずである。註釈書によらず、かつ恣意的な裁断になることを避け、全体に見通しをつけていくためには、すでに述べたように、文献内在的に読み進めるという方法しかないだろう。それは簡単に言えば、あるタームの読み取りに文脈を最大限に尊重すること、したがって、同一タームであっても、文脈による振る舞いが異なっているとすれば、それは別ものと判定することになる。その文脈切り取りの正否こそが、本書の価値を決定することになり、また批判にさらされるべき点ともなる。更に本書の場合、その文脈はインド仏教という色合いでのみ、背景設定を許すことを心掛けることを付け加えておけばよいだろう。

こうした意図をもって遂行し示される結果は、大乗涅槃経には「運動が存在する」という、まことに単純な一点を述べることに尽きてしまう。一作品でありつつそこに運動が存在するとなれば、涅槃経には同質性と異質性とが同時に存在していることになる。すべてが同質であればそこには運動はない。すべてが異質であればそれは一作品ではない。この単純な一点を示すのが本書の目的である。

ここで示される具体的結果の提示は、解読の過程の忠実な写しであるというより、その過程を通して浮かび上がってきたイメージの、多少とも誇張されたモデルである。それはまた、従来の研究の中に位置づけてみれば、経典の段階形成説という姿を取ることになる。もちろんそのことは、涅槃経が断片の集積であることを意味しているのではけっしてない。ある作品が段階的に形成されて一作品となるという理解には、同質性を差異化し、差異化されたものを再度取り込みながら、また次に大きな同質性を作り上げていく、という反復の運動があり、こうした意味において異質性と同質性が共存する文脈が前提とされている。[7] この点で結果としてわれわれは、勝呂信静［1993］が目指したものと親和性が強い印象を持つ。

本書ではこの第二章において、大乗涅槃経という一作品が抱える異質性の考察に目が向けられ、それは経典形成の段階を示す役割を果たす。しかし、後続の第三章、第四章においては、翻ってその異質性がいかなる意味で連続を保っているのか、という同質性の理解に、著述の力点が置かれることになる。

これが本書で描こうとする大乗涅槃経形成に関する階層設定の基本的態度である。したがって付言しておかねばならないのは、それは、歴史的にどれほどの時間がかけられたものかといった問いには、必ずしも答えることができない、という点である。示される階層は、あくまで文献内部に存する文脈の姿であり、それは、その形成に絶対的な時間がどれほど必要であったか、という問いとは直接的には結び付かない。

しかし、この態度は、あくまで絶対年代の中に歴史を見ようとはしないだけであり、歴史という大切な問題を外そうとしているわけではない。大乗涅槃経を編纂した人（々）は、間違いなく歴史の限定のもとに存在した。本書は文脈の分析から、まさにそうした姿に迫ろうとする。それは具体的には、本書の大きな目的の一つである「思想と社会背景の接点」の質となって現れるはずである。文脈から浮かび上がらせるものは、「歴史とともにある運動」であって、整合的でありさえすればよい無機質な解釈法ではない。そしてこうした運動は、けっして一定の絶対時間となって現れるものでもない。歴史には密度の差が厳然として存在する。その決定にまで踏み込む材料を、筆者は今持ち得ていない。

ここで最初に結論を先取りして、全体の見取り図を示しておこう。本書で扱う範囲において大乗涅槃経は、先ずは大きく二分割できる。本書ではそれぞれを第一類、第二類と呼ぶ。第一類は「序品第一～名字功徳品第七（ただし「長寿品第五」を除く）」、第二類は「長寿品第五」および「四法品第八～随喜品第一八」という分類となる。また第二類については、更に二分割することが可能で、「四法品第八」と「四依品第九～随喜品第一八」の間において区切ることができる。(8)

詳しい考察は次節以降の本論に譲るが、こうした区別が生まれた根拠には、まず第一類と第二類の間には、社会背景、そして思想内容において、明らかに発展ないしは変容が確認される、という判断による。また、第二類の中における二区分は、同様の観点から眺めて、第一類と第二類ほどには明確ではないが、区別を施したほうがはるかに理解が明瞭になる、という立場に立ったものである。第一類と第二類の区別、そして第二類中における二区分は、若干その差異性において程度の差があり、いささか趣を異にする。

まず、多少の紙面を割いて第一類と第二類の階層設定の内容を見てみよう。

# 第三節　第一類と第二類設定の意味――〈原始大乗涅槃経〉の設定[9]

## 第一項　横超説

『大乗涅槃経』に関しては今日までさまざまな成果が生み出されているが、インド仏教史における涅槃経の問題を探る過程で、この経典が成立するあたって階層をなしている、という考えが示されたのは、最も注目すべきものの一つである。それは横超慧日［1986a］［1986b］が最初である。横超は、曇無讖訳『大般涅槃経・四〇巻』の成立に関して、次のように見なす仮説を発表した[10]。

(a)「寿命品」の冒頭から「名字功徳品」まで（三巻）
(b)「如来性品」から「一切大衆所問品」まで（七巻）
(c)「現病品」から「嬰児行品」まで（一〇巻）
(d)「徳王菩薩品」（六巻）
(e)「師子吼品」（六巻）
(f)「迦葉菩薩品」（六巻）
(g)「憍陳如品」（二巻）

このうち本研究で対象にする範囲は(a)、(b)の二つである。横超はこの二つの部分に断層を認める根拠として「名字功徳品」の性格を次のように考察する。[11]

「名字功徳品」は、六巻泥洹経では、「受持品」と言われる一品に相当し、ここで経名を『大般涅槃経』と規定するとともにその受持を勧め、功徳を説いている。こうしたことは、経の始めや途中にあるものではなく、その主張が一応完了した上で起こるものである。したがってここまでで経が完結した段階のあったことを示す証拠といってよい。

この主張は一応、首肯できるものである。経名の功徳や、付嘱・流通等の記述は、一般に経典の最後に説かれるものであり、途中に出てくる場合は、『法華経』や『般若経』の例のように、やはりそこで経の成立の一段階をなすと見なされてきている（もっともすべての章を流通分とみる勝呂信静［1993］の説も考慮せねばならない）。

更に横超は、この(a)段階にも注意すべき問題があり、それがすべて同時成立であったかどうか疑わしいと言い、（法）「哀歎品第四」の末尾で区切りが存在することを示唆する。その根拠は以下の三点に要約される。[12]

(1) 付嘱・流通の文が「哀歎品」に出ること。

(2) 仏の勧問が重なっていること。すなわち、経の冒頭に「世尊はまさに般涅槃せんとす。一切衆生所疑あらば今まさに問うべし。最後の問いとなす」との第一の勧問がある。ところが、「哀歎品第四」冒頭にも「もし所疑あらば今まさに問うべし。仏は値い難し」と第二の勧問がある。更に「長寿品第五」の冒頭に「汝、戒律に所疑あらば今、汝の問いを恣にせよ」と第三の勧問が繰り返されていること。

(3) これを機に迦葉菩薩が登場してくること。

(1)が経典の成立に関係してくることはすでに述べたとおりであるが、(2)、(3)も確かに問題になることである。「問うことを勧める」というのは、これから新たな説が展開されることを意味するし、また対告衆が変化するというのも、所説の方向・主題が変わることを暗に予想させる。

こうした根拠は、それ自体否定されるべき要因は何もない。またそこに推定・立論された主張は、おおむね妥当なものとして受け取ってしかるべきであろう。しかし、この推定を提示されたわれわれとしては、一歩踏み込んで考え直す必要がある。もし横超の主張を認めるなら、取りも直さずそれは上述の理由を根拠に、現涅槃経の「原型」を、〈曇〉「名字功徳品」以前に定めてしまうことになる。しかし、そうした「原型の設定」[13]という大きな仮定を認めようとするなら、以上の根拠ではどうしても薄弱な感が否めない。そのためには一歩進んで、その両段階に述べられている内容の相違や、発展の足跡などが明かされねばなるまい。つまり、原型の設定という作業は、単に文献の記述・体裁上の問題に留まらず、内容的にも両者が階層をなすと見なすに足るだけの必然性があるかどうかの検討が要求されるはずである。横超慧日［1986a］［1986b］においては、この点がほとんど論じられていないため、この提言を涅槃経の原型を主張した仮説として受け取るには、説得力に欠けるという印象が残ってしまう。

### 第二項　階層設定の理由

しかしながら、結論を先取りすれば、こうした弱さはありながらも、横超の推定自体は基本的に妥当なものである。というのは、涅槃経の〈法〉〈T〉〈曇〉の三つの異訳の中から、そのどの一つを取りだして読み進めていっても、その中にわれわれは多くの記述矛盾や、重なり、内容の変化などの事実に直面する。そしてその中にはとうてい整合的に解釈し難いものも含まれている。それが思想内容に関するものであれば、まだ解釈の余地は残されようが、社会的背景に関しての矛盾ともなればおよそ理解できかねるものとなる。

そしてそこに出てきた問題点について、筋を立てて解釈しようとすれば、どうしても現涅槃経の形成に階層を考える必要が生じてくる。つまり、はじめに「原型の涅槃経」（〈原始大乗涅槃経〉）なるものの存在があり、それに後半の内容が発展形成、あるいは移入形成されて現涅槃経にまとまったと考えるのが、最も自然な流れに思えるのである。そう考える時、先に述べた思想内容の相違、及び教団史的背景の相違までが、内実を伴った変容という形で解釈できることになる。

そしてまた、この〈原始大乗涅槃経〉なるものの設定は、こうした涅槃経の一テクスト内部においての理解を容易にするばかりではない。（曇）（法）（T）及びサンスクリット断片を比較すれば、その異訳間にはさまざまな出入りや差異が観察される。それらの出入りや差異は、すべてが決して無秩序なものというのではなく、ある一定の方向を備えているのだが、その内容が、先と同じ形の〈原始大乗涅槃経〉を設定することによって初めて意味をもって浮かび上がってくることになる。つまり、それは一テクスト内部の矛盾・差異を説明するに留まらず、諸訳間の差異の理解においても極めて有効にはたらくのである。

このような理由から、具体的には本論文では、（曇）（法）およびサンスクリット断片を含んだ（T）に共通な〈原始大乗涅槃経〉なるものを想定し、それを求めていく形で涅槃経の階層を設定することにする。[14] 横超は記述・体裁上の観点から「原型の涅槃経」を設定した。それに対してわれわれは、経典の内容研究、異訳テクストの比較研究からそれぞれ帰納され、理論的な前提として要請されるところの〈原始大乗涅槃経〉を想定しようとする。こうした、全く異なった意図で出発するわれわれは、たとえ外見は同じような「原型の涅槃経」に辿り着いたにしても、その時にはこの横超説をかなり基本的に洗い直していることになっているだろう。

## 第三項　一テクスト内の矛盾

このようにして設定される〈原始大乗涅槃経〉は、具体的にどのような方法・手続きによって求められるのか、そしてそのプロセスに問題はないのか、そのことを次に考えておかねばならない。

まず先に述べた二つの理由による〈原始大乗涅槃経〉は、それぞれ異なった方法による〈原始大乗涅槃経〉への接近であることを確認しておく必要がある。すなわち、第一の立場は一つのテクストのみを取り上げてその内部矛盾を解決する方向で求められるのに対し、第二の立場では異訳テクストを比較し、その間の差異を説明すべき存在としての〈原始大乗涅槃経〉が求められる。先ずこの第一の立場を見てみよう。

涅槃経全体は短い（法）でも六巻、長い（曇）になると一〇巻にのぼる大きな作品である。それは決してまとまりのよいものではなく、「名字功徳品」あたりを境にして、その前後で矛盾した記述、同じ譬喩・論法を用いながら異なった主張をするもの、更には記述の重なりなどが目だってくる。こうした記述をまず詳細に取り上げ、それらの差異の意味を考察しながら〈原始大乗涅槃経〉の範囲と性格を明かしていかねばならない。これは一つのテクストをそれ自体に即して読むわけであるから方法的に問題はない。

このようにして求められる〈原始大乗涅槃経〉（前半部）は、それ以外の後半部に対して、時間的・歴史的に先立つもの、ということをはじめから要求されるのではない。歴史的にはたとえ涅槃経全体が同時成立であっても構わないが、少なくともその中に、内容的にみて異質な部分が存在することを明確にすることのみが〈原始大乗涅槃経〉に要求される。したがって〈原始大乗涅槃経〉が単に内容的にみた第一段階であっても、実際に成立史的に見て古いものであってもよいわけで、研究の出発にあたっては、そうした時間的な前後関係は予想される必要がないことになる。

では、それにも関わらずなぜ〈原始大乗涅槃経〉という時間的・歴史的なものを想起させる術語を用いるのかといえば、それは最終的に求められた原型の涅槃経が、単に理論的な前段階に留まらず、時間的にも原始という意味を十分に担うものとなった、という結論を先取りしたことによる。けれどもそれは、研究の当初から予想されたものではないことだけは念頭においておかねばならない。[15] またこの時間が絶対年代に導かれないのも、先に述べた通りである。

## 第四項　異訳間の矛盾

次に第二の立場、すなわち（曇）（法）（T）、及び部分的なサンスクリット断片を比較して考える場合であるが、その際には、まず三訳をどう取り扱うのかが一つの問題となる。

三訳の差異を説明し得る存在としての〈原始大乗涅槃経〉が求められるわけだから、三訳に共通な部分の記述がまず優先されなければならない。しかし、それも決して無条件に認められるわけではない。というのは、三訳ともに〈原始大乗涅槃経〉以外の部分の影響を受けて、三訳が共通に改編されていることも当然考えられるからである。こうした判定はかなり微妙で難しいものであろうが、明らかになった場合は、共通な記述といえども退けられなければならない。[16]

また、三訳の記述が相違する場合はどう考えるのか。これについては、従来の研究で明かされているように、三訳間には（法）→（T）→（曇）という増広関係が認められ、（法）が〈原始大乗涅槃経〉に最も近いと考えられるので、（法）の記述が重視されなければならない。しかしながら、その場合にも直ちに無条件で（法）を採用することを意味するのではない。もしもその三訳の記述の差異に、一定の方向性、あるいは広い意味での論理的関係が認められない場合には、（法）の記述でも保留されることになる。それが（法）に固有の記述に留まる場合もあるわけで、三訳の差異を説明すべく設定される〈原始大乗涅槃経〉の性格からは外れることになるからである。

なお、ここでも一つ注意しておきたいのは、（法）→（T）→（曇）という増広関係にわれわれは決して時間的推移まで読み込んでいるわけではない点である。一般的には増広が多いほど時代を下ると見ても、それほど差し支えあるまいが、しかし、それが時代を経たがためのものではなく、系統を異にするための増広の差である可能性もあるし、逆に時代を経て記述が削除・簡略化される可能性もあり、経典の増広は、必ずしも歴史的・時間的前後関係で単純に判断される問題ではない。したがって、ここで言う（法）→（T）→（曇）という関係は、あくまで記述内容に従った、論理的な意味合いのものである。だからこそそこに設定される〈原始大乗涅槃経〉は、三訳の記述から帰納されるという点に限定して追求されるのであり、ここでも決して時間的に前のもの、原始たるものという前提によるものではないことだけは確認しておかねばならない。

## 第五項　原型設定の意味

このようにして第二の立場では、現存する異なった三本の涅槃経から、いわば理念的存在としての〈原始大乗涅槃経〉を求めるのであるが、その作業自体はどこまで可能であろうか。（曇）（法）（T）という三本は、あくまで固有の歴史的限定を受けて成立している別個の作品であって、そうした異なるテクストから共通の原型を取り出すことが果たして認められるのか、否、そもそもそこで出てきた、事実上存在が確かめられない原型が意味を持ち得るのか、という問題である。言うまでもなく、その具体的な考察が本論の目的であるから、実質的な内容は、本論の推移とともに明かされていくことになるが、今はただこのことが原理的には認められて然るべきであることだけを確認しておこう。

異訳テクストからそれらに共通な「原型 Urtext」を求める可能性、それは簡単に言えば、テクストの比較研究を可能にする原理と同じものを拠り所としている。テクストの比較研究というのは、異なるテクストに共通な比較の基準軸を設けることに始まり、その基準軸の意味を解明する中で進められていく。もしここで、それぞれのテクストが有している歴史的限定性にのみ目をやって、異なるテクストを単に異なるとしてしか扱い得ない、と言えば比較ということ自体が成立しない。しかしながらこうした主張はそれ自体としては無意味である。というのは、異なるテクストを異なるとして成り立たせる歴史的限定性そのものが、実は比較という作業をまって初めて、具体的な中身をもって立ち現れてくるからである。比較の基準軸が明かされていくこととテクストの異質性が認められていくこととはまさに表裏一体の出来事である。そして本研究の場合、その比較の共通の基準軸が Urtext たる〈原始大乗涅槃経〉であると理解して構わない。諸異訳といえども、全てがともに同一の経名・組織・思想内容・モティーフを備えたものであって、その比較の軸が「経典の原型」という形に求められるのも極めて自然なことであると思われる。

以上、本章においては、具体的にいかなる形で横超説を検討するのか、その時に設定される〈原始大乗涅槃経〉の意味と、それを求める手続きの内容に関して、それぞれ二つの立場――一つのテクストに即して読む立場と、異訳を比較する立場――から明らかになった。最後に確認しておきたいのは、こうした異なった二つの方法によって〈原始大乗涅槃経〉の設定をしようとするのだから、そこにはそれぞれ別の形を持った二つの〈原始大乗涅槃経〉が生まれる可能性も考えられることである。しかしながら結論としては、この両者をともに満足させる同一の〈原始大乗涅槃経〉に辿りつくことができた。換言すれば、一つのテクスト内部における矛盾と、三訳の差異の出所とが、極めて密接な関係にあることが分かったのである。

## 第四節　大乗涅槃経の社会背景の変化

一つのまとまった文献を思想史的な立場で観察した場合に、そこに一見矛盾すると思われる記述があっても、その矛盾の立証は、決してたやすくはないし、厳密に言えば不可能である。その一見する矛盾自体が、角度を変えてみればその作品自体の独自性をなしているような場合が少なからず存在すると考えられるからである。ことにそれが仏教文献ともなれば、ほんらい、言語が明示的に使われるというよりも、象徴性を機能させるべく用いられているので、文献に表れた言葉の表層を捉え、それが一義的意味を担うものと仮定した上で、諸術語間の論理的整合性を議論しても、その作業が文献の解読にとって何らの意味をなさないことにもなり得よう。[17]この態度を推し進めると、一つの仏教文献は、いかに膨大なものも、極めて短編の作品であっても、全く同等に一作品として扱わねばならないことになる。序章で触れた問題点である。

ところが、その思想に「教団史」[18]「社会背景史」を想定した場合、もしその中に矛盾が見られるとすれば、それははるかに問題が明瞭であり、そこには何らかの断絶を読みとって構わないだろう。今、涅槃経を見た時、まさにこの「社会背景的側面」において矛盾が確認されるのである。この節ではその概要を確認し、同時にその意味を考察してみよう。

## 第一項　涅槃経支持母体の「菩薩化」

### (一)　涅槃経支持者の名称の変化

一般に阿含・ニカーヤの場合、経典の宣説者・対告衆のあり方は明快である。宣説者はブッダで、対告衆は比丘である場合がほとんどと見てよい。もっとも、ブッダ以外の弟子たちが教説を説く例もあるし、またたとえブッダが説いたとなってはいてもその真偽のほどは不明ではあるが、何れにしても、その経典が出家の比丘サンガを母体として維持されていたことは間違いなかろう。つまり、宣説者・対告衆を含めた、広い意味での経典の支持者の性格が「出家のサンガ」というかたちで明らかになっている。

ところがこと大乗経典になると、経典の宣説者・対告衆のあり方は必ずしも一様でないし、その実態も判然としない場合が多い。しかしながらそれを明かすことは、経典が実際にいかなる脈絡で生きていたかを知るための重要なカギであり、本論文が解明を目指そうとする一つのポイントでもある。

今、涅槃経全体を、こうした経の宣説者・対告衆を含めた意味での「経典の支持者」という観点に注目して読み進めた時、そこには看過し難い特徴があることに気がつく。それは経典の支持者と思われる者の名称が、「比丘 dge slong, bhikṣu」「法師 chos smra ba,dharmakathika (or dharmabhāṇaka)」「菩薩 byang chub sems dpa', bodhisattva」とほぼ三様に呼ばれ、しかもそれが特徴的な表れ方をしていることである。それはとりわけ古い形を保つと目される〈法〉において顕著であり、ほぼその章立てに沿った分類が可能である。〈法〉を基本としてその名称の表れ方を見てみよう。

まず経中に表れる名称のうち、最も多いのは菩薩である。そのため、涅槃経はこれまで主に菩薩の教団のものとして捉えられてきた。[19] 大乗仏教は菩薩の自覚とともに始まったと言われるほどであるから、その一翼を担う涅槃経において、経の支持者が菩薩と名乗っていても不思議ではない。

ところが注意しなければならないのは、菩薩が登場する章も限られていて、経全体に渡って菩薩が中心を占めるわけではないことである。菩薩が登場するのは、「長寿品第五」と「受持品第七」以下の全章である。それ以外の諸品では、経の支持者は菩薩とは名乗っていない。

つぶさに見てみると、「序品第一」は諸々の対告衆が仏の供養のために参集するところであり、菩薩が主人公になっているのではない。「大身菩薩品第二」では、大身菩薩 byang chub sems dpa' sems dpa' chen po lus chen po, *bodhisattvo mahāsattvo mahākāyaḥ という名の、他方国土の菩薩が中心であるが、それは「経典の担い手としての菩薩」という用法とは異なっている。つまり、文殊菩薩・弥勒菩薩といった使い方での「特別な菩薩」であり、経典を担っていく「衆生としての菩薩」ではない。「長寿品第五」や「受持品第七」以下で登場する菩薩とは、「菩薩はいかにして四法を成就するのか」とか、「菩薩はどうすれば護法者たり得るのか」といった使い方であり、まさに涅槃経の実際の支持者に付された名称なのである。一経中におけるこうした二様の菩薩の語の使い分けを意識することがまず必要である。

「長者純陀品第三」は、文殊菩薩と在家者チュンダとの対話で筋が展開していく章である。そこでは明らかにチュンダの方が主導権を握り、彼が経典の担い手の役割を果たしながら「仏身常住」の説を展開していくのだが、そこでチュンダは決して菩薩という意識は持たず、あくまで一在家者に留まっている。[20]

「哀歎品第四」では、担い手・支持者の名称は「比丘」である。全ては仏が比丘に語りかける形で話が進んでいく。この章では、「仏身の常住」や「常楽我浄の肯定」といった、本経の中心的な教理内容が展開されるが、その対告衆たる比丘はついに菩薩という意識は持たず「比丘たちは仏をどう見るべきか」という形で一貫している。

「金剛身品第六」は、涅槃経の中において、戒律・護法の問題が最初に、しかも最も大がかりに説かれる章である。「仏が金剛不壊身 vajrābhedakāya を得たのは護法の功徳による」という設定のもとに護法の内容が明かされる。そしてこの章における経典の支持者の名称は、「法師」である。この法師は、(T) が chos smra ba であり、写本に一部 dharmakathika の語が見られるので、原語は dharmakathika であると想定される。[21] ここでも担い手が菩薩と呼ばれていない。ことに護法という教団的にみて大切な問題を論じる章で、法師が中心に置かれていることは興味を引く。

こうした経の支持者の名称は、(法) の分章に沿っておよそ区別できるように使い分けられている。但し、比丘の語のみはほぼ全体に渡って顔を出す。菩薩が主人公をなす「受持品第七」以降でも、法師が中心の「金剛身品第六」でも出る。このことは、大乗経典において比丘という語が表れる時、それは必ずしも部派のサンガで出家したものを意味せず、「乞食生活を送る宗教者全体に使用される幅広い用法」という理解に立てば、それでまずは十分に解決がつく。[22] つまり、涅槃経に現れた菩薩であれ法師であれ、乞食生活を送る仏教徒は比丘と呼ばれてよいことになるからである。しかしそれ以上に、大乗と部派の関係の連続性を物語った代表的事例として解釈しておいてよい。

ところが、法師の語に限っては「金剛身品第六」に現れて以来、ほとんど全く登場しない。[23] この「金剛身品」以外にも護法の問題を初めとした教団的問題を取り扱う章がいくつか存在するが、そこにおいては、先に述べたように、「菩薩はいかにして護法をなすのか」という形で展開される。ことに「受持品」以降の菩薩中心の語の使用は一貫している。

このように、経の支持者の名称という観点で涅槃経をながめた時、そこにはっきりと一つの現象が見てとれる。それは前半の諸品では、菩薩という語が用いられず、経の支持者の名称が必ずしも一貫していないのに対して、後半の「受持品」以降では、すっかり菩薩が定着しているのである。もし涅槃経が当初から菩薩を名乗る者たちの経典であれば、終始一貫菩薩が主人公でよいはずだろう。ことに、戒律・護法という特殊な問題を論じる諸品の中、「金剛身品」のみで法師の語を用いているのは奇妙である。こうした名称の変化は、涅槃経支持者の教団問題の何かしらを反映していると考えざるを得ない。

## (二)　三異訳間に見られる菩薩の語の使用変化

今、涅槃経の支持者の名称が後半に菩薩化していることを（法）を中心に確認した。もちろん、この事情は（曇）（T）においても共通している。ただ、詳細に観察すると三訳に微妙な、かつ重要な変化があることが分かる。それは第一に（曇）（T）になると、法師という語が避けられる傾向にあることである。「金剛身品」中の（法）に見られる法師の語は、そのほとんどが「比丘 dge slong, *bhikṣu」「師 slob dpon, *ācārya」に姿を変えてしまっている。この大切な章で法師が消えていく事実は決して見過ごしにすることはできない。

第二には、このように法師の語が消えていく事実とは対照的に（T）→（曇）の順に菩薩の語が好まれる傾向が出てくることである。二つほどその事例を見てみよう。

「序品」において対告衆が参集してくる中、在家者のウパーシカーに対して、（法）では何も言わないところを、（T）では「大いなる鎧で身を固めて」、（曇）では「以大荘厳而自荘厳」と形容している。[24] これはもちろん『般若経』を始めとして諸大乗経典に見られる saṃnāhapratipatti, mahāsaṃnāhasaṃnaddha などの表現である。したがってウパーシカーの形容としてはほんらいないほうが自然である。更に（曇）ではこの他に「雖現女身、実是菩薩」とつけ加えている。

第二の例は、「長者純陀品」においてチュンダが世尊に語りかけるものである。(25)

（法）若有最初受戒、即受戒得在僧数。我今凡劣、亦復如是。蒙仏威神、得同斯等大賢衆数。

（T）例えば若い時具足戒を受け、青年であっても出家したその日のうちから、サンガの中にサンガの一員として入るのと同じように、私もまた如来の威力によって、諸菩薩摩訶薩の一員になって、

（曇）譬如幼年初出家、雖未具戒即堕僧数。我亦如是。以仏菩薩神通力故、得在如是、大菩薩衆。

（法）にいう「賢衆 *dhīmat」が（T）（曇）では「菩薩 bodhisattva」に変化している。また、（曇）では仏の威力という箇所にも菩薩が加わっている。

ここにあげた例以外にも、（法）にはない菩薩の語の挿入が確認される箇処がある。(26) こうしてみると、三訳において、およそ（法）→（T）→（曇）の順に菩薩の語が好まれていることが分かる。

三訳間に見られるこうした法師の語の消失と菩薩の語の好まれゆく傾向とは、先に見た経の後半での菩薩の語の定着と対比して見る時、何か密接な関係を感じさせるものがある。果たしてこうした名称の変化には何らかの実質的な内容が伴っているのだろうか。この検討が次項以降の課題になるのだが、ここで経の支持者としての菩薩が中心を占める章と、それ以外の章によって涅槃経を二分しておけば、実は菩薩が登場しない、経の前半を中心とする章――「序品第一」「大身菩薩品第二」「長者純陀品第三」「哀歎品第四」「金剛身品第六」――と、菩薩が登場する諸章――「長寿品第五」および「受持品第七」以降の全一二品――に分かれる。これは先に挙げた第一類と第二類の分類にほぼそのままあてはまる。今後はこの両グループの間に見られる差異を考察することになる。

図１　『涅槃経』の構成

（法）・6巻

①序品
②大身菩薩品
③長者純陀品
④哀歎品
⑸長寿品
⑥金剛身品
⑺受持品

2巻分

⑻四法品
⑼四依品
⑽分別邪正品
⑾四諦品
⑿四倒品
⒀如来性品
⒁文字品
⒂鳥喩品
⒃月喩品
⒄問菩薩品
⒅随喜品

4巻分

（曇）・10巻

①寿命品
②金剛身品
⑶名字功徳品

3巻分

⑷如来性品
⑸一切大衆所問品

7巻分

（横超説）

（T）

①アヒンサーの蘊
②金剛の如き不壊身の蘊
⑶経名の説示と功徳の様相
⑷菩薩四種の説法
⑸天・人・阿修羅・キンナラ・持明者・ラクシャ等の衆会の問い

①②③④⑥……第一類，⑸⑺～⒅……第二類

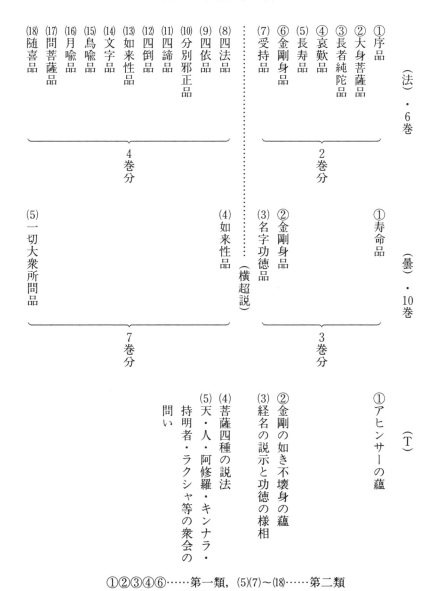

## 第二項　「金剛身品第六」における社会背景

### (一)　金剛身品の記述

既述したように「金剛身品第六」では、戒律・護法の問題を大がかりに、かつ他典籍に見られぬ特色ある内容をもって説いている。経典の実際の支持母体の性格を窺うには、こうしたテーマを扱う章を見るのが最も好都合である。しかもここは涅槃経においてただ一箇所、法師が経典の担い手として登場する重要な章でもあった(27)。実はこの部分は、他の典籍と比べて極めて特徴的な内容を有しているのみならず、当の涅槃経の中に位置づけても大きな問題を孕んでいるのである。先ずこの章に説かれた内容を法師が多出する（法）によって確認してみたい。以下、多少煩雑になるが該当部分を和訳しておこう(28)。

①　迦葉が仏に申し上げた。「護法とはいかなるものですか」。仏は迦葉に答えた。「護法というのは五戒を保つことではないし賢者の律儀を習得することでもない。悪世にあって身命を惜しまずに、武器を持ち、法師や持戒者を護るのが護法である」。迦葉は仏に申し上げた。「比丘が武器の杖を持った者と一緒に行動することがあれば、それは比丘とは言えないのではありませんか」。仏がおっしゃった。「そうではない」。迦葉菩薩は仏に申し上げた。「彼こそは在家坊主です」。

仏は迦葉に言われた。「そんなことを言ってはいけない。なぜならば、ある者がたとえ人里離れて暮らし、頭陀行・九部経・乞食・少欲・静黙・精神統一・身体観察・経行を修し、他人にも布施・戒・福徳の修行のそれぞれが実る話をしたとしても、無畏を布教することもなく、偽りの悪人を教化して服従させることもなければ、その当人こそ、自分も解脱できず、他人を解脱させることもなく、ただ梵行を修行し保つ独善者であると知るべきである。

②〔一方〕ある比丘は、頭陀行を修行し、同時に無畏を獲得し、九部経の修多羅・祇夜・授記・伽陀・因縁・如是語・本生・方広・未曾有を説くことで衆生を教化し、自分でも解脱し、他人も解脱させる。また、人に経典の要点をこう説く。「ある経典には使用人・牛・馬などの畜生や不適当な物は蓄えてはいけないと説かれている。もし蓄えているなら出家の掟に反している。その人は規範を犯しているのだから、出家をやめさせ、擯斥しよう」。諸々の破戒者たちはこの説が説かれるのを聞いて一団となって怒り、その法師に危害を加えるだろう。彼はたとえ死んだとしても、それでも自分も解脱し、他人も解脱させるのである。だから迦葉よ、優婆塞たちや王・大臣たちは、法を保つ者を守るべきであり、在家の坊主を服従させるべきである。

③また次に、迦葉よ。……そのようにして仏法の残りがあと四十年という時に、ブッダダッタという比丘が世間に生まれ、多くの眷属に尊敬され、無畏を完成して、九部経を諸比丘たちにこう教えていた。「その経典には使用人や畜生・不適当なものを蓄財してはならないと説いている」と。諸破戒者はそれを聞くや、怒りだして、一団となって法師に危害を加えようとした。その時、バガダッタという国王は、悪人たちが法師を害しようとしているのを聞きつけて、護法のために武器を取って、苦闘して悪人を摧破した。王は体に傷を負って、法師のもとに詣で、法師は国王に護法の功徳を説いた。王はその法を聞き終わって、そのまま死にアクショーブヤ如来の国土に生まれたのである。その時、王の眷属で、一緒に法を守った者たちは、次々に亡くなってはアクショーブヤ如来の国土に生まれ、発心、随喜する者たちはみな、菩提を得たのである。ブッダダッタ比丘もやがて亡くなり、アクショーブヤ如来の国土に生まれてアクショーブヤ仏の第一の

弟子になったのである。バガダッタ王は第二の弟子になったのである」。

仏が迦葉に告げた。「その時の国王とは何を隠そう、ほかならぬこの私である。その時の法師とは、迦葉仏だったのである。迦葉よ。正法を守る功徳は無量であると知りなさい。私はほんらい、身命を惜しまずに正法を守ったからこそ、この金剛不壊の法身を獲得したのである。

④ また迦葉よ。法師で浄戒を保とうとすれば、自衛すべきであり、護衛の具がなければ軽々しく行動してはならない。優婆塞で五戒を受けず、大乗を学び、護法のために武器を持とうとする者たちがいれば、その人を頼りにして、連れにすべきである」。

迦葉が再度申し上げて、「世尊よ。武器を持った者と連れ添うのは非律儀であるとおっしゃっているではありませんか」。

仏は迦葉に告げた。「私が涅槃して後の悪世においては、飢餓や流行病のために形を〔出家に〕偽った利養目的の輩が輩出する。その時に、戒を保ち律を持ち、威儀を備えた法師は、彼らのために駆逐されたり、危害を加えられたり、殺されたりしてしまう。その時代に戒を保つ法師で、諸都市・村・険難荒野を行くものは、具足戒を受けないで法を守ることができる国王・大臣・野人・チャンダーラ等の者たちを、連れ添いにすることを私は許すのである。彼らは具足戒こそ受けていないが、その護法の功徳たるや、無量であり、具足戒者に勝るのである。

⑤ 法師というのは、戒を保ち、威儀を清浄にして、大乗を深く喜び、他人にも説く。香・油・幡・華などの供物を、国王・大臣・長者たちとともに捧げることができるが、それでいて沙門としての法を失うことがない。これを法師と言う。戒を保つというのは、自分に大海の如き真実の法を収め、威儀を備えている。それが持戒と言われる。たとえ戒を備えていたにしても、楽しみを感じることがなく、名誉を喜ばないで、

のである。

利養を嫌悪し、常に他人に少欲知足を説けば、そうした者たちは自分の利益を失い、眷属たちも喜ばないので法師とは呼ばない。自分の眷属たちに嫌気を催し、自分で眷属を破壊することは、これも破サンガというのである。

⑥　サンガには三種類がある。犯戒のサンガと童蒙のサンガと清浄なサンガである。このうち〔法師は〕犯戒のサンガと童蒙のサンガは壊してしまうが、清浄なサンガは壊すことができない。犯戒のサンガとは、愚かな凡夫が犯戒者にしたがって、お互いに監視しないで、貪濁のために一緒に和合するものである。これを犯戒のサンガという。たとえ自分自身は戒を保つことができても、やはり犯戒の一員に入ってしまうのである。これらのサンガは行ってはいけないことを行っている。この非法者たちを教化することができるのが法師と呼ばれるのである。

童蒙のサンガとは、修行をなさず、鈍根で愚かな者たちであり、たとえ利養を得るにしても、自分から事情を眷属に申し述べる。それぞれが修行を樹立して、一緒に和合することがない。自恣・布薩も同様に犯戒者と共同することがない。この愚かな非法を教化することができるものが法師である。

法・律の通りのサンガとは、それらは何十万の衆魔であっても壊すことができない。菩薩のサンガはいつも自ずから清浄である。前の二種類のサンガは犯戒の法師と呼ぶのである。

⑦　持律師とは、巧みに教化するのに時を知り、重を知り、軽を知り、非律を判断根拠(29)とせず、また正律も判断根拠としない。

巧みに教化するのに時を心得ているとは、どうしてそう名づけるのか。教化する対象（教化する者(30)）は菩薩であったり、童蒙であったりする。菩薩が教化する場合は、護法のために時・非時・余・無余を観察しない。寛縦にしたり厳しくしたりすることは、そのあるべき姿にしたがい、人里や塚間を自由に行き留まっても、護法の心のために、規律に反することがない。ただ、踊り子・寡婦・売春婦・童女や有学の声聞の場所など、行くべきではない場所を除いて、他の一切の場所に護法の菩薩は行き来し、巡ること一日中であっても、過失はない。これが教化するのに時を心得た法師であるといわれる。

⑧ 重を知るとは、如来が戒律を制定されたもとは、原因となったことの起こりは軽かったことを意識して、[31]放縦な心になって四波羅夷罪に至れば出家とは言えない。これが重を知ると言われる。

⑨ 有余律を判断基準にはしないということは、奴隷などの不適当な物を蓄財することが律の中で残っていれば〔それを法師の〕判断基準[32]とはしない。そしていつも犯戒者と争いをすることを願わない。これが、非律を判断根拠とはしないということである。戒律ではなくても他の経典の中で戒律と同じであると説かれているものは、それも律と言われるが、判断根拠とはすべきではない。言葉の教えに従う者は文を守ってはいても、一字も内容を理解することはない。もし、理解することができれば、三世の諸仏の教説の中で、無畏を会得することになる」。

## (二) 考察

以上が〈法〉の中で法師が登場し、護法・戒律の問題について明かされる箇所であり、「金剛身品」の教説の中心を占めている。如来が金剛不壊身 vajrābhedyakāya を得たのも、ここに説かれた護法の功徳によるという。涅槃経中には、諸処に護法・戒律の問題が説かれてはいるが、これほどまとまって大がかりに説かれることはなく、また法師が登場するのもここだけである。先ず、ここに述べられた特徴的な内容を整理してみよう。

①から分かることは、この箇所の護法は在家者に対して説かれていることである。在家者が法師・持戒者を守ることをもって護法とする。そして一般に理解されているような、部派の比丘が在家者に対する態度とはおそら

く異なって、「五戒を否定」し、「武器をもって比丘（法師・持戒者）を守れ」という。迦葉が「武装者を伴侶とするのは比丘とは言えない」と、オーソドックスな立場から反論する[33]にも関わらず、仏は「ただ自らの清浄行をのみ保ち、悪人を服従せしめられない者こそ在家坊主である」と答えている。ここは涅槃経の戒律観を表した教説として、古来最も有名な箇所の一つである。

②は①を補足する内容になっている。頭陀行をなし、九部経を説く比丘（法師）が、ある経典には奴隷・牛等の蓄財が禁止されていることを説けば、犯戒の比丘たちが徒党を組んでその比丘を襲うので、優婆塞・国王・大臣たちはその在家坊主 muṇḍika を服従させるべきであるという。

この①、②を通じて、この脈絡では法師と比丘とが全く同一人物として表現されていることに注意しておこう。また、以後の章で涅槃経の中心的教説となる「不浄物の蓄財の禁止」が、初出のこの箇所では「九部経中の他経典の所説」となっていることも注目に価する。

③は法師を守護する果報について本生話の形で説き直しているもので、内容的には①、②の反復となっている。以上①、②、③は、在家者が対告衆になっていると見られるのに対して、④以降は経典の宣説者の側である法師に対して説かれている。ここには法師の具体的なあり方が示されていて特に興味深い。

まず④では、「法師・持戒者」は無防備な行動をしてはならず、自衛をして、五戒を受けていない優婆塞で、武装したものを伴侶としなければならないという。その理由としては、仏滅後、国が混乱する時代に、法師は危険な荒野を遊行せねばならず、その際に身の危険を逃れる必要があることを挙げている。この内容は在家者に対する説の①、②と全く対応する。そしてことに注目すべきは、法師が戒律を保ちつつも、ほんらい的には遊行生活を基本としていること、そして伴侶とすべきものに、国王から、野人や不可触民のチャンダーラまで含まれていることである。

⑤においては、法師の在家者に接する態度が描かれている。戒を保ち、威儀清浄な法師は、大乗を説き、香・油・幡・華等を国王・長者たちとともに仏に供養しても、沙門としての規律に反することがない。反対に少欲・知足ばかりを説き、名誉を喜ばず、利養を嫌う者は、自らの利益を失するばかりか、眷属まで嫌になり、結局は破僧に等しい行為をすることになる。それでは法師とは言えないという。ここに説かれた法師は、その性格たるや、従来理解されてきた正統派の部派教団における比丘とはおよそ異なっている。そこには在家者と極めて密接な関わりを持ち、むしろ在家者とのつながりを第一と考え、戒律制度に対しては尊重する態度の乏しい法師の姿が確認される。

⑥から最後の⑨までは、法師が既成のサンガに対していかに接すべきかについて述べている。まず⑥ではサンガを「犯戒サンガ・童蒙サンガ・清浄サンガ」の三つに分類する。「犯戒サンガ」とは、犯戒者たちとともに暮らしながら是正もしない集団である。たとえ一人で持戒をなしていても、それらの非法者たちを教化しない限りは、犯戒者の一員である。「童蒙サンガ」とは、和合をしないバラバラの集団をいう。自恣・布薩でも犯戒者を仲間外れにしてしまう。この二者を教化できるものこそが法師である。それに対し「菩薩サンガ」といわれるものがある。それはほんらい的に清浄なサンガである。

⑦、⑧、⑨はそうしたサンガに対して、法師がどんな態度で臨むべきかについて「律」という立場から規定し直したものと捉えられる。「持律師」といわれる者は、教化するに際して「時・非時、軽・重、律・非律」の判断をできる者を言う。その中、⑦に述べられているのは知時の内容をなす。教化の対象に菩薩 bodhisattva と童蒙 bāla が存在するが、ここに触れられているのは菩薩の場合だけである。菩薩は護法のためであれば何時、どこへ行こうともとがめられるべきではない。[34] 教化に当たっては法師はこのことを理解していなければならない。もちろん通常は、その時と場所は制限されているのである。してみると知時とは、教化活動をする者たちの行動

に対する例外規定であり、それが適用されるのは菩薩の場合だけということを述べていることになる。法師が菩薩をいかに高く評価しているかがこの文で窺えよう。

⑧に説く知重とは、あくまで四波羅夷罪を犯した者は出家として認められないが、その他の小さな罪では重大に考える必要はないというもので、罪の軽重についての判断が求められている。

最後に⑨であるが、ここには法師が既成の「律」に対していかなる態度を取ったかを窺わせる興味深い記述がなされている。有余律 sāvaśeṣavinaya を判断基準 pramāṇa にしないというのは⑦の記述に対応する。またたとえ律でなくても、他の経典中で認められているものは、律と認めてよいのだが、しかしそれも判断基準としてはならない。つまり、不浄物の蓄財の云何をもとに、律と非律との判断を下し、また経典の記述も律として認めるという態度は打ち出してはいるものの、結局はその何れであっても既成の律は法師にとって判断根拠とはならないことになる。[35]

以上が「金剛身品」に説かれた護法・戒律に関する内容である。すべては法師を中心に描かれており、在家者の法師に対する態度（①、②、③）、法師の在家者との関わり（④、⑤）、法師の既成サンガに対する態度（⑥、⑦、⑧、⑨）、の三つから成り立っていた。

ところが先述したように、実はこの部分は涅槃経全体の中に位置づけると大きな問題を含んでいる。その問題は二つあって、一つはここに説かれた護法の内容が、前項で分類したところの第二類の諸品で説かれる護法の内容とかなり食い違っていることである。涅槃経に見られる教団的問題の矛盾の源泉の一つはここにあると言ってよい。更にもう一つは、この箇所が異訳である（T）（曇）（及びサンスクリット断片）と非常に異なり、場合によっては、内容が正反対になっているところも存在することである。次にそれを確認してみよう。

## ㈢ 矛盾箇所の考察

まず、①、④に説かれた法師と在家の関係についてであるが、ここでは、在家者が五戒を保つことは勧められず、武器による護衛が賞賛されていた。ところが、第二類の「長寿品第五」では五戒を肯定する。菩薩は一子想を修習して、衆生たちを五戒・十善業道に立たせるべきであるという。[36]

（法）〔菩薩は〕すべての衆生を五戒・十善業跡に立たしめる。

更に五戒を根拠として不男・二根等を追放することを説く。[37]

（法）不男・二根はすべて駆り出すべきである。五戒の律に反するからである。

また、法師が伴侶とすべき者には、国王・大臣等のみならず、不可触民であるチャンダーラまで含めていた。ところが第二類になると明らかにチャンダーラとは一線を画す態度が出てくる。「分別邪正品第一〇」に説く。[38]

（法）チャンダーラはじめ不男・二根・身体障害者を、衆生を憐れむために皆出家を許す……これは魔が説いた経典と律である。

もちろんこれは出家についての規定であるから、在家者としてつき合うことを否定されているかどうかまでは窺えない。しかし、チャンダーラの出家について他の不具者とともに禁止すべきことを魔の教説とまで言ってわざわざここで追加規定していることは、やはり④に述べるチャンダーラに対する態度と大きく変わっていることだけは否定できない。この他にもチャンダーラの評価に対して否定的な記述は散見される。[39] なお、（T）（曇）は第一類においても、もともと守護者にチャンダーラを含めていない。

また、④の武器を取って法師を守れという記述も、三訳で微妙に変化している。[40]

（法）彼らは具足戒こそ受けていないが、その護法の功徳たるや無量であり、具戒者に勝る。

（T）持戒の比丘を守るために武器を所持することもまた戒であると私は説く。しかし、殺すことはすべきではない。

（曇）護法のために刀杖を所持しても私（＝仏）はそれも持戒と名づける。刀を持っているとは言っても、命を断ってはいけない。もしそれができるなら、第一持戒とよぶ。

（法）では武器を取って法師を守るのは受戒者にまさる功徳があると言う。しかし、（T）になればそうした積極的評価は姿を消し、代わって「殺してはならない」という制限が付される。（曇）もほぼ同様である。ここに（法）→（T）（曇）という方向で、武器で守ることに対する評価が下がってきていることが分かる。

武器についての（T）（曇）における評価の消極化は、他の箇所にも窺える。「序品第一」（第一類）中、対告衆としての欲界のパーピーヤスが参集する箇所で、その三訳の記述は次のようになっている。[41]

（法）眷属は一緒に皆、兵杖・刀剣・弓箭・金槌・鎚斧・羂索・長鉤などの戦闘衆具で飾りたてていた。

（T）これらの眷属たちもまた、弓・刀・鎧・斧・金剛杵・刀剣・鉄棒・百軍・木鎚・投槍・槍などの多くの武器を捨て、

（曇）みな刀剣・弓弩・鎧・杖・鉾槊・長鉤・金槌・闘輪・羂索を捨て、

（法）のみが武装している設定である。

このように（法）でも第二類では五戒が評価され、チャンダーラの扱いに否定的であり、（T）（曇）では第一類でも武装に対して消極的であることが確認できる。

次に同じく、法師と在家者との関係を説いた記述⑤に注目したい。ここでは法師は、国王・大臣・長者らと親しく「香・油・幡・華」等を供養し、利養と名誉とを拒否せず、眷属を喜ばせるべきであるとしていた。これは従来の研究に照らしてみれば、正統派の文献に確認される通常の出家者の態度としてはおそらく奇異に映るもの

であり、むしろ拒否されるべきものとの印象を持つであろう。[42] 確かに、当の涅槃経でも、第二類においては、こうしたものを取り扱うことを勧める記述は全くないばかりか、関係箇所とおぼしき部分は全て否定的である。「分別邪正品第一〇」(第二類)で、禁止されるべき事項の中に、「華鬘を結うことを学ぶ」「華鬘を身につける」「諸香を和合する」「王家に詣でる」ことを挙げている。[43] また同じく「分別邪正品」に沙門の法として、「かりに酒や香があったとしてもそれを遠ざける」とし、また夢中で女人と同居することは、犯戒ではないが退けられるべきであることを説く中に、「香や華は人を放縦にさせてしまう」と述べて、「香・華」を否定の対象として取り上げている。[44]

この箇所⑤に対応する(T)(曇)は(法)とはまるで反対のことを言う。[45]

(T)師 ācārya は、大乗の教説を説示し、完全な観察をなし、不適当なものである華蓋と油壺・種種の果殻を捨て、王・大臣たちに頼らず、利養のために監督者たちに諂ったり甘い言葉をなしたりせず、

(曇)護法者とは正しい見解を保ち、大乗経典を広く説くことができ、王者の宝蓋・油壺・穀米・種種の果物を終始保つことがなく、利養目的で王者・大臣・長者に近づかず、旦那に対して心が諂うことなく、

(法)で述べられていた内容が、(T)(曇)ですっかり否定されてしまっているのが分かる。

法師の既成サンガに対する態度が見られる⑥の記述を見てみよう。ここで留意しておきたいのは法師の犯戒者に対する態度である。法師は犯戒者を是正すべきであり、そのため一緒のサンガで共住することが必要であった。ところがこれが第二類の「四依品第九」になるとずいぶん様子が変わる。[46]

(法)〔菩薩は〕奴隷や非法のものを蓄財するという、戒のありさまを犯しているそぶりをして、その〔不浄物の蓄財をする〕悪比丘に接近し、学問を学び、経典を書写して、書写し終わって、持戒者に教えるために、その悪人と同宿し、……それからはその比丘と自恣・布薩を二度とともにすることはない。

ここは菩薩が悪比丘から経典や学問を受け取り、持戒の比丘たちに教えるという特定の目的で犯戒者に近づくことをいっており、しかも自恣・布薩をすることを以後拒否するという、かなり積極的で、かつ排他的な態度に変わっている。

この⑥に対応する（T）（曇）は次のようである。[47]

（T）自恣と布薩とにおいて、自分の眷属だけは浄化するが、犯戒者たちを浄化しないで、彼らとともに雑居するものたち、それが童蒙サンガといわれる。

（曇）〔自分の〕弟子には清浄懺悔をさせるが、弟子でないものが多く規律を犯すのを見ても、清浄懺悔させることができないまま、一緒に自恣・布薩を行う者、それが愚癡のサンガと呼ばれる。

（T）（曇）ともに同じ主張であり、戒律を犯す者を是正せずして共住することを戒めている。これは（法）が犯戒者と同居しないことを戒めていたのと比較すると、その主張の中心がすっかり入れ替わっていることが分かる。

最後に⑨に説かれた法師の律に対する態度に注目したい。ここでは、法師は不浄物の蓄財を認めた律を「有余律（＝非律）」とし、律ではなくとも律と同様の記述が見られる経典を「如法律」と定義して、それを認める態度を明かしていた。しかし何れの制度化・成文化された律も、最終的には法師の判断根拠としていないところに特徴がある。[48]そしてことに、有余律を認めないところでも犯戒者と争いを避けるという態度が取られていた。[49]それは何れの側に対しても、律法的・制度的な秩序ではなく、融和的で柔軟な法師の自主的判断を重んじた方針と見てよいであろう。

ところが、これが第二類になるともっと厳しいものになってくる。その一つの例は、⑥で見た「四依品第九」のものであり、そこでは既成のサンガ規律に反したものを逆手に利用し、その上で自恣・布薩の共同を禁止していた。[50] また「四法品第八」には、次のように述べている。[51]

（法）如来はどうして僕童など〔の蓄財〕を許されたことがあろうか。こうしたことを説いて、如来が許されたと言うなら、次々に〔輪廻の先の〕世で抜舌地獄に陥るのである。

こうした規律違反の者を峻厳に扱うことを規定する同様の記述は、「分別邪正品第一〇」（第二類）で「魔説」と厳しく断罪するところなどにも表れる。[52] およそ融和的な態度とは言えないものに変化してくる。

この⑨に対応する（T）（曇）の記述は、次のように言う。[53]

（T）非律を判断根拠にせず、律を判断根拠にするというのは、……彼〔持律師〕は、有余律は判断根拠にするが、どんな律であれ、そこに不適当な布施の功徳が存在するような律は判断根拠にしない。……何であれ、ふさわしいことが説かれた仏の言葉から引用されたもの、それも律であると私は説く。

（曇）非律は判断根拠にしないが、律は判断根拠にすべきである。……非律を判断根拠にしないということは、もし、不浄なものを受けるべきだと説くものがあれば、〔その者たちと〕共住することはしない。正しい律を判断根拠とすべきだというのは、よく戒律を学んで破戒者に近づかず、ある行為が戒律にしたがっているのをみて、心に喜びを生ずることである。

結局、（T）では既成の律に関して、不浄物の布施を認める以外の律と、経典の中の律的な記述の二つを判断根拠として認める立場を取る。何れにせよ制度的に成文化された律を判断根拠に認めている。一方（曇）は、不浄物を肯定するものと、破戒者との共住を否定し、正しい生活を説く形を取っている。これはすでに⑥で見た、（法）の法師の態度と大きく矛盾する。これらを比較した時、律の遵守に対する律法的態度、不浄物・犯戒者に対する拒絶の態度が、（法）→（T）→（曇）の順に厳しくなっているのが分かる。[54]

こうしてみると、（法）「金剛身品」に説かれた法師中心の護法・戒律のありさまは、第二類の諸品でそのほとんどが否定され、また第一類の（T）（曇）でも否定ないしはそれに近い変化を被っていることが分かる。これと前項で得た結論を併せてみると、次の二つのことが押さえられよう。

第一は、前項で見た第一類から第二類への移行、すなわち涅槃経支持者の名称の菩薩化は、その中に「法師の行動の否定」という大きな内容の変化をも伴っており、それは明らかに涅槃経支持母体自体の変化を物語っていると考えられることである。

第二には、これも前項で考察した「金剛身品」における（法）→（T）（曇）という法師の語の消失は、やはりそれに内容の変化が伴っており、その変化は第一類→第二類という推移に見られる法師の行動の否定という変化とまったく揆を一にする。すなわち三訳の間でも、（法）→（T）→（曇）の方向で、支持者が菩薩化していることになる。したがって（曇）の第一類は、第二類の影響による改変を最も大きく被っていると想定することができ、（T）→（曇）と、法師の語の喪失とともに、菩薩が好まれてくる事情もここに至って明確になってくると言えよう。

このようにしてわれわれは、涅槃経の中に支持母体の菩薩化という変化を想定できることになる。しかし更に内容に踏み込んだ時、一体この菩薩化とは、実際にはいかなる性格を帯びてくることなのだろうか。その具体的な中身が明かされなければならない。換言すれば、ここに掲げた「金剛身品」と第二類の間の矛盾はもとより、その他に見られる第一類と第二類の間の矛盾、そして三訳間に見られる相違が、いかなることに帰結されるのか、という考察が次になされなければならない。それこそが菩薩化の具体的な内容を指示するものとなるはずである。

## 第三項　菩薩化と律法的厳格主義の出現

### ㈠「金剛身品」の記述に見る「出家化」の方向とそれを示唆する記述

前項までに見た涅槃経支持者の「菩薩化」という現象は、具体的にトレーガーたちにいかなる変化が起こったことなのか、それを知るためには、先に見た矛盾の源泉である（法）「金剛身品第六」と第二類、及び異訳間に存在した矛盾の意味を考察するのが第一であろう。それによっておよその方向が出てくるはずである。

「金剛身品」中に説かれた法師の態度を、先ず、在家に対するものから振り返ってみよう。法師は遊行の途上、アウトカーストであるチャンダーラを含めたあらゆる階級の在家者たちを伴侶とし、しかも武器を手にする者たちと行動を共にした。そして自らはそうした在家者たちと「香・油・幡・華」を手にして供養するのである。しかもその際、名誉は決して否定されるべきものではなく、眷属を喜ばせるために歓迎されていた。こうした法師の態度を、従来の研究において位置づけされた部派の比丘等と比べてみると、それははるかに強く親在家的な態度を持ったものであると言える[55]。少なくとも法師と在家との間には、峻厳な境界が設けられてはおらず、一種の連続性が認められる。戒律を尊重するのであるが、制度だから第一に守るべきという態度ではなく、その実質を重んずる柔軟な態度を持っている。

ところが第二類や（T）（曇）になると、こうしたものはおよそ否定されてくる。在家者に対しては五戒を評価し、菩薩には「香・華・油」などを取り扱うことが退けられる。また、有力者に近づいたり利養を喜ぶことも同様に戒められる。涅槃経は利養 āmiṣa について厳しい態度を持っていることが従来指摘されているが、これは実は第一類よりも、第二類になって明瞭に表面化することである。こうした変化はすなわち、総じて出家者としての威儀を正す方向に向かっていると捉えられよう。在家者との曖昧な連続を、制度的に断ち切ろうとする動きである。

では、法師の出家者に対する態度についてはどうであろうか。「金剛身品」において法師は、戒律の解釈・犯戒者への態度に関して柔軟な態度を見せていた。律については「有余律（不浄物の蓄財を否定しないもの）」も「如法律（経典のことば）」もともに法師自身の行動・判断の基準とはしていない[56]。しかも犯戒者と争うことは避けられるのであり、ことに（T）（曇）と比較した時に、犯戒者とも和合第一とする態度が読み取れた。

ところが、この態度もやはり（法）第二類、及び第一類でも（T）（曇）になると否定される。不浄物の蓄財への態度は硬化し、犯戒者との関係も和合が認められなくなる場合が出てきた。時としては、犯戒者を特定の目論見で利用し、その後に和合を拒否するという厳しい態度も確認された。また第一類であっても（T）（曇）になると「序品第一」中に「犯戒者は還俗させよ」という記述の挿入まで出てくる[57]。総じて出家者に対する態度も菩薩になるとはるかに厳しいものになるのである。ここにおいても涅槃経の支持者が意図していることは、自らを犯戒者とはっきり区別して、出家者としての威儀を正す方向に進もうとしていることが理解される。

以上の二つの変化の意味を考慮に入れれば、涅槃経支持者の菩薩化に伴って表れた「金剛身品」の矛盾は、「出家化」という現象を示していることが分かる。在家者・犯戒者との曖昧な連続を断ち切り、自らを出家者として位置づけようとするこうした動きは、「出家化」と名づけてもよいであろう。それはまた制度的な価値を重要視する態度への移行でもある。

なお、ここに言う出家とは、一般の定義に言う「一定の具足戒を受けての出家」という意味に限定した理解はしていない。たとえそうした保証はなくとも、現実に在俗の生活を捨て、実際に仏教徒と名乗る者は出家者として捉えている。これは先に見た比丘と同じ用法である。したがって法師も菩薩もともに出家者となる。しかし、今ここでは、その同じ比丘が、在俗の生活に肯定的な倫理観を持っているか、否定的な倫理観を持っているか、その裏返しとして出家の倫理にルースであるか、厳しいかが問題となるのであり、更に進んで、その倫理観が、制度的な秩序を尊重する態度に繋がることに特徴がある。この前者から後者への移行を、ここでは「出家化」と呼ぶ。

## (二) 出家化を示唆する例

この第一類→第二類、更には(法)→(T)→(曇)という変化に認められる涅槃経支持母体の出家化を示唆する記述は経中に多々認められる。今そのうちで顕著な例を記しておこう。

先ず、(T)(曇)が(法)に比べて出家化が進んでいることを示す記述として、先に「犯戒者を還俗させる」という一文が挿入されていることを挙げたが、やはり「序品第一」において(法)に見られない在家批判が挿入されている件がある。衆会に優婆夷が参集する箇所である。[58]

(法)女性の姿を現し、衆生を化度し、自分の身体を呵責するのは、まるで四蛇に対するようである。

(T)女性の身体によって幾十万の衆生を必ずや救い、在家を批判する者ばかりがいた。

(曇)無量百千万の衆生を救うために女性を現し、在家の法を批判し、自分の身体を批判することはまるで四蛇に対するようである。

女性の対告衆が自ら女身を嫌うというのはこの他にも経中に見られるので、(法)の「呵責己身」は納得がいくが、在家者のウパーシカーの特性として、在家批判が出てくるのはほんらいならおかしい。これは出家化が進む中で挿入された一句であることは間違いないだろう。

　次に（法）でも第二類では「出家化」が進んでいることを示すものに、「四依品第九」の出家者と在家者の関係を述べている箇所がある。出家者が在家者から教えを聞く場合の両者の態度を述べて次の問答をする。[59]

（法）迦葉菩薩は仏に尋ねた。「……在家者が素晴らしく経説を知っていて、出家者が彼にしたがって学ぶ場合、恭敬し仕えるやり方はどうすればよろしいでしょうか」。仏はお答えになった。「出家者は在家者に対して礼拝すべきではない。それは〔在家者が〕福田ではないからだ。出家者はおよそ長老であり全ての福田であり礼拝すべきである」。

（T）（曇）は同じ主旨を述べるが、もはや問答の形にすらならず、迦葉菩薩の独白の中に、当然のこととして出てくる。[60]

（T）在家者たちは、出家者たちが供養するに価するものでも福田でもありません。

（曇）けれども出家者は在家者を礼拝すべきではないのです。

　ここには、出家者の在家者に対する地位の優位が明確に規定されている。現実に法で在家者が勝っていても、出家者の立場があくまで上なのである。これは形より実質を優先させた（法）第一類に比較したとき、まったく逆転する態度となっていることが分かる。

　ただし、出家・在家という制度的な関係で両者を見るとき、出家優位の判断は初期仏教以来当然のはずである。とすればむしろ問題は、ここでそうしたことを改めて規定し直さなければならなかった事情の方にある。それは第一類に見られた出家と在家の曖昧な連続を考慮に入れる時、両者の関係を、出家を中心としてはっきりと位置づけ直そうという試みであることはもはや縷説をまたないだろう。

### (三) 出家化を示唆する現象（一）——文殊菩薩の地位の向上

更に涅槃経の支持母体の出家化という現象を、間接的に示唆すると思われる興味深い現象が他にも見られるので挙げてみることにしよう。先ずは文殊菩薩の地位が、第一類と第二類、及び三訳間で変化している問題を取り上げよう。

第一類の「長者純陀品第三」は、涅槃経中、ある意味で最もその経典名にふさわしい箇所である。そこでは非大乗系涅槃経に説く「チュンダの布施」というモチーフに依って筋が構成され、在家者チュンダと文殊菩薩との対話によって話が展開していく。

この章のメインテーマは「仏身の常住」を説くことにある。しかし、そこで大切なことは、その内容が文殊菩薩によってではなく、チュンダによって克明に明かされていくことである。そしてそれは、全てを、仏まで含めて「無常」と説く文殊菩薩に、一つ一つ反駁する形で実現されていく。

文殊菩薩に対して在家者として法を説くチュンダ——その両者の関係を考えれば、誰しもが、在家菩薩の代表と目されている、あの維摩居士の『維摩経』を想起するに違いない。在家者チュンダに、完膚なきまでに説き伏せられる涅槃経中の文殊菩薩には、維摩居士に全く頭の上がらない文殊菩薩と同様の姿が髣髴としてくる。

ところが、涅槃経最後の章である「随喜品第一八」(第二類)において、チュンダと文殊が再び登場する場面では、こうした関係がすっかり無くなってしまい、文殊菩薩は極めて高い位置に置かれている。仏と文殊菩薩の最後の問答は、女人の位置に関するものであるが、それは「長者純陀品第三」とは全く対照的に、仏の仮りの主張を文殊菩薩が正すという形で進められ、仏の代わりに法を説く文殊が描かれている。そして仏は文殊菩薩を決まって次のように讃歎する。[61]

(法) 素晴らしい、素晴らしい、文殊菩薩よ。人中の仙人よ。衆生を安らかに慰め、素晴らしく如来の方便の秘密の教えを説いたとは。

文殊菩薩がこのように讃歎されることは「純陀品」においてはあり得なかった。「純陀品」では文殊とチュンダの両者のうちチュンダばかりが仏から讃歎されていたのである。

こうした記述は「随喜品」中の他にも確認されるが、涅槃経が終わる全くの末尾部分では、仏は次のように言う。[62]

(法) 汝、文殊師利よ。一切四衆のために法を説くべきである。如来の正法は、今汝に付嘱する。上座の摩訶迦葉と阿難がやって来れば、汝は詳しく説くがよい。

ここに至って、この涅槃経は摩訶迦葉と阿難がやって来ない間に法が説かれた、という設定になっていることが明確にされているのだが、何れにしても、法は先ず文殊に付嘱され、それから迦葉・阿難に説かれるという形を取っている。

一般に、迦葉↓阿難という法の伝承は北伝で認められているが、今はその前提に文殊を置いているわけである。文殊菩薩はここで遺法の最初の後継者という、極めて大切な地位を与えられたことになる。

涅槃経中において、「法の付嘱」の記述は第一類「哀歎品第四」に複数の箇所で表れており、それは同経の形成史を考察する上で極めて重要な事項となる。それについては後に詳しい検討を加えるが、ともあれ、そこでは法の後継者に全く文殊は関係していない。もちろん「長者純陀品第二」においては言うまでもない。第一類と第二類における文殊菩薩の評価はかくも大きく開いているのである。

この文殊菩薩の地位の向上は、第一類の三訳間にも確認される。先ず「純陀品」においては、(法) は他二訳と比較して、チュンダを設定からして高い地位に置く。[63]

(法) その時会座の中に、クシナガリーの長者でチュンダという名前のものが、五百人の長者たちとともに居た。

(T) その時、この集会にクシナガリーの鍛冶屋の子息で、チュンダウパーサカという人が、十五人の鍛治屋子息とともに一同に会して

(曇) その会座に優婆塞がいた。それはクシナガリーの鍛冶屋の子息で、チュンダという名前で、十五人の同じ仲間とともにいた。

(T)(曇)では、単に十五人の一族とともにいる鍛冶屋の子息に過ぎないのが、(法)では五百人の長者を引き連れた「長者としてのチュンダ」として描かれている。もちろん、非大乗系涅槃経からすれば、チュンダは鍛冶工の子息 kammāraputta (karmāraputra, Skt.)[64] であり、(T)(曇)が正しい。しかるに今、文殊菩薩との関係を考慮した時、(法)ではチュンダを高く位置づけていることは注目しておいてよい。

また「哀歎品第四」(第一類)において、諸衆生が仏の入滅を嘆く偈頌を唱えた後に、(T)(曇)では(法)にない八種医術・奥義書 Uttaratantra の付嘱を説く箇所が増広されている。その中で(曇)にのみ「如来もまた同様であり、ただその奥深い秘密の教えを文殊菩薩にだけ教授する」という記述がなされている[65]。これは「随喜品第一八」の記述と全く対応する内容であり、第二類の影響であることは間違いないだろう。こうした例を考慮に入れれば、やはり(法)→(T)→(曇)の順に、文殊菩薩に対する評価が向上していることが分かる。

では、この第二類における文殊菩薩の地位の向上は、一体どう解釈すればよいであろうか。この問題を解決するには、Ray [1994] および平川彰 [1970] が大きな示唆を与えてくれる。前者は維摩居士を、非制度的な価値観を重んずる、在家型の聖者のモデルとして捉えており、その関係から逆に文殊を位置付けてみれば、それは制度的な価値観を担う象徴、として捉え直すことが可能である[66]。また、後者は、文殊菩薩の性格について考察を加え

た結果、文殊菩薩は「出家菩薩の理想像――実践行の人格化されたもの」として登場し、文殊を上首として仰ぐ教団が大乗中に存在したことを結論している。[67] この論文中の「童真 kumārabhūta」の解釈に関しては異論も出されているが[68]、文殊が登場する文献を詳細に調べた時、文殊を三昧と関係した、出家の象徴とみなすという結論はおおむね妥当なものである。[69]

今、涅槃経における文殊の地位の変化も、これら両者の結論を照合すれば十分に説明がつく。すなわち、ここでも文殊は出家制度的価値観の象徴的存在とみなし得るのであり、それが第一類→第二類、更には、(法)→(T)→(曇)の順に尊重されてくるのをみれば、それは前項で確認した涅槃経支持者の「出家化・制度化」に相応するものであることが分かる。「チュンダ＝文殊」という「在家＝出家」の関係の評価を、出家中心に逆転させているのである。

なお、文殊菩薩について触れたついでに、この「長者純陀品」(第一類)が持つ涅槃経中での位置を確認しておこう。先に「純陀品」を代表的な在家経典である『維摩経』と比較したが、実は、文殊とチュンダ、という位置関係を抜きにしても、この章は極めて「在家」と関わりの強い内容を持っている。

先述のように、この章の教理上のテーマは仏の常住を説くことにあるが、それは布施波羅蜜の成就という内容に平行して説き明かされる。さまざまな対告衆の布施が拒否され続け、ただ最後にチュンダの布施のみが承認され、その時に仏の常住の真実が開顕される。そしてこの布施の成就と仏の常住とは密接な関係にある。なぜなら純陀品での布施は仏に対して行われるものであり、もしそこで仏が無常な存在であれば、その布施の果報自体も無常になってしまう。したがって、そうした布施の対象である仏は常住でなければならない。仏が永遠の福田であるからこそ、布施が意味をなすのである。

実はこの「布施波羅蜜の成就」というこの教説自体、在家においてふさわしい徳目にほかならない。六波羅蜜を知りながらも、敢えてそこから布施波羅蜜を取り出して強調する態度は、かなり在家的な意識が強いものと考えられる。第一類にふさわしい内容と言えよう。

### ㈣　出家化を示唆する現象（二）――三昧の出現

さて涅槃経の支持母体の出家化を示すもう一つの現象がある。それは第二類、及び（T）（曇）における「三昧」という語の出現である。涅槃経中随所に散見される三昧の語は、極めて特徴的なことに（法）では第一類には全く現れず、第二類においてしか出てこない。そして出てくる場合、三昧の語はほぼ定型句として次の形をとる。[70]

（法）如来の本性も同様であり、無量の煩悩・小煩悩の煩いに覆われている。経典や三昧を聞いたにしても、それでも如来性 *tathāgatagarbha を信じることがないからである。

この形は第二類の至るところで出てきている。大乗仏教と三昧とは密接な関係があることはつとに指摘されており、実際、いかなる形にしろ、三昧の語を使わない大乗経典は考え難い。[71]（法）第一類においてそれがないことの方が注目すべき事実である。

ところが（T）（曇）になれば、第一類中でも出てくる。「哀歎品第四」中で次のように言う。[72]

（T）仏・世尊はまた不可思議である。諸々の三昧も不可思議である。

（曇）如来の世界は不可思議である。あらゆる「定」も不可思議である。

（法）の対応箇所では、ただ単に「諸仏所行不可思議」というだけである。また「受持品第七」（第二類）でも（法）に全くない記述が（T）（曇）に見られる。[73]

（T）この経典の一切の三昧の中で、この『大般涅槃経』が最高と言われ、至高と言われ、最勝と言われるのである。

（曇）この経典も同様である。諸経典・三昧の中で最高である。

これは何れも三昧の中でも涅槃経が優れていることを強調するための記述である。（法）にはこれが欠けていることは後に触れるが、この「受持品第七」の性格を考察するに当たっては注意しておかねばならない。

また、更に大切なことには、上記のような定型句以外にも「四法品第八」（第二類）に仏・菩薩の三昧について細かく例示しながら、かなり長い部分をその記述に割いている箇所がある。そして『首楞厳三昧経』を引用して、詳しい説明をそちらに譲るという形でまとめている。[74] これも後に改めて取り上げるが、三昧は第二類においては、教説の要ともいうべき大切な位置を占めている。

さて、平川彰［1970］は「首楞厳三昧は厳しい出家者の実践」である由を述べる。[75] その修行形態の詳細は明らかではないので断言はできないが、確かに一般に阿蘭若処等で、繰り返し修習することによって初めて一定の境地に到達できる三昧は、すぐれて出家的な、在家者と比べれば厳しい修行形態であると考えてよいであろう。例えば三昧を主題とする有名な大乗経典『三昧王経』などは、やはり出家の教団によって支えられていたことが指摘されているが、[76] それは家庭生活・社会生活を営みながら実践する布施などの行に比べてみれば、同じ仏教に包括されるとは言っても、はるかに厳しく、専門の修行者によって初めて達成可能になるものであろう。[77] こうした三昧を絶えず意識する第二類の菩薩は、第一類の法師に比べた時、出家の生活姿勢を中心に据えていることは確かである。

最後に一つ敷衍しておけば、この三昧の重視と、前項で述べた文殊菩薩の地位の向上とは、実は密接な関係を持っている。平川彰［1970］によれば、「文殊菩薩を上首とする首楞厳三昧を実践するグループの存在が予想される」というが、[78] すでに指摘もなされているように、文殊が登場する経典類を見れば、それは三昧との関わりが深いものであることがほとんどである。確かに諸文献をたどれば、文殊が出家の代表と見なされるのは三昧との関係が密接であるためという印象さえ受ける[79]。こうしたことを考慮すれば、涅槃経第二類における「文殊菩薩の地位の向上」と「三昧の出現」とは、いよいよもって「出家化」の一つの現象として捉えることが適当になってくる。

## 第四項　菩薩化とグループ化、または教団化[80]

### (一) 三宝の出現とその意味――「金剛身品」の再考察

これまでの検討において、涅槃経の第一類から第二類への移行について、いくつかの事例をもとに、支持母体の「菩薩化」と「出家・制度化」という二つの現象が並行して認められることを確認した。実はこの他にも、この二つのグループで明瞭に相違することがいくつか存在する。その中の一つは、第一類では「仏身の常住」しか説かないのに対して、第二類では「三宝の常住」を強調することである。言うまでもなく、仏身の常住と三宝の常住とはともに涅槃経の中心思想であり、従来の研究においても必ず話題にされてきたが、ただこの両者は決して単純に同一視されるべきではない。もちろん、思想的に解釈を施そうと思えば、仏の常住を前提として三宝の常住が可能になることはさまざまに説明がつけられようし、そうした立場からそれを仄めかす記述を取り出すこともできよう。しかし今ここでは、それが支持者を異にする二つのグループ間で判然と分かたれていることに、何よりも注目しなければならない。

この仏身の常住から三宝の常住へという移行を、社会背景史的・教団史的観点からながめた場合、最も問題になるのは「僧宝の常住」が説かれ始めることである。僧宝の常住が強調される以上、そこには現実に何らかの形でサンガの存在がなくてはならないはずである。ところが既述したように、「金剛身品」における法師は遊行を一つの生活の基本形態としており、そのために武装した護衛が必要となっていた。そうした法師はおそらく、個人か、または限られた数の眷属を伴っていたと考えられるのであって、決してブッダと同等の常住が強調されるほどの、固定した「サンガ」を背景にしていたわけではないと思われる。[81] サンガを三種類に分けて、それぞれに接する態度を説いていた箇所を見ても、それは自ら形成したサンガというよりは、既成のサンガに入っていく時の注意であった。[82] こうしたあり方をする法師にとっては、「仏の常住」は説いても、僧宝の常住を説くことは、ほとんど注意に上らなかったのではないだろうか。

事実、これを裏付ける象徴的な箇所がある。第一類では仏身の常住を説く中でも、特に教説の中心をなすものとして、「哀歎品第四」に説かれた「常楽我浄」説がある。これは従来の仏教の伝統の中で、否定されるべき代表的な表現の一つである「常 nitya・楽 sukha・我 ātman・浄 subha」という項目を、逆転して肯定的に使う、意義深い箇所である。そこにおいて次のように述べている。[83]

（法）こういう衆生は、愚かで顛倒して、我と思い、常と思い、楽と思い、浄と思う。しかし、かの仏が我という意味である。法身が常という意味である。涅槃が楽という意味である。仮名の法が浄という意味である。

（T）（曇）も同様に説く。[84] これで分かるように、「常・楽・我・浄」にそれぞれ「法身・涅槃・仏・法」を配列している。ところが、この中心的なスローガンの中に「僧」だけが位置づけられていないのである。これは第二類で一貫して主張される「三宝常住」の態度からすれば、まことに配慮に欠ける説であると言わねばならない。いかに法師にとって僧宝の重要性を説くことが意識に上らなかったかを物語る事例である。

こうした法師の態度をよそに、菩薩の登場とともに「僧宝常住」が説かれ始めるのは、おそらく菩薩が何らかの形でのグループ、サンガを形成するか、それを背景にし始めたことを示していると考えられる。そのために仏の常住で留まっていたものを三宝の常住にまで拡張し、一体三宝を強調せねばならなかったのであろう。ということは、涅槃経支持母体の「菩薩化」の背後には、サンガの形成、教団化・グループ化が想定できることになる。第二類に至ってあるグループとしてのまとまりを意識し始め、共有できる identity を持ち始めたのであろう。

ここでもう一度、この「グループ化」という視点を取り入れて「金剛身品」の記述を振り返ってみよう。「金剛身品」においての法師の態度は親在家的で、また柔軟な姿勢を持つことにその特徴があり、制度よりも実質を重んずる態度を有していた。それが菩薩化とともに、在家者との振る舞いについては距離を取り、その関係に秩序を設け、出家者に対しても、犯戒・不浄物蓄財等について、それぞれ態度を硬化させるなど、総じて厳しい態度に変わっていった。これを前項では「出家化・制度化」として意義付けたのであるが、しかし、この一連の変化は、実は「教団化・グループ化」の傾向をも示唆していると考えられる。

サンガを持たない、個人を単位とする法師の場合は、在家者に対する態度や律の規定解釈などにも柔軟であって構わないだろう。否、むしろ、既成の部派教団のように、表向きの律などの制度化された客観的な規範によるのではなく、もっと自由な立場から、アウトカーストや犯戒者などのあらゆる階層、在家・出家の双方に対してできる限りフレクシブルに接しつつも、自らは法の宣説者としての威儀を保ち続けるところにこそ、まさに法師としての魅力が存在し人々を惹きつけていたことが想像される。

ところが、それがある程度まとまったグループ・教団という形を取り始めると、事情は変わって来ざるを得ない。教団が成り立つためには、いくら魅力的ではあっても、法師と所化の間に見られたような、自然発生的な個人的紐帯などに全面的に依拠することは難しくなり、それに代わり得るだけの普遍的原理や客観的規範などが要求されてくるはずである。それがある程度の長さ持続する集団であればいよいよもって不可避的な要請となってくる。

今、涅槃経の場合、出家者中心のグループ化が行われるとすれば、それは在家者や犯戒者に対する明確な態度、総じて律に関しての厳しい態度となって表れるのは不思議なことではない。すなわち、法師の段階に見られた個人道徳が機能しなくなって、ある意味で社会化された原理が要請され、そうした段階でもっとも普通に確認される律法化という姿を涅槃経の場合も取ったと読みとることができるのである。例えば（法）「金剛身品」の法師は、非律、如法律の何れも判断根拠にしていなかった。[85]それが（T）（曇）では律を判断基準にしはじめるように変化していた。

また（法）においては「不浄物蓄財の禁止」を説く経典を「他の経」としてそのオーソリティを他に譲っていたのに対して、（曇）になると「涅槃経中に制する」と律規定の態度を明確にしはじめたことなど[86]は、こうした脈絡で解釈すれば十分理解できる。

このようにして、第一類↓第二類への移行は、「出家化」とともに、「グループ化・教団化」を内包していることが理解される。そしてそれは、「菩薩化」に伴って現れる具体的な変化の一つなのである。

### (二) 菩薩「定住化」の可能性

こうした涅槃経の菩薩は、仏塔を背景とした教団と関わりを持つグループであることが考えられる。「分別邪正品第一〇」（第二類）に言う。[87]

（法）大乗の中に偸罪 sthūlātyaya があれば、皆駆り出すべきである。もし盗みを働けば全て偸罪である。人が大切に守っている塔物を、芥粒ほどでも取ったり、主人に断らずして経典を取ったりすれば、全て偸罪である。盗み心で塔を壊しても、また偸罪を犯すことであり、ことごとく駆り出すべきである。王や大臣が古い塔を所有しており、舎利を供養したいと思ったり、あるいは恭敬のために一人の営事比丘をたて、経営のために王がその銭物を預けたところ、その比丘が自分で用いてしまったら、それは持ち主をして責めさせるべきであるし、それらの比丘は全て追放すべきである。

これは塔 stūpa における重罪 sthūlātyaya について述べる箇所だが、(T)(曇)ともにほぼ同じ趣旨を言う。[88]この記述は、第二類の教団を考察する上で極めて大切なものなので、詳しい考察は第四章において改めて取り上げるが、わざわざこの箇所でこうした規定をなす必要が出てきたのは、菩薩にとって仏塔に関する新たな規律が必要になり始めたことを物語るものであろう。

もちろん、菩薩がこの仏塔で生活をなしたものか否かまでは分からない。仏塔に関する諸研究を考慮すると、おそらく仏塔は生活の場所ではないと理解した方がよい。[89]しかしこうした規定がなされる以上、菩薩が仏塔と関連のある場所で定住を始めたことだけは想定されるべきであろう。

これを裏付けるものがある。それは先ず既述した五戒に対する態度の変化である。第一類では五戒を否定して法師の護衛を勧めていたが、それが第二類になると五戒を肯定する態度に変わる。今それが菩薩化とともに肯定されるのは、遊行そのものが姿を消したのではないか、すなわち、菩薩が定住化したのではないかと考えられるのである。

五戒が制度として成立するためには、何らかの形で定住のサンガの存在が欠かせないであろう。在家者といえども五戒を受け、ウパーサカとして生活するためには、先ず比丘の立ち会いのもとに入門式を済ませ、後には、月に六回(乃至は四回)の布薩を受けて過ごすことが選択できる。[90]定住の社会生活をするウパーサカにそうした機会が保証されるためには、どうしても定住のサンガが要求される。しかしそれは「険難荒野を遊行する」第一類の法師には不可能な要求であろう。菩薩に至ってそれを勧めるところから考えれば、彼らが何らかの形での定住のサンガを有したことは想像に難くない。

また、この菩薩がチャンダーラに対して否定的な態度になったことも、教団としての固定化、定住化を示唆するものと考えられる。第一類の法師はチャンダーラとも行動をともにしていたのに対し、第二類ではわざわざチャンダーラの出家を禁止する条項をつけ加えていた[91]。それは初期仏教以来の四姓平等の原則から言えば大きく外れるものである[92]。更に「分別邪正品第一〇」（第二類）の中で、持戒者と破戒者を区別し「持戒者が破戒者を追放する」という教団的に極めて大切な内容を説く部分に、その教説の比喩話が述べられるが、それは「チャンダーラ王を追放してバラモンの王を即位させる」というものである。そこには随所に菩薩のチャンダーラに対する否定的な姿勢が浮かび上がる[93]。

第二類に至ってこうした階級の差別化の方向に進んだのは、おそらく菩薩がグループ・教団を整えるに当たり、社会秩序を肯定せざるを得なかったためであろう。教団が整うためには、出家者間の倫理が確立するのみならず、それを外から支える在家者との関係も整備されなければならない。その在家社会には厳しいカースト・ヴァルナ制度が存在する。涅槃経の菩薩が、正当の仏教者として評価を受けるためにはその階級制度を在家者側の倫理として容認しなければならなかったことは十分に考えられる。つまり法師とは異なった、特定の社会階層を相手としたサンガの形成がそこには予想されるのである。

そして、こうした社会秩序の安定化に作用する階級秩序を肯定する姿勢は、定住の生活形態を取るものにこそふさわしい態度であり、諸地域を流動的に動き回るマージナルな存在には備えにくい性質である。更にカーストが問題になる場合、そこには必ず居住区の問題が関わってくる。アウトカーストは特定の地域に封じ込められているのが普通であり[94]、彼らを退けるためには菩薩たちにもその居住区が予想されねばならず、それにはある程度の定住がなされていなければ不可能と考えられるのである。

## (三) グループ化と声聞批判

第一類と第二類を比較した時の著しい相違に、第一類には声聞批判がほとんど全く現れないのに対して、第二類になるとそれが多出するという現象がある。第一類に僅かに見られる声聞批判も、第二類の影響であることが後に確認されるが[95]、ともあれ第一類においては、声聞批判の意識は存在しない。

「金剛身品第六」（第一類）において、法師はサンガを三種類——犯戒サンガ、童蒙サンガ、清浄サンガ——に分けていた。その基準は犯戒者に対する態度と、和合如何の問題であり、決して声聞の故に批判されるという形はとっていなかったことに留意しなければならない。それが「四法品第八」（第二類）になると、新たなサンガの分類を持ち出し次のように言う[96]。

（法）サンガには二種類がある。等僧 *samasaṃgha と無等僧 *asamasaṃgha である。等僧とは声聞のサンガであり、声聞のサンガにも蓄財がない。それなのにどうして、僕童・銭財・倉庫を受蓄することがあろうか。麻・油・塩等さえ蓄財が許されない。まして如来が僕童を蓄えることを許された、という者は、世々に抜舌地獄に堕するだろう。

三訳ともに同じ内容を挙げている。サンガが等・無等（有為・無為）の二種類に分けられ、それぞれに声聞サンガと如来を配当した上で、声聞サンガが不浄物を受蓄していることを批判しているのである。これは「金剛身品」のサンガの分類に比すると大きく変化している。批判の対象が「声聞」としてはっきり意識されているのである。第二類における声聞批判は実に至るところに出てきており、枚挙に暇がない。

この声聞批判の傾向は三訳間の相違においても確認される。「哀歎品第四」（第一類）には次の記述がある[97]。

（法）こうした貪・愛のラークシャサに取り憑かれている衆生は、幸いにも如来の聖なる智慧の大呪をこうむって、諸々の邪悪な恩愛のラークシャサから自由になることができるのです。

(T) 世尊よ。……そのように一切の声聞の集団は、多くの無知の鬼神とラークシャサたちとから完全に解放されて、般若波羅蜜をのみ会得するのであります。

(曇) 如来もまた同様です。諸声聞たちのために、無明の鬼を除去し、摩訶般若波羅蜜・解脱の法に安住させられるのであります。

(法) には見られない声聞の語が挿入され、(法) では鬼神に取り憑かれた者は衆生であるのに対して、(T)(曇) になると声聞に変わる。こうした例はこの他にも確認される。(98) それらは何れも第二類の影響による変更であろう。

こうした第二類における声聞批判の登場は何を意味しているのだろうか。ここでもう一度法師のあり方を振り返ってみよう。「金剛身品」で見る限り、法師は在家者・既成のサンガにかなり自由に関わっており、そこでは声聞のサンガのみを避けるような態度は決して見られない。(99)「同品」の菩薩に関する記述から、当時大乗を名乗る集団が存在したことだけは確かだと思われるが、犯戒サンガ・童蒙サンガの是正をも考慮に置く法師は、大乗のグループのみならず、非大乗のグループも含めた既成のサンガに出入りしていたはずである。

そもそも声聞とは、大乗経典一般において定着した用法に従うなら、当該経典の支持者たちと対立関係にある集団に対して、あるいはそれを予想して用いられたことばであると見てよい。(100) 実際にいかなる集団を指したのか、その具体像は往々にして不明であり、むしろ却って個々の属性が取り払われ、そこには個人というよりは集団として括られた批判対象を予想している。

しかし、第一類の法師が批判の対象とするのは、「不浄物を蓄えること」と「犯戒者を是正しないこと」という具体的な内容を持っていた。これをわざわざ声聞という、一般的な集合名詞に置き換えることは、法師にとっては不要なはずである。第二類になってその批判の対象が「声聞」という既成の「集団」に名前を変えるのは、涅槃経の支持母体が、菩薩の自覚をもって「グループ化」する時点ではなかろうか。法師のように個人単位で遊行して行く者にとって、問題になるのは個々のサンガの個々のあり方のはずであって、たとえ声聞サンガであっても、清浄サンガであり得るものが存在していてよいだろう。それが集団・グループ単位としての声聞が意識され、声聞であるが故に批判され始める時には、当の涅槃経の支持者も、グループ単位でものを語るようになっている事情が窺える。第二類における声聞批判の浮上は、おそらくこうした変化が原因をなしているのであろう。

以上、本節の考察を通じて、第一類→第二類の変化には菩薩化、出家化とともに、グループ化という現象が確認されることになった。この教団が、仏教史の中に据えた時、いかなる位置づけを得られ、いかなる問題が提起されるかについては後章（第四章）に記す。本章で第一の課題とした〈原始大乗涅槃経〉の設定に関しては、「法師中心」の第一類と、「菩薩中心」の第二類という、社会・教団史的背景を異にした二つのグループから成り立っているという結論が、ひと先ずここで得られたことになる。

## 第五節　思想内容の相違——仏身常住思想と如来蔵思想

前節において、第一類と第二類の間の社会背景的な違いを考察した。この節では見方を変えて、思想的な側面から涅槃経を捉え直してみるのが目的である。しかし、それも〈原始大乗涅槃経〉を設定するために最低限必要と思われる問題に限って取り出し、詳しい思想的考察は次章（第三章）に譲ることにする。

第一類と第二類には思想的な側面から考察しても大きな差異が確認される。それは第一類では「仏常住思想」しか説かれないのに対して、第二類では「如来蔵思想」が説かれることである。この区別は判然としている。もちろん、先に触れたように、思想的な問題は決して矛盾として扱うことはできないだろう。あくまで差異である。しかし、それが上述の社会教団史的観点からの二分類に見事に対応する形で出ていることは、涅槃経の成立について、何か大切な問題を示唆しているに違いない。問題を新たな立場で整理しながら考察を進めて行こう。

## 第一項　思想内容の主体の変化

前節では涅槃経の支持者の名称の変化を中心に据えて第一類と第二類とに分類し、そこに大きな教団史・社会背景史的相違が見られることを確認したが、実はこの二つのグループは、そのままで「思想内容上からみた主体の相違」による分類にもなっている。つまり、第一類の思想内容上の主体は「仏」であり、第二類ではそれが「菩薩」なのである。

第一類の「序品第一」は、入滅を控えた仏を供養するために、さまざまな対告衆が参集する場面であり、その供養の幾多の描写は仏の徳を讃歎する内容に通じている。「大身菩薩品第二」は、他方国土から仏に供養をなすために馳せ参じた大身菩薩の章であり、これも仏の徳を讃える内容に終始している。なお、この大身菩薩が、第二類で言うところの菩薩とは異なっていることは前に述べた。「長者純陀品第三」は在家者チュンダが、文殊菩薩との対話を通じて仏の常住を明かす章であり、「哀歎品第四」は比丘たちに仏の常住が説き明かされる箇所になっている。

ところがそれに続く「長寿品第五」は第二類の章であり、ここでは仏が長寿であることも説かれるが、中心はいかにして菩薩が長寿の因を獲得するかを記述することにある。唐突に菩薩が中心に出てきた感を否めない。しかし、次の「金剛身品第六」はまた第一類に戻るのであり、ここでは菩薩は関係せず、説かれるのは仏がどうやって金剛身を獲得したかという内容に終始する。前節で詳述したように、それが護法の功徳によるというのである。

このように「哀歎品四」→「長寿品五」、「長寿品五」→「金剛身品六」の間で、思想内容上の主体が「仏→菩薩」「菩薩→仏」と異なるため、涅槃経を読み進める上で、この箇所での筋の流れが極めて悪くなっている。

それに対して「四法品第八」以下では、ほぼ一貫して菩薩が教理内容の中心になっている。いかにして菩薩は四種の法門によって法を説くべきか、菩薩とはいかなるものか、菩薩はどうやって魔説と仏説とを区別すべきか、などという形で主張がなされていく。もちろん、仏は至るところに顔を出しているが、そんな場合でも、そこに菩薩が絶えず意識されていることは注意しておかねばならない。

## 第二項　仏常住思想と如来蔵思想

この主体の異なった第一類と第二類で説かれている思想内容は、前者が「仏常住思想」であるのに対し、後者は「如来蔵・仏性思想」である。従来、涅槃経が法身思想と如来蔵思想とを説き、その二つの関係が判然としないと言われてきたが、[101]実はそれは、われわれの分析によれば、「教団史的観点」からの二分類と「思想内容からの主体の相違」の二分類に、そのまま当てはまる形で説かれていることが分かる。そして、この主体の相違によって両思想が説き分けられるのは、決して偶然のことではなく、二つの思想の基本的な性格の違いを反映しているものと考えられる。

基本的に「仏身思想」は、仏身と衆生とが異質な世界に属していることを説く。世界すべての現象 sarva-dharma は「無常 anitya・苦 duḥkha・無我 anātman・不浄 aśubha」であるといっても、それは衆生世界 laukika のことであり、仏身 buddhakāya だけは唯一の例外で、「無為 asaṃskṛta・常住 nitya」な存在である。したがってそこでは「衆生と仏身の隔たり・異質性」が明かされることがまず枢要なのであり、仏が中心なって、衆生の方は、仏を高揚させるために、むしろ否定の対象として出されることになる。第一類はまさにこうした筋書きの展開になっている。

ところが、「如来蔵・仏性思想」になれば、両者の異質性が明かされるだけでは不十分である。如来蔵思想は、その異質なはずの仏身をもう一度衆生が回復し、自己の中に所有しているという思想であるから、仏のみならず衆生も欠かせざる契機として要請される。その思想構造からして、仏と衆生との双方が必要なのである。この点を考慮に入れれば、第一類→第二類と、内容上の主体が仏から菩薩に移った時点で如来蔵思想が説かれ始めるのは、道理必然のものであることが分かるだろう。如来蔵思想が説かれるためには仏のみが中心を占めていては不十分なのであり、仏と衆生とをともに包み得る存在としての「菩薩」こそがその中心にふさわしいからである。[102] とすれば、第一類では単に「如来蔵・仏性」という術語が出てこないばかりでなく、経典の構成からしても、第二類とは異なって、如来蔵思想が前提とされていないことが推測される。

### 第三項　同喩異説――二つの「常楽我浄」説

涅槃経の中には、第一類の諸品と第二類の諸品で、同じ比喩・論法を用いながら、異なった二つの主張、すなわち「仏身思想」と「如来蔵思想」を説く箇所が、いくつか確認される。このために、読者は経典の中に繰り返しが多いばかりでなく、厳密に読もうとすればするほど主張内容が明瞭にならない、というもどかしい印象を持たされることになる。もちろんこれは、第一類から第二類へと展開する際に、仏身思想を更に発展的に如来蔵思想へと転換させようとした、経典の作為が原因するものと思われる。

こうした内容の改編で最も顕著な例は、涅槃経中の主要な教理内容である「常楽我浄」説に見られる例である。涅槃経は初期仏教以来否定されてきた常楽我浄という見解、すなわち、全ての有為 saṃskṛta/saṃskāra に対して「常 nitya・楽 sukha・我 ātman・浄 śubha」であると執する見解を、かえって逆説的に肯定して用いている箇所がある。これは古くから涅槃経の代名詞のごとき定型句として受け取られてきた。とりわけここで「我 ātman」が肯定されていることが衆目を集めている。(103)

この「常楽我浄」説は、経中に二箇所で説かれている。一つは第一類の「哀歎品第四」であり、他の一つは第二類の「四倒品第一二」と「如来性品第一三」である。この二箇所に説かれた常楽我浄説は、決して同じことを言っているのではない。従来この二箇所に注目した論文は存在するが、両者を整合的に解釈することに終始している。(104) しかし、実はこの相違の方が重要なのである。この箇所は(T)から引用してみよう。

A「哀歎品」(第一類)の説(105)

① 世尊はおっしゃった。「比丘たちよ。……まるで酔っぱらった人は、天空・山頂・大地・太陽・月・木・山などが回ってもいないのに回っているかのように見えるように、多くの顚倒想にとらわれた愚か者たちは、アートマンである、常住である、楽である、浄である、という想いをなしている。ここでアートマンというのは仏 buddha という意味である。常住というのは法身 dharmakāya の意味である。楽というのは

涅槃nirvāṇaの意味である。浄というのは法dharmaの同義語である。……苦に対して楽と想うのは顚倒である。楽に対して苦と想うのも顚倒である。無常に対して常住と想うのも顚倒である。常住に対して無常と想うのは顚倒である。無我なのに対して我と想うのは顚倒である。有我なのに対して無我と想うのは顚倒である。不浄なるに浄と想うのは顚倒である。浄なるに不浄と想うのは顚倒である。……汝は楽に対して苦であると修行し、有我を無我と修行し、浄を不浄と修行した。世間にも楽・我・常・浄が存在する。出世間にも楽・我・常・浄が存在する。

②　同様に、比丘たちよ。如来……は良医と同様に世間に出現しては悪医者のような一切の外道たちを罪で罰せんがために、「無我である、衆生はない、命はない、プトガラはない」などと教えられる。外道たちがアートマンを説くのは、虫喰いで字の形ができるようなものであり、そのために私（＝仏）は、一切衆生たちに無我の教えを垂れるのである。無我は仏語であると法のことばを与えられて後にまた、所化のためと衆生の利益のために、時節を弁えられて、まさに一切法は無我と説かれたように、良医のように「アートマンは存在する」とも正しく説示されるのである。世間の人のアートマンが拇指の大きさであるとか、芥粒ほどだとかいうことは決してない。世間の人の我見なるものは決して正しくはなく、そこでは一切法は無我であるというべきである。〔しかし〕一切法は無我というのも正しくはなく、アートマンとは真実*tathatā/*tattvaに他ならない。アートマンは常住nityaに他ならず、功徳guṇaに他ならず、堅固dhruvaであり、寂静śivaであるといって、良医乳薬のように、如来もまた真実をもって説かれるのである。」

B「四倒品」「如来性品」（第二類）の説[106]

①　苦を楽と想うのは顚倒である。楽を苦と想うのは顚倒である。ここで如来は無常であると言えば罪で

あり、苦である。如来は薪が尽きた火のように涅槃されてしまったという、このことは罪であり、苦である。苦ではないとしてアートマンを存在せしめ（修習し）、如来は無常であると言えばそれは顚倒である。楽を苦と想うのは顚倒である。如来は常住だと修すればプトガラ見に陥るだろうと想って、この修行は苦であると想うのは、楽想をなす人の顚倒である。これが第一の顚倒である。

無常を常住と想うのは顚倒である。常住を無常と想うのは顚倒である。ここで常に空であると修行すれば、人の寿命は短くなると考えて、そのために無常なものに対して空性でないと修すれば、その修行の果報として人の寿命は長くなるだろうと想うのはまた顚倒である。これが第二の顚倒である。

無我に対して有我と想うのは顚倒である。有我に対して無我と想うのは顚倒である。ここで、諸世間において我が存在すると言い、〔あるいは〕世間と同様に仏の教説にも有我はなく、如来蔵の名すらないと〔言って〕無我を修行するこのことは、第三の顚倒である。

不浄を浄と想うのは顚倒である。浄を不浄と想うのは顚倒である。ここで如来は常住でありまた肉身 *āmiṣakāya ではないのに、「肉身である」といって、「肉と筋と骨で結ばれたものであり、不浄である。法・僧の二つもまた、解脱を得た後は姿が見えなくなる」と考えるのは浄に対して不浄と顚倒するものである。自分の身体は一切不浄であり、浄というべきはいささかもないのだから、自分の身体を浄であると考える修行は、不浄を浄と想う執著である。アートマンもまたいかなる時にも存在しない。そこに赴くのだと想うのは、浄を不浄と観察することであり、誤った法である。これが第四の顚倒である。

② 〔迦葉〕「世尊よ、果たして二十五有にアートマンはあると理解するのでしょうか。ないと理解するのでしょうか」。世尊がおっしゃって「アートマンというのは如来蔵 tathāgatagarbha の意味である。仏性 buddhadhātu は一切の衆生にあるのだけれど、それは多くの煩悩に覆われていて、自らに存在しても一切

衆生は見ることができない。……善男子よ、同様に私は、はじめは所化の者が、乳児が薬を飲むように、比丘たちの世間の見解の理解を壊すために、そして出世間の偉大性を示すために、世間の我 ātman, bdag のみが誤っていることを示すために、無我を修することで身体を清浄にするために、「比丘たちよ、一切法が無我であると修行せよ。そのように修すれば驕慢が壊れるだろう。驕慢がすっかり壊れれば涅槃が得られるだろう」とおっしゃった。……〔私＝ブッダは〕一切法は無我で空性であると修せよと言うのである。……無我であると言った後、私が「如来蔵は存在するのだ」と示しても、比丘たちは乳児のように驚かず、ちょうど乳児が確かめてからまた母親の乳房を吸うように、比丘たちよ。汝等もまた「自分たちには如来蔵があるのだ」と考えて修するように努力すべきであると私は教えるのだ。」

「哀歎品第四」の常楽我浄説は以前にも指摘したが、A①において、常・楽・我・浄がそれぞれ法身・涅槃・仏・法に配当されている。ことにアートマンを仏と定義している点に注目しておきたい。そしてこの引用では省いたが、世間の「常楽我浄」と出世間の「常楽我浄」があることを、『宝性論』所引の「春時池水中の摩尼宝珠の比喩」を引いて詳しく説いている[107]。

その後にA②が説かれる。この部分は常楽我浄の中、アートマンだけを取り出して再説した箇所である。四顛倒の肯定に当たって、おそらくはアートマンの主張が最も問題となり、教説確立のネックになったために再説を要したものと思われる。そしてこれらの説明からする限りアートマンとは仏であり、それはtathatā, nitya, guṇa, śiva, dhruva なる性質を有するものである。

これに比するとB（第二類）の「四倒品第一二」「如来性品第一三」は、構成からすればAと全く同じであることが見て取れるだろう。つまり、B①で「常楽我浄」全体について説き、B②でその中、アートマンのみを取り出して再説しているのである。ただし、B①ではA①とは異なって、涅槃・法などは問題にはならず、全ては如来と如来蔵である。(T)だけでは文意が必ずしも明確ではないかもしれないが、(法)(曇)を考慮すると、如来に常楽浄を配当し、如来蔵に我を配当する趣意が理解される。

B②では、迦葉の問の形でアートマンのみを取り出して議論する。A②と同じ形式である。そしてこの箇所こそが涅槃経全体の中心の一つとなるところであり、アートマンとは如来蔵であり、それが一切衆生に存在すると宣説されている。しかしそれはA②で説く「アートマンとは仏である」という主張と比較する時、かなり違ったものになっていることが分かるだろう。

この「常楽我浄」を説くA、Bの二箇所は、決して相互に連絡を持っているわけでもなければ、ましてAがはるか遠く離れたBを説くための前提になっているわけでもない。両者はそれぞれ別の主張をしているのであり、Aで説かれた「我 ātman とは仏 Buddha である」という主張を「我 ātman とは如来蔵 tathāgatagarbha である」と移し代えていると見る他はない。

後に詳しく考察するが、A「哀歎品」で「ātman = Buddha」として説くのは、第一章で見た涅槃を主題とするブッダ観の徹底したものであり、ほんらい如来蔵思想とは無縁のものと考えてよい。我とはtathatā, guṇa, nitya, śiva, dhruva 等で説明されるのであるから、仏が永遠不変の存在であることを敢えて極端な表現で表したものとみられる。(法)にはこの他に「自在 aiśvarya」をつけ加えている。[108] ということは、ここで言われる「ātman = Buddha」とは、自在者という意味合いすら帯びているのかもしれない。したがって注意すべきことは、ここでアートマンとは言われていても、それは常住不変の真実という意味でのアートマンであり、個我の本質としてのアートマンという意味合いは持っていないことである。

ところが、B「四倒品」「如来性品」で説かれた「アートマン」は、「如来蔵・仏性」であり、煩悩に覆われながらも、一切の衆生中に存在するものである。ここまで来ればアートマンは個我の本質としての意味合いを十分に担い得るものとなる。まず、迦葉の問からして「二十五有にアートマン」は存在するのかと始まっている。つまり、衆生の世界、輪廻の世界にアートマンは存在するのか、との問をなしているのである。Aの如き衆生世界の原理を超越したアートマンではなく、その衆生の直中のアートマンを尋ねている。この問自体がA②のアートマン説を意識していることは言うまでもない。それに対して、仏が「我とは如来蔵・仏性で衆生の中にある」と答えているのだから、その「我」とは輪廻・衆生と直接に関わっていることを表明している。Aのアートマンが出世間のアートマンに留まるのに対して、Bのアートマンは必ずや世間と交わりを持たせられるアートマンである。前項で考察した「仏身が衆生とは異質な世界にあるのか、それともそれが衆生中に回復されているのか」という相違が、このアートマン説にそのまま反映している。

このように見てくれば、A（第一類）とB（第二類）とで同じく常楽我浄を説き、アートマンを敷衍説示するとは言っても、両者には仏身思想と如来蔵思想という別の主張が盛り込まれているのが分かる。A↓Bという展開の底には仏常住思想を巧みに変更して如来蔵思想に持ち込もうとする経典の態度がはっきりと窺える。

この他にも「医学の究竟論 Uttaratantra」を比喩として用いている例や、「甘露と毒薬」の比喩例を用いて、何れも第一類では「仏身の常住」を明かし、第二類では「如来蔵思想」を明かすという箇所が複数確認される。[109]引用が多岐に亘るのでここでは略すが、もし涅槃経が最初から如来蔵思想を意図した経典として編纂されていれば、こうした効率の悪い、混乱を招く論法にはなるはずがない。この論旨の乱れを説明するためには、これらは全て、ほんらい存在した第一類が第二類へと発展し、第二類が付加されたために起こった変化と捉えるのが最も素直である。

# 第六節　〈原始大乗涅槃経〉の外形

これまでの考察で涅槃経に見られる矛盾・変化を説明するために立てられた「第一類」「第二類」は、ほぼ（法）の章立てに対応するものとして取り扱ってきたが、実は厳密に見れば、そのように章別に判然と分かたれるものではないし、また第一類をそのまま〈原始大乗涅槃経〉としてよいわけでもない。（法）の第一類にもすでに第二類の要素が入り込んで来ている場合もあるし、またそれ以上の記述矛盾・重なりが見られる部分もある。こうしたことを含めて、論じ残された問題を検討し、理論的前提として要請される〈原始大乗涅槃経〉がいかなる形を持ったものかを考察するのが、この節の課題である。

## 第一項　「長寿品第五」の挿入過程

### (一)　記述の重なり（一）

第一類中の記述で最大の問題になるのは、「哀歎品第四」（第一類）及び「長寿品第五」（第二類）において、「正法付嘱」と「仏の勧問」の記述が重なって登場し、しかもそれが場合によっては相互に矛盾をし、更に三訳においても記述の相違が見られることである。その部分を検討してみよう。

「哀歎品第四」（第一類）の中程で、常楽我浄の四顛倒が説かれた後に、比丘たちが仏に入滅を思い留まるようにお願いする箇所がある。入滅をされれば法が滅びてしまうというのである。それに対して世尊は次のように答える。

記述　①[110]

（法）仏は比丘に告げた。「そんなふうに言ってはいけない。比丘よ。如来の正法は大迦葉に付嘱すると知るべきだ。大迦葉は汝の拠り所となって、あまねく一切衆生たちを救うことは、仏と異なることがない。比丘よ。知るがよい。例えば、諸国を治める大王が、他の国に行く時、必ず一人の大臣を立て、国事を兼務し司ることは、王がいる時と変わりがない。私もそれと同様である。その世界において、まさに摩訶迦葉を安立するのである」。

（T）比丘たちよ。汝はそのように言ってはならない。比丘たちよ。私はカーシャパに正法を付嘱するのである。彼は如来と同じく諸比丘たちの帰依処となるであろう。例えば多くの所領の主である王が、別の所領に行くと、ある一人の家長を後の王にするように、この世界においては、マハーカーシャパに後継を託すのである。

（曇）汝はそんなことは言ってはいけない。私は所有している全ての無上の正法をことごとく摩訶迦葉に付嘱するのである。迦葉は汝らにとって大帰依処になるだろう。ちょうど如来が衆生にとっては大帰依処であるように、摩訶迦葉も同様に汝等にとって大帰依処となるだろう。例えば多くの所領を持っている大王が巡業する時、国事を全て大臣に委託するようなものである。如来も同様で、全ての正法を摩訶迦葉に託すのである。

ここでは仏が正法をマハーカーシャパに付嘱するから法が滅ぶことはないと説く。それは国王不在時の大臣と同じで、一切衆生の拠り所となるものであるといい、全面的にカーシャパを法の後継者として認めている。この同じモチーフは *Samantapāsādikā* にも確認されるから[111]、この記述は部派一般に知られていたものを、第一類が援用したものと考えておいてよいだろう。

ところが同じ「哀歎品」に記述①が出た後に、仏が比丘たちに「諸法律において疑問があれば問え」と問いを勧める箇所（次段(二)で述べる「記述③」に当たる）で、その答として比丘は世尊に問うに価しないと述べ、次の記述が出る。「哀歎品」最後の箇所である。

記述　②[112]

（法）〔比丘が申し上げて〕尊者阿難や諸声聞たちは如来が説かれた法蔵を護持して、長く存続させようと思ってもそれは不可能です。なぜかといえば声聞乗だからです。ただ、諸菩薩摩訶薩と迦葉に諮受させるべきです。そうすれば百千万劫も任に堪えて如来の法蔵を奉持するでしょう。一切衆生ことごとくその福を被るのです。だから世尊よ、菩薩に疑問を決するように尋ねさせるべきであります。……〔世尊〕二つの因縁によって私は正法を菩薩が保つようにさせるのである。

（T）〔比丘が申し上げて〕世尊よ。よく説かれた法の宝を阿難などの一切の声聞比丘に託されますと、久しく留まることはないでしょう。それはなぜかと言えば、マハーカーシャパなどの一切の声聞は無常の存在だからです。菩薩が問い申し上げた宝を、諸菩薩に付嘱されれば、幾十万年も住するでしょう。増大もするでしょう。一切菩薩に対して医者ともなりましょう。諸菩薩摩訶薩は如来に問うに堪えますが、我々は虫けらに等しいので如来に問うに堪えないのであります。……〔世尊〕私の大乗は菩薩の手に託せば、二つの因縁によって久しく留まるであろう。

（曇）〔比丘が申し上げて〕もし法の宝を阿難はじめ、比丘に付嘱すれば久しく住することはないでしょう。なぜかと言えば一切の声聞と大迦葉は無常の存在だからです。……こういうわけで、無上の仏法を諸菩薩に付嘱されるべきであります。諸菩薩は〔ブッダと〕問答をすることができますので、この法宝は無量の〔あいだ〕世に留まって、ますます盛んとなり、衆生を利安するでしょう。……こういうわけで、大菩薩だけは問うことができますが、われわれの智慧は虫けらのようであれば、どうしてこのような法の宝をお尋ねできましょうか。……〔世尊〕私もかつてこの二つの縁によって、大乗を諸菩薩に付嘱し、この正法を久しく留まらせようと思ったのである。

（法）によれば、阿難などの声聞は無常の存在だから、正法を付嘱するに堪えず、したがって迦葉と諸菩薩に付嘱すべきだという。つまり正法の付嘱に「迦葉以外の声聞を除外」し、更に菩薩を後継者として新たに出している。これが（T）（曇）になればその「迦葉までが無常の声聞として否定」されることになる。（法）では迦葉だけは認めているので「記述①」と矛盾しないが、（T）（曇）は「記述①」とすっかり矛盾してしまう。

②のような正法付嘱の記述を①と重なって、しかも（T）（曇）では矛盾をきたしてまでも出さなければならなかった理由は明瞭である。声聞を批判し、法の後継から除外して、菩薩を法の後継者として立てるためである。しかし、記述①と記述②との間には「常楽我浄」が説かれ、さらに医学究竟論の比喩やその他の記述が入るなどして、記述が隔たっており、両者の間には内容的な連関が見られない。もし菩薩にのみ法の後継を託すことが始めから経の意図であれば、わざわざ「記述①」を出し、その後に「記述②」を出すという混乱を引き起こす説き方はしないはずだろう。これはほんらいあった「記述①」に対して限定を加え、更に変更せんがために「記述②」を出してきたと考えるほかはない。このことは（法）→（T）（曇）と、声聞に対する態度がより厳しくな

っていき――例えば（曇）において声聞を「虫けら」に譬えるなど――ついにはカーシャパも含めて全声聞を除外している事実から考えても、その移りゆく方向性、すなわち声聞を除外し、菩薩のみを後継に立てる流れが推察されるであろう。

この①と②の記述を、前節までの考察に当てはめた時、「記述②」は菩薩が登場して後の「第二類」の影響であることはもはや明らかである。何ゆえに声聞に法を付嘱すると久住しないのか、それは具体的理由によるのではなく「声聞たること」がそのまま否定の要因となる。こうした声聞批判は第一類では見られないものであった。したがって〈原始大乗涅槃経〉には「記述①」のみが存在し、「記述②」はなかったと考えられる。

正法を菩薩に付嘱するという記述は、大乗経典に普通に見られるものである。とりわけ文殊菩薩がその相手になっている場合は多く、涅槃経でも最後には文殊菩薩に法が付嘱されることで結末を迎えており、その経緯は以前に考察した。それでは「記述①」に出てくる正法を「カーシャパ」に付嘱するというのはどんな意味があるのだろうか。これは阿含の記述や他の部派文献を確認すれば解決する問題である。

阿含においてカーシャパは、戒律を厳格に守る頭陀第一の比丘として極めて高い地位が与えられている。時には、仏に代わって法を説けとか、カーシャパによってのみ法が久住すると、如来が半座を分かったという記述が『雑阿含』を中心に見えるし、特に『増一阿含』になれば「迦葉の頭陀行があって法が留まり、迦葉に法を託す」と言っている。[113] また北伝のアヴァダーナにおける迦葉→阿難という法の後継は広く知られているところであり、仏伝類にも受け継がれている。

涅槃経もこうした継法の伝承を踏まえて、先ず迦葉に正法を付嘱するという記述をなしたことは当然考えてよい。しかしここに迦葉を立てた理由は、そうした法の後継の問題に留まるものではない。実は、それはこの涅槃経の発展過程に密接に関わっている。結論から言えば、この迦葉に関する記述は、次に説かれる内容を導き出すための重要な伏線になっているのである。しかしその内容の考察に入る前に、もう一つ、大きな記述の重なりがあることを解決しておかねばならない。

### ㈡　記述の重なり（二）――「長寿品第五」の導入

涅槃経は仏の衆生に対する勧問――疑問があれば仏に尋ねよという問いの勧め――によって筋が展開していく。それは①経の冒頭（つまり「序品第一」冒頭）、②「哀歎品第四」の冒頭、③「哀歎品第四」最後、④「長寿品第五」冒頭の部分に出て来る。このうちここで問題になるのは③、④の勧問である。ここだけがほとんど勧問が重なって出て来ている。言い換えれば③の問いに対する答が出ないままに④が出されていることになる。「哀歎品」の中心的主張であるアートマン説、すなわちアートマンとは tathatā, nitya, dhruva などである、という内容が終わった後に、すぐ仏は次のように言う。

記述　③[114]

（法）その時、世尊はまた比丘に告げた。「諸法・律に疑問があれば如来に尋ねるがよい」。諸比丘が答えた。「分かりました。世尊よ。われわれは、すでに諸修行を修行し終えて、身体のありさまがことごとく空であることを悟っています」。仏が比丘に告げた。「汝らは一切智者のように、自分は一切の身体が全て空であることを修していると説いてはいけない」。仏はまた比丘に言った。「法・律において疑問があれば尋ねるがよい」。

（T）比丘らよ。またまさに、戒律の根本に関して、疑惑・疑問があれば何でも私に問うがよい。そうすれば私はよろしく答えて、汝を満足させよう。私は一切の修行から解放されており、自性として大空であることを説示するのである。汝ら比丘は、如来が自性として大空であることを説かれなかったと、そのように言ってはいけない。比丘らよ。まさに戒律の根本に関して疑問・疑惑があれば、何でも私に問うがよい。

（曇）仏はまた比丘に告げた。「汝は諸戒律に疑問があれば、今ことごとく私に問うがよい。私は解説して汝を満足させよう。私は一切諸法の本性が空であることを修し、明らかに通暁している。汝ら比丘は如来がただ本性空を修されていると言ってはいけない」。また仏は比丘に告げた。「もし、戒律に疑問があれば問いを出すがよい」。

こう仏から勧められた時、比丘たちは「問うに堪えない。菩薩だけがそれにふさわしい」と比喩を用いて答え、その後に先にみた「記述②」を出している。その直後に「長寿品第五」（第二類）が始まり、冒頭に次の勧問が出る。

記述　④115

（法）その時世尊は、大会衆に告げた。「善男子、善女人よ。三宝中、及び諸律中において疑問があれば今ことごとく尋ねるがよい」。

（T）その時世尊が眷属たちにおっしゃるには「善男子善女人よ。長寿と三宝の根本に関して、また戒律の根本に関して汝の疑問・疑惑は何であれ問うべきである」。

（曇）その時、仏は一切大衆に告げた。「善男子、善女人よ。私の寿命は量ることができない。説法の弁も尽きることがない。汝等は自由に戒律なり、三帰依について尋ねるがよい」。

「記述③」と「記述④」を比べた時、その相違は明らかである。③では「律」に関しての疑問を「比丘」たちに問いかけている。それに対して④では、「三宝」に対する疑問を「大衆、善男子・善女人」に問いかけているのである。（T）（曇）になると「寿命」という問題までが入ってくる。しかしこの記述の重なりはどう考えるべきであろうか。

「記述④」のすぐ後に菩薩としての迦葉が登場し、以後の涅槃経の目次ともなるべき偈頌を述べ、そこから「長寿品第五」が展開する。[116] ところが今まで述べてきたように、「長寿品」は菩薩が主体となっている第二類の章であり、直前の「哀歎品第四」とも、直後の「金剛身品第六」とも性格を異にする。そしてその内容は、「菩薩が一子の想いを修すれば長寿たることを得る」と説き、また「仏の常住」のみならず、「三宝の常住」を強調している。したがって内容的にはまさに「記述④」を受けていることが分かり、「記述③」とは全く関連性がないのである。とすれば、「記述③」はなぜ出てきたかが問題になろう。

実は「記述③」の内容を受けるものは「長寿品第五」の次に位置する「金剛身品第六」なのである。先ず「記述③」で問題になる「如来の身体が空を修している」という議論について、「金剛身品」の冒頭で次のように言う。[117]

（法）世尊は迦葉に言われた。「善男子よ。如来の身体は常住身・不壊身・金剛身・非穢身・法身であると、このように見るべきだ。……如来身は……不生不滅・不集不起・不流転・非智・非行・本性清浄・無所有・無所受・無来去・不住不動……である」。

「本性空寂」という如来の身体について、具体的な回答がこの「金剛身品」の始めに般若経的な表現をもって出てきている。したがって当然だが、この「金剛身品」冒頭部分は、その直前の「長寿品」との関連がなく、唐突に出現している感を否めない。

次に「記述③」で尋ねる問題は「戒律」に関するものであり、「三宝・寿命」の問題ではない。既述したように「金剛身品」は、仏がいかにして金剛身を得たか、それは戒律を守った「護法の功徳」によるという筋の展開で、法師を中心とした戒律・護法について明かす章であった。この点でも「金剛身品」は「記述③」の勧問をそのまま受ける内容を持っているのである。

このように内容上のつながりをはっきりさせれば、「記述④」は「記述③」を変更して「三宝」を加え、更に(T)(曇)では「長寿」を加えて「長寿品」を導く役割をしていることが分かる。そのために「記述③」が浮き上がった形になってしまっている。

## (三) 迦葉の位置づけと「長寿品」の意味

ここでもう一度「記述①」を振り返ってみよう。以前には「記述①」は後半の内容を導くための伏線になっていると言った。それは実は「記述③」に関係してくる。つまり「記述③」において導かれる「金剛身品」の「護法・戒律」の問題を問答させんがために、摩訶迦葉を登場させる必要があったと考えられるのである。先に見たように、迦葉はとりわけ戒律を守る比丘の代表格であり、彼のおかげで「法も久住する」と言われていた。こうした態度は仏伝でも広く認められ、例えば『仏本行集経』には次のように言う。

仏は諸比丘に告げた。「比丘らよ、この摩訶迦葉は私が涅槃した後、私の法と諸律を摂護し、久しく世に留まらせるのである[118]」。

まさしく「記述③」及び、「金剛身品」を導くにふさわしい迦葉が描かれている。涅槃経もこうした意識の下に迦葉を登場させたに違いない。その前提として、「記述①」で「マハーカーシャパに正法を付嘱する」ことを表明する必要があったのであろう。

このように見てくると、「記述①、②、③、④」の重なりと矛盾についてはもう見通しがついてきた。全ては第一類の「哀歎品」と「金剛身品」との間に、第二類の「長寿品」を挿入せんがための作業なのである。「記述②、④」は、「長寿品」を導くための役割を果たす以外に意味は持っていない。ところがその「長寿品」が持っている役割は極めて大きなものがある。というのも既述したように、この章の冒頭に以後の涅槃経の内容の目次ともなるべき偈頌を迦葉が述べ、これより以後の内容は、最後までこの偈頌に沿う形で展開していく。こうして護法の大切な内容を説く第一類の「金剛身品」までも第二類が取り込む形で経の体裁が整えられる結果となっているのである。

とすれば、〈原始大乗涅槃経〉では、先ず第一類の「哀歎品」から「記述②」とそれを補塡する役割の「宝財を老人に託する比喩[119]」を除去し、「金剛身品」に結びつかなければならない。もっとも、「記述③」の後に対告衆として今まで登場しなかった「迦葉」が出てくるのだから、その記述は補われる必要があるが、その迦葉は現涅槃経のような「菩薩としての迦葉」ではなく、伝統的に知られている比丘としての迦葉である可能性がある。それは、先ず「記述①」で認められた迦葉が比丘としての迦葉であること、そして「記述③」では、仏は比丘たちに問いを起こしているのだから、当然答える者は比丘としての迦葉でなければならないからである。更に声聞を否定する意識がないこと自体、第一類の特徴であったことはすでに確認済みのことである。

ここまで考察を進めた時に思い出されるのは、涅槃経最後の章「随喜品」の、文殊菩薩に法を付嘱するという記述である。そこでは「迦葉・阿難が到着しない間は文殊に法を託す」由のことが言われていた[120]。つまり、第二類を含めた現涅槃経が完成した時点では、比丘の摩訶迦葉はいまだに会座に現れていないことが確認されている。これと「長寿品」において迦葉が菩薩として登場させられていることは密接に関わっていることが分かるだろう。つまり、迦葉を比丘と菩薩と二人立て、比丘としての摩訶迦葉がいない間に、菩薩としての迦葉が仏とともに法を開顕するという設定をとっている。こうしてほんらい存在していたと思われる「金剛身品」の迦葉（比丘）とオーヴァーラップさせ、更にそれを菩薩として定位し直しているのである。全ては声聞を拒否し、菩薩中心の第二類を導くための筋の立て直しである。

この影響は「序品第一」(第一類)にも現れてきている。「序品」では入滅前の仏を供養するためにおびただしい数の対告衆が参集するのだが、その順序は比丘→比丘尼→菩薩→優婆塞→優婆夷……という順を取る。ところがその「序品」の遙か後半部分、天子・龍王・鬼神などが出尽くした後に、突然次のくだりが出る。[121]

(法)その時、十六大国の比丘・比丘尼で、尊者迦葉と阿難を除いた他の者が集まり、一由旬に満ちた。

これは今まで見た、声聞を除外する第二類の影響による挿入であることは間違いない。というのも、今述べたように、比丘は対告衆の真先に「(法)八百億比丘」として出てきており、今またここで唐突に記述を重ねて言うのはおかしいことだからである。その体裁からしても挿入であることが十分に疑われる。したがってこの記述は〈原始大乗涅槃経〉からは省かねばならない。

## 第二項 「受持品」の存在

「受持品第七」は「金剛身品」の次に位置する章であり、『大般涅槃経』という経典名と、その受持の功徳が説かれる極めて短い構成の章である。われわれは今までの考察ではこの章を第二類に含めてきた。というのはここで経典を受持するのは菩薩だと考えられること、更に「仏の常住」のみならず「三宝の常住」を説くこと、そして「禅定・三昧」の語句が見られることから第二類の性格が強いと判断したことによる。

ところが「受持品」以前に「経名」が明かされる章は全くないのであり、[122]もし「受持品」全体を第二類に入れてしまうと〈原始大乗涅槃経〉は経名のない経典になってしまう。したがってこの「受持品」はそうした第二類の性格を有した部分を除去して〈原始大乗涅槃経〉に存在していたと見たほうがよいであろう。

極めて短いこの章でも(法)→(T)(曇)という第二類の影響が確認されることは、この章が改編を受けた可能性の高さを逆に示唆する。まず、冒頭では三訳は次のように言う。[123]

（法）迦葉菩薩が尋ねた。「いかにしてこの経典を受持するのでしょうか」。

（T）カーシャパが申し上げた。「菩薩摩訶薩は、いかにしてこの経典の名前を正しく保つのでしょうか。いかにしてこの経典の名前を有する一員になるのでしょうか」。

（曇）迦葉菩薩が尋ねた。「世尊よ。この経を何と名づけるのでしょうか。菩薩摩訶薩は、いかにして〔この経を〕奉持するのでしょうか」。

（法）のみは、誰が経典を受持するのかについて菩薩を出していない。おそらくはこの形がほんらいのものだったのだろう。あまりに分量が少ない章であり、これ以外に今まで見た違いが確認されないので、確実なことは言い難いが、ひとまずはここでは「菩薩」「三昧」「三宝の常住」という第二類の要素を除いて、〈原始大乗涅槃経〉に組み込んでおいてよいだろう。

こうした短い章であっても第二類の影響による改編が著しいことについては説明がいきやすい。経典の受持の功徳が説かれる部分は、一経のエッセンスが集約される部分であり、それが古い形態を保ち続けることはおよそ考え難いからである。

また、先に触れた「長寿品第五」が「金剛身品第六」の前に置かれた理由については、この「受持品第七」の存在がネックになった可能性が大きい。つまり、経名の説示と功徳を説いた章を、第二類の「長寿品」が取り込む形で位置させることにより、ここで経を中断させずに後半へと導いていくことが実現されているのである。その意味からも「長寿品」に説かれた目次の偈頌の持つ意味は絶大である。[124]

以上の考察によって、われわれに与えられた現大乗涅槃経は、それが成立する以前に少なくとも〈原始大乗涅槃経〉なる、「核」としての段階があったことが明らかになった。この成果を前提としながら以後の考察を進めて行くことにしよう。[125]

## 第七節　第二類の階層

さて、既に述べたように、第二類に関しても成立に階層が予想され、その断層は「四法品第八」とその後の諸品の間になる。しかしそれは第一類と第二類の間に見られたような、教団的変化と思想的変化の両者を兼ね備えた、一見して定められるような判然とした区分ではなく、かなり微細な差異に留まる。思想的な面で言えば、それは熟成・変化といった様相かもしれない。したがってこれまで論じた涅槃経の階層と同列に論じられるものではない。しかしそれにも関わらず、この第二の階層を考慮することは、涅槃経における「如来蔵思想の誕生過程」に密接に関わってくる内容を持つので看過し得ない。逆にこの部分に段階を設けなければ、説明のつきがたい事象が出てくるのである。

### 第一項　分　章

先ず「四法品第八」がその後の諸品と区別されると考えられる根拠を挙げておこう。一つは（T）（法）にみる分章が一致している点である。そもそも（T）の分品は全てサンスクリットに一致しており、その点で現行涅槃経の原典を反映していると考えてよい。したがって〈曇〉は分品をなしていないけれども、ほんらいここは分章されていたと考えてよいであろう。この「四法品」の分量は全体の三分の一に当たり、ちょうど〈原始大乗涅槃経〉の分量に相当する。因みにこの「四法品」最後の部分は、三訳で次のように言う。[126]

〈法〉仏は迦葉に告げた。「素晴らしい善男子よ。正法を護持するなら、そのように諸々の疑惑を滅し、決定智を学ぶべきである。善男子よ、それこそ菩薩摩訶薩が四法の善説・方等般泥洹経を成就することである」。

〈T〉善男子よ、素晴らしい。正法を守るためにそのように言うべきである。自分の疑問をはっきり正したいと願って、そのように言うべきである。このように菩薩摩訶薩はこの四種〔の法門〕によって法を説くべきである。「以上、菩薩が四門によって法を説くという第四章」。

〈曇〉善男子よ、素晴らしい。汝は今、正法を護持することができた。善男子であれ善女人であれ、煩悩・結縛を断じたいと願うものは、このように護持正法をなすべきである。

〈曇〉のみに四種の法門という一句が抜け落ち、「四法品」という章名も欠けることになっている。もう一点付け加えておくと、ここで分品をなすという今述べた主張をたちまち裏切るようであるが、実は筋の流れを辿れば、分品をしない〈曇〉のほうがずっと素直に思われることに注意しておきたい。というのも四種の法門による説法に対応する内容は、この章末のはるか以前で終わっている印象があり、ここであらためて四種の法が出てくると、かえって不自然な感を覚えてしまうのである。

「四法品」はおよそ三つの部分で構成される。第一は「菩薩が *svādhyāśaya, *parādhyāśaya, *pṛcchāvāśika, *arthotpatti という四種の説法をする」内容であり、ここは「四法品」の章名に最もふさわしい。第二は「菩薩が三昧の中で世間に随順して行ずる」こと、そして第三は「解脱の意味」をさまざまな形容で明かす部分に分かたれる。このうち後半の二部分については、誰しもがおよそ「四種説法」からかけ離れた印象を受けてしまうに違いない。しかし、筋の流れからみて不自然な箇所に「分章」が存在するということは、逆に考えればほんらい何らかの形でそこに区切りが存在していたことを表していると見てよい。なぜならその分品は、内容から類推して後代に付加しようと思っても不可能な箇所だからである。[127] とすれば〈曇〉の方が、かえって内容にとらわれて分章を落としてしまったと見るべきだろう。

## 第二項　記述の反復

「四法品」で区切りを付ける第二の根拠は、「四法品」の後の章に「四法品」の内容を反復する記述が登場することである。「分別邪正品第一〇」において「正しい経典と魔説の経典」を区別することを繰り返し説くが、そこには「四法品」の「仏は世間に随順する」との内容が「仏が説いた正しい経典」との位置づけで繰り返されている。その一部を見てみよう。[128]

「如来・応供・正等覚は所化のために生まれることなども自ら示現されたが、男女の交わりから生じたものではない。如来は二人の父母があるように示されるということは、世間に随順してなされたことである」というが如きは、如来が説かれた経典と律である、と知るべきである。……「如来が世間に出現されて、それぞれの方角に七歩ずつ歩くことを示されたのは、如来が方便身を取られたのだと説くものは、仏が説かれた経典と律であると知るべきである」。

これが次に挙げる「四法品」の内容を受けていることは一目瞭然であろう。[129]

ラーフラの父親たることを示し、シュッドーダナ王とマーヤー妃をも示したのは世間のためである。……如来は男女の交わりで生まれたのではない。ラーフラの父親たることを示したのも、自分の父母を示したのも、世間に随順するためである。

……すぐさま立って北に向かって七歩歩き、「天・人・アスラの世間での最高者となるだろう」と言った。……北から戻って南に向かって七歩歩き、……西に向かって七歩歩き……東に向かって……四方に向かって……上に向かって……下に向かって……

こうした記述が「分別邪正品」で繰り返され、更に「四法品」とは少しずつ異なった内容を付加していく。明らかに前品を踏まえてくり返し、かつ発展的な文脈を構成しようとする意図が見られるのである。[130]

## 第三項　仏性・如来蔵と経巻

「四法品」をまとまった部分と考える理由として、上記の根拠ほど明確ではないが、しかしある意味ではそれよりはるかに重要ともなる理由を、最後に二つ付加しておこう。一つは、この部分には、如来蔵、仏性という「如来蔵思想」に関する術語が、ほんのわずかしか登場しない点である。またそれに相応するかのように、一闡提という言葉も現れない。「如来蔵思想」ならびに「一闡提」は、「四法品第八」の直後の「四依品第九」から本格的に説かれはじめる。これは単に筋の展開として見ても、大きな相違である。

更に一つは「四依品」から「経典書写の功徳」が本格的に説かれはじめていることである。この二つの問題のもつ重要性に関しては、後に改めて取り上げることにするが、何れも見逃せない特徴である。

こうした理由をもって、ここ「四法品」とそれ以後の諸品とは、まず考察の便宜上、区別を立てておいた方がよい。[131]この区別の具体的意味は、次章以下で明かされるが、その過程を通して、けっして便宜的な階層に留まらないことが分かるだろう。

# 第三章　大乗涅槃経の思想の変遷

前章においては、大乗涅槃経を読み取るための基本的構図を示した。この章ではその下絵にしたがい、実際に大乗涅槃経の「思想」がいかなる内容を有しているかについて全体を詳しく考察し、その特色を探ってみることにしよう。

## 第一節　〈原始大乗涅槃経〉における仏身思想

まずは第二章の結論である第一類と第二類の区別を考慮しつつ、涅槃経の運びにしたがって、つまり分品にしたがって「仏身思想」の説相を見ていくことにしよう。

すでに触れたように、涅槃経の代表思想の如く目される「如来蔵・仏性思想」は〈原始大乗涅槃経〉（第一類）においては説かれていない。〈原始大乗涅槃経〉で説かれるものは仏身常住思想である。もっとも仏身思想は如来蔵思想が説かれる前提とされるものであるから、この第一類の仏身思想が如来蔵思想を予想して説かれたものかどうかは確かに問題としなければならない。しかしこれもすでに簡単に触れていたように、〈原始大乗涅槃経〉

では如来蔵思想を前提とせずに仏身思想を説いていることは間違いない[1]。ここでさらに詳しく仏身説を考察することを通じて、そうした問題にも再度詳しく答えていくことにしたい。

## 第一項　「長者純陀品第三」

経の中で仏身に関する理解が示され始めるのは、まず「長者純陀品第三」においてである。それ以前の「序品第一」「大身菩薩品第二」において、大身菩薩を含めたあらゆる会衆の施物を拒否した後、世尊はチュンダの供養のみを受けることを宣言する。その時、文殊菩薩とチュンダとの間に、仏身の無常・常住を巡って議論が展開する。仏身まで含めて一切を無常・有為と説く文殊に対し、さまざまな比喩を用いながら、それにいちいち仏身は常住 nitya・無為 asaṃskṛta であると論駁する。その議論がピークを迎える最後の一節を見て見よう[2]。

〔チュンダが言うには、「マンジュシュリーよ、貴方は〕如来は有為の方便をなしているのに、〔実際に有為に〕従事していると理解されてはならない。具足戒を備えた比丘であっても、無為 asaṃskṛta である如来に対して、如来は有為 saṃskṛta であると述べることによって、外道となって、死んでも仕方がないのです。如来は無為であるにも関わらず、如来は有為であると述べる者は、およそ虚言論者 mṛṣāvādin でありま す。如来は有為であると言う者たちは、自分の家に入るように地獄に入って行くでありましょう。

大徳、マンジュシュリーよ。如来を有為に等しいと見てはなりません。今日より以後、輪廻をさまよいながらも、無知を乗り越えて、如来は無為であるとの智慧をひたすら会得すべきです。このように行じたら、その成果のおかげで、貴方は直ちに如来のように三十二相を備えたものとなりましょう」。

このチュンダの返答からまず予想されることは、第一類〈原始大乗涅槃経〉は「如来を有為と見なす土壌」を背景として成立していることである。その「有為説」が、マンジュシュリーという、一般に大乗の代表とされる菩薩の口から説かれている点も注目される。ただ、すでに序章、第一章で見たように、大乗・小乗という区分は、時代を下った経典に適用することはあまり意味がない可能性が高い。少なくとも、マンジュシュリーがブッダの有為を称え得る存在として描かれていることを確認しておけばよいだろう。この仏身観は、「有為なるブッダ」を「無為のブッダ」に転換する意図がその中心をなしており、必ずしも唯識・如来蔵思想の予測するような、進んだ段階のブッダ観を背景として成り立っているわけではないことが分かる。(3)

これに相応する内容をまたチュンダはすぐに続ける。(4)

大徳、マンジュシュリーよ。貴方はお食事に愛着しているのですか。何としても食事の多少に関わらず〔如来に〕差し上げよ、と言って私に忠告なさるとは。世尊は六年もの間、なし難き苦行をなされたのだから、果たして今のわずかの間だけでも留まられないことがどうしてありましょうか。如来は法身 dharmakāya なのです。食身 āmiṣakāya ではないのですから、どうして世尊はお食事を召し上がりましょうか。

この箇所では「法身」と「食身」の対比をなしている。この「食身」については松本史朗［1991］の指摘するように、āmiṣakāya と理解するのが穏当である。しかしこれは松本の印象にも関わらず如来蔵思想とはほんらい無縁な概念であり、かつて触れたように dharma と āmiṣa の対比は阿含・ニカーヤに幅広く確認される事項である。(5) 同様にこの「法身 dharmakāya」も時代を下った、一部唯識系の論書から予想されるような、三身説に位置づけられる、抽象的な意味を担った術語ではなく、伝統部派の文献で用いられる「法（＝悟り adhigama-dharma・教え deśanādharma）を身体とする」意味の dharmakāya の用例と考えてよいだろう。実際『般若経』を始めとして、大乗の文献に出てくる用例はこの伝統的な用い方と考えて構わない場合が意外にも多い。(6) そうなれば、この部分も伝統部派の流れを逸脱しないものと考えられることになる。

またここでわれわれが注意しておきたいのは、非肉身 nirāmiṣakāya だから食事にこだわるべきではない、と主張している点である。この一節の表現を、直接的表現と見るか、比喩的表現と見るかによって解釈は別れる。比喩的表現と解するならば、ブッダは人を超越した存在であることを肉身ではないと述べることに託したものという、具体的意味に乏しいが、一応筋は理解可能な解釈に落ち着く。

しかし実際に食事をブッダに施すことの意味を否定したものと理解したとき、そこにはまったく別の解釈が生まれ出る。第一章における律蔵の仏塔規定を想起してみよう。[7] そこでは仏塔は、日々の飲食物を必要とする存在であり、供養物として飲食物が勧められていた。この部派仏教一般における仏塔の文脈を想定したとき、ここで説かれたことは、まさにそうした儀礼化した仏塔信仰に対して、疑義を呈する内容になっていると考えることができないだろうか。ブッダが現存しているとは言っても、それはけっして儀礼的な意味合いにおいてではなく、むしろ教理・教説と関連した次元においてのこととして、ここでは捉え直そうとしていると考えられる。この「純陀品」は明らかに在家者に対する説法を予想している。[8] その文脈でブッダに対する食施を第一義とはみなさないことを述べていると考えれば、その主張には、律蔵に見られる正統派の制度化された仏塔供養への疑問が提出されているものと理解される。

ただしこの箇所は、後に続く「金剛身品」における法師の振る舞いを考慮したとき、つまり諸供物を在家者とともに捧げることを認めていた態度を想起したとき、あらゆる仏塔供養を否定したとまでは見るべきではない。法師としては既成の信仰形態を尊重する意識を持っている。後述するように、これは法師のほんらいのルーツと関係する態度だと考えられる。そして法師が肯定する仏塔も、いかなる存在の仏塔なのか、再考する余地がある。[9] ともあれここでは、ブッダへ捧げる供物について躊躇が示されている可能性を押さえておこう。

次に文殊の言葉として如来の徳性に触れたものがある。[10]

善男子よ、汝は如来が常住 nitya・恒常 śāśvata・無為 asaṃskṛta・堅固 dhruva であると知った。

これは『宝性論』や『不増不減経』『勝鬘経』などで、ある程度定型的に出てくる、法身に対する形容句であり、如来蔵思想のさきがけと見えるかもしれない。しかし実は術語自体としては、けっして如来蔵文献に特有のものではないことに注意すべきである。否定されるべき見解としてではあるが、ニカーヤ中にもすでに確認される。例えば「中部」においては、[11]

〔ブッダ〕「夫人よ。油灯火が燃えている時、その油も無常・変易法であり、灯芯も無常・変易法であり、炎も無常・変易法である。果たしてその光は常住nicca・堅固 dhuva・恒常sassata・非変易法avipariṇāmadhamma であると言えば、夫人よ、それは正しく語った人だろうか」。[12]〔夫人〕「いいえ、世尊よ、そうではありません」。

と説く。もっともこの涅槃経の箇所は、こうした阿含・ニカーヤの例とは異なって、否定されるべきものを「仏に限って肯定している」点で内容はまったく異なっている。

しかし大乗文献まで広げてこれを見た時、例えば *Catuḥstava, Rāṣṭrapālaparipṛcchā* などにも確認される例である。[13]この意味でもこの術語は「如来蔵思想」に特有のものと見る必要はない。しかしこうした文献が如来蔵思想の影響によって術語を借り入れたのではないか、との再度の疑問も生ずるかもしれない。それについては後に検討するが、結論を先に述べておくなら、その可能性はまずない。そして何と言っても、涅槃経に限れば、この目を引く術語もたったこの一箇所でしか用いられていないことを考慮すべきである。すでに見たように、この章ではるかに「常住 nitya・無為 asaṃskṛta」の方が好まれている。

以上を総合すれば「純陀品第三」に説かれた仏身思想は、その術語においてやはり如来蔵思想の関係の文献を予想する必要はなく、恐らくは一つの伝統を作っていただろうと予想される「仏を有為」と捉える流れを踏まえ、それを逆転しようとしたものであることが理解される。そして重要なことは、その思想の目指す先は、第一章で考察した「ブッダの存在を永遠と見る仏塔信仰の文脈」を考慮すれば、文献外の資料——碑文など——に確認される、仏教の主流派の流れと同じものを予想し、かつ場合によっては、律蔵に見られる仏塔観の一部に疑義を呈していると見られることである。(14)

最後に「涅槃」に関してチュンダは言う。(15)

「世尊よ。そのように〔如来は無常であるから涅槃に赴くと〕考えるなら、余りに大きな苦しみは耐えられるものではありません。世尊が方便で般涅槃なさるのだとすれば私は狂喜いたします」。

世尊はおっしゃった。「チュンダよ、素晴らしい。善男子は私の涅槃を方便の如く見るべきである」。

ここには「仏」ではなく「涅槃」の見方が出されているが、それを「方便」として位置づけることは、すなわち涅槃の後もブッダが存続していることを表明しているのであり、これも前章で細かに考察したように、仏教の一つのメインストリームなのである。ことに仏身思想は、本質的に「涅槃」の場において問題にされていた第一章の考察結果を、ここで今一度思い起こそう。

## 第二項　「哀歎品第四」の常楽我浄説

次の「哀歎品第四」には、仏を「アートマン」と表現する「常楽我浄説」が説かれている。第一類〈原始大乗涅槃経〉において最も注目されるべき章であろう。この章は「無常・苦・無我」を主張する比丘に対して、仏が世間の顚倒説と出世間の正見とを比較する形で説き直している。(16)

アートマン ātman というのは「仏 Buddha」という意味である。常住 nitya というのは「法身 dharmakāya」の意味である。安楽 sukha というのは「涅槃 nirvāṇa」のことである。清浄 śubha というのは「法 dharma」の同義語である。……苦を楽と思うのは顛倒である。楽を苦であると思うのは顛倒である。無常を常住であると思うのは顛倒である。常住を無常であると思うのは顛倒である。無我を我であると思うのは顛倒である。有我を無我であると思うのは顛倒である。不浄を清浄だと思うのは顛倒である。清浄を不浄だと思うのは顛倒である。……そなたたち（＝比丘）が、あらゆる極端へ執著し、およそ修行したものにこそ「楽・我・常・浄」が存在するのであり、それら四種は不顛倒 aviparīta と説くべきである。

詳しくは後に述べるように[17]、この四顛倒を肯定するのはおそらくは〈原始大乗涅槃経〉がイニシアティヴを取った独自の仕事であり、それに先行して四顛倒を、ことに我 ātman を肯定する文献は存在しない[18]。さらに「哀歎品」ではこの常楽我浄のうちアートマンのみを取り出して詳しい説明を続け、「無常・無我の極端に執著して修行すること」を戒める。そして「方便を心得て upāyakauśalya」修行をすれば、無常・無我として否定したものが、そのまま常であり我であり得るといって、時を心得て薬を調合する「医者の比喩」を挙げる。その後に[19]、

諸世間のアートマンは、親指大であるとか、芥子粒程だとか言われるが、諸世間の我見 laukikānām ātmadriṣṭiḥ なるものは正しいものではない。およそ諸世間のアートマンと言われる如きものは間違っている。そこでは「一切法は無我である」と言うべきだ。〔しかし真実には〕一切法は無我ではないのであり、「アートマンは真実 tathatā である。アートマンは常住 nitya である。アートマンは功徳 guṇa である。アートマンは恒常 śāśvata である。アートマンは堅固 dhruva である。アートマンは清涼 śiva である」と名医の乳薬の〔説明の〕ように如来もまた真実であるものをお説きになる。

このアートマンはもちろん仏の説明に続くものと理解しなければならない。仏は tathatā, nitya, guṇa, dhruva, śiva な、つまりあらゆる善なる性質を備えた存在なのである。しかしそれはけっして「個我」という意

味は担っていないことに注意しよう。[20] 先の「純陀品」で「無為」「常住・堅固・恒常」と位置づけられた仏が、ここで「アートマン」と表現されている。ここに至って、従来の仏教において避けられてきたアートマンが、仏に限って肯定されるという一大転換を引き起こしているのである。[21]

こうした議論の中に、バラモン・ヒンドゥー哲学の影響を全く無視するのは、いかにしても行き過ぎであろう。脈々として続くバラモン階級は、一部の例外的に高尚なクシャトリアをのぞけば、古代のどの時代でも唯一の知識階級であり、思想を理論的に構成していく中心的な階層である。[22] それどころか仏教教団においては、もともとブッダの教えは、バラモンたちのヴェーダ伝承の技術によって伝承された可能性が極めて高いことはすでに触れている。ウパニシャッド以来そこで熟成していったアートマン＝ブラフマン論が、そうした仏教の用語法に影響を与えぬはずはない。ニカーヤにおいてさえそうなのだから、涅槃経においても、思想構成の際にその材料となる術語がバラモン文化の影響を被っていたことは当然考えられることである。

しかしまた同時に、ここに説かれたアートマン説を、バラモン哲学に説くアートマン説と全く等置するのも行き過ぎである。このアートマンはあくまで仏を表現するための手段として採用されたものであり、仏のみが現象世界を超えた存在であることは、すでに第一章の「仏塔崇拝」の検討の中で確認したように、バラモン哲学とは無関係な、仏教独自の脈絡でできあがってきたものである。この脈絡は涅槃経にとってはいわば「内」に存するものであり、その脈絡を表現するために、「外」のバラモン哲学の用語を採用したとしても、それは涅槃経が、仏教という内なる脈絡をすっかり捨て去って、バラモン思想に同化したことを意味するものではない。材料は同じであっても調理人が異なれば当然、料理内容は異なってくる。われわれは用語の比較を通じて思想の影響関係を考える時、ともすればこの両極の選択を迫られる錯覚に陥るが、そうしたダイコトミーからは、平板な系統図とそれを巡る無意味な水掛け論以外の、ほとんど何も手にすることができないことに留意しておくべきであろう。

この箇所では、涅槃経はここで述べるアートマンという説が、これまでの仏教と矛盾をおかすことを自覚し、そのうえで従来の無我説を、外道（＝バラモン）を導くための説であるという位置を与える。そして無我ということを極端に修するものを排斥するため、真実なるものの存在、すなわちブッダの存在をアートマンとして限定して説くことには問題はない、という意識を持っている。それをブッダは名医のごとく時を心得てなすのだと言う。ここには明らかにRuegg［1989］のいう、neyārtha, nītārthaの解釈法が取られていることが分かる。序章で述べたように、仏教においてアートマンを説く際には、仏教に共通の解釈学の地盤によって立っていることを忘れてはならない。ここで相手とされているのは、無常・苦・無我の修行をなす伝統部派仏教徒であって、けっしてバラモン教徒ではないのである。(23)

この「哀歎品第四」で明らかにしておくべきは、ブッダを表現するのに、従来は踏み越えられなかったアートマンなる術語を涅槃経が採用したという、何れの意味でも画期的な変化を起こしたことである。そしてそれはあくまで「ブッダの永遠性の表現」として用いられており、それは第一章で確認した仏塔信仰の流れを想定すれば、なんら不自然な態度ではない。ことに、涅槃を主題とする経の中心的関心を考えたとき、それはより一層納得しやすいものとなろう。

### 第三項　「金剛身品第六」の仏身

現行の涅槃経自体はもちろん「哀歎品第四」から「長寿品第五」に続くが、「長寿品」は第二類に属する。したがって本書において次に考察の対象になるのは「金剛身品第六」になる。この「金剛身品」では章題の如く、仏を「金剛身 vajrābhedyakāya」を中心に譬えていく。冒頭の例を見て見よう。(24)

〔世尊〕「今や如来は常住身 nityakāya であり不破壊身 abhedyakāya であり金剛身 vajrakāya であり、肉身ではなく nirāmiṣakāya 法身 dharmakāya であると見なさい」。

〔迦葉〕申し上げて、「もし世尊が般涅槃なされるとすれば、私はそのように見ることはいたしません。もし般涅槃なさるのなら、壊すべき身体 bhedyakāya ですし、塵身 rajaḥkāya であるし、肉身 āmiṣakāya であると見たいと存じます」。

ここでは仏身が「破壊することのない金剛身」であることが話題になっている。それは本章の主題である「命を賭けての護法による不壊の身体の獲得」という内容に密接な関わりを持っている。すなわち護法によって、たとえ肉体が滅んでも、そこでこそ不壊身が得られるというのである。

何れにしても、この箇所は基本的には nirāmiṣakāya と dharmakāya を同一視し、そこに金剛身を位置させていることからして、この仏身観については先の「純陀品」を受け、それをさらに進めていることが分かる。これに対する世尊の回答は[25]、

〔世尊〕おっしゃって「〔如来が〕人のように空虚な身体であり、壊すべき身体であるとそのように言ってはならない。……如来は無量コーティ〔の昔〕以来、不壊なる身体であり、人身でもなく天身でもなく、一切輪廻存在の身体でもなく、肉身でもない。如来の身体は身なく、生じることもなく、滅することもなく、存在するものでもなく、活動を起こすものでもなく、……般涅槃に赴かれるのでもなく赴かれないのでもない。如来は〔このように〕無量の特性を備えているのである」。

先に触れたように、この答は直前の「長寿品第五」（第二類）とは関係せず、もう一つ前の「哀歎品第四」の「如来のみが身相空を完成している」ことを受けたものである。そしてこれはまさに身体が空であることを涅槃経なりに表現したものと考えてよい。さらに世尊は続ける[26]。

〔世尊〕「このような特性を備えた如来は肉身ではなく、どうして赤土の陶器のように病や怪我や破壊をしようか。滅びたり、病になったり、涅槃したりすることを示すのは、所化を回心させるためであると知るべきである。したがって今から以後、如来の身体は金剛の如く不壊であり、堅固であると思念するがよい。他人にもまた〔如来は〕肉身ではないと教えるがよい。如来は法身であると理解するがよい」。……〔迦葉〕「ただ今以後如来は法身であり、常住 nitya・堅固 dhruva・恒常 śāsvata・清涼 śiva であると他人に対しても説きたいと思います」。

仏身を空と捉える態度は、仏塔にブッダの現存を認める態度からすれば、さらに一歩踏み出したものである。「純陀品」でも、食事の否定が説かれていたことから、律蔵に定める仏塔供養への疑問の態度が窺われたが、ここでは形を超えた法身であることを述べているのだから、法師は仏塔そのものをブッダとは捉えていないことになろう。

またここで、「赤土の陶器のようには破壊されない」という具体的イメージを取り出していることに注意しておこう。この一節は逆に読めば、当然「赤土の陶器のように破壊されるブッダ」を背後に意識していることになる。それは実際の仏像や仏塔という、壊れてしまう物質から成るブッダを指していると考えざるをえない。この表現はまた塵身 rajaḥkāya とも共通する。すでに第一章で見たように、このブッダこそは文献外資料によって確認されるブッダのもっとも普通のイメージであった。とすれば、この章では、ブッダを破壊される仏塔に等置することを戒めたものと理解することができるだろう。

この章の仏身の表現はこうしたものに尽きてしまう。例えば同様のフレーズは「金剛身品」最後にも出る[27]。

〔迦葉〕「世尊よ。「如来はもちろん不可思議であります。常住で堅固で恒常で清涼です。不可思議です」と他人にも説示したいと思います」。

この両記述とも「純陀品」と矛盾のない内容である。涅槃との関連で「仏身」が問題にされているが、それは「法を身体とするもの」であるから、滅び去ることはないとする。「常住・堅固・恒常・清涼」の句がこの章ではやや固定した感がある。ただ、「哀歎品」においてわざわざ主張した「仏はアートマンである」との表現が、その後全く姿を消す。おそらく〈原始大乗涅槃経〉にとっては、「仏身の常住」が主張できればそれで十分なのであり、アートマンの主張にその力点があったわけではないのだろう。

## 第四項　第一類の仏身常住思想

こうして見れば、第一類においては仏の入滅・涅槃を方便とし、肉身として仏を捉えることを否定しながら、仏は「現に今存在している」ことをさまざまな形容を施すことで主張しようとしていることが分かる。そしてこの涅槃の場面設定において説かれる仏身思想は、第一章の検討によって、まず第一には仏塔信仰を背景としていることは間違いない。したがって〈原始大乗涅槃経〉がたとえ「仏＝アートマン」とまで表現したにしても、内容としては古くから主に「文献外」の資料で確認される「仏身思想」の基本路線にしっかり沿うものなのである。しかもこうした主張をなす〈原始大乗涅槃経〉の背景を予想すれば、仏を「有為・無常」なものとして捉える社会基盤が想定されることになる。現在残された諸部派に関する資料を勘案すれば、仏身を有漏と見る有部系の理解を相手としているとも考えられる。(28) いずれにしろそれはもちろんバラモン社会ではない。

そして一部の記述から窺い知れることは、この仏身観は、仏塔そのものを全面的にブッダの現存として認めるというよりは、壊れてしまい、食事を必要とするような存在のしかたをするブッダ観を離れようとしている可能性である。ここで有為なる存在としてのブッダを、「物体としての仏塔」であると見れば、ここには仏塔信仰を否定するモーメントがすでに胚胎していることになる。しかし前に述べたように、仏塔信仰を「経典という場」に成立させようとする動因が〈原始大乗涅槃経〉に存在する以上、既存の仏塔信仰では不十分になることは当然である。仏塔から経典への結実は、広い意味でやはり「壊れる物質としてのブッダ」から「教え」への移行を意味する。こう考えれば、総じて第一類は、ブッダをアートマンと説いたり、食施を軽んずるなど、すでに前提とされている部派系の仏教の文脈を揺り動かし、ブッダ観に対して新たな解釈を打ち出そうとする意図を持っている、と捉えておいてよい。

ここで第一章において検討した、非大乗涅槃経の成立に関する考察を想起してみよう。そこではほんらい涅槃経は、肉身の入滅を超えたブッダの永遠性の確立がその成立の核をなしており、その肉身・舎利に関する奇跡が、重要な役割を演じていることを結論しておいた。そしておそらくそれは仏塔信仰を前提としているか、あるいはそれを引き出したものである、という結論を得ていた。ことに増一阿含の涅槃経においてはそれが顕著であり、そこではブッダは金剛身とまで表現されていた。(29) この〈原始大乗涅槃経〉は、そうした非大乗涅槃経を一歩進めた位置にいることが分かるだろう。非大乗涅槃経では「涅槃」を話題として経典の中で前面に打ち出すことに初めて成功した。言い換えれば「歴史的事実としての入滅の伝承」を超えることに成功した。それがこの〈原始大乗涅槃経〉になれば、涅槃はブッダの永遠性を説く舞台として、さらに積極的・発展的に用いられることになっている。そしてその時は、むしろ仏塔信仰を脱皮しようとする姿勢が生まれ始めている。こうした意味で、〈原始大乗涅槃経〉は非大乗涅槃経と連続しながら発展しており、まさに涅槃経の名前にふさわしい経典なのである。

## 第二節　如来蔵思想

涅槃経の如来蔵思想はすでに高崎直道［1974: 136-166］において、網羅的に、主要な箇所には例文を引用しながらバランスのよい検討がなされている。ただ序章に述べたように、そこでの唯一の欠点は、その論述が『宝性論』が提示する枠に収められた術語の分析に傾き、涅槃経内部の流れを知らず知らずのうちに軽視する向きがあることである。ここでは高崎によって注目されなかった観点に立って、「涅槃経の流れ」を尊重しながら論述を進めていくことにする。したがって、涅槃経中の如来蔵思想関係の記述を、『宝性論』に見られる概念によってア・プリオリに類別し、その結果を事後承認的に考察するのではなく、たとえ少々煩雑な感はあったにしても、筋にしたがって順次観察する方法を取らねばならない。それは『宝性論』の枠から涅槃経を広い経典の文脈に解放し、経の内部で説かれる如来蔵思想を明かすための試みである。

### 第一項　「四法品第八」の法身思想

第二章で簡単に触れたように、「四法品」の記述は、大きくは「四法（四種）による説法」「世間随順説」「解脱の様相」という三つの内容で構成されている。(30) そのうち「四法による説法」の中での中心的な話題は「肉食の禁止」を代表とする教団・戒律関係の記述である。これについては後に詳しく取り上げる。(31) 教理的内容が中心に現れるのは、後二者になる。そのうちまず初めに説かれる「世間随順説」を見てみよう。

四種の説法による肉食の禁止が説かれた後、経は如来が「常住・堅固・恒常」であることを説き進める中、仏が「世間に随順してさまざまな行を示す」ことに長い記述を割く。例えば、[32]

〔私＝世尊は〕二人の両親の妊娠に適する時期に、母胎に入ることを示した。この二人はまた「われわれの子になるだろう」と思いこむだろう。私は無量百万劫よりこのかた、一度も男女の交わりによっては生まれていない。男女の交わりで生まれた身体を超えているので、肉身ではなく法身なのである。男女の交わりにより胎に生じることは、世間に随順する方便のみなのである。……それぞれのジャンブー洲で、私は頂髪を持っていることも示す。衆生たちは私が頂髪があると思いこんでしまうが、天ともなる世間の中で、髪を切ることができる人は誰もいない。無量劫より以前から頂髪を持つことを終わらせてしまっているので、剃刀でも私の髪は切り得ない。これは世間に随順するためである。

それぞれのジャンブー洲で、私は自在神殿に入ることも示した。そこで大自在天と梵天と世間の守護神たちは、私を見て私の足に合掌した。〔しかし〕私は無量劫よりこのかた、天・人・アスラの天中天なので、一度も大自在天の神殿に入ったことはない。そこに入ったように示したのは世間に随順するためである……。

こうした記述が「ブッダの生涯」を追った形で長々と続く。意図は詰まるところ「肉身の釈尊の生涯は世間随順の姿」であり、真実には姿形を超えた「法身 dharmakāya」であることを説くところにある。ということは、ある意味でこれは、一般に伝承として認められた仏伝に表された形のブッダの存在を否定する意図を持っている点に注意しなければならない。非大乗系涅槃経に見られたような、仏伝を基調に受け入れて完成する仏塔崇拝の仏身観とはかなり異質なものになっている。[33]

確かに、「純陀品」「金剛身品」で触れたように、第一類も仏塔そのものより、経典に比重をかけていると判断すれば、両者には「仏塔崇拝からの脱皮」という点で、共通性が浮かび上がってくることになろう。法身の主張という点では第一類と矛盾はない。しかしこれほど明確な「仏伝」への否定意識は、第一類の法師からは窺えないものであった。法師と連続する面も持ちながら、「四法品」では仏伝の否定意識がより顕著となり、中心的主張となっていることは注目しておいてよい。

またこの部分の「仏身思想」に特徴的なものは、如来を形容する語句として「常住 nitya・堅固 dhruva・恒常 śāśvata」が固定している点が挙げられる。第一類ではこの三句に固定していることはなかった。これも新たな変化である。

こうした変化は一体いかなる経緯を背景として起こってきたのであろうか。

### 第二項　他文献との関係——*Lokānuvartanāsūtra, Catuḥstava*

興味深いことに涅槃経自身は、この自説の「世間随順」部分を『首楞厳三昧経』に負っていることを表明している。しかし実はこの内容に一致するのは『首楞厳三昧経』ではなく、*Lokānuvartanāsūtra* である。*Lokānuvartanāsūtra* は漢訳で『内蔵百宝経』に対応し、チベット訳も存在する。またその一部が *Mahāvastu* の一節に一致することが分かっており、すでに詳しい比較研究がなされている。[34] その一部を挙げてみよう。[35]

善逝の身体は男女の交わりにより生じたのではないのに、父母あることを示す。これは世間に随順したのである。燃灯仏を始めとして如来は貪欲を離れているのに息子ラーフラを示した。これは世間に随順したのである。

涅槃経に全く内容的に一致しているのが分かるだろう。

この *Lokānuvartanāsūtra* は大乗仏教の典籍、ことに中観派の典籍において重要視されている経典である。Candrakīrti は *Madhyamakāvatāra* の中で、この経典を Pūrvaśaila の説いた教証として引用し[36]、また *Śūnyatāsaptati* においても大衆部の説として引用している[37]。もちろん大衆部が『般若経』と深い関係を持っていたことは、十分念頭においておいたほうがよい。例えば Avalokitavrata は *Prajñāpradīpa* の註の中で、『般若経』が大衆部の Pūrvaśaila, Aparaśaila で作られたことを記している[38]。

このように *Lokānuvartanāsūtra* は空思想と密接な関係を持った経典であり、仏身を空の立場から捉え直したものであることが分かる。そして肉体としての歴史的ブッダを、「世間に随順するもの lokānuvartanā」と位置づけることによって、法身としての仏を出世間 lokottara として対比する。先に述べた涅槃経において、肉身を基本に作られた仏伝が否定されているのは、すでにこの *Lokānuvartanāsūtra* によってなされていた仕事である。

この *Lokānuvartanāsūtra* はまた、これも空と縁の深い *Catuḥstava* にも引用されている[39]。

> 病も不浄も貴方の身体にはない。飢えも渇きも生ずることはないのに、世間に随順するために世間の行為を示現される。nāmayo nāśuciḥ kāye kṣuttṛṣṇāsabhavo na ca/ tvayā lokānuvṛttyarthaṃ darśitā laukikī kriyā//

この *Catuḥstava* で注目されるのは、この典籍が「仏」を「常住 nitya, 堅固 dhruva, 清涼 śiva」と形容していることである[40]。

> 貴方の身体は常住・堅固・清涼であり勝者は法からなる。しかるに貴方は所化の回心のために般涅槃も示された。nityo dhruvaḥ śivaḥ kāyas tava dharmamayo jinaḥ/vineyajanahetoḥ darśitā nirvṛtis tvayā//

こうした用例に照らす時「四法品」の記述の第一の成り立ちは明らかになってくる。先に述べたように「四法品」においては法身が nitya, dhruva, śiva (or śāśvata) と形容されるものが特徴をなしていた。涅槃経は、こ

の *Lokānuvartanāsūtra* か、あるいはそれに密接に関係を持つ典籍によって「四法品」を説き起こしているのである。ということは涅槃経第一類は、まず大衆部系の空を説く伝統を担った者の手に引き継がれたという、極めて興味深い結論が導かれることになる。[41] 事実、涅槃経自身がこの「世間随順説」の中に「般若波羅蜜を完成している」由を説いていることから判断しても、[42] 両者の関係の深さが窺い知られる。実は次の第四章で考察するが、涅槃経は他の面でも「大衆部」に密接に関わっているのである。

この「世間随順」の説は、先に見た「哀歎品」の、仏身を空と捉える態度に、基本的には連続するものである。この意味で第一類の法師と「四法品」の菩薩とは、本質的に姿が似ている。「四法品」の菩薩は、法師が持っていた「仏塔から経典へ」という態度を、さらに徹底させていると言えよう。

## 第三項 「解脱の譬喩」と如来蔵

「四法品」の内容の第三の部分に「解脱」をさまざまな形容で説き連ねる箇所がある。伝統的に「百句解脱」と名づけられる部分である。この箇所に関しては、現在のところ並行する他文献を見出していない。あるいは涅槃経の独創になるものと見てよいかもしれない。そして、実はこの部分から如来蔵思想と見られるものが若干顔を出しはじめる。

問題と思われる記述を探ってみよう。話題は迦葉菩薩の質問から始まる。[43]

〔迦葉〕「解脱とはいかなるものでしょうか。形あるもの rūpin でしょうか、形ないもの arūpin でしょうか」。〔世尊〕「あるものは形があり、あるものは形がない。形がないのは声聞・独覚のものであり、諸仏・世尊のものは形がある。この解脱は色かつ無色なので、色というのは不適当である」。……〔迦葉〕「世尊よ、如来は大般涅槃の方法によって、解脱を説示されるようにお願いします」。……〔世尊〕「およそ解脱というのは不生であるから、一切の束縛をすっかり離れているのであり、ちょうど父母の交わりという性質によって誕生があるようなやり方では、不生なのである。……不生というのはちょうどバターのエッセンスが自性として自らの本性のようにあるように、如来は父母の交わりによって生まれたのではなく、如来は所化のために両親を示現されたのである。およそ解脱とは如来である」。

この同様の形式の繰り返しを一〇八のフレーズにわたって続ける。そして結論としては「解脱の譬喩とは如来である。それはなぜかと言えば、如来なるものが解脱である。解脱とは如来であって、そこでは無二・無別である」と説き、「如来＝解脱」という関係を設定している。その内容としては「無作・不老・不死・無病・無漏・無害・吉祥・楽・無敵・無憂・無塵・非不実……」等であり、通常説かれるブッダや縁起に対する属性が列挙されている。

しかしこの部分では、「世間随順」に見えた「常住・堅固・恒常」という形容句が、このまとまりとしては姿を消すのが不思議な印象を与える。明らかに「世間随順」の部分とは異なった色調を帯びている。

次に、この箇所に登場する如来蔵・仏性に関する術語を順に見てみよう。これらは何れも「解脱の譬喩」のかなり後半の部分、ということは「四法品」全体のほとんど最後の部分である。(44)

(T)「完全な捨離」というのは、それはアートマンのないことを理解することであり、如来蔵に入ることである。例えばエーランダや楢の木は芯を除けば全く不堅実であるように、一切の天・人・アスラの身体は、如来蔵を除けば、全てのエーランダや楢の木のように不堅実である。不堅実なる全ての「有 bhava」を捨てるのが解脱である。解脱とは自らに対する授記である。およそ解脱なるものは如来である。

(法)もろもろの欺誑を離れれば、解脱の我所は如来蔵に入る。諸天・人・阿修羅の身体は堅実ではないのは、エーランダ・葦・芭蕉の如くであり、如来蔵から離れれば堅実ではない。真の解脱は如来蔵に入ることである。

（曇）また解脱とは堅実ということだ。竹・葦・蜱の幹は空虚であるけれども、その実は堅実である。仏・如来を除けば他の天・人・アスラは堅実ではない。真の解脱は一切の諸有を遠離している。そのような解脱が如来である。

三訳で微妙に食い違い、言うところの詳細は必ずしも明らかではないが、三訳から推せば、諸有の要素を取り除き、そこから解脱してしまえば、その後にエッセンス（sāra）としての如来蔵だけが残ることを言ったものと考えられる。この前後にはいわゆる如来蔵思想を窺わせる何のヒントもない。（T）では解脱をすれば、それは如来蔵に入ることを示す。さらにそのことを「自らへの授記」と捉えているから、それはこの後に本格的に説かれはじめる仏性・如来蔵説が示す方向と一致している。（法）によれば、解脱にはその属性ともいうべきものが存在し、それが如来蔵を指すことになろう。また（曇）においては如来蔵が「仏・如来」となっている点も注意を要する。ここでは如来蔵は身体の核ともなるべき「如来という胎児」と解釈することができようか。第一類では身体を否定されるべき asāra として説いており、それは主題の一つでもあった。ところがここでは如来蔵という例外を認め、それを sāra として表していることとなる。注目すべき変化である。以上を総合すれば「解脱の有」がここに至って如来蔵として現れていると見てよい。この箇処以前では、「解脱の有」はあくまで「如来」のことを指していた。

これにほとんど並んで、次の記述が出る[45]。

（T）実に性 dhātu であると言われる時、その性とは一切衆生の性である。その寿命 jīva は一切衆生の寿命である。解脱もまたそれと同様である。解脱なるものは如来である。

（法）〔解脱は〕一性 *ekadhātu に入る。種々の性とは一切衆生の性であり、種々の寿命 jīva とは一切衆生の寿命である。真の解脱はそのようではない。

この箇所は（曇）は存在しない。（T）と（法）とでは一見内容が異なっているようであるが、訳出の力点の置き方の相違と解釈される。（法）から推せば、解脱は一様なのであり、多様なありさまの衆生の性とは異なっていることを述べ、それが全ての衆生のあり方、およびその寿命のもとになっていることを言ったものであろう。またこれは先に出た「入如来蔵」とまったく同様の表現になっている。

（T）の理解は如来蔵思想一般の理解に沿っていることが分かろう。汚れた衆生もそれを離れた解脱も、性 dhātu としては全く等しい。

次は、この部分から十四項目ほど「解脱の比喩」を隔てての記述である(46)。

（T）すっかり道を断っていると言うのは、無我を修行して〔仏の〕流れを断絶しないやり方で無我を理解し、我を修行しても〔仏の流れを〕断絶しないやり方で我を理解し、〔こうして〕二つの側面を修行して、かの仏性 buddhadhātu は存在すると理解するものは解脱である。解脱なるものは如来である。

（法）〔解脱は〕自在を離れ、諸我所・世俗の非我を離れれば、真実の無我である仏性が顕現する。解脱とは如来である。

（曇）解脱とは一切有為法を断ち切り、一切の無漏の善法が流れ出すものである。我・無我・非我・非無我の一切の道を断ち切り、執著を断じても我見は断じない。我見とは仏性であり、仏性が真の解脱である。真の解脱とは如来である。

この部分は初めて「仏性 buddhadhātu」なる術語が登場する箇所であるが、先の二つに比すれば三訳で大筋一致する。世俗の非我を否定して、明言はしないが仏性を我と位置づける意図が窺える。（曇）では我見 ātmadrṣṭi の必要性をあえて主張しているところからして表現が進んでいる。この後に涅槃経は空の新たな定義を出して、「壺に中身がない時、中身は空であっても壺は空ではない」という重要な説を説く。この部分については後に触れるが、(47) その最後に、(48)

(T) 解脱は有為ではないのだから壊れることはない。解脱は無作なる性*akṛtrimadhātu である。

と述べている。しかしこれは(法)(曇)には存在しない。

最後に「解脱の譬喩」が終わって、如来を殺害することが不可能であることを説いて言う。「四法品」の末尾部分に当たる。(49)

(T) それはなぜかと言えば、積聚性(界)*upacitadhātu を壊していなければ、実際には無間業をなすことにはなりません。(しかして) 如来身tathāgatakāyaには積聚性の悪評すらありません。法性dharmadhātu でありますので、どうして傷つけることができましょうか。

(法) それはなぜかと言えば、長養身を傷つけなければ無間罪はないのです。如来には長養身はありません。自在法身 aiśvaryaṃ dharmakāyam と呼ばれるのであればどうして傷つきましょうか。

(曇) それはなぜかと言えば、如来の身性dhātuは壊すことができないからです。なぜなら、身聚kāyadhātu はなく法性 dharmadhātu だからです。

この箇所でも三訳はほぼ一致する。如来身を dharmadhātu で表現している。この dhātu は、通常のアビダルマにいう「要素」を意味すると考えてよいだろう。

ただここで、如来身を傷つけるとは実際にいかなることを言ったものかを考える必要がある。これまでの考察からすれば、これも仏塔にブッダを確認する態度を述べたものと捉えてよいだろう。それが不可能であることを説くのだから、仏塔にブッダを見る姿勢をこの菩薩は持っていないのは明らかであり、ブッダは壊すことのできるdhātuによって成り立ってはいないことを示そうとしている。これは先に見た「世間随順説」におけるブッダ観と全く同様の内容を持つ。それが今、性dhātuという言葉と結びついてきたところに、新たな展開が認められる。

以上が「四法品・解脱の譬喩」の中で如来蔵・仏性関係の記述が現れている部分である。これらの記述を見て、まず三訳で異同の甚だしいことが注目されよう。ことに記述が抜け落ちている箇所も存在することは見過ごせない。以後の考察を経れば明らかであるが、涅槃経三訳においてこの「四法品第八」以降では「如来蔵・仏性」の訳語の相違はあっても、全く記述が欠けるケースはない。この品に特有の特徴である。

この部分の「如来蔵・仏性」説の出現、及び三訳における「ばらつき」をどう解釈するかは極めて難しい問題である。記述は何れも単発であり、後述する諸品におけるように体系的な中に収められていないため意味が一見不明確に思えるかもしれない。しかし詳細に見れば、その言わんとするところは、涅槃経で説かれる如来蔵思想に比して何らの齟齬はない。

この箇所の如来蔵tathāgatagarbhaや性dhātuの術語について、解釈の可能性としては、後続の諸品からの影響による散発的な挿入と見るか、ここに「如来蔵」思想の萌芽を見るか、という二つの選択肢しかあるまい。この点にかんして次の三つの点に注意しておこう。

一つはこの「解脱の譬喩」を説く部分は、先の「世間随順説」、さらには第一類における「如来＝空」説に比すると、大切な点で色合いの異なった記述を構成している点である。それは、第一類および「世間随順」が仏を「空」の観点から捉えた表現をなすと見るならば、この「解脱の譬喩」は、明らかに「解脱＝如来の有」を説いていることである。(50) それがまるで「世間随順」と対をなす形態で説かれていることを考慮するなら、そしてこの部分のみから「如来蔵・仏性」の語が疎らに登場し始めることを考えるなら、これは涅槃経における「如来蔵説」の初出と見ることができるかもしれない。少なくとも第一類や「世間随順説」が説かれた状況とは、異なった状況下においてそれが説き直されたものであることは予想されてよい。何人もこの「解脱の譬喩」の箇所で、何の前ぶれもなく異質なトーンに変わるのを感じるに違いない。

もう一つは、後述の内容を先取りすることになるが、涅槃経の如来蔵思想は、一面では外部の影響、具体的には『如来蔵経』の影響を被って成立している。一般にある思想が外部の影響を受けて変化する際、その思想はけっしていきなり姿を変えてしまうのではあるまい。新たな運動・変化への「揺れ」をまず何らかの形で示し、その後に、その外部の要素を含めた自らの新しい内容を完成させてゆく中で、徐々に姿を明確にしていくものであろう。外部の思想の明らかな位置が得られるのも、ある成熟した段階に達した時のことである。後述するが、涅槃経の場合はそれが後の「分別邪正品第一〇」に当たる。ということは、翻ってみれば、「分別邪正品」で姿を現し得る涅槃経内部の変化は、すでにこの「解脱の譬喩説」で起こり始めていると見ることは十分可能なのである。

これを裏付ける事例が一つある。それはすぐこの直後に考察する「四依品第九」の例において、「頼るべき者 pratiśaraṇa/pramāṇa」の属性として「如来蔵を隠して法を説くことがない」点を挙げていることである。つまり裏を返せば「四依品」以前では「如来蔵」は隠されるべきものとして存在していたことが示唆されていることになる。そしてその「四依品第九」以前とは、まさにこの「解脱の譬喩説」の部分にほかならない。

第三に、そして最後には、「名字功徳品」以来繰り返され、「世間随順説」でも話題とされていた「大般涅槃」という名称が、突然ただ一箇所を除いて姿を消すことである。もともと主題からして「涅槃の」譬喩ではなく「解脱の」譬喩である。「大般涅槃」という名を尊重していた涅槃経が、それを表に出さなくなるのは、その時にまさに何等かの影響の下、変動の中にあることが予想されよう。実はこの経名は「如来性品第一三」でまた復活し、それ以後は再度中心を占めるようになる。この間は涅槃経が『如来蔵経』の影響のもとに、揺れ動いていた時期とは考えられはしないだろうか。三訳における出入りも、そうした状況を物語っているのではなかろうか。

上記の推定を、いくらかでも確実なものに近づけようとするならば、全体の如来蔵説を検討した後に、再度この箇所を見直さねばなるまい。なぜなら、思想の萌芽とは、その思想の完成点に立って、その時点での位置・質・量等を踏まえて、今度は逆に、遡及的に考察して、完成形に対応する形で、おそらく通常ならば、完成形の位置・質・量を適度に減少させつつ設定される零の位置に過ぎない。したがってそれは完成形の理解によって決定されるものだからである。(51)

# 第三節　如来蔵思想の登場——「如来性品」以前

## 第一項　「四依品第九」

これは涅槃経に限らず、比較的分量の多い大乗経典に共通する特色であるが、一つの作品の中には、教理・思想的な面に重心がある記述と、教団・戒律的な面が色濃く出ている記述の両者が混じりあって存在している。(52)先に考察した「四法品第八」でも、まず「肉食」に関する戒律の記述を出し、その後に「世間随順説」を説き、次にサンガの二分類による「不浄物蓄財の禁止」という戒律的記述、その後に「解脱の譬喩」を説く、という構成を取っている。

この後に続くのが「四依品第九」であり、これは教団・戒律の問題を主題にしていると見てよい。涅槃経第二類の教団を理解する上で注目すべき点が多く、詳細は次の第四章で後述するが、預流・一来・不還・阿羅漢の四種を挙げ、頼れるべき pudgala とそうでない者たちとをいかにして区別するかを説く部分である。したがってこの品には教理内容はあまり顔を出していない。説かれる若干の記述を順序を追って見てみよう[53]。

(T) 不還といわれるのは……他人に対しても、仏が説かれたのではない、さまざまの不適当な経典・歌頌の言葉・文字・使用人・女使用人などを有することを説くこともあり得ず、諸々の煩悩にも害されることはあり得ず、諸々の客塵煩悩もそれを害することはあり得ず、如来性 tathāgatadhātu を隠して法を説くこともあり得ず、……

(法) 阿那含とは……他人に非法の典籍や仏の経典を離れた世間のカーヴヤ・ヴァーキヤ・ヴィアーカラナ・使用人などの非法のものを蓄財することを説くことはなく、まだ起こらない煩悩をすぐに察知し、すでに起こった煩悩には再び縛せられることなく、説法をする時は仏性 buddhadhātu を断つことはなく、……

(曇) 阿那含とは……正法を誹謗し、使用人や不浄物を蓄財することを許し、外道の典籍や書物を受け取り、客塵煩悩に覆われ、古い煩悩に覆われ、如来真実舎利 tathāgatadhātu を隠し、……などは全くあり得ない。

三訳とも内容は一致している。(T)(法)によれば如来性、仏性とを説いたものと見てよい。ただし(曇)は tathāgatadhātu であっても「舎利 śarīradhātu」の意味に解している。第一章の仏塔信仰の主題において確認した内容と整合的である。重要な点として記憶しておこう。

そして何れもこれを「隠さずに説く」ことが強調されていることに注意しなければならない。今し方述べた内容である。この記述を出す背景には、ほんらい涅槃経のこの段階以前では如来蔵説は隠されていて、まだ仏性を高らかに宣言してはいなかったことが予想され、それをここで一歩進めたものと見てよい。

次に思想が説かれるのは、いわゆる catuḥpratiśaraṇa の箇所である。[54]

(T) 法性 dharmatā と言われるのは如来の涅槃である。如来は常住・堅固・恒常であるというこのことは、諸仏の法性である。如来を無常であると見なす人たちは……拠り所の人 pudgala ではない。……そうでない四人は拠り所の人 (tshad ma,*pramāṇa) である。密意語を理解し如来の密意の真相を知り、〔如来が〕常住であると知る四人の人たちは、如来が無常であるという思いが生じることすらあり得ない。これら四人の人は、自らが如来・応供・正等覚である。

この箇所には如来蔵、仏性のタームは出てこないが、如来の永遠性を知る「人」が「如来」そのものであるとしている注目すべき箇所である。如来常住を知る「人」と、その如来自身を等置し、「如来＝人」という関係を明言する。(法) では「諸仏・如来はまた彼に存する」とし、(曇) は「そのような四人が如来である」と説いて、[55]三訳で趣旨は全く一致している。

これは一見「如来蔵」と言わず、仏身常住の主張に留まっているように見えるが、如来と人の関係を述べた点からみれば、単なる仏身思想とは異質なレヴェルの表現になっているのが分かる。先に見たように仏身思想は「仏と衆生世界の異質性」を根拠として成り立っているが、如来蔵思想では、その法身が再度衆生と連続させられるところに成り立っていた。その連続の仕方の相違が、それぞれの如来蔵思想を説く経典・論書の独自性を表すことになるのであるが、何れも基本は法身と衆生の連続にあることは間違いない。今、この記述の「如来＝人」という表現は、まさしくそうした連続を実現しており、如来蔵思想の立つ基盤を表していることが理解される。そこには理論的説明が施されず、素朴に断定がなされている点、かえってその思想の初期的な芽生えが窺える。[56]

このすぐ後に次の記述が出る。[57]

(T) 比丘たちよ。「汝の拠り所は智慧である」と言われるのは、如来をことばで説明したものtathāgatasya-adhivacanaである。およそ法身dharmakāyaなるものが基準pramāṇaである。すべて方便身upāyakāyaなるものは基準ではない。方便身を見ることによって、〃如来の身体には蘊skandha・界(性)dhātu・処āyatanaがどうして存在しようか。そしてもし〔それらが〕無いならば、舎利śarīraの集まりがどこからやってこようか。〔それではつじつまがあわない。〕したがって、舎利śarīraのために、世間に仏塔stūpaが生まれたのであるけれども、法身dharmakāyaは生まれることなどないのだ。〔しかし実際には仏塔という舎利が存在しているではないか。だから〕如来は肉身なのである〃という者は、虚妄分別の識によって教えるものであって、識vijñānaは基準ではない。

この部分は(法)が(T)と内容が全く一致している。(曇)は対応する記述が一致を示しながらも大きく簡略化されている。[58] (T)(法)の言うところは極めて重要である。方便身を仏塔として理解すればよい。ここで涅槃経は、「如来は法身(=法の集まりdharmakāya)である。しかるに方便身(=仏塔)だけを見て、如来にはskandha, dhātu, āyatanaなどの法がなければ、舎利(身体śarīra)も成り立たない。しかし舎利が存在するのだから、仏塔(=方便身)が生まれてきたのではないか。法身は不生であるから、如来がほんらい法身であれば仏塔など生まれるはずはない」という、理詰めの批判を非難しているのである。

ここで押さえておきたいのは「dhātuを備えた仏塔」が「方便身」として降格されている点である。仏塔を予想しつつ、かつブッダを仏塔とはっきり切り離している。この内容を示唆する記述は、すでに第一類、および

「四法品・世間随順説」において見られたが、仏塔に否定的な態度を明確にするのは、この箇所が初出である。

## 第二項　「分別邪正品第一〇」

この章は内容も体裁も直前の「四依品第九」をそのまま素直に受けている。分品するのは（法）のみであるから、ほんらい連続する章とみてよいかもしれない。しかしここで最も注目されるべきは、この品から本格的に如来蔵思想が登場することである。本章の冒頭に述べたように、筋は「四法品」の世間随順説を一部変更を加えつつ繰り返すことに始まる。全体では仏説と魔説とを分別しながら、教理と戒律とを交錯して説き進める。そして「過人法 uttaramānuṣyadharma」を論ずる中で如来蔵思想が詳しく説かれ始める。[59]

（T）ここである比丘が『如来蔵大経』*tathāgatagarbha-mahāsūtra を説くとしよう。「一切衆生には仏性があり *asti buddhadhātuḥ sarvasattveṣu その性 dhātu はそれぞれの身体に備わっていて、諸衆生は多くの煩悩を尽くして仏になるであろう。イッチャンティカは除く *sthāpayitvecchantikam」。そこである王や大臣がこのように言うとしよう。「比丘よ。貴方は仏になるのですか、ならないのですか。仏性は貴方に存在するのですか、しないのですか」と言うとすると、その比丘が言うには「具寿よ。私が仏になるかならないか一体誰が知っていましょうか。たとえそうでも、私の身体には仏性が存在するのです *asti buddha-dhātur madkāye」。そこで彼〔の王・大臣〕がその比丘に言うには「比丘よ、貴方が絶対に一闡提でないのなら、自分は仏に成るだろうと考えるべきではないのですか」。そこで比丘が彼に答えて「具寿よ、もしその〔仏になる〕法が間違いなく私に存在する」と言うならば、その比丘には過人法の罪があるのでしょうか、ないのでしょうか。性 dhātu は存在すると言っても、布施・戒律・智慧・法を有する人に存在する、と説明すべきであります」。

もちろん過人法の問題が仏性と絡むのは、仏性・如来蔵の存在を明言することが、悟っていないのに悟ったと妄言する過人法という波羅夷罪に陥る危険性をはらむからである。ここでは三つの点に注意しておこう。

まず第一には『如来蔵経』の名前が挙げられている。すでに本経では『大般涅槃経』という経名は何度も登場しており、そこでは経名に重要な位置を与えていた。また後の「如来性品第一三」以降では涅槃経の名前が大々的に復活する。とすれば「如来蔵思想」を「過人法」との関連で捉えるという現実的な場面で、その大切な『大般涅槃』という経名を出さずに『如来蔵経』の名前に代えるというのは、特異な現象と見なければならない。自らの経典名を引っ込め、他経にその権威を委ねているわけであるから、その「如来蔵」の主張は外部からの影響だったと見ざるを得ないだろう。内容から考えてこの『如来蔵経』に関しては、現存の『如来蔵経』を指していると考えてよいだろう。

次に問題となるのは *asti buddhadhātuḥ sarvasattveṣu という表現である。これに関しては、まず現存の『如来蔵経』では、その内容を加味すると、経の表現はあくまで sarvasattvās tathāgatagarbhāḥ という bahu-vrīhi でなされており、これ以外の形はないことに注意しよう。したがってたとえここで現存の『如来蔵経』が意識されていたにせよ、涅槃経はその解釈を大きく変形させていることが重要である。この涅槃経に見られる表現は『宝性論』にも現れない。

この一連の変化に関しての経緯は、tathāgatagarbha が buddhadhātu と言い替えられ、『如来蔵経』から推定される *sarvasattvā buddhadhātavaḥ という表現が bahuvrīhi ではなく tatpurṣa で解釈され直していると見てよいだろう。[60] しかも大切なことは、sarvasattveṣu が sarvasattvakāyeṣu と理解されている点である。こうなればこの dhātu はまさしく「身体的要素の dhātu」と考えるしかなく、これまでの流れを想定すれば、それは

śarīradhātu と強く結びつく。仏教一般の多くの文脈において、この dhātu は遺骨を意味していた。第一章での考察を想いだしておこう。それは大乗涅槃経においても同様であり、訳者によっては「舎利」の意味を色濃く出す場合がある。

したがって涅槃経が『如来蔵経』を前提としていたとして、garbha と dhātu が同義で解釈されたとすれば、その garbha は衆生の中に包まれている「胎児」の意味でしかない。一部の研究者間で思いこまれているが、誤解してはならないのは、少なくともこの涅槃経の dhātu は現象を成り立たせる場などではなく、あえて言うなら locative の用法でも分かるように衆生の方が dhātu を包む場であることだ。

第三点はこの buddhadhātu はあくまで正覚そのものではなく、可能性にとどまることである。(61) しかもそれは「戒律・布施・法」等によって裏付けされなければならない。こうなれば、この tathāgatagarbha は「将来如来となるべき胎児」の意味がより一層強くなろう。さて、この記述を受けて直後に次の記述が出る。(62)

(T) 比丘が出家、発心して「ああ、私は仏になるのだろうか、ならないのだろうか。私が仏果を得ることを明らかにしよう」と思うなら、未だに果を得ていなくても福徳が増大するであろう。さもなければ一切の比丘も過人法になってしまうであろう。それはなぜかと言えば、私は八〇億劫の間、不適当な事物を捨てており、満足を知り、最も少ない財で住し、如来蔵 tathāgatagarbha は存在すると修行し、正等覚して……と説くものは如来・応供・正等覚が説かれた経と律であると知るべきである。

(法)(曇)とも内容は一致しているが、「如来蔵は存在すると修行し」の箇所については(法)は「如来の真性 tathāgatadhātu はこの〔少欲知足の〕ために顕現する」、(曇)は「また自らはっきりと自分の身体に仏性が存在する *asti buddhadhātuḥ svakāye ことを信じる」とし、(63) 想定される原語に相違が見られる。何れにしても三訳ともこの部分からは如来蔵・仏性の存在を信じることによって、修行を完成させていく意図が読み取れる。

次には戒律の諸規定に関して説く中で、いかなる小さな罪も犯すべきではなく、かつ隠すべきではないことを説いて、戒律の守り方に触れて言う。三訳ともかかげよう。[64]

（T）仏の教説はこのように微細なのだから、重罪 sthūlātyaya をやめさせられないことがどうしてありましょうか。もしそれ（＝重罪）さえもやめさせられないとすれば〔ましてや他の罪は〕全く制されないことになるのです。どうやって戒律を守るのかと言えば、仏性 buddhadhātu は存在するのであり、九部経の理によって仏になろうと考えることによってのみ、一切衆生に仏性が備わっていると説くことと、方広の中に無我の最高があると説くことは、九部経の趣としては経典を捨てることではないのです。

（法）これら〔小さな罪を犯さないこと〕が如来の決定的な教えであれば、まして大罪を犯す事などもってのほかである。戒律には大きいも小さいもない。しっかり守るべきである。仏性 buddhadhātu〔の存在〕のためである。もし「九部経の中には、全ての衆生に仏性があるとは説かないし、方等経も無我を説く」と言うなら、それは九部経を批判することになる。

（曇）私はまた経典の中に説いた。もし四波羅夷罪や他の細かい悪作罪などを犯すものがあれば厳しく治すのだ。もし戒律を厳しく守れなければ、どうして仏性 buddhadhātu が現れようか。全ての衆生に仏性があると言っても、持戒の後に仏性は現れ得る。仏性のおかげで無上の悟りが得られるのである。九部経中には方等は存在しないから、仏性が存在するとは説いていないのである。「たとえ経典には説いていなくとも、実際には〔仏性は〕存在するのである」と説くものは私（＝仏）の本当の弟子である。

第二類の特徴である「戒律に対する厳格な態度」が表明されているが、その根拠に仏性 buddhadhātu を各自が持っていることが挙げられる。これは先に述べた「仏性はあるといっても布施・戒律・法があるものにかぎる」由を述べた部分に、そのまま結びついている。同時に従来の九部経では仏性が説かれていない批判を配慮して、新たに仏性を説くことが正当たることを宣言している。仏教内部での整合性をつけようとする試みである。これを受けてまた同様の問答を続ける。[65]

（T）〔迦葉〕「一切衆生に仏性 buddhadhātu が存在すると九部経の中にはっきり説かれているとすれば、プドガラ見にどうして陥らないのでしょうか。私は〔その教えを〕聞いた通りに捉えますが、そうなれば過人法にも陥ってしまうでしょう」。〔世尊〕「それは、ちょうど大海には八功徳を備えた宝は存在しないと言うのと同様に、方広の九部経の智慧の大海には、仏性は存在しないというのと同様である。この如来の教説は彼らの境界ではないのである。如来の教説は、「一切衆生には如来蔵が存在する」という gtan tshigs *hetu と rtags *liṅga によって、全ての声聞と縁覚の境界ではないことが明らかである。大乗の中では、アートマン ātman と寿命 jīva も壊れることなく、したがって仏は中道と言われている。「自分の身体には仏性 buddhadhātu が存在する。私は仏になるであろうけれども、煩悩を滅ぼさなければならない」とそのように言うものは私の声聞である」。

この部分も（法）（曇）の内容は全く一致する。[66] ここで涅槃経は「一切衆生に仏性が存在する」主張の根拠を「一切衆生には如来蔵が存在する」という「如来の教説 tathāgatadeśanā」に委ねている点に注意しよう。おそらくこの教説は『如来蔵経』を指したものであり、涅槃経でもこの箇所の「一切衆生には如来蔵が存在する」という言明は、あるいは sarvasattvās tathāgatagarbhāḥ という『如来蔵経』と同じ表現だったかもしれない。

最後に正しい比丘のあり方として、次の記述を出す。[67]

（T）「私には仏になる種子である如来蔵と言われるものが存在し *asti mayi tathāgatagarbho nāma buddhabījaḥ 私は仏になるであろう。私は多くの煩悩をすっかり滅ぼそう。ウパーサカよ、汝等にもまた仏性が存在する santi yuṣmāsv api buddhadhātuḥ。われわれは皆仏になって如来の地 tathāgatabhūmi を得るであろう。多くの煩悩を滅ぼすべきである」とそのように思うものは正法の悟りに向かう菩薩であり、過人法に触れることはないだろうと私は説く。

これまでの考察を踏まえると、全く素直な結論となっている。

以上が「分別邪正品第一〇」の如来蔵思想である。この品から初めて本格的に「如来蔵思想」が説かれていることが分かるが、その特徴は、

①仏性 buddhadhātu が仏舎利と重なって理解される場合があること
②それが自らの「身体に」存在するとされていること
③不壊なる jīva, ātman として表現されること
④教証として『如来蔵経』を想定していること
⑤必ず「煩悩の滅・戒律の遵守」と絡めていること
⑥如来蔵は胎児の状態であり、仏性は可能性に留まること

を考慮しておけばよい。

## 第三項 「四諦品第一一」「四倒品第一二」

この極めて分量の小さな二品は、次に位置し、涅槃経中で如来蔵思想説を中心として説く「如来性品」と密接に関わっており、構成上区別することはできない。したがって如来蔵思想の考察に当たっても、ほんらいは区別を立てない方がよいだろう。ただ「如来性品」の分量が大きいので、今は便宜的に区切って考察しておく。

「四諦品」は苦・集・滅・道の四諦に、涅槃経独自の解釈を施す箇所であり、苦諦に関しては、単なる苦ではなく「苦を知ること *duḥkhajñāna」が satya と呼ぶに価すると説き、その duḥkhajñāna とは「如来が常住 nitya であり、肉身 āmiṣakāya ではなく法身 dharmakāya であると知ること」とする。集諦は、「不浄物の蓄積 *aśubhadravyasamudaya」が「苦集 *duḥkhasamudaya」であるとし、「苦滅道諦 *duḥkhanirodhamārga-satya」には「如来・法・サンガ・解脱の四つが常住 nitya 堅固 dhruva 恒常 śāśvata 不壊 abheda であること」を挙げている。ここでは三宝に並んで、涅槃ではなく解脱があげられている点が注目される。この点でも「世間随順説」までの箇所より「解脱の譬喩」部分との関係の深さを窺わせる内容である。

そして苦滅諦 *duḥkhanirodhasatya に関して、(68)

(T) 空を修する *śūnyabhāvanā というのは、常に空性を修して一切が尽き、如来蔵 *tathāgatagarbha もない、とするようなものではない。……一切の衆生には如来蔵が存在しても、それは明らかではないのである。煩悩が尽きてしまう時、如来蔵に入ること *tathāgatagarbhāvakrānti が汝によって見られるであろう。……如来蔵が無我である anātmeti tathāgatagarbhaḥ と修し、常に空性を修することで、諸苦は滅することなく……如来蔵が存在すると修行する衆生たちは、諸煩悩は存在しても、諸煩悩を破壊する。それはなぜかと言えば、如来蔵の縁のためである。

と説く。

ここでは「空＝無我」の修行と対比されて「如来蔵の有我」が説かれている。この表現を素直に受け取れば、具体的な内容は明らかではないが、「空の修行」という修行形態が存在していたことが理解され、そこでは無我が修されることになる。それに反する形で「如来蔵の有我」が修行されるべきことが主張されていると見られるだろう。またこの部分は、先に見た「解脱の譬喩」の箇所の「入如来蔵」説にほとんど対応する内容がでてきていることが分かる。[69]

これらの記述を次の「四倒品」で常楽我浄説の形で説き直す。そのうち「常・楽・浄」に対しては「仏身」の性質に配当され、「我」に関して「如来蔵」が説かれる。[70]

（T）無我に対して有我と思うのは顛倒である。有我に対して無我と思うのは顛倒である。ここで世俗の者たちの間で我が存在すると言い、世間と同様に仏の教説にも有我であることはなく如来蔵の名前すらないと無我を修行するこのことは第三の顛倒である。

この常楽我浄説に関しては、すでに第二章において簡単に触れた。詳しくは後述するが、ここは涅槃経の中の如来蔵思想の特色を明かすに当たって、大きな意味を持っている。それは第一類中、同様の常楽我浄説で説かれた「アートマン＝仏」が、ここで「アートマン＝如来蔵」として位置づけ直されている点である。そして、この記述を受け、詳説する形で次の「如来性品」が説き起こされる。考察はそこで行おう。

## 第四項　「如来性品第一三」

### ㈠　アートマン＝如来蔵・仏性

先の「アートマン＝仏」説を受け、次の問答で「如来性品」が始まる。[71]

（T）〔迦葉〕「世尊よ。果たして二十五有にアートマンは存在するというのでしょうか。存在しないというのでしょうか」。〔世尊〕「アートマンというのは如来蔵 tathāgatagarbha の意味である。仏性 buddha-dhātu は全ての衆生に存在するのだけれど、それはまた諸煩悩に覆われていて、自分自身に存在するにも関わらず、一切衆生が見ることはできない」。

すなわち、輪廻の世界に「アートマン」は存在するのかとの問いに対し、「衆生の中にある如来蔵・仏性がそのアートマンに当たる」という答をブッダは出している。この後に経はさらに説明を敷衍するために「貧女宝蔵の譬喩・医学究竟論の譬喩」を説き[72]、その中で「如来蔵は一切の衆生に存在するが、見ることができない」「仏性は存在すると理解する」由を繰り返す。

先に触れたように、第一類のアートマンは仏に限定されており、無為 asaṃskṛta なる存在であった。したがってそれは輪廻外の出世間なるものであり、二十五有に存在するものではない。あくまで仏の tathatā, nitya, dhruva, śiva 等の属性を表したものであり、有為なる衆生との隔絶こそが中心テーマになっていた[73]。ところがこの箇所のアートマンは、衆生の内なる存在であり、二十五有に存在するのだから、有為 saṃskṛta の側面をはっきりと担うものである。さらに二十五有という輪廻を貫いており、各自が有しているものであるから、それは同時に輪廻の主体とも考えられてよい。この第一類と第二類の間には、極めて大きな違いが生まれていることが分かるだろう。

この答を受けて迦葉は「アートマンが存在するなら、人が誕生して以後死ぬこともないはずだ」「如来性 tathāgatadhātu が常住ならば、それは平等な性質なので、バラモン・クシャトリア・バイシャ・シュードラ・チャンダーラ・畜生等の差別が生まれるのは不合理である」「性 dhātu が存在するなら殺生・窃盗・婬欲等の十悪業道に陥ることはない」「衆生性 sattvadhātu が存在するなら聾者も音が聞けるし、盲者も見えるし、唖者も喋れるはずだ」「そのアートマンは一体どこに存在するのか」と問いをたたみかける。何れも個我の中に確認されるべきエッセンスとしての平等なアートマンを想定していることが分かる。

それに対して世尊は「力士が額に埋めてしまった金剛宝を捜し求める」譬喩を上げ[74]、その中で医者が「貴方の金剛は傷の中に埋没して肉・血・膿の中で輝いているが、力比べをした時、夢中になって感じないままだった」由を説明する。[75] そして、[76]

(T) 同様に一切衆生には、如来蔵が存在するのだが、諸衆生はそれを知らないで、不善な知識に仕える過失と、貪・瞋・癡に覆われて、諸衆生たちは地獄・畜生・餓鬼・阿修羅・チャンダーラ・バラモン・クシャトリア・バイシャ・シュードラ等の生に生まれるのである。

と述べる。輪廻の主体として関わる如来蔵が描かれている。[77] ことに譬喩から考えても、身体的な要素という色合いが濃い。

さらに、[78]

(T) アートマンは一切に住しているものではないが、金剛宝珠のように輝いて多くの煩悩に覆われているものである。……このように衆生たちが信じるならば煩悩を尽くしてしまうことが必要になるだけである。その時、金剛のように如来蔵を見ることになるだろう。

と言う。この例からはまさしく『如来蔵経』に説かれる「衆生の内に輝いて存在する如来」のイメージがそのまま見て取れる。

次には「ヒマラヤ山から流れ出る、一つの味がする味性 *rasadhātu が場所によって味が変わる」例を出し、[79]

(T) 如来蔵 tathāgatagarbha は味性と同様に、多くの煩悩に覆われて存在するのであり、仏になる因子として一味 ekarasa に完成されているのだが、それから諸衆生の業の異熟によって多くの味になるのである。男・女・非男非女として生まれるのである。その如来性 tathāgatadhātu は男の自性 puruṣabhāva である。……もし生き物を殺してしまえば、寿者 jīva は続かないことになってしまうが、寿者が続かないことになることはあり得ない。ここで寿者と言われるのは、如来蔵 tathāgatagarbha のことであり、その性 dhātu は断絶したり殺生したり不連続にしたりすることはできないが、仏果 buddhatva を獲得しない間はけっして明瞭には見ることはできないものである。(80)

さらに続けて、(81)

（T）諸世間の者たちの間でアートマンは、芥粒大であるとか米粒大であるとか親指大であるとか妄想してしまうが、真実ならざる妄想である。出世間の理解は、仏性 buddhadhātu が存在すると理解することであり、勝義諦の理解なのである。……例えば鉱脈 nidhi の生じる穴の検索法を知っている人は、鍬や他の工具で鉱脈を掘れば、石や瓦礫は粉々に砕いてしまうことができるが、金剛はたとえ僅かでも砕くことはできない。一切の武器をもってしても金剛宝は切断することはできないのである。同様に、善男子よ。衆生のアートマンである如来蔵 tathāgatagarbha は、何千万の天・魔が一切の武器でもっても断ずることはできないけれども、積聚性 upacitadhātu は石や瓦礫のように粉々に砕くことができるのである。寿者である如来蔵は金剛宝と同様である。

と述べている。ここでは如来蔵＝アートマンが寿者 jīva として明確に位置づけされ、それは金剛に譬えられるもので、けっして破壊されることがないという。ここまで来ればまさしく「輪廻中の不壊なる本質」として理解してよいであろう。(82)

こうして、ここまでに説かれた如来蔵・仏性は、「衆生の内なるアートマン」であり、また「寿者 jīva」であり、真実には破壊されることはあり得ない「輪廻の主体」として、肉体・煩悩に覆われた現象世界の中の「本質存在」といった様相を担うものとして捉えられていることが分かる。ことに迦葉菩薩の「二十五有の中のアートマンを問う」という設定からして明らかなように、「四依品第九」「分別邪正品第一〇」と比較した時、「輪廻を貫く」という部分に特徴が担わされていると言えよう。

しかし、こうした方向に進む涅槃経の「如来蔵」理解は、経がほんらい有していた dhātu の理解の上にできあがっていくことを想起すれば無理なく受け取ることができる。『如来蔵経』に説く、自己の内に存在する如来蔵 tathāgatagarbha は、涅槃経では dhātu という術語と結びついている。そして dhātu はほんらい「身体的構成要素」の意味を担っている。ということは、「如来蔵・仏性」は自己の内に存在しつつ、かつ身体的要素にもなり得るわけだから、それは詰まるところ輪廻を超えて存続していく jīva の如く解釈されざるを得ないのである。

### (二)　仏性＝仏塔

この後からは、同じ「如来性品」でも、先の内容とは少々趣の変わった興味深い主張をするようになる。「大乗は甘露でもあり毒薬でもある」由を述べて、三帰依についての理解を明かす仏の言葉として、偈頌の形で言う。[83]

(T)＝甘露にして常住なる性　それに趣き帰依をなせ　その甘露最高なる性は　自分の性 dhātu であり衆生の性 sattvadhātu である　常に自分に帰依するなら　三宝の本質は性 dhātu になろう　自分の身体には性がある故　その我 ātman にこそ汝は住すべきである　仏・法・僧は　自分の性を本性としている＝

ここでは「〔仏の〕自身の身体に存在する性」が自他共通の「アートマン」であり、それが「三帰依」の本質であることが述べられている。したがって「自らの性への帰依」が三帰依に代わることになる。さらに迦葉と仏の問答は続き、仏はその結論として、[84]

(T)唯一のものに帰依しなさい。この〔今述べている〕智慧にあっては、三帰依もなく法もサンガの集まりも無い。仏こそが法であり、サンガでもあり、如来そのものが三宝である。声聞乗の中では諸凡夫の世間の見解を破るために、三宝を安立する。だからもし汝が世間に随順するならば、その〔声聞乗の〕やり方で三帰依をなし、アートマンなる仏に帰依して一身となるべきである。それから仏そのものになって如来の威力をなすがよい。如来に等しくなって、諸仏に礼拝すべきではないのだ。自らが一切衆生の大きな帰依所になるべきである。自らは法身を捨てることなく、仏性と仏塔に礼拝すべきである。礼拝することを望まない一切衆生の、仏塔のように自らなるべきである。自分の身体が一切衆生が礼拝する場に成るべきである。自ら法に帰依して法身となるべきである。

と述べる。これを受けて迦葉は、[85]

（T）いかなる衆生であれ、如来蔵が常住であると説くこのことによって、この経典を信じる者たちは、自らが三帰依なのであります。彼は自分に帰依しましても、三宝〔に帰依すること〕は必要ないのです。それはなぜかと言えば、如来蔵 tathāgatagarbha・仏性 buddhadhātu が存在するからです。このように理解して、彼は三帰依をなすこともないのであり、彼自身が法・サンガの帰依所にもなっているのであり、声聞・縁覚の常なる礼拝の拠り所となっているのであります。

と対話をまとめる。

極めて興味ある問答である。世尊は三帰依の本質を仏に限り、世間に随順する仮の姿で「三帰依をなせ」とする。さらに仏に帰依して自ら仏となり、法身となった上で「仏塔と仏性」に礼拝し、自分の身体が仏塔になれと言う。これを受ける迦葉も、如来蔵・仏性が存在する自分への帰依がなされれば、三帰依は不要で、自分が声聞たちの礼拝の的になることを述べている。

この対話では、これまで必ずしも明言まではなされなかった「仏性 buddhadhātu と仏塔 stūpa の関係」がはっきり打ち出されている。最後には仏塔への礼拝よりも自らの「内なる仏性」への礼拝を勧めているわけであるから、「仏塔」「仏性」の両者を相互対比的に用いており、この仏性とは仏塔と同様の、あるいはそれ以上の価値を持ったものとされている。そしてもちろん、こうした対句が可能になるのは、「仏性＝仏舎利 buddhadhātu」という理解が存するからにほかならない。自らの身体にこの仏舎利が存在しているからこそ「外なる仏性である仏塔」に帰依する必要がないのである。そして第一章で詳しく考察したように、仏塔信仰を前提としたとき、仏舎利は仏そのものであるから、これを有している自己が「如来と等しく」なり得ることになる。

さらにアートマンを説く前項では、tathāgatagarbha の語が教説のほとんど中心をなしていたのに対して、ここでは buddhadhātu がそれと入れ替わっているのが注目される。この両術語は教義的に同置されるとは言っても、涅槃経においてはあくまで garbha は内なる胎児、あるいは胤であり、[86] それに対して dhātu は舎利の原義を担っている。

何れにしてもこの主張は、結論として「仏塔崇拝の否定」に至っていることに注意しなければならない。この箇所の（法）（曇）を参照してみれば、その方向が一層明らかになる。[87]

（法）如来の存在する場所（＝仏塔）で平等心を修し、合掌礼拝して一切仏に礼拝し、自分が諸衆生のために真実の帰依所になるべきだ。清浄な法身を自分がすでに具足し終えている以上は、もし仏舎利塔に礼拝したければ自分に礼拝すべきである。自分が衆生のための最も真実な塔であり真実の舎利なのである。だから礼拝すべきなのだ。法に帰依するものは自分に帰依すべきである。清浄な法を具足した以上は、自分が衆生のために最も真実なる法である。

（曇）今自分が仏に帰依し、この身で正覚を得れば、すでに正覚したのだから諸仏世尊を礼拝すべきではない。なぜならば諸仏は平等であり皆衆生の帰依所になるから〔成仏した自らも帰依所になるから〕である。もし法身の舎利 dharmaśarīra を尊重したいと思うなら、諸仏の塔に礼拝すべきである。なぜかと言えば諸衆生を教化するためである。また衆生に自分の身体の中に塔の想いを起こさせて、礼拝供養させるべきだ。

その衆生たちは自分の法身を帰依所とするだろう。

逐語的に一致するわけではないが、両者とも「自分の内に stūpa を有しているから外の stūpa は方便として以外は礼拝するに及ばない」という理解において主張を全く同じくしていることが分かる。そして付言するまでもなく「仏性 buddhadhātu」は「仏の遺骨 buddhaśarīradhātu」を指すことは明確である。

この後にはこれほど大がかりに如来蔵・仏性が説明される箇所はなく、定型表現を繰り返すに留まる。多少煩雑な観があるが今その表現を網羅的に挙げてみよう。

○　清浄なる性 viśuddhadhātu というのは、如来蔵 tathāgatagarbha であり仏性 buddhadhātu であると言われる。全ての〔その他の〕性を捨てて、常住なるもの、堅固なるものに専念すべきである。(88)

○　自分の身体にはこのような安楽の種子 sukhabīja がある。(89)

○　自分の身体に法身の種子 dharmakāyabīja がこのように存在すると知る。(90)

○　如来蔵 tathāgatagarbha は醍醐のような自性を持っているのだけれども、多くの煩悩が別様にしてしまっている。(91)

○　この身体も同様で毒蛇の如き四界 caturdhātu の毒を持ってはいるが、「薬王」たる如来蔵が存在しているため、如来蔵は無始時以来、無作なる性 anādikāliko 'kṛtrimadhātuḥ であり、煩悩は客として生じるのである。仏に成りたいと想う者は、すべからく煩悩を断ずべきである。(92)

○　その如来蔵も多くの煩悩で覆われて「無我」のように見えるが、この大乗経を聞く者は、この『大般涅槃経』を聞くや否や、茸のように如来蔵の智慧が生じる。(93)

○　実に如来蔵は、一切の声聞・縁覚が見ることは極めて難しく、知ることも極めて難しく、認めることも極めて難しい。(94)

○ 十地を得た菩薩で、浄化という一切の診療をなした者たちもそれと同様であり、完全に浄化しても、あの人々と同様に如来蔵が存在すると二度三度私が示しても、すぐには見ない。……このように私の性の教説を理解することは難い。(95)

○ 十地を獲得した菩薩摩訶薩たちでも自分でそれぞれに如来蔵が存在すると僅かに見る。(96)

○ 十地に達した菩薩摩訶薩たちでもよく思案して自分の身体に無為なる性である如来蔵 tathāgatagarbho 'saṃskṛtadhātuḥ が存在すると僅かに見る。(97)

○ 十地を得た菩薩摩訶薩たちも自分の身体の中に如来蔵が存在すると分かる。(98)

○ 十地を得た菩薩摩訶薩たちも、自分の身体の中に仏性が存在するのだけれども、存在するとかろうじて分かる。(99)

○ 十地を得た菩薩摩訶薩たちでさえ、自分の身体に仏性が存在すると、かろうじて知る。(100)

○ 十地に達した菩薩摩訶薩たちでも、自分の身体に仏性が存在するのに、自分の身体に如来蔵が存在するとかろうじて分かる。(101)

○ 十地に達した菩薩摩訶薩たちでも自己の身体に如来蔵が存在するのに、存在するとかろうじて分かる。(102)

(以下同例三回繰り返し)

○ したがって一切の声聞・縁覚たちはこの『大般涅槃大経』の趣によって自分の身体に如来蔵が存在すると信じるべきである。(103)

以上の例を見れば、この涅槃経で説く「如来蔵・仏性」は身体に存在すべき要素であることがいよいよはっきりする。また同時にここでは、如来蔵を説くものとして初めて涅槃経の名前を表に出しているのも注目される。先に見たように涅槃経は如来蔵思想を言明する時、まずは『如来蔵経』にその教証を委ねていた。ここでそれを涅槃経の名前のもとに宣説することにより、はっきりと自説の主張として位置づけ直しているのである。これ以後は涅槃経は、例えば「一切の経典と三昧と大乗は、この『大般涅槃大経』の中に入ってしまう。なぜかと言えば、この中に如来蔵がまことに究竟していることが明らかに説かれているからである」と述べる[104]など、如来蔵の宣説を涅槃経の経名の下に集約することを、繰り返し明言するようになる。この品に至ると涅槃経の内部で如来蔵思想がすっかり消化されたと考えてよいであろう。

この「如来性品」以後の章では、如来蔵思想に関しては、繰り返しになるだけで特別な発展はない。高崎直道［1974: 159-166］に具体例を挙げながら施されている考察で十分であろう。[105]ただ「問菩薩品」に関しては「一闡提 icchantika」の問題が絡むので、第四章において考察を加えることにする。

## 第四節　仏身から如来蔵へ――「外の舎利」から「内の舎利」へ

以上、涅槃経に見られる仏身思想及び如来蔵・仏性思想の内容を、逐次、例を追いながら考察してきた。ここでもう一度全体を整理しつつ、第一類の法身思想と第二類の如来蔵思想がいかに結びついて一つの作品の中にまとめられてきたか、その経緯を考えることにしたい。

第二章では、第一類と第二類の思想的差異を、主に形式の面から捉えて明かしてきた。しかしここでは形式に留まらず、思想内容にまで踏み込んで両者の違いを明確にしなければならない。さらに涅槃経の思想を捉えるためには、第一類と第二類という階層が、その「相違」という面から明かされるだけでは不十分である。なぜなら、何度も繰り返すように、相違を持ちながらも両者はあくまで同一作品に収まっているのだから、当然一方では等質な面を持っている。したがって、そうした違った内容を抱えたものが、なぜ同一作品に収まることになったのかという、その経緯がこれ以後新たに明らかにされねばならない。以下の論述はこの二点を解決する方向に進められていく。

## 第一項　第一類「仏身思想」から第二類「如来蔵思想」へ

これまで長々と追いかけてきた涅槃経の如来蔵思想に関する記述の考察で明かされたところを整理してみると、その最も大切な特徴は次の五点である。

① 表現はその大半が「衆生の身体には如来蔵・仏性が存在する *asti buddhadhātuḥ (tathāgatagarbhaḥ) sarvasattvakāyeṣu」という形を取ること。

② ①の表現を考慮し、他の dharmakāyabīja、成仏の因といった表現を考慮すれば tathāgatagarbha は衆生を包む母胎ではなく、衆生に包まれる「如来の胎児」を意味すること。

③ buddhadhātu は「仏塔」と絡めて表現されており、dhātu は「仏舎利 śarīradhātu」と捉えられること、したがって経は「衆生が仏舎利を自己の身体内に持っている」ことの表明をもなしていること。

④ tathāgatagarbha, buddhadhātu は輪廻を貫く不壊なる ātman と捉えられること。

⑤ 煩悩の断絶、戒律の厳守とともに併せ説かれていること。

高崎直道［1974］に述べるように、dhātu は極めて多義的な言葉であるから、ことに譬喩部分で用いられた

dhātu に関して詳細な基準を持ち出せば、これ以外の解釈も不可能ではなさそうに思える。しかしそうした例の個別的な解釈に深入りし過ぎて見落としてはならないのは、それらは何れも「自己の身体に仏性が存在する」という dhātu の用法の敷衍的説明として用いられているという事実である。如来蔵思想が説かれる部分に限って、他文献の解釈や一般的な etymology を持ち出さずに涅槃経の筋を素直に読みとれば、上記のような意外なほど明快な特徴が得られる。

さて、すでに考察したように、涅槃経の中でこの如来蔵思想が誕生する際に『如来蔵経』が大きな役割を果たしたことは看過できない。戒律の「過人法」の問題と絡めて大々的に如来蔵思想を説き起こす場面で、この『如来蔵経』の名前を挙げていたことは、その思想の成立にとって欠かせない存在だったことを表している。如来蔵説を涅槃経の名のもとに収めるのは「如来性品第一三」でも後半になってのことであった。そしてそれ以後は奥書きまで含めて「如来蔵説を説く涅槃経」という位置づけをはっきり固定させていることを考えれば、第二類の思想は単に〈原始大乗涅槃経〉（第一類）が成熟することによってのみ生まれたのではなく、外部の影響、すなわち『如来蔵経』が作用し、それが徐々に涅槃経自らの内部に固定されていった経緯が予想されるべきである。

とすれば次の問題は、涅槃経にこの『如来蔵経』がいかにして受け入れられたかというその具体的経緯の方になる。これについては、偏に tathāgatagarbha という『如来蔵経』の術語が、涅槃経独自の buddhadhātu という術語と同置されたことに留意せねばならない。

その際に、これまでの研究のように、『宝性論』という、如来蔵思想の術語を集大成した後代の文献を利用し、それによって施された dhātu, garbha の解釈で両者の関係を読み込むのは危険である。序章で述べたように、それでは涅槃経を明かしたのではなく『宝性論』を明かしたことに留まってしまう。文献解読の際の註釈書での解釈という方法は、文献の歴史的批判という観点を考慮する必要を認めない場合にのみ許されるものであって、われわれのように涅槃経を歴史的文献として扱おうとする者にとっては、無制限には採用できない。この点の混同が、これまで涅槃経における如来蔵思想を『宝性論』と区別のない、より抽象的で複雑なものに仕立て上げてきた。われわれがここで頼れるのはただ涅槃経の「脈絡」だけであることを、今一度想起しておこう。

そこでまず考察の手順として、buddhadhātu なる術語が、第二類においていかなる位置づけで登場しているのかを考えると、それは第一類に説かれた仏身思想との関連であることは間違いない。すなわち buddhadhātu なる語は、たびたび示したように、幅広い脈絡では「仏舎利」「仏塔」を指すのであって、涅槃関係の文献においてはそれはかなり決定的な要素であった。しかし、第一類は、仏塔をそのまま仏として認めることに躊躇を示している。むしろブッダを仏塔から解放しようとする意図が窺えた。おそらくこの態度が基本にあって、buddhadhātu を仏のシノニムとして用いることはなかったのだろう。

ところが第二類にあっては、buddhadhātu の術語を明らかに採用する。しかしそれはけっして仏塔そのものではない。言うなれば「衆生の内なる仏舎利」としてであり、そこには大きな変更が加えられている。第一類では「仏＝アートマン」と表現した。この仏が、第一章に見た涅槃をめぐる仏教一般の脈絡におけるように、仏塔を意味していたとすれば、それは「buddhadhātu（仏舎利）＝ātman」となる。しかし今述べたように、これは第一類では認められない。実はこの表現を、まったくことばの内実を変更して採用したのが、第二類で宣言された「buddhadhātu（仏性）＝アートマン」という表現なのである。「外」の仏塔を「内」の仏塔として表現し直したとき、初めて buddhadhātu なる術語が涅槃経の中で位置を得ることができたわけである。

繰り返すが、第一章で見たように、仏塔信仰においては「仏 buddha＝仏遺骨 buddhadhātu」という関係が成り立っている。したがってその立場から見れば、第一類における「仏 buddha＝我 ātman」なる表現は、「仏舎利 buddhadhātu＝我 ātman」であることを意味していることになる。とすれば、この主張と、第二類において説かれた「仏性 buddhadhātu＝アートマン」なる説の間には、驚くことに表現としては何らの変更が加わっていないことになる。ことに「仏性」なる訳語を用いる漢訳によって思考すれば、全く異質な説が説かれているように思えても、それを原語の地平と、さらには「仏塔信仰」という射影面に映せば、実に両者は同じ写像を有するのである。

もちろん、写像が同じであることは、両者が同一存在であることを意味するのではない。仏塔信仰と第二類では、言うなればその写像を描き出す光源の位置が異なっている。前者の光源が衆生の外であれば、後者は衆生の内である。

さて、第一類のアートマンは、無為なる仏に与えられた名前であり、有為の衆生とは隔絶した存在であった。繰り返したように、その法身と衆生の両者の断絶が明らかになるところに仏身思想の意味がある。ところが第二類のアートマンは如来蔵・仏性の呼び名であり、それは「二十五有＝輪廻」の世界の直中で、それを貫いて存在するものである。したがってそれは衆生と隔絶されて終わるものではなく、衆生の中に存在するものである。

ここで先に考察した、第一類と第二類との「思想内容の主体の変化」を思い出してほしい。そこで明らかにされたのは、第一類は思想上の主体が仏であり、第二類は菩薩であったことだった。仏の常住・永遠性が問題になるところでは、衆生は否定されるべき存在として位置づけられればよいが、如来蔵思想は仏と衆生との双方が主役になるのだから、両者を包む菩薩が中心にならなければならない。これは第一類のアートマンと第二類のアートマンの差異を顕著に物語る事例である。

ではこの「仏の内化」の動きを進めた諸要素はいかなるものであっただろうか。外的な影響としては、やはり第一には『如来蔵経』が考えられなければならないであろう。

## 第二項　涅槃経の『如来蔵経』理解——**tathāgatagarbha** の解釈

『如来蔵経』と涅槃経の関係は高崎直道［1974: 178］が明確な分析をなしている。まずそれを見てみよう。

①『如来蔵経』は「一切衆生は如来を内に宿すものたちである sarvasattvās tathāgatagarbhāḥ」と初めて宣言した。

② この有財釈の用法から進んで、衆生を「如来蔵 tathāgatagarbha を有するもの」という解釈が生まれ、衆生の内なる仏と同じ本質を「如来蔵」の名で呼ぶに至った。如来蔵は語義としては如来の胎児となる。この胎児 garbha は将来、如来たるべきものの意であり、如来の因たるものである。しかし、同時にそれは如来と同じ本質を持つ。

③ ②の意味が生まれると、『如来蔵経』の定言は、「一切衆生に如来蔵あり *sarvasattveṣu tathāgatagarbho 'sti」と言い替えることが可能になる。

④ この衆生の内なる「如来の因」にして「如来の法性」たるものに、その因にして本性・本質という二義を一語で表せ、かつ、仏たるべき「因」(dhātu = hetu) であるから buddhadhātu と呼ばれる。

『如来蔵経』と涅槃経に見られる表現の差異に目をつけてなした、この整然とした明解な説明は、かつてなかった涅槃経の仏性理解であり、この仕事によって涅槃経は初めてインド仏教における地平に導き出されたと言ってよい。考察の結果も妥当なものである。

しかし、ここにも大きな問題が二つ残る。一つは②、さらにはそれに続く③の段階が、何ゆえに涅槃経で生まれたか、という問題である。観察事実として②、③が涅槃経に存在するのを報告するのはいいが、その変化を裏打ちする理由の提示がなければ、十全な説明とは言えない。もう一つは④の解釈が、これまで度々繰り返してきたように、『宝性論』の助けを借りるという外部の根拠に依っている点である。

しかしこの二つの問題は、実は両者密接に絡んでおり、前者が解決すれば後者の問題も自然に解けることになる。前者について見てみよう。

涅槃経はなぜ tathāgatagarbha を bahuvrīhi ではなく tatpuruṣa として、一つのまとまった術語として敢えて解釈したのだろうか。『如来蔵経』による限り、経の主張は、衆生の中に「如来 tathāgata そのものが存在している」ことにあり、けっして「如来の胎児 tathāgatagarbha が存在している」ことを言ったものではない。

涅槃経内部における教理的な立場から言えば、これは涅槃経が、衆生に如来蔵があると言ってもそれを「戒律・布施等によって育て上げなければならない」ことを主張していた態度と直接に関係を持っている。つまり『如来蔵経』で言うように、如来そのものを衆生が宿すのであれば、そこには修行の必要性が認められなくなってしまい、現実に対する全面的な肯定に終わってしまう危険性が出てくる。これを涅槃経は嫌っており、あくまで如来に育て上げる必要を配慮している。

これまで明かしたように涅槃経、ことに第二類は肉食の禁止を始めとした戒律を重視する態度で一貫しており、現実を改革していく意図こそ持ってはいても、現実肯定の意識は全くない。そんな涅槃経にとっては、衆生が宿しているものは、実現されるべき如来の胎児でこそあれ、すでに実現された如来そのものではなかっただろうことは認められなければならない。

しかしこう解釈しただけでは、かえって解決困難な問題に直面してしまうことになる。つまり『如来蔵経』の主張である「如来そのものを宿している」ことを認めたくなかったとすれば、なぜそもそもそんな主張をなした『如来蔵経』など借用しようとしたのか、その根本的な一点が一層分からなくなってしまうのである。しかし間違いなく涅槃経にとって『如来蔵経』は、その用法に変更を加えてまでも採用しなければならなかった内容を有していた。

この問題を明らかにするためには、われわれはここでまたしても仏塔信仰の脈絡を呼び起こさねばならないことになる。

これまで如来蔵思想を考える際にほとんど問題とされたことはないが、『八千頌般若経』において仏塔を表現する中に tathāgatadhātugarbhāḥ stūpāḥ という形があらわれる。[106] もちろんこれは「如来の遺骨をもった仏塔」の意味であるが、ここでは tathāgatadhātugarbha が塔 stūpa にかかる形容詞として登場している。

先に考察したように仏塔信仰の文脈では tathāgatadhātu (or buddhadhātu) = tathāgata (or buddha) であるから、この主張は tathāgatagarbha が stūpa に等しいことを言ったものになる。とすれば、明らかに『般若経』を知っている涅槃経が tathāgatagarbha をそのまま stūpa にかかる形容詞、その同義語と判断してもおかしくはない。また『ディヴィヤ・アヴァダーナ』では stūpa を garbha のように作れと指示するくだりがあり、両者はイメージ的にも重なり合う部分がある。こうした文献を媒介すれば、涅槃経にとっては tathāgatagarbha はそのまま纏まった形で仏塔を意味する熟した tatpuruṣa の用法として、さらには substantive として存在していても決して不思議ではない。第一章での考察を思い起こしておこう。[107]

さらにもう一点注意しておきたいことは、涅槃経と大衆部との関連である。すでに述べたように、涅槃経は明らかに大衆部と関係を持っているが、実は大衆部の教説の中には、如来の教説 buddhadharma を tathāgatagarbha へ信順するものとして理解するという態度がある。tathāgatagarbha という術語は、大衆部にとっては buddhadharma と同義に理解されるものである。[108] 大衆部との関係が認められる涅槃経が、こうした理解を抱えており、その上で『如来蔵経』に接したことを想定すると、garbha の取り込みの背景が浮かび上がってくる。

こうなれば涅槃経中におけるgarbhaの採用、そしてdhātuとgarbhaの同置化が、後代の論書である『宝性論』の抽象的な理論の手助けを借りて結び付ける、という無理をすることなしに解決されることになり、それによって高崎直道［1974］の残した第二の問題、すなわち④がそのまま解けてしまうことになる。仏塔信仰の文脈ではtathāgatagarbha, buddhadhātuはともに「仏舎利」「仏塔」を意味しているのであり、涅槃経の中ではほんらい、同義を担った、素直に結びついたものになっているのである。(109)

## 第三項　舎利崇拝の否定

### (一)　第一類から第二類へ

このように考察を進めてくると、第一類から第二類への移行は、第一類が前提とした仏塔信仰を、第二類、ことに如来蔵思想が生まれるに至って、衆生の内に「内化」したものとして捉えられ、asti buddhadhātuḥ (/tathāgatagarbhaḥ) sarvasattveṣu なる表現は、一面では、「一切衆生はその中に仏塔・仏舎利を宿している」主張として明確に理解される。そしてここまで至れば、なぜ涅槃経という経典の中で、如来蔵・仏性が説かれるのかが、初めて明らかになる。仏涅槃の象徴である仏塔・仏舎利が、実は衆生に内包されているという主張が、parinirvāṇaという経題のもとに展開されるのは、極めて当然のことだからである。第一類から第二類への移行は、けっして異質なものが機械的に接続されたようなものではなく、そこにははっきりとした内的連関が認められることにもなる。

この仏塔・仏舎利の内化という変化は、もちろん仏塔信仰と単に連続しているわけではないことを了解しておく必要がある。なぜならば、この仏塔の内化は、それが徹底して進められた場合には、「外」の仏塔の役割を完全に無化してしまうことになるからである。したがってこの第一類から第二類への移行は、「仏塔信仰否定徹底化への動き」として、発展的に捉えられることにもなる。

もっとも涅槃経の場合は内なるbuddhadhātuを尊重しつつも、「世間に順ずる」形で仏塔崇拝を認めているから、完全なる否定に至っているものではない。これは涅槃経が仏塔信仰を前提として成立しているため、第二類に至ってもその流れを底に抱えているためである。基本的に留意しておくべき点として繰り返しておくが、総じて経典においての発展は、以前の要素を排除してしまうことなく、残滓を残しつつ共存する。

### (二) *Maitreyasiṃhanādasūtra* との関係

この涅槃経における仏塔信仰の否定という問題に関して、興味深い事例がある。第一類から第二類への移行部分のまさに繋ぎとなるべき箇所、すなわち「菩薩にのみ正法を付嘱する」という、第二類の成立にとって重要な箇所において、『宝積経・摩訶迦葉会 *Maitreyasiṃhanādasūtra*』なる経典と見過ごしにできない記述の重なりが存在するのである。一見、何の関係もなさそうな両経であるが、結論から言えばその記述の一致は「仏塔信仰の否定」という重要な態度を媒介としてつながっているものと考えられる。

『宝積経・摩訶迦葉会』にはサンスクリット原典は現存しないが、元魏・月婆首那訳の上下二巻からなる漢訳と、ジナミトラ、イェーシェーデーらの手になるチベット訳（以下（T）とも）とが存在する。[110] このチベット訳については、漢訳と極めて高い程度に一致することが明らかである。

まず両経の記述が一致するくだりを確認してみよう。『摩訶迦葉会』では対告衆に摩訶迦葉が登場し、世尊との戒律を巡る問答を進める。その時、かなり唐突な印象をもって入滅を宣言する世尊に対し、迦葉が「住一劫滅一劫」のお願いをしつつ破戒の行為を非難する説法をなすくだりがある。その中、「智慧が浅い声聞は法を担う任に堪えずただ菩薩だけがそれに値する」という独白をして、次の譬喩を続ける。

記述　①（『摩訶迦葉会』[11]）

（T）例えばある人が、年を取って衰弱疲弊しており、また年齢も百二十歳でした。その人が病で苦しみ、病床に伏していた時、本性が智慧に暗く、富裕で大財を有するある者がそこに来て、ベッドの上で寝ていたその人に、「さあ、君よ。私のこの宝をそなたに預けるが、私が十年か二十年、他の国に赴いてまた戻る時、そなたはこの宝を私に戻すがよい」と言って、彼の手に託そうとし、〔実際に〕その通りに委託して他の国に行きました。しかしその病床の人には息子も娘も眷属もありません。それから彼〔富豪〕が他の国に行って間もなくその〔老人〕の死期が来ますと、その全ての財宝は散失してしまってその人が戻ってきた後、彼はもはや誰にどのように言うのも不可能です。それと同様に、世尊よ、わずかを行じ限られた智慧しかなく、永くはとどまらない声聞に正法の宝を託しますならば、それも永くはとどまらないと理解いたします。……世尊よ、菩薩に正法の宝を託しますならば、それは無量コーティ・ナユタ劫の間も消失することなく、多くの衆生たちの「薬（sman）」ともなって仏宝・法宝・僧宝の流れも断絶しないでしょう。

ここでは法を声聞に付嘱すれば必ず法は滅んでしまうのに対して、菩薩に付嘱すれば永遠に三宝の流れが断絶されないことを「百二十歳の病気の老人の譬喩」を用いて主張していることが分かる。

一方の涅槃経の方を見てみよう。「哀歎品第四」の最後に、仏が比丘に問いを勧めるくだりにおいて、声聞の比丘たちはその資格がないことを仏に告白して次のように言う。

記述　②　（涅槃経[112]）

（法）世尊よ、例えばある人が百二十歳で、身体は衰弱し永いこと病で床に伏していました。ある一人の、智慧は浅いが財産無量の人がいて、そこを訪れ、ベッドにやってきて病人の手を取って言いました。「さあ、君よ。あなたは私の珍宝の蔵を受け取るがよい。私は他の国に行きたいと思っている。十年か二十年して私が戻ってきたとき、私に返して下さい」。さて、その病人は眷属なく、病がだんだん重くなってついに命が尽き、預けた宝は全て散逸してしまった。財宝の持ち主が戻ってきて、捜し求めようにもどこにも当てがありません。そのように……もし声聞に如来に問わせるのなら、恐らくは正法は久しくとどまることはないでしょう。……ただ諸菩薩摩訶薩や迦葉のみが問いを受けて、百千万劫も如来の宝蔵を所持することが出来ましょう。

（曇）世尊よ、例えば百二十歳の老人が、身体はやつれ、病床に伏して起きることもできず、気力は衰えて余命幾ばくもないとしましょう。ある一人の富豪が居て所用で他へ行こうとしました。百斤の金を預けて言うには「私は他へ行きますので、この財宝を持ってきました。十年か二十年して戻って来ますのであなたは私に返しなさい」。そこでその老人はそれを受け取りました。ところがその老人には跡継ぎがいなく、その後病がひどくなり預けた宝がすべて散逸してしまいました。財宝の主は戻って来ても返してもらうすべがありませんので、財宝を失ってしまいました。世尊よ。我等声聞も同様です。たとえ如来の懇切なお教えを戴いても、久しくたもち続けることはできません。……もし法の宝を阿難等の諸比丘にお預けなら、とどまることはありません。なぜかと言えば、一切の声聞および大迦葉は全て無常だからです。……だから無上の仏法は諸菩薩に付嘱すべきです。そうすれば菩薩はお答できますから、それらの法の宝は無量の世にとどまり、増加繁栄し、衆生を利益するでしょう。

（T）世尊よ。例えますなら、年を取って弱り果て、年は百二十六になって病に苦しみ、床に伏すある病人がいまして、ある人が彼に宝石を託して「さあ、そなたはこの宝石を受け取り、十年あるいは二十年して私が戻った時に、私にこれを戻しなさい」と言ってその人は去って行きました。しかしその老人には息子もありません。その人が行って間もなくその〔老〕人が死んでから、彼は戻って来ました。彼はそのように財宝を失っても誰にどのように言うこともできないように、まさに戒律の根本に関して我々がお尋ねしても、それは声聞には永いことととどまることはありませんから、われわれにおいてもそのようにお尋ねする余地はありません。……正しく説かれた法の宝を、迦葉・阿難などの全ての声聞に託されるなら永くはとどまらないでしょう。それはなぜかと言えば、迦葉等の一切の声聞は無常だからです。菩薩がお尋ねした宝を諸菩薩に託されるなら、幾十万年もとどまるでしょう。増大もし、全ての菩薩の医者（sman pa）ともなりましょう。

この三訳は傍線を施した部分に相違がある。（法）で法の後継者として「迦葉と菩薩」を認めているのに対して、（曇）（T）は「菩薩」のみに限定している。（T）では年齢が異なっているが、それを除けば（曇）（T）が「記述①」と一致していることが分かる。

これまでにも触れたように、この譬喩は管見による限り他に類例を見ず、この両経にのみ共有されるユニークなものである。しかも、先に明かしたがこの「記述②」は、涅槃経が第一類から第二類へと増広される際に挿入された極めて重要な記述であった[113]。そしてその背景には、経典のトレーガー自身が、法師から菩薩に移行するという教団的変化が横たわってもいた。この涅槃経の中の特殊な部分の記述が『摩訶迦葉会』にも現れる事実は、両経典の教団的背景の関連性を十分に窺わせるものである。

さて、この『摩訶迦葉会』の記述が（曇）（T）とのみ一致して、（法）と一致しないことは、涅槃経が『摩訶迦葉会』に先行することを示していると考えてよいだろう。すでに明かしたように、涅槃経の三訳の発展は、概ね（法）→（T）→（曇）の順であり、『摩訶迦葉会』はこの後半の段階の涅槃経を知って引用したと考えれば、この一致が無理なく説明できるからである。さらにこの両経の記述の一致は、実はこの箇所に留まらないが、その部分の先後関係を考察しても同様の結論に至ることからも、この推定は支持される。(114)

### (三)『摩訶迦葉会』と涅槃経の接点

では『摩訶迦葉会』は、なぜ涅槃経を引用したのだろうか。果たして両経では何か共通な基盤が存在するのだろうか。従来の研究で指摘されているように、両経典が「教団の堕落批判」という態度を持っていることは確かに認められる。(115)しかし、そうした共通性ならば、他の経典においても確認されることがらであり、何よりも単なる堕落批判ということでは、その指し示す内容があまりにも漠然としすぎている。

実は『摩訶迦葉会』中に見られる教団の堕落批判の態度は、「仏舎利崇拝の否定」に密接に結びついていることにその特徴がある。彼らの批判は仏舎利供養をする者に向けられており、そこには新たな出家者としての宗教倫理を確立しようという動きが認められるのである。(116)

迦葉よ、五百年後の世において、悪友とともに居て、意志薄弱な菩薩たちが、如来の舎利に対して、華・焼香・粉香・抹香・華鬘・塗香・旗・幢・楽器・灯明等によって供養の行為に邁進するだろう。迦葉よ、そこで智慧のない者たちの善根を完成するために〔舎利の〕供養を説かれたので、愚かな者たちはそれに精進するだろうが、迦葉よ。「天を含んだ世間の中で、比丘たちよ、汝らは自己制御と止観の行に精進しているべきである。信仰あるバラモンや在家者たちがいれば、彼らが私の諸の遺骨に対して舎利供養の行をなそうとするだろう」と私が言ったのに、迦葉よ。かの愚か者たちは観察を捨てて静慮を捨て、教説を捨て、学習も捨てて、如来の舎利供養の行に努めるだろう。

舎利供養を在家や劣った者の行と決めつけ、それに携わる者に手ひどい批判をなしている。こうした「仏舎利崇拝の否定」は同経の後半部分には全体にわたって顔を出しており、『摩訶迦葉会』の中心的主張となっていることが分かる。仏舎利供養から三昧の重視へ、そしてその方向に沿った在家批判・出家の奨励が本経の主題である。

さて涅槃経と比較する時、この批判はまるで涅槃経第一類の法師に向けられているかの感を抱かされる。法師は仏塔からブッダを解放する意図を有しながらも、一方で在家者たちと一緒に、香・華鬘・幡・灯明等をもって供養し、利養も眷属たちを満足させるために肯定されるという、極めて親在家的な態度を持っていた。それが第二類の菩薩になると、これらの態度がことごとく批判の対象となり、三昧重視を含めた厳格な出家主義に変わっていた。このように『摩訶迦葉会』の主張するところは、涅槃経第一類の法師を否定する第二類の菩薩の態度に、実に類似した点が存在するのである。(117)

さらに目を引くのは舎利崇拝否定の理由である。舎利崇拝を否定する『摩訶迦葉会』は、舎利供養をしない二人の比丘の譬喩話を説く。その中に、何ゆえに仏舎利崇拝をしないのか、との問いに対して次のように比丘は答えている。(118)

如来を供養したいと思う者は、自分を供養すべきである。……ちょうど如来・応供・正等覚が〔ご自身を〕供養なさって、それによってご自身を、一切衆生が供養する拠り所に値するようになさるように、そのように自分自身を供養すべきである。……如来の舎利を供養したいと思う者は、自分自身を供養すべきである。如来がご自身を供養なさるように、供養すべきである。

つまり、自分自身が「仏塔」の代わりになれと言う。これは『摩訶迦葉会』の中心主題である「舎利崇拝否定」の結論を構成している。

ここまで来れば、先に考察した涅槃経の「如来蔵思想」、ことに「如来性品」の後半部分において「三帰依」との関連で「仏塔崇拝の不要性」を説いた箇所が想起されるとともに、その内容が両者全く一致していることが理解されよう。『摩訶迦葉会』自体は如来蔵思想を説く経典ではないが、しかし「仏塔の否定」という点では両者同一の態度を持っている。『摩訶迦葉会』が涅槃経を引用したのは、この最も大きな点に共通な基盤を持っていたことが理由をなしていると考えざるを得ない[119]。

## 第五節　涅槃経の思想変遷

最後に以上の内容を締めくくるに当たって涅槃経全体の思想変遷をまとめておこう。

### 第一項　〈原始大乗涅槃経〉

まず涅槃経は第一類、すなわち〈原始大乗涅槃経〉がその核として作られたのであるが、それは「仏身の無為・常住・清浄」を説くことに思想的主眼があった。そこでは仏を有為と捉える態度を厳しく批判し、仏が衆生世界をいかに超えているかを示すためには常楽我浄を肯定して、「仏＝アートマン」との表現まで採用した。そして〈原始大乗涅槃経〉を、こうした積極的な表現に駆り立てた背後には、「仏身＝有為・無常・不浄」と捉え

「無常・苦・無我」の修行をなす、おそらくはアーガマを伝承しアビダルマへと発展した知的な、オーソドックスな伝統が横たわっていた。またそれと同時に、仏塔信仰を前提とし、儀礼化してブッダを捉える大きな文脈が存在した。〈原始大乗涅槃経〉はまさにこの両者に対する批判の意図を持ち、「大乗経」という新たなメディアの中で、仏をそうした有為・無常の世界から、無為・常住の世界に連れだそうとしているのである。

ただし儀礼化した仏塔信仰に疑義を呈するとは言っても、それはけっして仏塔信仰否定を「意図した」ものとは思えない。そもそも涅槃経にとってブッダ涅槃の象徴である「仏塔」の存在は大きかったはずである。単に儀礼を実行する行為から、その意味を追求する経典へと移行する目論見だけが存在したと見たほうがよい。それは「金剛身品」の在家者との関係が密接な、しかも仏塔と関係の深い法師の振る舞いを考慮に入れたとき、一層明らかとなる。したがって、〈原始大乗涅槃経〉が「仏＝アートマン」という主張で実現しているのは、見方を変えれば「仏塔信仰の昇華」とも言えよう。仏塔を高めて物として捉えさせることを避け、儀礼的な世界から一歩脱皮させ、経典に移そうとしている試みである。

これは今述べたように、おそらくは仏塔崇拝の脈絡に基づく仏身理解の伝統と、それ以外の、知的な僧院修行の脈絡における仏身理解の伝統とが存在し、その両者が合流する位置に〈原始大乗涅槃経〉のトレーガーが居たことを示唆するものである。この点は、第二章で確認したように、法師が既成のサンガと仏塔との双方に自由に関わっていたことから見ても十分に首肯される推定であろう。そして法師はこの流れの中で涅槃経という宗教的発想の下に、仏塔に集約される仏身観を採用しながらも、それを経典というテクストにおいて表現しようとしているのである。

さらにそこには、非大乗系涅槃経の成立が前提とされているのは言うまでもない。ブッダの永遠性に踏み込んで作成された経典が、涅槃経としてすでに存在していたことは、〈原始大乗涅槃経〉の形成にとっては欠かせざる前提であったはずである。ことに増一阿含の涅槃経において、仏身を金剛身と表現するまでに進んだ非大乗系涅槃経の発展の方向を考慮すれば、非大乗系涅槃経と〈原始大乗涅槃経〉との距離は、意外に近いものであることが分かる。

## 第二項 「四法品」

ところがこの〈原始大乗涅槃経〉の仏身観は、次の第二類「四法品」に受け継がれるときに、すでに胚胎していた変化の兆しを、より鮮明に現し始める。この「四法品」の成立には大衆部が絡んでいたが、彼らの所持した「世間随順 lokānuvartanā」の概念が、第一類の仏身観を推し進める上で大きく作用する。そこでは仏の全ての目に見える行為は lokānuvartanā なのであり、真実の仏はそれら全てを超えた lokottara 法身 dharmakāya である。これは仏塔信仰の昇華をなそうとした〈原始大乗涅槃経〉の仏身観と極めて親和性を持った思想であるため、両者の繋がりには必然性がある。

しかし、同時にここには重大な差異が表面化している。すなわち「世間随順説」を説くこの章では、「空」の立場から仏伝が、つまり仏の事績が具体的に一つずつ否定されることになっているのである。もし仏伝と仏塔の密接な関連を想定するなら、仏伝の否定は「仏塔の否定」を含んだことになろう。これは〈原始大乗涅槃経〉の「仏塔の経典への移し換え」という努力よりは明らかに一歩進み出た態度である。ある意味では経典における仏の絶対化が進みすぎ、「法としての空」の次元にまで推進され、そのため仏塔自体の役割が大きく揺るがされ始めているのである。ここに至って〈原始大乗涅槃経〉において有為から無為へ連れ出されようとした仏は、この大衆部による「空」を媒介にして、徹底して無為のレヴェルにまで高められたと理解してよい。

しかしこれを受ける同じ「四法品」の「解脱の譬喩説」は、この「世間随順説」とはニュアンスの異なった内容を説いていた。すなわち無為に立ち切った仏を、あたかももう一度有為に連れ戻すかの如く「解脱・如来＝有」を説く。微かに聞こえる如来蔵・仏性の響きは、この箇所から感じられ始める。しかもここで現れた単発な記述は、続く諸品において体系的な中に収められた主張と矛盾しない内容を持っている。如来蔵説が一面では明らかに外部（『如来蔵経』）の影響を被って涅槃経内部で成立したものであることを考慮すれば、このトーンの変わった「解脱の譬喩」の箇所をもって、涅槃経における如来蔵説の萌芽と見るべきである。

### 第三項　如来蔵思想

この如来蔵説を表面に自覚的に押し出すのは「四依品第九」「分別邪正品第一〇」以後の段階である。経はまず「如来蔵を隠さず法を説く」ことを推奨し始め、そして『如来蔵経』に自説の展開に対する頼りを委ねながら、新たな解釈を加え sarvasattvās tathāgatagarbhāḥ なる表現を asti tathāgatagarbhaḥ (or buddhadhātuḥ) sarvasattvakāyeṣu に変える。その時 tathāgatagarbha は「如来そのもの」ではなく「如来の胎児」の意味になり、それを成長させゆくためには「戒律・布施」等が必要であるとの整理をなす。

またそれは buddhadhātu と同義で用いられる点に大きな特徴があった。この二つを同義で用いることを可能にするものは、やはり仏塔信仰である。tathāgatagarbha は tathāgata を garbha した仏塔であり、buddhadhātu はそのままで仏舎利である。したがって「一切衆生悉有仏性 *asti buddhadhātuḥ sarvasattveṣu」はもともと「全ての衆生はその内に仏舎利・仏塔を蔵している」の意を持っている。これは涅槃経全体の特徴であり、buddhadhātu, tathāgatagarbha ともに涅槃経中では抽象的な概念というより、身体に存在する肉体的な要素を第一義としている。

「如来性品第一三」に至って、この如来蔵・仏性は ātman と表現されるに至る。ここで〈原始大乗涅槃経〉の buddha = ātman が buddhadhātu = ātman と置き変わることになった。しかし仏塔信仰においては buddha = buddhadhātu であるから、仏塔信仰の脈絡では両者の間で表現自体は何等変えられていない。けれども〈原始大乗涅槃経〉と異なって、この第二類の ātman は輪廻を貫いて個人の身体に宿るものである。確かにそれはバラモン哲学のいうアートマンに酷似している印象を抱かせる。

しかし、ここでもわれわれはすべてを「バラモン哲学の影響」に結びつける必要はなかった。なぜなら、身体に宿り正覚に結びつく「アートマン＝仏性」自体は、仏塔の内化なのであり、しかも正覚の問題が輪廻という地平において考察を余儀なくされるのは、最初期の仏教から抱えてきた課題だからである。そして「一切衆生悉有仏性」が認められた後に、僅かでも理論的な次元において問題を整理しようとするなら、この身体に宿る仏性が、身体の死後の輪廻と連関を持たせられなければならないのは自然なことである。全ては涅槃経内部の脈絡から説明がつく。

この「如来性品」以降になると、暫く消えていた「大般涅槃」という名が、今度ははっきり『大般涅槃経』という経名として復活して繰り返されるようになる。その中で経は、如来蔵・仏性説を『如来蔵経』に譲ることなく、涅槃経自らの説として宣説し始めるのである。それは涅槃経が『如来蔵経』の影響を自らの内部に取り込んで、一つの思想的完成の段階を迎えたことを意味すると見てよいであろう。

そしてこの「如来性品」で仏塔崇拝否定の方向を打ち出して来るのも、それと無関係ではない。もちろん、この否定が出てくるのは、教理的には「内」に仏塔を有している以上「外」の仏塔は「世間に随順」する以外では必要ないからであり、この説は涅槃経の如来蔵・仏性説の成り立ちゆく背景を物語っている。しかし、その内容が、この如来蔵説の完成する「如来性品」に至って、初めて「外」の仏塔否定という態度の表明として現れたことを考慮する必要がある。つまり、仏塔信仰から始まった涅槃経は、たとえ仏塔信仰と本質的には相容れない要素を持った如来蔵思想受け入れを宣言した後でも、ほんらい自らの思想の基盤を構成していた仏塔を否定するに至るまでには、暫くの時間を要している。そしてその否定はけっして徹底しては成し遂げられることはない。たとえ方便としてではあっても、認め続けられなければならないのである。

このように見てくれれば、涅槃経の思想は、全て「仏」を中心に流れていることが分かる。〈原始大乗涅槃経〉では、仏塔信仰を背景として「仏」を「有為から無為へ」と、見方を変えるなら「仏塔から経典」へと連れ出すことから運動が始まった。そしてその動きは「四法品・世間随順説」において、大衆部の伝統に立つ者たちの手によって極点を迎える。その時点で仏は完全に「外化」されきってしまうのである。しかしその完成が早いか、今度はそれに接する「四法品・解脱の譬喩説」で、あたかも往運動の振り子が振れきった後に直ちに復運動に入るかの如く、たちまちその仏を内に取り込むモーメントが働き始めてくる。そしてこの内化の動きはやがて「如来性品」に至ってまたその極点に達するのである。

ある意味で涅槃経は、こうした仏を巡っての往復運動の軌跡を、その意味で矛盾をはらんだ思想醸成の時間の流れを、そのまま残している文献であることが分かる。したがって、いつも整然とした、首尾一貫した体系の下に思想を構成し、その途上に現れる諸概念を、あたかも一質点系の下に表現される諸質点の位置の如く理解しようとする者の目には、この涅槃経はあまりにも雑然とし過ぎた、ただ単にまとまりのないものにしか思えないかもしれない。しかし反対に、思想がほんらい「運動」であり、もしその運動をできるだけ素直に描いて行こうとすれば、それは変わりゆく自己の位置を表現するために絶えず古い体系を離れ、新しい体系を目指しゆく連続でなければならないこと、換言すれば変わらぬ体系の下にある不変の意味をもった言語をもっとも拒否せねばならないことを理解している者にとっては、涅槃経中の揺れ動く概念の変化は、文献に基づいて運動を追いかける方法を知る上で貴重なヒントを与えてくれるものである。

## 第六節　付論㈠——四顚倒の推移に見る涅槃経と『勝鬘経』の関係[120]

すでに何度も触れてきたように、非大乗の文献の中で「四顚倒 caturviparītadṛṣṭi」という名称で包括され、凡夫の誤った世界観の代名詞として取り扱われてきた「常 nitya・楽 sukha・我 ātman・浄 śubha」の四句は涅槃経の中で肯定され、いわゆる四徳として受け入れられるに至った。それは同時に仏教において我 ātman が積極的に教理内での位置を占めはじめる有力な道をつけたものである。[121]

そしてこの常楽我浄の肯定は第一類〈原始大乗涅槃経〉がなしたものであった。第二類における「アートマン」の主張には『如来蔵経』がその一端に関わっていた。そうした影響がこの第一類においても存在したのだろうか。もし然りとすればそれは涅槃経の成立にとって極めて重要なことになる。この節では、涅槃経の代名詞のような術語である常楽我浄に関して、それを肯定して受け入れる経論類においてその足跡を辿り、各文献における位置づけの相違とその相互関係を明かしてみよう。この節の考察は、これまでと多少趣を異にして外部の文献との関係を辿ることが中心になるので、本論との関わり上、「付論」としておく。

## 第一項　肯定される常楽我浄

常楽我浄を肯定する仏教文献はほとんどが大乗関係のものに限られる。そしてそこにはおよそ三つのタイプがある[122]。第一には「涅槃」の性質をこの四句で説明するもの、第二には「法身」の形容として用いられるもの、そして第三にはこの何れにも属さないものである。まず第一のタイプから確認してみよう。

### (一)　涅槃の四徳としての常楽我浄

玄奘訳『大般若経』に次の記述がある[123]。

菩薩摩訶薩がつねにこう思うとしよう。諸衆生たちは長く心が四顛倒のために誤っている。その四顛倒とは、常 nitya であるという想 saṃjñā・心 citta・見 dṛṣṭi の顛倒であり、楽 sukha であるという想・心・見の顛倒であり、我 ātman であるという想・心・見の顛倒であり、浄 śubha であるという想・心・見の顛倒である。私はこれらの誤った衆生のために無上等正覚に赴き、菩薩行を修行し、無上菩提を証得したとき、衆生のために顛倒ならざる法を説こう。すなわち生死は無常・無楽・無我・無浄であり、ただ涅槃の寂静微妙なるものはさまざまにこの常楽我浄の真実功徳を備えているのだと。

生死は無常・苦・無我・不浄であるが涅槃だけは常楽我浄という真実の功徳が備わっているという。同様の表現は他にも数箇所見られる。

この記述は傍線を施した「唯有涅槃微妙寂静、具足種種常楽我浄真実功徳」という一文を除いては『放光般若経』『大品般若経』に対応している[124]。とすれば涅槃に常楽我浄の性質を認めるのは、玄奘訳の段階になってからの後世の付加であることが分かる。その際可能性としては、玄奘の依拠した後世の原典にすでに挿入されていたものか、それとも訳者玄奘の挿入によるものか、その何れかが問題となる。この部分に見事に対応する『二万五千頌般若』のサンスクリット・チベット訳には、この四句がすっかり欠けていることを考慮すると、[125]おそらく後者の可能性が強いだろう。[126]

この『般若経』の例とほとんど同じ経緯が予想されるものに『宝積経・迦葉品』がある。『迦葉品』の異訳の中で、最も新しい宋・施護訳『大迦葉問大宝積正法経』では四顚倒とその対治を説いたそのすぐ後に、「唯是涅槃具彼四徳」という四句が付け加わっている。これは他の異訳テキストには見られないものである。[127]おそらく『般若経』と同様の事情に基づく付加であろう。

こうして玄奘訳『大般若経』にしろ施護訳『迦葉品』にしろ、涅槃に限定して常楽我浄が肯定されるのだが、注意しておきたいのは、テキスト編纂時の付加であれ、翻訳段階での付加であれ、何れにしてもこの「涅槃が四徳を備える」という記述は、経全体の思想・教理から見れば何ら重要な位置を占めているわけではないことである。したがってこれらの表現は自らの内部で醸成されたものではなく、外部から取り入れたものと推定するのが穏当であろう。しかしそれでも空を説く代表的な両経が、後代には常楽我浄を認めた表現をなしたということは注目しておいてよい。

次に真諦訳の諸論の中にも涅槃に四徳を認めたものが散見される。グナマティ Guṇamati 作と伝えられる『随相論』に言う。

　今観生死無常・苦・無我・不浄。涅槃是常・楽・我・浄、与理相応即是如（T32 163c3-6）。

ここでも「無常・苦・無我・不浄」の生死と常楽我浄の涅槃とをはっきり区別している。『随相論』自体は『倶舎論』の注釈書と言われており、したがってほんらいは部派の論書である。その中この真諦訳になる部分は十六行相の説明の箇所に当たる。しかし部派の文献に「涅槃」といえども四徳を認める者は他には存在しない。その点大乗の性格が入っていると見るか、あるいは訳者真諦の性格からして、彼自身の挿入・改編の可能性もあろう。[128]

また、同じ真諦の『十八空論』に有余涅槃と無余涅槃を説明して以下のように言う。

非行空者、謂二種善果。即余・無余涅槃。若有余除集、此果則離四種顚倒、非是常楽我浄。若無余滅苦、即是常楽我浄（T31 861c7–10）。

有余涅槃は四顚倒を離れることであるが、無余涅槃は積極的に常楽我浄であるという。この論は『中辺分別論』を注釈・敷衍したものとされているが、如来蔵思想とも関係が深い。

また、あからさまに涅槃とは言わないが、涅槃の状態を四徳で形容したものに、隋・闍那崛多訳『仏本行集経』がある。「向菩提品」に言う。

浄飯大王之太子、棄捨王位、而出家。……彼若証於甘露法、常楽我浄湛然安（T3 775a23）。

甘露法が証得されるなら「常楽我浄湛然安」に至るという。これは「涅槃」の状態を指したものと見てよいであろう。[129]

一般に闍那崛多の訳は漢訳としては直訳調であると言われている。この箇所も原文通りだと理解すれば、『仏本行集経』は法蔵部所伝と伝えられているので、部派の中でも法蔵部が常楽我浄を肯定して使ったことになり興味深い。[130]

以上、涅槃に常楽我浄の四徳を認める経・論を概観した。それらは『般若経』などが「不可得」として説いたものをさらに積極的に表現したものである。しかし表現は確かに進んでいるが、何れの例もそれぞれの思想内容に密接に関わっているわけではなく、付加的な述べ方をしている場合がほとんどである。したがって常楽我浄を認めたといっても、その中の「アートマン」を認めたことに特別の意義を持たせているわけではない。翻訳の段階での改編でないとすれば、先に述べたように定型句として外部から採用したものと考えるのが自然である。

## (二) 法身の形容としての常楽我浄

常楽我浄が肯定される場合のもう一つのパターンに「法身」あるいは「仏身」に対する形容として用いられるものがある。それが認められるものを挙げれば、『勝鬘経』『無上依経』『大乗法界無差別論』『宝性論』『仏性論』『摂大乗論・世親釈』『大乗荘厳経論』『金光明経・分別三身品』『菩薩投身飢餓虎起塔因縁経』がある。最後の一経を除いて全ては唯識・如来蔵関係の経論であり、それらはおそらく時代的に先行する『勝鬘経』の影響を被っているものと推定できる。そしてこれら一連の文献に説かれた常楽我浄説は何れもその主張するところの中心思想と深く関わり合っており、その点で先に見た涅槃に四徳を認める場合と性格が著しく異なっている。したがってこれらの例こそ、常楽我浄を四徳として肯定したと言うにふさわしいものであって、その中でも先駆をなす『勝鬘経』における用法は最も大切なものとなる。以下この例を検討してみることにしよう。[131]

『勝鬘経』は、言うまでもなく如来蔵思想を説いた代表的な経典であり、『宝性論』が主要な典拠として好んで引用する経典の一つである。[132] その中、常楽我浄については次のように説く。[133]

世尊よ。衆生たちは五取蘊に対して顚倒しています pañcāsūpādānaskandheṣu viparyastā。彼らは無常 anitya に対して常住 nitya であると思い、苦 duḥkha に対して楽 sukha であると思い、無我 anātman に対して我 ātman であると思い、不浄 aśubha に対して浄 śubha であると思っています。

世尊よ。声聞・独覚たちは、空性の智慧によっても一切智者のみの対象である如来法身 tathāgatadharmakāya について未だ理解していません。世尊よ、衆生たちで如来を信じて常住と思い、楽と思い、我と思い、浄と思うものたちがいれば、世尊よ、彼らは顛倒していません。世尊よ、それらの衆生たちは正しい見解を持つもの samyagdarśin になるのです。それはなぜかと言えば、如来の法身のみが常波羅蜜 nityapāramitā・楽波羅蜜 sukhapāramitā・我波羅蜜 ātmapāramitā・浄波羅蜜 śubhapāramitā なのです。

凡夫は五取蘊に常楽我浄の顛倒をなす。それに対して声聞・独覚はその顛倒は正しているけれども、如来法身が常楽我浄の窮極であることは理解できていないという。この記述は前掲の他の文献にほぼそのまま受け継がれている。

ではこの『勝鬘経』の常楽我浄説は『勝鬘経』の中でいかなる位置を占めているのであろうか。『勝鬘経』がこの四徳を初めて用いた文献である可能性があるかどうかを経の内部から辿ってみよう。その際、この四徳は法身の形容として使われているのだから、まずは経の法身思想の中での位置を見れば事足りるであろう。経中に出てくる仏、法身、及びその同義語として経が定義している涅槃に関する記述を順に洗い出してみよう。

① 輪廻の終結に等しく、老・病・死を離れて不壊で mi gshig pa、常住 rtag pa・堅固 brtan pa・寂静 zhi ba・恒常 ther zug pa で死を離れ、無限で不可思議な功徳を有する仏身（P 266a1–2）。

② 如来・応供・等正覚たちは涅槃に到達されているので、一切の功徳 yon tan thams cad を具足している（269a4–5）。

③ 如来・応供・等正覚たちは涅槃に到達されているので、不可思議な功徳 yon tan bsam gyis mi khyab pa を具足している（269a7–8）。

④ 如来・応供・等正覚たちは涅槃に到達されているので、捨て去るべき一切の過失を捨て、極めて完全な清浄性 mchog tu yongs su dag pa を具足している（269b1–2）。

⑤ 常住 rtag pa ・寂静 zhi ba・清涼 bsil ba な性質の涅槃（272a8）。

⑥　全ての世間を超え出て 'jig rten thams cad las mngon par 'phag pa 全ての衆生が仰ぎ見る blta bar bgyi ba 不可思議な法身（274a3）。

⑦　最勝の安息処たる涅槃 dbugs phyin pa'i mchog mya ngan las 'das pa'i sa（274a8）。

⑧　〔如来は〕未来永久に尽きることのない帰依処 skyabs mi zad pa・常住の帰依処 skyabs rtag pa・堅固な帰依処 skyabs brtan pa である（275a4）。

⑨　ある限りの全ての煩悩の覆いに覆われた如来蔵を信じて疑わない者は誰であれその「全ての覆いから解放された如来法身」nyon mongs pa thams cad kyi sgrib nas rnam par grol ba'i de bzhin gshegs pa'i chos kyi sku に対しても疑わない（277a6-7）。

⑩　無始以来、無作 ma bgyis ba・不生 ma skyes pa・不滅 mi bas pa・離滅 bas pa ma mchis pa・常住 rtag pa・堅固 brtan pa・自性清浄 rang bzhin gyis yongs su dag pa にして、あらゆる煩悩の覆いから脱却し、ガンジス河の砂の数より多くの、不可分の、智慧と不可分なる、不可思議な仏の功徳を備えた如来法身（278a7-b1）。

⑪　如来法身だけが常波羅蜜・楽波羅蜜・我波羅蜜・浄波羅蜜である（280a8-b1）。

以上が経中に出てくる法身、及びそれと同類の概念についての記述である。概観してまず驚かされることは、常楽我浄という形容は極めて重要な主張のようであっても、たった一箇所にしか登場しないことだ。それに比すると「常住・堅固」等の『不増不減経』などに共通し、如来蔵の形容句としても度々登場する句が目を引く。つまり『勝鬘経』は法身の形容としては明らかに後者の方を好んでいると見られるのであり、それに対して常楽我浄という言い回しは、全体から見ればむしろ特殊な部類に属している。ということは、『勝鬘経』は単に、「法身の形容の必要性」から常楽我浄を語るようになったとは考え難い。法身の形容としては「常住・堅固・恒常」の方が大切なのである。とすれば、もっと別の角度から四句の出現を捉えなおしてみる必要がある。

主題である法身を形容するために常楽我浄が求められているのでなければ、残る可能性は、その経の筋の展開の中での要請としてこの語句が必要になったと考えるほかはあるまい。この法身の四徳は、経の流れの中では「空・不空如来蔵」が説かれたことに関連して出てきている。「空・不空如来蔵」とは『勝鬘経』が新たに如来蔵思想の立場から空を定義し直したものであり、「如来蔵にはほんらいあらゆる煩悩の覆いが欠如しているという点で空」であるが、「不可思議なる仏の諸徳性が備わっているという点で不空」であるという主張である。この主張は如来蔵思想と従来の大乗仏教の説く空思想とを会通する試みとして重要な位置を占めている。この説明の後に、

この二種類の如来蔵空智 de bzhin gshegs pa'i snying po stong pa gnyis shes pa, *tathāgatagarbha-śūnyatājñāna は、諸大声聞であっても、世尊を信じて悟入できるものです。世尊よ、声聞や独覚たちの空性智は、四顚倒の見解に対して働くだけです (278b6-7)。

と述べて、その直後に法身に関する「常楽我浄四波羅蜜」の正見を説いている。つまり空性を新たに定義付ける上で、四顚倒との関連が問題となり、その必要性から四波羅蜜が説かれるという筋運びになっているのである。

この流れからすれば、『勝鬘経』が常楽我浄を説いたのは「声聞・独覚たちの空性智が四顚倒の見解に対して働く」ということを覆す、その一点を主張せんがためにという理由になる。しかしそうした声聞・独覚のあり方を否定するためだけに、従来語られたことのない常楽我浄を主張するというのは少々無理がないだろうか[134]。

まず声聞・独覚に「空性智」を配当すること自体が問題となろう。この声聞・独覚は、伝統的部派教徒であるより、むしろ如来蔵思想を支持しない大乗仏教徒を指すと考えた方がよいだろう。しかしそれにしても、彼らの「空」の智慧が目指したものが、四顚倒の対治であるという言い方は、そのままで受け入れられるものではない。

本稿では触れなかったが、阿含・ニカーヤにおいては四顚倒そのものがほとんど現れないし、アビダルマにおいて必ずしも一般的ではない。そして大乗経典に関しても事情は同様で「空性の智＝四顚倒の是正」といった定式は確立していない。したがって通例の仏教文献を前提として考えた時、「空・不空如来蔵」が説かれた後に、この四顚倒が説かれるのは、必ずしも自然なものとは言えないのである。[135] むしろ逆に、後に「四波羅蜜」を説かんがために、その伏線として敢えてここに四顚倒が入れられたという印象を強くする。つまりこの常楽我浄の登場は、経典の筋の展開からしても無理があり、経の流れから自然に出てくるものではない。

以上のように、『勝鬘経』で「常楽我浄が使用された法身の形容」という点と、「それが要求される筋の展開」という二つの点からながめて、ともに四波羅蜜を積極的に主張すべき要因が見つからないとすれば、『勝鬘経』が自らの内部の思想的要請で常楽我浄の肯定に踏み切ったという可能性は薄くなる。と同時に逆に外部からの影響として取り入れたのではないかとの疑いが出てくる。今度はこうした観点から経を見直してみればそのことを疑わせせしめるいくつかの事実が浮かび上がる。

まず第一に「四波羅蜜」すなわち、nityapāramitā, sukhapāramitā, ātmapāramitā, śubhapāramitā という言い回しである。これは単純に常楽我浄と言われるよりも明らかに進んだ表現になっている。こうした表現が生まれる前段階として単純な常楽我浄という主張が存在していることが予想されるだろう。それをさらに押し進めて、pāramitāという語を施すことができたのではなかろうか。四顚倒の表現を逆転するだけで、いきなりnityapāramitā といった表現が出てくるとは考え難い。

第二に『勝鬘経』が自ら内部の思想的要請として「常楽我浄波羅蜜」ということを生み出したとすれば、それは「我 ātman」の主張ということを含めて、従来の仏教史に抗するほどの斬新な教説であるから、極めて慎重に、そして配慮をもって説いてしかるべきであろう。それにも関わらず経には全くその態度がない。すでに見たように、ただ一箇所に何の前提もなく、とりわけ「我 ātman」に対する配慮もなく説かれている。こうしたことが可能になるためには、やはりすでに常楽我浄が宣説され流布しているという背景が予想されたほうが自然である。

第三は『勝鬘経』が持っている文献としての性格による。『勝鬘経』は「経」とは言われているが、短いながら実によく如来蔵思想をまとめており、それはむしろ論書としての性格が強い。こうした経にしてみれば、もし外で説かれた常楽我浄説であっても、それが何らかの形で自説に関わるものとなれば、それを自ら取り込み体系化し直すという可能性は十分に考えられよう。

以上の推察が正しいとすれば、『勝鬘経』以前にその前提となる四徳を説いた文献が存在しなければならないことになる。実はそれが涅槃経なのである。以下に考察するが涅槃経は常楽我浄の初めての宣説者としての資格を有し、しかも『勝鬘経』と思想的な交流が予想される唯一のものと思われる。そしてこの涅槃経の常楽我浄説は、上述の何れの型にも属さない第三のタイプである。こうした位置付けがなされることを意識したうえで、主題である涅槃経の常楽我浄説を考察しよう。

### (三) 涅槃経の常楽我浄説

涅槃経の四徳は、すでに触れたように二箇所――「哀歎品第四」(第一類)と「如来性品第一二」(第二類)――でそれぞれ異なった説き方をされている。もう一度この二箇所の説き方を確認してみよう。まず「哀歎品」(第一類)では以下のように説いていた[136]。

ここで我 ātman というのは、仏 buddha という意味である。常住 nitya というのは、法身 dharmakāya という意味である。楽 sukha というのは、涅槃 nirvāṇa のことである。浄 śubha というのは、法 dharma

の同義語である。……一切法は無我ではなく、我とは真実 tathatā にほかならず、我とは常住 nitya にほかならず、我は功徳 guṇa にほかならず、我は堅固 dhruva であり、我は寂静 śiva である。

ここで中略した部分には「医学究竟論」の譬喩や「春時池中遊戯」の譬喩などが細やかに説かれている。そしてそれらは全て「我 ātman」を肯定する際の説明として機能している。つまり常楽我浄を説くに際して極めて用意周到であり、とりわけアートマンについては、取り立てて説き直すなどの、他経論には見られない配慮がなされているのである。しかもここで説かれた常楽我浄は、けっしてまとまったものではない。例えばここで「仏」と「法身」とが区別され「我」と「常住」に配当されているが、その区別の根拠は経中の記述による限り全く明らかではない。そこには特別な意味が込められているというよりは、むしろ〈原始大乗涅槃経〉（第一類）の構成の素朴さが現れていると見た方がよいであろう。さらにこの「我＝仏」説は、先に考察したように「涅槃」というモチーフを逆転して「仏身の常住」を明かす〈原始大乗涅槃経〉の中心的主題になっており、〈常楽我浄経〉とも呼べる同経の欠かせざる部分となっている。もちろん pāramitā という語も付加されていない。

こうして見れば、先に『勝鬘経』の項で考察したように、経典内部の要請として常楽我浄が生みだされる条件をこの部分はともに満たしていることが分かる。さらに涅槃経の翻訳年代を加味し先に考察した〈原始大乗涅槃経〉の性格を考慮すれば、この〈原始大乗涅槃経〉こそが常楽我浄の最初の宣説者であることは間違いないだろう。また、ここでこの〈原始大乗涅槃経〉の常楽我浄説、ことにその「我」説は、仏陀観の進んだ表現ではあっても如来蔵思想とは無縁であることはすでに述べた。

では「如来性品」（第二類）の「常楽我浄説」はどうであろうか。中心的な内容を抄録してみよう。[137]

苦において楽と思うのは顛倒である。楽において苦と思うのは顛倒である。ここで如来は無常であると言えば罪であり苦である。

無常を常住と思うのは顛倒である。常住を無常であると思うのは顛倒である。……無常性に対して空でないと修すれば……また顛倒である。

無我に対して我と思うのは顛倒である。有我に対して無我であると思うのは顛倒である。……〔顛倒する者は〕仏の教説にもまた我はあることはない、如来蔵の名さえないと言って無我を修行する。

不浄なのに浄であると思うのは顛倒である。浄なのに不浄であると思うのは顛倒である。ここで如来は常住で、肉身ではないのに、……不浄である……と思うのは、浄において不浄と顛倒をなすものである。……

（中略）……我とは如来蔵である。


（中略）の部分には「宝蔵」の譬喩や「医学究竟論」の譬喩が説かれており、譬喩の中で「我＝如来蔵・仏性」を繰り返し説いていく。この説き方も『勝鬘経』と比べるとはるかに未整理である。さらに「我」のみを取り出して譬喩を用いながら周到に再説するやり方も〈原始大乗涅槃経〉と同じである。しかもここでもpāramitāという語も付け加わっていない。ということはやはりこの部分も『勝鬘経』よりも先行すると見てよいだろう。

## 第二項　『勝鬘経』の意図

### ㈠　『勝鬘経』から涅槃経へ

上記で『勝鬘経』は外部から常楽我浄を取り入れたと言ったが、実際には『勝鬘経』の前には涅槃経しか存在しないはずである。その点をまず確認し、さらにそのほかの問題点をも考慮しながら涅槃経と『勝鬘経』の関係を考えてみたい。

これまでは『勝鬘経』、涅槃経という、それぞれの文献の内部から常楽我浄を説くに至る必然性を辿り、涅槃経にそのパイオニアの役割を委ねたのであるが、この涅槃経→『勝鬘経』という関係は、両経を比較してみると一層明らかになる。というのは、『勝鬘経』の中で整然と四波羅蜜の形をもって、法身の形容として説かれていたものを、涅槃経のようにかくもバラバラにし、その上に pāramitā の語を取り去ることなどとうてい考えられないからである。涅槃経と『勝鬘経』の関係を、その中心教説の一つである「常楽我浄説」をもとに考えた時、涅槃経→『勝鬘経』という関係が無理なく想定されることになる。

次に問題になるのは『勝鬘経』が涅槃経を前提にしていたとして、直接に関係したのは先に挙げた涅槃経の第一類と第二類の二つの常楽我浄説のうち、何れのものであるのかということだろう。まず『勝鬘経』が涅槃経の第一類、第二類の常楽我浄説の二つを意識していたことは間違いない。『勝鬘経』が涅槃経第一類の常楽我浄説を意識していることを窺わせる記述として、次のものがある。[138]

世尊よ。無上正等覚というのは涅槃界の同義語であります。世尊よ。そして涅槃界とは如来法身の同義語です。……この如来と法身とは別ものではありません nānyo bhagavāṃs tathāgato 'nyo dharmakāyaḥ. 世尊よ、如来そのものが法身なのです dharmakāya eva bagavāṃs tathāgata iti.

『勝鬘経』の脈絡だけでは理解しづらいこの一節も、〈原始大乗涅槃経〉(第一類)で「法・涅槃・仏・法身」をそれぞれ「浄・楽・我・常」に各別に配当し、「仏」と「法身」とを別立てしていた説を予想すればはるかに分かり易くなる。それら全てを同じ「法身」の同義語として定位し直し、曖昧さを払拭しようとしているのである。殊に「仏」と「法身」の区別をなくしそれを「如来」に限定したことは看過されない。先に述べたように、涅槃経(第一類)では「法身 dharmakāya」という術語は必ずしも好まれておらず、nirāmiṣakāya, vajrābhedya-kāya 等の語が頻出する。これらは何れも「仏・如来」に対する述語として使用されるものであり、そこにはである。
「身体 śarīrakāya」の意味が濃厚に込められている。これは他の如来蔵関係の文献と比した時の涅槃経の特徴である。

dharmakāya の語の理解にあたっては注意が必要である。一般には唯識の教理でいう三身説の中の、いわば「抽象的身体」とでも命名するのが適当な、有神論的な色彩を帯びた dharmakāya の語義として抵抗なく理解されている。しかしこれもすでに記したが、Harrison [1992b] の指摘によっても示されるように、こうした意味で dharmakāya が使われるのは時代を下ってからのことである。大乗の文献もまずはパーリと同じ用法である bahuvrīhi に解釈して「教法・所証の法としての法の集まり」と理解して間違いない。そう理解したとき、涅槃経第一類において「仏」と「法身」が別立てされていることは、必ずしも奇異ではないことが分かる。法身は法の集まりであり、この段階では、身体という要素と直接的には重なることの少ない術語だからである。

『勝鬘経』がここで如来を法身として限定しているのは、涅槃経が保ち続けている仏の身体という限定された色合いを払拭し、教理的に抽象性の高い言葉で、「法」という立場から仏を位置づけ直そうとしたものであろう。涅槃経にはほんらい仏塔信仰を背景としたブッダ観が存在する。『勝鬘経』はそれを嫌っているのである。

しかしこうした興味深い関係は認められるにしても、『勝鬘経』が常楽我浄説を引用したのが、この第一類の影響によるものとは考え難い。というのは先に考察したように、第一類の「仏＝我」なる表現は如来蔵思想とは無関係の、ブッダ観の極まった表現ではあったが、『勝鬘経』は「法身の形容」として必ずしも「我」という表現を必要としたわけではない。如来蔵思想と無関係な経典がたとえ仏陀観の脈絡で「アートマン」を説いていても、それは『勝鬘経』としては問題にすべきことではなかったであろう。「法身の形容」の点で影響を与えたのはむしろ「常住・堅固」等の句の方である。

とすれば『勝鬘経』と関係を持つのは、如来蔵思想を説くに至った第二類と考えざるを得ないだろう。おそらくその関係で二次的に第一類の常楽我浄説も言及が必要になった、と考えた方がよい。

## (二) 涅槃・輪廻の基底としての如来蔵

では第二類に見られる涅槃経→『勝鬘経』というこの変化は何を意味しているのであろうか。この変化の中で最大の差異は、『勝鬘経』が常楽我浄の四徳全てを「法身」に限定し、その結果として「如来蔵」と「アートマン」とを峻別した点にある。おそらく『勝鬘経』はこうした涅槃経に見られる「アートマン」の解釈を退けるために、常楽我浄説を涅槃経から敢えて取り込もうとしたのではないだろうか。

先述したように涅槃経の如来蔵思想の特徴は、「如来蔵＝アートマン」とすることで、「衆生」と「仏」とが連続させられる点にある。そこで言う如来蔵・仏性は何れも「仏の本質・要素」という意味が強く、それが煩悩に覆われながらも「アートマン」という形で衆生の身体中に存在しているという主張である。この「我」とは〈原始大乗涅槃経〉の説く「仏身」を「内化」した表現として涅槃経には極めて大きな意味を持っていた。第二類の常楽我浄説はこの点を主張するために立てられた説であることは間違いない。

ところが『勝鬘経』はこのような「アートマン」でもって衆生と仏とが関係付けられることを嫌い、常楽我浄をもう一度全て「法身」の側に押しやったに違いない。『勝鬘経』は経中に「如来蔵はアートマンではない」由を明確に述べていることからもそれが類推される。そして恐らくは涅槃経の常楽我浄説を意識してそれと優越的に区別をつけるために pāramitā の語を付加したものであろう。

とすれば『勝鬘経』は涅槃経によって実現された「衆生と仏の連続」を、またすっかり断ち切ってしまったのだろうか。否、実は『勝鬘経』はすでに涅槃経の説くアートマンなどに頼らずとも「衆生と仏」とをともに語り得る原理を持っている。それは涅槃経の段階では見られない「浄染の依持としての如来蔵」という概念である。

世尊よ。如来蔵があるから輪廻が成り立つといえばそれは理にかなっています。……①如来蔵は〔法身と〕本質的に結合した不可分の、智慧と切り放せない、無為法にとって saṃbaddhānām avinirbhāgānām amuktajñānām asaṃskṛtānāṃ dharmānām 拠り所 niśraya・基盤 ādhāra・基底 pratiṣṭhā であります。同時に世尊よ、②〔法身と〕本質的に矛盾し、それと分離し、智慧と無関係で、有為法にとって asaṃbadd-hānām …… vinirbhāgadharmāṇāṃ muktajñānāṃ saṃskṛtānāṃ dharmāṇām 拠り所・基盤・基底であるものは如来蔵であります。(139)

ここに説く「如来蔵」は「①法身の拠り所」でもあり、且つ「②輪廻の拠り所」でもある。それはけっして「仏の本質」という意味にとどまるものではなく、「仏と衆生がともに成り立つ場 āśraya」となっている。『宝性論』においても受け継がれるこの「如来蔵」の概念は「法身よりも高次の概念」であることに注意しなければならない。唯識説との密接な関係を窺わせる術語に発展しているのである。

おそらく『勝鬘経』がこの意味で「如来蔵」の語を用いるためには涅槃経の説く、「我＝如来蔵」という、身体的要素の色合いが濃く現れた解釈を退けなければならなかったはずである。そのために敢えて涅槃経から常楽我浄説を取り込み、それを全て「法身」に限定することによって自説への昇華を図ろうとしたのであろう。

以上、四顛倒の系譜を見ることで涅槃経を巡る若干の文献の関係が明らかにされた。ことに従来涅槃経との関連でその成立の前後関係が論じられていた『勝鬘経』との関係は、涅槃経→『勝鬘経』であることが明らかになったと思う。(140)とすれば仏教内部でのアートマンの受容は、〈原始大乗涅槃経〉が「仏の永遠性」を表現するために取り入れ、それが如来蔵・仏性思想の発展の中に位置づけられる時、内化された「仏」の表現として用いられ、最後には『勝鬘経』がその全体を「法身」に限定する形で落ちついたことになる。

# 第四章　大乗涅槃経の社会背景の変遷

先の第三章では第一類と第二類の分類、および第二類中の二分類に基づいて、そこに見られる思想の相違、変遷を辿ってきた。この章では、その思想がいかなるトレーガーによって担われていたか、その歴史的・社会的な姿を考察する。この話題も概略は既に第二章で取り扱った。ここではその大枠に沿いながら、更に詳しく、ことに一般の仏教史との関係の中で見ることになる。もちろんこの章においても、思想的な側面が同時に考慮されていくことは言うまでもない。そして第三章と同様、トレーガーの発展する姿において、異質性ばかりでなく同質性が見出されていくことになる。

## 第一節　第一類の資料的限界と予想されるトレーガー

第二章で考察したように、第一類のトレーガーたる法師は、その振る舞いにおいて第二類の菩薩とかなり違っていることだけは、経中の記述から明らかになる。しかしその教団が、一般の部派・大乗の教団中でいかに位置づけられるかという問題となると、精確には明かし得ない。それは先ず何よりも、第一類においては組織的な教団と目されるものの記述が少なすぎるという理由からである。しかし同時にそのわけも明白であって、既に考察したように、第一類が「教団」と言われるものを有していなかったか、あるいはそうしたものを志向する関心が薄かったためである。それに比して、後に考察するが、第二類になれば教団に関する記述がかなり豊富に見られるようになる。この両者の相違は、既に第二章で見た、第一類から第二類への「教団化・グループ化」という変化内容に通じるものである。

従って残念ながら、涅槃経から直接に得られる資料によって、第一類の社会背景を詳細に意味づけすることはできない。ここにおいては、関連の資料・研究を総合しながら、行き過ぎのない程度に推定をしておくしかないことを断っておこう。そもそもこの作業自体、涅槃経の文献内部に留まらず、外部とコンテクストを作って涅槃経の位置を確かめようとするものである。それは本来、方法的に推定の域を抜け出ることはできない。ここで問われるべきは、この作業によって、涅槃経内部の脈絡が、より意味を持って鮮明になったか否か、という点に集中する。

## 第一項　第一類のルーツ——聖地・仏塔崇拝の遊行者たち

第一章において考察した一般の仏教における「涅槃を巡ってのブッダ信仰」のあり方を踏まえ、更に第三章においての「仏身常住思想」から「如来蔵思想＝舎利崇拝の否定」への発展を踏まえれば、この第一類がもともと「仏塔信仰」「舎利崇拝」をその存立基盤としていたことは間違いないだろう。確かに第一類には「仏塔」なる術語を明言する箇所はない。しかし法師の振る舞いとして、

（法）法師とは戒を保ち、威儀清浄にして大乗を深く喜び、他人にも説く。香・油・幡・華などの供物を

国王・大臣・長者たちとともに捧げることができるが、それでいて沙門の法を失うことがない。それが法師である。(1)

と記していた。ここでは供養の対象が示されていないが、経巻崇拝のないこの段階においては、それは「仏塔」ないしは「礼拝堂における仏像」以外には、今日までの研究の成果からすれば考えられない。第一章で幾度も確認したように、仏教全体にとって仏塔信仰は前提とされるべき背景をなしているのである。

さて、今これを認めたとき、この第一類の信仰対象とされたはずの仏塔は、いかなるものだったのだろうか。これに関しても涅槃経は直接的には何も語らない。間接資料に従った限界を自覚しながら、しかし、これまで諸学者の手によってなされてきた有意義な研究成果を加味してみなければならない。

先に見たように、第一類の法師は、教団の規定としての戒律を定める際に、「遊行」を主要な関心の生活形態としていた。これを前提とすれば、そこには通常の仏教者に見られる「定住の仏塔」との関わりとは違った形態が想定されてよい。そこに浮かび上がってくるのは、「聖地」「涅槃」との関連での仏塔の存在である。先に考察したように、アショーカ王以前のかなり古い時代から四大聖地の一つである「仏涅槃の場所」は特別な巡礼地としての地位が定まっていた。(2) そして「かつて仏が存在したと目される場所」に建てられたストゥーパには、多くの遺骨や経文を収めた小塔が、極めて長い期間に渡って奉納されてきた。現在の解釈によれば、それは仏のもとで最後を迎え、死後に仏のもとに赴くことを信じた者たちの所産であった。ブッダ所縁の場所に聖性が存在し、そこで実際の仏に見える機会が得られる。こうした聖地巡礼に由来する遊行が古くから存在したことは、広く認められるところであった。(3)

しかも涅槃という主題に仏塔信仰は本質的な関わりを持っている。エバートの研究が示したように、仏塔はブッダの涅槃における身体としても意味を持っている。(4) サーンチー、アマラーヴァティー、ボードガヤーなど、大塔の存在するところは、実際の涅槃の地とは限らなくとも、ブッダの現存する場所として、多くの仏教者の関心の的となってきた。さらに増一阿含・涅槃経によって象徴されるように、非大乗系の涅槃経において、ブッダが仏塔、遺骨という存在様式によって受け入れられたことも明らかなことである。

そこには、おそらく聖地巡礼に関わる形での、遊行を事とする出家者の存在が予想されてよいだろう。第一類のトレーガーである法師は、あるいはもともとこうした文脈の存在だったのではないだろうか。事実、現在確認される遺跡の中の、ボードガヤーに存する仏像碑文のあるものは、はっきりと「法師 dharmakathika」によって寄進されたことが確認されている。[5] 聖地巡礼に関係する出家者が存在しているのである。また既述したように、本来ストゥーパ遺跡は、主に出家者の関与によって成り立っていることを忘れてはならない。もちろんそのことは、彼らが部派とは異なった独自の教団をもっていたことを意味するのではない。

また既に述べたように、実際にはこの聖地は「四大聖地」に限る必要はない。最初期はそうした聖地に限定されていたかもしれないが、時代を追うにつれてそれに準ずる所や、更に広くなれば基本的に仏塔が存在するところは、どこでもその聖地になり得る可能性を持っていると見てよい。そもそも歴史的に見れば、聖地は、国王や領主などの有力者の保護がなければ巡礼地としては機能し得ない。聖地に至るまでの旅の安全や諸施設が、長期に渡って確保され続けなければならないからである。こうした条件によって、実際の聖地はしばしば場所を変えたことが考えられる。従って、事実としては、聖別化の徴を施された地点を聖地とみなした、という言い方の方が正確だろう。[6]

仏教においてこの聖別化の徴づけをなすものは、もちろん仏塔である。そしてその仏塔の意味が、本来「聖地巡礼」に基づく信仰に源泉を持っていること、それは注目しておいてよい。この聖地の仏塔は、僧院に付属の仏塔とは、意味を異にするのであり、それは本来、遊行を前提とした信仰形態を要求するはずである。[7]

## 第二項　第一類のトレーガーの特徴

さて、この聖地信仰を前提とすれば、第一類のいくつかの問題が、統一した意味のもとに整理がついていく。先ず第一に先に述べた形での聖地信仰であれば、仏の常住は大前提として譲れない真実である。そして聖地という、仏と直接に出会える特定の場所を舞台に展開される仏常住の意識は、同じ仏塔であっても、日常的に出会える僧院に付嘱した形態のものと比べるとはるかにその強度が増す。

そしてこれによって法師の遊行が説明されることは言うまでもない。常住の仏に出会うのはいつでも可能なのではなく、現に仏が存する特定の場に赴くことが是非必要となる。そのためには危険な時代の険難荒野であっても、チャンダーラを含めてあらゆる階層の者と接しつつ遊行せねばならない。その途上で法師は既に存在する定住の「僧院仏教」に出会う。そこでは彼は既成教団との間で、「思想・教団」の両側面から、自らの態度を決定しなければならない。(8)

思想的な面では、ある意味で「法」の伝統を汲み、理論仏教を積み上げる知的仏教の源泉たる定住の僧院仏教は、仏の考察といえども「等質な法体系の中の一部」としてなされるのが主流である。それは「聖地巡礼」のような特定の宗教意識から発した仏陀観とは質的に異なっている。(9) 一方で僧院に付属した仏塔は、日常化し、儀礼化した意味合いの中に収められている。これも聖地に発する仏塔信仰とは異質なものである。こうして永遠のブッダに出会うために遊行する意識を前提とした法師は、彼らから相対的にみて仏を「無常」と捉える世界を背景とすることになり、どうしても仏を「常住・無為」の世界に連れ出さなければならなくなるのである。

更に、そこで出会う社会的・教団的側面の問題は、やはり「定住者」と「遊行者」の関係が基本となっている。

つまり、遊行・移動していく法師は、おそらく遊行のための最低限の所有物で済ませていたはずであり、彼らの目に映った定住既成教団の「牛・馬・使用人」などの財産を所有している姿は、堕落した不浄なものに思えたに違いない。涅槃経がその律の基本として、終始一貫して八種不浄物の蓄財を厳しく禁止するのは、こうした理由によると見てよい。(10) いったいに涅槃経の持つ規律に対する意識は、基本は遊行者としての態度に由来する考えると筋が通る。(11)

第一類が「聖地巡礼」と通じていることを示唆する事例が「受持品」の中に確認される。

(T) 善男子であれ善女人であれ、この大般涅槃によって涅槃したいと願う者は如来と法とサンガは常住である、ということに努力すべきである。(12)

この「大般涅槃によって涅槃する」という一見不可解な記述は、先に考察した仏教始めヒンドゥー一般における聖地巡礼、ないしは「聖地における死の意識」にまで遡れば、文字通りの意味で解釈可能になる。例えば仏教徒が死者を埋葬する際、実際に縁者の遺骨、あるいはそれを象徴する遺品を、仏のストゥーパの周りに葬っていた。(13) またヒンドゥー教徒であればガンジス河の河岸で死ぬことを目指し、それが叶わなかった場合は、縁者に遺骨や灰などを河中に撒いてもらうことになっている。これは、聖なる地に聖なるものが現存し、死の際にもそこで聖なる世界に出会うことを予期してなされる行為である。(14) 従って涅槃経のこの記述でも、涅槃を文字どおり「死を迎えること」と解すれば、その涅槃が、理想の仏が存在する「大般涅槃」の中で実現されることを述べたものと捉えることができる。そのためには仏が常住であることは、当然、必須条件である。

こうして見ると第一類のトレーガーは、少なくともその起源としては、聖地、ないしはそれに準ずる場所の仏塔を巡る遊行者だったことが考えられてよい。そんな彼らの中では「仏の涅槃と存在」という話題は、当然関心の中心を占めたはずである。仏塔は「涅槃=真理」の象徴であり「現存する仏」そのものだからである。

しかし、注意しよう。既に見たように、第一類の法師は、決して仏塔にブッダを閉じこめず、むしろそこから解放しようとする兆候を見せていた。それは法師が、「経典」という形でブッダを説きはじめたときに起こった変化に違いない。ブッダの実在を実現せしめる場は、仏塔そのものから、法師の説く「経」へと、その比重を移行しつつある。もしこの変化が、聖地の仏塔の評価を、経という媒体へと移す試みであったとすれば、法師は、純粋な巡礼から脱却し、聖地という場所に限定されないブッダの存在を求めていく段階に達していたと考えねばならない。

### 第三項　仏教の二つの類型

このことを別の面から考察してみよう。涅槃経はその当初から既成教団に厳しい態度を示していたのではなく、(法)では「犯戒者と争わない」という柔軟な態度を持っていたことを想起して欲しい。総じて第一類の特徴は、戒律に厳しい態度を示しながらも、律などの制度的な権威によって判断することを嫌っていた。これが第二類になり、(T)(曇)になると、既成教団に対する態度が徐々に厳しく変わって来る。

こうした第一類の法師の態度は、Ray [1994] によれば、まさに林住型の仏教者の態度である。僧院型と比べたとき、林住型の仏教徒は、教団となった制度的な権威に対して軽蔑的で、辛辣な態度を取り、個人として振舞う価値を重んずる。霊智的な経験を重要視し、自身は出家者として厳格な姿勢を保つが、在家者の価値に対しても十分に理解がある。先に引用した法師の振る舞い――五戒という制度を認めず、チャンダーラなどのアウトカーストを認め、在家者と親しく接しつつ、自己の威儀には厳しい態度――は、この態度に合致する。何より遊行を根底とする意識こそは、林住型の典型である。(15)

確かに仏塔を表面化させる大乗仏教の信仰の形態は、本来この林住型と親和的である。Dutt, S.［1957］や平川彰［1968］は、まさにこの点を指摘したものと解釈し、再評価すべきであろう。しかし、また一方で、仏塔信仰がすべて林住型価値を有するものかと言えば、われわれの解釈ではそうではなかった。律蔵によって規定・運営される仏塔は、聖地の仏塔と比較したとき、僧院型の、制度による官職カリスマに基づくものと解さねばならない。そこでは繰り返しの世界から実現される儀礼としての意味合いがはるかに強くなる。同じ仏塔でも、この両者は、その本来的な機能として区別しておいた方がよい。第一類の法師はこのうち、林住型の仏塔信仰を、聖地の仏塔をもともとの拠り所とする者たちであったと考えてよい。それは遊行への意識となって現れる。

また同時に、〈原始大乗涅槃経〉の中では、既成教団との関係が既にかなり強く意識されていた。ということは、第一類のトレーガーが経典を制作し始めたのは、既に他教団との関係を持ち始めた後であり、その中で彼らが改革を意識しているということは、その教団に多少なりとも定住する意識を持っていなければならない。全くの外来者に留まるのなら、教団の変革は起こりようがないからである。おそらく法師は、こうした外来者たる「客分」から徐々に定住者に変化をし始めた過程において、第一類の涅槃経を形成し始めたのだろう。つまり法師がブッダを「仏塔」から「経典」へと移行させつつあった時は、遊行への意識が薄まり始め、定住化への志向が生まれ始めた時と重なりあっていると考えられる。

## 第二節　涅槃経第二類のトレーガー

けれどもこれが第二類になり、法師が菩薩を名乗りはじめると、その態度は律法的に厳格化し、制度化する傾向を見せた。この変化は、この遊行者である法師が、徐々に教団内に定着し始めた事実に並行すると考えられる。当初は「外者・客分」として行動していたものが、徐々に教団内部に所を得た存在になり始めるにつれて、態度を厳格化させてきたのであろう。これは一般的にみて林住型から僧院型への変化に合致する。(16)

既に考察したように、ここでは「定住」のサンガを背景として涅槃経のトレーガーがまとまったグループを構成し始めるという、「グループ化・教団化」なる大きな変化を起こしていた。このように変化した第二類の教団の具体的な姿を見てみよう。ただここでも注意しなければならないのは第二章で考察したように、同じ第二類でも、「四法品第八」と「四依品第九」以降においては、階層が考えられた。(17) この階層は、ここでも再度意識し直しておかねばならない。

### 第一項　「四法品第八」の社会背景

「四法品第八」において説かれる社会・教団背景の問題として最も大きいのは「肉食の全面禁止」を打ち出したことである。これは大きなテーマを構成するので、後に節を改めて考察することにしたい。(18) 今ここではこの

「四法品」の中でトレーガーの様子を窺わせる記述のみに照準を合わせて見ておこう。仏が肉食の禁止を説いたことに対する迦葉の質問である。(19)

(T)「世尊よ、それならばどうすればよろしいでしょうか。諸々の他人の施しで生きる比丘・比丘尼・優婆塞・優婆夷たちの見たことのない布施食物が多い地方で、布施食が肉と混じりあっている所ではどうしたらよろしいでしょうか」。

(法)は(T)と同様に「ある地方で肉食が多い場合には」というが、(曇)は単に、「乞食の際に肉を貰った時」と言う。(20)この(T)(法)を重視すれば、これはあるいはトレーガーたちが、日常的な乞食に留まらない、「遊行」をなしている可能性を示唆するものとも解釈できる。もっともこれを、涅槃経が自己の教えを聞くべき対象を、幅広い地域で予想しているとすれば、トレーガー自らは定住していることを否定する材料とはならない。(21)

この「四法品第八」では教団を次のように分類する。(22)

(T)ここで積聚というのは二種類である。有為を積聚することと無為を積聚することである。その中で、声聞は有為の積聚の方であり、如来は無為の積聚の方である。サンガは二種類である。有為のサンガと無為のサンガである。その中、有為のサンガとは声聞のサンガである。声聞のサンガには積聚もないとすれば、使用人・女使用人などの間違った物や、蔵・倉庫などを有することがどうしてあろうか。不適当なのだから彼らは塩・胡麻も積聚すべきではない。……たとえ有為サンガにおいてでさえも〔本来〕積聚がないのだからどうして無為サンガに〔積聚が〕あろうか。無為サンガとは如来である。如来に秘密の法がどうしてあろうか。およそ秘密なるものが積聚である。

(法)(曇)も一致している。これは第二章でも取り上げたが、サンガを有為と無為に分け、有為に「声聞」、無為に「如来」を配当する。(23)更にsaṃghaの語解釈を挙げ、「不浄物蓄財」を批判している。ここで声聞と如来とを対比させていることに注意しておこう。本来サンガとは当然「仏」とは異なるものである。従って仏をサンガとして表現するのは、そのままでは意味不明である。もちろんここでは saṃ-grah, saṃgha の語義解釈を行おうとしている部分だから、便宜的に配当したということも考えなければならないだろうが、しかしそれにしても最低限言えることは、「如来」が前面に出ており、いまだに「自己の教団」という意識が欠如していることである。

ここで先の第三章で思想の変遷を辿った際に見た「四法品・世間随順説」の位置付けを思い出せば、この箇所は大衆部の空の教義に通じた者の手によって「仏の絶対化」が徹底して進められたところであった。その結果は、この部分で涅槃経のトレーガーが、教団をはっきりと意識していないことと整合的であることが分かる。意識はあくまで如来に向いているのであり、サンガに向いているのではない。

最後に既に前に見た例であるが、「世間随順説」の末尾に「一闡提批判」を出す部分である。[24]

（T）〔迦葉が申し上げて〕「世尊よ、医者によって一切の病が治されて、〔仏は〕病のある他の国や村・町・都城・王宮に示現されるとおっしゃるのでしょうか」。〔仏〕「善男子よ。生命ある者の全てが治されるとそのように言ってはいけない。他の治され得ない衆生たちは治ることがない。それはなぜかと言えば、彼らの病は治すことができないからである。如来は、彼らと同様な一闡提を除いて全ての病を治されるのである。およそ涅槃なるものが治癒である」。

ここでは「如来」たるものが病を癒すために「さまざまな場所に赴く」ことが挙げられていることを意識しておこう。おそらくトレーガーは、自ら如来の意識をもって遊行する姿勢を持っている。

この章には、教団に関するものは、わずかにこの三箇所の記述しかないが、それらを総合して考えると、この段階ではトレーガーたちは未だに遊行への関心を保ち、[25]教団形成の状態には至っていない、あるいはサンガ形成への関心が高まりきっていないと言えよう。関心の的としては「如来」で十分なのである。おそらく客分の法師がまだ客に留まっており、サンガという言葉が指し示すものも、あくまで自身が入り込んだ、既に存在している他のサンガを指している段階と見てよいであろう。

従ってここで非難される「一闡提」は、涅槃経のトレーガーが入った既成の教団の「不浄物を蓄財する者たち」と考え得ることになる。そうした破戒の教団に入るからこそ、自らの振る舞いが同時に問題にされるのであり、その意味でこの一闡提は必ずや自身に戻って来る存在である。これについては後に触れる[26]。

## 第二項　「四依品第九」以降——教団内グループの形成

ところが如来蔵思想が現れる「四依品第九」以降では、教団関係の記述が急に増えてくる。またこの箇所から「経典崇拝」に関する記述が登場するのは、極めて大切な変化であるが、これは後に考察するとして[27]、その他の注目に値するものを挙げておこう。

最初は「四依品」の「新入りの比丘と長老比丘」の関係を述べる箇所である。世尊が「声聞乗の中で説いた」として述べる偈頌「老人にせよ若人にせよ、法を教えてくれる人に対し、バラモンが火に仕えるように、彼に仕えて礼拝すべきである」——これは実際にウダーナヴァルガに出る[28]——を引き合いに出して、「長老比丘が破戒者で新入り比丘が持戒者である場合の態度」もこの偈頌と同様に対処すべきなのか、と迦葉が尋ねる。それに対して世尊は答える[29]。

(T)〔この偈頌は〕未来菩薩のために説いたのであり、声聞たちのために説いたのではない。善男子よ。私が以前説いた正法が滅し、威儀を具足する者がいなくなり、破戒の者が増大し、解脱・離貪がなくなってしまい、使用人・女使用人などの多くの間違った財物を所有するようになった時、この四人の中から一人だけが使用人・女使用人などの多くの悪財物を所有するサンガにあって、在家から出家する。彼らの適当・不適当、律・非律の疑いも知り、彼らの怠慢と自らの多くの過失の根本も知って、この行動は世尊の行境ではないと知りながらも、場所と時とを観察して、新入りから九部経を学ぶ。彼らが波羅夷罪であると知り終えて、正法を起こすべき時であると考えて、黙ったままでそのことだけを考えて、正法を守るためにのみ世間に出現するのである。

この部分は（法）（曇）も一致している。ここでは「破戒のサンガ」において、その中で自ら戒を保ちつつ正法を起こす機会を窺う姿勢が述べられている。更にこの後に「チャンダーラ王に方便で仕えた後に追い出し、バラモンの王を復位させ、賞賛を浴びるバラモン」の詳しい譬喩を挙げ、破戒の姿を取って教団を改変する企てを推奨する。(30) そのすぐ直後に次の記述を出す。(31)

（T）それと同様に、菩薩も私が般涅槃した後で、正法を建立するために、何とかして悪財物を望み、間違った行境を有するサンガの中にあって、破戒者の者たちと生活様式を同じくすることも示す。かの破戒者たちの僧衣・経巻・資生具を彼らから受け取って持戒のサンガに廻向することができ、規範・煮炊きすること・食糧の回収も教え、八種の不適当な物を受け取ることもなくすことができ、バラモンがチャンダーラの王にやったように、彼らと同席し、布薩・合掌礼拝の行もなし、犯罪者を厳しく処罰することも彼はできる。怠惰なる者たちも清浄なるサンガに変え、多くの衆生たちのために大乗経を説くことができる菩薩摩訶薩のためにこれらの偈頌を説いたのである。このようになす者に対しては、正法を建立するためにバラモンと在家者たちは満足するであろう。バラモンでありながら彼は王位と正法を建立したと思って、彼を供養するのである。

更に続きにも注意してみよう。(32)

（T）菩薩も、持戒の比丘がいないためと、サンガの完成が損なわれているためと、大乗に対する怠慢がすっかり増大しているから、怠慢な者たちとともに具足戒・共住・布薩・合掌礼拝の行為をなして、池が漏れるように学処・威儀が漏れ出てしまうのだけれど、善男子よ。菩薩で正法を建立しようとし、学処を有する人は池を改修するように、実は具戒者なのである。汚れなく懺悔することで自ら清浄になって、経と律そのものによって池を改修するように誓戒をなすのである。

ここでは先に述べた「破戒のサンガ」に入って生活をなすトレーガーの様子がはっきりと窺えて興味深い。彼らは破戒者と行動をともにするものであり、その中で徐々に周囲を改心させることを目指している。場合によっては破戒の教団から経典や資生具を取って持戒のサンガに廻すという行動も認めている。破戒者と共住する彼らは、一見するところでは当然「破戒者」と区別が付かないことになるが、そこにはいわば破戒者の改宗という「使命」をもった菩薩である意識を失わないところが大切な点となっている。すなわち彼らはここで、一つの教団の中でグループを指向するという、いわば「教団内教団」を作ろうとしている。

こうなればたしかに外見では「持戒と破戒」の区別が付かなくなる。そこですぐにこの記述を受けて今度は、ウパーサカたちがいかなる態度でそうしたサンガを判断すべきかを説き、「八種不浄物の蓄財をなしてはいないか」と「布薩・自恣の時に和合をなしているか」の二点を尋ねて、供養に値するサンガであるかどうかを判断せよとしている。(33) しかしこれは「天眼」を有する者でなければ判断できない困難な事柄であると言う。また不浄物を受け取っても、ありのままに懺悔するならばそれで許される態度をウパーサカは持っている。

## 第三項　僧院の仏塔

この涅槃経のトレーガーが存在する背後の教団も、仏塔を背景としていたことは間違いない。重罪sthūlātyaya を規定して経は言う。[34]

（T）この大乗の中で重罪を犯した者には親近すべきではない。重罪というのは世尊の仏塔を守るために、ある他の者が〔仏塔を〕守護しているときに、飾られている華鬘が枯れた後、糸が必要となったために取らせて、諸比丘を忌避し、諸比丘に尋ねないで比丘が取れば、重罪の罪になるのである。もしこんなことぐらいで何にもならないだろうと思いこんで取っても、そんな人たちに近づくべきではない。盗みの心で仏塔を破壊しても重罪の罪を犯した者になるのである。そんな人たちに近づくべきではない。

ここである在家者や大臣が、もし法の心によって遺骨を供養したり、ブロックを必要とするために古い仏塔を壊して取って、その在家者や大臣はその仏塔から金・銀を掘りだしたとする。それをある比丘に預けて、その比丘はそれを取って自分の財産にして言い争いをすれば、その比丘は正しくないのである。それらの優婆塞は法に住しているのである。その比丘は信頼すべきではない。

この箇所は如来蔵を説くことが「過人法」の罪にはならないことを説いた後、大乗の重罪とはこれであるという形で述べる部分に当たる。ここには仏塔のまことにわずかな物を盗んだにしても——それがたとえ枯れた華鬘の糸であっても——それこそが重罪であると規定している。通常、波羅夷罪にあたる罪は一定以上の価値のあるものを盗んだ場合に限られており、ここで語られるほどのわずかなものであれば問題とはされない。それが今、仏塔のものに限っては極めて厳しいのである。更に仏塔を巡って在家者との間に諍論が生じた場合、在家者に軍配を挙げる態度は、出家者が仏塔に対しては徹底して慎み深くなければならないことを説いたものと考えられる。ことにここでは仏塔が在家者からの寄進による場合を想定しており、注目される箇所である。

もちろん、既に述べたように、注目すべきはこうした塔物を厳重に管理する態度は、ひとり涅槃経に特有のものではなく、他の大乗経典、ないしは律でも広く確認されることであった。[35] 先に挙げた *Śikṣāsamuccaya* に引用される *Ratnarāśi* の例では、現前サンガの物はもし余剰があれば四方サンガに流用しても構わないがストゥーパに属する物 staupika は、たとえ余剰があってもけっして四方・現前サンガに回してはいけないことが定められていた。そして布切れであっても、風雨日光に晒して、商品価値がなくなるまでにしなくてはならないと言う。その理由がまた注目すべきでものであった。仏塔に属する物は、たとえ布施された糸一本であっても、それ自身が神々を含む世間でチャイトヤたるものだからである。仏塔に供えられたものは、そのままで caitya に当たるもの、すなわち聖なるものなのである。[36] もちろんここでは「仏塔＝仏」と考えられているのが理由をなしているからであり、漢訳では staupika は「仏物」と訳されていた。また *Ākāśagarbhasūtra* と *Upālipariprcchā* では、塔物を盗むのが「五無間罪 pañcānantarya」に相当するとまで言う。[37] 仏塔を傷つけるのは「仏」を傷つけるに等しい。

こうした例を考慮に入れると、涅槃経のこの箇所でも、仏塔を敬うという同様の意識でこの規定をなしていることが窺えよう。仏物は特別扱いして尊重すべきものなのである。だからこそたとえ枯れた華鬘の糸であっても盗むことは許されないことになる。とすれば第二類のこの箇所のトレーガーは、当然仏塔と関係を持った教団を背景としていると見てよい。

ただここで、三つの点に注意しておこう。先に第一類の法師も、仏塔を背景としたことを予想した。しかしその仏塔は、本来、巡礼の対象とされるべき、「特定の聖なる場所」に由来する仏塔と予想を立ててみた。この箇所の仏塔も、それと同類とみなし得るのか、という問題がまず第一にある。これについても直接的な言明は涅槃経の中にないので、推定によるしかないが、ここでの仏塔はトレーガーにとって、その管理・運営が問題となる関わりを持つものとなっていることは明らかである。そしてそれは律蔵・大乗経典において通常教示される仏塔と変わるところがない、身近な存在の仏塔である。また、この段階では明らかにトレーガーである菩薩は、定住の教団を背景として活動をなしている。この事実を考慮に入れれば、第一類の法師が念頭においた仏塔は「聖地の仏塔」であるのに対し、こちらはむしろ「僧院の仏塔」として位置付けられることは間違いないであろう。

次に留意しておくべき点は、その仏塔は、例えば先の *Ratnarāśi* の如く、トレーガーたちにとって、ブッダと全く等しい、絶対の拠り所とされていたかと言うと、それはやや疑わしい。なぜならば、すぐ後に触れるが、実はここでは既に涅槃経という「経典を崇拝する意識」が表面に浮かび上がっている。従ってこの箇所では既に仏塔よりも経典に価値の比重を置いていることは疑いない。第三章において検討したように、仏塔信仰に対して否定的な側面を第二類の如来蔵思想は有している。しかしそれにも関わらず、仏塔を尊重する記述を同時に出すのは奇異なことではない。例えば経典崇拝の最たる文献である『法華経』などでも、仏塔はそれなりに大切な位置づけを与えられている。これは「仏身」を重要視する文献に共通の態度と言えるかもしれない。思想が「経典」にまで昇華されても本来のオリジンであった「仏塔」はけっして否定されつくしてしまうことはない。実はこれは後に指摘する大衆部の態度と全く重なりあう。繰り返しになるが、そもそも仏教における「発展」は、旧来のものを駆逐するよりは、共存させる方向に進んでいく特徴を持つ[38]。

第三には、この箇所は、あくまで在家者たちが比丘の態度を判断すべき基準を示した部分であり、比丘自身の態度を戒めたものではない点である。従ってこの記述を仏塔にあらゆる価値を収めたもの、とまで読み込む必要はない[39]。

以上をまとめてみよう。「四法品第八」までは涅槃経のトレーガーたちはまだ「遊行」の姿勢を保っており、「仏」への意識はあっても自らの「サンガ」という意識を持っていなかった。サンガが語られるときは、それは他のサンガを意味していた。ところが「四依品第九」以降のトレーガーになれば、恐らくは仏塔を持った僧院への定住化が格段に進み、その教団の中で独自のグループを形成し始めたことが予想される。その際に、破戒者と行為を共にして、自らは菩薩の高い意識を保ち続けることにその主張の中心を置いていることが分かる。更に彼らは在家者に向かっても自らの主張を訴え、既成のサンガを内外から自己流に変革していこうと試みているのである。

また仏塔に対する不敬の態度には、相変わらず厳しい態度を保ち、在家者への監視も訴える。教義的に経典を重要視する姿勢は、仏塔を軽視し、不敬を働くことを容認するものではない。仏塔に仏を認める、本来の涅槃経のトレーガーが有したであろう姿勢は、ここに至っても底流を流れている。

## 第三節　経典重視の第二類と如来蔵思想

### 第一項　経典の重視

既に述べた内容の他に、第一類と第二類を比較したとき、そのあいだに極めて興味深い変化が起こっている。

それはこの第二類、それも特に「四依品第九」以降、ということは如来蔵思想が本格化して説かれ始めて以降、涅槃経という「経典」を重要視、ないしは崇拝する意識が表だって来ることである。経典を重んずることは、経典である限り当然のことと思われるかもしれない。しかし、不思議なことに第一類にはそれを窺わせる記述が全く出ていない。

『大般涅槃経』という経典名が確認されるのは、第二類「四法品第八」の冒頭とそれに引き続く部分、そしてそこを大きく隔てた「四依品第九」、およびそれ以降になる。「如来性品第一三」以降は経典名の登場が著しい。まず「四法品第八」の冒頭は、第一類の末尾である「名字功徳品第七」を受けている箇所なので、他経典の例を考慮すれば、ここに「大般涅槃大経」という名前が出るのは、納得がいく。つまり第一段階の〈原始大乗涅槃経〉の成立を受け、それを認める形で第二類の段階を説きはじめているのである。従ってこの箇所の経名は、ここで経典の形成段階に区切りがつけられることの一つの傍証ともなり得る。[40]

ところがこれ以降、経典名は全く登場しなくなる。ただし、「大般涅槃」という名前自体の尊重は、第一類の「名字功徳品第七」でも第二類の「四法品第八」でも頻繁に出ている。例えば「四法品・世間随順説」においては「大般涅槃に住する菩薩は……」という表現を繰り返すし、先に挙げた「名字功徳品」の例でも「この大般涅槃で涅槃しようと思う者は……」という表現であった。しかしそれはけっして『大般涅槃経』ではない。[41]

さて、今第二類中に多数見られる「経典重視・崇拝」の例から若干を挙げて、その意味を考えてみよう。先ずその記述が現れる最初の「四依品第九」の例である。[42]

(T)大乗の中にも肉眼を有するものがいるが、彼らは仏眼を有するものの中に入るのである。それは何故かと言えば、大乗・仏乗の経典を有するからである。

(曇)(法)も同様に述べる。ここでは「経典」を有することが要の要素になっており、以後も同様のニュアンスが加えられ繰り返されることになる。次の記述を見てみよう。[43]

（T）『大般涅槃経』は極めて打ち負かし難いのである。実にこの大経と如来とは常住であると聞いて、信が生じるものたちは、極めてなし難いことをなす者である。世間においてウドゥンバラの華のように得難いものである。私が涅槃して後この大乗経は極めて得難くなるだろう。

ここでは涅槃経という「経の常住」と「如来の常住」とが並列されており、両者に同等の位置が与えられている。あるいは「この大経は得がたい」という内容を考えると、経の方に、より比重がかけられた表現がなされているとみてよい。これは明らかに以前には存在しなかった態度である。如来の常住は説かれても経の常住は説かれたことがない。

この「四依品第九」の経典重視は、すぐに次の形に展開する。[44]

（T）およそ法の隊長となる四人のその場所に、一人の菩薩摩訶薩が世間に出現し、どこに住していようとも、そこで彼のために、彼らは大乗経典の一節を報酬によって書き、記録に止めて完成し、経巻を束にして、利養や尊敬を得るためにしろ、法を行じるためにしろ、拠り所とするためにせよ、敬重するのである。かの菩薩摩訶薩を尊敬もして、多くの衆生たちを大乗のエキスによって満足させるであろう。……かの菩薩摩訶薩の威力によって、諸々の衆生たちは以前に聞かなかった言葉の、文字の精髄を聞くであろう。『大涅槃大経』の存するところはどこでも、金剛に等しくなるだろう。それらの衆生も金剛に等しくなるだろう、と私は言う。

ここには極めて注目すべき経巻供養が詳しい形で説かれており、これまでの一貫した主題である如来が背後に姿を消していることが分かる。そしてその経典供養は如何なる目的でなされても意味のあることだという位置づけが特徴的である。ここまで至れば経の内容を超え、「崇拝」を認めているとみてもよい。

そしてこの記述を見れば、誰しもが『金剛般若経』の "sa pṛthivīpradeśaś caityabhūto bhavet" なる表現を想起するに違いない。『金剛般若経』では、経典の実行される場所がそのまま caitya になるという趣旨の内容を持っていた。

更にまたスブーティよ、どのような地方でも、この法門から四行詩の一つでも取り出して、話したり、説き聞かせたりされるとすれば、その地方は神々と人間とアスラを含む世界にとってチャイトヤに等しいものとなるだろう。(45)

Schopen [1975] が妥当にも解釈する如く、これは大乗における経典崇拝の典型である。この涅槃経にも、それと全く同様の意識が現れている。涅槃経が実行される場所が、そのままで金剛たり得るのである。ここで「金剛」という言葉を使っていることも見逃せない。金剛は第一類において如来身を形容する大切な語であった。それが今は如来身にではなく「経典」に使われている点に注意しよう。(46) つまり、ここで涅槃経は明らかに「如来→経典」とその価値基準への態度を変えているのである。

こうした経典重視の記述は、その後さまざまに説き重ねられる。

(T) 一切世間に対する慈悲の故に、諸々の経巻を供養し・尊重し他人にもそうさせるようにし、師匠を供養するように見て、意味も完全に悟るであろう。世尊は常住・堅固・不動・窮極の安楽と言われ、一切の衆生には如来蔵があると説示するのである。(47)

(T) この経典を学ぶ菩薩摩訶薩は十地に達した菩薩摩訶薩の一員になる。外道の者を財で導くためとか、説法をするためとか、利養・尊敬・偈頌を願うためとかで聞いてしまうだけであっても、経典を捨てることがなければ、我慢の力で捨て去る者以外の他の衆生たちは、およそ諸仏・応供の正等覚を次第に獲得するだろう。(48)

## 第二項　「経巻」登場の意味

さて、このように第一類には見られなかった経典重視、更には経典崇拝の出現を、これまでの大乗仏教研究の中に照らして見る時、言うまでもなくそれは「舎利崇拝から経典崇拝への移行」という大きな出来事の中に収まることが分かる。先に見たように「舎利供養の否定」から、それが具体的には「経典・教義尊重」に代わるところに大乗の成立を見るという点では、わが国でも海外でも、大筋意見が一致している。とすれば涅槃経第二類の成立は、この一般の大乗発生の過程に素直に従っていると言える。

こうした変化は、大乗経典の制作に関して興味深い示唆を与えてくれる。少なくとも〈原始大乗涅槃経〉の段階では「経典崇拝」はまだ現れていないのにも関わらず、経典が作られているわけであるから、〈原始大乗涅槃経〉を大乗のものと見なすならば――それは経自らが述べるので、その通りなのであるが――一部に言われるように、経典崇拝の誕生をもって大乗の成立とすることはできない。「経典の成立」と「経典崇拝の成立」とは、あくまで異なった事件と見なければならない。

また、ここで考えるべきは、経巻崇拝が起こるためには、経典が書写されるという出来事が発生した点である。では一体、そもそも、『大乗涅槃経』は当初から書写されたものではなかったのだろうか。

涅槃経のなかに書写を示唆する記述を追いかけていくと、始めに窺われるのは「常住という二文字を修習する」という一句が「長寿品第五」において確認される。(49) 既に見たように、この「長寿品」は第二類に属する章であり、経典全体の目次を備えている点を考慮すれば、第二類の全体が出来上がった後の、つまり最後の段階での挿入であると考えられる。文字を明らかに予想させ、その文字の威力が説の中心となる「文字品第一四」は「如来性品第一三」の次に位置する。「四依品第九」以降に起こった「経典崇拝」の登場は、同じ経典であっても明らかに「書写」を前提としたものであることに特徴がある。それは「経巻 pustaka」の形態を前提としているのである。もっとも記述が存在しないことは、事実が存在しないことを意味するわけではないから、第一類においても書写されなかった、と断言はできない。しかし、ことさらに経巻崇拝が第二類の「四依品」以降に出ている事実は重要視しておきたい。現資料によって積極的に指示される限り、文字化が決定されるのは、「四依品第九」以降ということにならざるを得ないだろう。(50)

### 第三項　話しことばから書きことばへ

もし「四依品」から書写が前提となったとすれば、この時点をもって、涅槃経は話しことばから書きことばへと移ったことになる。もちろん、インドにおける書写は、口伝と並行していることには十分留意する必要がある。しかしそれにしても、一旦書かれたものが出現すれば、それは、その思想内容にも極めて重大な変化をもたらすはずである。(51)

オーラルな世界、すなわち話しことばの世界では「聴覚」が鍵を握る。第一類の法師が、そうした場での経典の担い手であったとすれば、そこでは法師は、一度に大勢を相手とすることもでき、経典の描く世界は広く第三者に開かれたものになる。もちろんその教説を限られた者のみに説くことも可能だろうが、何れにしてもそれは「人と人」の間に初めて成り立つテクストである。ここでは「語り手 bhāṇaka」としての「法師の上」にしかテクストが存在しない。

ところがそれが「書写」されれば、その途端に「視覚」が大きく左右する世界が展開する。それとともに経典に触れる瞬間は、個人がテクストに向かい合うことになり、「個人とテクスト」という関係が生まれることになる。そこではいよいよ「個」に向かいゆく運動が展開するだろう。そしてそこには同時に「個」の才能が最も活かされる場が実現されるに違いない。それは人や外部の状況への依存度が少なく、また過ぎ去りゆく話しことばとは異なって、何度もテクストの文脈を往復できるために、われわれが普通に予想する理性の働きが最も自由な形で展開することを可能ならしめることになろう。

実は涅槃経において「四依品第九」以降に「如来蔵思想」が成立した状況を考え併せる時、この変化は意外にも素直に首肯できるものなのである。ここでその変化を考察してみよう。

第三章での考察結果を想起すれば、仏塔信仰を前提とし、ブッダの永遠性を主張する法師は、所化との間に個人的な紐帯を持っており、そこでは自己の振る舞いに関して、制度的な、いわば「成文法」を基準とはしていなかった。翻ってみれば、その姿はまさに「話しことば」によって実現される世界と、極めて親和性のある形で存在していることが分かるだろう。

一方、「書きことば」に変わった時、経典の持つ世界は、先に見たように「開かれた世界」から「閉ざされた世界」に変わる。何故ならその書写された経典に触れることのできる者たちは、「人格」を媒体としなくて済む点では、確かに制限が取り払われるのだが、しかし一方で経典を「見る者」は「聞く者」に比べて、事実上はるか少数に限られるからである。大量生産の印刷術が存在しない限り――もちろん当時のインドにはあり得ない――それは話しことばの如く、広く公に説かれることは不可能である。また教育が前提となる識字能力の問題がそれに加われば、経典に直接触れる者の範囲は、極度に狭まってしまう。そしてそこからは経典に触れることが、いよいよ秘義的な色合いを帯びてくることにならざるを得ない。

しかし実はこの秘義性の故に、まさに経典崇拝が登場する地盤が形成される機会が誕生することになる。そして今度は逆に、この秘義性を母胎とする経典崇拝の出現が、結果として経典を、一旦は識字能力のある者に閉ざしてしまったにもかかわらず、従来とは違った形で、すなわち内容とは無関係に「経巻そのものを崇拝する」という形態で、図らずも識字能力のない一般の脈絡に開く働きをすることになる。媒体の変化は、実に複雑な現象を生み出し続けていく。

ただし、何度も繰り返してきたが「書きことば」の出現は「話しことば」の駆逐を意味するのではない。おそらく両者併存の状態が長い間続いていき、そこでは、書きことばが主流を占める近現代とは異質な文化が生み出されていく。更に書かれた経典が「読誦」される地平も広く存在することを考慮せねばならない。しかしそれにしても中心的な問題は、経典を制作する側の態度にある。経典制作の側に限定するなら、おそらく一旦ある経典が書かれてしまえば、それ以後の経典制作は識字能力のある者の手に委ねられて、「書きことば」の側からの発想が、不可欠な要素となって行くであろう。

先に見たように、涅槃経におけるこの「書きことば」への価値の本格的移行が窺われるのは、「四依品第九」以後であるから、実に「如来蔵思想」の確立する時期と揆を一にしている。それは社会背景的には「グループの菩薩」が誕生する時点である。この菩薩は「教団内教団」を志向して、ある意味で排他的な、律法的に厳しい教団を確立しようとしていた。次に考察するように、彼らはお互いに認め合う「仏性・如来蔵」を拠り所として、直接につながるもの同士である[52]。こうした菩薩が存在する背景として、上述の如き選ばれた「秘義的」特徴を持つ「書きことばの経典」が与えられ、それに基づいた動きを考えれば、彼らの思想・行動はより一層読みとり易くなる。もちろんその時には「外の仏塔」は、明らかに第二義的な意味合いしか持たされていない。第一義的な意味を担い得るのは、限られたグループ中で共有する「経巻＝涅槃経」である。そしてそれは実は「仏性」の具体的「形」としての拠り所となっているのである。

## 第四節　選ばれた菩薩意識の誕生

こうして第一類から第二類への教団の変遷を辿ると、大きく「遊行→定住」という第二章で検討した結果が、具体的内容を伴って明らかになってきた。更にその教団の変化に、第三章で考察した「仏身常住思想→仏性思想」という変化を重ね合わせる時、いったい如何なる世界が現れてくるだろうか。それをここで涅槃経の支持者相互の関係に注目して考察してみることにしよう。

### 第一項　第一類の法師

第一類の「仏の常住」を説く部分では、トレーガーたる法師は教化の相手である所化といかなる関係で結ばれているのだろうか。われわれはここまでの考察において、第一類の法師の姿を、その源流に予想される「聖地巡礼」の姿と、第一類涅槃経を形成しはじめる「経典形成時期」の姿とにおいて、微妙に区別してきた。涅槃経から単純に読み取れる事実としては後者の姿なのであるが、しかし仏教全体の歴史と、涅槃という独特の主題を考慮に入れたとき、そこに至る道程として前者の姿を予想しておくことは、極めて大切な仕事となる。

ルーツとして予想される聖地巡礼の法師においては、主張の中心は、特別な聖地におけるブッダの現存であり、その永遠性である。それは仏塔におけるブッダの姿となって結実している。この法師の主張は、目の前の仏塔を相手として、所化に関わるのであるから、教えとしては極めて分かりやすい。このとき、仏の絶対性を主張する法師は、所化に対して仏に目を向けるよう説いているとともに、自らも仏に目を向けている様子が分かる。つまり法師は仏塔を媒介として所化と関わっているのである。

第一類経典形成期の法師は、仏塔に仏を閉じこめず、解放しようとする意識を持ちはじめている。この場合、ブッダの存在は物質としての仏塔から、より高い次元へと昇華させられようとしてはいるが、何れにしても「仏の絶対性」が、所化との媒介になっている点については変わりがない。殊に重要なのは、経典自体が法師によって口移しに説かれるから、「仏」の永遠性の意味は、最終的には、法師の上に実現することになる点である。法師は語り手でありながら、その上に仏が実現する場ともなり始めるのである。経の宣説はトレーガーにこうした新たな意味を付与する。

ルーツとしての時期であれ、それを離れようとする時期であれ、この何れであっても、結局、「眼前の目に見える仏」が相手となっているので、この説は分かり易い。その教説の相手には幅広い在家者が入ることが予想される。法師の関心は最終的には仏の存在にのみ向けられているので、仲間や在家者との間にも強い連帯意識も格別必要はない。基本的に遊行をしているわけであるから、そこにはむしろルースな関係が想定されるだろう。こうした特徴は、第二章を始めとしてこれまで考察した、第一類の教団の特色――在家者・出家者との関係がルースであり、かつ成文法を根拠とせず、自己の教団を背景としていないことなど――と全く合致するものである。

## 第二項　「四法品」の菩薩――個人の菩薩

次に「四法品」の「世間随順説」に現れていた教団を考えてみよう。まずここの思想は、第一類を素直に継承していた。遊行への関心も保たれており、主張の中心はやはり如来の絶対性を説くことにある。

しかし、ここでは第一類と比べて微かではあるが重要な変化が起こっている。それは、如来が世間に随順して行く中で、破戒のサンガに交わり一闡提を示現することも述べている点である。(53)こうしたあり方ができる如来とは、もはや制度としての「仏塔」、あるいは、トレーガー自身を離れた、第三者としてのブッダを指していると考えることはできない。むしろこの「如来」とは、現実の「人」を指すはずであるし、それも第三者ではない、他ならぬトレーガー自身に重なり始めているであろう。ここには、自らを「如来」あるいは「一闡提」として意識する状況が存在していると考えられる。

これは確かに第一類の法師の意識の、素直な延長とも取れる。第一類では、仏の絶対性は、結局、経の宣説者たる法師の上に実現されていたからである。しかし、所化の側からは別として、あくまで法師にとっては、ブッダは本質的に「他者」であった。それが今、ここに至って、自己に重なり始めるのは、見過ごしにできない変化である。

「世間随順説」に見られる「如来としての自己意識」は、この箇所で繰り返し、執拗に説かれる定型句である「大般涅槃に住する菩薩は……」という表現に明瞭に現れている。そこでは菩薩(=トレーガー)自身が、三昧の中で次々に奇跡を起こしていくさまが説き連ねられる。(54)菩薩が、仏と同様に奇跡を起こす当人であることが意識されているのである。この箇所ではトレーガーは単に目を、外の「仏」に向けるのではなく、外の仏はむしろ「随順する姿」としての価値づけに改められ、徐々に自らの存在を「如来」と重ね合わせ、強調し始めたと見てよい。

こうした変化を可能にした原因は果たして何であろうか。第一類の法師が、「四法品の菩薩」に至って、外なる仏塔・ブッダ崇拝から移行して、自らに仏を重ね合わせた変化を可能にしたものは、経典の記述に限って類推する限り、おそらくは「三昧」という実践しかない。繰り返し述べたように、この「四法品」ではいきなり三昧が主題になっており、ほとんどの記述が三昧の中での菩薩の働きに割かれている。そして『首楞厳三昧経』の名前を「世間随順説」の根拠として、説き起こしと説き終わりの箇所に挙げてくる。(55) その説き方にしても、「世間随順説」そして「解脱の譬喩説」は独特のリフレーンをなしており、それ以前で予想される筋の展開とは、全く趣を異にしているのである。「四法品」を構成した大衆部の系統を引く菩薩たちが、何らかの三昧の実践をなしていたことは予想するにけっして奇異ではないだろう。大乗経典の成立の重要な一因をなすと考えられている、三昧による「閃き pratibhāna」が、この箇所においても、トレーガーたちの変化の引き金となったと理解してよいであろう。(56)

## 第三項　如来蔵思想を説く菩薩――グループの菩薩

さて「四依品第九」以降、ことに「如来性品第一三」において「如来蔵思想」が完成されるとトレーガーの様子は大きく変わってくる。先ず仏性思想は「仏塔の否定」に結果する要因を抱えていたことを念頭においておかねばならない。つまりそこでは一応、仏塔の存在を認めつつも、窮極的には「外」の仏塔ではなく「内」なる仏塔、すなわち仏性を尊重するものであった。(57) この変化が、ことに先の第一類のトレーガーたちと比較した時、ある特殊な教団を構成させていくだろうことは想像に難くない。

先ず、仏性思想では「眼前にある仏塔」を否定して、「肉眼では見えない仏性」を拠り所とするわけであるから、これはけっして一般に分かり易く受け入れられる教説とは言えない。それは仏性という特殊な原理を認めあった、特殊な者同士にしか通じないものである。そしてその仏性は、自己における等しく、相手にも認められるものであるから、教団の成員は「内に共通に確認する仏性」を媒介として、「仏塔」の如き外的媒介なしに、いわば「直接に」つながることになる。そしてそこでの関係は、外的な存在に頼ることが無い分だけ、より緊密になるはずである。おそらくそこでは「仏性」を認め合う者にある意味で「選ばれた意識」が生じ、その結果、目的意識や使命感の極めて高いグループの形成が予想されることになろう。

この予想も、これまでの検討結果にしっかり合致している。既述のように、この箇所のトレーガーは、既成の教団の中にいわば教団内教団としてグループとしてのまとまりを形成しようとしていた。しかも仏性を確認する者同士の意識をしっかり保ち、戒律には厳格な姿勢を貫いていた。だからこそ、悉有仏性とともに絶えず一闡提が説かれているのであり、その両要素の緊張関係の中で宗教活動をなしていくという、涅槃経における独自の如来蔵思想の世界を作り上げたのである。従ってここでは、仏性を確認できる者たちの間に芽ばえる菩薩意識は極めて重要であり、相互に強いつながりを持ったこの菩薩が、取りも直さず涅槃経の言うサンガを意味することになっている。

そしてこの菩薩は「四法品の菩薩」の発展ではあっても、それとは内容を異にしている点に注意しなければならない。確かに先の「四法品の菩薩」は、自ら「仏」と関わり、自らが「仏」になり行く意味で菩薩である。その限りでは、「仏性」を認め自ら「仏」たり得る「如来蔵・仏性思想の菩薩」意識に通じるのであるが、しかし「四法品」ではその目的が、おそらくは「三昧」という、霊感的な場で実現されることに特徴がある。従ってそれは純粋に「個人」において実現される世界なのである。

ところがこの「仏性思想における菩薩」は、自己が「仏」に関わり行くのみで完結する世界にはいない。そこに繰り返し説かれる「自他が共に等しく仏性を持つ関係」を考えた時、この菩薩は自己にのみならず、「自他の間」に仏性を認める契機を見いだしている。だからこそ仏性は、あくまで「一切衆生」に存在しなければならないのであり、それはけっして「出世間」のものではなく、具体的に「一切衆生」という姿を取った、現に広がる輪廻のただ中に存在するものとなる。

とすれば、ここでの菩薩は「個人の菩薩」ではなく「グループの菩薩」となっている。涅槃経においての仏性説は、けっして通常考えられるように無限定に個人に関わる思想ではなく、こうしたグループに支えられて機能している点に注目しなければならない[58]。衆生の間に存在する仏性は、時間的広がりである「個人の輪廻」を予想するばかりでなく、空間的な広がりである衆生世界——もちろんそれは限られた菩薩意識を持つ者同士に限定されるのではあるが——をも前提としている。何よりも、単に個人の世界で閉じた思想であれば、涅槃経のように、厳しく「教団」を志向していく運動が実現されることはあり得ないだろう。

振り返って見れば「四法品第八」においては、トレーガーは菩薩の意識を持ちながらも教団に関する記述をほとんど表していなかった。また、サンガを如来と等置する意識からしても、教団に関心がなかったことを物語っていた。従って、第二章の考察からだけでは誤解されかねないが、第二類になって、トレーガーに菩薩の自覚ができて後、すぐに教団に関心が持たれ始めたのではない。その動きが表面化するのは、詳細に見れば「四依品第九」以降の、「如来蔵思想」が完成された箇所になってのことである。そこには、菩薩の内実が「個人」から「グループ」へと変化している現実が横たわっているとともに、仏性思想の活きる脈絡は「個人」よりも「選ばれた社会」に存したことが示唆されてもいる。

こうして「社会背景の姿の変化」に「思想の変化」を重ね合わせた時、第一類の「法師」が第二類「四法品第八」に至って「個人の菩薩」となり、如来蔵思想の誕生とともに「グループの菩薩」となって行った過程が浮かび上がってくる。確かにそれは先に述べたように「仏」が衆生の「内」から「外」へと連れ出され、徹底して外化された時にまた「内」に回復してくるという流れをそのまま反映したものに他ならないので、結果として見れば、振り子の往復運動がイメージされるかもしれない。しかし、思想の運動がそうした物理運動と異なる点は、物理運動では同じ軌跡を描く往復運動も、思想では往の運動と復の運動で、およそ異なる世界を内に抱え込むことである。そしてその思想の内実は、具体的には「社会背景・教団の姿」となって現れ出てきている。これが一文献の研究に当たって両者をどうしても切り離すことのできないことを、われわれが絶えず強調してきた所以でもある。

## 第四項　碑文に見る大乗の「教団化」についての検討

第二章および第四章のここまでの検討を通じて、涅槃経には「グループ化・教団化」という大きな変化が見られることが、一層鮮明になった。この「教団化」とは、そのグループの構成員たちが、自ら何らか共通の思想・徴表のもとに、共通の帰属意識を持ち、そこにまとまり始めることを意味している。必ずしも定義のはっきりした、大きな組織的な教団の形成を意味しているのではない。そして、このやや曖昧だがわれわれにとっては重要であった「教団化・グループ化」という概念は、これまで大乗仏教の研究に当たっては、ほとんど考慮されたことのない観点である。[59]

こうした「グループ化」「教団化」が、これまで大乗の研究において考えられることがなかったのは、たとえば大乗仏教起源の問題に関して、わが国でかなり根強く平川説が支持されきた事実を見ても容易に納得されることである。平川説の発想は、大乗仏教の起源を考察する際に「教理・思想の共通性」の問題と「教団としての起源の問題」を別建てして扱わなければならない、という基本的な問題の提示に始まっている。そして大乗の「教団としての起源」を明かして行く方向に研究を進め、その結果「教団としての起源の仏塔・在家集団」が注目されるに至った。しかし、もしこの平川説をそのまま受け入れなければならないとすれば、そもそも大乗は既に「教団」として始まっていることになる。従って大乗経典である涅槃経において、「教団化」という概念を建てることと自体が、無意味な想定になってしまうだろう。

しかし一般的な文脈で考えた場合、宗教に限らずいかなる社会運動といえども、それが最初からまとまりを作っていることを予想する方がおそらくは無理である。始めはまだ然るべきまとまり、教団と言えるものを形成していない、個人的な運動過程が考えられるのが自然であろう。ここに、たとえば静谷の言う「原始大乗」が注目されることになるはずなのだが、しかしその静谷説の中でも、残念ながら「教団化以前」という発想はない。その意味で、本書は、この「教団化」という新しい概念を、大乗仏教の検討のために提出した。これは、今後幅広い文献で確認をされなければならないことであり、その責務は当然本書の役割でもある。しかし他文献において確認していく作業は、本書の範囲を超える大作業になるので後日を期すこととして、序章における若干の仏教研究の紹介、および本論の推移を通して、教団化という視点が有効なものであることは理解され得たと信じる。

今ここでは再度、この「教団化」なる概念が、考古学的な例証によっても保証されることを確認しておこう。Schopen［1979］による報告である。既に述べたように、これは大乗、及び大乗と目される銘文が出てくる碑文、及び写本のコロフォンを、公刊、未公刊の資料から幅広く拾いだし、極めて有益な便宜を提供してくれた。繰返しは避けるが、そこで得られた結論は、本来部派の中にいた sākyabhikṣu, paramopāsaka たちが、五〜六世紀に至って初めて大乗を名乗り始める、というものであった。「大乗」の名が出てくる碑文を見ると、不思議にもほぼ五〜六世紀以降に並ぶ。この事実は、大乗はもともと部派と共存をしており、時代を下って教団としての独立を宣言している、ということを示している。

この考察の結果は、先にわれわれがなした涅槃経の「教団化」の事実に極めてよく合致することが分かるだろう。法師は先ず既成教団に入り込んでおり、やがて菩薩を意識するにつれて「教団」乃至はグループとしてのまとまりを作りはじめていた。既成のサンガを背景とした中から、徐々に独自性を持った集団に変化して行くのである。大乗の「教団化・グループ化」の概念は、こうして碑文の成果にも整合的であり、われわれの考察が涅槃経に留まらない問題を提起していることになることが分かる。

## 第五節　一闡提――教団史と思想史の交錯点の映像

涅槃経の教団・思想を明かすに当たって、最後にどうしても避けて通れない話題がある。それは涅槃経の中で「一闡提 icchantika」と呼ばれている存在についてである。一闡提とは涅槃経において菩提を獲得すべきあらゆる機会を剝奪されている存在であり、一方で「一切衆生はことごとく仏性を備えている」ことを標榜する同経が、何故そうした存在を認めているのか、古来議論の的として久しく語り続けられてきた。

実はこの一闡提の問題を取り上げるに当たって、「思想」を扱う第三章で論ずるのが適切なのか、それとも「教団」を中心に扱うこの第四章がふさわしいのか、という極めて基本的な問題が先ず生起する。というのは、現在、一闡提に関して「思想的立場」でそれを解明しようとするものと、教理・思想を離れて「教団史的立場」で追求しようとするものとの二つの立場が存在するからである。

しかし、序章で取り上げたように、そして本論のここまでの論述で示してきたように、教団・思想という分類は、単に便宜的なものであることをはっきり自覚しておく必要がある。むしろ問題は、両者の分類に拘る態度自体にある。本書ではこの問題を、ここ涅槃経の教団の考察の中で取り上げておくが、それは全く便宜的なものである。本論の関心は、涅槃経の「教団と思想」の双方に絶えず注がれており、その態度は一闡提を解明する場合にも例外ではない。涅槃経の中では、一闡提はけっしてその思想から切り離して明らかになるような教団的姿を持っているものではないし、教団的姿と関連のない思想を表明したものでもない。その両者の交錯点に浮かび上がる映像なのである。

## 第一項　先行研究

一闡提は涅槃経を始めとした如来蔵系の経典において極めて重要な問題として位置づけられているから、これまでの研究者も涅槃経の問題を語る際には決まって一闡提に言及する。その概略は望月良晃［1988: 3-21］にまとめられているが、それらは上述のように思想・教理的位置づけを中心としたものと、教団・歴史的位置づけをしたものに大別できる。そのうち特に取り上げるべき特色を持ったものは水谷幸正［1961: 63-107］と、一闡提研究を大きくまとめた望月良晃［1988］の二つとする点について異論はあるまい。先走って結論のみを言えば、本書は望月の言う「一闡提とは利養貪著者を指す」との理解を支持することになる。しかしそれは相当の限定を施して後のことである。

### ㈠　水谷幸正［1961］と望月良晃［1988］

水谷はそれまで漢訳にのみよっていた涅槃経研究を、チベット訳を考慮することによってインド仏教の中に据え、一闡提の記述に関する（法）（曇）（T）三訳のやや不完全な対照表を作った。これは涅槃経研究において、初めてチベット訳が用いられたものであり、それを通じて（法）→（T）→（曇）という増広関係も認められることになった意義深い論文である。また彼は、一闡提の概念が、仏教史の中でいかにしてできあがったかを検討するため、阿含以来の「悪」の系譜を辿り、その中に涅槃経の一闡提を位置づける試みをなしている。

その結論として「一闡提とは、要するに断善根者であって実際にそういう悪人が存在したかどうかということは疑問である。従ってこの大乗涅槃経に反対する者は外道であれ、小乗であれ、犯戒者であれ、誰でもこの経典に従わない者を端的に一闡提と名づけいわば仮定的な一つの要請から内容づけや性格づけをなしていったと見るほうが妥当であろう」という見解を出している。

一方の望月良晃［1988］は、この水谷説やその後の研究を踏まえた、一闡提研究の集大成とも言うべき研究となっている。そこでは一闡提に関する涅槃経中の詳細な（T）（曇）（法）三訳対照とその和訳を施している点で、先のものより優れている。彼の問題提起に従えば、涅槃経中で一闡提は「五逆」「謗法者」「犯四重禁」等と区別して説かれている箇所もあるかと思えば、それらと同じものと見なされている部分もあり、またその他にさまざまな性格づけがなされていて、一義的にその意味を決定することが難しい。語源的な意味にしても icchantika は Iṣ を語根とする「貪著者」ほどの意味しか持たず、一体何に貪著するのかあくまで不明である。この二つが古くから研究者たちを悩ませてきた問題にほかならない。しかしいくら定義不可能に見えても、成仏の機会を剝奪されるほどの位置を与えられている一闡提に何らかの実態がないのはおかしなことであり、それを不問に付したままで涅槃経に関する議論を進めても、全て空論に終わってしまう危険があろう。そこで定義づけ不可能に見える一闡提の実態に何とか迫ろうとして始められた研究である。

望月はその中で、従来の教義的・思想的な立場からの接近では、一闡提の輪郭は明らかになり得ないとして、涅槃経の記述を教団史的な観点から読み直した。そしてその中、ことに「利養」という語に注目して「一闡提 icchantika < Iṣ」の目的語が「利養」にほかならないと理解する。そこから「一闡提」は全て「利養」に「貪著」することが基本となって教団を破壊に導くから「五逆」を犯すことになり、悟りに至らないのに悟ったとまで妄語して「四重禁」を犯すことになる。こうして経中の一見説明不可能な一闡提のさまざまな用例の意義が、語源的な意味を含めて明らかになるとする。(60) そして涅槃経のそうした「利養」に執著する態度の批判は、既に『法華経』「勧持品」の中に、先駆的に現れていると見て、一闡提の定義に至る重要な前提と捉えている。こうして「一闡提とは涅槃経の身近に居て涅槃経教団を誹謗するグループ」であるとの結論に至り、(61) 従来の、教理・思想的側面からの曖昧な説明に対して、一闡提が歴史的・教団史的な存在として明確に位置づけられたとする。

## (二)　研究方法の基本的問題点

これら二つの一闡提に関する代表的な成果を踏まえる時、われわれは双方がともに看過している二つの問題点——その方法と導かれる結論に関する問題点——を見逃すことはできない。それは一闡提という個別の問題で終わらない、現在の仏教研究者が一般に抱えている基本的な態度にも関わるものである。

先ずその方法について見てみよう。最初に問題となるのは、ことに水谷は涅槃経の一闡提を考察する際に、その前提として他文献を限定なしに引用している点である。これは「一闡提」研究に限らず、ある文献の中の概念形成過程を探る際にわれわれ仏教学者が無反省のうちに取りがちな方法である。ここにはほとんどの場合に不問に付された重要な問題が取り残されている。その原則的な問題については序章で述べたが、ここではそれを一闡提の話題に即して、具体的に述べ直そう。

この態度は、研究の当初から、一闡提という術語が、涅槃経以前の仏教文献中に説かれたさまざまな「悪徳」

と関連したものとして、場合によってはそうした仏教史の結論として、あるいは総称として術語化したかの意識を前提として持っており、そしてその前提の正当性を問うことがない。確かにその前提が正しければ、一闡提の起源は涅槃経以前のさまざまな悪徳を戒めた文献にまで遡って検討される必要が出てくることになろう。従来の仏教学の思想史研究は、こうした立場からなされているものが多く、その論証過程にさまざまな関連文献が引用されてきた。これは一闡提を生みだした涅槃経が、インド仏教の伝統の中に生まれてその伝統を引くものである以上、当然試みられる研究の一つと考えられるかもしれない。

しかしこれは petitio principii のミスを犯している。そしてこの誤りは、ここでは具体的には、次の二つの問題として現れて来る。一つは、この見方を推し進めるならば、一闡提が本来的には涅槃経独自のものではなく、内容としては既に「外」で熟成されていて、それを単に術語化したに過ぎないという態度がひそんでいるので、一闡提の追求からは結局、涅槃経に固有の、ではなく、仏教史全体の中での悪の一般像のみが浮かび上がるに終わることである。けれども当然のこととして、いかなる仏典にも自己の主張する価値に沿って、全体を統合していこうとする意図が存在するのであり、そこから出てくる記述の基本的形式として、その方向に沿わないものを批判するという形が取られることになる。古い時代より仏教文献の中で批判される者たちが後を絶たないのも、そうした経典の文献としての性格が反映したものであり、それをもって一闡提の内容とするならば、なぜ涅槃経で一闡提 icchantika という術語が生み出されたかという問いが解決されないまま、一般的な論述の中に解消されてしまうことになるだろう。

更にもう一つの問題は、この態度には涅槃経をはじめとするさまざまな経典類が同じ伝統を背負い、同じ価値を担う共通の基盤に立っているという前提を、暗黙のうちに認めていることである。そうでなければ術語の検討について、多様な文献の単純な比較・発展の見通しは成り立ち得ないだろう。こうした問題を考慮することなしに他文献に当たるのは危険でもある。この一闡提という話題に限らず、われわれが本論文で他文献を考慮の手助けとして採用する際は、その比較の土壌が整った後に限っていることに注意してほしい。従ってここでも、先ず一闡提という術語がその固有の意味を持つものとして、それが生み出された文献を、すなわち涅槃経を、それに限って検討することを何よりも優先しなければならない。

### (三) 「教団史の立場」の問題

今度は望月が提出する次の問題は、「教団史的な立場で明かした」と考える一闡提の「涅槃経に近い存在で、涅槃経を批判する者」という結論部分に関するものである。一体この結論は、具体的に涅槃経の何を明かしたことになるのだろうか。「涅槃経の一闡提」の研究は、一闡提という「図」が明かされるとともに、同時にその「地」となる涅槃経自体が明かされゆくことでなければならない。その点を考慮すれば、この望月の一闡提論から出てくる涅槃経理解は、結局のところ「涅槃経は自らを誹謗する者を非難する教団」という、ほとんどトートロジーに帰着してしまう。もっとも望月はその中に、付言する程度に「教団間の近親憎悪」という新たな一面を加えている。実を言えば涅槃経の解明にとって意味をなしているのはこの部分なのであり、望月はこれをこそ紙面を割いて論証しなければならなかっただろう。そうなれば、例えばその近親憎悪がいかなるメカニズムで仏性論と関連するか、更にはその戒律観といかにしてつながっていくか、といった方向で涅槃経自体の解明につながったはずである。しかしその手前で問題は放置され、しかも——われわれはこちらにより一層の注意を払いたいのだが——それで問題は一往解決したという印象を持たれることになってしまった(62)。

おそらくここで考察を停止させるのに作用しているのは、「教団的」という漠然とした言葉の持つ影響力である。この問題は従来の研究のみならず、今後の仏教研究にも広く作用する因子をはらんでいるので、多少遠回りをすることになっても、ここで立ち止まって注意をしておかねばならない。

既に序章においても述べたように、仏教研究は一般に言う「思想・教理研究」の関心から始まり、その解明が主流をなしていたが、そこには「歴史的・社会的」側面の考察がほとんど欠け落ちていた。それを大きく修正する方向で、教理を離れた社会的側面から文献を読み直し、「教団史」確立の必要性を説く平川彰の研究が登場する。その方法は、わが国の経典研究の流れを大きく変えるとともに推進力を与えた。

ところが、その過程でわれわれは気づかぬうちに、ある大きな誤解をしてしまっている。つまり「教団史的立場の研究」とは、その文献の「思想研究」とは独立に存在すべきものだとの印象をいつのまにか抱くことになってしまっているのである。しかし平川の主張は、経典理解においても社会的側面を十分加味すべきだ、という意味で理解すべきであり、仏教文献から思想・教理を積極的に排除することによって何かが得られる、という意味に理解すべきではない。けれどもわれわれは、平川の用いた方法の斬新さに目を奪われ、経典からことごとく「思想的・教理的記述」を取り除いて読み進めれば、思想・教理の持つ抽象的な世界にまどわされることなく、何かある「確実な事実」を手にできる気になってしまったのである。

しかし、ほんらい宗教文献である仏教文献から、その思想的と思われる側面を除去し、それと重ならない形である術語の検討をしようとすると、事実はほとんど何も残らなくなる場合も出てくる。それでも「教団史的立場」から、確実な主張をしようと思えば、そこからいかに豊富な要素が落とされようとも、ぎりぎりまで耐え忍んで、「最低限その術語が指し示す教団的側面の存在が確かにあった」というだけの、ほとんど無内容な主張を固執するに留まらざるを得ないことになる。しかしもちろん、これでは実質何も明かしていないに等しい[63]。

ここで繰り返しておくが、思想研究と社会背景史研究とはけっして互いに独立したものではない。あくまで「一つの言葉」を、そこに個人的価値意識がより強く反映されたものと見るか、あるいは社会的な影響を色濃く引いた表現と見るかという「程度の差」として表れるべきものである。しかしわれわれはその程度の強い側を実体化し、その「一つの言葉」の両極に立てられる「教団」と「思想」とが、まるで互いに「排他的現存」であるかのように理解した上で、その裏に「実在」を想定しようとする。

今、一闡提の検討をなそうとする場合は、殊にこうした錯誤に陥り易い。なぜならこの術語は涅槃経からの「非難の対象」であるため、「思想・教理的」と「社会背景・教団的」の二面からの追求が存在し、ともすればその二者択一に真実が存在する気になるからである。当然、一闡提にはその「思想的側面」と「教団的側面」とが、互いを受け入れぬ実体として存在しているのではない。あくまでそれは、考察のためにかりに据えられた二つの入り口にほかならない。たとえどちらの入り口から出発しても、最後にはその両者に見通しのきく終着点に至らねばならない。その一つの入り口を「一闡提と涅槃経の内的な関連」という最終目的地を犠牲にしてまで、守り抜かなければならない謂れはもともとないのである。

## 第二項　涅槃経における一闡提の登場――如来蔵思想以前

以上の点を反省した上で、われわれは独自に涅槃経の一闡提を解明しよう。その場合、方法は言うまでもなく、内部の文脈を重視すること以外にはない。

涅槃経が徐々に増広を重ねられた文献である以上、あるいは順次内容が展開してゆく経典である以上、他例に漏れず一闡提も、経の筋の進行とともに僅かではあってもおそらくその姿を変えていく。その中で一闡提がいかなる意味を持っているかを探るためには、その初出の箇所を決定し、それがやがていかなる脈絡で、どのような経過で定着していくかを探らねばなるまい。一般の論理的文献における術語の検討のように、「一闡提」というタームが全体に渡って、スタティックに一義的な意味を担っているものと仮定して検討を始めるのは危険である。

ということは、先ず一闡提の語が登場する初出の箇所を決定することが先決である。これは一見、機械的な作業のように見えるが、実はそうではない。なぜなら、機械的に処理すれば、一闡提の語が初めて登場するのは「序品第一」においてである。しかし、筆者がかつて触れたことがあるように、第一類と第二類の区分において一闡提を見た時、全体で五十箇所以上一闡提が説かれているにも関わらず、第一類ではその「序品」の一箇所のみであり、他は全て第二類になる。そうなれば、第二章での考察を考慮に入れる時、一闡提の語は第二類の誕生とともに生み出されたと考えるべきであり、「序品」の例は、第二類完成後の挿入と考える方がよいことになる。では第二類における初出はと言えば、「長寿品第五」である。しかしこの章もまた、第二類完成後の挿入の可能性が高かった。とすればこの箇所の一闡提も、全体完成後の産物という可能性も出てきて、初出とは言えないことになる。こう考え始めると、実質的初出の決定は、注意しなければ恣意的になる危険性を持ち、意外に簡単な作業ではないことが分かる。

そこでここでは「一闡提の語がなければその該当する前後の文脈自体が意味を持たない部分」という点に限って記述を追いかけてみよう。そこは外的な要素による挿入の疑いを、最も逃れることになるだろう。

こう判断した時、実際にはほとんどの例が、如来蔵思想が説かれる「分別邪正品第一〇」以後、ことに「問菩薩品第一七」に落ちつくことになる。従来、学者の目を引きつけてきた箇所である。しかし、実は注意してみれば、その前に若干例が登場している。この例は先の「序品第一」「長寿品第五」の一例ずつと、それに続く「四法品第八」の一例の合計三例を除いた後の記述になる。これは「四法品」の「世間随順」を説く部分に当たる。[64]
（T）また閻浮提のある所で私は誹謗正法者として、また一闡提として自らを示現する。諸衆生は「ああ、この衆生は正法を誹謗するものであり、一闡提だ」と知るが、自らを一闡提のように示現するのは未来の衆生のためである。世間的な者 laukika は常に一闡提であるが、仏は一闡提ではない。これは一闡提を誹謗正法と並べている点では先の二例と同じ用法である。しかし更に laukika と Buddha を対比して、前者を一闡提と位置づけていることは看過されない。しかも「自らが一闡提の如く振舞う」ことが示唆されている点に、併せて注意しておきたい。

次も「四法品」であるが、ちょうど「世間随順」と「解脱の譬喩」の繋ぎの部分に当たる。(65)

(T)〔世尊〕おっしゃって「善男子よ、〔医者は〕傷ついた全ての衆生の病を治癒するとそのように言ってはいけない。治療できない他の者を治療することはない。それは何故かと言えば、彼らの病は治療できないからである。彼らのように、如来は治療できない病である一闡提を除いて、全ての病を治療されるのだ。およそ涅槃なるものが治療なのである」。

これは「大般涅槃」が全ての病を癒すことができるという脈絡での記述であり、初めて断定的な表現をもって一闡提を救済から除外している。

次は「四法品」中「解脱の譬喩」を説く箇所である。(66)

(T)また「驚き」と言われるのは、例えば一闡提たちが、一闡提に陥って仏に成るだろうということは有り得ない。〔一闡提が〕正法に信を抱き、ウパーサカになった時に解脱してしまうだろうということは有り得ない。その界 dhātu は自性として「驚き」なのである。従って解脱は驚きと言われる。一闡提と同じように、如来は尽きることがない。

ここでは一闡提を作仏から排除するとともに、「一闡提と仏」とを、先の例よりもっと明確に対比し、表現としては「如来の常住」は「一闡提の常住」とともに成り立っているという、極めて興味深いことを述べている。

以上が如来蔵思想が本格化する以前の「一闡提」の記述であるが、その散見のされ方、ばらつきの頻度は、ちょうど如来蔵思想が「四法品」で現れた程度に、極めて近い印象を持つ。そして一闡提は、その意味する内容が教団的であれ思想的であれ、少なくとも既に如来蔵思想が本格化する以前の第二類において、涅槃経の中で「意味を持った脈絡」を形成し始めていると見てよい。

## 第三項　如来蔵思想の中の一闡提

こうした若干の記述に遅れ、如来蔵思想が本格的に登場する「分別邪正品第一〇」に至って、また一闡提が取り上げられる。これは如来蔵思想との関連で語られる初めての箇所であり、注目すべき部分である。(67)

(T) 更にここである比丘が『如来蔵大経』を説くとしよう。「一切衆生には仏性 buddhadhātu があり、その界 dhātu はそれぞれの身体に備わっていて、諸衆生は多くの煩悩を尽くして仏になるであろう。一闡提は除く」。そこである王や大臣がこのように言う。「比丘よ、貴方は仏になるのかならないのか。仏性は貴方に存在するのか、しないのか」と言う時、その比丘は、「具寿よ、私が仏になるかならないかは誰が知っていようか。それでも私の身体には仏性が存在するのである」と言う。そこで彼がこの比丘に言うには、「比丘よ、貴方がまさしく一闡提でないのなら自分は仏になると考えるべきではないか」。そこで比丘が彼に言うには、「具寿よ、かの〔仏性という〕法が私の身体に間違いなくある」と、もし言うならば、その比丘には過人法の罪があるというのか、ないというのか、と言うと、確かに仏性があるとは言っても、布施・戒・智慧・法を備えた者にあると言われるのだ。

更にある比丘が出家・発心して「ああ、私は仏になるのだろうか、ならないのだろうか、私が仏果を獲得することを明らかにしよう」とこのように考えるなら、まだ果報は得ていなくても多くの福徳が増大するであろう。さもなければ一切比丘も過人法になってしまうのである。それはなぜかと言えば私が八〇億劫の間、不浄な事物を捨てており、知足・資具の少なさは徹底していて、如来蔵は存在すると修行し、正等覚してから十万の法蘊を説かれた仏・世尊は大いなる慈悲を有されているからである」。

ここは（法）（曇）も内容は一致している。重要な部分なので簡明な記述をなす（曇）をも挙げておこう。[68]

（曇）ある比丘が言う。「仏の深い秘密の経典を説いて、一切衆生には仏性 buddhadhātu が存在するという。この性 dhātu の故に、無量億の煩悩を断じ無上正等覚をなすことができるのだ。但し一闡提は除く」。王・大臣がこれを聞いて言うには、「比丘よ、貴方は成仏するのですか、しないのですか。仏性はあるのですか、ないのですか」。比丘が答えて、「現に私の身体には仏性があります。しかし成仏するかしないかは、明らかにはできないのです」。王が言うには、「大徳よ、貴方がもし一闡提にならないのならば、必ず成仏することは疑いありません」。比丘が言う。「そうです、王のおっしゃる通りです」。この人は間違いなく仏性があるとは言っても、波羅夷罪（＝過人法）を犯してはいない。

またある比丘が出家の時、こう思うとしよう。「さあ、私は必ずや無上正等覚を実現しよう」。この人はたとえ無上の仏果を得ていなくても、福徳は無量であって計り知れない。もし「この人は波羅夷罪を犯している」と言えば、全ての比丘がそうなってしまうだろう。なぜかと言えば、私は過去八〇億劫に、一切の不浄物を離れ、少欲知足で威儀を完成し如来の無上の法蔵を修し、はっきりと自分に仏性があることを知った、だから私は今無上正等覚を実現し、仏に大慈悲があると言えるのである。

如来蔵・仏性思想が初めて大がかりに説かれるこの部分は、既に以前に取り上げた。ここでわれわれは、実質「如来蔵思想初出」の箇所からして、既に一闡提と絡めて如来蔵・仏性が説かれていることに、改めて注目すべきである。そしてこれらの議論では次の三点に留意しておこう。

一つは一闡提を「悉有仏性」から除く際に、一闡提がけっして「仏性を持った比丘当人と区別された外的他者」ではなく、当人が「一闡提か一闡提でないか」という選択を迫られる存在であることである。これは王の「貴方が一闡提でなければ当然成仏する」と明言するところからも明らかである。(法)においても「貴方は今一闡提になってはいけない。そして自分を推し量って成仏すべきである」と述べている。[69] そしてこれほど一闡提の輪郭が明らかになっている箇所は他にはない。それが仏性と一対で、一個人のあり方として位置づけられている点は極めて大切である。

次に注意したいのは、この一闡提を除外して仏性を立て、成仏を裏付ける理由として、「不浄物を離れ少欲・知足を修した」ことを掲げている点である。これがなぜ理由として機能するのかを考える時、そこにはicchantikaという術語の原義が大きくクローズアップされてこよう。それは「欲求していく者・貪著者」を意味している。すなわち少欲知足からもっとも遠い存在なのである。望月がicchantikaの目的語を「利養」としたのは、正鵠を得ている。

最後に、この議論では一闡提は、全く未知なものではなく、既に了解済みの術語として登場していることである。先に考察した「四法品」の部分が前提になっていると考える他はない。もしそうでなければicchantikaという語が、特別な理解を必要とするテクニカルタームというより、字義通りの「貪著する者」という理解可能な語とされていたと考えなければならないだろう。

### 第四項　「問菩薩品第一七」における一闡提

さて上記の例の後、「如来性品第一二」より後の「問菩薩品第一七」になって、一闡提が本格的に説かれ始める。そこでは、完全に一闡提が定着しているに留まらず、この章の主題を形成するまでに至っている。これまで涅槃経の一闡提論の中で最も注目を集めた箇所である。ここには二八例にも及ぶ記述がなされているが、その全体を挙げる必要もなかろう。全ては同じパターンが繰り返されているからである。二、三の例を見てみよう。

(T) 世尊はおっしゃった。一闡提を除いて、この大般涅槃経を耳にして聞いただけでも、一切衆生に菩提の因が存在するようになるのである。無数の諸仏に恭敬した者は、この大般涅槃の大経を聞くことができ、少なからざる善根によって菩提の因を得るだろう。(70)

(T) この大般涅槃の大経も、一切衆生の悪業の諸病を取り除く。波羅夷罪をなす者であれ、無間業をなす者であれ、また外道であれ、菩提を必要と考えず、いまだ発心していないにしても、菩提の因を生ぜしめる。それは何故かと言えば、一切の悪の毒樹の薬が大般涅槃の大経だからである。……しかしanargalaという治療できないその病はどうしても治療することができない。……同様に一闡提もこの経によっては菩提に確立させることはできない。何故なら彼らは因を持たず死んでいるからである。(71)

(T) 例えばアーユルヴェーダの八支の究極部分を知る医者は、一切衆生の病を治癒するが、たとえ彼でも死時に至った者の病は治すことができない。同様にこの大般涅槃の大経も、一切衆生の全ての煩悩の病を取り除き、一切衆生を菩提の因へと確立させるが、死時に至った者に等しい一闡提は除く。(72)

こうした例が延々と続く。(73) この説き方の特徴は「涅槃経は全てを救う、但し一闡提は除く」というものであり、これが手を替え品を替えしてさまざまな譬喩をもって説き連ねられる。既述の如くその中で一闡提は「五逆」「犯四重禁」「謗法」「放逸」等と並び称されることもあれば、それらと区別されることもあり、あとは整合的な解釈を欠いたまま、ステレオタイプ的に同様の記述が繰り返されるばかりである。一闡提が中心をなしているからと言って、この「問菩薩品」の記述にのみ目を奪われれば「一闡提は本来定義不可能」といった意見も出てくるのも無理はないかもしれない[74]。しかし、この部分は先の「四法品第八」「分別邪正品第一〇」と比すると、一闡提が涅槃経の中で、ある定着した位置を与えられた所産と理解した方がよい。ここでの用法で涅槃経全体を判断すべきではない。

しかし逆に、如来蔵思想が定着した時点での一闡提の特徴を探ろうと思えば、この「問菩薩品」以外にヒントになり得る箇所はない。そしてこの部分の内容は、仏性の意味を明かすのではなく、かえってあらゆる理由を超えて、一闡提を除外するために全てが費やされている。これではせっかくの悉有仏性の主張が台無しの観である。この厳しい一闡提の排除は、一体どう理解すべきであろうか。手がかりにできるのは、ここでは必ず悉有仏性と一対で説かれているという点だけである。

この一闡提の意義を探るためには、どうしてもそれと相手をなして現れる如来蔵思想の持つ意味を、新たに一闡提との関連を考慮して明かさねばならない。

### 第五項　仏身思想、如来蔵思想と一闡提

先に考察したように、涅槃経第一類では「仏身思想」が説かれ、如来蔵・仏性思想は第二類になって初めて現れていた。そしてそこには「仏を有為・無常の世界から無為 asaṃskṛta の世界に連れ出す──→仏が完全に法身 dharmakāya として、出世間 lokottara のものとして外化される──→その仏が輪廻世界の中にもう一度如来蔵・仏性として回復される」という流れが読み取れた。このうち中心をなす「問菩薩品」の一闡提は、当然、如来蔵・仏性思想と本来的に関わっていると見てよい。

仏身思想は衆生と仏身の両者に、質的な断絶が存在することを説く。衆生は「有為 saṃskṛta 無常 anitya 不

浄 asubha」で徹底して不完全な存在であるにも関わらず、仏身のみは全く別の世界の、あらゆる善の特性を備えた完全な存在である。両者は、一方の完全性に比例して他方の不完全性が増大する、という関係にある。涅槃経に限らず、一般に仏身思想の発展とは、一面でこうした両者の関係が、どの程度まで進行したか、という問題にほかならないし、また完全性の属性としていかなるものが獲得されたか、という問いに置き換えられる。何れにしても仏身思想においての宗教的実践の契機は「仏身と衆生の断絶」に存する。

この断絶が存在するからこそ、衆生は絶えず仏身にさまざまの形で働きかけてその断絶を埋めようとする。そうした「自らとは異質な世界」に関わりゆくところに、宗教的意味が獲得されることになる。当然そこにおいては、両者の断絶が深ければ深いほど、得られる宗教的な果は大きいことになろう。本来こうした断絶は、あらゆる宗教において何らかの形で確認されることであって、宗教者が自己の現実に新たな意味を付与し直し、宗教的実践を続けていくためには、彼の現実は、自ら求めゆく世界からは、基本的に「疎外」されていることが重要な契機として存在するのである。

ところが今、如来蔵思想に至って、「衆生に如来蔵・仏性が存在する」と言明されるとどうであろう。buddhadhātu, tathāgatagarbha の存在が確認され、それが一切の衆生中に認められると、衆生はある意味で仏と連続させられてしまう。つまり仏身思想に見られた「仏身と衆生の断絶」が解消されてしまい、自ら求めて行くべき仏と、その仏を求めゆく自分とを、ともに一つの自己の中に併せ持たなければならないという、極めて特殊な状態に置かれることになる。それは目的の到達された、悟りの次元を説明したものとしては優れた理論とはなっても、宗教的実践の立場から見れば、今見た「疎外関係の不在」のために、宗教者を絶えざる自己蘇生に向かわせるという契機が認められなくなってしまうのである。

そしてこの困難を解決するためには、どうしても何らかの形でもう一度「疎外関係」を取り戻す必要がある。

実はそこで「機能」しているものこそ、「悉有仏性」の徹底した疎外形態としての「一闡提」に他ならない。
「分別邪正品第一〇」の例で確認したように、一闡提は本来、仏性を有する者が「一闡提か一闡提でないか」の選択を迫られる「あり方」なのであり、悉有仏性から唯一除かれるこうした一闡提が立てられることによって、衆生は「悉有仏性」と「一闡提」の狭間を生きることに迫られ、そこに宗教的実践の意味が新たな形で生まれて来ることになる。今し方述べた「問菩薩品」における一闡提の説き方の基本類型である「全ては如来蔵・仏性を有し涅槃経で救われる、但し一闡提を除く」という表現は、「如来性品」で「一切衆生には仏性・如来蔵が存在する」ことが確立された後に本格的に出てきており、その執拗とも思われる繰り返しは、いやが上にもこうした効果を増大させている。悉有仏性が説かれながらも、同時にそこから外される一闡提が強調され、両極の可能性を開示される衆生は、悉有仏性の側に属するために、いよいよもって涅槃経の意図する方向へ立ち向かわざるを得ないのである。

ここでわれわれは先の「分別邪正品」において、一闡提が不浄物を拒否し少欲知足を貴ぶ戒律の規定と関連して説かれていたことを思い起こす必要がある。この戒律への厳しい態度は涅槃経全体を貫くものであるが、実は涅槃経の持つそうした「厳格主義」は、この一闡提を内に含んだ宗教的倫理構造を予想すると、より一層明らかになってくる。ここでは涅槃経に多出する、厳しい戒律の記述を羅列するには及ぶまいが、「問菩薩品」の中の、一闡提議論の最中に出てくる、次のくだりに注意しておこう[75]。

(T)阿羅漢であろうと思って、声聞乗を批判し、「私は菩薩であり、方等を説く者である。一切衆生には如来蔵の功徳があり、仏が存在する」と言って仏としての記別を授け、「私も貴方もさまざまの煩悩を水瓶のように破壊しよう、疑いなく菩提を修行しよう」と言う。例えば清浄で信仰あり、言葉巧みな聡明な王の使者は、敵の中で自分の命を賭けて王に対しての言葉をしっかりと申し述べる。同様に、方等を堅持している智慧ある者は、愚か者たちの中で命を賭けて、一切衆生には如来蔵があるので仏としての記別を授けるのである。

これは一闡提と菩薩を厳密に区別するための基準を示した記述である。ここではまさに菩薩は「水瓶を壊す如く」修行に立ち向かわなければならないのであり、それは「敵中にあって命を賭ける使者」の如き勢いであるという。ここで涅槃経が要求しているものはまことに厳しい修行の態度である。仏性が一切の衆生に認められ、それによってほんらい衆生が悟りの世界に直結していることを説く涅槃経第二類は、理論構成としては紛うことなきオプティミズムに思われようが、しかし実践に至っては相反するリゴリズムへと変貌を遂げるのは、どこどこまでも注意を要することであって、そこには、この「一闡提↔悉有仏性」という新たな疎外関係の成立が、極めて有効に働いているのである。従ってこの如来蔵思想の文脈で確認される一闡提は、悉有仏性とともに働く双子の片われであって、如来蔵・仏性思想と無関係な存在などではない。

## 第六項　一闡提の誕生――「四法品」における機能

それでは、かくも如来蔵・仏性思想と密接に絡み合っている一闡提は、もともと第二類の如来蔵・仏性思想誕生とともに「生み出された」ものなのだろうか。ところが、先に見たように、如来蔵思想が説かれる以前の「四法品第八」で、既に「一闡提」は確認されており、更に如来蔵思想が説き始められる「分別邪正品第一〇」では、「一闡提」は既知の術語らしく登場していた。われわれは、如来蔵・仏性思想の中で、一闡提が「いかに機能しているか」という問題と、それが「どこで生まれたか」という問題は区別して考えなければならない。もちろん、一闡提を説く文献の中では涅槃経が最も古いものなので、外部の影響という選択肢は始めからない。あるいは、たとえ大きく譲って、将来の文献発掘に託してその可能性を仮定したとしても、今問題にしているのは、その外部からの術語の採用が、涅槃経のどの部分でなされたのかという問題である。

ここでもわれわれは先の「如来蔵説の萌芽」を検討する際に用いた方法に頼ることにしよう。すなわち、一文献内においてのある術語・概念の萌芽・誕生を定めるのは、その術語が十全に開花した時点に立ち、それから遡及的に観察して、適度に像がその光を減じていき、可視的な零と思える範囲にまで立ち戻るのである。

「分別邪正品第一〇」や「問菩薩品第一七」で鮮明に浮かび上がってくる一闡提の像を注意深く見ると、そこには「少欲知足」や「厳しい戒律」に反する、まさにicchantika「貪著者」の姿がある。そして、一闡提との対極にはいつも「厳格主義」が見え隠れしている。この鮮明な像を頼りに、今度は、徐々にその原初形態を求めて辿り行けば、おそらく「四法品」にあった「世間的なものは常に一闡提であるが、仏は一闡提ではない」という記述にまで至り着く。それは確かに完成された一闡提の像から見れば、鮮やかさは落ちるが、icchantikaをlaukikaと等置し、しかもそれを「常に」icchantikaとしている点で、全く同じ質を有していることが分かる。更に、この箇所の一闡提は「仏は一闡提を示現するが、かつて一闡提であったことはない」という内容を備えてもいた。ということは、この一闡提も「外的な他者」ではなく、仏さえも場合によってはそう見え得る「状況的な存在」なのである。この点でも完成された一闡提と質を同じくしている。先に見たように、この箇所以前には内容のある一闡提は全く説かれていない。ということは、われわれはこの記述をもって涅槃経における一闡提の初出と決定して構わないだろう。

とすれば、われわれはここでまた新たな問題に直面する。先に見たように、この「世間随順説」の部分は、いまだ如来蔵思想が説かれてはおらず、第一類の「仏身思想」を最大限に推し進めた箇所であった。すなわちそれは涅槃経において「仏身思想」側への振り子が最大に振れきった箇所なのである。ということは先述のように涅槃経の完成された如来蔵思想において、一闡提が「悉有仏性の疎外形態」として機能しているにしても、それはほんらい「仏身思想」の完成された時点で生み出されたものであり、如来蔵思想の直接の影響による誕生ではなかったことになる。

ここでわれわれは先に考察した「仏身思想」の内容を、多少修正し直さなければならない。先には、仏身思想の理論的構造として、「衆生は有為で仏は無為」という対比を挙げた。すなわちそこでは衆生はあくまで仏との関係で「否定されるべき」存在でありさえすれば、それで事足りる印象を与えた。とすれば衆生のあり方如何に関わらず、そこでは仏の絶対性こそが問題なのであり、一見、一闡提の如き衆生の側を問題とするような、特別な概念は生み出される必要がなさそうに思える。

ところが一歩突っ込んで考えれば、こうした考察では大切な一つの問題が、手付かずの状態で残されていることが分かる。仏と衆生の間に断絶が確認された場合、その断絶によって何らかの運動が起こり始めること自体は間違いないであろうが、一体いかなる運動が起こされるのかが不問に付されているのである。実践の段階になれば、仏と衆生の断絶を埋める具体的手だてが、いかなる方法で与えられるのかという問題こそが重要となるのであり、そこでは実は仏のありさまの考察よりも、衆生の側の関わり方が大きな関心となって浮かび上がってくる。

ここで、この「世間随順説」における如く、仏が徹底して衆生から「外化」された時点、すなわち「仏との距離が最大限に開いた時点」の衆生に目を遣れば、それは否定的存在の極限点にいることになる。そしてこの極小にまで至った衆生の、すなわちある意味で自己存在の無効を宣言された者の実際的なあり方を考えた時、そこから帰結するものは、一見「虚無主義」や「放縦主義」に思えるかもしれない。しかし実際にはそうした結末には至らない場合も多い。そこでは、自己は単に否定されて、停止・脱落していくのではなく、その自己を否定した相手によっては、否定においてより大きな領域をもった自己に向かい行くことになるのである。つまり一口に否定といっても、問題は具体的に如何なる相手によって否定されているかであり、それによって否定の持つ実質的な意味が全く異なってくる。[76]

こう考えれば、涅槃経のこの箇所で、仏の絶対性が極点に達した時に、衆生として否定されるべき姿が逆に明確になり、一闡提という形で仏と対峙させられることはけっして不思議なことではない。従ってこの一闡提は、偏に否定されるべき悪を、象徴的に表現したような理念的なものではない。なぜなら、繰り返しになるが、仏常住思想を説く段階の理論的なレヴェルでは、衆生は否定されるべき存在であればそれで十分なのであり、更にその衆生が否定しなければならない存在までは必要がないからである。従ってこの箇所で生まれる一闡提は、あくまで実践的レヴェルの要請なのであり、衆生が関わっていくべき具体的な姿を持っているだろう。

この姿に関しては、やはり望月が指摘した「一闡提 icchantika（貪著者）」という術語が本来意味する内容で十分である。涅槃経は第一類も含めて「不浄物蓄財批判」の一貫した態度を持っている。不適当な事物を求める貪欲な態度が涅槃経としては最も嫌うべきものであり、それがいかなる非難の対象よりも厳しく扱われたことは確かである。そしてこの不浄物蓄財の態度こそがまさに icchantika であり、実践的に否定されるべき姿である。この一闡提は、衆生がそこに陥ってはならない、避けるべき存在であり、仏性説の段階で機能する、仏性と対峙され、両極構造をなす理論的役割を担っているのではない。

ここでもう一つ注意しておこう。一闡提はこの「世間随順説」においても「外的他者」ではなく「仏自身が一闡提であることを示す」ような、あくまで「自己と重なり合う状況的な存在」である。実はこの記述は、先の「分別邪正品」の記述とも併せて見ると、涅槃経の菩薩のよって立つ社会背景を垣間見させてくれるものとなる。おそらくこの菩薩たちは、不浄物蓄財をなす者たちと外見を合わせて共存していたか、あるいは極めて近い所に居たのだろう。[77]そうした具体的背景があったからこそ菩薩たちも絶えず icchantika に陥りかねない危険性を持っていたのであり、また場合によっては外見は貪著者、すなわち一闡提として活動する時すらが必要になった事実も経の記述から推定される。こんな環境にあったからこそ、一闡提は状況的な存在として菩薩にも関わってくるのであり、だからこそ、けっしてそれに紛れてしまわないように、再三自覚を促すことが必要となった。

この予想は、これまで考察してきた、第二類において教団の改革と、自己のグループを徐々に志向しはじめる菩薩たちが、既成の教団内において活動する様子と、極めて整合的である。ここにおいては、一闡提 icchanti-ka とは、語義通りの意味を有する術語として使用されたはずであり、筆者がかつて想定したような定義内容が不明な、カオス的存在などではあり得ない。

こうして見れば、一闡提は第二類の中、仏身説がその窮極を迎える「世間随順説」において、すなわち如来蔵思想が出現するよりもほんの一瞬早く生み出され、それがたちまち如来蔵思想の誕生とともに融合して、やがて涅槃経独自の「悉有仏性⟷一闡提」という構造にまで高められた、という流れが浮かび上がることになる。

更に最後に、ここでもう一つ注意しておこう。涅槃経の如来蔵思想成立に大きな影響を与えた『如来蔵経』には、一闡提のような否定の契機はすっかり欠け落ちている。とすればこの一闡提は、本来如来蔵思想の成立にとって不可欠なものではないことになる。逆に涅槃経の中に既に一闡提が萌芽的に存在し、その後に涅槃経内に如来蔵思想が誕生したからこそ、涅槃経は結果として、一闡提を中に含んだ如来蔵説を完成せざるを得なかった、と見なければならない。先にも述べたように、ある概念が結果として思想全体の中でいかに機能しているかという問題と、それがほんらいいかなる過程で生み出されたのかという問題は、全く別問題として取り扱わなければならない。涅槃経の如来蔵思想は、全く涅槃経にのみ固有のものなのであり、たとえオプティミスティックな『如来蔵経』の術語を受け入れたとしても、それまで引きつれてきた涅槃経ほんらいの「厳格な性向」は捨て去り得ていないことに注意しよう。[78] 表面的な術語の採用や変化によって、その文献がもともと固有にかかえていた内容の全てを、覆い隠されないようにしなければならない所以である。

## 第六節　涅槃経と部派の関係――大衆部との関連

以上で、涅槃経の教団的側面からの考察は、その文献の内部から、そして若干の話題については、その外部の文献との関係も含めて、ほぼ成し遂げられたと考える。最後にこの教団が、特定の伝統的部派といかなる関係を持っているのか、その内容が辿れるものを見ておこう。

この作業は、本書がこれまで基本とした、文献の内在的な読み取りの態度とは異なり、外部の文献とのつながりを見出そうとするものである。この作業がうまく遂行されれば、『大乗涅槃経』は、これまでの仏教史の中での位置が明らかになることが期待されよう。残念なことに、涅槃経の記述の中で所属部派を特定できる事例は極めて少数しかないが、しかしその関連部派が確かなものは何れも大衆部のものであるところを見れば、両者のつながりは疑い得ないように思える。

なお、聖典の帰属部派を決定する要素は、言語、文体、内容など幾つかの観点が存在し、各方面から綿密な研究が報告されているので、そうした成果を考慮すべきである。しかし、翻訳資料が考察対象のほとんどである本研究では、このうち内容の重なりに限っての追求のみが可能である。[79]

## 第一項　遊行における例外規定

先ず第一類の教団の記述として「法師は険難曠野を遊行する時、守護のために武器を持った在家者と行動を共にすることは戒律違反にならない」ことを言っていた[80]。

(T)〔世尊〕「正法を守りたいと思う比丘や比丘尼、優婆塞、優婆夷たちがどこにいてもそこで〔彼らを〕守るべきである。……諸比丘たちは武器を手にした優婆塞たちに取り囲まれて移動すべきである。この大乗において優婆塞は五戒を受けるべきではなく、正法を守護するために武器を手に取って比丘たちを守るべきである」。……〔迦葉〕「そのように武器を持った優婆塞たちとともに移動する比丘たちはアーチャーリヤなのでしょうか。それともアーチャーリヤではないのでしょうか。破戒者と言うべきでしょうか、それとも言うべきではないのでしょうか」。〔世尊〕「如来が般涅槃された後に内乱が起こり、国土の破壊が起こったりするだろう。その悪世にあっては飢饉の害が増大し、出家をして坊主になるだろう。彼らは戒・威儀・功徳・行を具足した比丘たちを追放したり殺害したりするだろう。そこで持戒の比丘たちが諸村・町・山村を移動するそうした時代にあっては、持戒者でありアーチャーリヤである諸比丘たちが道を行く時、自分の命を守るために武器を持った者たちがそこ〔比丘の行く道〕を行くことを私は認めるのだ」。

迦葉の質問を見て分かるように、この記述を涅槃経は「律蔵」の記述の「武器を持った者との行動の禁止」を想定し、それに対して例外を設けようとしている。実際に『パーリ律』『五分律』『四分律』『十誦律』の諸律において、比丘たちにはその行動は禁止されており、涅槃経の理解は正しい。例えば『パーリ律』では[81]、

私は、病でもないのに刀を手に取る者には法を説くことはない、という規定は守らなければならない。

と述べている。その例外は「気がついていない時、病の時、事故の時、狂人の場合、初犯の場合」などの、通常の戒律に対する例外規定と目されるものを挙げている。残りの三律も同様である。

しかしここで注意したいのは『摩訶僧祇律』だけは例外であり、この「武器を所有する者」に対する説法を次の形で認めていることである。[82]

「刀を持つ人に説法をなしてはならない」〔しかし〕……比丘が険しい道や恐怖の場所を移動する時、防衛の者が「尊者よ、私に法を説いて下さい」と言うとしよう。その守護者は刀を持っているとはいっても、そのために法を説くのは無罪である。

驚くことにここでの例外を認める理由は、全く涅槃経と同じである。この『摩訶僧祇律』の規定には更に「弓を持つ場合」「杖を持つ場合」とにおいて定め、涅槃経との一致を窺わせる同じ例外規定が続いている。

この両者の記述の一致は何を物語っているのだろうか。先ずここで涅槃経がこの例外規定を設ける際に、前提としている知っていた律が『摩訶僧祇律』ではないことは明らかだろう。何故なら、もし涅槃経が『摩訶僧祇律』を知っていたならば、律に規定されていることを自信を持って明言し、それを根拠として「如説世尊 yathoktam bhagavatā」との一言で済ませることができ、自ら新たな規定の追加などする必要はなかったはずだからである。

とすれば、この涅槃経と『摩訶僧祇律』にもし直接の関係があるとすれば、この両者の記述の一致から考えられる関係は、驚くことに、涅槃経→『摩訶僧祇律』という関係となる。涅槃経の態度を知った『摩訶僧祇律』が、何れかの段階でその「例外説」を取り込んだのであり、その逆ではない。もっとも、この両者に直接の引用関係がない可能性も当然考慮されねばならないが、その場合でも両者が共通の地盤を保有していたことは間違いない。しかもこの一致はけっして些細な問題ではなく、第一類（〈原始大乗涅槃経〉）の根幹をなす部分であるが故に、いよいよ見逃せない。部派のうち『摩訶僧祇律』のみこの規定を持つことは、少なくとも大衆部のみは「危険な場所を移動する遊行」が必要だったのだろう。[83] 極めて興味深い現象である。

## 第二項　ānupūrvīkathā

次は同じ「金剛身品第六」（第一類）の記述で、上記の箇所にすぐ続く部分である。非難されるべき比丘の行状として挙げる一部を構成する。[84]

（T）ある比丘が布施の話*dānakathā・戒の話*śīlakathā・福徳の話puṇyakathā・福徳の実る話puṇyavipākakathā・少欲知足の話saṃtuṣṭasaṃlekadharmaをしても、

ここでは所謂「次第説法ānupūrvīkathā」について述べ、それだけでは十分でないことを批判しようとした部分であるが、問題はこのānupūrvīkathāのタイプである。もちろん通常はdānakathā, śīlakathā, svargakathāの三つであり、それ以外の型は阿含・ニカーヤにおいては全く現れない。しかしここではsvargakathāの代わりにpuṇyakathā, puṇyavipākakathāを挙げている。

実はこれと極めて類似するものが*Mahāvastu*に三箇所確認される。[85]

さてこれがブッダの次第説法である。すなわち布施の話dānakathā・戒の話śīlakathā・昇天の話svargakathā・福徳の話puṇyakathā・福徳の実る話puṇyavipākakathāである。

この後二者puṇyakathā, puṇyavipākakathāは全く一致している。この一致もユニークなものであり、現在確認されるところでは他には*Nettipakaraṇa*にしか見いだせない。[86] 涅槃経と大衆部との緊密な関係を窺わせるものである。

なお、涅槃経ではsvargakathāが欠けているので不完全な印象があるかもしれない。しかし実はsvarga-kathāとは、実質的に「福徳が実って生天する話」であり、puṇya/puṇyavipāka-kathāのことなのである。とすれば必ずしも涅槃経がマハーヴァストゥから不正確な知識で引用をなしたなどという想定をする必要はない。涅槃経の内容で十分なのであり、むしろマハーヴァストゥの方が内容としては重複してしまっている。

### 第三項　肉食の禁止

次には第二類「四法品第八」における「肉食の禁止」がある。後に触れるが、ここでは「禁止される肉の種類」として十種を挙げている。これは諸律の中で『摩訶僧祇律』と『パーリ律』にのみ見られる数字である。更に涅槃経は肉食を禁止する際に「ニンニク等の香草類」をも禁止している。[87] この両者をまとめて禁ずるものは、もはや『摩訶僧祇律』しかない。従ってここでは涅槃経は『摩訶僧祇律』を相手として、その上に新たな規定を加えようとしているのであると考えてよいだろう。実は『摩訶僧祇律』は、律の中でも肉食に関しては最も禁止の方向に傾いている。それがここ涅槃経に至っては、更に推し進められる形になっている。

### 第四項　lokānuvartanā

最後は同じ第二類「四法品第八」の「世間随順説」における大衆部との共通性である。既に述べたように、「仏の世間に随順する姿」は「四法品」の中心の教理を構成するものであった。そしてこれは他ならぬ大衆部系の経典*Lokānuvartanāsūtra*そのものの内容に立脚したものであった。とすれば、第二類の菩薩は、思想的に先ずこの大衆部の伝統に関連のある者でなくてはならない。その内容に関しては、既に考察済みなので繰り返しは避ける。[88]

もっとも以前確認したように、涅槃経自身はこれを『首楞厳三昧経』*Śūraṃgamasamādhisūtra* の名前の下に引用している。このことは一度考察しておかねばならない。なぜ涅槃経は *Lokānuvartanāsūtra* という名前を用いずに、『首楞厳三昧経』の名前にしたのだろうか。[89]

ここで先ず素直に浮かぶ想定は、*Lokānuvartanāsūtra* が、既に特定の部派とは関係のない独立した経典として流通しており、おそらくは三昧と関係のある同経を、涅槃経が『首楞厳三昧経』と勘違いしたのかもしれないという可能性であろう。しかしそれは必ずしも可能性の高い見方ではないとともに、更にそこで考察を止めるならば、全く意味のないものとなる。なぜならば、先ず、少なくとも間違いなく涅槃経より時代を下るCandrakīrti はこの経典を「大衆部所伝のアーガマ」として重きを置いて引用しており、単に時代とともに所属部派の伝承が不明になったようなことは意外にあり得ないのである。とすれば後は、その混同を「涅槃経の杜撰さ」に帰せしめること以外には道はなくなる。確かにあるいは事実はそうだったのかもしれない。しかしこれまでのわれわれの考察態度からして、思想史研究における「事実」とは、何らかの意味での「論理的に構成される事実」のことでなければならない。それ以外のレヴェルの事実を持ち込むことは単に考察の放棄を迫るに等しい。[90]従って考察を続ける用意があるなら、更に進んで「混同の原因」が辿れないかどうかに歩を進めてみなければならない。

この涅槃経の場合、経典名は誤解されても内容は伝わっているわけであるから、少なくともそれは、大衆部と同一の伝統を持つ者であることは否めないだろう。それに涅槃経がこの「世間随順説」の直前に大衆部の文献と共通の「遊行における例外」「次第説法」「肉食の禁止」を出していることを考えれば、それはいよいよ確からしいことになる。とすればそうした共通する伝統を持ちながら、しかも *Lokānuvartanāsūtra* の名前を使わずに『首楞厳三昧経』を用いるところには、① *Lokānuvartanāsūtra* という経名を積極的に退けたい意図があったか、②むしろ『首楞厳三昧経』の名前を使いたかったか、あるいは③両者の混同を引き起こすような誤解を生ぜしめる何かがあったか、という可能性を考えざるを得ない。

このうち①はあり得ない。なぜなら、*Lokānuvartanāsūtra* はその「世間に随順する」という「内容」そのものが「経名」に他ならないからである。内容を引用することは実質「経名」を認めることになる。とすれば残りは②③になるが、この二点は結局次の課題に帰してしまう。すなわち、「涅槃経の中で両経典が置き代わる理由、すなわち両経の重なりがどこに見いだせるか」という問題である。

ところが経の内容を一見したところでは *Śūraṃgamasamādhisūtra* と *Lokānuvartanāsūtra* の両者は全く似ても似つかぬものであり、混同など決して簡単におこりそうもない。つまり外部からして見て判断できる単純な両者の重なりは存在しないのである。とすればいよいよ問題は、その両者の繋ぐ「重なり」の部分を構成しているはずの涅槃経において、この両文献がいかに機能しているかを見るより他にはない。つまり両者の重なりは「涅槃経において初めて現れる重なり」になるのであり、上記の課題は、その力点を「涅槃経の中で」という点に置き代えながらそのまま保存されることになる。

さて涅槃経においてこの「世間随順説」は、既に述べたように、「三昧の中で世間に随順して「菩薩」が大乗を広める」というモチーフで使用されている。ところがこれは全く『首楞厳三昧経』の主題そのものである。『首楞厳三昧経』では「首楞厳三昧をなす菩薩が至るところで自在に説法をなす」姿を描く。涅槃経はこの意識に立脚していることは間違いない。先に述べたように涅槃経「四法品」では「菩薩＝仏」という自覚がはっきり現れていることが確かめられた。

しかし一方の *Lokānuvartanāsūtra* にはこうした菩薩意識は見られない。そこは「仏」が姿を変えていくさまを語り、仏の「法身」としての絶対性を主張するばかりである。ということは、涅槃経は意識としては『首楞厳三昧経』の基本意識に立脚しつつ、材料としての *Lokānuvartanāsūtra* を利用していることになる。

けれども更に一歩進めて、涅槃経が『首楞厳三昧経』の意識を持っているのなら、なぜそれをそのまま使わずに *Lokānuvartanāsūtra* を使ったのかという問題が出てくる。しかしこの「四法品・世間随順説」において重要なのは、「菩薩の自覚」と「仏の行実の相対化」の二つであり、この両要素は「四法品」においては何れも不可欠のものとして存在している。つまり涅槃経にとっては『首楞厳三昧経』と *Lokānuvartanāsūtra* の双方が必要となっているのである。しかして *Lokānuvartanāsūtra* の方は内容そのものが経名を代表しているので、改めて強調する必要はない。必要となるのは、そのモチーフが『首楞厳三昧経』の立場で読み直されたことの明言の方だと考えねばならない。

そこには先に見た、この箇所のトレーガーである「四法品の菩薩」の姿が浮き彫りになっているのが窺えよう。先の考察を思い出せば、彼らは仏の絶対性を説くとともに、自らをその仏に重ね合わせているものであった。ここで起こっている現象は、仏の絶対性から出発した彼らが、結果的にはその仏が完全に「外化」された時点で、かえってその仏を自己に反映し、そこで自らが仏に通じる菩薩としての自覚を持つことになっているという流れである。

更にそこには涅槃経「四法品」固有のトレーガーの状況が反映されているはずである。おそらく、既成教団に規律正しい使命感を持って入って行った彼らトレーガーたちにとって、仏の絶対性を実現させて行くのが他ならぬ自己自身でなければならなかったという事情が、彼らの持つ言葉に表された時、「絶対の仏と自己が重なり合うという姿」以外になかったと見た方がよいのかもしれない。とすればいよいよここでは *Śūraṃgamasamā-*

dhisūtra と Lokānuvartanāsūtra とが涅槃経の上でのみ重なり合わなければならない十分な理由が存在することになるのである。

この『首楞厳三昧経』は、その内容からして間違いなく「空」を説く『般若経』と系統を同じくする。[91] それは『般若経』が三昧の中に「首楞厳三昧」を筆頭に引用していることからして明らかである。そして『般若経』等「空」を説く文献は、これまでの研究成果から判断して「大衆部」と関連しているのは間違いない。こう見てくれば、この第二類「四法品」は、大衆部に関わりのある者が関与して、大衆部の説を経も律も改編しつつ作成していることは疑いないと思われる。とすれば、第一類では涅槃経→大衆部という関係が、そして、この「四法品」では大衆部→涅槃経の関係が成立していることになる。

## 第五項　garbha

大衆部では、如来の教説を garbha との関連で説く極めて興味深い事実が確認される。Bhavya 著作の *Nikāyabhedavibhaṅgavyākhyāna* において、大衆部の中の Ekavyāvahārika を説明するくだりで、[92]

如来は lokottara であり、世俗の性質は存在せず、……如来の教説はその garbha に信順するものである

snying po la mngon par mos pa'o, *tat(= tathāgata)-garbham adhimucyante.

と述べている。

この garbha をいかに解釈するかは、むずかしい。しかしこの後に続いて、如来には物質 rūpodāna が存在せず、kalala, arbuda, peśī が存在しないと述べることを考慮すれば、garbha は「胎」と関連していることは最低限間違いない。ワレーザーはおそらく snying po を hṛdaya と取り、この箇所を「如来の心髄に敬礼する」と訳

し、寺本とバローは「如来の本質を明らかにする」と訳す。ことにバローは mgon par mos pa を abhi-Muc で解釈するが、それは無理だろう。adhi-Muc の目的語には、強い信仰の対象が来るが、通常それは教説であることを考えれば、この箇所も如来の教説への態度を示したものと考えるしかない。何れにせよ、ここでは如来の教説が、それを明かすにせよ、あるいは敬礼、信解するにせよ、落ち着く先が tathāgatagarbha として表現されている点は重要である。如来の教説の意味がそこに集約されているのである。これは、如来蔵思想全体に関わる前提となり得る事実かもしれない。

涅槃経においては、先に「四法品・解脱の譬喩」の箇所で確認された「無我の教説が如来蔵に入る」という一節が、この大衆部の説と極めて似ている印象を持つ[93]。しかし残念ながらそれ以上の情報はここからは得られないので、あくまでその関係の有無の指摘という程度で考察を終えなければならない。

この他の涅槃経中の記述で、他文献に辿れるものは数多くあるが、しかし部派を断定するに至るものは存在しない。それは引用が辿れる記述が多くの場合複数のものに渡り、特定の文献に集約しないことが原因している。これはもちろん涅槃経のみの問題ではなく、大乗経典全体の問題である。極めて残念であるが、大衆部との関わりが明らかになったことをもって一応この節を閉じよう[94]。

## 第七節　付論㈡——肉食の禁止

涅槃経の社会的側面の特徴に「肉食の禁止」を戒律として制定することが挙げられる。これは涅槃経における社会背景史を考察する上で欠かせない主題を構成するのみならず、後に広く東アジアの仏教に影響を残すことになった意味でも極めて大切なテーマである。この節ではこの涅槃経における肉食禁止が、非大乗、更にはヒンドゥー文化との関わりでいかなる意味を持っているかを、涅槃経に至るまでの流れを追うことで明らかにしたい。ただ論述の性格上、全体の構成からみて涅槃経そのものよりも他文献を追うことが主体になる箇所であり、これまでの本論とはやや趣を異にするため、ここも付論として位置づけておいた[95]。

### 第一項　伝統部派における肉食への態度

大乗仏教と非大乗仏教における戒律の最も大きな違いの一つに「肉食」を巡る態度の相違がある。周知の如く伝統部派では原則として肉食を許しているのに対して、大乗になると特に如来蔵系の経典を中心として肉食を全面禁止するものが出てくる。この問題はこれまでも幾度となく取り上げられ、その中で関係資料を始めとしてかなりの見通しが立つようになってきている。しかし肉食の問題というのは意外に複雑であり、肉食を許したとされる部派の律に限ってみてもいくつかの主題の下に複数の箇所でこの問題を論じている。そして細かに観察すればそこにはおよそ肉食を認める方向と、肉食に条件を付してそれを制限する方向の二つの相反する動きが読み取れる。このことは「律」が異なる時代の記述を併せ持つ複合的な文献であることを示唆しているのであるが、逆に言えば、われわれとしてはそうした記述を整理して初めて部派における肉食への態度を明かすことができることになろう。しかし他例に漏れず「肉食」の問題でも従来の研究は個々の記述を文献に沿って紹介したものがほとんどであり、必ずしもこうした意識で肉食の問題を取り扱っているとは言いがたい。(96)

また、これまで重要であるにも関わらず表だって論じられていないことは、仏教における肉食の問題はけっしてひとり仏教にのみ関わる問題ではなく、ヒンドゥー文化全体に関わる関心事にほかならないことである。(97)インド仏教においていかなる些細な出来事が起ころうともそれはヒンドゥー文化中での出来事であることを免れ得ないのであり、もし仏教の歴史的な事実に迫ろうと思うなら、その出来事を絶えずヒンドゥーの文化・歴史という脈絡に連れ出す必要がある。ことに肉食の問題はそうした視点を意識することが重要に思われる。こうした問題意識に立って、まず部派仏教における肉食への態度を、肯定するものから否定するものへと順を追って見て行こう。

## (一)　美食としての肉食とその社会環境

周知の如く非大乗（部派）仏教においては肉食は禁止されていない。この問題に関しては、例えばブッダが入滅時に最後の供養として豚肉とおぼしき sūkaramaddhava を受けたことが非大乗涅槃経に記されていることを論ずる中や、部派仏教においての食物を明かす中で何人かの学者によって指摘されている。(98)しかし古くはスッタニパータの記述に注目すれば十分であろう。

殺生し打ち切断し縛り盗み妄語し、詐欺し騙し、誤った学習をなし、他人の妻に親しむこと——これがなまぐさであり、肉食はそうではない。この世において欲望を制することなく、美味をむさぼり、不浄の生活を行じ、虚無論を抱き、非法で不正に従う者、それがなまぐさであり、肉食はそうではない。[99]

同様の偈頌は vs. 242-248 の間に説かれている。ここで明らかなように、否定されるべき「なまぐさ āmagandha」としては「肉 maṃsa」に拘っておらず、問題は食物の種類ではなく生活態度の方であることが分かる。

さてこうした基本的な態度を反映して、律蔵では肉食は否定されない。まず食物に関する一般規定において各律とも同様の態度をとっており、食事に関して次のように定義をなす。[100]

食 bhojanīya とは五種類の食事のことであって、飯 odhana・粥 kummāsa・麦 sattu・魚 maccha・肉 maṃsa である。

この表現は諸律が食事を説明する時の常套句であり、『四分律』『摩訶僧祇律』ではこれを「正食」と呼んでいる。どの部派も先ずは肉食を受け入れているのが分かる。

更に目をひくのは、「美食 paṇītabhojana」を説明する箇所であり、諸律はこぞって次のように言う。[101]

かくの如きが美味なる食事である。すなわち、酥sappi・生酥navaṇīta・油tela・蜜madhu・砂糖phāṇita・魚 maccha・肉 maṃsa・熟酥 khīra・醍醐 dadhi である。いかなる比丘にせよ、病気でもないのにこうした美食を自分のために準備させて（=乞食して）食べたとすればパーチッティヤであるyo pana bhikkhu evaṃrūpāni paṇītabhojanāni agilāno attano atthāya viññāpetvā bhuñjeyya, pācittiyan'ti ……病気でない者は美食がなくても安寧でいられる。病気の者は、美食がなければ安寧でいられない gilāno nāma yassa vinā paṇītabhojanāni na phāsu hoti。（中略）健康な者が健康だと思って自分のために準備させて食したとすればパーチッティヤである。健康な者が疑わしい状態で vematikā ……パーチッティヤである。健康な者が病気だと思って gilānasaññī……パーチッティヤである。病気なのに健康だと思っている者は悪作 dukkaṭa であり、病気で疑わしいと思う者は悪作であり、病気で病気だと思っている者は不犯である。病気の者が病気であって〔美食を〕準備させた後に健康になって食べる者、親族の者、招待されたもの、他人のためのもの、自分の財でのもの、精神異常の者、初めて犯した者は不犯である。

要するに肉・魚肉は美食の中に入るのであり貴重な食べ物であるから、病気という特別の場合に限って取ることが許されるとする。

しかしながら、この条項の解釈にはいささか注意が必要である。なぜならこの規定は一見「病者を保護するために病気の者に特別の食事を与える」という明確な目的のもとに定められているように思えるだろう。ところがそう解釈した時、この条文の「病気で乞食して健康になって食する者は不犯」という項が理解しがたくなる。ここは例えば『摩訶僧祇律』ではもっと明確に「不病時に乞い病時に食すれば越毘尼罪を得、病時に乞い不病時に食すれば不犯」としている。[102] もし純粋に「病者の保護」が本規定の目的であり、病者のことを第一に配慮するなら、乞食時の健康状態ではなく食事時の健康状態で判断するのが当然であろう。病時に栄養を取れなければ意味がない。事実、時代を下ると思われる『根本有部律』では「食事時」に於いての健康状態で罪状が決定されるように記述が変わっている。[103]

律の、細かで煩瑣な規定を考察する際、教団内部に留まるものと外部を意識したものとを絶えず区別しておく必要がある。ともすればわれわれは、全てを前者に帰着させて問題を論じがちであるが、律はけっして教団の内部的な要請からのみ成立しているものではなく、絶えず外殻の要求に晒されて、形成・変更を余儀なくされていくものである。

ここで説かれた「美食の規定」も、本来は宗教的な要請や教団内の行政的な必要性からのみ成立したものではあるまい。おそらくは外に対する威儀として確立したものと理解すべきであろう。つまり美食を受ける際には、教団内の事情がどうであれ外に対して「美食」を受けるに足るだけの根拠を示すことが教団にとって必要なのであり、そこに立てられるのが病気という例外規則である。従って、実際に教団内で比丘が美食を必要とする病気にあっても、それを外に納得させるだけのものがなければ、たとえわずかではあっても罪になるのであり、逆に乞食時に病気として教団外に表示できれば健康で食しても罪にはならないのである。これは「病気」以外の諸例外においても同様である。その相互間には何の連絡もないが、何れも「外」に対する美食受容の根拠としては十分なものであろう。(104)

このことを踏まえた上で押さえておくべきことがある。それはこれらの諸律が前提としていた社会環境である。そこは「肉」を食する社会であり、しかも出家教団側に弁明を要求するほど「肉」を特別の「美食」として尊重した社会だと考えられる。事実、この規定が出てくる因縁話として、『五分律』『摩訶僧祇律』等の律は「仏教の出家者たちが乞食で上記の美食を得ていたものを在家者たちが贅沢だと批判した」ことを挙げているが、この条項に関する限りその縁由は本質的つながりが深い。

## (二) 「生肉」の受容規定を巡る相違

上記の例から容易に推定されるように、部派仏教においては肉は一般に薬として位置付けられている。その中で特に注目をひくのが、「生肉」の受容規定である。これは諸律で立場が異なっており、肉食の考察に興味深い視点を提供してくれる。『パーリ律』を見てみよう。(105)

その時一人の比丘が精神異常になった。アーチャーリヤとウパッジャーヤは彼を看護したが病を癒すことはできなかった。彼は豚の屠殺場に行き、生肉を食べ生血を飲んだ。すると彼の精神病は癒えた。世尊にこのことがらを申し上げた。〔世尊は言われた〕「比丘たちよ。精神異常の際には生肉と生血とを私は許そう」。

『四分律』では sūkarasūna が「牛殺処」となっているが趣旨は全く同じである。ただ比丘が生血・生肉を食した後で、「畏れ慎む」という一句が挿入されていることに注目しておきたい[106]。これが『十誦律』になればすこしく記述が異なってくる[107]。

仏はシュラーヴァスティーに居た。長老サイカタは精神病になって生肉を食べ生血を飲んで病を治そうとした。サイカタは諸比丘に語った。「私は精神病であり、他人の勧めで生肉を食べ、血を飲んだ。一体どうしたらよいか」。諸比丘はこれを聞いて仏に申し上げた。仏はそのためにサンガを招集し、……諸比丘に告げた。「今からもしこの〔精神の〕病があれば生肉を食べ血を飲むことを許す。しかし隠れた場所で他人に見えないようにすることだ」。

この記述が『パーリ律』『四分律』と異なる点は二つある。第一は『パーリ律』『四分律』では比丘が自ら進んで屠殺場に行って生肉・生血を取ったのに対して、ここではそうした記述は出さず、他人に勧められたという受動的態度を取り、しかも受容の後それを反省していることである。随分表現が和らいでいる。もう一つは精神病の治癒のために「生肉・生血」を認めはするがそれは「隠れた場所で人目に触れぬように」しなければならない、という制限を加えていることである。そこには「生肉・生血」の受容がけっして好ましくはないという判断が働いている。総じてパーリ律、四分律に比して生肉・生血の受容に消極的になっていることが分かる。

同じ問題が『根本説一切有部』では格段に詳しい記述となっているが、そこでは『十誦律』と同様、比丘が自ら「屠殺場」に赴いたという記述は省かれており、しかも特徴的なことには生肉は医者の処方によって「薬」としてしかたなく、強制的に与えたという記述を取っている[108]。

以上の諸律の生肉受容に対する態度の変化を比較すれば、『パーリ律』→『四分律』→『十誦律』という順に、受容を堂々と認めていた――たとえ比丘自らが屠殺場に行こうとも――のに対し、それに徐々に限定を加え、弁明を与えようとしていることが分かる。『四分律』に至って「肉食した比丘の反省」が加わり、『十誦律』では「他人に公開しないこと」が加わり、そして『根本有部律』では「世尊の判断を離れ治療のためのやむを得ない規定」とする。

### ㈢ 生肉の禁止規定

ところが、こうした律と比較して注目すべきものに『摩訶僧祇律』がある。『摩訶僧祇律』では上述の規定は存在せず、逆に「生肉の受容を禁止する規定」が出てきている。(109)

仏は旅先におられた。その時六人の比丘が肉の塊、生魚を所持し、人々は嫌って言った。「どうして沙門なのに乞食することができないで肉塊・生魚を所持して行くのか。この人たちにどうして学ぶべき道があろうか」。諸比丘はこのことを世尊に申し上げた。……世尊は言われた。「これ以後生肉を受け取ってはいけない。もし比丘が病気になったら浄人に調理させ、その後に自分で煮炊きをして食べなければならない」。

この規定は、比丘が乞食をしないで手ずから生肉を調理することへの戒めという形を取っているが、何れにしても生肉の受容は禁止され例外は認められない。つまり『摩訶僧祇律』では「生肉＝薬」という用法は全く知られていない訳である。

なお、この規定について留意しておきたいことがある。それはこの規定はニカーヤ中の *Cūḷahatthipadopamasutta* 中にも見られ、(110)『摩訶僧祇律』だけの伝承ではないことが分かる。しかし同ニカーヤの漢訳である『象跡喩経』では、他の項目の記述は一致するのに、この「生肉禁止」の項目だけが削除されてしまっているのである。(111) この規定に関しては、伝承文献によって揺れが見られ、部派間においてその取り扱いに問題が生じていたことが看取される。

それではそもそも、「精神異常」の治癒に「生肉」を処方するというのはインドの医学において認められるのであろうか。『チャラカサンヒター』では精神病について治癒の詳しい用例を挙げるが、その中に生肉を与えるという用例は全く見あたらない。(112)『チャラカサンヒター』自体はかなり網羅的に内科的治療法を挙げる医学書であり、時代的にも部派の律と共通すると見てよい文献である。もし各部派の説く生肉の処方が広く仏教に行き渡った事実だとすれば、仏教徒と縁の深い『チャラカサンヒター』にもそうした記述があってよいはずである。しかしその中に生肉の受容が見られないとなれば、反対に律に規定された生肉の薬としての処方に疑いが出てくる。この事実と『摩訶僧祇律』やニカーヤ『象跡喩経』の主張を照らし合わせる時、あるいは生肉の受容の背景には、僧坊内で調理するために、既にできあがったものでなく、生で布施を受けようとする意図があったのではないか、という嫌疑が生じてくる。それを『摩訶僧祇律』以外の諸律は「精神病」という医学的な規定によって受容に対する非難を逃れようとしたのではあるまいか。この推定は次の肉食忌避の動きと関連していく。今度は律に見られる「肉食制限」の方向を見てみよう。

### (四)　食用肉の種類の限定

先に述べたように、諸律の中には「肉食を制限する」方向の記述が見られ、それは「食用肉の種類の限定」「三種の浄肉」「破僧事」という主題に絞られる。先ずは「種類の限定」をなす記述から確認しよう。

諸律が禁止する肉の種類には、人・馬・象・蛇・犬・獅子・虎・豹・熊・ハイエナ・豚等の肉が挙げられるが、それが各律によってわずかだが異なっていることに注意する必要がある。本章の註末の表（六七七頁）によって明らかなように、全ての「人肉・象肉・馬肉・蛇肉」の四種類である。おそらく、この四種類の肉食の禁止の伝統は部派分裂以前にまでさかのぼることが可能であろう。そしてこの四種の肉食の禁止に至る縁由についても各律でほとんど一致している。この縁由から見てみよう。
先ず「人肉」であるが『四分律』以外は第一番に挙げている。今『パーリ律』によって大意を略述すれば次のように記している。[113]

バーラナシーの鹿野苑に信仰篤いスッピヤ優婆塞とスッピヤー優婆夷がいた。その時一人の比丘が病で吐下薬を使用していたために「肉」を必要としていた。ところが、その時町には肉がなかったのでスッピヤー優婆夷は比丘の病を救おうと、自らの脾の肉を切断して比丘に与えた。スッピヤー優婆夷はそのために病気となり寝込んでしまう。スッピヤ優婆塞はその話を聞いてとても喜び、妻の浄信を讃歎した。……世尊は比丘たちを集めことの真偽を正す。そこで比丘が「肉の種類」を確かめないで食したのを叱責し、学処を定めた。「比丘たちよ、清らかな浄信を持つ人々がいれば自分の肉であっても喜捨してしまう。比丘たちよ。人肉を食べてはいけない。食したものは重罪である。観察しないで食してもいけない。食した者は悪作である」。

他の律もほぼ同様の内容である。『五分律』では「王がその日には殺生を禁止していたので肉がなかった」とするが[114]その他は同じである。『四分律』は「その日はバーラナシーは不殺であった」と言い、[115]『摩訶僧祇律』は「斎日にあたり無殺」、[116]『十誦律』は「波斯匿王が殺生を禁止していた」とし、[117]『根本有部律』では「王子が誕生したので殺生が禁止されていた」と記している。[118]アショーカ王以来、菜食主義の勧めはしばしば見られるが、これらの記述もそうした動きを反映したものだろう。『摩訶僧祇律』と『根本有部律』では、人肉を食した行為が大衆の非難を招いたことをつけ加えている。[119]

何れの律も優婆夷が進んで自身の肉を布施したとしているので、あるいはこの話は事実だったのかもしれない。シビ王本生を始めとする「自身の肉布施」の多数の仏教説話が知られていることを考え併せると、信者たちの信仰形態として、ある時期にこうした行が存在した可能性は否定できない。(120)どの律も優婆夷の行動を誉め称えており、殊に『根本有部律』は、彼女の前世譚まで挿入して五通を得たとし、『十誦律』では斯陀含道を得たという。しかし何れにしても食人肉の行為自体はこの条項で厳しく禁止されている。

第二に、「象肉・馬肉」の禁止について見てみよう。この二つに関しては諸律で同じ説明を与えているので、「象肉」をみればこと足りる。(121)

その時、王の象が死んだ。人々は飢饉にあって象の肉を食べており、乞食に遊行する比丘に象の肉 hatthi-maṃsa を与えた。人々は叱責し憤り罵った。「どうして釈迦の沙門たちは象の肉を食べるのか。象は王のものである。もし王がそれを聞けば喜ばないだろう」。〔そこで世尊は制せられた。〕「比丘たちよ。象の肉を食べてはいけない。食べたものは悪作である」。

すなわちパーリ律では「象」は王の持ち物であるから王の怒りに触れるという理由で人々から批判されたので禁止したとする。『摩訶僧祇律』を除いて他律は同じ理由を挙げる。「象」は古代インドでは重要な軍備の一つであり、国家がその扱いに介入した可能性は高いだろう。従って『パーリ律』以下の四律の言うところは、「象肉の食禁止」の直接的原因としてはもっともであり納得がいきやすい。(122)

ところが『摩訶僧祇律』では別の理由を挙げる。飢饉の時に「象肉」を食べたのは低いゴートラの者と、チャンダーラ、比丘たちであったため、教団の「威儀」を正そうとジーバカの申し出を受け入れて禁止するに至ったという。(123)この主張は「肉食」に関する社会的背景を物語っていて興味深い。つまり「象肉」は蔑まれる階級の人が食するもので、『摩訶僧祇律』としてはそうした人たちと一線を画すことを意図しているのである。これと同様のことは『十誦律』にも記されている。ところが、『根本有部律』では飢饉の時にはバラモン以下全ての人が「象肉」を食したという。この記述を信用するとすれば両者には看過しがたい相違が存在することになる。そしてそのことは『摩訶僧祇律』『十誦律』と『根本有部律』の依って立つ社会基盤が異なっていたことを物語っていると理解せざるを得ない。つまり『摩訶僧祇律』では象肉の受容に関して、ヴァルナ・カーストが問題になっているのに対して『根本有部律』ではバラモン以下全てが象肉を食べることに絡んでおり、カーストの問題は全く無関係な立場にいたことを表している。そこには両者の律の時代的な差異、もしくは地域的な差異が読み取れるであろう。

次に「蛇肉 ahimaṃsa」について見よう。『パーリ律』はやはり飢饉時に比丘たちが「蛇肉」を食べたことが人々から「蛇肉は厭うべき jeguccha 嫌なもの paṭikūla である」と記す。更にスパッサ竜王が出てきて、世尊に懇願する。「竜であっても信心なく、浄信ないものたちがいれば、ささいなことでも比丘たちを害するでしょう。どうか、尊者たちに蛇肉を食べさせないで下さい」。このため世尊は蛇肉を禁止された。[124]

『五分律』は竜王の名前を「善自在竜王」とし、[125]『十誦律』は人々に「蛇も竜の仲間である」と忠告されたと言い、[126]『摩訶僧祇律』は「竜女」に進言を受けたとするが内容はほぼ等しい。[127]『四分律』では比丘がバーナラシーで乞食不能だったので「能水低行人所」まで赴いて乞い、その時「善現竜王」から「竜は大神力があって国土とて焼き尽くすので竜肉の食を禁止する」ように言われる。[128]『根本有部律』では「毎月八、一四日にチャンパーのチャンペーヤ竜王が人間に姿を変えて八斎戒を受けるので、竜肉は食してはいけない」としている。[129]何れの律も「竜」と「蛇」の関係から「蛇肉」を禁止している。

この経緯を見れば、誰しもつとに語られてきた「ナーガ信仰」と仏教の関係を想起するだろう。ナーガは象と蛇の両者を意味するが、ともに神話学的には水と深い関係を持ち仏典にも降雨との関わりで出てくるものが多い。更にこれまでの研究によればこうした神秘力を持ったナーガをトーテムとして持つ部族もナーガと呼ばれたことが指摘されている。また広く「森林に住む部族」をナーガとする学者もいる。[130]何れにしても彼らは、本来アーリアの嫡子とは言い難く、所謂「周辺」の存在だったようであり、それがかなり古くから仏教と関係を持っていたことは興味深い。ナーガ信仰の問題についてはさまざまな角度から研究が出てきているが、[131]各律ともに同じ理由をもって「蛇肉」を禁止しているのを見れば、部派分裂以前から仏教教団は「ナーガ信仰」との接触を持ち、しかもそれを十分に尊重していたことが分かる。

以上が諸律で共通に禁止している「肉の種類」である。しかしこの他にもう一つ、『根本有部律』を除いて各律が禁止しているものに「犬肉」がある。その禁止に至る説明が詳しい『四分律』の趣意を挙げてみよう。[132]

バーラナシーで乞食ができない時、比丘たちはチャンダーラの家に行き、そこで狗肉を貰い食した。そのために犬たちが比丘に吠えついた。そこで世尊は「犬肉」を食したものは悪作であると定められた。

『十誦律』では「飢饉のおり、下賤のものたちは全て犬肉を食していたが、世尊は「もし比丘たちが高貴な人のところに行けば嫌われる行為である」として禁止された」と言う。[133]『五分律』[134]『摩訶僧祇律』[135]では「比丘が犬に吠えつかれた」ことのみを上げ、『パーリ律』では単に「犬肉は厭うべきもの」とだけ言う。[136]そして『根本有部律』は規定そのものが存在しない。

『四分律』『十誦律』の言うところは明解である。これは先に見た「象肉の禁止」の条項の『摩訶僧祇律』と同じ根拠で食を禁止している。低カーストのものや、アウトカーストのものと教団が一線を画すための態度なのである。ここでも『根本有部律』はその規定自体を全く認めていないことからして、他律に比べてヴァルナ・カースト制が問題になりにくい社会背景を持っていたか、さもなければその枠を越えようとしていたものとも考えられる。

これらの「肉の種類」の限定に至る理由を見れば、全て周囲の人々の批判が契機となっている点は変わりがないが、それは①宗教倫理的な要請、②国家権力の介入、③ナーガ信仰への譲歩、④カースト・ヴァルナ制からの要請といった点に絞られる。何れも興味深い問題を含んでいるが、ここでは涅槃経と関係が深いと思われる④に注目しておきたい。

既に五世紀の『法顕伝』によればチャンダーラ等のアウトカーストたちは特定の居住区に追いやられて一般の人々は接触を避けていたことがわかる。そして彼らが一般に無制限に「肉」を食している。(137)更にヒンドゥー法典類では犬は不浄なものの代表として挙げられており、(138)こうした階級のものは時にシュヴァパチャと呼ばれることから、犬は象徴的に忌み嫌われた動物であることは間違いない。(139)こうした情勢を考えれば諸律が取った態度も判断が行きやすい。つまり肉食に担わされた文化的な価値を出家教団側も認めざるを得ないことになったのである。上には挙げなかったが『パーリ律』『五分律』『摩訶僧祇律』『十誦律』が挙げる「獅子・虎・豹・烏・鷲」等の禁止もこれを裏打ちする。これらの肉は肉食獣を中心とするものでマヌ法典ではチャンダーラと並び称される不浄な動物である。(140)これは諸律で必ずしも一致していないことから時代を下ってからの挿入であることが分かるのだが、そこには肉食獣や屍体を啄むものが「不浄」として捉え始められるにつれ、部派教団でも正当な社会組織として周りから認められるために、徐々にそうした動きに妥協せざるを得なくなって来て禁止の項目に編入した経緯を読みとることができる。

ただここで注意をしておきたいことがある。上述の引用全てにおいて教団は他からの批判で禁止条項を制定している点である。このことから分かるように、仏教教団は元来そうした低カースト・アウトカーストの人々と接触を持ち、肉の布施も受けていた。従って肉食の「文化的・社会的意味付け」について、少なくとも部派教団側がそのイニシャティヴを取った訳ではない。また『根本有部律』が「犬肉」を禁止せず、更に各律で禁止事項が異なっているのを見ても、各部派間での「肉食」に対する態度の「揺れ」が感じられ、外からの動きに応じた対応をそれぞれが迫られたことが類推される。(141)

## ㈤　三種の浄肉

次に部派仏教の肉食に関する規定の中で最もよく知られている「三種の浄肉」の問題をみてみよう。周知の如く三種の浄肉とは、布施された肉が「自分のために」殺されたことを「見る」こともなく、「聞く」こともなく、「予想」せしめるものもなければ、それは三つの観点から清浄である trikoṭipariśuddha と見なされ、受容が許されるという規定である。先ず、「三種の浄肉」についていかなる規定がなされているか『パーリ律』をもとにして見てみよう。「マハーヴァッガ」では次のように言っている。(142)

ジャイナ教徒から仏教徒に改宗したシーハ将軍は世尊を食事に招待した。その時肉を料理してさしあげた。それを知った多くのジャイナ教徒 nigaṇṭha たちがヴェーサーリーの通りで号泣した。「シーハ将軍は大きな家畜を thullaṃ pasuṃ 殺し、沙門ゴータマのために食を設けた。沙門ゴータマはそれが〔自分に〕向けられ uddissakata 自分の業に関わる paṭiccakamma 肉であることを知りつつ食した」とこのようにジャイナ教徒が仏・法・僧を批判していることを聞かれた世尊は、比丘に告げられた。「比丘らよ。〔自分に〕向けられた肉であると知りつつ肉を食してはいけない。もし食する者があれば悪作 dukkaṭa である。見られない、聞かれない、疑われない、三種清浄の肉と魚を私は許す anujānāmi tikoṭiparisuddhaṃ macchamaṃsaṃ adiṭṭaṃ asutaṃ aparisaṅkitan' ti」。

すなわち『パーリ律』ではジャイナ教徒がなした批判が契機となって「見聞疑に触れない三種の浄肉は食を許される」という規定をなしたとする。この規定の基本的な態度となっている「見聞疑に触れない肉は食を許される」とする態度は他の五律も共通である。従ってこの伝統はおそらく部派分裂以前から共通なものとして受け継がれていたものだろう。ところがここでも注意しなければならない要素がある。それは『根本有部律』や『摩訶僧祇律』では説き方に微妙な違いが見られ、しかもそれが部派の「肉食」に対する重要な見解の差異を物語っていると思われることである。サンスクリットの存在する『根本有部律』の規定でその異なる部分を見てみよう。[143]

世尊は言われた。「三種の不適当な肉を食してはいけないと私は宣言しよう」trīṇi cākalpikāṇi māṃsāni na paribhoktavyānīti vadāmi。何が三種なのか。私のために料理されたと眼前で見られた不適当な肉は食してはいけない mām uddhiśya kṛtam iti sammukhaṃ dṛṣṭam akalpikaṃ māṃsaṃ na paribhoktavyam と私は言う。あなたのために料理されたと聞かれた不適当な肉は śrutaṃ tvam uddiśya kṛtam ity akalpikaṃ māṃsam 食すべきではないと私は言う。自然にこういう内容の、即ち、私のために作られたという疑いが起こる、そういう不適当な肉は svayam evamākāraparivitarkautpanno bhavati mām uddiśyakṛtam iti saṃcintya akalpikaṃ māṃsam 食すべきではないと私は言う。比丘らよ。三種類の適当な肉は trīṇi kalpikāṇi māṃsāni 食してよいと私は宣言する。

ここでの違いは明らかである。すなわち『パーリ律』以下四律は「肉」を「浄 pariśuddha・不浄 apariśuddha」という観点から論じているのに対して『根本有部律』では「不適当な akalpika 肉」と言っている。[144] これは『摩訶僧祇律』でも同じである。[145] つまり『根本有部律』『摩訶僧祇律』では厳密な意味で「三種の浄肉」とは言っていないのである。これは一見些細なことばの相違に見えるがけっして看過できるものではない。どうしてこうした違いが出てきたのであろうか。

実はこの問題は既にプラサッドが指摘している。[146] だが残念なことに彼はその相違を疑問に付したまま解決できずに放置してしまったままである。しかしわれわれとしては先に考察した肉食制限の動機を加味すればその違いの意味が見えてくるように思われる。

もしもこの規定が単に食してよい肉と禁止されるべき肉を明記するのが目的であれば、「浄・不浄」という観点は必ずしも必要とは思われず、『摩訶僧祇律』や『根本有部律』の単純な禁止の表現で十分なはずであろう。それにも関わらず四律で「浄肉を許す」という形を取っているのは、その背後に肉食が「不浄」であるという批判を強く予想しているからであり、これら四律は他のいかなる問題でもない、浄・不浄という問題意識の下でこの規定をなしたことを表明しているわけである。それに対して『根本有部律』『摩訶僧祇律』では浄・不浄の観念とは無関係な立場に立ってこの規定を取り上げている。

実は、この問題に関しては『マヌ法典』の肉食に関する次の規定が考察の重要な鍵を与えてくれる。[147]

犬に殺された肉は浄く、肉食動物、またはチャンダーラなどの卑しき階級の人々に殺された肉も浄いとマヌは言った śvair hatasya yan śuci tan manur abravīt/ kravyādibhiś ca hatasyānyaiś caṇḍālādyaiś ca dasyubhiḥ//。

『マヌ法典』の第五章中、五七偈から一三四偈までは「浄・不浄」のテーマを中心に述べている章であり、それと関連して食物が浄・不浄という観点から類別され、食が許されるものと禁止されるものとが説明される。その中でこの規定がなされているのである。そしてそこでは浄・不浄を言う際に、(a/)śuci, (a/)śuddha が同様の使い方で用いられている。従って、この五章一三一偈で śuci は śuddha と同義で使われていると考えてよい。『マヌ法典』によれば、通常バラモンには肉食は禁止されている。ところが飢饉等の緊急事態には生命を守るためにそれが許されることがある。[148] そのために設けられた例外規定がこの条項である。肉食は基本的には不浄なのであるが、特定の状況の下に浄なるものとして受容が可能になるのである。これは、上記の四律の言う「三種の浄肉」と同じ理念に立脚していると考えられる。両者ともに「清浄な śuddha 肉」という規定のもとに受容を許可しているのである。

ヒンドゥー文化において「浄・不浄」の観念は極度に発展し、社会生活の隅々までを規制するに至った。そしてそれがヴァルナ・カースト等の身分制度に不可分に関わっていることはこれまで多くの指摘があるところである。ここに挙げた『マヌ法典』などはそうした事実を裏付ける典型的な論拠として採用されているが、確かに同書の浄・不浄の観点による詳細な生活規定を見ればその制約の大きさは十分に窺われる。仏教では本来事物について浄・不浄の意味付けをして語ることはない。ということは『パーリ律』以下四律は実はこうした文化的背景を反映して受容される肉を浄肉として規定したものと推定できる。肉食はただ単に「不適当」なのではなく「不浄」なのである。ということはそれらの部派では『マヌ法典』に代表されるようなヒンドゥー文化の影響を被らざるを得ない位置にいたことになる。それに対して『摩訶僧祇律』や『根本有部律』はそうした影響がなかったか、あるいは、たとえあったにしてもそれをそのまま認めることなく、別の解釈を施すことによって自主的な態度を表明していると見ることができよう。

前項で見たように『根本有部律』では「肉」の禁止の縁由で低階級との関わりの問題を取り上げることなく、またその象徴と見られる「犬肉」を禁止することもなかった。これを考え合わせてみると少なくとも『根本有部律』に関してはヴァルナ・カーストの問題に関わる肉食制限の意識はなかったと思われる。同律は階級を問題にする必要のない社会背景を持っていたのだろうか。

## (六) 破僧事

部派仏教と肉食の問題を考える上で欠かせないものに「破僧事 saṃghabhedavastu」における「五法の宣言」がある。これはデーヴァダッタが従来認められていなかった五つの戒律条項の制定を迫って教団の分裂を謀ろうとしたという伝説であり、広く阿含・ニカーヤ・律・論典に認められる。「五法」の内容に関しては文献によって僅かに出入りがあるが何れも「不食魚・肉」を含んでいる点は共通である。この問題も今までに多くの機会で取り上げられてきており、(149)ここでは律蔵の記述に限って見てみたい。

『パーリ律』においては「デーヴァダッタは破僧・破輪をなそうとして①一生の間林住者たるべきこと、②一生の間乞食者たるべきこと、③一生の間糞掃衣を着る者たるべきこと、④一生の間樹下住者たるべきこと、⑤一生の間魚・肉を食せざることを主張した」と言い、それに対して世尊は一つ一つに例外を許すことを述べ、⑤の「不食魚・肉」については「見られず、聞かれず、疑われない三条件の清浄な魚・肉を許す」と答えている。(150)

この五法と全く同じものを挙げるのは『十誦律』のみである。(151)そしてやはり「世尊は三種の浄肉を許されている」ことを根拠として反論している。『四分律』では「糞掃衣を着る者たるべきこと」の代わりに酥・塩を食せざることを挙げ、(152)『五分律』でも「糞掃衣」に代わって「不食塩・不食酥乳」を挙げ、「林住」「樹下住」をまとめて「春夏八月日露坐、冬四月日住於草庵」とする。(153)『根本有部律』では「樹下住者たるべきこと」「乞食者たるべきこと」の代わりに「乳酪を食しない」「塩を食しない」を挙げている。(154)なお、『摩訶僧祇律』にはこの伝説そのものが存在しないことは既に指摘されている通りである。

この五法の宣説によるデーヴァダッタの破僧の企てについては従来さまざまな観点から考察が試みられているが、ともあれこれらが何らかの歴史的事実を反映していることだけは否めないであろう。とりわけ「不食肉・魚」については各律ともに挙げており、この主張が当時の部派教団をして分裂の危機に直面させるまでに多大な影響を与えたことは、当時、肉食が大きな問題であり、サンガの内部でさえも意見が対立するほどになっていたことを物語るものと考えられる。そしてそれに対しては、全ての律がその主張を否定して「肉食を許す」という態度を表明しているわけである。ここでこの記述について留意しておくべきことが二つある。

第一はこの「破僧事」における「五法」の問題と「三種の浄肉」の規定の関わりについてである。前述㈤で三種の浄肉規定の成立について見たが、それは「外」からの批判による教団の対応として結論付けた。ところが『パーリ律』と『十誦律』は「五法」の主張に対する反駁として三種の浄肉の規定を挙げているので、この五法の提唱が三種の浄肉を制定する契機となった可能性も考えなければならない。もしそれが認められるとすれば、この五法を巡る議論は教団の内部から起こった問題であるから、三種の浄肉規定も教団の内部問題からの要請でできたことになり、前述㈤での結論は訂正が必要となる。

しかしその可能性はまずない。なぜならば先ず第一に『パーリ律』をみれば明らかであるが、この破僧事においての三種の浄肉の記述は極めて簡単であり、しかも既に浄肉の規定が存在していることを予想させる表現で、ただ「三種清浄の肉は許されている anuññātaṃ tikoṭiparisuddhaṃ macchamaṃsaṃ」とだけ言う[155]。それに対して先に見たように、三種の浄肉の箇所ではかなり詳しい縁由とともに「三種の浄肉を私は許す」と述べて、ここに初めて規定がなされたことが窺われるのである[156]。更に『四分律』『根本有部律』では破僧事と三種の浄肉とは関係を持たせておらず、『摩訶僧祇律』ではこの五法の記述そのものがないのに、何れも三種の浄肉は詳しいはっきりとした規定をなしている。これらのことを考え合わせれば、この五法の規定よりも三種浄肉規定の方が早くに定められていたことは間違いない。

次に『摩訶僧祇律』にこの記述が存在しないことは見逃せない。これはどう考えるべきであろうか。『摩訶僧祇律』には「五法」の記述は存在しないがしかしデーヴァダッタがサンガの分裂を試みたという記述は存在する。つまり大衆部では五法と無関係に破僧事が伝承されているのである。可能性としては、『摩訶僧祇律』が本来存在していた伝承から五法を除外したか、それとももともと「デーヴァダッタが破僧を企てた」という伝承と五法とは無関係であったかのどちらかであろうが、しかしその何れにしても、ここで重要なことは、『摩訶僧祇律』は不食肉を含む五法を全く取り扱わないことからして、他の律に見られるように、五法の提唱をサンガに敵対する行為と位置づけて非難することから免れていることである。前述㈤で触れたように『摩訶僧祇律』には他の律が許している「生肉の受容」を禁止する記述なども存在し、これらを考慮に入れると『摩訶僧祇律』は不食肉について他律より積極的になっていることが窺われる。

実は五法を否定しないのは『摩訶僧祇律』だけに留まらない。雪山部所伝と言われる『毘尼母経』巻四に「提婆の破僧に五法有り。一者尽形寿乞食、二者糞掃衣、三者不食酥塩、四者不食肉魚、五者露坐」と言い、これに対して「提婆達多の五法は仏説に違せず。但、この法によりて仏法を壊せんと欲するなり」と述べ[157]、驚くことに五法の内容そのものは肯定する態度を取っている。

このように、「五法」の取り扱いについても部派によってその対応にかなりの差異が見られ、それによってこの問題が各部派に与えた影響の大きさが窺われる。当該の問題である肉食に限って言えば、その禁止に肯定的な態度を示した部派とあくまで否定的な態度を原則とした部派とがここでも存在し、その決定が揺れていたことが分かる。

## 第二項　大乗における肉食の禁止

上記の考察で明らかなように、肉食に関しては否定的な部派と肯定的な部派が存在したが、何れにしても「三種の浄肉」を認める態度を取っていたことは全部派に共通する重要な点である。ところが、大乗経典になればこれを全面的に禁止するという、かつての仏教史にはなかった戒律を規定するものが複数現れるようになる。もちろん涅槃経もその代表格の一つである。この項では肉食禁止に至った経典を少しく観察してみよう。

肉食の禁止に踏み切った文献群を考察する時、先ずはそうした中で、その先駆者は誰かを確認することから始めるのが然るべき順序であろう。しかし、結論を先取りすることになるが、肉食を禁止する経典類を筆者なりに網羅的に見た時、涅槃経がそこに占める位置は、他の何れの経典にも劣らず大きいことは認めておいてよい。たとえ歴史的事実としては涅槃経に先行する肉食禁止の文献が存在し得たと仮定しても、それのどれ一つを取り上げても、それらが涅槃経に影響を与えたことはおそらく立証しがたいのに対して、涅槃経から他文献への影響を想定するのは、若干の例外を除けば極めて容易である。従って、本来涅槃経の考察をなそうとする本論文においては、涅槃経に先行する「肉食禁止の文献」を前提とすることなく、直接に涅槃経における「肉食の禁止」の様相を探っておこう。

### ㈠　涅槃経における肉食の禁止

涅槃経では「四法品第八」（第二類）に入ってすぐに新たな戒律の規定をなし、そこで「肉食の禁止」を宣言する。四法品は先ず、菩薩は「自らの説*ātmādhyāśaya」「他人への説*parādhyāśaya」「質問の力によるもの*pṛcchāvāśika」「事の因縁につけて*arthotpatti」という「四種の法門*caturdharmaparyāya/ or -dharmanikṣepa」を説くべきことを主張するが[158]、その中で第三の「質問の力によるもの」の中で、次のような仏と迦葉の問答が始まる[159]。

ここである者が如来・応供・等正覚に〔以下の〕問をなすとしよう。「世尊よ。私はどうすれば何も与えないで世間で施者としての高き名声を得られるでしょうか」。世尊は次のように答えられた。「貪欲を持たない者には使用人・女使用人を与えなさい。常に梵行を行う者には女を施すがよい。肉食をしない者には肉食を施しなさい。飲酒をなさない者には酒を施しなさい。正しい時間を守って食事をする者には時間を超えた食事を施しなさい。華鬘や飾りを付けない者には粉・香水・花・香木を布施しなさい。それらの時を心得て客に呼べばよい。そうすれば汝はこの世間で「施者の王」という大いなる名声を博するだろう。善根を増大させることにもならないけれども」。

その時、カーシャパとゴートラを等しくする者が申し上げた。「肉を求めない者に対して〔肉を〕布施するのは利益を大きくすることであるとしても、肉を求めない者に求めるべく与えるとすれば、罪を犯すことになりませんか」。

〔世尊〕おっしゃって「善男子よ。素晴らしい素晴らしい。汝は私の意図を理解した。正法を守るものはそのように言うことが大切だ。善男子よ。今日以後、私の声聞たちが肉を食することを許さない。布施 rāṣṭrapiṇḍa は子肉に等しいのに、どうして私が肉食を許すだろうか。肉食は大慈悲を断じてしまうとわたしは説示するのだ」。

〔迦葉〕「世尊よ。ではどうして三種の浄肉を食することを許されたのでしょうか」。

〔世尊〕「この三種の浄肉は、私は順次に学処を制定するが故に、今日より捨するのである」。

〔迦葉〕「世尊よ。何ゆえに意趣されて受容すべき九種と〔禁止された〕十種の肉を捨するとおっしゃるのですか」。

〔世尊〕「これらの確定した言葉も、肉は食することができないと制定するがゆえに、否定するのである」。

〔迦葉〕「いかに思われて肉と魚を食するのは美味しい食事*praṇītabhojana であるとおっしゃったのですか」。

〔世尊〕「私は肉と魚とは美味しい食事であるとは言わないが、甘蔗・米・半熟麦・麦子・大麦・山豆・豆・糖蜜・雑豆・油酥・乳・バターなどは美味しい食事であると言ったのである。……」。

〔迦葉〕「それならば五種の乳味と、胡麻・綿油のエキス・貝・絹なども規律に制定されるのが当然でしょう」。

〔世尊〕「ジャイナ教徒のように執著してはいけない。今、別の思いによって、私は汝に学処を制定しようとするのであり、すなわち「三種の浄肉」も食べないように制した。〔食べないように〕除外されていたかの「十種〔の肉〕」も捨てるのである。死んだものの肉もまた捨てるのである。……こうした理由によって菩薩摩訶薩は肉を食してはいけない」。

この記述は今しがたなした一連の考察を踏まえれば明らかな見通しがつく。つまり涅槃経は「肉食美食の規定」「三種の浄肉」「禁止されるべき十種の肉」、更に「破僧事にまつわる肉食と他食の関係」という、伝統部派の理解を十分承知しており、それを列挙しながら否定していっているのである。

この内容をこれまでの考察の中に位置づけた時、先ず注意しておきたいのは、「禁止されるべき肉種」として「十種」を挙げるのは『摩訶僧祇律』と『パーリ律』に限られたことである。とすれば涅槃経はこの何れかの律が念頭にあった可能性を押さえておく必要がある。

もう一つ注意すべきことは、涅槃経は三種の「浄肉」*trikoṭipariśuddhamāṃsa と明言しており、『根本有部律』『摩訶僧祇律』に見られた「不適当 akalpika」という言い方はしていない点である。つまり涅槃経の「肉食禁止」には「浄・不浄」という観点が備わっていることになる。これは涅槃経第二類におけるチャンダーラ批判、バラモン重視の態度と相応するものである。涅槃経はカースト制の確立したヒンドゥー社会の価値を認める態度を有していると言えよう。

## (二) 規定の詳細

さてこうして従来認められていた肉食を全面的に禁止した涅槃経は、肉の布施に関して詳細な規定を定めていく。[160]

〔迦葉〕「世尊よ、それならばどうしたらよいのでしょうか。さまざまな他人の施しで生きる比丘・比丘尼・優婆塞・優婆夷たちが、見たことのない布施の食物が多い国で、施食が肉と混じり合っている時はどうやって浄化するのでしょうか」。

〔世尊〕「善男子よ。律に違反しないように水で洗って食すべきである。そんな国で布施食と生肉が混じっているようなものは捨て去るべきである。器がお互いに触れ合っても、実際の食に混じり合わなければ罪とはならない。肉・魚肉・鹿肉・驢の干し肉・その他の肉の汚れで汚されたものでも堕罪 pātayantika となるだろうと私は説くのである。以前は因縁を理解する機に示した。今ここでは肉食を禁止しようと私は説くのである。これは私が般涅槃しようとする時に詳説することである」。

ここには実際に肉を布施された時、一体どう対処すべきかが説かれている。(法)(曇)もほぼ同じ趣旨を示す[161]。注意しなければならないのは、肉の入った食事に関してその浄化法として「水で洗浄する」ことを挙げている点である。これは明らかにヒンドゥー社会一般に認められる「不浄」な食物の浄化規定にほかならない。例えばKane [*Dharma* ii, 2: 785-787] によればバウダーヤナ律法経の例を挙げて、不浄と見なされる「にんにく」などの植物、犬などの動物が接触した食べ物などは、水で洗浄し、更に灰で洗い、もう一度水で洗って食べるように勧めている。『マヌ法典』においても[162]、

不浄物によって汚された物から悪臭が去らない時、またそれによって生じた汚れが消えない時は、土と水があらゆる物を清めるために用いられるべきである。

と述べているのは、この涅槃経の態度と全く一致している。同様の「水による浄化の規定」は種々の法典類で確認される[163]。

最後に確認しておきたいことは、この「肉食の禁止」はまだ「如来蔵思想」が説かれる以前に出てきているこ

とである。涅槃経の中では「肉食の禁止」は仏性・如来蔵とは無関係に説かれており、如来蔵思想との関連で生まれ出ているのではない。

## 第三項　その他の大乗経典における肉食の扱い

### (一)『楞伽経』

上記に確認された涅槃経の態度を、そのまま受け継いで発展させたものは『楞伽経』のMāṃsalakṣaṇaparivartaである。[164] 先ず経では「三種の浄肉」禁止に関して言う。[165]

さまざまな説法においては階梯の段階を設えるように、順次の禁止である「三種〔の浄肉〕」を制し、それに関して取られたものは禁止された。さらに十種の自然死による肉が禁止されている。しかし、この経典では全てが、あらゆるやり方で、一様に例外なく禁止される。……マハーマティよ、聖なる声聞は普通の人間の食物を食べない。まして不適当な肉と血の食物を食べようか。マハーマティよ、私の声聞・独覚・菩薩とは法の食物を食べ、財の食は食べない。まして況や如来に於いてをや。マハーマティよ、諸如来は法身であり、法の食物で構成されており、肉身ではなく、一切の財の食物で構成されているのではない。

涅槃経に説かれていた記述がそのまま踏襲されていることが分かる。また次の記述も同様の観点から注目される。[166]

私はまた一切の聖なる人に用いられ、聖ならざる人に捨てられ、多くの功徳をもたらし、多くの罪より離れ、一切の過去の仙人によってもたらされた食物を許した。すなわち、米・大麦・小麦・緑豆・豆・小豆など、また酪・油・蜜・粗糖・黒糖・蜜糖・糖汁などによって作られる食物を適当であるとした。

この部分も涅槃経にそのまま現れていた。『楞伽経』がいかに涅槃経を踏まえていたかを示す記述である。

更に経は上記の記述を基本に据えて内容を敷衍する形で肉食を禁止する理由を列挙していく。

○それぞれの生存において、一切衆生が親族、眷属であるという想いを抱き、一切衆生を一子の如く思うことを修行するために、慈悲を本質とする菩薩は、一切の肉を食すべきではない。(167)

○精・血より生ずるから、清浄を欲する菩薩は肉は食べるべきではない。(168)

○諸生類を恐怖に陥れるので、慈心を望む瑜伽行者たる菩薩は、全ての肉は食すべきではない。(169)

○聖ならざる人が好む悪臭は、悪名を招き、聖なる人に捨てられるから、菩薩は肉は食べるべきではない。(170)

○聖なる人は仙人の食を食物とし、肉と血を食物としない。だから菩薩は肉を食べるべきではない。(171)

○墓場に住し、森林・非人・辺境・座具に住して慈悲心を楽しむ瑜伽行者・密呪を持し、密呪を完成することを欲し、また密呪を完成し、解脱の障害を克服するために大乗に進む諸善男子・善女人にとって、〔肉食は〕全ての瑜伽行の完成を妨げるものだと思われるので、……自他の身体を利そうと思う菩薩は全ての肉を食べてはならない。(172)

これらの記述も涅槃経に重なる部分がかなりある。

この他に注目すべき記述を挙げてみよう。

①菩薩摩訶薩は肉・葱を飲食すべきではない。(173)

②種々の肉と葱と韮とニンニクとを瑜伽行者は常に離れるべきである。(174)

ここで注意したいのは『楞伽経』では「肉」と並んで「葱・ニンニク」などの「香草類」の禁止をなしていることである。これは「慈悲」に基づく菜食主義とは無縁の内容であろう。なぜこうした植物が禁止されるのであろうか。この植物と肉食禁止の関係は既に涅槃経においても現れている。[175]

これもやはりヒンドゥー文化の「浄・不浄」意識に根ざすものである。「玉葱・葱・葫」などは古くから諸ヒンドゥー法典で受容が禁止されている。例えば『マヌ法典』には、[176]

ニンニク・韮・玉葱・茸など不浄な土より生じたものは、再生族は摂取してはならない。

と説き、故意に食すれば「堕姓者」になると説いている（v. 19）。もし食した際には、一定期間の断食に相当する行が要求される。肉と同様に禁止されるこのような食を jātiduṣṭa, svabhāvaduṣṭa などと呼ぶ。

同じような規定はヤージュニャヴァルキヤ他の法典にも定められている。この問題に関しては Kane [*Dharma* ii: 783-786] が有益な情報を提供する。ちなみに五世紀にマツラーを旅行した法顕の記述は、[177]

国の人々はことごとく生き物を殺さず、酒を飲まず、葱やニンニクを食べない。ただチャンダーラだけは例外である。チャンダーラは悪人と名付けられ、一般の人と別居している。……この国中では豚や鶏を飼わず、奴隷を売らず、市内には屠殺者や酒店はない。ただチャンダーラの猟師が肉を売るのみである。

と記し、チャンダーラのみは「肉」を扱うのみならず「葱・ニンニク」などの香草類を口にするという。玄奘の『大唐西域記』によっても「韮・ニンニクを食べるものは町の囲いから追い出される」ことが記されている。[178] 先述したように、当時既にアウトカーストたちは町の城壁外に住んでいたことを考え合わせると、こうした植物が「浄・不浄」の観念に基づいた階級意識と結びついていたことは、十分に想像されてよい。

実はこうした「香草類の摂取禁止」は律蔵の pācittiya においては「比丘尼律」になって初めて顔を出す。[179]「比丘尼律」は「比丘律」に比すると、当然、時代を下ってからの編纂になると考えてよいので、時代の推移とともにヴァルナ・カースト制に基づいた「食物のタブー」を仏教側が受け入れるようになった現れと見てよいだろう。従って『楞伽経』の「肉食禁止」も涅槃経と同じ意図を持っていることが分かる。[180]

## (二)『文殊師利問経』

ここまでの考察で涅槃経を巡る「肉食の禁止」に関して、その歴史的方向がほぼ明らかになったと思われる。ここで最後に上記の肉食を禁止する経典を受けて再度肉食を許可する方向を打ち出すまことに興味深い経典である『文殊師利問経』を取り上げて、大乗経典における肉食禁止の意味をより鮮明にしておこう。[181]

経の「菩薩戒品第二」において、肉食を許すことを世尊が告げ、それに文殊師利菩薩が問をなす場面がある。[182]

〔世尊〕「もし自分のために殺された肉*mām uddiśya hatam māṃsam であれば食してはならないが、もし肉が木材のように既に自然と腐っていたものであれば、食したいなら食してよい。そこでは次の呪文*mantra を唱えるべきだ。

*tadyathā anātmānatmā ajīvatajīvat nāśanāśa dagdhadagdha ……

この呪文を三回唱えたら食してよい」。……その時文殊師利は世尊に申し上げた。「世尊よ、もし肉を食してよいのなら、なぜ *Hastikakṣasūtra, Mahāmeghasūtra, Aṅgulimālasūtra, Laṅkāvatārasūtra* などにおいて一切禁止をなさったのですか」。仏は文殊師利に告げられた。「深くて広い河があり、向こう岸が見えないとしよう。もし因縁がなければ渡ることができないが、因縁があるなら汝は渡らないか」。文殊師利は仏に申し上げた。「私は渡ります。私は渡ります。船、筏、あるいは他のものででも渡ります」。仏は文殊師利に告げられた。「衆生には慈悲がないので殺害の心を持ってしまう。そのために肉食を禁止したのだ。……衆生に殺害の気持ちがあれば、そのために無数の罪を犯してしまう。だから肉食を禁じたのだ。もし殺害の心がなければ、大慈悲の心で一切衆生を教化するのだから罪はない。蒜も食することができない。しかし因縁があれば食してよろしい。もし薬に混ぜて治療するのならよいのだ」。

ここは肉食を禁止する四つの経典を挙げ、その例外を設定して肉食を許可する理由を挙げている箇所である。態度としては部派の伝統的な流れである「三種の浄肉」をそのまま受けていると理解してよい。また「蒜」の食に関しても、例外扱いを同時にしている点がこれまでの流れを見た時同様に注目されるであろう。

しかし注目すべきは肉食を認める時の規定に mantra の唱和を挙げていることである。その内容は、肉に ātman, jīva が宿っていないことを宣言するものだ。それはまさしく如来蔵思想で、全ての衆生に buddhadhātu, tathāgatagarbha の存在を認める態度を予想して、「死肉」にはそれの懸念が避けられることを表明したものと考えてよいであろう。けれども mantra を唱えることの第一義は、意味内容よりも明らかに呪術的効果を狙ったものである。その効果で「肉食」のもたらす過失を避けようとしていることが分かるだろう。やはり「肉食」は何らかの不利益をもたらすものである。それを踏まえてここでは「浄肉」とは明言せぬまでも事実上 mantra による浄化を行っていることになる。とすればやはり仏教内部でも肉食はシュミットの指摘するヒンドゥーにおけると同じ如く、magico-ritual な側面をはっきり有している。けっして倫理的な側面だけでは説明のつかぬ部分である。[183]

おそらくこの経の態度が「肉食禁止」の動きに対抗した、今確認される限りでは唯一の文献であるが、それは肉食の禁止へ mantra という手段をもって対抗しなければならなかった。明らかに「肉食」は呪術的な忌避の意見合いを帯びてしまっている。

### 第四項　総　括

以上の考察を要約しておこう。古い経典で確認されるところを基準とすれば、原始教団は肉食を是とする社会であったとみなしてよい。それを受け継ぐ部派仏教は、始め肉食を「美食」とする社会背景を背負っていた。それは貴重な食であるがゆえに、在家社会に対して弁明をしつつ受け取らなければならないものであった。ところが、徐々に受けるべき肉の種類が限定されてくる。そこにはいくつかの理由が存在したが、不可触民であるチャンダーラへの態度の変化を示す涅槃経との関わりを想定した時、最も注目されるのはヴァルナ・カースト制度との関わりによるものである。時代を考慮すれば、これは「犬肉」「猛獣類の肉」などで部派によって禁止が一致していないことから、部派分裂以後の、時代を下ってからのものであると考えてよいであろう。

そしてこれらは実は「三種の浄肉」の規定の成立と密接に関わっている。三種の浄肉は単に殺生を慈悲の立場から戒めるといった倫理的な観点からの肉食の制限ではなく、「肉食に対する不浄観」が基底をなしており、その理念の上で制定されたものと考えねばならない。しかもその「不浄」の観念自体は、仏教の内部から生まれたものではなく、周囲からの要請によるものであることを確認した。そして、こうした「浄・不浄」の観念は、ヴァルナ・カースト制度の成立・維持に本質的な機能を果たし、両者は表裏一体のものとなっている。部派教団は出家者の集団であるが、実生活では在家者と密接な関係を持たざるを得ず、そのためには社会の秩序を認めることが当然の前提となるのであって、おそらくはインド社会の中でヴァルナ・カースト制が強固になるにつれて、部派教団でも周りの要請を無視できなくなり、先ず肉食を認める原則としての「浄なる肉」を宣言し、それとともに一方では次々に禁止の「肉種類」を定めていったのだろう。

「破僧事」も一つにはこの脈絡で考えるべきである。先に考察したように「破僧事・五法」の肉食禁止は、「三種の浄肉」の規定が成立した後にできたものであり、しかも教団の内部から起こったものであった。一部の不可触民階級を除く社会での「肉食のタブー化」が進む中で、限定は加えつつも肉食を基本的に許す教団に対して、厳格な戒律主義を主張する集団が現れ出たのは容易に想像できることであり、それがサンガの分裂までほのめかしたことは、肉食がいかに社会・文化的に重要な価値を担い始めたかを示唆するものである。これは涅槃経の「肉食禁止」と密接に絡んでくる。

次に注意すべきことは、肉食に対する態度が各律で異なっていた点である。そしてそこにはそれぞれの律を伝持した部派が、周囲の社会にいかなる態度を取ったのかが反映されていたのはもちろん、逆に部派が立脚した社会背景が見て取れた。上記の考察では、細かい差異は別とすれば、『パーリ律』『四分律』『五分律』『十誦律』がほぼ同様の態度を取っており、もしこれを部派の一つの基準とするならば、『摩訶僧祇律』と『根本有部律』は相反する特徴を備えている。先に触れたように、『摩訶僧祇律』は他律にはない「生肉の禁止」を説き、「三種の浄肉」の規定も「外」からの批判ではなく「内」からの要請として捉え直し、「破僧事・五法」にも全く触れていない。つまり、肉食の禁止について最も積極的な態度を取っていると考えられる。それに対して『根本有部律』では、「生肉」も「薬」としてではあるが詳しい処方のもとに受容を認め、他の律が「不浄」として嫌った「犬肉」の禁止をせず、食用肉の種類の限定にしても、肉を「浄・不浄」という観点からはとらえず、他の律が必ず挙げるヴァルナ・カーストが問題になったという縁由にも全く言及していない。この差異が何に由来しているかについては、現存の「律」が成立した時代的背景と、地域的な要因の二つが密接に関わっているはずであるが、残念ながら現資料ではそこまで確定することはできない。

ところが大乗に至れば、ついに肉食を全面禁止する経典が登場する。そのパイオニヤは幾つか考えられるが、その後に与えた影響からすれば、涅槃経は大きな役割を果たしている。しかし、「肉食の禁止」は各部派が何れも辿った方向であり、むしろそれは仏教が背景とする社会自体の「ヒンドゥー化・バラモン化」を示している、と判断すべきである。そして涅槃経は、ことに肉食の禁止に積極的な『摩訶僧祇律』との関係が深い。肉食の禁止において先ず作用したのはそうした社会事情の方であり、けっして涅槃経において生み出された「如来蔵思想」そのものではなかった。

しかしそれが涅槃経において説かれたことがおそらくは影響を与え、肉食の禁止は「一切衆生に如来蔵＝jīva, ātman」が存在するから禁止されるべきだという、思想的裏付けを、かえって与えられるようになったのであろう。『楞伽経』や『文殊師利問経』の立場を見ても、以後は身体におけるアートマンの存在が肉食を妨げる理由として作用していることが分かる。

# 第五章　結　論

## 第一節　大乗経典の形成過程

これまでの考察を振り返って、まず大乗経典形成に関するわれわれの見通しを、仮説的な内容をも織り込みながら簡潔にまとめておこう。

### 第一項　阿含・ニカーヤの特徴

今日までの諸研究、および本論の叙述から明らかなように、文献資料と考古学的資料との双方を考慮に入れるなら、仏教には、その本質をブッダの説いたことば・おしえ・法 dharma に求める流れと、むしろ人格としてのブッダの存在自身・仏 Buddha に求める流れの、やや異質な二つが存在していることは前提としておいてよい。前者はアーガマ、ニカーヤという教法の伝承によって表現され、後者は仏塔をはじめとするイコンによって表現される傾向を持つ。

このうち教法の伝承をなすアーガマ・四ニカーヤ（クッダカ・ニカーヤをのぞく）の流れにおいては、瞑想の技術・方法を中心とした教義の諸テーマを扱うことを関心の中心とする。こうした内容の伝承は、知的なバラモン階級の持つヴェーダ伝承の技術がなければ実現不可能であり、そうした技能を持ち合わせた出家者たちが、組織的な伝承体制を確立し、一定の訓練を施すことによって初めて支えられたものと考えられている。ほんらいそこには、教えを忠実に伝えていこうとする意図が存在するから、伝承の体制が確立されてしまった段階で、経典は暗唱用に固定化されたであろう。

ただ、こうして一定の枠に固定化された経典を、実際にどう運用するのか、つまり時々の多様な事情において、あるいは歴史とともに変化する環境に対して、いかに対応させるのか、という問題は常に生まれてくる。仏教徒たちは、限られた数の経典にのみ基づいて、発生する無限の数の問題を説かなければならない。そしてここにアビダルマが生まれてくる機会が与えられることになる。アビダルマの一つの役割は、限られた経典を複数の局面に運用するための解釈法である。それは個々の事象とは切り離された一般的な原理を、具体的な場面に復活させる機能を果たす。とすれば基本的にアビダルマは、経典が固定化される時期において、それと対比的に拡大していくことになるだろう。[1]このアビダルマを含んだ伝承の流れは、定義の明瞭なことばを中心として構成され、絶えず伝承全体の中での体系的整合性を予想しつつ、それから逸脱しない形で形成されていくところにその特徴がある。

これまであまり指摘されたことはないが、初期経典において確認される一つの重要な要素に、たとえ無常・苦・無我といった内容が説かれても、それは、具体的な瞑想という場面と切り離されて存在してはいない、という性格がある。ブッダの教えを「ことば」に集約するといっても、それはほんらいは、むしろ、実際の瞑想の場における技術のための「記号」としての役割が大きい。[2]これは口伝という媒体しか存在しない場合に見られる特徴の一つである。従ってわれわれは、阿含・四ニカーヤにおいては、実際に残されたことば以外によって補完されるべき文脈を予想する必要がある。[3]そして、こうした主題を盛り込むアーガマ・ニカーヤの伝承は、もともと限られた出家者の要求を満たす形で集約されていったことが考えられてよい。

## 第二項　第二の伝承系統

しかしブッダが残したものは、当然こうした初期経典によって尽きてしまうものではない。おびただしい数のブッダ関係のイコン、そしてイコンや文献を通して予想される音楽・舞楽などを見れば、初期経典の中にはとうてい収まりきれなかったブッダを巡っての世界が存在したことは疑うべくもない。ここで注目したいのは、むしろこうした環境に親和性を持つことばの存在である。(4) それは上述のような明瞭な、記号としてのことばではなく、美術や音楽と関係し、仏伝などの創作的知性に結びつく文学としてのことば(5)である。

これはひとまずマックイーンの言う pratibhā という特性によって象徴しておいてよいであろう。もちろん必ずしもそうした意見に与せずとも、ジャータカ、仏伝などが伝統部派教団によって伝承されてきた事実を想定しておけばよい。それはほんらい的に仏塔などの芸術と結びついている。それは記号に留まらず、それ自身で完結し、さらに新たな世界を生み出していく力をもったことばである。

そもそもことばは一旦表現されてしまえば、独立した存在となるのであり、いつまでも当初予想された文脈に留まり続けてはいられない。初期経典の場合でも、たとえ初めに意図されていたにしても、外的な何ものかを示す記号としてあり続けることは難しいだろう。外的なものとは言え、それが概念である以上、時の推移とともにその内容を変えていく。とすれば、どこかで今度はニカーヤなり阿含なりが、それ自身で、自己の内側に完全な文脈を持つテクスト群としてのありようを要求されてくるはずなのである。

こうなると、記号として働く阿含・四ニカーヤのことばとはまったく趣を異にしたことばが、聖典の中に入り込んでくるだろう。文字のない社会の場合、それは第一に詩や物語にもっともふさわしいことばである。そこにおいては、ブッダのことばは、ことばそれ自身で「生きた、霊感のある存在」であることが期待されている。クッダカ・ニカーヤにおけることばには、そうした要素を備えているものがある。

先に、初期経典のことばを、多少極端に記号として押さえていたが、阿含・四ニカーヤにおいても「長部」は少しく趣を異にする。そこにはある程度の「物語性」が入っているからである。ただしかし、長部における物語は、あくまで諸教義をうまく配置する媒体としての役割が主であり、未だことば自身の独立したはたらきが前面に押し出されたものとまではなっていない。それでもわれわれがいつも注意しておかねばならないのは、ことばの伝承が口伝であった点である。文字を媒体としないことばの伝承は、音楽的、詩的世界と常に関わりを持とうとする。初期経典においては口伝という媒体しかなかったのだから、その伝承の過程で、記号としてのことばから、文学としてのことばへと飛び移ろうとする機会が、いつも傍らに覗いている。

こうして見れば、ニカーヤ・アーガマの流れから大乗経典が生まれ出るのは、けっして不思議なことではなく、その動きは連続したものだったことが予想されてよい。何よりも、大乗経典の基本的材料は、部派の伝承の中に存在している。幾度も指摘されてきたように、そして本書においても強調してきたように、大乗経典が、初期経典と無関係な材料によって成り立っているのではないどころか、般若経など、むしろそのことばのみを意識して作られていることから考えれば、両者の教団的な連続性は疑い得ないだろう。そしてその動きを推進していった者たちは、あくまで、ことばを担い得る能力の持ち主たちでなければならない。それは部派、大乗を問わず、原則的にバーナカ、カティカと呼ばれていて問題はない。

## 第三項　第四の範疇としての大乗経典

大乗経典には、教義・思想を説く部分と戒律的な要素を説く部分との両者を合わせ持っているものが少なからず存在する。大乗涅槃経もその代表である。正統派の伝承においては、受け持ち領域が区別されているはずの「経と律」とが、ここでは当然のごとく混在しているのであり、その結果、伝統的な三蔵の枠を壊してしまっている。もし大乗のトレーガーたちが、正統派の伝承に自由に関われる位置に居たとすれば、律の規定が必要となれば律の記述訂正に携わればよいのだし、思想的に新しい要素が必要となれば、経の解釈変更に関わればよい。少なくとも律については、守られていればよいのだから、思想とともに「経」の中で説く必然性はない。先に見た肉食の禁止などはその典型である。とすれば、そうしたトレーガーたちは、正統派の伝承に思うままに関与できる位置にはいなかったことになろう。

しかし、だからといって、彼らが得体の知れない異端者だったとか、在家教団における不完全な出家者であった、などという想定をする必要はない。上で述べたように、阿含・ニカーヤの伝承は、時代を下り、形式・内容が安定してくると、いつの頃からか閉じた体系を作ってしまう。それはもともと安定した伝承、つまり閉じた伝承を目指して進んでいくのだから、当然のことである。そして一度伝承内容が閉ざされてしまうと、出家者たちは、基本的には伝承を規則的に行うことが主たる役割となり、ただ一つの場合を除いて、経典や律に直接関与することが許されなくなる。その一つの場合とは、言うまでもなく先に述べたアビダルマである。そこで出家者の前向きの知的な活躍場所は、先ずはアビダルマに求められていくだろう。

ところが、一旦、どこかで大乗経典が形成されるとどうであろうか。それはアビダルマに対抗し、場合によってはそれを凌駕し得る第四のテクストジャンルを構成するに至るだろう。このジャンルは、一度確立してしまえば、その後は、思想の問題、教団の問題ともに同一の場で解決を図り得る極めて好都合なものとなる。しかもそれは、ブッダのことばを直接伝える形式を踏んでいるのだから、アビダルマという註釈文献よりもはるかに魅力をもったジャンルである。大乗経典の誕生は、同時にアビダルマを超える、三蔵を超える新たな範疇の誕生を意味したに違いない。(6)

## 第四項　大乗のアビダルマと部派のアビダルマ

大乗経典の数は膨大である。それに対して、大乗の論書は数が少ない。それは初期経典とアビダルマの関係と、ちょうど正反対の様相を呈している。先に、アビダルマの役割を、限られた経典を無数の現実に対応させるための解釈学だとして位置づけた。これは、経典の制作が閉ざされたがゆえの必要な措置である。

ところが、大乗では経典自体が拡散していくことができる。原理的に言えば、それは現実の多様性に応じて、そのまま生み出し続けていくことが可能である。しかしそうした拡散の運動は放置しておくことはできない。それはいつの間にか仏教を超え出てしまう可能性もあるからである。従って今度は、拡散した経典を、一つの同質な体系のもとに集約する試みが要求される。大乗の論書、あるいは一部の経典は、明らかにそうした役割を担っている。(7) そして、この拡散と集約の運動が存在する場に、まさに仏教と呼ばれる世界が存在していると言ってよいであろう。既に述べたが、こうした観点から見たとき、たとえ大乗経典の中でアートマンを説くものが存在しようと、それはあくまで仏教の他文献と共有する体系をなしていくのであり、バラモン思想と共有する体系を作り上げていくわけではない。

一点注意しておこう。大乗経典の誕生が、結果として伝統的三蔵の枠を超える第四のジャンルの誕生という効果を生み出したにしても、それはけっして当初から意図されたものではない、という点である。先に見たように、経典の伝承はそれ自体が始めから確立されていたわけではない。もともとブッダ自身は教法の伝承について、何の指示も与えていない。そんな中で、試行錯誤を続けながら、教法の伝承はやがて一定の形式に至り着くことになる。その間、伝承はさまざまに揺れを経験したはずであり、そうした中から、例えばpratibhāを尊重する大乗経典が生み出されることにもなった。それはジャンルの確立という副次的な結果とは、まったく無縁な道を辿っての誕生だったに違いない。

ここにわれわれは、大乗経典を生み出した創始者としての大乗と、その後、この確立したジャンルの中に、次々と入ってきた二次的大乗とを、原理的にはやはり区別しておいた方がよい。この両者の区別は、現在残された大乗経典を読み取る際に、少なからぬ影響を与えるに違いない。[8] 前者の創始的大乗は、まず現在残された初期大乗の諸経典が最大の分析資料となることは間違いない。既にこの点は、ことに教理的な面については、今日まで膨大な研究が蓄積されているので、ここで改めて触れる必要もないだろう。ただその成果の詳細については再検討を要するものが多い。

創始的大乗と追随型の大乗のこの両者の区別が持つ意味は、本論で述べた「仏塔信仰を否定する経典」と「仏塔信仰のみを説く経典」の問題において見て取れる。経典の制作過程は、あくまで前者が優先するのであり、けっして逆ではなかった。後者は仏塔信仰が新たな経典という媒体の姿を取って現れ出た、二次的な大乗経典なのである。次節において触れるが、〈原始大乗涅槃経〉も創始的な大乗ではない。

## 第五項　仏教の二類型と大乗経典

既に注目されてきたことであるが、大乗経典が成立するに至ることばの問題を考えたとき、定住と遊行、村落住と林住、僧院と仏塔、つまるところ、制度と反制度、という社会背景的要素は、やはり重要なヒントを与えてくれる。この両者では、同じ宗教であっても、そのエートスがまったく異なってくるからである。

そもそも初期仏教当時の文学に携わる者は、吟遊詩人ヴァンギーサに代表される姿をしている。彼がpratibhāの象徴として引きあいに出されることを考えると、大乗経典に結びつくことばの持ち主は、ほんらい、反制度、遊行型の存在であることが予想されてよい。大乗と阿蘭若処との結び付きがかねてより指摘されていることを考慮に入れても、それは納得のいく推定であろう。場合によってはそこには、極めて例外的に優れた在家者（優婆塞）を含めてよいかもしれない。

遊行を重んじた仏教が、徐々に定住の価値観を重視する方向へ移行していく過程は、いくつかの優れた研究によって分かりやすく描かれている。教団では、個人的なカリスマが教団の中心を占めることを避けて官職的カリスマが重要視され、そのためにさまざまな規則の設定、改定をなす。初期経典の形成は、こうした教団の定住化の価値観進展に相応しており、これまで述べてきた教法の伝承の確立・固定化と伝統主義的な価値観の確立とは、並行して進んできている。

仏教では、部派を横断する形で、林住者と僧院住者とが存在したことは既に述べた。そして僧院住者は、教法の学習と伝承とを役割とし、それに対して、林住者は、遊行型の修行を営んでいた。こうした環境にあるのだから、僧院・教団の秩序確立は、それによって伝承される教えの質を一方向に、つまり制度的価値を重んずる、伝統主義的な方向に向かせたことは容易に想像がつく。口伝による法の伝承の確立は組織的体制によらねば不可能なのだから、僧院に委ねられるのは避けがたいことなのである。

しかし同時に、同一部派の内部に異なった価値を有する修行者が存在する。彼らの所在は、阿蘭若処に代表されるが、それは場合によっては聖地の仏塔のごとき場所であってもかまわないだろう。しかし、彼らは律蔵において規定されるような、制度化され、儀礼化された僧院の仏塔崇拝には、本質的に無関心なはずである。三昧を中心とする彼らは、制度的な聖性によって保証される教理の確立には興味がない。彼らはまた、日常化され、秩序立てられた、穏健な僧院のモラルに比すると、極端に禁欲的であったり、あるいは革新的であったりすることができる。

こうした修行者の存在は、定住の価値観と穏健な制度の形成に傾いていく教団に対して、ときに新鮮な刺激をもたらす源泉となる。固定的な印象のある初期仏教の文献からして、こうした要素を垣間見させてくれることは、そうした存在が仏教にとっては、欠かせない要素だったことを教えてくれる。そして大乗経典になれば、その価値観が前面に押し出されたものが数多く出現するようになってくる。

## 第六項　書写の意味

仏教教団においてほんらいこの二つの異質な要素が共存していたとすれば、何ゆえに阿含・ニカーヤは制度化していく教団の価値の側のみを経典として結実し、一方で大乗経典は後者の反制度化の価値を表明するものとするという、およその役割分担ができてしまったのであろうか。両者はもっと混在した状態であってもよかっただろうし、あるいはニカーヤと大乗経典との関係が、逆であってもよかったはずではないか。

しかし既に述べたように、それは難しかっただろう。なぜなら、幾度も繰り返すが、伝承は口伝によって遂行されるため、組織による力で初めて実現されるからである。制度の力によらねば、いかなる価値であろうがことばへの翻訳、および継承は不可能である。

ここに至って、大乗経典が書写と絡んで生まれた、という一部の学者の説が意味を持ちはじめることになる。反制度的な価値をことばへと翻訳し、かつそれを継承しようとするとき、書写という手段はまことに有力な媒体となる。一旦、書き記されたものは集団の力によらずに伝承可能であるし、そこにはときどきの個人の閃きを盛り込むことも可能である。

そもそも「声聞 śrāvaka」ということばを考えてみよう。大乗経典の批判の対象となる代名詞は、声を聞く者たちである。これは媒体が口伝であり、その世界によって法を伝承しようとする、正統派の制度側の者たちを、ほんらい意識した術語であると考えれば、ことばの意味が何の苦労もなく解されることになる。口伝しかない状態では、声聞ということばの発生もあり得ない。書写による継承という、新たなメディアの発生が、新たな世界を生み出すに大きな役割を果たしたことは、想像に難くない(9)。

もちろんこのことは、大乗の価値観自体が、書写によって生み出されたことを意味するものではない。個人的な閃き・霊感の重視、そして反制度的な価値といった内容自体は、先に述べたように初期仏教以来存在し続けている。ここでの問題は、それがことばとして結実し、かつ継承され得た経緯の方である。

仏塔や仏像といったイコンは、確かに大乗経典と親近性を持つが、しかしそれはあくまでイコンに留まることに注意しておこう。まして、阿蘭若処における修行は、行動そのものであり、いかなる象徴的な媒体でもない。それに対して、大乗経典はあくまでもことばである。新たな価値を生み出す根源は至るところに存在していても、それがことばという限定された媒体に置き換えられるには、そのための手だてが必要となる。サンガによる口伝という媒体が超えられ、集団を必要としない文字化によって、その価値の表現が可能となったことは、十分に考慮されなければならない。

## 第七項　アショーカ王の役割

先に、口伝にはヴェーダを手本とした教育が必要であるといった。そのために、仏弟子たちのなかで、バラモン出身の者たちが、重要な役割を担っただろうことも述べた。では書写のための教育とはいかなるものだったのだろうか。そして、それを担える者たちとはどんな存在だっただろうか。それは大乗経典における価値を担い得るような存在だったのだろうか。

現在、インドにおける文字の歴史については、急速に研究が進みつつある。しかしそれでもこの詳細については未だ不明な部分が多い。ただ、そうした成果を考慮に入れるとき、アショーカ王の時代が文字化の一つの基準となることは確かである。そもそも古代文化において、文字の必要性は、一般に政治と商取り引きにおいて顕著に発生する。インドにおいて、初の広域統一帝国を築いたアショーカ王にとって、領域全体に司令を届かせるために、文字を普及させただろうことは、その碑文の流布を見ても想像に難くない。ここに書写をこととする新たな官僚階級が必要となるのであり、そうした知的階級に文字利用の能力が広がったことはまた予想されてよい。この新たな階層は、知識を操る意味で、新興バラモンに属したであろう。こうした者たちが、書写という媒体を仏教教団に持ち込んだことは、これも予想に難くない[10]。

注意したいのは、書写が始まっても、それによってあらゆる媒体が書写にとって代わったわけではない点である。書写といっても、現在のような大量印刷術が普及したわけではないし、文字の利用を可能にする教育体制が普及していたわけでもない。文字を利用しはじめた文化において通常確認されるのは、文字は文化の一部を担うに過ぎず、それを補い得るものはやはり口伝という媒体に他ならないことである。この文字という新たな媒体へ移行した者たちは、有力だがあくまで少数派に留まったであろう。

阿含・ニカーヤの書写が時代を下るのは、一つには口伝の体制が完成し、ことさらに媒体を変化させる必要がなかったためと考えられる。伝統的な価値を背負っていく組織においては、むしろこうした媒体の革新へは、しばしば強い抵抗を示すのが常例である。スリランカにおいてはじめて書写が導入される際、サンガの意見が二分されたという記録がなされていることからも、それは容易に窺い知られる。そうした伝統的な教団が書写を取り入れる以前に、革新的な価値を、比較的自由に現される媒体を与えられた者たちが、その新たな価値を新たな媒体によって表現しようと試みはじめたことは、また予想されてよいかもしれない。ただしこの点の歴史的事実による裏付けはない。

アショーカ王の存在は、文字の利用という役割を除いても、大乗的要素の発展に与する重大なものがある。それは支配地域の拡大につれて、ダルマの概念を普遍化させ、変化させただろう点である。ヒンドゥー社会においては、ほんらいダルマは自らのジャーティに基づくsvadharmaを意味する。従って「人間としての法」といった普遍的な概念とは馴染まない。それは地縁・血縁による、限られた範囲の、閉ざされた農村社会においてこそ、もっともうまく機能していく。

しかし、アショーカ王の版図がほぼ全インドに拡大するという、かつてなかった帝国を確立した時、それまでヒンドゥーが予想した閉ざされた社会は、同一の政治体制によって横断的に統合され、支配されねばならないことになる。そこでは新たな帝国の完成にともなって、地縁・血縁によって成り立っていた倫理を変更し、異民族や異なったジャーティに共通な、新たな倫理の提供が必須となる。アショーカ王の詔勅に頻出するダルマとは、まさにこうしたものとなっている。それは「年長や父母を尊ぶ」「出家者を尊ぶ」「生命を尊ぶ」「宗教内部も含め和合を第一とする」といった内容を持ち、特定の宗教や階級によらない、誰もが人間として守るべき普遍的な倫理というべき相を呈する。

広範囲にわたる、異なった価値観をもった人々を、同一の政治倫理によって統治していこうとする時、縦割りに分割されたカースト的価値観は最も障害となる。それを取り払うためには、カーストを超えた倫理観を有する者たちが必要となる。仏教徒はまさにそうした要求にもっともふさわしい集団であった。仏教が広がることは、地縁・血縁に立脚した、縦割りの価値観を崩壊させ、カースト横断的な意味で平等な人間観を持たせることに繋がっていく。王が意図したか否かは別として、仏教の普及は王が目指す新たな倫理の確立に、大きな貢献をしたはずである。

菩提の実現がブッダに限られ、ブッダが釈尊一人に限られていた伝統仏教の中から、菩提をブッダから衆生全体へと拡大し、またブッダが無限の存在として広がっていった過程は、奇しくもこうした変化と並行している。もちろん、こうした変化の兆しは、ブッダ存在当初から胚胎していたものであり、徐々に仏教内部においても培われていったものであって、必ずしも外的な要因によって生み出されたものではなかったことは十分に注意していなければならない。しかし、経典を書写し、それによって口伝とは異なった媒体の誕生を促し、さらに仏塔の流布にともなってブッダ観、菩提観の変化が集約されていく経緯を考えれば、アショーカ王の果たした役割は、現在われわれが認識する以上に大きかった可能性がある。

## 第八項　部派と大乗の連続

大乗経典の形成は、少なくとも上述のような問題を抱えながら、さらに考慮すべき幾つかの要素が絡み合って実現されていったに違いない。しかし、どの方向から問題に取り組んでいっても、大乗経典を伝統部派とまったく切り離して考察する態度は、けっして実りあるものに思われない。大乗経典は同一の部派内部で、ことばに仏教全体を投影しようと試みる者たちによって作り上げられていった。むしろ表現手段にことばを選ぶという点では、アーガマ・ニカーヤの流れの者たちと態度をまったく同じうする。そこにはときに反制度的な価値観や、霊感あふれたことばを多用する、という点では、態度を大きく違えているが、仏教文化全体を見渡す巨視的な視野で見れば、同じ範疇に属する人々であるとみてもよかろう。それはやはりある意味で少数の選ばれた者たちであったに違いない。

序章で概観したが、小乗と大乗という区別は、大乗文献に従う限り、絶対的な相違をもって現れてくる。しかし、ニカーヤの風景のみを眺めれば、そこには大乗の要素はあったにしても、大小乗という両者の区別は存在しない。研究者たちは、どちらを研究対象として取り上げるかによって、手中にする世界が異なっていた。

言うまでもなく、漢訳仏教の文化圏にあるわが国では、研究の当初から大乗と小乗の差異は決定的である。大乗非仏説が流れ込んできて、研究者たちはその正統性の弁明のために精力を費やし大衆部起源説に至った。それは次世代の者たちから見れば、根底は大乗正統説とでもいうべき、抗弁の作業結果であったように思えただろう。

次の世代は、確かに、より客観態度を取り、無理をして大乗の正統性の起源を、部派に求めようとはしなかった。そして部派を小乗と規定したうえで、それとはおよそ教理的姿の異なる大乗を、教団起源的にも別のものとして設定する。これは確かに分かりやすい考え方である。姿が大きく異なれば、その起源も異なるものと考えた方が素直に思えるからである。こうして部派と大乗とは、その生まれと育ちとを区別されてしまうことになった。ところが、わが国の研究者たちが一旦は説得されたこの結果が、さまざまな観察事実と矛盾を起こすことが明らかになってきたことは、繰り返すまでもない。最近年の研究は、むしろ部派と大乗とのつながりが強調されるものばかりが目立っている。

確かにここにおいて、小乗と部派教団とが同一視された点にまず問題がある。しかし、われわれがここで注目したいのは、そうしたことば遣いの不正確さから生じる不都合に留まるものではない。たとえこうした問題を修正し得ても、阿含・ニカーヤという経典と大乗経典との大きな相違は厳然として存在する。問題にすべきはこの実質的な内容の相違が生まれて来た経緯の方である。

実は、大きく姿の異なった二つの存在が、かつてまったく同一の起源を有していたことは、十分にあり得ることに注意しよう。ことに、未だ運動が不安定で、次の安定すべき体系を探し求めているとき、その中に起こったほんのわずかの変化が、その不安定な運動全体に極めて大きな影響を与え、当初の予想を超えた結果を迎えさせることはしばしば見られる現象である。不安定な体系の中では、初期値に対する鋭敏な依存性が確認されるため、入力時のわずかな誤差が、出力時には膨大な差異を生み出してしまうのである。

繰り返すが、ブッダは教説の伝承を指示してはいない。弟子たちは、手探りでそれぞれの方向にブッダの真意を残していこうとした。その伝承が安定するまでには、相当の歳月を費やしたことが予想される。取り敢えず伝承が安定するのは、聖典が文字化された時点、すなわち紀元前後であろう。これは、最初期の大乗経典の誕生と、隔たってはいない。この長い期間にわたる不安定な運動の中では、伝承の唯一の媒体である「話しことば」が、例えば記号的と霊感的との、左右両極に絶えず揺れ動いていくことは、けっして不思議ではない。ここに「文字化」という媒体の変化が介入すれば、その触媒力によって、運動は爆発的に、次元を変えて発展する可能性が十分にある。

大乗仏教の在家・仏塔起源説は、ほんらい連続した大乗と伝統部派・小乗とを、思想のみならず社会背景的基盤まで別立てした。大乗非仏説への弁明という態度を、純粋な学問的態度によって超えようと始められたものだったのだが、かえって大乗と小乗とを、まったく異なった仏教にする結論に至らしめた。意識してか無意識かは別にしても、その結果は、わが国の学者たちが心底でぼんやりと抱いていたイメージを、より強調した形で実現してくれるものとなっている。

## 第九項　歴史のフィルター

しかしながら漢訳大蔵経を前にするとき、大乗関係の典籍が圧倒的比率を占めていることは一目瞭然である。この事実を純粋に捉えた人が、インドでの仏教のありさまを想像し、インドには大乗仏教が栄えていた、そして大乗と小乗とは異なっている、という印象を持ったとしても、その態度を誰が責められるだろうか。それは、ニカーヤのみを手中にした人々が、インドでは大乗など存在しなかったと考えても無理はないのと同様である。また、チベット訳大蔵経を相手とすればどうであろうか。やはり大乗経典は、圧倒的比重がある。それに加えて、密教が顕教を凌駕している。もちろんパーリ聖典はこうした現象はまったく預かり知らない。

もちろんこの差異は、まずインドにおいての仏教を巡る歴史の推移を反映しており、どの時代のどの時点で経典を移入したかによって生まれる違いである。そして、さらに、どの地域のものを取り入れたかという地域の相違をも反映しているだろう。スリランカと異なってインド亜大陸では歴史は絶えず激動に晒されてきた。そしてその間に、仏教は歴史的姿を変えて行かねばならなかった。それは当然文献へと反映される。そこには地域格差も認められるはずである。

しかし問題はこれに留まらない。中国で、教相判釈が始まり、大乗を中心とした仏教の価値体系化が進めば、当然人々の関心は大乗に向く。とすれば、訳経三蔵たちがインドに求めるものは大乗経典ばかりとなり、たとえ存在していたにしても、アーガマは無視されたかもしれない。一度も訳されず、写本も朽ちてしまえば、万一かつてはアーガマが多量に存在していても、その事実はまったくわれわれの手元に届くことはない。しかももしアーガマが書写に関心を払わなかったとすれば、ほんらい写本すら大乗のものに限られていたことになる。ここに言語・翻訳の問題が入り込めば、事態はより複雑になっていく。われわれの手元に与えられた事実は、まことに想像しがたいフィルターを幾重にも潜ってきている。

しかし、このフィルターを逆にくぐっていく作業以外に、経典研究者に与えられた役割はない。そのためには、実は、新しい事実の発見そのものよりも、新しく発見された事実をどこに位置付けるか、その意味づけを与えてくれる範疇をこそ大切に探さなければならない。ここまで至ると、大乗・小乗という範疇は、インド仏教の社会背景、思想史の内容を浮き彫りにしていくためには、むしろ障害となるものだという印象を強くする。

小乗と大乗の根本的差異。この一点は、これまでほとんど疑われることなくさまざまな研究の大前提とされてきた。その二つの範疇は、具体的内容いかんに関わらず、むしろそれに先行する絶対的な形式として存在してきた点が重要である。諸研究はこの形式を、さまざまな要素で埋めるべく遂行されてきた観さえある。いかなる中間的な新しい事実が発見されても、それは最後にはこの二つの何れかの範疇に収まるべく選択を迫られる。この事実こそは、わが国の学者たちがおよそ逃れることの難しい、自らの立脚する文化的な地盤を示唆してくれている。しかし事実は、時代を下っても、大乗とも小乗とも言えない作品が作り続けられていったのである。この事実をどこまでも尊重し、文献全体をまず同一の場に置くことからはじめるしかない。

## 第二節　『涅槃経』の形成過程

上述の見通しに従って、またこれまでの考察結果を踏まえ、以下に、本書において遂行した、大乗経典研究のケーススタディとしての『涅槃経』の形成過程について、まとめておこう。

### 第一項　非大乗涅槃経

伝統部派のいわゆる小乗『涅槃経』は、単なるブッダの事績記録ではなく、滅後のブッダの存在確認という、新たな解釈の成立を核として形成された。仏教徒にとってブッダは何らかの形で存在しなければならないのであり、それは入滅を主題とする『涅槃経』の場合も同様であった。涅槃界への入定、そして遺骨としてのブッダの存在、という二つの異なった形式においてブッダの存在を確認した『涅槃経』の成立は、ブッダの入滅を話題としながらも、阿含・ニカーヤの伝承をかえって保証しようとするものである。

クシナガリーでのブッダの入滅という衝撃的事実は、早くから仏塔などのイコンとして表現されている。そしてブッダの涅槃は、写実的な死姿ではなく、仏塔に託されてきたことからも分かるように、仏塔は涅槃におけるブッダの身体であり、現存するブッダとして捉えられていた。『涅槃経』に現れたブッダの存在形式のうち、遺骨としてのブッダの存在は、当時普及していた仏塔信仰を、経典の内に反映させたものと思われる。「長部」に収められるとともに、各部派の「律」にも所を占めた『涅槃経』は、ある意味で律の内容にも触れている点で、その後の大乗経典を予想させるような、単独経として流布し得る性格を有する。本論では触れなかったが、広経『涅槃経』は七滅諍法から始まる。そこには伝統を尊重し、共通の制度のもとに和合して生きていくべき規範が示されており、この時点では、革新的な、個人としての存在を重んずる遊行的な価値観が、伝統主義的な、制度を重んずる価値観によって押し切られていることが分かる。しかしまた一方で『涅槃経』は、種々の出家者としての教義ばかりでなく、仏塔信仰や民間信仰への配慮も忘れていない。とりわけ涅槃を巡っての巡礼までが言及されている点は注目に価する。総じて『涅槃経』は、当時の諸問題を包括する形で編纂されているのであり、物語という形式によって問題となるべき新たな現象をまとめ挙げていこうとする姿勢を持っている。この点を押さえても、小乗『涅槃経』に説かれた仏塔信仰の記述は、『涅槃経』が主張をしはじめたというよりは、既に存在した仏塔信仰を『涅槃経』の中に取り込む形でまとめられたものと見るべきである。

## 第二項　〈原始大乗涅槃経〉

われわれが仮設的に想定した〈原始大乗涅槃経〉は、明らかにこの小乗『涅槃経』をベースとして、あるいは題材として作成されており、それよりは一歩進んだ位置にいる。増一阿含・涅槃経を間に置けば、それは一層分かりやくすなった。この経典の保持者たちは法師と名乗り、もともとは聖地巡礼に代表されるような、遊行に関心を抱く出家者であっただろう。これは小乗『涅槃経』に確認された重要な要素の一つである。

法師は定住の教団を有することに興味を示さず、チャンダーラを含んだあらゆる在家者たちを守護者として遊行する。また在家者との間にも、出家者との間にも、個人的な紐帯を機能させ、制度的な価値観に否定的で、成文法としての律に権威を委ねることはない。しかし彼らの戒律観は、基本的に厳格である。ことに使用人、牛、馬などの不浄物の蓄積には終始批判的な態度を持つ。ただサンガの形成に興味のない彼らは、和合を第一とする態度に徹する。

そうした彼らは、思想的にはブッダが無為で永遠の存在であることを主張する。あらゆる存在は無常だがブッダだけは例外である。その意識を、ブッダを我（アートマン）と表現することで表した。『般若経』においては既に、我・無我、空・不空の両極を超えることが説かれていた。しかし積極的にアートマンをブッダとして主張したのは〈原始大乗涅槃経〉の初仕事である。それにはバラモン思想の影響を想定する必要はない。ブッダの永遠性は、既に教義dharmaと仏塔stūpaとにおいて認められていた。無我・空という教義に中心を置くこれまでの経典のことば遣いから、仏塔において認められた積極的なブッダの存在確認の表現を、経典のことばの世界にも反映したものと捉えればよい。

法師が相手とした仏教の脈絡は、おそらく定住の僧院を中心とする教団である。遊行者としての法師が、定住の教団に出会った事実を想定することによって、〈原始大乗涅槃経〉が説く「ブッダの永遠性」と「不浄物受蓄の禁止」という、一見何の関係も持ちそうに思えないこの思想的主張と戒律的態度の双方が、無理なく説明できる。有部に代表される伝統的な僧院仏教においては、ブッダの存在といえども、等しく法の体系に収め取られるべく考察されていくのが一つの趨勢である。そこでは仏身は法を体とするそれ自身は無常な存在である。また、定住の出家者たちは、定住に必要なさまざまな財物を抱えている。一方、遊行者である法師は、聖地巡礼に基づく、人格的存在に発する強固なブッダ現存の意識を有する。移動する彼らにとっては、種々の財物は重荷にしかならず、また貪欲の象徴でしかない。法師が改革を志すのはまさにこの二点にあり、それは遊行者から出た価値観に収まってしまう。

ただ、法師が〈原始大乗涅槃経〉を作成し始めたときには、既に巡礼という行為から、経という形態への移行がなされ始めている。またそれは法師が、既成の定住教団の中に、改革の志をもって居を占め始めたときに一致しており、更にブッダの存在が仏塔そのものから解放されつつある時でもあった。それは確かに、法師がブッダの存在を法としての存在に高めていったことを意味するのだが、同じ事実を裏側から見れば、法師が僧院仏教における法を中心とするブッダ観の影響を被って、ほんらい自ら所有していた聖地の仏塔に発するブッダ観を変化させてしまった結果であるとも読み取れる。

### 第三項　個人の菩薩

この法師が「四法品」において、やがて教団内で徐々に居を占めはじめると、菩薩 bodhisattva という名で自らを呼ぶようになる。仏塔に基づくブッダ観は、さらに揺さぶりがかけられ、空の教義に基づいた、世間に随順する姿としての要素に限定され始める。こうしてブッダの存在はいよいよもって法としての様相を強くしはじめ、法を身体とするブッダという明瞭な理解に至りつく。

同時に戒律に対する態度も徐々に厳格化しはじめ、不浄物蓄財の者たちを「貪欲なる者 icchantika（一闡提）」という名前で呼ぶようになり、さらに「肉食の禁止」という、伝統的な律蔵においては踏み切れなかった新たな決定までなした。

この菩薩は、しかし、まだまとまった教団を作ることを意識してはいない。むしろ個人で行動をなし、既成の教団の中で、そのメンバーの意識改革を目指している。そのためには犯戒者と行動を共にせねばならず、外見では犯戒者に紛れてしまうことになる。一闡提は、こうした意味で自己にも重なる姿なのであり、また如来の絶対性を説く者が、他ならぬ自己であるがゆえに、如来も自己自身の上に投影されて来る。

この如来としての自己意識を触発したものは、経自らが語る「三昧」という手段だろう。『涅槃経』においては、如来の世間に随順する姿と、恐れを知らぬ菩薩としての勇気とは、見事にオーバーラップしている。『首楞厳三昧経』と『世間随順経』とが重なっている所以である。

しかし、同じ「四法品」でも、後半の「解脱の譬喩」になればトーンが変わってくる。ここは菩薩が『如来蔵経』の教義を意識しはじめ、如来の空に対して、如来の解脱の有を強調する。三昧を通して、如来の自覚をもって運動を進めていく個人の菩薩にとって、この外来の『如来蔵経』との出会いは、決定的な影響となったに違いない。

けれども同時に、『涅槃経』における『如来蔵経』の取り込みの要因を考えたとき、そこにはこの如来としての自己意識のほかに、既に大きな共通点が存在することにも注意しておこう。それは言うまでもなく、仏塔信仰における tathāgatagarbha, buddhadhātu の用法である。涅槃経はこの平面において如来蔵思想を、ことに『如来蔵経』における如来蔵を、ここで大きく仏性の方向へと転じつつ内部の脈絡に落ち着かせていった。

### 第四項　如来蔵思想の確立

『如来蔵経』において表明された sarvasattvās tathāgatagarbhāḥ なる理解は、『涅槃経』において asti buddhadhātuḥ kāyeṣu sarvasattvānām と変更される。それは既に如来蔵を表面に押し出す「四依品」以降の仕事である。これによって「四法品」の菩薩において揺れはじめたいくつかの問題が、二つの要素に象徴される形で、その落ち着きの場所を得はじめてきた。

その第一は、大きく揺るがせられた仏塔が、仏性として、つまり衆生に内在する仏塔として、再度はっきりとした位置を与えられたことである。既に〈原始大乗涅槃経〉以来、重要な欠かせぬ存在でありながら、むしろそこからの脱却を図ろうとしていた法師、菩薩にとっては、仏塔の位置は不安定な、両義的な意味を抱えたものであり続けただろう。「如来性品」に至って内在化された仏性としての仏塔は、そうした底流する課題に対する明確な解答となった。従って、ここで改めて仏性＝アートマンと表現し直したのは、『涅槃経』にとっては重要な意味を持ち、長い間抱え続けた問題の解決を宣言するものとなっているのである。そして第二に、如来と対峙される存在としての一闡提が、仏塔、仏性の位置が確定したことによって、仏性との関係で両極構造をなし、その体系のもとに収まってゆくことになった。

また仏性の誕生は、菩薩たちを、互いに仏性を認めた者同志の強いグループ意識のもとに結集させる原因ともなる。このグループは、背景とする教団の意識改革とともに、そこから資具・経巻の回収・回向といった行為を認めるまでに発展した。ここにおいて、三昧を触媒として発展した菩薩は、個人単位に留まらない、グループとしての菩薩として自立する。

さらに、この仏性が菩薩グループにおいて安定した位置を占める時期は、『涅槃経』自体が「経巻 pustaka」という姿に生まれ変わった時期でもある。具象化されないはずの仏性という教義は、経巻という形に託されることによって、具象化されてしまう。こうなれば、高度な理念を理解できる知的能力をもった出家者のみならず、在家者をも視野に収めたグループ化が可能なのであり、ここに自己の教団というべきものが生まれ出る環境が整うことになる。

## 第五項　大乗涅槃経の位置

こうした大乗『涅槃経』は、前節でスケッチした大乗仏教の流れの中でいかなる位置にあるのだろうか。われわれの想定した〈原始大乗涅槃経〉は自らのことを大乗と呼び、しかも菩薩の存在も知っている。しかしそれでいながら、自らを菩薩ではなく法師と名乗る。また経典はあっても、それはいまだ経巻の形で存在していたわけではなさそうだ。ということは、菩薩という概念も、書写という媒体も、直接に〈原始大乗涅槃経〉が生まれるための必要な条件ではなかったことになる。

けれども、一般的には菩薩の意識と書写とは、大乗が発生するについて軽視すべからざる要因である。大乗経典の教理的特色を考えたとき、ゴータマ・ブッダに限られていたブッダが無数に認められ、無上菩提が一切衆生に解放された点が重要な点であった。碑文を見ても、大乗の特徴は無上菩提を関心の的としている点に確認された。菩薩 bodhisattva なることばは、大乗経典や碑文の重要な中身をそのまま反映したことばなのであり、少なくともそれ以前の流れとは質を変え、伝統的な経典の概念をすっかり転換するのに中心的な役割を担い得る概念である。大乗経典において菩薩のほんらいの役割は、ことばにブッダの真意を託して説く者たちであり、まさに dharmabhāṇaka である。その彼らが何故に重ねて菩薩と名乗らなければならなかったかを考え合わせたとき、そこには菩薩ということばに込められた彼らの深い意識が反映している。この問題に関しては、幾多の先行研究が存在するので縷説には及ぶまい。また、そうして新たに誕生した概念が、書写という媒体と結び付きやすいことも既に述べた。それは少なくとも伝統的ニカーヤ・アーガマとはまったく別の教理を盛り込める媒体となっている。

〈原始大乗涅槃経〉にこの点が欠けていることをもって、上記の内容が大乗一般において本質的ではないと結論することはできない。むしろ事態は逆であり、〈原始大乗涅槃経〉は、すでに存在した大乗経典をモデルとして誕生した二次的な、追随型の大乗であると考えた方がよい。すでに新たな経典の存在様式が与えられていたからこそ、〈原始大乗涅槃経〉は、菩薩の概念も書写も必要としない形で誕生し得たのだろう。〈原始大乗涅槃経〉は、けっして創始的大乗発生期の様子を伝えているものではなく、追随型大乗の起こってくる様子を留めているものである。

「四法品」以降で出てくる声聞批判にしても、大乗の創始者の自覚にふさわしい、書写を予想した形での声聞ではない可能性がある。つまり既に大乗経典によって声聞ということばの価値が定着してしまった後、その固定化されたことばを『涅槃経』が使用しはじめたと考えた方がよい。

こうして見ると、〈原始大乗涅槃経〉が創始型の大乗経典と同様な術語を使用していても、ほんらいの用法とは異なっている可能性が出てくる。現在残されている多くの大乗経典は、こうした追随型に収まるだろう。創始者としての大乗は、原則としては一経典のみだからである。

### 第六項　小乗涅槃経から大乗涅槃経へ

こうして大乗『涅槃経』の構造を考察してくれば、それは小乗『涅槃経』を題材としながら、見事に連続した軌跡を描きつつ発展を遂げてきていることが分かる。それは連続した変化を内包した文献である。こうした文献を相手とする場合には、全体がまとまりをなしているからといって、すべてを同一の次元で裁断することはできない。また、変化をしているからといって、すべてを異質な断片に分解して終われるわけではない。差異を絶えず同質化し、その同質化されたものを再び差異化する、という経典自身の運動を追いかけて行かねばならない。そこには個々のことばが独自の色合いを持つがゆえに、全体の連続した、角度によっては単一にも思える色調が生まれ出る、という側面がある。経典の読み取りにあっては、文献内在的な態度によらねばならない、とわれわれが初めに断ったのは、まさにこの点の理解にかかってくる。従って、われわれとしては、たとえ菩薩ということばが『涅槃経』に現れても、それが一義的な意味を担うものとしては取り扱うことができなかった。ましてや、他文献に現れる菩薩と同等に扱うことは、まず拒絶しなければならなかった。文脈に透かされるイメージだけを頼りに、そのときどきの姿を決めなければならなかったのである。

しかし同時に、われわれの作業が、単に『涅槃経』内部の脈絡に閉ざし、その整合性さえ確保されればよいような読み取りをなしたものではないことも理解できるだろう。『涅槃経』という文献には、文献の外の世界との整合性という、次元を異にした文脈が存在する。言うまでもなく、それは歴史的事実という文脈である。われわれは、この点への配慮も、最後には怠らないようにした。確かに初めには、『涅槃経』の中のことばを、むしろ一つの記号として分解し、その差異と同質とを捉える方法を取った。しかし、その後に、そのどちらかと言えば無機的な記号の群れに、実質的な意味、生きた姿を与えたものは、まさに文献が取り囲まれたであろう、歴史的背景である。

もちろんここに言う歴史による姿の確認とは、絶対年代を設定することなどを意味しているのではない。年代の不確かなインドの文献で、そうした情報がいくら付け加わっても『涅槃経』の姿は浮かび上がらないどころか、その姿から発する微かな響きが、有り余るノイズのためにかき消されてしまう。本書において、通常の経典研究におけるように経典の成立年代の設定はしなかったのは、そうした理由による。

## 第七項　開かれたテクスト

この歴史的な姿を明かすに当たって、われわれは、例えば、〈原始大乗涅槃経〉の法師に、その起源としての聖地巡礼者、という姿までを想定するとき、そこに現『涅槃経』が生まれた姿が、より一層鮮明に見えてきた。これはもちろん、文献内部に留まる姿勢を逸脱した態度である。われわれはここで、確かに内部の文脈に居続け、外部の文脈へ踏み出す危険を犯す必要はないかもしれない。しかし、本書があえてその作業にまで踏み込むのは、『涅槃経』の中のことばが、けっして時空を観念的に超え出て、いかなるところにでも存在し得る記号ではない点を見届けようとしたからである。それは具体的な歴史の時間を、ただ一度かぎりの時間を潜りぬけた文献であることを確認したかったからである。そこには、思想と社会背景とが、一つのことばに溶け合って存在していることが分かる。

もしわれわれのこのやり方が正しかったとすれば、それは同時に大乗経典の読み取りにおいて、重要な問題を示唆してもいる。大乗涅槃経をより鮮明に読むためには、〈原始大乗涅槃経〉のさらに誕生以前の姿を予想し、前提としなければならないのだから、大乗涅槃経自体が、すでにそれ自身で完結し得ないテクストであることになろう。言い換えれば、大乗涅槃経の序品は、それ以前に想定されるテクストの末尾を受けて成立していることになる。とすれば、この見えざるテクストの末尾の発見こそが、その経典の実質的な読みを決定する重要な要因となるのである。

われわれはここで、大乗経典の分章がしばしばparivartaという名前を持っていることを想起するのも無意味ではあるまい。それはどこまでもpari-Vṛtしてゆく大乗経典の特質を言い当てている。おそらく大乗涅槃経も例外ではなく、それはそもそも大きな流れに向かって開かれており、現涅槃経は、その流れの中から切り出された一部の姿にほかならない。従ってこの姿の意味を真につかもうと思うなら、われわれはむしろ、その姿がいかなる流れに開かれているのか、その背景の方に眼を凝らさねばならないだろう。

しかしその背景は、表に現れ出た「現」涅槃経の姿を見つめる中にのみ、初めてそれと重なって映しだされてくる。涅槃経に先行する、涅槃経の序品が前提とするテクストの末尾は、涅槃経自身の姿からどうしても要請されざるを得ないものとして浮かび上がってくる。テクスト text が読めたときには、かならず context が発見されているのである。本書が先ずは文献内在的な読みの態度に固執し、それから外へ向かった意味合いはここに存する。

繰り返すが、この背景となる大きな流れこそが、つまり text がともに織り成されている context こそが、われわれの言う歴史的事実である。それはもはやテクストの中に閉ざされてはいない。涅槃経は、幸いにも涅槃という主題を抱えているがゆえに、そしてそれはインド仏教史の大きな主題でもあるゆえに、解明のための資料に比較的恵まれていた。従って大乗涅槃経が自らをそこに向かって開いたその流れが比較的捉えやすかった。その流れとして浮かび上がったものは、ただ「仏の実在する世界」をめぐるいくつかの姿にほかならない。涅槃経の背景とした歴史は、「実在する仏をめぐっての歴史」である。

## 第三節　最後に

本書全体を、つまり『涅槃経』の形成過程の解明を通して、われわれは大乗経典の研究が、いかなる方法によって進められるべきかを模索してきた。もちろんその中には、検討不十分な話題も少なからず存在する。ことに結論第一節の内容は、その多くが今後の研究と批判とに待たねばならないだろう。しかし、それでもこれまでの過程で、今日までの経典研究のさまざまな問題点と考察すべき方向性が明かされ、経典を取り上げるに当たっての新たな位置の確認に、幾許かの寄与をなし得たかと思う。しかし、振り返ればその方法は、『涅槃経』の個性を尊重しようという態度によって支えられてきたものであり、結果として本書が提示し得たものも、煎じ詰めれば、各経典をその独自の脈絡で読み取らねばならない、という姿勢に尽きることになる。もしそれに従うなら、新たなる経典の読み取りは、そのいちいちがまた新たなる努力の始まりになる。

こうしたものは、方法とは言えないと反論されるかもしれない。おそらくその人々にとって方法とは、原理さえ分かってしまえば、いつでも誰でも気軽に、どんなものにでも役立つ道具のように思われているのだろう。しかし、仮りに、経典を解剖する万能の道具が発明されたとして、それは一体何を意味するだろうか。その道具を使って、同質の作業を繰り返すことに時間を費やすことはいくらでも可能であるし、目先の新しいものへ次々と適用して、使えば使うほど物は生み出されてこよう。しかしその作業自体、一体何を意味しているのだろう。

ここでわれわれが方法というのは、こうした道具を示しているのではない。道具はあくまで目的達成のために用いる手段である。問題は、何を目的とし、いかなる材料をかかえて、どうそこへ向かうのか、という具体的イメージである。これが、経典研究にとってもっとも求められるべき方法の一つである。それはむしろ目的地へ向かう姿の提示、とでも言う方が適切であろうか。表現は曖昧に聞こえても、その指し示す内容は極めて具体的である。

われわれはもう一度目的地を確認しよう。経典の研究とは、歴史も風土も文化も隔たったテクストを相手に、そのできるだけ確かな姿に近づこうとする試みである。それを解釈・料理しようとするのではない。経典の運動を、その運動のままに辿ろうとするのである。われわれはあくまで運動を模倣し、模倣し続けなければならない。留まって批判をすることに比すると、正直に真似をし続けるのは格段に難しい。

私にはこのできるだけ忠実な模倣運動こそが、今最も必要とされる大乗経典の研究方法であるように思える。解釈は一挙に多数を相手とすることができるが、模倣は個別的であり、あくまで一つ一つでなければならない。そしてそのたった一つをできるだけうまく模倣するためには、研究者の個性と経典の個性との一致点をうまく見出し、しかもそれが連続をなすよう努力するしか方法がない。そのためには入手できるあらゆる有効な材料が必要となる。研究者は現代に立っている。経典は歴史と風土を隔てたかなたに存在する。この両者を結ぶ手助けとなる有効な材料は、歴史が進むほど一層多く提供されてくる。それが研究者の立つ足場からの真摯なメッセージであれば、その質を判断してうまく用いれば研究者の個性に大きく与してくれることになるだろう。言い換えれば、研究者と経典との接点の位置は、時代とともに必ず動いていかなければならない。

これまでの経典を対象とする研究を多少極端に評せば、あるいは思想と切り離された純粋に文献学的研究か、あるいは研究者の伝統的な、または現代的な立場からの自己主張を強要される対象となるか、あるいは思想と無関係な教団史の材料とされるか、という三極の間をさまよい続けてきた観がある。そこには正直に言って、思想の深みが感じられないというもどかしさがあった。こうした経典研究は、もう一度個別研究を覚悟するときなのだろう。これまでに手に入れた、全体を解釈するいかなる道具ももはやそのままでは使えなくなってきている。われわれはさらなる性能のよい道具の出現を期待するより、一つずつ進む方がはるかに確実である。

考えてもみよう。何よりも思想とは、相手を説明する以上に、自己が運動することである。しかもその運動が、相手となる経典とともになされなければならない。膨大な数の経典を研究の対象とするとき、経典研究は、いかに優れた研究者であれ、個人の業績によって閉じてしまえるようなものではないことは明らかである。この全体を一挙に括りあげてしまえるような成果を期待するのは危険である。あくまで一つ一つの成果を、共有できる次元にまで鍛えあげていくことを目標としなければならない。共有され得るものは必ず鍛えぬかれている。しかしその努力を覚悟さえすれば、経典研究は、一人の個性が一つの経典に確実に写し取られながら、その個別な世界を超えゆく層に達するという、真の意味で思想研究の深みにまで降りゆくことができるのではなかろうか。

# 註

# 序章　註

（1）　仏教研究の歴史についてはゆうに大著一冊を要する仕事であり、とうていここでまとめきれるものではない。正当な評価を交えた紹介には総合的な力量が要請され、それも筆者の現在の能力を超える作業である。

ことに、主要な原資料が漢訳とチベット訳に限られている本研究においては、印欧語にかんする言語学的な観点からの研究の諸成果は直接の根拠として用いられることがないため、その紹介と評価が本章において取り上げられていない点は明記しておかねばならない。さらに本書のテーマから直接には外れてしまう仏教論書関係の研究が考慮されていないのも、仏教研究全体を予想するなら大きな空白である。

しかし、本書においては、関心の中心が「大乗経典の読解方法」という点に絞られており、その観点から主な研究を整理したとき、従来の研究史の整理とは異なった様相が現れてくる。さらに本書では、最近年にもたらされたさまざまな立場からの研究成果を検討し、その中において本研究の位置づけを決定しようとした点に特徴があることは強調しておいてよい。

また、研究史の整理がときとして偏りすぎた印象を幅広く与えてしまう危険を伴っていることも、十分に注意する必要があるだろう。その影響の副作用は、個別研究の比ではない。たとえば Cabezón［1995］などは、優れた方法論的自覚に基づいた研究史を展開しながらも、日本の仏教研究の現状の一面を強調しすぎ、おおきな誤解を世界に与えてしまっている懸念がある。

なお、個別の文献にかんするものは除いて、仏教研究全般の歴史について、本書において参照した主な研究は、Windisch [1917-21], de Lubac [1952], Hammerich [1962], Dutt, N. [1967], Conze [1967], Pyatgorsky [1968], Bongard-Levin [1969], Leifer,W. [1971], Schumann [1971], Peiris [1973], Kolmas [1974], ドゥ・ヨング [1975], de Jong [1976], Nakamura [1980], Bhattacharyya,N.N. [1981] [1993: 1-34], 湯山明 [1985]。

（2） 小乗仏教の呼び名については問題を含んでいることから、いかなる呼称が望ましいか、現在でも諸学者たちが模索している最中であるといってよいだろう。それは単に小乗 hīnayāna という名前がほんらい蔑称であるからという価値的な配慮に留まらず、大乗・小乗という区別の持つ意味の問いなおしにまで遡るため、簡単には呼称が決まらないのである。たとえばこれまで一般的であったTheravāda Buddhism, Sectarian (Scholastic) Buddhism, Conservative Buddhism, Nikāya Buddhismのほかに、最近ではNon-Mahāyāna Buddhism (Williams [1989]), Main Stream Buddhism (Harrison), Background Buddhism (Silk [1994]) といった呼び名が用いられている。

わが国においては、小乗仏教に代わって「部派仏教」という呼び名が定着したと考えていいだろうが、しかし、それは大乗と対立する意味での用いられ方であり、部派仏教という呼び名が、大乗が生まれ出てくる背景となった仏教を意味することはまずない。そこには、本書で問題とする、わが国特有の大乗仏教在家・仏塔起源説の影響も加わって、いよいよもって両者の重なりが意識されることはなくなってしまう。しかし、以下の叙述の中で、徐々に明らかになるように、本書の立場は、部派と大乗とはほんらい教団として重なっているという見方である。そのため、大乗仏教から排除される概念は、小乗仏教ではあっても部派仏教ではない。

したがって、本書では、あくまで文脈において誤解のないことを優先して、大乗から見て批判の対象を指す場合には、通称として親しまれている「(いわゆる) 小乗」という呼び名を使うが、それ以外の文脈で大乗以外を指し示す場合には、学界では熟していないことを承知で「非大乗 (non-Mahāyāna)」という名前を使った。また大乗をことさら問題にしないで仏教全体を語るときには「〔伝統〕部派 ([traditional] sectarian)」という呼称を用いている。これらは再検討を要する課題である。

(3) 初期仏教と原始仏教の呼称についてもほんらいなら厳密を期す必要があるかもしれない。長いあいだ学界で親しまれていた「原始仏教」という呼称に、三枝充悳［1986］は疑問を投げかけた。それにたいして藤田宏達［1987］が反論を交えて詳細に論じた。しかしその論攷をとおして明らかになったことは、この用語法の問題は、諸研究者が共有できる論拠にもとづいて一義的に決定されるような性質のものではないという一点である。時代区分や、機械的な翻訳への還元に帰着せしめることはできないのである。

実質おなじ内容を指す二つの用語が、いずれとも統一されずに一般に用いられているとき、一方に決定するのは最後は使用者の好みである。たしかにこの結論に到るまで、その論拠の正当性をめぐって、一度は議論をつめる必要のある問題ではある。しかしながら藤田宏達［1987］においてそれがなされた今、それ以上の議論はあまり意味がない。

本書ではニカーヤ・阿含を資料として復元する仏教にかんしては「初期仏教」という語を用い、その中から仮説的にさらに古い源泉を予想する必要のあるときに「原始仏教」ということばを用いた。本書は、ニカーヤ・阿含という形式にまとまった教義自身が、すでに一定の時代を下った産物であり、場合によってはその背後には、もう大乗仏教の存在が予想されることもあり得るとの認識を持っているので、ニカーヤ・阿含から予想される仏教に「原始」ということばをあてはめるには、いささか抵抗を感じるからである。しかし、その資料を前提としながら、あくまで仮説的に起源を想定することは可能である。それには「初期」ということばはもはや馴染まない。

しかし、むしろわれわれが注意すべきは、同じ用語を用いながら異なった内容を指し示している場合であろう。のちに述べるが、リス・デヴィズ夫人のOriginal Buddhismは、わが国の学者が意識した「根本仏教」とはおそらく異なっている。根本仏教というタームは、宮本正尊［1943］に示されるように、「ブッダの真面目」といった価値的な意味合いが込められている。しかしOriginal Buddhismは、いまだ「仏教」という僧院制度に立脚した、体制のととのった宗教が生まれない前の、いうなれば部族的・氏族的なかたちのシャーキャムニ・ブッダの教えを指している。そこには仏教の起源にかんして、わが国の研究者とは異なった風景が映じている。

(4) 第三節第一項㈠参照。

(5) ブッダの呼称についてもほんらいなら厳密を期して問題にすべきであろう。しかしここではいわゆる歴史的ブッダを強調して指し示す必要がある場合には、ゴータマ・ブッダ、釈尊、ときにシャーキャムニ・ブッダとして区別する。その他、ブッダ一般と区別する必要のないときには、ブッダ、仏、というタームを用いる。この問題については中村元［1992a］に従った。

(6) 第三節第一項㈡参照。

(7) いうまでもなく大乗非仏説はまずインドにおいて議論がなされた主題である。インドの典籍において確認される大乗非仏説としては『大乗荘厳経論』『釈軌論』『中観心論』がその代表として引きあいに出される。

このうち、『大乗荘厳経論』に説かれた大乗仏説の根拠としてあげられる三つの根拠、すなわち「経典にかなう sūtre 'vataranti」「律に出ている vinaye saṃdṛśyate」「法性に違わない dharmatāṃ na virodhayati」という内容（v. 11）は、非大乗系涅槃経において説かれている仏説の根拠をそのまま踏まえたものである（*MPNSP*. 4.8-10; *DN*. ii: 124.2-126.5）。ただ、涅槃経においては最後の「法性に違わない」については明瞭な形で現れない。しかし、「経典にかなう avatarati」の語については、すでにvon Hinüber［1989a: 27-28］が指摘しているように、「律蔵に出ているsam-dissati」とは異なって、文字通りに出ていることを要求したものではなく、その筋にそって「理解される」と考えておくべきであろう。そうすれば、経典は字義通りの成り立ちをもって仏説とされるのではなく、本質さえ共通にしていればよいことになる。アビダルマが仏説であると説かれるときは、まさにこの筋に沿ったものである。律蔵と比較したときの経典のこうした特徴は、たとえば Cousins［1983］や勝呂信静［1993］の指摘とも整合的である。

なおインドにおける大乗非仏説の話題については、高崎直道［1985b］がその経緯を簡略にまとめている。

(8)　わが国における大乗仏教の大衆部起源説が生まれる事情にかんしては、平川彰［1968: 10-58］がその歴史を概述している。

(9)　前田慧雲［1903: 53-63］参照。

(10)　この間の事情については平川彰［1968: 15-16］参照。

(11)　写本にもとづく仏教学の確立において、ビュルヌフ（1801-1852）のはたした役割の大きさは誰もが認めるところであろう（たとえばドゥ・ヨング［1975: 19-25］, Bhattacharyya,N.N.［1981: 53］［1993: 1-2, 6］, 湯山明［1985: 228-229］）。かれは仏教の実態を明かす上で、パーリ語、サンスクリット語、そしてチベット語における資料をいずれも重要なものとしてとらえ、ことに前二者の分野においては今日においてさえ高い評価を得ている。最初のパーリ語文法書はかれとラッセンとの業績に帰せられる（Burnouf, E. et Lassen Chr.［1826］）し、ホジソンから手に入れたサンスクリット写本のうち、法華経については完訳を発表している（Burnouf［1852］）。かれの「インド仏教史序説」（Burnouf［1844］）の中には、*Divyāvadāna, Avadānaśataka* などのサンスクリット仏典訳が収められている。ことに注目されるのは、厳密な文献学から出発したかれが、サンスクリット資料とパーリ語資料の比較に基づいて仏教研究がより正確に推し進められることを、これほど早い時期に、見抜いていた点である（Burnouf［1844: 12, 31, 123］）。仏教文献における異本比較研究の先駆者といってよい。後述註(38)参照。

(12)　ロシアにおけるチベット・モンゴル学の開祖的存在であるシュミットは、すでに一九世紀前半に大乗仏教にかんするチベット資料の研究を発表している（Schmidt,I.J.［1832-37］. これについては、ドゥ・ヨング［1975: 117, n.53］を参照した）。このほかチベット大蔵経の概要についてのチョーマ・ド・ケレスの仕事の重要性などは語るまでもない。しかし、ことチベット資料に基づいた「仏教史」全体についての見通しとなると、おそらくヴァッシリエフの「仏教」はパイオニア的存在と見てよいのではなかろうか。ロシア語での発表は一八五八年に遡る（本著では独訳版 Wassiljev［1860］を参照した）。

　ブッダの伝記の扱いをめぐってのサンスクリット学とパーリ学の動向については、Thomas［1927: intro.］参照。そこでは、パーリ資料の開拓によってサンスクリットを中心とした仏伝理解から、パーリの考慮へと大きく時代が動いていった様子が描かれている。

(13)　Rémusat［1836］および Julien［1853］.

(14)　この間の議論のやり取りについては Przyluski［1926-28: ii-iii］に簡単にまとめられている。また Bhattacharrya, N.N.［1981: 32-35］参照。さらに歴史的ブッダの実在をめぐっての著名な議論（後述二〇一二二頁）を参照。

(15)　この結集問題はその歴史的信憑性にかんして、現在においてもけっして意見の一致を見たわけではない。その後の研究として、Hofinger［1946］, Demiéville［1951］, Frauwallner［1952］, Bareau［1955a］, Lamotte［1958: 136-154, 297-300］, Alsdorf［1959］, Bechert［1961］などが続いている。

(16)　レガメイはパーリ資料を中心に仏教の純粋な形を求めていくリス・デヴィズ、オルデンベルク、ヴィンテルニッツ Moritz Winternitz、ハーディ Edmund Hardy、ピッシェル Richard Pichel などをイギリス・ドイツ学派 Anglo-German School と名づけた。一方で部派仏教 Scholastic Buddhism において仏教ほんらいの形が求められるとするローゼンベルク Rosenberg、シチェルバッキー、オーバーミラーをロシア学派 Russian School とし、漢訳、チベット訳、サンスクリットを同等に比較して扱おうとするグループをフランス・ベルギー学派 Franco-Belgian School と呼んだ。

最後のグループには、レヴィ、ドミエヴィル、プサン、ラモット、プシルスキーのみならず、イタリアのトゥッチ、ポーランドのシャイヤー、イギリスのキース、ドイツのグラゼナップ、ヴァレーザーなども含んでいる。こうした色分けは一人歩きする注意をしておかねばならないが、研究の対象、方法の特徴を知るうえでは参考になる。

この理解をConze［1967］も踏まえている。また Leifer［1971: 91］参照。

(17) インド人研究者以外の仏教研究が、漢訳、チベット訳などの二次資料によって開始されたため、また、インドを除くアジアにおいて生き残った仏教との接触によって仏教を観察することが試みられたため、仏教をインド文化から切り離して特別視する傾向ができたことを Bhattacaryya,N.N.［1993: 19］が指摘している。確かにインドにおいては仏教は、その独自の形態としてはインド文化から消え去っている（あるいは同化している）のであるから、仏教のみをインドの文脈から取り出すことは、ほんらい不可能なはずである。留意に価する意見であろう。われわれの結論においても同様の注意を喚起した（第五章第一節第九項参照）。

(18) これに関係した著書として Kuroda［1893］, Suzuki［1907］, Kimura［1927］, McGovern［1922］, Dutt,N.［1930］, Walleser［1927］など。なお、平川彰［1968: 17–18］も、日本の学者が大乗起源の問題にかんして欧州仏教界に関心を呼び起こしたことを簡単に触れている。

(19) ラモットは大衆部がインド全体にわたってかなり広く見られる部派であること、さらに『大智度論』が北西インドの説一切有部がかかわって生まれた予想を重要視し、カニシカ王朝の影響を加味して『般若経』における経典流布の記述解釈を従来とは変え、北西インド起源を予想する（Lamotte［1954］）。山田龍城［1959: 174］が大乗経典の北西インド説を「ほとんど疑いえない定説」というとき、その根拠が示されていないので、一体どこの意見を指して述べたものかとまどうが、確かにこれに先立ってすでに Przyluski［1926–28: 361–362］は北西インド起源を周知の事実として出している。しかしその後の諸説の存在を考慮したとき、山田は断言のしすぎであろう。

(20) バローは歴史記録・教義・地理の観点に加えて、「大乗の存在に否定的な要素」を加味して考察している。結論として、二〜三世紀に成立した『毘婆娑論』、*Kathāvatthu* の大乗に対する沈黙を、大乗草創期における地理的距離を表すと推定し、大衆部関係の碑文が多出するゴーダーヴァリーとガンガーに挟まれたデカン高原の北を大乗発生の地とみなす。また Przyluski［1926-28］の説を否定し、説一切有部をはじめとした他部派の大乗への影響は二次的なものと判断している。バローの場合は大乗をはっきりと部派とは異なる教団としてとらえていることが分かる（Bareau［1955: 296-308］）。

(21) しかし後述するように（一六－一七頁）、すでに Przyluski［1926-28: 361-363］は大乗仏教の存在形態について独自の見解を発表している。この結論は大乗の起源を設定するのではなく、むしろ起源が問えないことを述べた点で注意をしておかねばならない。

(22) 山田龍城［1959］はその代表的な仕事としてあげられよう。なお、のちに述べる在家・仏塔起源説が誕生してのちも、大乗の起源を必ずしも仏塔単一におかず、思想の多様な面を考慮しつつ起源を探っていく必要性を論じたものとして三枝充悳［1987］がある。これはある意味で山田龍城の仕事を継ぐものと位置づけられる。

(23) この大乗小乗共住不可能性、仏塔供養の部派出家者の関与の不在、などの点については、そのまま認めることはできない。本書全般において論ずる後述の課題となる。

(24) 付言すれば Dutt,N.［1939］は、*Ajitasenavyākaraṇanirdeśasūtra* の研究の中で、この経典が大乗と名乗りつつも小乗的要素を抱えていることを指摘したが、それを再度 Williams［1989: 26-28］が取り上げ、「原始大乗」proto-Mahāyāna という呼び名を当てた。かれはある意味で静谷正雄と共通した意識を持っていると考えてよいだろう。しかしこのテクストは書写年代が六世紀になるので（von Hinüber［1980: 49-82］）、この proto- ということばは、絶対年代において古いという意味では機能しえない（Cohen［1995: 4-5］）。

なお、静谷が平川を前提に「原始大乗」という設定をなすことが、ほとんど二次的な意味しか持たないことをSilk［1994: 18,n.1］は指摘する。

(25)　もっとも、大乗経典という枠を離れれば、仏教の立つ社会的・文化的背景の研究はすでに仏教研究の早い段階で注目されていた。記念碑的な仕事としてはFick［1897］を第一に挙げねばならない。かれはジャータカの記述を総覧し、カーストとの関連からみたその社会背景を、きわめて克明に興味深いかたちで報告している。仏教文献に基づいた歴史の復元においては、現在でもフィックの方法は重要な規範としての役割を果たしている。さらにブッダの歴史性を巡ってのリス・デヴィズ夫妻の態度は、その社会背景史を考慮する代表例として挙げておいてよいだろう。註(41)参照。

こうした研究はそののち、コーサンビー、チャットパドゥヤヤなどのマルキシズム的理解にもとづく仏教研究へと一役買う（Kosambi,D.D.［1956］［1965］, Chattopadhyaya［1959］）。かれらの理解は、仏教がかつての部族を中心とした平等なコミュニティを実現したとする点で一致している。しかしその叙述には、たとえば思想的な信条を直接に何らかの社会現象に還元しようとする態度が目立っており、ゴンブリッチの批判を待たずとも、素直には受け入れ難い印象を抱いてしまう（Gombrich［1988a: 12-13］参照。ただしかれはそこで二人を名指ししているわけではない）。

注目すべきものとしてはその後のDutt,S.［1962］を挙げておきたい。考古学的資料を考慮して、仏教の教団史を描いてみせた有益な著作である。このように見れば、インドの研究者たちの間に、仏教を社会において果たした役割として見てみようとする意識がつよいことが分かる。わが国の初期教団史の研究では、草分け的な早島鏡正［1964］に続き塚本啓祥［1966］がある。

(26)　たとえば下田正弘［1991a］において、在家者がインド仏教の中でいかに位置付けられ、いうなれば世俗内禁欲のような一大変化を起こし得たのかを疑問視するものや、山口瑞鳳［1988］においての批判など、批判の論拠は異なるが、いずれにしても在家者の能力を大乗の起源に据えることへの疑問では、ひとまず上田義文と一致しているとみなしてよいだろう。

(27) 第一章第三節第三項参照。このバローの見解は本書においても支持される。

(28) かれは『金剛般若経』の sa pṛthivīpradeśaś caityabhūto bhavet なる記述に注目し、類似の記述を『般若経』『法華経』などにたどり、大乗は仏塔信仰が否定されて「経巻 pustaka 信仰」へと転換したときに起こったものであり、仏塔信仰そのものは大乗には直接連動しないと見た。もっとも平川彰［1968］は仏塔信仰をそのままで大乗ととらえているわけではなく、仏塔信仰から般若波羅蜜への転換に般若経の誕生を見ている（平川彰［1968: 569-577］）のでショーペンの批判は全面的に当たっているわけではない。しかし、両者の仏塔と経巻とにかける比重の相違を考えたとき、その立論の方向に及ぼす影響は大きく、ひとまず両者に区別立てをして理解しておいた方がよい。

(29) わが国においても、すでに述べた高田修［1969］はそうした捉えかたをしていると見てよい。また後の記述（一六一一七頁）参照。

(30) その所説を追ってみよう。インド仏教学においては「事実として分かっていること」と「事実に基づいてなされた推定」とがさまざまに混同しあって存在しているのが現状である。そして推定の上にさらに事実を重ね、その上にまた推定をなす、というかなり信憑性に欠ける作業が施される。

たとえば文献の年代確定について見てみよう。聖典が文献化された時代は、現在知られている時点でもっとも早いものはアルヴィハーラの文献化であり、紀元前一世紀にあたることはいちおう承認されている。しかし問題はその内容の方である。そのとき文献化された三蔵が実際いかなる内容のものであったかは知るよしもない。われわれが現在手にする三蔵の形がほぼ確定できるのはブッダゴーサの時代、すなわち五～六世紀にまで下ってからのことである。

またアショーカ王碑文に見られる nikāya という語にしても、それは現在のニカーヤを指すとは考えられていない。バールフト、サーンチーの碑文からは suttantika, vinayadhara, peṭakin の名前が見られる。それらは紀元前二世紀のものだから、アルヴィハーラ文献化よりも前の時代のものである。しかしそれでも sutta, vinaya, piṭaka が具体的に何を意味しているか不明なことに変わりはない。アルヴィハーラ文献化に先行するものとしては aṭṭhakavagga, pārāyana しか分かっていない。そしてそれらはすでにアルヴィハーラ文献化の段階で注釈を有しており、その注釈自身が聖典 canon であったとみなされている。例えばこのテクストが時代をおよそ等しくするアショーカ王碑文に知られる七経だったとすれば、それは韻文でまとめられた極めて短い内容のものであり、われわれが今日手にするパーリ聖典とはおよそ違ったものである。

バールフトの彫像に目を移してみよう。そこに描かれたモチーフはすでに仏教の伝説の成立を予想させるものであり、Lüders［1941: 136–173］や干潟龍祥［1961: 3–4］などはその立場をとる。しかし Lamotte［1958: 444–445］は否定的であり、意見の一致を見ていない。そしてたとえこれをテクストの成立を示す事象と考えても、それはすべてアヴァダーナ、ジャータカに限られており、またしてもパーリ聖典全体との関係は見えなくなってしまう。

写本の年代を考慮すれば、現在確認できる最古のものでも、紀元二世紀の *Gāndhārī-dharmapada* であり、そのほかの写本は古いものでも五世紀を下ることはない。そのなかでも、阿含のものになればもっと新しくなる。最後にわが国でもなじみとなっている漢訳年代をたどって文献化の年代を確定しようとしたとき、早いものでも二世紀中葉であり、阿含関係になれば四世紀まで下らなければならなくなる。こうしてみれば、一般に無意識に前提としている阿含・ニカーヤが古く、そののちに大乗が成立したという前提自体が、いかにあやふやなものかがわかるだろう。しかしたとえ事実として知られることがらがいかに少なくとも、まずはその点に限って確認する作業をしなければならないことを十分に意識しておこう。

（31）　Schopen［1985: 23–25］.

（32）　*ibid.* なお「回向」について、仏教関係では Agasse［1978］, Bechert［1992］などを参照。ヒンドゥイズム、ブラフマニズムまで広げるとかなりの研究にのぼる。Hara［1994］は従来の研究を網羅した有益な論攷。

(33) Przyluski［1926-28: 364］.

(34) このPoussin［1929］［1930］の二点についての情報はSilk［1994: 9-10］によって得られた。かれはこのプサンの意見がこれまで必ずしも注目されなかったことを指摘し注意をうながしている。

(35) なお、わが国の仏教研究においては「教団」ということばが無造作に使われている。この問題については第二章註(18)参照。

(36) Silk［1994: 4-5］. 確かに大乗仏教を「大乗経典を作成する活動」と定義づけたのでは循環論法を免れないだろう。しかし、本書ではシルクの意見と同じくまずはこの態度で出発する。この問題については五一頁参照。

(37) Schopen［1991］はこの問題を大きく取り上げ、従来の文献中心の仏教研究にたいして徹底して批判を加えている。しかしその批判は多少誇張をし過ぎ、文献研究の方法については必ずしも積極的意見の提示がない。

(38) もちろん仏教にかんする碑文研究のパイオニアとしてのビュルヌフも忘れることはできない。法華経の仏訳の中でアショーカ王碑文の綿密な研究を志している（Burnouf［1852: 653-781］）。またスナールによる研究も見過ごしにできない。かれは碑文において、教義としての仏教とは異なった位相を持つ、大衆の生天を願う仏教のタイプが明らかになるとし、ヒンドゥーに対抗し得る宗教運動であったと見ている（Senart［1889: 67-108］）。こうした意見を受けたプサンは、仏教には僧院型と大衆型の二つが存在することを考慮しなければならないと主張した（Poussin［1898］）。これはある意味で宗教の構造的な類型に注意を喚起したきわめて初期の注目すべき発言である。なお、本章註(63)参照。また、この間の、スナールを否定するオルデンベルク（Oldenberg［1890: ii-viii］）までを含んだ議論の移りゆきについては、ドゥ・ヨング［1975: 44-45］参照。この議論は形を変えながらも現在まで続いていると考えられよう。スナールと同様の立場をとる学者の代表としては、本書でしばしば取り上げるショーペンが挙げられる。碑文に現れる仏教を、教義という抽象的な世界よりも歴史的実態により近いものと見て、従来の仏教研究をしばしば批判に晒している。しかし文献に現れた内容も歴史的事実の一つであることは当然意識しておかなければならない。

(39)　Fergusson & Burgess [1880] では「小乗は素朴でブッダ像を欠いており(170)」「大乗はブッダの多彩な像を有する(297)」と漠然としたその区別を述べたが、その後同様の理由によって Rowland [1967] は一九石窟を、Huntington [1985] は一七石窟を大乗と判定した。ところが Schlingloff [1988: 175] や Leese [1991] は、いわゆる小乗 hīnayāna を部派 nikāya と同一視することによって、そしてさらに大乗と小乗とを相互に排他的な存在とみることによって、アジャンターすべての石窟を——内容的には大乗をかかえながらも——小乗であると主張している。定義づけの曖昧さがもたらす、まったく結果を異にする結論である。しかしこのファーガソンの定義は、現行の大乗小乗の区別を考慮したときけっして一概に責めきれるものではない。

(40)　最近年の大乗と小乗の区別の実質的内容への問いかけにかんしては、ハリソンの一連の論文をも注目しておかねばなるまい (Harrison [1987] [1995])。同様の疑問は Silk [1994] によっても提示されている。

(41)　Senart [1882] の提起する内容を見てみよう。かれはブッダを実在の人物ではなく、太陽信仰の神と想定し、ブッダにかんする伝説をインドに存在した神話の体系から説明しようとした。仏伝には伝説的要素と歴史的要素とが混在している。これを、新約学者のように、伝説・神話的要素を排除することによって、歴史的要素が抽出できると捉えるのは間違っている。神話はブッダ以前より存在し、それ自身で一貫した体系を抱えたものであるし、そもそも歴史的要素とは独立した存在である。この神話の体系によってブッダを追求すれば、それはまさしくインドの神として姿を現してくるのである。このスナールの理解は、仏伝をいかなる文献として捉えるのか、という基本的視点の持ち方において、大いなる示唆を与えてくれるものである。また、Kern [1882-84] はこの理解に同調し、これを進めて、十二縁起を十二月に対応させ、デーヴァダッタを月に配置し、徹底してインドの天体宇宙観のなかに還元しようとした。もっともこのケルンの態度は、スナールのように、文献解読への忠実な態度に発する信頼のおけるものではないと断言するドゥ・ヨングのような学者もいる（ドゥ・ヨング［1975: 33-34］）。

こうした動きに対して、オルデンベルクの反論がまず注目される。すでに述べたように、かれは経典のほとんどをヴェーサーリーの結集以前に作られたものであり、ことにパーリ資料は他部派のものより改編されずに信頼がおけるものとした。かれはスナールが用いた文献が時代を下ったものと判定する（Oldenberg［1890］）。

一方のリス・デヴィズ夫妻は、歴史的ブッダの実在をより確かに設定して、パーリ資料からその姿を求めていったと言ってよいだろう。ことにサンスクリットとパーリの資料の一致した点においては、その歴史的信憑性を認めようとする。ただしかし、かれらもスナールの意見を全面的に斥けているのではない（Rhys Davids, T.W.［1890: 190］）。その後も歴史的ブッダを求める動きはさらに推進され、たとえばそのタイトル（Gotama the man［1928］; Sākya or buddhist origin［1930］）から推し量れるように、起源に存在する人間としてのシャーキャムニ・ブッダを求め、さらに「仏教」が完成する以前の、いわば「釈迦教」ともいえる存在を求めていった。すでに述べたように（註（2）参照）、これはわが国でいう原始仏教や根本仏教という理念とは異なっている点に注意しておこう。わが国においては、ゴータマ・ブッダを特殊な部族・氏族の宗教者として位置づけようとする態度は、中村元のような例外を除けば、およそ存在しないのではなかろうか。また、これに付言するなら、オルデンベルクとリス・デヴィズとの相違として、前者が思想を独立に扱う態度を持ったのにたいして、後者は、その社会背景の考察を重要視したという点が挙げられよう。要注意である。なお Bhattacharrya, N.N.［1981: 30］参照。

(42) トーマスは歴史的ブッダ存在の問題をつぎのように要約する。

ブッダの伝記の中には発展があり、たとえもっとも古い文献の中にさえも、さまざまな太古の記録を辿れるのは否定できない。以下において最初期の記述を区別することを試みるが、それはつぎの基本的な問題に触れるものではない。はたして一体〔それら資料の〕歴史的基盤は存在するのだろうか。著名な学者たちのなかには、ブッダの物語が歴史的事件の記録をいささかでも含んでいることを否定するひとたちがいることは念頭においておかねばならない。さらに加えて、一旦歴史的人物として認められた人々は、こんどは伝説的フィクションに引き渡されている、という疑うべからざる事実もある。……

問題は歴史的人物、たとえばソクラテスやムハンマド、ボナパルトの場合と同じである。われわれには多くの記録があり、関連した事実、日付、考古学的遺物があるうえに、いま現にそのシステムとともに存在する仏教徒が居る。これらの資料は、神話が拡散し、流布しゆくその原点を指し示すものだろうか――その拡散と流布の過程の中では、ある神への宗教的信仰が、眼にみえる歴史的出来事の中へと徐々に転換されてきたことになるのだが。あるいは紀元前六世紀に生きた歴史的人物が、その根拠となっているものなのだろうか（Thomas〔1927〕. ただし引用は Thomas〔1949: xvii-xviii〕による）。

妥当なまとめであろう。トーマスは後者の解釈へと向かっていく。しかし、かれの批判はスナールではなく、もっぱらケルンへと向けられていることには留意しておくべきである。このトーマスの総括は、スナールにとっては必要のないものであることをかれは自覚していたに違いない。Thomas〔1927〕において試みられた歴史的事実と神話材料との関係、およびその連関についての考察方法は、現在でも十分参照されるべきである。

なお、このスナールとオルデンベルク、リス・デヴィズらの間におこったブッダの実在を巡っての議論をまとめたドゥ・ヨング〔1975: 31-38〕はまことに優れた考察を施している。現代のことばによって、ドゥ・ヨングは、オルデンベルクの方法を、利用し得るかぎりの資料から、歴史的事実を伝える情報を集める「アトミスティックな方法」と述べ、スナールの方法を「構造主義的なもの」と規定する。そして、Foucher〔1949: 13〕のことばを引用して、「スナールのブッダには生身の人間が欠落し、オルデンベルクによって描かれたブッダには神が欠落している」とのべている。そして「この公式はバルトによって採用されて以来、繰り返されてきた（Barth［1914: 344］筆者挿入註）。……スナール、およびケルンをスペクトルの一方の端に置き、オルデンベルクを他方の端に置くことによって、スナール、あるいはオルデンベルクとの関係において、後代の学者たちが占めるそれぞれの正確な位置を決定することが可能であろう」（ドゥ・ヨング［1975: 37］）と言う。

ただし一方で、スナールの意見を「〔かれに従うなら〕ナポレオンやマックス・ミューラーの生涯でさえ太陽神話に還元できることになろう」といって一笑に付した学者もいる（Hopkins［1895: 299］）。

また Lamotte［1947］は再度この問題を取り上げていることをつけ加えておこう。

(43) もちろんヴァルトシュミットに影響を与えたリューダスの研究が、その後のゲティンゲンに及ぼした堅実な学風は注目しておいてよいだろう。中央アジア写本の解読にかけられた業績はベェッヒェルトに受け継がれ、今日まで輝いている。

(44) わが国の近年の研究においても、初期経典の重要な形式を分析し、経典形成の過程に迫ろうとした前田恵学［1964］や、思想の問題を重要な術語の検討から描き出そうとした三枝充悳［1978］など、経典の歴史的階層を前提とした分析を志している。

(45) たとえば漢訳の法蔵部の四分律を訳した Beal［1881］やチベット訳の根本説一切有部律を訳した Rockhill［1884］など、きわめて早い時期にサンスクリット以外からの律蔵が知られている。

(46) ただしその結論については Lamotte［1958: 194-197］において批判されている。しかし、それはあくまで結論に制限を付すものであり、研究自体へは律研究において格段の進展をなさしめたものとして称賛を惜しまない。

(47) もちろんシルヴァン・レヴィは、異なったヴァージョンを比較研究することの必要性を早くから説いている（Lévi［1907］）。この態度がプサン、プシルスキーに影響を与えたことは言うまでもない。

(48)　なお、経典や律蔵の形成史を解明していくとき、これまで述べてきたような内容的な観点からの異訳比較という立場とはまったく異なって、写本の解読にもとづき、そこに言語的な観点からの歴史や系統を見定めようとする態度があることはきわめて重要である。内容分析に入る以前に、写本にもとづく研究がどの程度厳密に行われていたかという問題は、その後の研究に決定的な役割を果たす。インド学を基礎とする仏教学にとって、こうした研究の流れが果たしてきた役割の重要性は、あえて本書が述べる必要さえもないだろう。また、この立場からのアプローチは、進んでいくたびごとに、幅広い言語学的知識の裏付けが要求されはじめる。それは明らかに筆者の手にあまる問題である。加えて冒頭に述べたように（註(1)）、基本的にチベット訳と漢訳を主資料とする本研究には、その立場からの解明が、われわれに直接の手だてを与えてくれるわけではない。こうした理由から本書においては独立した問題として取り上げなかった。しかしそれは、このテーマを軽んじたわけではないどころか、むしろ無駄な内容の付け加えや、情報の不正確な処理にかえって懸念をおぼえるためである。

すでに述べた、ブッダの存在を巡ってのスナールとオルデンベルクの対論にしても、双方ともに写本からその解読へと進みゆく過程に抱かれた問題意識であり、そうした作業と切り離されたものではないことは念頭に置いておかねばならない。また周知のようにオルデンベルクは、内容的な立場から仏典の形成過程を予想したのみならず、文章の様式的区別、文体の特徴から形成時期を仮定しようとした。マハーヴァスツとアヴァダーナシャタカなどの仏教サンスクリット文献において、名詞文章的な「スタイルA」と、僧職階級・聖典的 hieratisch な「スタイルB」とを区別したことは有名である（Oldenberg［1912］）。この後にも、たとえば von Simson［1965］［1985］や Kwella［1978］など、オルデンベルクを踏まえたかたちで文体をもとにした仏教文献の特色を研究する者が出ている。そこでもオルデンベルクの功績は大きい。

また、言語学的立場からの仏教文献の形成過程を明かす試みは、賛否両論を巻き込んでのエジャートンの仏教混成梵語の辞書・文法書の発表が、一つの時代を画したことについては異論はあるまい。すでにヘルマー・スミットとエジャートンにはじまり、一流の碩学たちのあまたの議論があるなかにあって、現在の筆者に新たに述べうるところはない。さらに、異系統の同一写本の詳細に及ぶ差異の検討から、ほんらいの帰属部派およびその系統を明かす可能性が指摘されはじめたのは興味深い（たとえばSchmithausen［1970］［1987］, Sander［1985］, 榎本文雄［1984］など）。ヒンユーバーは、つづりや文法的構造の相違が、部派の特徴を現しているとする意見を述べている（von Hinüber［1982］［1983］［1985］［1989］）。かれはギルギット出土の大乗経典である*Saṃghāṭasūtra*を分析し、その特徴が説一切有部、あるいは根本説一切有部に属するものとする（von Hinüber［1989a］）。こうした厳密な写本の段階からの研究は、部派における伝承の相違や、大乗の部派としての位置づけに新たな光を当ててくれるに違いない。もちろん、こうした情報は、漢訳やチベット訳のレヴェルにおいては現れることがない。なお、言語学的観点と、漢訳資料の双方を考慮に入れた他に追随を許さぬ研究としてBrough［1968］は特筆に値する。その後、中谷英明［1985］が続く。また本書において触れる機会はないが、パーリ註釈文献研究の森祖道［1984］は注目すべき成果である。

(49) なお下田正弘［1991a］においても、共通な部分を古いソースとして取り扱ってはいない。さらに第二章第二節参照。

(50) この問題は第五節第三項参照。なお、本書では、インド学以外の口伝と書写との問題はOng［1982］（桜井直文他訳『声の文化と文字文化』）から主要な情報を得た。

(51) 法華経の成立については、勝呂信静［1993: 5-48］において、その研究の歴史が方法的な分析をなしながら振り返られている。それによれば、まずケルンの述べた「偈頌は長行より先に成立」し、「末尾の六品は後代の付加」であるという成立論（Kern［1884］）はわが国の研究者に大きな影響を与えた。こうした意見を前提とし、さらに常盤大定、木村泰賢らの示唆をもとに布施浩岳［1934］の成立史が生み出されたという（勝呂信静［1993: 9］）。なお、研究史の整理、及びその検討については伊藤瑞叡［1985-90］参照。

(52)　わが国においては般若経研究者の層は厚く、経典を踏まえた仏教研究のもっとも中心的な主題を形成している。その全体についてここで触れることはとうていできないが、本書がその研究方法として影響を被ったものに、梶芳光運［1980］がある。かれは現存する般若経のサンスクリット、チベットの異訳を比較研究することにより、その「理念的な意味での原型」にたどり着こうとした。その方法自体は新しいものではないが、求められた原型が、必ずしも歴史的な形で存在したことを要求せず、諸異訳間の矛盾を読みとくための前提となされた点、注目すべきものがある。この立場は、和辻やラモットらが提示した、文献の内部における歴史の解明という捉え方と整合的である。

(53)　勝呂信静［1993: 49-62, 147-154］。

(54)　一作品における同質性と異質性という問題を論ずるとき、ほんらいならその作品が口伝であったのか、書写であったのか、というきわめて大切な観点を持ち込むべきであるし、そうなればこの法華経をめぐる議論の内容も、つまりは本書において涅槃経の形成にかんしての議論の内容も、おおきな変化を被る可能性がある。しかし、残念ながら、仏教学、さらにはインド学のこの問題にかんする研究の現状からするなら、それは今はとうてい望めない。今後の課題という問題意識から、すでに大きな成果が獲得された、たとえばホメロスの詩作をめぐっての作者問題を、オングの解説にしたがって、その要点のみをメモしておこう（Ong［1982］）。

近代のホメロス問題は、直接には聖書の高等批評 higher criticism と並行して発展するが、それ以前からさまざまな意見が出されている。フランソワ・エドゥラン（1604-76）は、『イリヤス』と『オデュセイヤ』は筋だてがひどく、登場人物の性格描写も貧困で、結局ホメロスという人物など存在せず、かれの作とされる叙事詩は、他人の詩をつぎはぎにしたものにすぎないと論じた。『ファラリスの書簡』の偽作を証明したリチャード・ベントリー（1662-1742）は、「ホメロスという男は存在したが、かれの「書いた」さまざまな詩は、五百年のちのペイシストラトスの時代まで叙事詩の形でまとめられることはなかった」といった。ジャンバティスタ・ヴィーコ（1668-1744）は、ホメロスなど存在せず、その詩はいわば民族全体が作り出したものだと信じた。一九世紀にはいると、ホメロスにかんする分析派のはしりであるフリードリヒ・アウグスト・ヴォルフ（1759-1824）が、『イリヤス』『オデュセイヤ』のテクストを、それ以前にあった詩やその断片の組み合わせであるとみなし、その組み合わせの階層を分析によって決定できるとして作業にかかった。その仕事はホメロスの詩起源の複数性を否定するユニテリアン学派に引き継がれ、「『イリヤス』と『オデュセイヤ』はとてもうまく組み立てられており、登場人物の性格描写もみごとに首尾一貫している。それは入れ代わり立ち代わりばらばらに手を加えられた作品ではありえず、一人の人間によって作り出されたにちがいない」との主張に到りついた。オングは、ユニテリアンの多くは、文学的敬虔主義者であり、内心は不安を感じながら、ワラをもつかむ思いでテクストを崇拝する人々であったとつけくわえている。

このののちに、ミルマン・パリーが現れ、口伝という観点からまさに画期的な論文を提出し、それによってホメロス問題が急展開することになる。興味はつきないが、いまそこに立ち入ることはできない。しかし、この問題をめぐる議論の展開を見たとき、われわれは仏教文献を相手としながら、まるでその轍をたどっているかのような思いに駆られる。一作品の作者問題が、聖書の高等批判からおこったこと、作品の背後にホメロスという歴史的実在が否定されてしまうこと、作品に込められた異質性が単なる断片の集積と読み取られるのか、整合性まで読み取られるのかという問題が生起していること。仏教学は聖書学の方法を取り入れ、ときには作品の背後にブッダの実在までが否定され、それは民族全体が有する神話へと解体された。また、高等批判の方法を用いて仏教経典は断片へと分断された。オングが付加した、その断片を貫く整合性を主張するユニテリアンは、テクストを尊重する文学的敬虔主義者であったという指摘も、現仏教研究者の状況を見渡すとき思い半ばに過ぎるものがある。

（55） 初期仏教に見られるこの二つの要素をめぐっての議論は、エジャートンによるサーンキヤとヨーガという対峙する要素の指摘に端を発したものである（Edgerton［1924］, Poussin［1936-37］）。この議論をより前に推し進めたのはエリアーデであった（Eliade［1957: 162-199］）。そののちに、ここに述べたシュミットハウゼンによって、仏教文献学の立場からきわめて厳密に考証される。この議論については下田正弘［1996］参照。

(56)　もちろんここで述べた二つの方法も、その両者を視野に入れつつ行われるものであり、どちらか一方で成り立つわけではない。たとえばHarvey［1995］なども、ニカーヤおよびその註釈を総合的に扱いながらも、そのなかに教義の発展を読みとっていく姿勢は持っている。ゲティンにしてもそれは同様である。反対の側に立ったシュミットハウゼンやフェッターなども、結論として歴史的な表現はとりつつも、それによって思想の位相を示そうとしている点は変わりがない。そうした意味では両者を相互に対立して接点のない研究法とみるのは明瞭な誤りである。

しかしながら、先に述べたように、オルデンベルクが仏典の形成階層を予想し、リス・デヴィズ夫妻が仏教と釈尊の教えとを区別しようと努めはじめたとき、この初期仏教研究のパイオニア的存在が以後に与えたであろう影響は想像にかたくない。この時点からしてすでに、現存の典籍はすべて、時間の流れの中で変化しつつ現形に至ったという認識が、かなり強い形で成立したであろう。この点では構造主義的見方を取れるスナールやプサンは異質である。

一つ付言しておこう。ある時期の、ポーランド系の研究者たちは「聖典前仏教 pre-canonical Buddhism」の存在を指摘した。上座部と説一切有部の教説が衝突し、さらに大乗に発展が見られる問題点に注目すれば、聖典がまとめられる以前の仏教の教説を扱うことが可能だと推定するものである。たとえばシャイヤーはpudgalanairātmya, śūnyavāda, vijñānavādaという連続した仏教の発展段階の前提として、こうした明確に区別をすることの不可能な、混在した状態の聖典前仏教が存在するはずであると説く（Schayer［1935］, cf. Regamey［1957］）。この筋の理解は、簡潔にまとめれば、後代の歴史途上に現れた要素を、言うなれば潜在的に、すでにブッダの教えが内包していたはずであるという解釈に基づくものである。したがって、たとえ後代に生まれた思想にしても、それはけっして異質なものが二次的に付加されたようなものではなく、何らかのかたちで存在していたことになる。確かに思想史の読みとり方としては一考に価する意見であろう。この立場はたとえば宮本正尊［1943］が提起する「根本仏教」に共通する捉えかたであると見てよい。つまり後代に展開する仏教の諸要素を、それが展開する以前の「核」の状態としてとらえようとするものである。ただしこの見解をコンゼは「ちょっとした想定の域をでない」と批判している（Conze［1967: 1-12］）。

(57) なお、この論文の前提とされるべき、インドにおける論書 śāstra 自体の研究として Pollock［1985］、さらに宗教における教義 doctrine の役割研究として Christian［1987］は、いずれも示唆に富んだ内容を持つ。

(58) この点については下田正弘［1996a］参照。

(59) この話題についての一連の論攷は、Ruegg［1985］［1989］［1990］参照。

(60) もちろん、ウェーバーのこの仕事は、当時までの欧州の傑出したインド学者、仏教学者たちの貴重な研究の集積によって可能になったものである。したがって、かれの研究は、すでに明らかにされていたり、あるいは同様な方向が志向されていたものを、その材料として採用したものと言わなければならない。ウェーバーの理解を支える前提となる研究が存在した点はきわめて重要である。それは仏教に留まらずインド学全体に及ぶ。たとえば、仏教にかぎっても、かれが頻繁に参照する研究者は、オルデンベルク、リス・デヴィズ、スナール、プサン、ピッシェル、ホプキンス、鈴木大拙などであり、かれらに交わされた議論の行くすえを、しっかりとした眼差しで追いかける。また、アショーカ王の分析においては公刊された碑文資料を幅広く使うことも怠っていない。当時のインド学仏教学の研究事情を知る上でも示唆を与えてくれるものである。

(61) Dumont［1970］参照。これは Collins［1982］, Gombrich［1988a］などがその所説の根拠としている。

(62) Eliade［1957: 191-199］.

(63) もっとも、すでに述べたように、仏教が大衆的要素を中心とするものだったのか、あるいは教義を中心とする思索的な宗教だったのかについては古く、スナール、オルデンベルク以来の議論があった。ことにプサンは、仏教が生まれた当初から、ブッダを神と捉える大衆型の宗教が存在したが、それはブッダの説いた教義とはおよそ無関係に発展したものと明瞭に理解している（Poussin［1898: 31-33］）。したがってこの類型を僧院と仏塔に割り当てることの実質的意味は、仏教の内容解明の点からすでになされていたのであり、けっして初めての発見とは言えない。

（64）Ray［1994: 433-447］.

（65）Rahula［1956: 194-197］.

（66）そもそも平川の仕事には、これまで述べてきたような、考慮されるべき先行する諸研究の検討が大きく抜け落ちている。たしかに、材料として漢訳の大乗経典や関係典籍を、これほどに包含した研究はかつて存在しないのであるが、しかし、その視点の据え方、および研究方法としては、すでに明らかなように、同類の研究はいくつも存在する。その業績を正当に評価するためには、少なくともこれまで述べた研究史の中に位置づけなおすことは必要である。

そしてこの問題は、平川の説を支持する者にも批判する者にも共通する。平川説の支持者たちは、仮説の有効性を、記述的な意味で妥当する歴史的事実だと考えてしまう傾向があり、いかに証拠不十分であろうと、仏塔中心の在家教団存在の想定を捨て去ることができない。反対に平川説の批判者たちは、記述的な事実をもって、在家教団が存在しないことを立証し、そのいきおいで僧院対仏塔という、理念的なモデルまで否定してしまおうとする。しかし、歴史の運動を描こうとするとき、対立する要素をうまく掬い取ることはきわめて大切な態度である。方法論に無自覚な情報は、いかに積み上げられても次に利用することができない。

（67）ここでは近年の研究を紹介する意味をかねてマックイーンに触れたが、経典をめぐっての部派から大乗への連続性は、あまたの学者が指摘するところである。文献学的なレヴェルでは、先に述べたオルデンベルク、フォン・ジムソン、ヒンユーバー、シュミットハウゼンらが挙げられてよい（註（48）参照）。オルデンベルクは聖典の文体に基づく発達段階を仮定したが、それには初期仏典から大乗仏典までの連続的な発展の跡がたどられている。また、ヒンユーバーが中心になって解明する写本における書写法の伝達にかんしても、大乗経典は説一切有部や根本説一切有部などの書写法を踏まえており、経典を伝承する技術知識にかんしてけっして部派と異なった教団的基盤を持っていたわけではない。また大乗経典の内容を構成する材料としては、すでに部派教団がほとんどすべて所有していたと考えてよい点については第一章第四節および第六節参照。

思想的に大乗と伝統部派とが連続している点については、古くから議論があり、この章でも触れてきた。そもそも「無我の思想 anātmavāda」自体が、仏教ほんらいのものと言えるのかについて議論が別れており、仏教の涅槃にはウパニシャッドに説くブラフマンの世界と共通の要素が古くから見られると指摘する学者もいる。この問題については第一章註(1)参照。

(68) これまでの代表的な研究としては、Cousins［1983］や、ここに取り上げたGombrich［1988］があるが、フォン・ヒンユーバーの研究は群をぬいて厳密にして、かつ広汎な問題意識をかき立てていると言ってよい（von Hinüber［1989a］［1994］)。von Hinüber［1989a］においては、インドにおける文字使用にかんする主要研究を再考し、アショーカ王時代に使用が開始されたことを結論している。さらに律蔵と経蔵との同一内容を比較し、律蔵において文字化がなされたことを立証した。その後の von Hinüber［1994］では、さらに詳しく仏教文献における Mündlichkeit（oral tradition, orality）と Schriftlichkeit（written tradition, literacy）の問題を文献の中に跡づけ、文字化に付随する変化を示している。この研究は今後の仏教文献形成過程の解明において、一つの礎となるに違いない。なお、インドにおける文字文化の研究を批判的に概観した Falk［1993］はきわめて有益な情報を与えてくれる。またヒンユーバーの著作にかんしては、原実の要を得た書評がある（Hara［1995］［1996］)。

(69) すでに述べたが、オングによって総括された今日までの業績は注目すべきものである。このテーマにかんする膨大な研究を首尾よくまとめ、かつテーマの含む本質的問題点を明瞭に説いたきわめて有益な仕事といってよい。以下本論で考察するための便宜として、議論の主な内容を簡略に記しておこう。

近代におけるオーラリティにかんする研究は、いわゆるホメロス問題に端を発する。その詩が一人の著者に帰着できるか否かをめぐっての論争は、ミルマン・パリーの発見、すなわちホメロスの詩の特徴は、口頭で組み立てられるために起こるエコノミーによる、という発見によって画期的な進展を遂げはじめる（Parry [1928]）。ホメロスの詩全体は、アイオニアとイオニアの初期、および後期の方言の特徴を混在させている。こうした特徴は、いくつかのテクストが塗り重ね合わせられたというより、古い慣用表現を用いる叙事詩人たちによって、長い年月をかけて生み出された言語として、日常において誰かが発したことのあるギリシャ語ではなく、詩人たちによって受け継がれた特殊なギリシャ語として、もっともうまく説明がなされる。

こうした言語的な特徴の相違にとどまらず、声の文化に属するものと、文字の文化に属するものとでは、その精神性がおよそ異なってくるというきわめて大切な問題が発生する。声の文化の特徴的な性質は、①記憶に便利なきまり文句を形式としていること（リズミカルな反復、対句、紋切り型の言い回し、頭韻や脚韻など）、②累加的 additive であり、従属的でない（統語法が未発達となる）、③累積的 aggregative であり、分析的でない（一連の形容句、対句などをともなって概念をつくりあげる）、④冗長にして多弁的 copious である、⑤保守的・伝統主義的である、⑥生活世界と密接に結び付いている（したがって技術的知識も物語のなかに織り込まれている）、⑦闘技的トーンをもつ、⑧感情移入的・参加的である、⑨恒常維持的 homeostatic である（現在と無関係な記憶を捨て去っていくため、均衡状態をみずからのうちに保つ）、⑩状況依存的であり抽象的ではない、といったものにまとめられる。

パリーが見出したのは、『イリヤス』と『オデュセイア』が厳格な韻律にしたがった六脚韻（dactylic hexameter）であったが、それは逐語的に成り立っているものではなく、伝統的な素材を扱うためのひとまとまりの語からできあがっていて、それぞれの文句は六脚韻の詩行にうまく収まるようにつくられている、というものであった。この点を、別の事例をもちいながら実証的に論証したのがアルバート・ロードである。ロードはユーゴスラヴィアの吟遊詩人の聞き取り調査をし、かれらの同一詩の復唱が、韻律を厳格に守りつつも、細部の語句は異なっていることを発見した。この口頭による物語の作成は、かつて歌われたことを「思い出す」ことであり、そこには物語を統御するテクストは存在していない。それにもかかわらず、当の詩人たちは、みずからの詩をまったく逐語的に正確に繰り返している、という意識をもっている、という（Lord [1960]）。

オングの研究は、その全体に示唆に富んだ内容がちりばめられており、上述のわずかなメモではとうてい覆い尽くせるものではない。かかげたわずかな内容のみからでも、仏教文献形成にかんする多くのヒントを与えてくれることが分かる。また、かれはインドのヴェーダ研究にも触れ、近年の代表的ヴェーダ学者の一人であるルヌーの研究さえ、こうした問題をまったく考慮していない点を概嘆する。この状況は一部の例外を除いては、現在でも変わっていない。口伝と書写の文化の相違を考察する際、本書ではこれらインド学以外の分野における成果によりながら見通しを立てていくことにした。

(70) この問題点は、これまでの叙述のなかでは明言してこなかったが、現在のわが国の経典研究の現状において、ほとんど自覚すらないまま、解決が取り残されたおおきなテーマとなっている。

(71) この④については、第二章第二節（文脈把握に関する三階層の設定——第二章・第三章・第四章の序として）の箇所において詳しく述べる。

(72) とくに第二節第五項参照。

(73) 第一章第三節、ことに第三項、第四項参照。

(74) 註(7)参照。

(75)　この問題は、Bhattacharyya,N.N.［1993］においても、過去の欧米の仏教研究史全体を視野に入れつつ、本書と同様の立場で明確に指摘されている。

(76)　このうち後者の例は、ポール・ウィリアムスが指摘したproto-Mahāyānaという内容によって理解してよい。註(24)参照。

(77)　同様の立場はすでにバルトによっても表明されている（Barth［1898: 449-450］）。

(78)　これはシルクがとる態度に等しい。Silk［1994: 4-5］. 註(36)参照。

(79)　この問題についてはとくに第四章第五節第一項㈢参照。われわれは一闡提を、思想と社会背景の描き出す接点に見いだしている。また第二章第二節も併せて参照。

# 第一章　註

(1)　涅槃 nirvāṇa という術語の問題は古くから、そして今日までも議論が続いており、ことに語源解釈を巡っての議論は終結していない。しかし、その術語の成り立ちを離れ、多少の語弊を承知で言えば、仏教文献中でその意味するところは「理想の境地」「〔聖者の〕入滅」という両義としてもちいられていることは明瞭である。

前者の意味においては、仏教の理想を指し示す術語であるだけに、それを巡っての議論は膨大であり、東西の各説をここで取り上げれば際限がない。おおむね議論は、涅槃が積極的な形容を被るべき何か実体的な存在として捉えられるか、それともあらゆる存在が否定された、死や虚無的世界を意味するものとして捉えられるべきか、という二つの立場に分かれていると言えよう。それはもちろん初期仏教の中心的教義である無我 anattan との関連で語られる。前者の理解においては、さらにそれがブラフマニズムに説くアートマンといかに違うのか、あるいは実質同一なのかによってまた意見が分かれている。例えば Oldenberg [1890: 319ff.] や Stcherbatsky [1926: 357] は涅槃を「完全な無」の状態で、それは火が消えたものとして規定する。しかし Rhys Davids, C.A.F. [1938: 33-35] は anattan の議論はより本質的な自己への高まりを示唆したものと理解する。Horner [1936: 103,238] は我をより高度な attan へと高め、それと一体になるところに初期仏教の教えがあるとみる。コンゼも涅槃を虚無として捉えるのではなく、ただそれが言語的理解を超え出ることを示唆したものとする（Conze［1962: 39］）。同様の理解は Grimm［1958］においても、真の自己は存在・非存在という範疇を超えたものとして表現されているという主張によって現されている。Frauwallner［1953: 217ff.］も後者と同様の立場であろう。この議論については Welbon［1968］, Collins［1982: 3-13］, Harvey［1995: 7-8, 17-19］などを参照。わが国においては宇井伯寿［1923: 263-343］が涅槃の概括的な研究の古典的なものと考えられる。中村元が anātman を「無我」ではなく「非我」と訳すべく提唱するところでは、経験的自我を認めた立場を打ち出しており、涅槃の虚無的な理解を否定したものと理解される（中村元［1963: 1-142］）。近年も同様の議論が引き続くが、虚無として理解するものの代表として松本史朗［1988］が挙げられよう。

しかし、こうした議論で注意すべきは、「涅槃」という「仏教の」究極的な価値を示すタームを扱うとき、ともすれば研究者たちが「自己の」究極的価値を、そのタームの中にこっそり忍び込ませてしまう傾向がある点である。従来の論争はこうした点に無自覚で、議論の土台を共有しないままなされている面がある。われわれはどこまでも観察者として文献に接しなければならない。Collins［1982: 12-13］の指摘に耳を傾けておこう。

また nirvāṇa と parinirvāṇa との間に見られる「煩悩の滅」と「死」の使い分けについての研究者たちの理解の変遷については Ebert［1985: 7-9］が簡潔に論じている。それによれば、まずこの問題を提起したのは Thomas［1947］である。彼は初期経典の用例にのっとりながら、parinirvāṇa が現世の涅槃としての意味で用いられていることを指摘し、従来の使い分けを批判する。リス・デヴィズもこの見解を支持し、接頭辞 pari- が「完全な」という意味では注釈において解釈されていないことを述べる（Ebert［1985: 9, n.40］）。これは Norman［1969: 119-120］においても支持されている。

またこの誤解は、藤田宏達［1988: 1-12］が再度、エバートとは独立に取り上げて論じている。しかし藤田宏達［1988: 5-7］は、最古層の詩句を除けば、両者にほぼ大まかな使い分けがなされていることも留意している。本書で取り扱う対象にかんして言えば、この両者の相違はとりあえず問題にする必要はない時代のものと考えてよい。なお、「ブッダの入滅としての涅槃」がいかにとらえられていたかについては、次註(2)参照。

(2) 伝統部派の伝承による『涅槃経』(いわゆる小乗涅槃経のことであるが、ここでは非大乗涅槃経とも呼ぶ)の研究にかんしては、わが国では代表的には宇井伯寿、松本文三郎[1917]、和辻哲郎[1927]、石川海浄[1951]、塚本啓祥[1969]、杉本卓洲[1984]らが存在するが、本書においての文献解読の基本的方法論は、和辻哲郎のそれにもっとも近いものとなる。和辻哲郎の方法については序章(一三頁)、および本章註(6)参照。また、当時までの海外の業績を踏まえ、さらにアッタカターの参照によって翻訳されたものとして中村元[1980]が優れている。最近年の末木文美士[1995]は、『遊行経』を主題としているものだが、涅槃経研究にかんして文献の漏れがほとんど見当たらない秀作である。

ブッダ入滅までの過程を描いた涅槃経は、従来の研究者たちのあいだで、キリスト教における福音書のごとき位置が与えられており、欧米ではさまざまな学者が研究対象として取り上げてきた。古典的にはやはり、パーリ涅槃経からの翻訳であるFranke[1913]がまず挙げられるべきであろう。しかし漢訳とパーリの比較から涅槃経の古い形を論じたものとしては、Przyluski[1918-20]が先駆的な業績である。その後、涅槃経に含まれる第一結集伝説を扱ったものとしてPrzyluski[1926-28]、遺骨分配の問題を巡ってPrzyluski[1936]と続く。すでに序章に挙げたが、Waldschmidt[1939]によってドイツ系の学派がブッダの伝記解釈に諸訳の本格的比較を試みはじめ、さらにWaldschmidt[1944-48]において、涅槃経の全モチーフを四段階に分けて整理し、より原初形態をもとめる作業をなしている。そののち、トゥルファン出土のサンスクリット写本を用いた本格的研究Waldschmidt[1950-51]が登場する。またブッダの伝記を経蔵・律蔵から総合的に網羅したものとしてBareau[1970-71]が挙げられよう。漢訳・パーリの仏伝資料を総合しつつ、非常に広範囲に及ぶ考証を行っている。その志向する先は本書が前提とすべきものである。

非大乗涅槃経の形成過程について詳細に論じたものとして Bareau［1979］はもっとも優れた研究である。本章においてもその中心的な叙述を批判的に扱うことにしたい。本書六二—六九頁参照。この他の若干の研究については、欧米関係の古い時代にかんしては Thomas［1927: 283-285］、わが国の研究については、末木文美士［1995: 73-85］参照。

加えて、仏塔との関連で Ebert［1980］［1985］、杉本卓洲［1984］、および Kottkamp［1992］の研究は是非参照すべきである。文献資料と文献外資料との共通する文脈において、仏塔と涅槃とが切り離せない関係にあったことを、過去の研究を網羅しながら論証している。

さて、いまこの本文に掲げた資料全体を考察対象にした研究は存在しない。ただしここにおいては、本書で名づける広経涅槃経の内容すべてを問題とするのではなく、あくまでブッダの入滅に関連した主題に限っている。ことに明らかに結集の正統性の立証に比重をかけた『摩訶僧祇律』『毘尼母経』『四分律』は直接の考察対象とはならない。また註(7)を参照。

（3）前註における諸研究参照。

（4）バローは概して「異訳の共通部分はそれだけ古い」という仏教学に伝統的な文献処理をなしている。しかしこれが大きな問題を含んでいることは序章において論じた（本書二六—二七頁参照）。宗教的な伝承は「矛盾を含んだもの」から「矛盾なき形へ」と進んで行くのが大きな方向として認められた。この注意点は、本書においてもくり返し想起していきたい。

（5）Ebert［1980: 221］参照。

（6）もちろん序章で触れたように、ブッダの伝記においてこの点を明確に指摘したのは、欧米においては Thomas［1927］が代表的なものと考えられる。しかしわが国においても、奇しくもまったく同年に、和辻哲郎［1927］が世に現れている。彼はその「資料論」において、現在提言されつつある方法論的問題にかんして、ほぼ満足な方向を打ち出していることを、経典研究を志す者はわが国の研究のレヴェルを示唆するものとして誇りを持って銘記しておいてよいだろう。この和辻の方法は、従来のオルデンベルク、リス・デヴィズ以来の、いわゆる原始仏教資料の扱いにかんして、一つの文献内部の歴史と、文献外の歴史とを区別するように主張した点で極めて重要である。そして結論としては文献内部の歴史はけっして文献を超えた absolute chronology にはなり得ないことを明らかにした。これは、われわれが本書をとおして基本的な方法として前提するものである。

また、彼はそのケース・スタディとして偶然にも、阿含の中で異本の複数存在する『涅槃経』を取り上げ興味深い考察を進めている。その方法も注目すべきものであり、そこでは経典の記述をなした「制作意図」に照準を合わせ、それを中心に脈絡の緊張と弛緩の度合いを計っていく。そして結論として『涅槃経』は「教理的」興味と「文学的」興味の二つが交錯して制作された経典であるとする。もちろんこの結論自体は、さらなる情報を考慮に入れることによって訂正・補強される必要があろうが、その方法的態度自体は、現在でも十分に活かすべきである。本書は意図せずして彼の志向する方法に向かって行ったことを記しておこう。以上にかんしては和辻哲郎［1927: 11-89］参照。

また、再度この古い問題を取り上げる Lamotte［1947］は、ブッダの伝記はなんらの現実的色合いを帯びていないのだから、歴史家がこの領域においてできることは、これらの伝承から歴史的事実を抽出することではなく、伝承を段階づけ、その連続する段階を研究することに満足しなければならない、という。和辻と同様の立場である。

横道に逸れるが、さらに加えて、和辻の理解する五蘊や十二縁起の思想は、最近年にパーリ学者から示されたものに極めて近いことを挙げておこう（Harvey［1995］）。彼の論文が英訳されていれば、現在の欧米をはじめとした海外の初期仏教の思想研究は、相当程度に変更を余儀なくされたはずである。

（7） Bareau［1979: 45-65］参照。なお、バローの理解を評価しながら詳しく紹介したものとして末木文美士［1995: 87-98］がある。

(8)　バローは「涅槃経⑧の箇所は、ブッダの涅槃とその最後の瞬間を描いており、経のタイトルが示すように、明らかに経の核、すなわち作品全体の原形を含んでいる」という（Bareau [1979: 54]）。

(9)　Bareau [1979: 69-70].

(10)　第三節第三項参照。

(11)　Waldschmidt [1944-48: 337-343] ほか、註(2)に挙げた諸研究は、歴史的事実を想定しながら形成過程を追いかけようとしている点、まず共通している。もちろん本書の後の記述からも明らかなように、本書においても涅槃経において歴史的事実が反映している点は認めている。

(12)　先に述べたが、和辻哲郎は「経典の制作意図」から解明をはじめている。しかし彼はそれによって『涅槃経』の「核」たる記述を探るところまで考察を遡ってはいない。それは彼の考察対象としたものが、われわれの言うところの広経に限られているからである。

(13)　この問題については序章におけるブッダの実在をめぐっての議論（二〇―二一頁）を参照。

(14)　序章第五節第三項、ことにGombrich [1988] 参照。また第五章の註(5)参照。

(15)　MacQueen [1981-82] 参照。および序章第五節第二項（四四―四六頁）。

(16)　Lamotte [*Traité*: 80-84] 参照。そこでは彼はアショーカ王碑文の「仏によって語られたる言葉は、すべてのよろしく語られた言葉である keci …… bhagavatā buddhena bhāsite savve se subhāsite vā」という表現が、ニカーヤにおいて「すべてのよろしく語られた言葉は仏・応供・正等覚の言葉である yaṃ kiṃci subhāsitaṃ sabbaṃ taṃ tassa bhagavato vacanaṃ arahato sammāsambuddhassa」と逆転して用いられることに注目する。これは経典の制作、ことに大乗の出現にとっても大きなかかわりを持ったことが予想される注目すべき変化である。この問題はマックイーンの説と密接に絡む。また下田正弘 [1996] 参照。

なお、subhāsita にかんするテーラヴァーダの用法について有益な論攷が Caillat［1984］に展開されている。内容のまとめについては下田正弘［1993: 136–138］参照。

(17) すでに述べたが（註(2)）律蔵関係の文献、『摩訶僧祇律』や『四分律』『毘尼母経』においては、ここで述べた(a)から(e)のモティーフが現れているわけではない。そこでは結集伝説の作成に比重がかけられており、迦葉の役割を中心に叙述が進められている。したがって、この部分は涅槃経と呼ぶにはふさわしくない。しかし、『十誦律』においては、『雑阿含 No.1197』『別訳雑阿含 No.110』とほぼ同じ内容が描かれている。こうした記述の相違についても、律蔵研究の観点から考察の余地があろう。ここではこれらの律蔵は、経典とは別の文献群として扱い、涅槃経文献群から除いて考えたい。

一方、『増一阿含』と『力士移山経』においては、如来身を「金剛」であると明瞭に言い切っている（如来身者金剛数(T2 751a11-12; T2 859a6)）。しかも『力士移山経』においては仏塔の建立とその功徳の賞賛がその後に続き、明らかに大乗涅槃経とのつながりが見いだせる。涅槃のモティーフは、仏身の永遠性の主張へと高められていることに注意しておこう。なお後の記述（七七―七八頁）参照。

(18) 序章第三節第一項(四)参照。

(19) Waldschmidt［1939: 80-88］はこの「最期の説法」を『涅槃経』の核と見ている。そして、それが徐々に増広され、ブッダの神格化が図られることを述べている。またさらに注目すべきは、ブッダゴーサもこの箇所に註解して iti bhagavā parinibbānamañce nipanno pañca-cattārīsa vassāni dinnaṃ ovādaṃ sabbaṃ ekasmiṃ appamādapade yeva pakkhipitvā adāsi（*Sum.vil.* 593.32-34）〔このように世尊は般涅槃の床に横たわり、四十五年間に説いた教えを「怠るなかれ」というただ一句に要約して与えた〕と解釈し、最期の説法として捉えている。なお、中村元［1980: 295］参照。

この無常・不放逸というテーマは、確かに初期仏教を貫く大切な要素である。それは無常・無我・苦という主題にsatiを集約していく教義となって初期経典全体に現れていると言ってよい。satiが伝統教学を貫く教義であることについては言うをまたない。ことにjhānaとの関係から論じた研究は膨大である。最近年においては、Gethin [1992: 29-68] が詳しく論述している。念処経の漢訳とパーリとの相違に基づいて、四念処の原初形態をさぐろうとした仕事にSchmithausen [1976] がある。他に田中教照 [1993: 150-168]。

(20) しかしそれでも、ついうっかりと次のような反論を準備する気になるかもしれない。つまり、jが『涅槃経』の最古のものだと仮定した時、その成立時の最も重要な核となる記述は(b)「最期の説法」であったにもかかわらず、他の、jに遅れる文献が成立していく過程で、時の推移とともに、その核の記述(b)が忘れ去られながら消え去り、結局それを残したのがたまたま少数派のjだけになってしまったのではないか、そうした可能性を否定できる根拠はいったいどこにあるのか、との反論である。もしそうなれば記述(b)が「全ての」『涅槃経』の核たることは否定できないことになるのではないだろうか。

しかしこの議論は、一見、複数の『涅槃経』の核を探ろうとしているようでいて、その実、結局はjのみしか考察の対象にしていない意見であることは明らかである。現在われわれの前に残されている『涅槃経』は上述のごとく複数のものが存在する。そんな中でもしアプリオリにjのみを原型と見なしていないとすれば、jを原型と仮定した者には、全体の涅槃経を考慮に入れた上での論拠が存在するはずである。そしてその論拠は「最期の説法」が複数の『涅槃経』の全体を成立させるための「不可欠の内容たる資格」を持つもの、との判断以外にはない。そしてもしその判断が正当であるとすれば、それが複数の『涅槃経』から「たまたま省かれる」ことは、理由も示されずに帰結されるべきではない。

(21) 〔そのとき世尊は比丘たちに告げられた。「……不放逸にして励めよ。有為は消滅する法なのだから」。これが如来の最期のことばであった。〕そのとき、世尊は初禅に入られた。初禅から抜け出して第二禅に入られた。第二禅から抜け出して、第三禅に入られた。第三禅から抜け出して、第四禅に入られた。第四禅から抜け出して、空無辺処に入られた。空無辺処から抜け出して、識無辺処へ入られた。識無辺処から抜け出して、無所有処へ入られた。無所有処から抜け出して、非想非非想処へ入られた。非想非非想処から抜け出して、無所有処へ入られた。無所有処から抜け出して、識無辺処へ入られた。識無辺処から抜け出して、空無辺処へ入られた。空無辺処から抜け出して、第四禅へと入られた。第四禅から抜け出して、第三禅に入られた。第三禅から抜け出して、第二禅に入られた。第二禅から抜け出して、初禅に入られた。初禅から抜け出して、第二禅へと入られた。第二禅から抜け出して、第三禅へ入られた。第三禅から抜け出して、第四禅へと入られた。第四禅から抜け出すや否や、世尊は般涅槃された。[atha kho bhagavā bhikkhū āmantesi/ ...... vo appamādena sampādetha vayadhammā sankhārā ti/ ayaṃ tathāgatassa pacchimā vācā/] atha kho bhagavā pathamaṃ jhānaṃ samāpajji/ pathamajhānā vuṭṭhahitvā dutiyaṃ jhānaṃ samāpajji/ dutiyajhānā vuṭṭhahitvā tatiyaṃ jhānaṃ samāpajji/ tatiyajhānā vuṭṭhahitvā catutthaṃ jhānaṃ samāpajji/ catutthajhānā vuṭṭhahitvā ākāsānañcāyatanaṃ samāpajji/ ākāsānañcāyatanā vuṭṭhahitvā viññāṇañcāyatanaṃ samāpajji/ viññāṇañcāyatanā vuṭṭhahitvā ākiñcaññāyatanaṃ samāpajji/ ākiñcaññāyatanā vuṭṭhahitvā nevasaññānāsaññāyatanaṃ samāpajji// nevasaññānāsaññnāyatanā vuṭṭhahitvā ākiñcaññāyatanaṃ samāpajji/ ākiññcaññāyatanā vuṭṭhahitvā viññāṇañcāyatanaṃ samāpajji/ viññāṇañcāyatanā vuṭṭhahitvā ākāsānañcāyatanaṃ samāpajji/ ākāsānañcāyatanā vuṭṭhahitvā catutthaṃ jhānaṃ samāpajji/ catutthajhānā vuṭṭhahitvā tatiyaṃ jhānaṃ samāpajji/ tatiyajhānā vuṭṭhahitvā dutiyaṃ jhānaṃ samāpajji/ dutiyajhānā vuṭṭhahitvā pathamaṃ jhānaṃ samāpajji // pathamajhānā vuṭṭhahitvā dutiyaṃ jhānaṃ samāpajji/ dutiyajhānā vuṭṭahitvā tatiyaṃ jhānaṃ samāpajjhi/ tatiyajhānā vuṭṭhahitvā catutthaṃ jhānaṃ samāpajjhi/ catutthajhānā vuṭṭhahitvā samanantarā bhagavā parinibbāyi// (*SN*.i.157.33-158.24).

(22) この点の考察は Waldschmidt [1948: 343-344] においても同様の立場でなされている。

(23) 時有異比丘、即説偈言、「善好堅固樹　枝條垂礼仏　妙花以供養　大師般涅槃」。尋時釈提桓因説偈、「一切行無常　斯皆生滅法　雖生尋以滅　斯寂滅為楽」。尋時娑婆世界主梵天王、次復説偈言、「世間一切生　立者皆当捨　如是聖大師　世間無有比　逮得如来力　普為世間眼　終帰会磨滅　入無余涅槃」。尊者阿那律陀、次復説偈言、「出息入息住　立心善摂護　従所依而来　世間般涅槃　大恐怖相生　令人身毛竪　一切行力具　大師般涅槃　其心不懈怠　亦不住諸愛　心法漸解脱　如薪尽火滅」。如来涅槃後七日、尊者阿難往枝提所、而説偈言、「導師此宝身　往詣梵天上　如是大神力　内火還焼身　五百氎纏身　悉焼令磨滅　千領細氎衣　以衣如来身　唯二領不焼　最上及襯身」(T2 325b13-c8)。

(24) この「薪の燃えつきたように」という譬喩については、完全な消滅という意味で捉えるよりも、顕在的な側面からみた消滅、つまり潜在的には消滅しないで持続していると見るべきである。この点については次の㈤ミリンダパンハーの項の記述、および註(32)参照。

(25) これはアヴァダーナシャタカでも全く同様である。

saptāhaparinirvṛte buddhe bhagavati āyuṣmān ānando bhagavatcaityaṃ (Text bhagavataś citāṃ) pradakṣiṇīkurvan gāthāṃ bhāṣate / yena kāyaratanena nāyako brahmalokam agaman maharddhikaḥ / dahyate sma tanujena tejasā pañcabhir yugaśataiḥ sa veṣṭhitaḥ// sahasramātreṇa hi cīvarāṇām buddhasya kāyaḥ pariveṣṭhito 'bhūt/ dve cīvare tatra tu naive dagdhe abhyantaraṃ bāhyam atha dvitīyam // (*Av*.ii.199.10-200.6).

(26) この śarīra の用法にかんしては、註(29)、及び次項㈡、㈢参照。

(27) bhagavato sarīrassa jhāyamānassa, yaṃ ahosi chavīti vā camman ti vā maṃsan ti vā nahārū ti vā lasikā ti vā tassa n'eva chārikā paññāyittha na masi, sarīrān' eva avasissiṃsu. tesañ ca pañcannaṃ dussa-yuga-satānaṃ dve

va dussānti ḍayhiṃsu yañ ca sabba-abbhantarimaṃ yañ ca bāhiraṃ.（*DN*.ii.164.8-14）.

(28)　なお最後に付言して、上で検討しなかった短経に表れるもう一つの主題「スバドラの入信」の記述(c)について考えておこう。この記述を有するのはh、iのみである。『雑阿含経』に独立した別の経典として、それぞれ(c)、(e)を含んだものが存在することを考えれば、この二つのエピソードは「仏の涅槃」とともなる出来事として伝わっていたと考えてもよいであろう。ことに(c)はほんらい「涅槃」と全く関係のない内容であるだけに、ブッダの涅槃と関連したできごととして伝承されていなければ、『涅槃経』に入り込む必然性がなくなってしまうからである。

しかしここでも大切なことは、たとえこのスバドラの入信が涅槃にかかわる事実として伝承されていたにしても、それは『涅槃経』の制作動機を発動するにはおそらく至らなかっただろうと思われることである。それについてはもう縷説には及ぶまい。『涅槃経』にとって重要なのは「仏の存在を滅してしまう入滅」への見解を明確にすることであり、その問題にかんしてはこの「スバドラの入信」は意味のある視点を提供することはないだろうからである。

なお、別訳のhは結局、g、iを併せた内容にまとめられていることが分かる。

(29)　この śarīra がほんらい「遺骨」よりも「遺体」を意味することにかんしては Schopen［1991a］［1992］が参照にされるべきである。この議論は後に影響を与えるので、ここで彼の所説から一例を挙げておこう。

彼は伝統部派の非大乗『涅槃経』に見られる sarīra-pūjā の語にかんしては *PTSD* (698 sarīra) に見られる解釈に疑問を挟む。基本的にその語を「遺骨崇拝」と見るべきではなく「遺体を葬儀に付す前に行う儀礼」と解釈すべきことを説く。この推定に至る根拠は *Mūlasarvāstivāvavinaya* に多数見られる śarīra-pūjā の例である。これは詳しい「葬送儀礼」を規定したもの。例えば、

śrāvastyāṃ nidānam / tena khalu samayenānyatamo bhikṣuḥ kālagataḥ / bhikṣavas tam abhinirhṛtya evam eva śmaśāne chorayitvā vihāram āgataḥ/ cīvara-bhājakas tasya layanaṃ praviṣṭaḥ pātracīvaraṃ bhājayāmī ti/

so 'manuṣyakeṣūpapannaḥ / laguḍam ādāyotthitaḥ / sa kathayati: yāvan mama śarīrapūjāṃ kurutha tāvat pātracīvaraṃ bhājayatheti (re zhig kho bo'i ro la mchod pa yang ma byas par chos gos dang lhung bzed 'ged par byed dam zhes) / etat prakaraṇaṃ bhikṣavo bhagavata ārocayanti/ bhagavān āha/ bhikṣubhis tasya pūrvaṃ śarīrapūjā kartavyeti / tataḥ paścāt pātracīvaraṃ bhājayitavyaṃ / eṣa ādīnavo [na] bhaviṣyatīti (nyes dmigs 'dir mi 'gyur ro)/ 〔シュラーヴァスティーでの因縁。その時ある比丘が死んだ。比丘たちはその遺体を運び去りそれを葬儀場に捨ててヴィハーラに戻った。衣配人が部屋に入ってこう言った。「私は器と衣を取った」。その死んだ比丘は非人に生まれ、棍棒を振りかざして衣配人の部屋に現れて言った。「私の śarīrapūjā をなした後に器と衣を配るべきだろう」。比丘はこれを世尊に尋ねた。世尊は言われた。「なくなった比丘の śarīrapūjā を先に行うべきだ。その後に器と衣を取るべきだ。そうすれば危険はないだろう」。〕(*MSV*.iii.2,127.4-11; P Vol.41, Nge 101b8-102a1).

　これは後にわれわれがなす『涅槃経』の検討（八九―九〇頁参照）から判断しても正しい。

なお、śarīra-pūjā はサンスクリット文献には普通に見られるのに対して、パーリには『涅槃経』の例を除いては存在しない。またこの語をめぐるチベット訳にかんしては Schopen [1991a: 28,n.38] に詳しい検討がある。

(30)　註(15)、(16)参照。

(31)　rājā āha: bhante nāgasena, buddho atthī ti. āma mahārāja, bhagavā atthī ti. sakkā pana bhante nāgasena buddho nidassetuṃ: idha vā idha vā ti. parinibbuto mahārāja bhagavā anupādisesāya nibbānadhātuyā, na sakkā bhagavā nidassetuṃ: idha vā idha va ti. opammaṃ karohīti. taṃ kiṃ maññasi mahārāja: mahato aggikkhandhassa jalamānassa yā acci atthan gatā sakkā sā acci dassetuṃ: idha vā idha vā ti. na hi bhante, niruddhā sā acci, appaññattiṃ gatā ti. evam eva kho mahārāja bhagavā anupādisesāya nibbānadhātuyā parinibbuto, attan gato bhagavā na sakkā nidassetuṃ: idha vā idha vā ti, dhammakāyena pana kho mahārāja sakkā bhagavā nidassetuṃ, dhammo hi mahārāja bhagavatā desito ti（*Milin*.73.9-22).

(32) Schrader［1904-05］はウパニシャッドの仏教に与えた比喩について、ことに「火」の喩を考察し、顕在的ではなくなっても、その起源に戻って潜在的に存在していることを述べている。*Śvetāśvatara Upaniṣad*（iv.19）においては、Maheśvara は「その燃料が燃え尽くした火」として描かれている。また *Maitrī Upaniṣad*（vi.34.1）の例（「燃料がなくなった火がその生まれた場所で安息するごとく、その行動の停止によって、citta はその生まれた場所に安息する」）を、仏教に与えたもっとも大きな影響として語っている。この指摘については Harvey［1995: 156-157］参照。

この考察は、確かに仏教全体に共通するものである。例えばニカーヤにおいても、次のような記述が見られる。

アッギヴェッサナよ、たとえば乾燥した枯れ木が、水から十分離れた場所に置かれていたとしよう。ある人が燃木をもってきて、火を起こそう、熱 tejo を顕現させよう、というとする。これをどう思うか、アッギヴェッサナよ。seyyathāpi aggivessana, sukkhaṃ kaṭṭhaṃ koḷāpaṃ ārakā udakā thale nikkhittaṃ, atha puriso āgaccheyya uttarāraṇiṃ ādāya: aggiṃ abhinibbattessāmi, tejo pātukarissāmīti, taṃ kiṃ maññasi, aggivessana（*MN*.i.242.1-5).

この箇所について Harvey［1995: 156-157］は、tejas はほんらい四元素として、燃料となる木において存在するものであり（*AN*.iii.340-341）、これを顕現させることが火を起こすことと説明する。その例証としてこの本文に掲げた箇所のミリンダパンハーの解釈をひいている。ニカーヤに限らず、次にあげる例を見れば、この解釈が妥当なことが理解される。

これと同様の例は、『大乗荘厳経論』においても確認される。

たとえば鉄において燃えるのと消えるのと、また眼病の視覚においてのように、仏の心智においては、有と無とを語ることはできない。dāhaśāntir yathā lohe darśane timirasya ca/ cittajñāne tathā bauddhe bhāvābhāvo na śakyate// (*MSA*.38.11-12, ix.25).

この例においても火自体の存在は、けっして「無」とは語られていない点に注意をしておく必要がある。

こう考えれば、「火が消えるような涅槃」を、いわゆる伝統的に理解される「灰身滅智」として虚無そのものに帰するように語るのは、的を得ていないことが分かるだろう。この表現が、涅槃ののち、顕現はしていなくとも、存在していることの譬喩である点を考慮していなければならない。

(33) 世尊告曰。……過去諸仏世尊、取滅度。遺法不久存於世。我復重思惟。以何方便、使我法得久存在世。如来身者金剛之数。意欲砕此身如芥子許、流布世間。使将来之世信楽檀越不見如来形像者、取供養之。因縁是福祐、当生四姓家、四天王家、三十三天、……他化自在天。因此福祐、当生欲界・色界・無色界。或復有得須陀洹道・斯陀含道・阿那含道・阿羅漢道・辟支仏道。若成仏道。由此因縁故（T2 No.125(3), 751a9-19)。

(34) 世尊告曰。一切諸力雖為強盛。……無常之力計為最勝。多所消伏。所以者何。如来身者金剛之数。無常勝我、当帰壊敗。吾今夜半、当於力士所生之地、而取滅度。於四街路供養舎利、興建塔寺。所以者何。其四方人斎諸華香、跱立幢幡懸絵鈴蓋然灯奉進、一切皆就真妙之法（T2 No.135, 859a24-b1)。

(35) 法起必帰尽　興者当就衰　万物皆無常　慮是乃為安　得百千金山　福祚難為喩　不如供泥塔　欣予帰勝寺……(T2 859b2-5)。

(36) vaihāyasam abhyudgamya tejodhātuṃ samāpadyitvā anupādāya parinirvṛtā / (*Mv*.i.357.16-17). cf. Edgerton [ii:256, tejodhātu].

(37) te 'pi taṃ śabdaṃ śrutvā vihāyasā saptatālamātram atyudgamya tejodhātuṃ samāpadyolkeva parinirvānti sma/ yat teṣāṃ pittaśleṣmamāṃsāsthisnāyurudhiraṃ cābhūt tat sarvaṃ tejasā paryavadānam agacchac chuddhaśarīrāṇy eva bhūmau prāpatan / (*Lv*.18.21-19.2).

(38) 我此臭身輪廻生死。所応作者幷已獲得。宜入円寂永証無生。作是念已、即昇虚空、入火光定、現諸神変、放大光明……永証無余妙涅槃界。時彼長者取其屍骸、焚以香木。復持乳汁而滅其火。収余身骨置新瓶中造窣堵波。……往時長者……由以勝妙供養敬信業故、今受果報感得三十殊妙勝相（『宝積経・入胎蔵界』）（T11 336b6-16）。

(39) 〔so attano pubbakammaṃ kathetvā ākase nisinno va tejodhātuṃ samāpajjitvā parinibbāyi,〕 sarīre jālā uṭṭhahitvā maṃsalohitaṃ jhāpesi, sumanapupphāni viya dhātuyo avasissiṃsu. satthā suddhavatthaṃ pasāresi, dhātuyo tattha patiṃsu, tā pakkhipitvā catumahāpathe thūpaṃ kāresi, mahājano vanditvā puññabhāgī bhavissatī ti. (*Dhp.A*. iii.82.18-83.3).

この箇所にかんしては、Kottkamp [1992: 144-145, n.4] 参照。

(40) (1) Padumuttaro nāma jino sabbadhammāna pāragū / jalitvā aggikkhandho va sambuddho parinibbuto // (2) mahājanā samāgamma pūjayitvā tathāgataṃ / citakaṃ katvā sukataṃ sarīram abhiropayuṃ // (3) sarīraṃ kiccaṃ katvāna dhātū tattha samānayuṃ / sadevamānusā sabbe buddhathūpaṃ akaṃsu te // (4) paṭhamā kañcanamayā dutiyā pi maṇimayā / tatiyā rūpiyamayā catutthā phalikāmayā // (5) tattha pañcamī kācehi lohitaṅkamayā ahū / chaṭṭhā masāragallassa sabbaratanamay' upari // (6) jaṅghā maṇimayā āsi vedikā ratanamayā / sabbasovaṇṇayo thūpo uddhaṃ yojanam uggato // (7) devā tattha samāgantvā ekato mantayuṃ tadā / mayaṃ pi thūpaṃ karissāma lokanāthassa tādino // (8) dhātu āveṇikā n' atthi sarīraṃ ekapiṇḍitaṃ / imamhi buddhathūpamhi karissāma kañcukaṃ mayaṃ // (9) devā sattaratanehi aññaṃ vaḍḍhesuṃ yojanaṃ / thūpo dviyojanubbiddho timiraṃ vyapahanti so // (10) nāgā tattha samāgantvā ...... / ...... (26) atihonti hi tass' ābhā candrasurāsatārakā / samantā yojanasate padīpo dinapajjali // (32) ...... uḷāro bhagavān eso yassa dhātugharedisaṃ / imā hi janatā tuṭṭhā kāraṃ kubbanti tappare // (33) aham pi kāraṃ karissāmi lokanāthassa tādino / tassa

dhammesu dāyādo bhavissāmi anāgate // …… (50) satasahasse ito kappe yaṃ kammam akariṃ tadā / duggatiṃ nābhijānāmi dhajadānass idaṃ phalaṃ // (51) paṭisambhidā catasso vimokhā pi ca aṭṭh' ime / chaḍabhiññā sacchikatā kataṃ buddhassa sāsanan ti // (*Apd*.70.23-74.4).

なお、こうした火界定の例（このアパダーナでは第一頌）を踏まえれば、下田正弘［1993: 101,3J-9］は訳を多少訂正せねばならない。yāsyāmi …… jvalitvā は火界定に入ることを述べたものと考えるべきである。

（41） nyon mongs rnams kyis ma tshig thub pa'i sku gdung la// lpags pa sha dang spud dang cha shas rnams tshig nas// mar dang rlam dang bud shing yongs su rgyas na yang// me yis rus (P rul) pa tshig par nus pa ma yin no// (75) de nas bdag nyid chen po 'das pa'i de rnams ni// chu mchog gis ni dang bar bya nas dus su ni// mngon par bstod cing gyad rnams dag gi grong khyer du// gser gyi phum pa rnams kyis rab tu spyan drangs so// (76) 'di ni ri bo chen po'i rin chen khmas bzhin du// dge legs gang ba chen po rnams ni 'dzin pa ste// mtho ris dag na lha yi gtso bo'i khams bzhin du// khams ni me yis log par sbyor ba ma yin nyid// (77) byams pas yongs su rnam par bsgoms pa 'di rnams ni// 'dod chags me yis tshig pas rnam par spangs pa ste// de yi gus pa'i dbang gis bzung ba'i gdung rus rnams// bsil ba yin kyang dbag cag rnams kyi yid rnams sregs// (78) sred pa 'joms mdzad gang gi mthu lus khyab 'jug gi// mkha' lding gis gyang khur bar nus pa ma yin pa// 'jig rten dag na mtshungs med de yi rus pa rnams// mi ru gyur pa kho bo cag gis khrur bar bgyi// (79) ma 'jig rten chos ni nges par stobs ldan te// chos la nus kyang nus pas gang gis ma bzlog cing// gang zhig snyen pas 'gro ba mtha' dag khyab pa ste// de yi sku yi cha shas 'di ni bum par gnas// (80) gang zhig bdag gi snang bas nyi ma gzhan snang bzhin// de yi sa ni snang bas snang bar mdzad pa ste// gser gyis mdog dang ldan pa de yi sku lus ni// me rnams kyis ni rus pa lhags mar byas pa'o// (81) (P No.5656, Vol.129, Nge 118b6-119a5).

(42) 作品の題材はすでに伝承の中に存在したもののみが用いられるという特徴は、口伝において顕著なものである。序章註(54)、(69)参照。またこのブッダチャリタが、ほんらい劇場において上演のために制作されたものであるとするリューダースの見解は、同じ類いの仏教文献の位置づけにおいてきわめて重要な意味を持つ（Lüders [1911] [1911a]）。

(43) *RGV*.6.8.

(44) *RGV*.45.19–20.

(45) 爾時世尊復告阿難。且置西方瞿陀尼洲。於此北方大倶盧洲。縦広周匝十千踰繕那。地形四方人面亦爾。……或預流果、或一来果、或不還果、或阿羅漢、或諸独覚、……若有一家、於彼聖衆、尽形恭敬、承事供養。奉施上妙衣服飲食臥具医薬及諸資縁。於彼一一般涅槃後、如法焚身、収其遺骨。起窣堵波高広厳飾、塗香末香薫香花鬘。上妙幡蓋宝幡音楽。灯炬光明讃歎供養。汝意云何。由是因縁、彼所生福、寧為多不。阿難白仏。甚多世尊。甚多善逝（T16 782c25–783a9）。

(46) 月輪賢隆 [1935] および Takasaki [1960] 参照。高崎はこの論文において、両者の一致の解釈についての明確な言明を避けている。しかしその後の論文（高崎直道 [1964]）において『無上依経』が『宝性論』には引用されることがなく、真諦訳の『仏性論』にしか引用されないことを根拠として、訳者真諦自身の改編によるもの、との印象を語る。この点については、筆者は慎重を期したい。『甚希有経』のインド成立という事実（次註(47)参照）、そして本書において展開する「仏塔信仰」と「如来蔵思想」との関連、そして中国における仏塔信仰の基本的不在を考えると、むしろ中国においての改編は考えにくい。なお、下田正弘 [1996a] 参照。

(47) ギルギット出土のサンスクリット断片をベンターがチベット訳を参照しつつ校訂している（Bentor [1989]）。おそらく高崎はこの情報を落としたために、無上依経の出自について疑問をもったのではなかろうか。

(48) Schopen [1987: 223].

(49) bahubuddhaśatasahasrasaṃstutair maitrīparibhāvitakāyacittais tathāgatajñānāvatāraṇa-kuśalaiḥ（*SP*.

3.1)〔幾百幾千という多くのブッダに讃えられ、身も心も慈愛に溢れ、如来の智慧を理解するのに巧みであり〕.

(50) *Milin.* 98. cf. Demiéville [1924: 29, 34-35], Schopen [1987: 223].

(51) tāni tathāgataśarīrāṇi prajñāpāramitāparibhāvitatvāt pūjāṃ labhante (*AsP.* 48.25).

(52) このテクストは Fussman [1982: 4, 7a-7d]。また Baily [1980: 21-29], Schopen [1987: 222, n.51] 参照。フュスマンはこの例がミリンダパンハーと同一の内容であることを指摘している（Fussman [1982: 25]）。

(53) Fussman [1984: 38].

(54) Wilhelm [1968: 337-345], Bhattacharya, B. [1976: 20].

(55) 先に述べた Schopen [1987] は漢訳資料における śarīradhātu の用例を考慮していないため、パーリにおける śarīrapūjā の用法の混乱を説明できていない。しかし今見たように、śarīra は後代には明らかに「遺骨」を意味するものへと変化していることは念頭に置いておかねばならない。

(56) 平川彰 [1960]。

(57) 平川彰 [1960: 22-23]。

(58) すでに序章において述べたが、仏教文献からどの程度の歴史的事実が再構成されるかという問題になれば、ブッダの実在をめぐっての議論に代表されるように、原則的にきわめて難しい問題を含んでいる。歴史的事実の復元についてむしろ否定的な学者のほうが目立っている印象さえ受ける。

(59) 平川彰 [1968: 617-618]。

(60) Norman [1984: 1-9] 参照。

さらに加えて、この涅槃経、すなわちわれわれの分類にいう広経涅槃経は、その成立はけっして古いものとは言いがたいことに注意しておいてほしい。Frauwallner [1956], Bareau [1979] などを参照すれば、涅槃経は、当時の仏教教団が抱えていた幾つかの問題点を、一つのまとまった作品として解釈し直そうという意図によって編纂されている。それはパータリプトラの滅亡など、後代の一連の要素が、筋のとおった物語という形式に乗せられたものである。

ことに涅槃経が「七不滅諍法」から説き起こされている点からみれば、明らかに教団を保守的な制度によって収めとろうとする態度が読み取れるのであり、それは定住の教団が確立したことと並行していると見られる。こうなれば、むしろ「舎利供養への躊躇」は、時代を下って一定の態度が僧院内で打ち出されるようになってからの判断ではないか、との推定が可能となる。

この推定は、後に述べる大乗の『宝積経・摩訶迦葉会』において、まったく同様の記述がみられることによっても裏づけられるだろう。つまり、舎利供養へ一定の距離を保つことを表明するのは、出家的な価値観を有するものたちが、在家的倫理とみずからを区別する意識が先鋭化してのちのことだと見たほうがよい。出家者の倫理と在家者の倫理との区別だてを要求する必要性は、両者が軋轢を起こす段階にまで到らなければ起こり得ないことである。それは最初期というより、一定の時間を経過したのちのはずである。時代を下った『ミリンダパンハー』において同様の記述がなされるのも、やはり同様の変化を示唆していると考えてよい。註(64)参照。

(61)　註(29)参照。

(62)　『遊行経』(T1 20a22-)、『般泥洹経』(T1 186c16-19)、『仏般泥洹経』(T1 169a29)、『大般涅槃経』(T1 199c21-22)。

ただし、『仏般泥洹経』のみは阿難と阿那律の会話によって話が進む。そこでは「世尊はわれわれに葬送儀礼を指示されず、バラモンにまかされた」との認識で釈尊自体は葬送儀礼を無視したことが窺える。しかし、この脈絡でも主導権を握っているのは結局「阿難」という出家者であり、出家者が葬送儀礼にかかわったことは認められなければならない。この問題にかんしては特に Schopen［1992］が *Mūlasarvāstivādavinaya* の諸規定を探りながら、出家教団にもほんらい葬送儀礼が存在していたことを詳しく論述している。

(63) kathaṃ mayaṃ bhante tathāgatassa sarīre patipajjāmāti? avyāvaṭā tumhe ānanda, hotha tathāgatassa sarīrapujāya, iṅgha tumhe ānanda sadatthe ghaṭatha, sadattham anuyuñjatha, sadatthe appamattā ātāpino pahitattā viharatha. sant' ānanda khattiyapaṇḍitā pi brāhmaṇapaṇḍitā pi gahapatipaṇḍitā pi tathāgate abhippasannā, te tathāgatassa sarīra-pūjaṃ karissantīti. kathaṃ pana bhante tathāgatassa sarīre patipajjitabban ti? ……(*MPNSP* 5.10, *DN*. ii. 141.18-27).

(64) 註(29)参照。

但しパーリでは例えば『ミリンダパンハー』においてもこの sarīrapūjā, buddhapūjā を「勝者の子ども jinaputta」には抑制している部分が存在する。そして理由は明らかに出家者がかかわる本義ではない akamma ことを挙げる（*Milin*. 177.4-179.6)。これを根拠とすれば出家者に対する「舎利供養の禁止」を主張することが全く不可能ではないかもしれない。しかし註(60)に述べたように、『ミリンダパンハー』は時代を下った文献であり、この記述はそうした意味で、むしろ時間の経過を経て改めて出家教団に確立した、むしろ二次的な態度の表明と考えるべきである。おそらく『パーリ涅槃経』に見られる sarīrapūjā の語義変化・矛盾を受けて、その解釈を図ろうとしたものであろう。『ミリンダパンハー』は明らかに sarīrapūjā を dhātupūjā に解している。

またすでに示したように『ミリンダパンハー』でも buddhadhātu にかんしては全く肯定的な議論をなしている箇所も存在する。そこでは dhātu を dhammakāya として捉えなおそうとしているのであるが、それは碑文から確認される例と等しい内容を持っていた。註(50)参照。したがって上述の箇所の記述をもって、『ミリンダパンハー』が舎利供養を全面的に禁止したものと判断するのは行きすぎである。

(65) Bareau [1962: 230-231].

(66) ・凡常人死与築土為墳。況此世尊而築土耶（『鼻奈耶』(T24 No.1464 897c29-898a1))。

・死屍上起塔、塔上所懸衣不応取（『毘尼母経』(T24 No.1463 815c26-27))。

(67) ・給孤居独士往到仏所。頭面作礼、一面坐已、白仏言、「世尊、若世尊遊行人間教化時、我恒渇仰欲見仏。願世尊。与我少物、使得供養」。仏即与髪爪甲、「汝供養是」。即白仏言、「世尊。聴我以髪爪起塔」。仏言「聴起」(『十誦律』(T23 No.1435 351c11-15))。

(68) 『毘尼母経』(T24 No.1463 816c18-26)、『四分律』(T22 No.1428 957b9-17)。

(69) Bareau [1962: 232-241].

(70) ・塔園林者、種菴婆羅樹・閻浮樹・頗那娑樹・瞻娑樹・阿提目多樹・斯摩那樹・竜華樹・無憂樹、一切時華（『摩訶僧祇律』(T22 No.1425 498b1-3))。

・彼欲華香供養。仏言、聴四辺作欄楯、安華香著上（『四分律』(T22 No.1428 956c8-9))。

・仏言、聴作安華物、著華已器満。仏聴我作摩尼珠鬘・新華鬘者善。以是事白仏。仏言。聴作（『十誦律』(T23 No.1435 351c22-26))。

・欲以花鬘桂於塔上。……然於刱始造塔之時、応出傍橛作象牙杙（『根本説一切有部尼陀那』(T24 No.1452 429b26- c3))。

cf.『毘尼母経』(T24 No.1463 828b7-15)、Bareau [1962: 242-243]。

(71) Bareau [1962: 243-244].

・若有多香泥、聴作手像輪像摩（v.l. 魔）醯陀羅像、若作藤像、若作葡萄蔓像、若作蓮華像、若故有余応泥地（『四分律』(T22 957a17-19))。

・仏聴我以香・華・灯・伎楽供養者善。是事白仏。仏言聴作。仏聴我以香・華・油塗塔地者善。……仏言聴香華油塗塔地。仏聴我作安華埣者善。仏言聴作（『十誦律』（T23 352a15-18））。

・所応供養塔、花香・末香・塗香・花瓔珞・宝瓔珞、羅列然灯、作衆伎楽、香塗牆壁、分布香奩、応布花香・香油灑地（『十誦律』（T23 415c19-21））。

cf.『根本有部律』（T24 249b11, 400b17-18, 208b2-19, 261c25）。我今先欲香油塗拭、次以紫礦・欝金・梅檀等、作妙香水（『根本説一切有部尼陀那』（T24 No.1452 429c28-29））。

(72) Bareau [1962: 244].

・華・香・灯油・幡蓋・伎（v.l. 妓）楽・供養具（『四分律』（T22 956c16, 957a6））。

・若得直、得用然灯、買香、以供養仏、得治塔（『摩訶僧祇律』（T22 498b6-7））。

・復於其処行列然灯而為供養。仏言。皆随意作。……（『根本説一切有部尼陀那』（T24 No.1452 429b9-15））。

・仏聴我作安灯処者善。仏言、聴作。また註（68）参照（『十誦律』（T23 352a18-19））。

(73) Bareau [1962: 244].

・龕内懸絵幡蓋（『摩訶僧祇律』（T22 No.1425 498a23, c14））。

・聴比丘自讃歎仏、華香幡蓋供養於塔（『五分律』（T22 No.1421 173a17-18））。

・王載香華幡蓋幢摩（v.l. 麾）螺鼓（『鼻奈耶』（T24 No.1464 897c23-24））。ただしこの箇所は迦葉仏を荼毘に付すときの供養の様子となっている）。

・彼欲上幡蓋、仏言聴安懸幡蓋物（『四分律』（T22 No.1428 956c9-10,16））。

・懸諸宝鈴光相瓔珞絵幡華蓋金銀真珠……種種宝物（『十誦律』（T23 No.1435 415c16-17））。

・即持種種末香塗香花鬘瓔珞幢幡宝蓋……詣於塔所広設供養殷重讃歎（『根本有部律』（T24 No.1451 249b10-12, ほか261c11-12, 400b22, c1, No.1452 429c6））。

（74） Bareau [1962: 245].

・塔上所懸衣不応取（『毘尼母経』（T24 No.1463 815c26-27））。

・彼須幢。仏言、聴作幢。若師子幢・若龍幢・若作犎牛幢（『四分律』（T22 No.1428 957c11-13））。

・時諸苾芻上窣覩波、安置幡蓋供養之物。……応先濯足浄以香湯或塗香泥（『根本有部律』（T24 No.1452 429c5-9））。

・仏本在家時、引幡在前。願仏聴我作引幡在前者善。仏言、聴作。……聴銅師子上繫幡者善。是事白仏。仏言、聴繫（『十誦律』（T23 No.1435 352a9-15））。

なお前註(73)の箇所も参照。

（75） Bareau [1962: 245-246].

・若如来在世、若泥洹後、一切華香伎楽種種衣服飲食尽得供養（『摩訶僧祇律』（T22 498c7-8））。

・時舎利弗目連檀越、作如是念。彼二人存在時、我常供養飲食。今已涅槃。若世尊聴我等上美飲食供養塔者、我当送。……仏言聴供養（『四分律』（T22 956c23-26, cf. 957c14-18））。

・我供養塔時、与大衆食者善。……仏言、聴作（『十誦律』（T23 No.1435 352b2-3））。

・即持種種末香塗香花鬘瓔珞幢幡宝蓋……詣於塔所広設供養殷重讃歎（『根本有部律』（T24 No.1451 249b10-12））。

（76）〔時舎利弗・目連壇越、作如是念。〕彼二人存在時、我常供養飲食、今已涅槃。若世尊聴我等上美飲食供養塔者、我当送。諸比丘白仏。仏言聴供養。不知用何器盛食。仏言、聴用金銀鉢・宝器・雑宝器。不知云何持往。仏言、聴象馬車乗載、若昇、若頭載、若肩担。……比丘・若沙弥・若優婆塞・若経営作者、応食（『四分律』（T22 No.1428 956c23-957a4, cf. 957c14-18））。

（77）・王載香・華・幡蓋・幢摩（v.l. 麾）・螺鼓、作倡伎楽種種供養（『鼻奈耶』（T24 No.1464 897c23-24））。

・時諸比丘、自作伎、若吹貝供養。仏言、不応而。彼畏慎不敢令白衣作伎供養。仏言聴。……彼（＝比丘）自作伎供養。仏言、不応而（『四分律』（T22 No.1428 956c29-957a12））。

・伎楽供養者、……世尊、得持伎楽供養仏塔不。仏言、得。……一切華・香・伎楽・種種衣服飲食、尽得供養。為饒益世間、令一切衆生長夜得安楽故。若有人言、世尊無婬怒癡、用此伎楽供養、為得越比尼罪、業報重。是名伎楽法（『摩訶僧祇律』（T22 No.1425 498c3-11））。

・仏言、比丘不応自歌舞供養塔。聴使人為之。聴比丘自讃歎仏、華香幡蓋供養於塔（『五分律』（T22 No.1421 173a16-18））。

・比丘若為仏供養、若為仏塔・声聞塔供養故作伎、不犯（『毘尼母経』（T24 No.1463 828b8-9））。

（78） 平川彰［1990: 257-317］。

（79） 佐々木閑［1991: 1-24］。この中で佐々木は伎楽にかんする律蔵の規定を次の三段階に分ける。妥当な推定と思われる。

①「比丘は伎楽を見てはならない」という規定がまだなかった。②上記の不備を訂正すべく後に禁止条項が挿入された。③仏塔供養なら伎楽観賞も許されるという特例が設けられた。

（80） Bareau［1962: 246-247］.

『四分律』（T22 No.1428 957a6-10）。

・所応供養塔。若白色赤色青色黄色諸色等、聴供養塔及諸厳飾具。是名供養塔法（『十誦律』（T23 No.1435 415c13-14））。

・造妙金鈴懸在塔上（『根本有部律』（T24 222c22））。

（81） 一切華・香・伎楽・種種衣服飲食、尽得供養（『摩訶僧祇律』（T22 No.1425 498c7-8））。

（82） Bareau［1962: 247-248］.

(83) 為供養塔故、作種種形像、皆得為之（『毘尼母経』（T24 No.1463 828b19–20））。

(84) ・彫文刻鏤種種彩画（『摩訶僧祇律』（T22 No.1425 498b19–20, cf.499a4））。

・欲於塔前、作銅鉄石木柱上作象・師子・種種獣形（『五分律』（T22 No.1421 173a9–10））。

・制底中安仏　両辺二弟子　余聖次為行　諸凡応在外（『根本有部律』（T24 No.1459 652c18–19））。

・仏聴我画塔者善。仏言、除男女和合像、余者聴画（『十誦律』（T23 No.1435 351c17–18））。

(85) 前註(84)参照。『十誦律』(T23 No.1435 351c17–18)。

(86) 若有多香泥、聴作手像輪像摩（v.l. 魔）醯陀羅像、若作藤像、若作葡萄蔓像、若作蓮華像、若故有余応泥地（『四分律』（T22 957a17–19））。また註(71)参照。

(87) Bareau [1962: 249–251].

(88) 一切華香伎楽種種衣服飲食尽得供養、為饒益世間、令一切衆生長夜得安楽故（『摩訶僧祇律』（T22 No.1425 498c7–9））。

(89) 以此供養、無上福田所有善根、願我生生乃至寿終身無老相（『根本有部律』（T24 249b13–15））。

(90) なおこの点に関連してきわめて大切なことが示唆されている。先に平川が仏塔の教理的位置が部派の文献で確立されていないことを述べ、それを根拠に仏塔を部派から外す試みをなしていた。おそらくは仏塔は部派にとって「儀礼」として存在したものであり、したがって「律」の中で扱うにふさわしいものなのである。考えて見れば律蔵中のさまざまな規定は教理的に論書などで説明を受ける性質のものではない。それと同様に受け取ってよいであろう。もしこのことを根拠に「仏塔」の記述を部派から外すとすれば、「律蔵」全体を部派から外さねばならないことになる。大乗に至ってその「塔」にかんする説明が出てきたのは、実は大乗「経典」の特徴なのである。一三四―一三六頁参照。

(91) Bareau [1962: 250].

(92)　世尊、得持塔供養具、供養枝提不。仏言、得。若仏生日・得道日・転法輪日・五年大会日、当此時得持供養（『摩訶僧祇律』(T22 No.1425 498b27-29)）。

(93)　中上者供養仏塔、下者供養枝提（『摩訶僧祇律』(T22 No.1425 498b29-c1)）。

(94)　収供養具者……世尊、我等得収枝提供養具不。仏言、得。収者、若仏生日・得道日・転法輪日・五年大会日、名出幡蓋供養枝提、若卒風雨一切衆僧、応共収。……（『摩訶僧祇律』(T22 498c11-22)）。『四分律』(T22 No.1428 956c16-18)。

(95)　Bareau [1962: 250].

(96)　・彼須華香瓔珞伎楽幢幡灯油高台車。仏言、聴作。彼欲作形像。仏言、聴作。彼不知云何安舎利。応安金塔中若銀塔若宝塔若雑宝塔（『四分律』(T22 No.1428 957a6-9)）。

・王子即復諮啓世尊……若去時象馬車乗人肩頭上。於爾許処応乗何処去。仏言皆得（『毘尼母経』(T24 No.1463 816c20-24)）。

(97)　Bareau [1962: 250-251].

・若共仏行、応在仏後、……応右遶仏塔・声聞塔（『十誦律』(T23 298c9-10)）。

・有比丘著革屣入塔、仏即制戒、不聴著革屣入塔遶塔（『毘尼母経』(T24 825c3-4)）。

・彼著革屣旋塔行（『四分律』(T22 957c27)）。

なお『毘尼母経』『四分律』では、革の履き物をはいての右遶を禁止している。

(98)　・彼欲払拭声聞塔。仏言、応以多羅樹葉・摩楼樹葉、若孔雀尾払拭（『四分律』(T22 957a13-15)）。

・又比丘捉払欲払如来塔。仏即可之（『毘尼母経』(T24 827c11-12)）。

(99)　これは『十誦律』に規定がある。それによれば「給孤独長者が、ある時、様々の男女が荘厳をなして多くの供物を長者の家に運ぶのを見て、これをブッダに運べたらと願った。それを仏は許された。しかし外道から「葬列のようだ」との非難を受けたので、像の前で伎楽を演奏することを願い許された」という内容のものである。これは現在のインドにおける葬儀の様子と一致している（『十誦律』（T23 352a22-28））。

(100) Bareau [1962: 251-252].

(101) 不得在塔院中、浣染曬、衣著、革履、覆頭、覆肩、涕唾地（『摩訶僧祇律』（T22 498a15-17））。

(102) 彼反抄衣、纏頸裹頭、通肩被衣、若著革履、担世尊塔。仏言不応爾。応偏露右肩脱革履、若頭載、若肩上担世尊塔行（『四分律』（T22 957b23-26））。

(103) 彼於塔前叙脚座。仏言不応爾。若僧伽藍内塔隔、聴在中間叙脚坐（『四分律』（T22 958a24-25））。

(104) 仏前不得礼人。仏塔前声聞塔前亦不得礼人（『十誦律』（T23 300a5-6））。

(105) 彼在世尊塔内宿。仏言不応爾。彼為守塔故、畏慎不敢在塔内宿。仏言若為守視者聴内宿（『四分律』（T22 957c21-23））。

(106) 不得在塔院中、浣染曬衣、著革履、覆頭、覆肩、涕唾地（『摩訶僧祇律』（T22 498a15-17））。

(107) 有比丘著革屣入塔、仏即制戒、不聴著革屣入塔遶塔（『毘尼母経』（T24 825c3-4））。

(108) 不為窣覩波、後破方飡噉（『根本有部律』（T24 644c27））。

(109) Bareau [1962: 253].

(110) 若言世尊已除貪欲瞋恚愚癡、用是塔、為得越比尼罪。業報重故（『摩訶僧祇律』（T22 497c28-498a10, esp. 498a8-10））。

(111) 時此婦人、勅一婢使、彼長者子持華来者、便与開門。若無華者、勿与開門。時長者子、来詣此門。婢問、是誰。答言、是長者子。婢問、有華来不。答言、無華。若無華者不得来入。時長者子、便作是念。此城中華甚貴、不可得。唯迦葉仏偸婆中華易得。即往入迦葉偸婆、盛満白氍華而還。日已暮。城門閉。従水竇入。扣婬種門。婢便問、是誰。答曰、長者子。婢復問、有華来不。答言、有華。開門呼前、即入持華与婬種婦、中夜交通。向明身体一切生瘡、如芥子瘡。……父母問、是何重罪、其子具如事白。願以此九両栴檀施我。即持栴檀与。願父母舁我至迦葉仏偸婆。即四人舁往執三両牛頭栴檀。便作是語、近所取迦葉仏華者、持此香償価。其余六両持上迦葉仏。便発願言、縁是功徳、莫堕泥犁薜茘畜生。……即時身体瘡癒（『鼻奈耶』（T24 898a14-b15））。

(112) 不得使僧地水流入仏地。仏地水得流入僧地。（『摩訶僧祇律』（T22 498a14-15）
池法者、得在塔四面作池……不得浣衣澡洗手面洗鉢。下頭流出処、得随意用、無罪(498b13-16)）。

(113) 平川彰 [1968: 635-652]。

(114) 不得在塔院中、浣染曬衣、著革屣、覆頭、覆肩、涕唾地（『摩訶僧祇律』（T22 498a15-17））。

(115) ・彼於塔前大小便。仏言不応爾。彼於塔四辺大小便、令臭気来入。護塔神瞋。仏言不応爾。彼於塔下嚼楊枝。仏言不応爾。彼於塔前、嚼楊枝、仏言不応爾。彼於塔四辺、嚼楊枝、仏言不応爾（『四分律』（T22 958a17-22））。
・塔前、衆僧前、和尚阿闍梨前、不得張口大、涕唾著地（『毘尼母経』（T24 838b25-26））。
後者では完全に禁止しているわけではない。しかしここでも塔は、和尚や阿闍梨などと等置される人格的な存在として捉えられている点に注意。

(116) 彼持世尊塔、往大小便処。仏言不応爾。応清浄持。彼不洗大小便処、持世尊塔。仏言不応爾（『四分律』（T22 957b26-28, cf. 958a17-19））。

(117) 彼於塔下嚼楊枝。仏言不応爾。彼於塔前、嚼楊枝、仏言不応爾。彼於塔四辺、嚼楊枝、仏言不応爾（『四分律』（T22 958a20-22））。
従今仏前、不得嚼楊枝。和上、阿闍梨前、一切上座前、仏塔前、声聞塔前、……（『十誦律』（T23 299c4-6））。

(118) 仏言、聴塔下坐食、不応令汚穢不浄（『四分律』（T22 958a5-6））。
この条項からは、そもそも塔では比丘たちは仏塔に対する畏敬の念から、塔のもとでは食事をしていなかった様子が描かれ（彼畏慎、不敢在塔下坐食（958a3-4））、その例外規定として定められた経緯がわかる。

(119) 不為窣覩波、後破方飡噉（『根本有部律』（T24 644c27））。註(108)に同じ箇所。

(120) ・若塔近死尸林、若狗食残持来汚地。応作垣牆（『摩訶僧祇律』（T22 498a12-13））。
・彼塔四辺無籬障、牛羊践蹈無閡、応作籬障如上（『四分律』（T22 957c13-14, cf. 957c17-18））。
・時塔戸無扇、牛鹿獼猴狗等入。……仏言、応作戸扇（『十誦律』（T23 351c19-20））。

(121) 彼持死屍塔下過。仏言不応爾。彼於塔下埋死人。仏言不応爾。彼於塔下焼死屍。仏言不応爾。彼於塔前焼死屍。仏言不応爾。彼於塔四面焼死屍、令臭気入。護塔神瞋。仏言、不応於塔四面、焼死屍、令臭気入。彼持死人衣若床、従塔下過。護塔神瞋。仏言不応爾。彼著糞掃衣、比丘畏慎。不敢持糞掃衣、従塔下過。世尊有如是教。不聴持死人衣塔下過（『四分律』（T22 958a7-16））。

(122) 仏於一時、不聴諸比丘著死屍衣入塔（『毘尼母経』（T24 828b20-21））。さらにこの律では不浄な糞掃衣を着て入塔するさいに、水や灰で清めることを規定している（水中久漬。用純灰浣令浄、……然後得著入塔(b23-24)）。

(123) 仏言、聴四辺作欄楯、安華香著上。彼欲上幡蓋。仏言、聴安懸幡蓋物。彼上塔上。護塔神瞋。仏言、不応上。若須上有所取聴上。彼上欄上。護塔神瞋。仏言不応上。若須上有所取聴上。彼上杙上龍牙杙上。仏言不応爾。若須上有所取与聴上（『四分律』（T22 956c9-14））。

(124) 『根本有部尼陀那』（T24 429b26-c18）。

(125) 註(121)参照。

(126) 『四分律』（T22 957a20-b19）、および『毘尼母経』（T24 816c3-21）参照。

(127) 池法者、得在塔四面作池。池中種種雑華供養仏塔。余得与華鬘家、若不尽、得置無尽物中（『摩訶僧祇律』(T22 498b13-15))。

(128) 若比丘作摩摩帝、塔無物、衆僧有物。便作是念、天人所以供養衆僧者、皆蒙仏恩。供養仏者、便為供養衆僧。即持僧物修治塔者、此摩摩帝得波羅夷。若塔有物衆僧無物、便作是念、供養僧者仏亦在其中、便持塔物供養衆僧、摩摩帝用者、得波羅夷。若塔無物、僧有物者、得如法貸用。但分明疏記言、某時貸用、某時得当還。若僧無物、塔有物者、得如法貸用。亦如是。……若不読疏得越比尼罪（『摩訶僧祇律』T22 251c22-252a2）。

この部分については *Sphuṭārthā Śrīghanācārasaṃgrahaṭīkā* に全く対応する記述が見いだされ、サンスクリットが回収される。

yāvat muner buddhasya bhagavataḥ pūjā kriyate tāvat saṃghasyāpi pūjāsatkāraḥ pravartate ity evaṃ matvā yaḥ sāṃghikaṃ lābhaṃ stainyacittena stūpāya dadāti, staupikaṃ vā lābhaṃ saṃghāya dadāti, sa kṣatasaṃvaro bhavati....../ savārikair vā pakṣavārikair vā māsavārāvārikair vā sāṃghikāt kośāt likhitvoddhārakaṃ grahītavyaṃ/ [mithaḥ parasparaṃ] / stūpāt saṃghasya grahītavyaṃ/ saṃghāc ca stūpasyety arthaḥ/ ...... yadi vinā likhitvoddhārakaṃ gṛhṇanti, māsaniṣkāse ca na vadanti, tadā noktakṛto bhavanti, ...... duṣkṛtaṃ prāpnuvanti ....../ (*Sśāsṭ*. 79.4-17).

このサンスクリットを見て分かるように、「盗心 steyacitta」があるかどうかが大切な決め手になる。またこれは「書写」が教団の中で用いられるようになってからの規定であることも示している。

(129) 応巡行僧坊、先修治塔、次作四方僧事（『十誦律』(T23 249c27-28, 250c11))、仏言、応立使浄人率、応教先作塔事、次作四方僧事（『十誦律』(T23 251a10-11))。

(130) 彼不知供養塔飲食、誰当応食。仏言、比丘若沙弥若優婆塞若経営作者、応食（『四分律』(T22 957a2-4))。

なおこの箇所を取り上げた平川彰［1968: 642］は、「比丘が塔物を消費できない」としているが、明らかな誤読である。塔作者に対する供養の飲食が許可されるのは、この規定がなされた後に出てきている（『四分律』(957c16-17)）。

(131) 以上の律蔵の例は、さまざまな大乗経典に説かれた仏塔供養の内容に大きく重なるとともに、すでに杉本卓洲［1985: 472-510］において論じられた『観察世間経』『聖・観大乗経』とも極めて類似した内容を抱えていることが分かる。仏塔の評価について、律蔵はこうした文献と題材を共有していることに再度留意しておこう。

(132) pacānatariya-kārakāna gatiṃ gacheya yo ito kākaṇāvato selakame upā[deya] upāḍ[ā]peya vā anaṃ vā ācariyakulaṃ saṃkāmeyā（Majumdar［1940: 342,n.404, cf.nos.389,396］）。なおこの内容は Schopen［1987: 223, n. 63］による。

(133) ショーペンは Bühler［1894: 396,n.1］を引用し、この ācariyakula が devakula とその用法を同じくすることを指摘し、deva が存在する kula の意味で解釈する。それは「神が存在する場所」である。したがって ācariya-kula は師匠が存在する場所、すなわちブッダが存在するところを意味することになる。

(134) yadi punaḥ Kāśyapa kiyad bahur api staupiko lābho bhavet/ sa vaiyāvṛtyakareṇa na saṃghena cāturdiśasaṃghe upanāmayitavyaḥ/ yā staupikā antaśa ekadaśāpi …… niryātitā bhavati/ sā sadevakasya lokasya caityaṃ/ …… yac ca stūpe cīvaraṃ niryātitaṃ bhavati/ tat tatraiva tathāgatacaitye vātātapavṛṣṭibhiḥ parikṣayaṃ gacchatu/ na hi staupikasya kaści argho ……/（*Śikṣāsamuccaya* 56.9-14）.

(135) *Śikṣ*.54.3ff.（*Ākāśāgarbhasūtra*）. *Vinayaviniścaya-upālipariprcchāsūtra* §22.

(136) 第四章三三七―三四〇頁参照。

(137) kṣūṇa ānanda eṣa brāhmaṇaḥ/［anenopakramyāsmin pradeśe abhivādane kṛte］sati pratyātmaṃ jñānadarśanaṃ pravartate/ etasmin pradeśe kāśyapasya samyaksaṃbuddhasyāvikopito 'sthisaṃghātas tiṣṭhatīti/ aham

anenopakramya vandito bhaveyam/ evam anena dvābhyāṃ samyaksaṃbuddhābhyāṃ vandanā kṛtā bhavet/ tat kasya hetoḥ/ asminn ānanda pradeśe kāśyapasya samyaksaṃbuddhasyāvikopito 'sthisaṃghātas tiṣṭhati/（*MSV.* iii. 1, 74.9–15）.

この記述はディヴヤヴァダーナ（*Divy.* 76.10–80.9, 465.10–469.18（Cowell））にも現れる。

(138) Waldschmidt [1961: 384].

この説は『婆沙論』（T27 680a2–b23）において詳細に説かれている。それによれば、スジャーターの布施をブッダを有余涅槃に至らしめるもの、チュンダの布施をブッダを無余涅槃に至らしめるものとして位置づけ、場合によってはチュンダの布施を積極的に評価したものとも受け取られる。大乗涅槃経においても、この説を踏まえた形で（曇）にのみ登場する（T12 372a2–b12）。なお下田正弘［1993: 112–113］参照。さらにこの議論は、『ミリンダパンハー』でもなされており、チュンダの布施はブッダに法の継起的観察 dhammānumajjana-samāpatti を引き起こした点で、ブッダが菩提に至る時と同等になると結論している（*Milin.* 176.12–22）。dhammānumajjana-samāpatti とは、ブッダが涅槃に入る前に九段階の禅定の階梯を順・逆に経過したことを指している。

(139) yaś ca khalu punaḥ bhikṣo tathāgatam etarahi tiṣṭhantaṃ yāpayantaṃ satkareyā gurukareyā māneyā pūjeyā puṣpehi gandehi mālyehi chatrehi dhvajehi patākehi vādyehi dhūpehi vilepanehi annapānayānavastrehi yaś ca parinirvṛtasya sarṣaphalamālam api dhātuṃ satkareyā ity etaṃ samasamaṃ//（*Mv.* ii. 362.12–15).〔如来の在世において、花・香・華鬘・傘蓋・幡・旗・音楽・香料・塗香・食料・水・車・布によって礼拝し、尊崇し、敬礼し、敬おうと、般涅槃された、けし粒ほどの如来の遺骨を敬おうと、それらはまったく同じことである。〕（ただし、ジョーンズは dhātu を如来の遺体と解釈するが、śarīra ではないので、遺骨のほうがよい。Jones [1973: 329]）

なお、アヴァローキタスートラは杉本卓洲［1985: 付篇］において校定されている。

(140) Mus [1932-34: 617].

(141) この箇所は Ebert [1985] による指摘に従う。法華経の箇所は「方便品第二」のことを指しているはずである（*SP.* chp2.vs.78-82)。

(142) これは『四分律』(T22 958b9-23) においても確認される。そこではどれほどの黄金の布施よりも泥の仏塔を作るほうが功徳が大きいことを説いている（設以百千瓔珞　皆是閻浮檀金　不如以一摶泥　為仏起塔勝……)。
また、これは前述した『増一阿含』の短経涅槃経においても同様に現れる（得百千金山　福作難為喩　不如供泥塔欣予帰勝寺。……(T2 859b4-9))。

(143) Ebert [1980] [1985].

(144) Ebert [1985: 222-223] 参照。

(145) 'ciradiṭṭho hi saṃbuddho satthā no manujādhipa/ anāthavāsaṃ vasiṃha natthi no pūjiyaṃ idha/ bhasitthā nanu bhante me saṃbuddho nibbuto iti/ āha dhātusu diṭṭhesu diṭṭho hoti jino iti/ (*Mahāvaṃsa*, xvii.2-3).

(146) Obeyesekere [1966: 9].

(147) Spiro [1967: 165-166, 191, 231], cf. Schopen [1987: 221,n.47].

(148) ブッダゴーサの時代にはすでに僧院に塔が存在したことが明らかであることについては、佐々木閑 [1991: 19-20] 参照。
もちろんパーリ律のみに「仏塔記述」が存在しないことについて、通常の仏教学の文献操作に則るとすれば、平川がなしたようにパーリを根拠として考え北伝の諸律全体を否定するよりは、バローのようにパーリの方を例外と考える方が穏当である。

その場合例外となった理由として先ず考えられるのは、パーリにのみ仏塔規定が欠けているのだから、部派分裂以前には仏塔の規定は律に存在せず、部派分裂以後――したがってアショーカ王以後――の北伝に固有の段階に至って仏塔規定が律に入り始めたという可能性かもしれない。しかしもしそうだとすれば、北伝の諸律のみが部派分裂以後も律蔵の作成を閉ざさず互いに影響を及ぼし合いながら発展し、全ての律が仏塔記述を伝承の律に挿入させることになったと考えなければならない。けれどもこれはそう簡単に結論できる問題ではない。

アショーカ王が仏塔の流布に大きな影響を与えたことは確かであるにしても、王以前にすでに仏塔は存在していたことに注意せねばならない。有名な、コーナガマナの仏塔をアショーカ王が二倍にしたという記述にしても、すでに仏塔信仰が強固に完成し、王がその流れに沿った行動を取ったと見た方が自然である。したがってむしろ部派以前にも仏塔を巡る律蔵の「核」は存在している。

(149) もちろん、『法華経』に先立って『般若経』の存在を考慮しなければならない。『般若経』の場合は、大乗がかえって仏塔信仰を否定した例として考えられているようだ。たとえば『八千頌般若経』*Aprameyaguṇadhāraṇapāramitā-stūpasatkāraparivarta*（無量の功徳をそなえた波羅蜜の塔を供養する章）において、まず「般若波羅蜜のおかげでその場所は衆生たちのチャイトヤのごとき〔神聖な〕場所となっている prajñāpāramitayā pṛthivīpradeśaḥ sattvānāṃ caityabhūto kṛto」と『金剛般若経』と同様の主張をなし、その直後に仏塔供養についての議論をかわしている。

〔シャクラ〕「世尊よ、善男子にせよ善女人にせよ、この般若波羅蜜を書き記して経巻にして安置するとしましょう。それに神々しい華・薫香・香料・華鬘・塗香・粉香・衣類・傘蓋・幡・鈴・旗を供え、まわりに灯明や華鬘を供え、さまざまに供養し、尊敬し、奉仕し、供養し讃嘆し、祈願するとしましょう。一方で、ある人たちが如来・応供・等正覚が般涅槃して、その遺骨をストゥーパに安置し、自分のものとして保持するとしましょう。それに神々しい華・薫香・香料・華鬘・塗香・粉香・衣類・傘蓋・幡・鈴・旗を供え、まわりに灯明や華鬘を供え、さまざまに供養し、尊敬し、奉仕し、供養し讃嘆し、祈願するとしましょう。これら二種の善男子善女人のうち、どちらがより多くの福徳を得るでしょうか」。……〔世尊〕「カウシカよ、如来は身体 ātmabhāvaśarīra を備えているから如来と呼ばれるのではなく、一切智性を備えているから如来と呼ばれるのである。カウシカよ、この如来・応供・等正覚は般若波羅蜜の所産である。カウシカよ、如来が具体的存在としての身体を得ていることは、般若波羅蜜の善巧方便の結果として生じているのであり、一切智者性の基盤となっているのである。……したがってカウシカよ、善男子にせよ善女人にせよ、この般若波羅蜜を書き記し経巻にして安置するとしよう。それに神々しい華・薫香・香料・華鬘・塗香・粉香・衣類・傘蓋・幡・鈴・旗を供え、まわりに灯明や華鬘を供え、さまざまに供養し、尊敬し、奉仕し、供養し讃嘆し、祈願するとしよう。カウシカよ、この人こそがかの二種の善男子善女人のうちでより多くの福徳を獲得するであろう。それは何故かと言えば、カウシカよ、その善男子善女人は一切智者の智を供養したことになるからである」。(cf. 梶山雄一 [1974–75: I 83–86])

yo bhagavan kulaputro vā kuladuhitā vā imāṃ prajñāpāramitāṃ likhitvā pustakagatāṃ kṛtvā sthāpayet, enāṃ ca divyābhiḥ puṣpa-dhūpa-gandhamālya-vilepana-cūrṇa-cīvara-cchatra-dhvaja-ghaṇṭā-patākābhiḥ samantāc ca dīpamālābhiḥ, bahuvidhābhiś ca pūjābhiḥ satkuryāt gurukuryāt mānayet pūjayet arcayet apacāyet, yaś ca tathāgatasyārhataḥ samyaksaṃbuddhasya parinirvṛtasya śarīrāṇi stūpeṣu pratiṣṭhāpayet parigṛhṇīyāt dhārayed vā, tāṃś ca tathaiva divyābhiḥ puṣpa-dhūpa-gandhamālya-vilepana-cūrṇa-cīvara-cchatra-dhvaja-ghaṇṭāpatākābhiḥ samantāc ca dīpamālābhiḥ, bahuvidhābhiś ca pūjābhiḥ satkuryāt gurukuryāt mānayet pūjayet arcāyet apacāyet, kataras tayoḥ kulaputrayoḥ kuladuhitror vā bahutaraṃ puṇyaṃ prasavet/ …… bhagavān āha, tasmāt tarhi kauśika nānenātmabhāvaśarīrapratilambhena tathāgatas tahāgata iti saṃkhyāṃ gacchati/ sarvajñatāyāṃ tu pratilabdhāyāṃ tathāgatas tathāgata iti saṃkhyāṃ gacchati / yeyaṃ kauśika sarvajñatā tathāgatasya arhataḥ samyaksaṃbuddhasya, prajñāpāramitānirjātaiṣā/ eṣa ca kauśika tathāgatasyātmabhāvaśarīrāpratilambhaḥ prajñāpāramitopāyakauśalyanirjātaḥ san sarvajñajñānāśrayabhūto bhavati/ ..... tasmāt tarhi kauśika yaḥ kaścit kulaputro vā kuladuhitā vā imāṃ prajñāpāramitāṃ likhitvā pustagatāṃ vā kṛtvā sthāpayet, enāṃ ca divyābhiḥ puṣpa-dhūpa-gandhamālya-vilepana-cūrṇa-cīvara-cchatra-dhvaja-ghaṇṭāpatākābhiḥ satkuryāt gurukuryāt mānayet pūjayet arcayet apacāyet, ayam eva kauśika tayoḥ kulaputrayoḥ kuladuhitror vā bahutaraṃ puṇyaṃ prasavet/ ..... tat kasya hetoḥ, sarvajñajñānasya hi kauśika tena pūjā kṛtā bhaviṣyati// (*AsP.* 28.29-29.27).

まず、この仏塔供養の様子は、先に見た律蔵に記されていた仏塔供養のありさまとまったく一致していることが分かる。そして今述べたように、この主張は『金剛般若経』の sa pṛthivīpradeśaś caityabhūto bhavet なる表現と共通しており、経巻 pustaka を仏塔 caitya に置き換えているのである。さらにここでは単なる置き換えに留まらず、両者の優劣区別をはっきりと持ち出し、遺骨の塔の価値否定を明言している。この点を考慮すれば、『金剛般若経』のほうが現行の『八千頌般若経』よりも古いことは認めてよい。

次に注意されるべき点は、この八千頌般若経は śarīra を否定してブッダの智を認める態度を持っており、それは先に見た『ミリンダパンハー』とまったく同様な態度である点である（本書七五一七六頁参照）。この点に限れば、般若経はブッダ観において仏塔よりもはるかに法としてのブッダを尊ぶ伝統部派の教理に近い。

なお、平川彰［1968: 573-576］はこの記述をひいて、「大乗でも般若経は仏塔とはことなったグループから生まれた」ことを結論している。しかしこの記述を般若経のみの独自性と考え、それを一般の大乗から例外視して考える態度には賛同できない。以下に述べる法華経の場合にしてもしかりであるが、大乗の文献を確認するたびに、われわれは大乗経典では仏塔崇拝に対して何らかの限定を施したり、あるいは否定をなしたりするものが決して例外ではない、との印象を強くする。しかも般若経といえば大乗のパイオニア的存在である。それをたんに特殊な存在として斥けることはできないだろう。

ここでさらに仏塔崇拝に対する否定的態度を明確にした『宝積経・摩訶迦葉会』を見てみよう。この経典は平川彰も取り上げ、「仏塔・舎利供養を批判する」という以外には何の根拠もなく「般若経を受け入れたもの」として簡単に処理している（平川彰［1968: 590-591］）。この経に関しては詳しくは後に述べるが、この経典は本書の主題である大乗涅槃経と密接な関係をもっている。舎利供養批判の一節を見てみよう。

〔世尊〕迦葉よ。五百年のちの未来に、ある菩薩たちは悪友に親しみ、経典をほとんど読誦せず、ただ舎利供養ばかりをなすであろう。すなわち香・華鬘・飾り・幡蓋・灯明でもって如来塔を供養するのである。迦葉よ、私は在家者の智慧のないものたちに善根を植えさせようとして舎利供養を説いたのである。しかしかの愚か者たちは、私の真意を理解しないで、ただその儀式を行っているだけである。迦葉よ、私はあらゆる天・人にたいして、常にこの法、すなわち śamatha, vipaśyanā で自己制御をすることを説いてきた。信仰篤い世俗のバラモン・居士たちが舎利供養をするであろう。迦葉よ、あの愚かな連中は、経典を読誦したり、禅定を修行することを捨てさって、舎利供養を生活の糧にしているのだ。迦葉よ、ある菩薩が三千大千世界に満ちて梵天界に至るほどの香・華・灯明をもって、またその灯明の柱たるやスメールの頂のごときもので、如来〔の塔〕を供養したとしよう。一方、ある菩薩は心が清浄で、戒律を保ち、師匠のもとに行き、一偈頌を読誦し、澄み切った心で七歩に至る修行をしたとしよう。この後者の功徳の方が、前者よりもはるかに優っているのである。（爾時世尊、告摩訶迦葉言、「迦葉、当来末世後五百歳、有諸菩薩、親近悪友、少読誦経。唯作供養舎利之業。以香・花・瓔珞。幡蓋・灯明、供養如来舎利塔廟。迦葉。我為在家無智衆生、令種善根、説供養舎利。彼諸癡人、不解我意、但作此業。迦葉、我於一切天人之中、常説此法。修奢摩他・毘婆舎那以自調伏。世間当有信楽婆羅門・居士、供養舎利。迦葉。彼諸癡人捨於読誦・

修禅智慧、供養舎利因之活命。迦葉。若有菩薩以満三千大千世界、上至梵天香花灯明。一一灯炷如須弥山、以如是等供養如来。若有菩薩浄心持戒於師尊所。受持読誦一四句偈。浄心修行乃至七歩。功徳勝彼無量無辺（『宝積経・摩訶迦葉会』（T11 507b16-29)）。

仏塔供養の詳細を掲げ、それを出家の諸行と比較して否定している点、またその否定の厳しさにしても、般若経よりはるかに進んだ印象を受ける。先に述べたが（註(64)）、内容としては『ミリンダパンハー』に同じものと捉えてよい。むしろ出家の倫理が確立し、在家的な価値観と一線を画そうとする態度が醸成されてのちに生まれたものと考えたほうがよい。なお、この話題は本書（二九二―二九八頁）でも取り上げており、そこでは同じ箇所のチベット訳を挙げておいた。

(150) puṇyaskandho aparyanto varṇito me punaḥ punaḥ/ ya idaṃ dhārayet sūtraṃ nirvṛte naranāyake//(37) pūjāś ca me kṛtās tena dhātustūpāś ca kāritāḥ/ ratnāmayā vicitrāś ca darśanīyāḥ suśobhanāḥ//(38) brahmalokasamā uccā chattrāvaḍibhir anvitāḥ/ pariṇāhavantaḥ śrīmanto vaijayanto samanvitāḥ//(39) paṭughaṇṭāraṇantaś ca paṭṭadāmopaśobhitāḥ/ vāteritās tathā ghaṇṭā śobhanti jinadhātuṣu//(40) pūjā ca vipulā teṣāṃ puṣpagandhavilepanaiḥ/ kṛtā vādyaiś ca vastraiś ca dundubhībhiḥ punaḥ punaḥ//(41) madhurā vādyabhāṇḍā ca vāditā teṣu dhātuṣu/ gandhatailapradīpāś ca dattās te pi samantataḥ//(42) ya idaṃ dhārayet sūtraṃ kṣayakāli ca deśayet / īdṛśī me kṛtā tena vividhā pūjanantikā//(43)（*SP*. 340.10-341.8).

(151) ekaṃ hi yānaṃ dvtiyaṃ na vidyate tṛtiyaṃ hi naivāsti kadāci loke/ anyatrupāyā puruṣottmānāṃ yad yānanānātvupadarśayanti//(54) buddhasya jñānasya prakāśanārthaṃ loke samutpadyati lokanāthaḥ/ ekaṃ hi kāryaṃ dvitiyaṃ na vidyate na hīnayānena nyanti buddhāḥ//(55) …… anye upāyā vividhā jinānāṃ yehī prakāśenti mamāgradharmam/ jñātvādhimuktiṃ tatha āśayaṃ ca tathāgato loki sadevakasmin//(74) ye cāpi

sattvās tahi teṣu saṃmukhaṃ śṛṇvanti dharmaṃ atha vā śrutāvinaḥ/ dānaṃ ca dattaṃ caritaṃ ca śīlaṃ kṣāntyā ca saṃpādita sarvacaryāḥ// (75) vīrye ca dhyāne ca kṛtādhikārāḥ prajñāya vā cintita eti dharmāḥ/ vividhāni puṇyāni kṛtāni yehi te sarvi bodhīya abhūṣi lābhinaḥ// (76) parinirvṛtānāṃ ca jināna teṣāṃ ye śāsane kecid abhūṣi sattvāḥ/ kṣāntā ca dāntā ca vinīta tatra te sarvi bobhīya abhūṣi lābhinaḥ// (77) ye cāpi dhātūna karonti pūjāṃ jināna teṣāṃ parinirvṛtānām/ ratnāmayān stūpasahasranekān suvarṇarūpyasya ca sphāṭikasya// (78) ...... sikatāmayān vā puna kūṭa kṛtvā ye kecid uddiśya jināna stūpān/ kumārakāḥ krīḍiṣu tatra tatra te sarvi bodhīya abhūṣi lābhiṇaḥ// (82) ...... yaiś cāñjali tatra kṛto 'pi stūpe paripūrṇa ekā talaśaktikā vā/ unnāmitaṃ śīrṣam abhūn muhūrtam avanāmitaṃ kāyu tathaikavāram// (95) namo 'stu buddhāya kṛtaikavāraṃ yehī tadā dhātudhareṣu teṣu/ vikṣiptacittair api ekavāraṃ te sarvi prāptā imam agrabodhim// (96) sugatāna teṣāṃ tada tasmi kāle parinirvṛtānām atha tiṣṭhatāṃ vā/ ye dharmanāmāpi śruṇensu sattvās te sarvi bodhīya abhūṣi lābhinaḥ// (97) anāgatā pi bahubuddhakoṭyo acintiyā yeṣu pramāṇu nāsti/ te pī jinā uttamalokanāthāḥ prakāśayiṣyanti upāyam etam// (98) upāyakauśalyam anantu teṣāṃ bhaviṣyati lokavināyakānām/ yenā vineṣyanti ha prāṇakoṭyo bauddhasmi jñānasmi anāsravasmin// (99) (*SP*. 46.11-53.2).

(152) ayam āgato nirvṛtako maharṣī ratanāmayaṃ stūpa praviśya nāyakaḥ/ śravaṇārtha dharmasya imasya bhikṣavaḥ ko dharmahetor na janeta vīryam// (1) ...... mayi nirvṛte yo etaṃ dharmaparyāyu dhārayet/ kṣipraṃ vyāharatāṃ vācaṃ lokanāthāna saṃmukham// (10) parinirvṛto hi saṃbuddhaḥ prabhūtaratano muniḥ/ siṃhanādaṃ śruṇe tasya vyavasāyaṃ karoti yaḥ/ (11) ...... ahaṃ ca tena bhavi pūjitaḥ sadā prabhūtaratnaś ca jinaḥ svayaṃbhūḥ/ yo gacchate diśavidiśāsu nityaṃ śravaṇāya dharmaṃ imam evamrūpam// (13) ...... ahaṃ ca dṛṣṭo iha āsanasmim bhagavāṃś ca yo 'yaṃ sthitu stūpamadhye/ ime ca anye bahulokanāthā ye āgatāḥ kṣe-

trasahasrakoṭibhiḥ// (15) …… nirvṛtasmin tu lokendre paścāt kāle sudāruṇe/ ya idaṃ dhārayet sūtraṃ bhāṣed vā tat suduṣkaram// (21) …… yas tu īdṛśakaṃ sūtraṃ nirvṛtasmin tadā mayi/ paścāt kāle likhec cāpi idaṃ bhavati duṣkaram// (23) …… idaṃ tu sarvasūtreṣu sūtram agraṃ pravucyate/ dhāreti yo idaṃ sūtraṃ sa dhāre jinavigraham// (35) (*SP.* 250.15–255.10).

(153) 初期仏教のもつこうした特徴についてはWeber［1921: 220］（深沢宏［1983: 281］）またBucknell and Stuwart-Fox［1987］が指摘をしている。妥当な意見であろう。また、この問題はニカーヤが口伝であったという特徴を考慮する必要がある。それは音楽を演奏するさいの音符になぞらえることができるのではなかろうか。あくまで演奏そのものは、師弟の関係でのdisciplineによるのであって、音符の解読によって完全な演奏が再現されるわけではない。さまざまな階梯の禅定を指導していく初期仏教の出家者たちは、フェッターも指摘するように、具体的瞑想の方法を学ばねばならないはずであり（Vetter［1988］）、ニカーヤ、あるいはそれにつづくアビダンマは、それを導く記号としての手助けをした可能性がある。基本的に口伝の文化においては、外部の脈絡から自立したテクストという概念は成り立ちにくい。

(154) Cousins［1983］参照。

(155) 下田正弘［1996］参照。

(156) cattār' imāni ānanda saddhassa kulaputtassa dassanīyāni saṃvejanīyāni ṭhānāni. kathmāni cattāri? idha tathāgato jāto ti ānanda saddhassa kulaputtassa dassanīyaṃ saṃvejanīyaṃ ṭhānaṃ. idha tathāgato anuttaraṃ sammāsambodhiṃ abhisambuddho ti ānanda saddhassa kulaputtassa dassanīyaṃ saṃvejanīyaṃ ṭhānaṃ. idha tathāgatena anuttaraṃ dhammacakkaṃ pavattitan ti ānanda saddhassa kulaputtassa dassanīyaṃ saṃvejanīyaṃ ṭhānaṃ. idha tathāgato anupādisesāya nibbānadhātuyā parinibbuto ti ānanda saddhassa kulaputtassa dassanīyaṃ saṃvejanīyaṃ ṭhānam. imāni kho ānanda cattāri saddhassa kulaputtassa dassanīyāni saṃvejanīyāni ṭhānāni.

āgamissanti kho ānanda saddhā bhikkhu-bhikkhuniyo upāsaka-upāsikāyo idha tathāgato jāto ti pi, idha tathāgato anuttaraṃ sammāsambodhiṃ abhisambuddho ti pi, idha tathāgatena anuttaraṃ dhammacakkaṃ pavattitan ti pi, idha tathāgato anupādisesāya nibbānadhātuyā parinibbuto ti pi. ye hi keci ānanda cetiyacārikaṃ āhiṇḍantā pasannacittā kālaṃ karissanti, sabbe te kāyassa bhedā param maraṇā sugatiṃ saggaṃ lokaṃ uppajjissantīti.（*MPSP*. 5.8, *DN*. ii. 140.17-141.11）, cf. *MPSS*. 41.7-8.

(157) Kottkamp [1992: 86-95].

(158) Block [1950: 157-158], Schopen [1987: 213,n.3].

(159) サンスクリットでは次のように述べる。

私が入滅したのちに、聖地を巡る比丘たちはここへやってきて、チャイトヤに礼拝し、ここは世尊が誕生されたところである、……と述べるだろう。āgamiṣyanti bhikṣavo mamātyayāc caityaparicārakāś caityavandakās te evaṃ vakṣyanti/ iha bhagavān jātaḥ/（*MPSS*. 41.7-8）.

(160) ショーペンはさらにここで Eck [1981] を紹介し、それを通じてインドにおいて「神聖を見る」ことがいかに重要な体験として位置づけられるかを明かしている。

(161) atrāntarā ye kecit prasannacittā mamāntike kālaṃ kariṣyanti te sarve svargopagā ye kecit sopadhiśeṣāḥ（*MPSS*. 41.9 & 19）.

(162) Cunningham [1892: 48-49].

(163) Takakusu [1896: 82].

(164) Mitra, D. [1960: 166].

(165) yang gang la la zhig gis gsang sngags yi ger bris pa gzhan gyi ming nas smos te/ mchod rten gyi nang du bcug

la nan tan du mchod pa byas na shi ba gang yin pa de nang song gi gnas nas thar te mtho ris skye bar 'gyur ro/ yang na dga 'ldan gyi lha'i ris su skye bar 'gyur te/ sangs rgyas kyi byin gyis brlabs kyis ngan song du ltung bar mi 'gyur ro/ (*'Phags oa 'od zer dri ma med pa rnam par dag pa'i 'od ze ces bya ba'i gzungs*, P Vol.7, 190.1-4).

さらにこの話題にかんしては Schopen [1982: 100-108] [1985: 119-149] 参照。cf. Schopen [1987: 220, n.31,32].

(166) Sircar [1965: 105].

(167) この点の簡単な考察については下田正弘 [1996] 参照。

(168) Boucher [1991: 1-2].

なおこの第二項の考察にかんしては、過去の諸研究の中でことに Boucher [1991: 1-27] に触発されて、多くをそこに負いながら行っている。

(169) *Itivuttaka* 91, *DN*. ii. 154, *Milin*. 71, *Buddhac*. iii. 90 etc.

(170) *MN*. i. 190-191.

(171) tatra kathaṃ pratītyasamutpādaṃ paśyati? atroktaṃ bhagavatā: ya imaṃ pratītyasamutpādaṃ satatasamitam [ajīvaṃ] nirjīvaṃ yathāvad aviparītaṃ ajātam abhūtam akṛtam asaṃskṛtam apratigham anālambanaṃ śivam abhayam anāhāryām avyayam avyupaśamasvabhāvaṃ paśyati, sa dharmaṃ paśyati; yas tv evaṃ satatasamitam [ajīvam] nirjīvam ityādi pūrvavat, yāvad avyupaśamasvabhāvaṃ dharmaṃ paśyati so 'nuttaradharmaśarīraṃ buddhaṃ paṣyati, āryadharmābhisamaye samyagjñānād upanayenaiva (*Śālistaṃbha* Poussin [1913: 72]).

(172) Konow [1929: 57], Aiyar [1925-26: 16-20].

(173) von Hinüber [1985a: 185-200], Pargiter [1910-11: 73-77], Johnston [1938: 546-553], Chakravarti [1931-32:

193-199], Ghosh [1937-38: 20-22], Mitra, D. [1958: 163-166], Durt [1985: 92-106], 平野真完 [1964: 158-161]。

(174) 印度之法、香末為泥、作小窣堵波高五六寸。書写経文以置其中。謂之法舎利也。数漸盈積建大窣堵波。総聚於内常修供養。故勝軍之為業也。口則宣説妙法、導誘学人、手乃作窣堵波、式崇勝福（T51 920a21-26）(cf. 水谷真成 [1971: 216])。

(175) 諸仏世尊具有三身。謂法身・受用身・化身。我涅槃後、若欲供養此三身者、当供養舎利。然有二種。一者身骨舎利、二者法頌舎利、即説頌曰、諸法従縁起、如来説是因、彼法因縁尽、是大沙門説。(『浴仏功徳経』T16 800a6-11)。

(176) 於彼塔内、蔵掩如来所有舎利髪牙髭爪下至一分、或置如来所有法蔵十二部経、下至於一四句偈。其人功徳如彼梵天。命終之後生於梵世。……是彼塔量功徳因縁。……而時観世音菩薩復白仏言「世尊、如向所説。安置舎利及以法蔵、我已受持。不審如来四句之義。唯願為我分別演説。」而時世尊説是偈言「諸法因縁生　我説是因縁　因縁尽故滅　我作如是説」(『造塔功徳経』T16 801a28-b11)。

# 第二章　註

（1）この範囲がインド成立であることについては異論はあるまい。近年発見されたサンスクリット断片にしてもすべてこの範囲に収まっている。しかし、(曇)の一一巻以降の部分がインド成立でない保証はもちろんない。少なくとも、筆者のわずかの検討からして、(法)(T)に欠け、(曇)にのみ存在する記述については、サンスクリットを想定しなければあり得ない解釈が見られ、中国における増広という可能性は少ないと思われる。下田正弘［1993: 113-114, n.7］を参照のこと。

また、(曇)一一巻以降は、空の思想が仏性と対になって説かれはじめるところにその一つの特色があり、これは明らかにインド仏教における解釈学の方向に沿ったものとなっている。プトゥンも漢訳からの重訳を好んで用いている。Ruegg［1973］［1989］参照。

(曇)一一巻以降の解明は、今後に期せねばならない。

（2）下田正弘［1993: xxiv-xxv］参照。

（3）此大涅槃経、初十巻有五品。其胡本是。東方道人智猛従天竺将来。暫憩高昌。有天竺沙門曇無讖、広学博見道俗兼綜、遊方観化先在敦煌、河西王宿植洪業素心冥契。契応王公躬統士衆。西定敦煌、会遇其人、神解悟識、請迎詣州安止内苑。遣使高昌、取此胡本。命讖訳出。此経初分唯有五品。次六品已後其本久在敦煌、讖因出経。下際知部党不足、尋訪慕余残、有胡道人、応期送到此経。胡本都二万五千偈、後来胡本想亦近具足（T55 60a11-20）。また前註参照。

（4） 下田正弘［1993: xxv］参照。

（5） 下田正弘［1993: xxv］参照。

（6） この第二節は、序章第六節で掲げつつ保留にしておいた④の問題点、すなわち文献形成史の方法論を述べるものである。

（7） 勝呂信静［1993］が述べる「直前の品が絶えず序品を形成する」という端的な意見は、まさにこの点を具体化したものである。

ただし、経典が口伝によって制作されたという可能性を持ち込んで考察しようとするなら、勝呂信静の考察方向と矛盾するわけではないが、さらに多様な観点から解明を進めなければならなくなる。序章註(54)、(69)参照。

（8） この区分とは違った区分法を主張するものに末木文美士［1996: 239-270］がある。しかしその主張は涅槃経全体の中でいかなる意味を持つのか、筆者には判然としない。

（9） この節は大筋で下田正弘［1991a］に基づきながら、その一部を修正する内容となっている。骨子に変化はないが、第一類から第二類へ――この分類にかんしては本文において触れる――という教団・社会背景ならびに思想の変化については、第二章、第三章において詳述されることになる。その際、下田前掲論文は、これまでの大乗仏教においてのいわゆる在家・仏塔起源説の上に立論されていたが、本書ではその定説を基本的に認めない形の論述となっているため、結論としては大きな修正が施されていることになる。

（10） 横超慧日［1986a: 40］。

なお末木文美士［1996: 242］は涅槃経の形成史の先駆的研究として常盤大定［1930］や河村孝照［1982］などを挙げる

が、それは内容を概説する必要上区分された程度のものであり、本書の立場からすれば、とうてい文献形成史的研究として扱い得るものではない。ついでながら、蔵訳を考慮にいれた研究にしても、高崎直道［1974］は特筆すべきであり、その研究にのっとってはじめて以後の研究がうまれ出たといってよい。その点で当時までの他の涅槃経研究者の追随を許さないものである。序章において述べたように、研究史の整理には偏りが生じることには十分注意をなしていなければならないが、しかしあらゆる研究を同等に羅列的に叙述することも正当性を欠く。

(11)　横超慧日［1986a: 39］。

(12)　横超慧日［1986a: 41-42］。

(13)　ただし横超自身はこうした言葉は使っていない。筆者の用語であることを断っておかねばならない。

(14)　本論文のこうした異訳の比較研究方法については、序章第三節第二項参照。わが国の業績としては和辻哲郎［1927］、梶芳光運［1980: 1-8, 188-195］がその先駆的業績となっている。

(15)　この問題にかんしては後述する（註(125)参照）。

(16)　共通の記述をより古いソースを示唆したものとして取り扱う態度に伴う危険性については序章第三節第一項(四)において触れている。

(17)　ニカーヤのことばがほんらい象徴的な言語であることにかんしては、Bucknell and Stuart-Fox［1986］において議論がなされている。

(18)　この「教団」という言葉は、インド仏教研究において、きわめて曖昧に使われている。非大乗仏教の場合には、比較的明確な規定を持つ四衆 catuspariṣad を指したり、時には upasaṃpadā を受けた出家の比丘集団に限られて使われており、議論が錯綜することも少なくない。

しかしこと大乗の研究にかんしては明確な定義付けがない。大乗がほんらい教団として存在していたか疑問視されるのだからそれも当然のことである。なお、Behert［1990: 5–10］は、Lamotte［1958: 572–573］の主張を踏まえて、日本の学界で通用しているいわゆる「部派」に当たるおそらくはニカーヤ nikāya にかんして、denomination という定義を提唱している。最初期のニカーヤの成立が、「律」の解釈の違いと、sīmā の有効性の問題から生まれたことをテーラヴァーダ仏教の歴史の中で辿り、教理的な立場の相違によるいわゆる vāda の成立は、時代を下ることを結論している。なお、sīmā については、文献と建築学的知見とを総合した研究が出された（Kieffer-Plüz［1992］）。この分野についての圧巻である。Ruegg［1985a: 111–126］はそうした理解が既に Deb ther sngon po の中でなされていることを述べる。また von Hinüber［1989］は、律の解釈によって、ことに upasaṃpadā の際の韻律が正しく遂行されるか否かによってその儀式の有効性が確立され、その言語が地域伝播によってルースになるに従って部派が成立したと言う。

序章で述べたが、すでに Poussin［1930］は nikāya と vāda を区別した。こうした議論を整理して Silk［1994］は大乗の各経典ごとの proponent を想定しながら、それを sect と呼んで議論している。これらの議論は総合して検討する必要があり、部派教団の成立と実態についても決して明確な共通の理解があるわけではない。

これがさらに大乗になると、すでに述べたようにその実態が判然としないため、その教団の性格以前に、教団の存在そのものを認めるか否かといった基本的な問題を発生させることになる。序章で見たように、概して日本以外では、大乗はいわゆる「教団」としては認められていない。ことに日本の大多数の研究者によって支持されている「在家教団」としての大乗という理解は支持された試しがないといってよい。「大乗教団」という語は、内容以前にその使用からして疑問符が付されるべきである。

しかし、それにも関わらず、本書でときおり敢えて「教団」という術語を用いるのは、この「教団」という語の持つもう一つの用法を考慮したことによる。現在、わが国の学界において「教団」という術語は、「歴史的・社会史的背景」を探求する際に「教理的・思想的背景」と対比的に用いられていることがある。本論文では、こうした立場で、さらに

「狭義・広義」の二様の意味合いでこの語を使用している。広義の意味の「教団」とは、『涅槃経』の対告衆・宣説者を含めた、支持者一般の、社会的・文化的な状況といった、かなり漠然とした意味で用いている。この場合 social background を予想して「社会背景」ということばも用いている。

それに対して「教団化・グループ化」という、たとえば本書、第二章第四項や第四章において用いる「教団」の用語法は、そうした支持者たちが、何らかの基準によって一つのグループとしてのまとまりを構成した状態を指す狭義の用法である。しかしそれも『涅槃経』の記述からすれば、それほど厳密な社会的輪郭が読み取れるわけではない。「集団を志向する」あるいは「共通の使命・帰属意識を志向する」という程度に留まる可能性もあるが、『涅槃経』のトレーガーの変化を読みとるには欠かせない概念となる。

(19)　たとえば『涅槃経』の教団にかんして考察した久保継成［1964: 198–207］は、『涅槃経』が「菩薩」の教団であることを明言している。この他の研究においても、『涅槃経』の支持者が菩薩であることに異論を挟むものは存在しない。

(20)　最後にチュンダが「大人・菩薩・阿羅漢と等しくなった」と喜ぶ場面がある。しかしそれは賢者の仲間に入ったということが、阿羅漢等と並列扱いで例えられているのであり、自らが菩薩の自覚を持っているわけではない。

(21)　法師 dharmabhāṇaka にかんしては、静谷正雄［1954］がおそらくは先駆的業績であろう。また後の章（三二四―三三〇頁）で検討を加える。なお、サンスクリット写本については、松田和信［1988: 78,c6］、幅田裕美［1993］参照。

(22)　平川彰［1981: 26］。

(23)　但し（T）のみは例外で、「四依品」（P 87a4）に chos smra ba'i phyogs mi byed〔法師に利益をなさず〕という語が出る。しかしこの部分は経典の担い手としては「菩薩」が一貫しており、法師の語は唐突である。（法）には対応箇所そのものがなく、（曇）では「設復聞其有所宣説、正使是理終不信受」（399b2）といい、「法師」なる語は対応しない。この（T）chos smra ba も dharmakathā である可能性も大いにある。

しかしもし、この（T）の訳語を dharmabhāṇaka と考えて、ここに法師の語の出現を認めるとすれば、「法師」という名称は「菩薩」にも適用可能な語になる。これは、たとえば般若経や法華経のような大乗経典を考えたとき、矛盾するものではないことが分かるだろう。そうした経典においては、法師と菩薩は同一人物を指していて問題はないからである。むしろ、この大乗涅槃経の場合、前半には法師は出ても菩薩がまったく顔を出さないことの方が特徴的である。この点に注意しておけばよい。

(24)（T）go cha chen po bgos pa bslab pa（7b8-8a1）、（曇）367b19-22。

(25)（法）859b18-20、（T）24a4-6、（曇）373c3-5。

(26) たとえば「哀歎品」中に「常楽我浄」を説く箇所で、（曇）のみは「仏菩薩所有正法（377c12）」と「菩薩」の語が加わっている。

(27) もっともこの章の対告衆は迦葉菩薩である。しかしそれは見かけ上の担い手であり、経典の実質的担い手は内容から「法師」であることは明らかである。なお、この迦葉菩薩の意味については二二〇—二三〇頁参照。

(28) 以下原文を掲げる。大正蔵を底本とするが、異読を採用した部分がある。パンクチュエーションは適宜改める。

①迦葉白仏、「云何護法」。仏告迦葉、「其護法者、非為五戒、亦非習持（v.l. 行）賢者律儀。於悪世中不惜身命、執持利器、防護法師・諸持戒者、是為護法」。迦葉白仏、「比丘与彼持器杖（v.l. 仗）人共倶行止、将無非比丘耶」。仏言、「不也」。迦葉菩薩復白仏言、「此則剃頭居士耳」。仏告迦葉、「莫作是語。所以者何。若有独処閑居、修行頭陀・九法・乞食・少欲・静黙・禅思・観身・経行。亦為人説施・戒・修徳行業因果、而不能広宣無畏。亦復不能降化詐偽悪人。当知是人不能自度、亦不度彼、修持梵行、独善而已」（866c1-12）。

②若復比丘行頭陀法、兼得無畏。広宣九部修多羅・祇夜・授記・伽陀・因縁・如是語・本生・方広・未曾有・以化衆生、自度度彼。又為人説契経要句言、「某経所説、不畜奴婢・牛・馬・畜生及不応法物。若当畜者、非出家法。是人犯

制、罷道駆出」。諸犯戒者聞作是説、群党瞋恚害彼法師。彼雖命終、猶能自度亦能度彼。是故迦葉、諸優婆塞若王大臣、当護持法亦当降伏剃頭居士（866c12–20)。

③復次迦葉。……如是余四十年仏法未滅時、有比丘名仏度達多、出於世間、大衆眷属前後囲繞。成就無畏而為説法、以九部経教諸比丘言、「其契経説、不得畜養奴婢・畜生及不応法物」。諸犯戒者便起瞋恚、群党相助欲害法師。時彼国王名婆伽達多、聞彼悪人欲害法師、為護法故、即執利器、与共苦闘、摧滅悪人。王身被瘡、詣法師所。法師為王説護法功徳。王聞法已尋便命終、生阿閦仏国。時王眷属共護法者命終、次第皆得往生阿閦仏国。発心随喜者皆成菩提。仏度達多尋復命終、亦生彼国、為阿閦仏第一弟子。婆伽達多王為第二弟子」。

仏告迦葉、「時国王者豈異人乎、我身是也。時法師者迦葉仏是。迦葉。当知護持正法功徳無量。我本以不惜身命護正法故、得此金剛不壊法身（866c20–867a12)。

④又復迦葉。夫為法師持浄戒者、当（v.l. 常）応自護。無自防具勿軽挙動。若優婆塞不受具戒、而学大乗、為護法故持器杖者、当依是等以為伴侶」。迦葉菩薩復白仏言、「世尊。已説与持杖倶為非律儀」。仏告迦葉、「我般泥洹後濁世之中、因穀貴疾病、詐形利養衆多無数。時有法師持戒・持律・威儀具足、為彼駆逐、若害若殺。当而之時、持戒法師遊諸城邑険難広野、我聴与彼国王・大臣・野人・居士・旃陀羅等、不受具戒能護法者以為伴侶。彼諸人等雖不受戒、護法功徳果報無量、勝受戒者（867a16–27)。

⑤其法師者、奉持戒行、清浄威儀、深楽大乗、為人広説。能以香・油・幡・華・供具、与諸国王・大臣・長者更相献遺、而不毀失沙門法行、是名法師。持戒者、自身摂持真実之法猶如大海、威儀具足、是名持戒。若復持戒、不楽快楽、不喜名誉、厭悪利養、常為人説少欲知足、如是等比、己利損減、眷属不悦不名法師。於自徒衆起厭惓想。自壊眷属、亦名壊僧（867a27–b6)。

⑥僧有三種。犯戒僧・童蒙僧・清浄僧。於三種中壊犯戒僧及童蒙僧、不壊清浄僧。犯戒僧者、愚騃凡夫順犯戒者、不

相検察、為貪濁故而共和合。是名犯戒僧。正使自身能持戒者、亦復名為犯戒数也。如是等僧、不応行而行。若能化此諸非法者、名為法師。童蒙僧者、習行無事鈍根愚癡、設得利養、自供眷属。各各修立、不共和合。自恣・布薩亦復不与犯戒者同。若能化此愚癡非法、是名法師。

如法律僧者、如是等僧、衆魔百千不能沮壊。若菩薩僧性常（v.l. 者常自）清浄。彼二種僧、是師犯戒（v.l. 名為犯戒法師也）（867b6-17）。

⑦持律師者、善教化知時・知重・知軽・不断非律、亦不断当如法律者。

云何名為善教化知時。所教化者或是菩薩、或是童蒙。若菩薩教者、為護法故、亦不観察時・非時・余・無余・若開若制、随其所応。聚落塚間自在遊止、護法心故無所違犯。唯除伎児・寡婦・婬女・諸童女家・学声聞処不応行、余一切処護法菩薩来往周旋終日無過。是名法師知時教化（867b17-25）。

⑧知重者、若見如来制戒初始、所因起事軽、慢心犯及四重法、不名出家。是名知重。知軽者、若見比丘一一縁起所犯軽戒、心亦不重、或自憶念「如如来戒、犯事不満」。是名知軽（867b25-28）。

⑨不断有余律者、若畜奴等諸不浄物於律有余、不応断当。常不欲与犯戒者諍。是名非律不応断当。雖非戒律、余経中説与戒律同者、是亦名律、不応断当。随言説者是名守文、不解一字。若能解者、三世諸仏所説経中心得無畏」（867b28-c5）。

(29) 以下「判断根拠、判断基準」と訳したのは「断当、応断当」の語である。この箇所はサンスクリットが存在し、原語は pramāṇaṃ karoti となっている（松田和信 [1988: 30, A-3, R6-7] 参照）。（T）btsan par byed pa 及び（曇）「証」はこれに対応している。パーリの文脈で pamāṇaṃ karoti が「物事を判断する基準例・模範にする」といった意味で表れることがある。ダンマパダアッタカターには maṃ pamāṇaṃ katvā bhikkū māressanti (*DhpA*.ii.300) とあり、これをチルダースは、following my example と訳している。この箇所も同様の用語法と考えられる。平川彰

［1960: 659］は断当事について「罪に触れるか否かについて明らかでない実例を示してその是非を判断したもの」と説明する。こう理解すれば、『涅槃経』のこの箇所も「具体的行為の判断基準・模範例」という解釈を当てることが可能になると思われる。

しかし、(法) については、「断当」の原語が pramāṇa であったかどうかは疑問である。法顕・覚賢訳になる『摩訶僧祇律』の第六ヴァルガに摂頌には「比尼断当事」と出てきており、その対応箇所は Roth［1970: 330］によれば akar-māni vinitāni である。これは具体的内容の「非羯磨」に対応している。とすれば「断当」は、むしろ「非法なる羯磨」と解釈すべきであり、この箇所の理解は「有余律は非律であるがそれも非法なる羯磨ではない。経典の言葉は如法律であり、非法なる羯磨ではない」となる。つまり何れの律も法師はともに認めていることになる。

断当の解釈はこのどちらかにすべきであろう。今はサンスクリット断片に従って「判断基準」とした。しかし実は「非羯磨」と解しても、「判断基準」と解しても、以後進める立論には影響は与えない。この問題にかんしては該当箇所で随時触れていくこととする。

なおこの箇所の理解にかんしては下田正弘［1993: 285–287］に（T）（曇）と比較した解釈を挙げているので参照されたい。

(30) 大正蔵の読みを採用すれば「所教化者」であるから「教化の対象」となり、異読を採用すれば「其教化者」なので「教化の内容、ないしは教化者」の意味となる。意味が異なるようだが、全体としてこの箇所は「法師」が既成のサンガの成員の行動について判断を下す基準を論じた所であり、「菩薩」が活動する場合だけは「護法のため」という理由で例外的な行動が許されることを「法師」が知るべきことを述べているものである。従って全体の意味は何れを採用しても変わらない。なお、この箇所での「法師」と「菩薩」とは別者と判断しておかねばならない。

(31) これは「見……一一縁起所犯軽戒」を訳したもの。（T）では don gis dmigs byung ba gcig cig byas la (P 50b5-

6)、及びサンスクリットでは imāṃ kaścid ekāṃ arthotpattiṃ utpādayet（松田和信［1988: 30, A -3, R6-7］）に対応する。ekam arthotpattim という表現は Roth［1970: 109,n.1］によると他律に見られない『摩訶僧祇律』に固有のものでありパーリに見られる atth'uppatti とも異なるという。もっともパーリ文献で用いられている例も、仏に説法の機会を与えるきっかけとなった事件について用いているのであるから、さほど語用に差があるわけではない。

(32) 註(29)参照。

(33) 武器に類するものを所持する者との接触を禁止した条項は『律』の「衆学法」の中に確認される。まず『パーリ律』においては sekhiya 五八～六〇条において na daṇḍapāṇissa agilānassa dhammaṃ dessāmīti sikkhā karaṇīyā〔病気ではないのに杖を手にする者には私は法を説かないという学処は守るべきである〕; na satthapāṇissa agilānassa dhammaṃ dessāmīti sikkhā karaṇīyā〔病気ではないのに刀を手にする者に私は法をとかないという学処は守るべきである〕; na āvudhapāṇissa agilānassa dhammaṃ desessāmīti sikkhā karaṇīyā〔病気ではないのに武器を手にしている者に私は法を説かない、という学処は守るべきである〕（*Vin.* iv. 200.25-201.7）と説いている。さらに同様の規定は『五分律』（T22 77a17-22）、『四分律』（T22 713b27-c16）、『十誦律』（T23 140a28-b21）、『根本説一切有部毘奈耶』（T23 903c21-904a8）に出る。

ところが『摩訶僧祇律』のみには、同じ規定を出しながらも、その例外規定として「若比丘在険道恐怖処行時、防衛人言「尊者、為我説法」、彼雖捉刀為説無罪〔比丘が険難荒野を行く時に、防衛の者が自分のために法を説いて下さい、と頼んだ場合は、相手が刀を所持していても無罪である〕（T22 410a1-20）」と、全く『涅槃経』のこの箇所に一致した内容を説いている。これはきわめて注目すべき記述であり、第一類の支持者たちは『摩訶僧祇律』の伝持者、すなわち Mahāsāṃghika と深い関わりを持っていたことが明らかなのである。もしそうなれば第一類の担い手である「法師」は、他ならぬ部派の比丘と一致することになる。詳しくは後述するが、従来の部派仏教教団と大乗教団を切り離すという大乗仏教の歴史的理解が大きな無理を生み出してくる注目すべき箇所である。詳しい議論は第四章第六節第一項を参照。

(34)　但し例外――唯除伎児・寡婦・婬女・諸童女家・学声聞処所不応行――がある（〈法〉867b22-23）。このうち学声聞処にかんしては「有学 śaikṣa の声聞の場所」と解釈した。ということは「無学 aśaikṣa」の所には「菩薩」は赴くことになる。この部分は〈T〉〈曇〉は「〔以上の菩薩の行為は〕声聞には不可能なこと」といった趣旨で一致している。

なお、この活動を避けるべき場所 agocara にかんしては律文献では次のように言う。まず『根本説一切有部・毘奈耶巻十二』では「乞食之人、但遮五処。一唱令家・二婬女家、三沽酒家、四旃荼羅家、五王家(T23 689c2-4)」とし、『十誦律』では「比丘有五不応行処。何等五。童女寡婦婬女比丘尼。更有五不応行処。何等五。賊家・栴陀羅家・屠児家・婬女家・沽酒家(T23 359b17-20)」と定め、また *Sphuṭārthā Śrīghanācārasaṃgrahaṭīkā* の中では、沙弥（śrāmaṇera）が行動を禁止された場所として dyūtakāragṛhaṃ bandhanāgāraṃ anyac ca yad bandhanasthānaṃ tad agocaro 'viṣaya ākhyātaḥ（*Śsāṭ.* 116.1-2）〔賭博場や牢獄や他の監獄は行動すべきところではなく、行動の範囲ではないと言われる〕とする。

一方で『維摩経』ではヴィマラキールティの行動を記述して、人を教化するためには「遊戯賭博場*krīḍadyūtasthāna・娼婦の館*veśyāgṛha」にも出入りをすることを説く（Lamotte [1976: 29-30]）。『涅槃経』のこの箇所に説かれた「菩薩」の行動は、まさにこうした文献で確認される相違を反映したものであることが分かるだろう。

(35)　「断当」を「非羯磨 akarman」と解すれば、法師は「有余律（=不浄物の蓄財を認めた律）」も「無余律（=本来は律とは言えない経典）」もともに非羯磨としない、すなわち不法な行為と見なさないという態度になる。

(36)　菩薩……立一切衆生於五戒十善業跡（864a14-17）。

(37)　正使不男及二根者皆応駆出。所以者何。越五戒故（882b8-9）。

(38) 旃陀羅等、不男・二根・支節不具、皆聴出家、愍衆生故、……当知是為魔説経律（882b21-25)。

(39) (法) 878b12-c16に説かれた箇所参照。そこにおいてはバラモンがチャンダーラ出身の王に先ずは仕え、そののちに策略にかけて追い出し、正統派のバラモンの王を立てることを述べる。そしてそのありさまこそ、涅槃経の担い手である菩薩が、自己と関係する教団にたいして行うべき行為として位置づけている。破戒のサンガの中に共存して、そのサンガを正当なものに是正する、という態度の表明である。

またチャンダーラを扱った第二章第四節第四項(二)参照。さらに第二類になって肉食の禁止という新たな戒律を設定することも、チャンダーラを差別的に扱う態度に通底するとみてよい。ヒンドゥー社会に肉食の忌避が流布したのちでも、チャンダーラのみはいつの時代も肉食をしているからである。詳しい議論については第四章付論参照。

(40) (法) 彼諸人等、雖不受戒、護法功徳果報無量、勝受戒者（867a26-27)。

(T) dge slong tshul khrims dang ldan pa bsrung ba'i phyir mtshon cha 'chang ba de yang tshul khrims yin zhes nga zer te/ 'on kyang gsad par ni mi bya'o/ (P 49b5-6).

(曇) 為護法故、雖持刀杖、我説是等名為持戒。雖持刀杖不応断命。若能如是即得名為第一持戒（384b9-11)。

(41) (法) 与眷属倶皆悉荘厳、兵仗刀剣弓箭金鎚鉞斧羂索長鉤闘戦衆具（856b9-11)。

(T) de'i 'khor gang yin pa de dag gis kyang gzhu dang/ ral gri dang tho ba dang dgra sta dang/ rdo rjes rtse gcig pa dang/ mtshon ka mpa(P,D,S kam pa) na dang/ lcags kyi ber ka dang/ lcags mda' dang/ sha tag ni' dang/ mda' dang 'phang mdung dang/ mdung rtse gcig pa la sogs pa mtshon cha rnam pa du ma yongs su spangs te (P 16a7-8).

(曇) 令諸眷属、皆捨刀剣、弓弩鎧仗、鉾槊、長鉤、金鎚鉞斧闘輪羂索（370a14-15)。

(42) しかしこの判断は、従来のわが国の学説にしたがうときに顕著になるものであって、すでに第一章において詳細に考察したように、事実としては伝統部派の文献においてこうした行為は、ことにストゥーパ供養と関連して否定されているわけではないことに、十分に注意しておこう。

(43)（法）学結華鬘、……合諸香油、……服種種薬、合和諸香、学造王家談語坐起……我聴苦治駆擯令出。如是説者、当知是為如来経律（880c10–21）。

（T）P 96a7-b2.

（曇）或説世間無量俗事、散香末香塗香薫香、種種花鬘治髪方術。……和合毒薬治押香油。……親近国王王子大臣及諸女人、高声大笑、或復黙然（403b25–c2）。

(44)（法）設有酒香、亦随（v.l. 須）遠離、是沙門法。正使夢中猶不妄語、是沙門法。夢中不与女人同処、是沙門法。若於夢中与共同処、雖不犯戒、如香華等令人寛縦、心起放逸（882b10–14）。

（T）P 102b3-4、（曇）406a6-7。但し、（T）（曇）には「如香華等令人寛縦、心起放逸」に当たる文句がない。これは両訳ではともに「金剛身品」で華・香を否定していたため、ここで改めて出す必要がなかったためと思われる。

(45)（T）slob dpon ni theg pa chen po'i gdams ngag ston pa dang/ yang dag par lta ba dang/ rung ba ma yin pa'i gdugs dang/ 'bru mar gyi snod dang/ 'bras bu'i rnam grang rnams spangs pa dang/ rgyal po dang blon po rnams la mi sten pa dang/ rnyed pa'i phyir spyan pa po rnams la dga' ba dang snyan par smra ba ma yin pa dang/ (P 49b6–8).

（曇）護法者謂具正見、能広宣説大乗経典、終不捉持王者宝蓋・油瓶・穀米・種種果蓏・不為利養親近国王・大臣・長者、於諸檀越心無諂曲、具足威儀（384b12–15）。

(46)（法）菩薩摩訶薩……現犯戒相、畜養奴婢、受非法財、詣彼犯戒悪比丘所、承事受学、書其経巻、書経巻已転来教授持戒者故、与彼悪人同其止宿。……不復与彼同其自恣・布薩和合（878c16–22）。

(47)（T）skabs bye ba dang/ gso sbyong rnams kyi dus su rang gi 'khor nyi tshe dag par byed kyi tshul khrims 'chal ba rnams dag par mi byed par de dag dang lhan cig tu 'dre bar gnas pa de ni byis pa'i dge 'dun zhes bya ste/（P 50a6-7）.

（曇）云何愚癡僧……教諸弟子清浄懺悔、見非弟子多犯禁戒、不能教令清浄懺悔、而便与共説戒・自恣。是名愚癡僧（384b24-28）。

(48) もし「断当」を「非羯磨」と解すれば、「不浄物受蓄」を説く「有余律＝非律」でさえも犯戒者と争わないために「非羯磨」とはしないという態度になり、この方が「成文律を判断根拠として行動しない」という態度よりはるかに融和的・妥協的である。註(29)、(35)参照。

(49) 但し記述②では、九部経を説く比丘が「戒律を犯している比丘を還俗させる」ことを述べ、そのために危害を加えられるというくだりがあった。これは記述⑨で説く犯戒者と争わないという態度と一見矛盾してしまう。しかし、②はあくまで在家者に対して求められたものであり、「法師」自身の取るべき態度として規定しているわけではないことに注意しておくべきである。法師の態度が説かれるのは⑤以降の部分であり、しかも既成のサンガへの態度としては⑥以降に説かれている。なお、在家者に対してサンガの運営にかんして関与するよう求める態度は、第一類、第二類を問わず、『涅槃経』の特徴となっている。

(50) 註(46)参照。

(51)（法）如来豈聴畜僮僕等、作是説言如来聴者、世世当堕抜舌地獄（872b28-29）。

(52)（法）畜養男女、積聚穀米、如此諸物、哀愍世間故、皆悉受之。如是像類当知魔説。……是諸像類我所不聴。所以者何。此等非法、猶如草穢害善穀苗。我聴苦治、駆擯令出。如是説者当知是為如来経律（880c1-21）。

(53)（T）'dul ba ma yin pa ni btsan par mi byed de/ dul(D 'dul) ba ni btsan par byed do//……(P 50b7) de yang lhag ma dang bcad pa'i dul ba ni btsan par byed do/ rung ba ma yin pa'i sbyin pa'i phan yon gang las 'byung ba'i 'dul ba de ni btsan par mi byed do//…… (P 51a1) sangs rgyas kyi gsungs rab las rkyen du 'tsham pa ston par byed do// de las btus pa de la yang 'dul ba zhes nga zer te/ (P 50b1-51a1).

（曇）非是律者則不証知、若是律者則便証知。……非律不証者、若有讃説不清浄物応受用者、不共同止。是律応証者、善学戒律、不近破戒。見有所行随順戒律心生歓喜（384c4-15）。

なおこの箇所にはサンスクリットが存在し、（T）に対応している。transcription は松田和信［1988: 30］を参照。（T）を考慮したサンスクリットは下田正弘［1993: 285］に施している。

(54)（法）より（曇）の方が戒律に対する態度が厳しいという点については布施浩岳［1942: 97-98］にも「対抗的教判思想が北本〔＝（曇）〕に至って特に顕著となるは、六巻本〔＝（法）〕と北本の成立時処にかんする暗示を与ふるものの如くである」と適切な推論をなしている（〔　〕内は筆者）。これは漢訳を対象としてではあるが、原典を比較する態度からうまれ出た、涅槃経形成史の先駆的な意見として取り上げてよいであろう。しかし残念ながらそれ以上の考察には発展していない。

この（法）→（T）→（曇）という「戒律に対する態度の厳化」には二箇所の明らかな例外がある。一つは、（法）（T）においては「菩薩サンガ」の行動を限定して、「寡婦・婬女家」等に赴くことを否定しているが、（曇）のみはこれを認める記述をなしている（384c6-7）ことである。もう一箇所は、「四依品第九」（第二類）で、（曇）のみは「八種不浄物」の受蓄に例外条件を設けた上で、これを認める記述をなしている（403b5ff.）点である（なお、河村孝照［1990: 763-765］参照）。これらの部分だけは（法）→（T）→（曇）という「律への態度の硬化」という流れから外れてしまうことになる。

この問題については確答はできかねるが、考慮されるべき重要な点として、今ここで求めている〈原始大乗涅槃経〉

を基準とした場合、(曇)が最も改編の度合いが大きいことは間違いないので、〈原始大乗涅槃経〉から現『涅槃経』に移行する際に「規律の強化」が確認され、さらにその中で(曇)の形までに至る時に、また「規範の弛緩化」が起こった可能性が考えられることである。しかしこれを立証するためには、本章で考察中の第一類と第二類の差異が明らかにされるに留まらず、第二類中の三異訳間の差異の考察を中心に据えてなさなければならない。率直な印象を言えば、第二類中には、第一類ほどに教団の問題にかんして三異訳間で差異が確認されない。不十分なかたちであるが、この二箇所については今のところ保留しておこう。

(55) しかしすでに第一章で述べたように、一般の非大乗〔部派〕仏教での「律蔵」に描かれる比丘の姿とは全く矛盾していない。従って「法師」はとりあえず部派の出家者と考えて問題はない。法師と聞いて、すぐに部派とは異なった教団の担い手を想定するのは危険である。

(56) あるいは「非律」「経典の律」ともに「非羯磨」とはしなかった(註(29)参照)。

(57) (T) tshul khrims la mi gnas pa rnams ni gos dkar po gyon du bcug ste/ (P 8a8).

(曇) 若有出家毀禁戒者、我当罷令還俗策使 (367c7-8)。

(58) (法) 現為女像化度衆生、呵責己身猶如四蛇 (854b11-12)。

(T) bud med kyi gzugs kyis sems can bye ba phrag mang po nges par sgrol ba/ khyim gyi gnas la smod pa sha stag ste/ (P 7a3).

(曇) 為度無量百千衆生故、現女身、呵責家法、自観己身如四毒蛇 (367a27-28)。

(59) (法) 迦葉菩薩白仏言、「……白衣善知経法、出家之人従其受学、恭敬承事法応云何」。仏告迦葉、「其出家人於白衣所不応礼拝。非福田故。其出家人凡是長老、一切福田、応当敬礼」(878a14-21)。

(60) (T) khyim na gnas pa rnams ni rab tu byung ba'i mcod pa'i 'os dang yon gnas ma lags so// (P 88a4).

（曇）然出家人不応礼敬在家人也（399c12）。

(61)（法）善哉善哉、文殊師利。人中之仙。安慰衆生、善説如来方便密教（898c5-6）。

（T）byang chub sems dpa' rnams kyi nang na mi'i khyu mchog 'jam dpal legs so legs so// sems can thams cad la phan pa'i phyir dgongs pa'i tshig 'di nga la zhus pa legs so//（P 155a2-3）.

（曇）善哉善哉文殊師利。為諸菩薩摩訶薩故、諮問如来如是密教（427a24-25）。

(62)（法）汝、文殊師利。当為一切四衆説法。如来正法今付嘱汝。乃至上座摩訶迦葉及阿難到、汝当広説（899c20-22）。

（T）'jam dpal khyod kyis 'khor thams cad la chos ston cig/ seng ge'i sgra sgrogs shig/ gnas brtan 'od srung chen po dang kun dga' bo gnyis ma 'ongs pa'i bar du ngas khyod la bstan pa 'di gtad kyi(P kyis) nam 'ongs pa na de gnyis la gtod cig（P 156b4-5）.

（曇）汝等文殊。当為四部広説大法。今以此法付嘱於汝、乃至迦葉阿難等来。復当付嘱如是正法（428b8-10）。

(63)（法）爾時会中、有拘夷城長者名曰純陀。与五百長者子（857c28-29）。

（T）de nas 'khor de dag gi nang na grong khyer ku shi pa mgar ba'i bu dge bsnyen skul byed ces bya ba de mgar ba'i bu bcu lnga dang thabs gcig tu langs te（P 21a6-7）.

（曇）爾時会中、有優婆塞、是拘尸那城工巧之子、名曰純陀。与其同類十五人（371c12-13）。

但しこの箇所は写本の関係で或いは pañcādaśabhiḥ が pañcaśataiḥ と誤写されたために起こった可能性も考えなければならない。しかしわれわれの言う広経涅槃経（『遊行経』『法顕訳涅槃経』『失訳般涅槃経』および『白法祖訳仏般泥洹経』）を踏まえれば、チュンダは布施の功徳によって富貴な生まれを獲得することになっているので、（法）の「長者」はその上に浮かびだすものとなって奇異なものではない。

またチュンダを長者とみる経典には、『仏所行讃・涅槃品』（時有長者子、其名曰純陀（T4 46b3））や『四願経』（有豪長者、財富無数、名曰純陀（T17 536b20））などの例にも確認される。こうした要素を勘案すれば、ここのチュンダの位置の高揚はあり得る変化である。

なお、下田正弘［1993: 111,n.3］参照。

(64) 松田和信［1988: 41］。

(65) （曇）如来亦爾。独以甚深秘密之蔵偏教文殊（376a16-17）。

(66) Ray［1994: 414,445］.

(67) 平川彰［1970: 580-593］。

(68) 定方晟［1990: 860］。

(69) 文殊の性格にかんしては Lamotte［1960］及び大南龍昇［1974: 930-934］。筆者自身の調査の印象でも、文殊は三昧に関係した経典で登場するものがほとんどである。そこで説かれる「空」は『般若経』的な表現ではなく、むしろ現象が成り立つための「場」として位置づけられている、肯定的表現の色合いが強い印象がある。

(70) （法）如来之性亦復如是。無量煩悩結患所覆、雖聞契経及諸三昧、猶故不知如来之性（886c18-19）。

(71) 三昧と大乗の関連を説いたものは数しれないが、代表的には、たとえば山田龍城［1959: 190ff.］、平川彰［1968: 227ff.］など、最近では MacQueen［1981-82］, Williams［1989］参照。

(72) （T）sangs rgyas bcom ldan 'das kyang bsam gyis mi khyab/ ting nge 'dzin rnams kyang bsam gyis mi khyab/ (P 36b3-4).

（曇）如来境界不可思議、所有諸定不可思議（379a16-17）。

(73) （T）mdo 'di'i ting nge 'dzin thams cad kyi nang na yongs su mya ngan las 'das pa'i mdo chen po mchog ces bya/ rab mchog ces bya/ gtso bo zhes bya'o// (P 52a2).

（曇）此経如是。於諸経三昧最為第一（385a19）。

(74)（法）870b3-827a7、（T）59a8-66a8、（曇）388a5-390a8。

なお、この問題は詳しくは第三章第二節第二項、第四章第六節第四項に論じている。

(75) 平川彰［1970: 580-593］。

(76) 村上真完［1971: 1-18］。

(77) これは前述した第一類「金剛身品」で「阿蘭若処」で修行する比丘が独善的として否定的に取り扱われたこと（本書一七八―一七九頁参照）と比べても態度に変化が窺われる。もっとも、ここに述べたように、三昧を実際にこの第二類の「菩薩」たちがいかに実践したかは明らかではない。しかし後に述べるように第二類「四法品第八」の記述を考慮すると、三昧は決して言葉としてのみ重要視されたのではなく、実際に使われたはずであり、第一類にはなかった特徴的なものである。

(78) 平川彰［1970: 580-593］。

(79) 文殊が後代になるほど地位が向上することについては、たとえば『維摩経』などでも確認されることがらである。羅什訳『維摩経』の「入不二法門」最後にある有名な「維摩の一黙」はチベット訳・玄奘訳にはあるが、支謙訳には存在しない。この箇所は文殊が維摩を讃えて敷衍する箇所であり、文殊の「菩薩」としての面目を表しているところである。また羅什訳「香積仏品」の最初に「以文殊師利威神力故、咸皆黙然」なる記述があり、チベット訳・玄奘訳ともに認められるが、やはり支謙訳には存在しない。文殊の後生での地位の向上を窺わせる記述である。

(80) ここに言う「教団」とは狭義の意味、すなわち独自のグループの形成の意味で用いている。註(18)参照。

(81) もっとも前に見たように「金剛身品第六」中には自らの眷属にかんする記述が存在するので（本章一八〇―一八一頁参照）、何らかの支持者がいた可能性は考えられてよい。しかしそれは教団といえるほどのまとまりを形成していたとは考えがたい。考察の詳細は後に譲ることにする。

(82) 本章一八四—一八五頁参照。

(83) (法) 如是衆生、愚癡顛倒、計我計常計楽計浄。然彼仏者是我義。法身是常義。泥洹是楽義。仮名諸法是浄義 (862a12-14)。

(84) (T) de la bdag ces bya ba ni sangs rgyas shes (P zhes) bya ba'i don to// rtag ces bya ba ni chos kyi sku zhes bya ba'i don to// bde zhes bya ba ni mya ngan las 'das pa zhes bya ba'i don to// sdug ces bya ba ni chos kyi tshig bla dwags so// (P 32b4-5).

(曇) 無我者名為生死。我者名為如来。無常者声聞縁覚。常者如来法身。苦者一切外道。楽者即是涅槃。不浄者即有為法。浄者諸仏菩薩所有正法 (377c9-12)。

(法) のみは否定対象の方も列挙している。なお傍線部については後述。

(85) 或いは「非律」を不法な羯磨とはしなかった。

(86) (法) (T) では最初には「不浄物受蓄の禁止」は『涅槃経』以外の九部経の所説となっている ((法) 866c15-16, cf. (T) P 484a4)。ところが (曇) ではこれが「涅槃経中に制している ((曇) 383c9-10)」と自らがその規定の根拠となっている。この箇所に布施浩岳 [1942: 97-98] が注目して (法) → (曇) という律の厳化を論じている。

なお下田正弘 [1993: 270-272, n.78-79] 参照。

(87) (法) 其摩訶衍有麁罪者、皆当駆出。有所取者便是麁罪。人所受護塔物取如芥子、及不問主而取経巻者、皆是麁罪。賊心壊塔、亦犯麁罪。悉応駆出。若王大臣有故塔寺、欲作供養為舎利故、或恭敬故、立一比丘、為経営主付其銭物、而彼比丘輒取自用、令主呵責。是等比丘亦応駆出 (882b2-8)。

なおこの箇所をみても塔の経営は比丘の役割となっている。

(88)　(T) theg pa chen po 'di la ni nyes pa spom po'i nyes pa byung ba dang bsten par mi bya'o// nyes pa spom po zhes bya ba ni bcom ldan 'das kyi mchod rten bsrung ba'i phyir gzhan yongs su gzung ba la me tog gi phreng ba btags pa de rnyings nas srad bu dgos pa'i phyir len par byed de/ dge slong rnams la 'dzem nas dge slong rnams la ma dris par dge slong gis blangs na nyes pa spom po'i nyes pa can du 'gyur ro// gal te 'di lta zhig gis cir yang mi 'gyur ro snyam du 'dzin te len par byed na'ang (P yang) de lta bu dag dang bsten par mi bya'o// rku ba'i sems kyis mchod rten bshig na yang nyes pa spom po'i nyes pa can du 'gyur ro (P te) / de lta bu dag dang bsten par mi bya'o// 'di na khyim pa dag gam blon po la la zhig gis gal te chos kyi bsam bas sku gdung la bkur sti bya'am/ phag gu dgos pa'i phyir mchod rten rnying pa bshig ste/ blangs nas khyim bdag gam blon po des mchod rten de las gser dngul zhig byung na/ de dge slong 'ga' zhig gi lag tu gtad pa las dge slong des de blangs te/ bdag gi(P ni) nor du byas la rtsod par byed na dge slong de la legs pa ma yin no// (P 102a3-8).

(曇) 何等名為大乗経中偸蘭遮罪。若有長者造立仏寺、以諸花鬘用供養仏。有比丘見花貫中縷、不問輒取、犯偸蘭遮。若知不知亦如是犯。若以貪心破壊仏塔、犯偸蘭遮。如是之人不応親近。若王大臣見塔朽故、為欲修補、供養舎利、於是塔中或得珍宝、即寄比丘。比丘得已、自在而用。如是比丘名為不浄。多起闘諍（405c21-28)。

(89)　仏塔を基盤に「菩薩教団」が存在したとする、平川彰や静谷正雄らに代表される説にかんしては、すでに序章および第一章における検討から示されるように、文献資料、考古学資料の双方を加味しても論証しえない。

『涅槃経』のこの箇所で、仏塔にかんする規定を強化しているのは、必ずしも仏塔において菩薩たちが定住し、教団を形成したことを直接に表したものと考えない方がよい。仏塔に対して「規律の厳化」が生じているとの理解に止めておいてよい。仏塔にたいする規律を厳しくするのは、律蔵およびある種の大乗経典群に特徴的な性格である（第一章第三節第四項参照）。この箇所の仏塔の意味については第四章第二節第三項参照。この箇所では、取りあえず涅槃経のトレーガーたちが、仏塔を制御すべき位置に立ち、それを試みている状況を認識していれば十分である。

(90) この在家信者の生活については、ことに Lamotte [1958: 77] [*Traité*: 819-839] に詳しい。また平川彰 [1964: 401-434] 参照。現在のスリランカの在家者が八斎戒 aṣṭāṅgaśīla を守るのは一箇月に四日の布薩の日であることが報告されている。この点については Rahula [1956: 265] 参照。また Gombrich [1988a: 74ff.] 参照。

先ず在家信者は聖典において次のように規定される。

kittāvatā nu kho bhante upāsako hotī ti/ yato kho mahānāma buddhaṃ saraṇaṃ gato hoti/ dhammaṃ saraṇaṃ gato hoti/ saṃghaṃ saraṇam gato hoti/ ettāvatā kho mahānāma upāsako hotī ti/ kittāvatā pana bhante upāsako sīlasampanno hotī ti/ yato kho mahānāma upāsako pāṇātipātā paṭivirato hoti/ adinnādāna paṭivirato hoti/ kāmesu micchācārā paṭivirato hoti/ musāvādā paṭivirato hoti/ surāmerayamajjapamādaṭṭhānā paṭivirato hoti/ ettāvatā kho mahānāma upāsako sīlasampanno hotī ti/ [「尊者よ。ウパーサカとは如何なる者ですか」。「マハーナーマンよ。仏に帰依し、法に帰依し、サンガに帰依するが故にマハーナーマンよ、それによってウパーサカたるのだ」。「尊者よ、如何なる者が戒具足のウパーサカなのですか」。「マハーナーマンよ、殺生を離れ、与えられざるものを取ることを離れ、性交渉を離れ、妄語を離れ、飲酒を離れるが故に、そのために戒具足のウパーサカたるのである」(*SN*. v. 395.6-15; *AN*. iv. 220)].

これは三帰依と五戒を説いたもので、ウパーサカの基本とされるもの。前者のみでもウパーサカの資格は得られるが、後者を受けた者との区別は避けられない。この後に信具足 saddāsampanna、喜捨具足 cāgasampanna、慧具足 paññāsampana のウパーサカが続く。

後三者を除き、三帰依 triśaraṇa、五戒 pañcaśīla でウパーサカと見なす点はサンスクリットでも同じ。たとえば、

triśaraṇagamanāt (Text parigrahāt) pañcaśikṣāpadaparigrahāc copāsakaḥ tathopāsiketi dvidhā bhedaḥ/

triśaraṇaparigṛhītam upāsakaṃ mām（Text ma）ācāryo dhārayatu, tathā triśaraṇagataṃ pañcaśikṣāpadagṛhītam upāsakaṃ mām（Text ma）ācāryo dhārayatv iti vinaye dvidhāpāṭhāt〔三帰依によると、五戒によるとでウパーサカ、及びウパーシカーは二種類となる。三帰依のウパーサカとして、師よ私をお認め下さい、三帰依をなし終え、五戒のウパーサカとして、師よ、私をお認め下さい、と律では二種類に説かれているから（*Abhisamayālaṃkāra*, Wogihara (ed.) 331)〕.

と規定されている。

『大智度論』では五戒と八斎戒をウパーサカの戒として説いている（T25 158c12-160c16)。五戒にかんしてはもちろん内容に変化はないが、その五戒も分受可能と目されるようになり、一項目のみ受けるもの ekadeśakārin、二～三項目受けるもの pradeśakārin、四項目受けるもの yadbhūyaskārin、全部受けるもの paripūrṇakārin、完全に断淫するもの samucchinarāga の五種類のウパーサカが存在するという。この規定は *Akbh.vy.* にも *Mahānāmasūtra* の名前で引用されている。

iha mahānāmann upāsakaḥ prāṇātipātaṃ prahāya prāṇātipātāt prativirato bhavati; iyatā mahānāmann upāsakaḥ śikṣāyām ekadeśakārī bhavati/ vistareṇa dvābhyāṃ śikṣāpadābhyāṃ prativirataḥ pradeśakārī bhavati/ tribhyaḥ prativirataḥ caturbhyo vā yadbhūyaskārī bhavati/ pañcabhyaḥ prativirataḥ paripūrṇakārī bhavatīty etad visarjanaṃ suṣṭhu na yujyate/（*Akbh.vy.* 377.8-13).

同様の区別は *Mvy.*（No.1609-1613）にもなされる。もっとも『倶舎論』によれば、本来は五戒全てを受けるべきであるが、それを犯した場合に上記のような区別が立てられるとの解釈を示している。*Kośa.*（iv. 73）参照。

八斎戒 aṣṭāṅgaśīla にかんしては canonical text では *AN.*（i. 211-212; iv. 251; 255-256);『中阿含・巻55（T1 770b4-771a25)』『仏説斎経（No.88, T1 910c29-912a11; cf. No.88,89)』に詳しい。さらに *Kośa.*（iv. 64-69）参照。

在家者が受ける布薩upavāsasthaにかんしてはことにLamotte［*Traité* ii. 825-832］参照。この『大智度論』の在家者の戒は説一切有部の伝持する『十誦羯磨比丘要用』（T23 496b3-20）と一致しており、『大智度論』と有部の関係を窺わせる。八斎戒の内容はもとより「不殺生・不盗・不淫・不妄語・不飲酒・離非時食・離観賞歌舞音楽・離高大床」を指す。ニカーヤではアングッタラニカーヤや『中阿含』にしか見られないことを考慮すると、おそらくこれは五戒よりも後に定まった規定であろう。有部系の色彩が濃い。

さらにインド仏教におけるウパーサカ、ウパーシカーの位置づけについて、在家信者とはいっても、彼らはかなり高度な仏教理解をなすものたちである可能性が高い点を留意しておかねばならないだろう。この点についてはGombrich［1988a: 75ff.］参照。現在のスリランカを見たとき、このupāsaka /upāsikāという呼び名は、在家信者の誰にでもあてがわれるものではなく、裕福な者や社会の第一線を退いた者など、その時間のほとんどを仏教護持のために費やすことのできる者たちに限られているという。

(91) 本章一八六―一八七頁参照。

(92) ところが前述したように、『十誦律』『根本説一切有部律』になればチャンダーラの家を訪問することを戒める記述が出る。註(34)参照。これも非大乗において社会階級を重要視する態度に変化したことを物語るものであろう。

(93) 一八六―一八七頁参照。ここに見られるチャンダーラに対する否定的態度とは対照的に、ジャータカではアウトカーストにきわめて同情的な記述が出てくる。そして身分を越える方法は「出家」しかないことまで述べている（*Mātanga-jātaka, Ja.*（iv. 376ff.）; *Cittasambhūta-jātaka, Ja.*（iv. 392ff.））。このジャータカを伝承した上座部は、ある意味で非バラモン的な文化・社会観をもち続けていたことになる。

もっとも、こうした不可触民の実際の出家を疑う向きもあるが（Fick［1897: 54-55］、山崎元一［1987: 112-153］）、『涅槃経』第二類のチャンダーラに対する態度や、有部系の律蔵と比較した時、そこには無視できない相違が存在するのである。後述するが、第二類になると「肉食の禁止」というきわめて特徴的な戒律を制定する。こうした動きとチャンダーラに対する態度の変化は密接な関わりを持っているはずである。「肉食」の問題はカースト・ヴァルナ制度と切っても切り離せない関係にある。

(94) たとえば『マヌ法典』では caityadrumaśmaśāneṣu śaileṣūpavaneṣu ca/ vaseyur ete vijñātā vartayantaḥ svakarmabhiḥ// (x.50) caṇḍālaśvapacānāṃ tu bahirgrāmāt pratiśrayaḥ/ apapātrāś ca kartavyā dhanam eṣāṃ śvagardabham// (x.51) na taiḥ samayam anvicchet puruṣo dharmācaran/ vyavahāro mithas teṣāṃ vivāhaḥ sadṛśaiḥ saha// (x.53) 〔チャイトヤ・火葬場付近・山・森林に彼ら（＝アウトカースト）は、一定の標識で独自の仕事をなして、住むべきである。しかしチャンダーラ及びシュヴァパチャの住処は村の外でなければならない。彼らはアパパートラとされ、財産は犬・驢馬にすべきである。法を守る者は彼らと交わってはならない。つき合い、結婚は彼らと同等の者となされるべきである〕と述べる。

さらに同様のことは法顕・玄奘等の旅行記によっても確認される（長沢和俊［1971: 55］、水谷真成［1971: 42］）。また山崎元一［1987: 101-154］。

(95) 註(121)参照。

(96) （法）僧有二種。等僧・無等僧。等僧者声聞僧。声聞僧者亦無蔵積、而今云何受畜僮僕・銭財・倉庫・麻・油・塩等、尚不蔵故、如来豈聴畜僮僕等。作是説言如来聴者、世世当堕抜舌地獄……無為僧者諸仏如来（872b25-c4）。

（T） dge ’dun ni rnam pa gnyis te/ ’dus byas kyi dge ’dun dang/ ’dus ma byas kyi dge ’dun no// de la ’dus byas kyi dge ’dun zhes bya ba ni nyan thos kyi dge ’dun yin te/ nyan thos kyi dge ’dun la ni yongs su bsags pa yang med na/ bran dang bran mo la sogs pa rdzas ngan pa rnams dang mdzod dang bang ba yongs su ’dzin pa lta ga la yod de/ ’os ma yin pas na de dag ni lan tshwa dang/ til tsam yang yongs su bsags par mi byed do// gang dag bcom ldan 'das kyis bdag cag la bran dang bran mo la sogs pa 'chang du gnang ngo zhes zer ba de dag gi lce ni lkugs par 'gyur srid do// (P 68b3-6).

(曇) 僧亦有二種。有為無為。有為僧者名曰声聞。声聞僧者無有積聚、所謂奴婢・非法之物・庫蔵・穀米・塩・豉・胡麻・大小諸豆。若有説言「如来聴畜奴婢・僕使・如是之物」、舌則巻縮 (391b14-18)。

(97) (法) 如是衆生、為貪愛羅刹所持、幸蒙如来聖慧大呪、得脱衆邪恩愛羅刹 (861c25-27)。

(T) bcom ldan 'das......nyan thos kyi tshogs thams cad mi shes pa rnam pa sna tshogs kyi 'byung po dang sha za ba'i gdon rnams las yongs su thar bar 'gyur la/ shes rab kyi pha rol tu phyin pa nyid khong du chud par bgyid lags so// (P 31a4-6).

(曇) 如来亦爾。為諸声聞除無明鬼、令得安住摩訶般若解脱等法 (377a7-9)。

(98) 以前に考察したが (註(84))、「哀歎品第四」(第一類) 中に「常楽我浄」を説くくだりで、(曇) だけは「無常」に対して「声聞」を当てていた。声聞批判の意識が、(曇) においてことさら強いことの現れと読める。

さらに「長者純陀品第三」(第一類) でチュンダ自らが大人・菩薩・阿羅漢と等しくなったと喜ぶ場面がある。

(法) 我今便得与彼大人・諸菩薩衆及諸羅漢等、無有異。如文殊師利童子及阿羅漢 (859b16-18)。

(T) bcom ldan 'das kye ma bdag den du byang chub sems dpa' mi mchog skal pa chen po dang ldan pa mchod par 'os pa/ 'jam dpal gzhon nur gyur pa la sogs pa dang/ zag pa zad pa rnams dang mnyam pa nyid tu gyur to// (P 24a2-3).

(曇) 我今已与諸大龍象・菩薩摩訶薩断諸結漏、文殊師利法王子等 (373c1-3)。

(法) に二度も出る「阿羅漢」が (曇) では姿を消す。(T) でも「供養に値するもの pūjya」という訳である。但し、第二類においても「声聞」というタームが、徹底的に一貫して退けられているわけではない。ことに「阿羅漢」にかんしては「真の阿羅漢と偽の阿羅漢」という対比で「問菩薩品」（第二類）で説かれており、この用語の揺れには多少注意しておく必要がある。ただ、全体として見た時、第二類においての声聞批判の多出は一目瞭然である。

(99)「学声聞処」を避けたのは「菩薩」であり「法師」ではない。この問題はさらに第四章で中心課題として取り上げる。

(100) この声聞という言葉が、実際に誰を指したのかは『涅槃経』の中で規定されているわけではないので、その実態は何ら明らかではない。

現在大乗仏教を取り扱う時に、声聞は、「大乗に対立する既成の部派サンガの比丘」として漠然と、疑問を差し挟むことなく捉えられている。これは大乗が、「部派と対立する教団」として存在していたことを前提とせねば成り立たない理解である。何よりも基本として注意しておくべきことは、「声聞」を既成の部派教団と考えた時、われわれは漠然と「大乗教団」を部派とは別組織の集団と理解しているが、すでに幾度も述べてきたように、大乗経典作成の当初からして、大乗が部派とは異なる独自の教団を持っていた可能性については、きわめて疑わしい点である。なお、佐々木閑［1995］参照。

加えてこれがあらゆる大乗経典に出てくる「声聞批判」に説明として当てはまるかどうかは大きな問題である。後発の大乗経典が、自らを大乗として権威づけるために、すでに大乗経典の確立した体裁である「声聞の理解できる境界ではない」との表現を、単に言葉として取り入れた可能性も十分にある。その時には必ずしも「教団」としての他者が問題にされているわけではなく、単にストック・フレーズの導入という問題になる。『涅槃経』の場合もこの可能性があることを含んでおく必要がある。

また後述の話題になるが、大乗と声聞が対立するのは、その経典を伝える媒体が oral であるか literal であるかという問題も考慮されねばならない。四三一―四三三頁参照。

(101) 高崎直道［1974: 177］参照。

(102) この法身思想と如来蔵思想の関係については下田正弘［1989a: 78-83］にその概略を記している。

(103) たとえば山田龍城［1959: 464-471］は小乗『涅槃経』の「四念処」を通じて大乗『涅槃経』の中心教説である「常楽我浄」が成立した由を述べ、小乗経典を利用した大乗経典制作の過程を見ようとしている。しかしこれは無理な試みである。そもそもニカーヤ・阿含の段階で四念処の「身・受・心・法」に「不浄・苦・無常・無我」を配当する考えは未だできあがっていないし、もちろん小乗（非大乗）『涅槃経』においても現れない。四念処を説いた最も新しいものと考えられる *Satipaṭṭhānasuttanta* でさえ四顚倒とは結びついていないのである。これは一般に多い誤解なので注意を要する。下田正弘［1985］参照。また Gethin［1992: 29-68］参照。

四念処が四顚倒の対治として出てくるのは経典では『陰持入経』、部派の論書では『婆沙論』、パーリでは *Visuddhimagga* に至ってのことであり、かなり時代を下ってのものであることが分かる。しかも『婆沙論』の該当箇所（T27 134b）では、四念処と四顚倒とは不可分に結びついているのではなく、諸説の中の一つとして列挙されているに留まる。これとほぼ同期の論書と見なされる『尊婆須蜜菩薩所集論』と『阿毘曇甘露味論』とでは、前者には四念処と四顚倒の結びつきは全くなく、後者にのみ出てくる。この時期、いかに揺れが大きかったか分かるであろう。

なお、四顚倒自身にしても、「常楽我浄」のみならず、大乗経典には「常楽実我」というタイプのものも出てくる。この問題にかんしては渡辺章悟［1987］、及び下田正弘［1991c］参照。この話題は第三章付論㈠において詳説する。

(104) 藤井教公［1983: 49-55］。なお、下田正弘［1986: 337］にかんしてはチベット人プトゥンの『涅槃経』解釈という立場に限定しての論文なので二箇所の「常楽我浄」説が整合的に解釈されていて問題はない。

(105) (T) P 32b2-33a4, 35b8-36a7,（法）862a6-25, 863a13-15,（曇）377b20-c14, 378c14-379a4。

この箇所（法）だけは「世間の人がアートマンを拇指大・芥粒大というがそれとは異なっている」というくだりが存

在しない。これは第二類、すなわち如来蔵思想が説かれるようになって以降に（T）（曇）に挿入された記述と思われる。何故なら如来蔵は「個我の本質」という意味で理解せざるをえない一面がある。そうなればウパニシャド以来インド一般の思想にいうアートマンと酷似する面が出てきかねないので、改めて区別立てを設ける必要があったのだろう。

なおこの記述に相応するものとしては、

aṅguṣṭhamātraḥ puruṣo 'ntarātmā sadā janānāṃ hṛdaye saṃniviṣṭaḥ/〔内部のアートマンは拇指大のプルシャであり、いつも人々の心臓に存する。〕（*Kāṭaka-Up.* vi.17 etc.）

manomayo 'yam puruṣo bhāḥ satyas tasminn antarhṛdaye yathā vrīhir vā yavo vā sa eṣa sarvasyeśānaḥ sarvasyādhipatiḥ sarvam idaṃ praśāsti yad idaṃ kiṃcit（*Bṛhad.Up.* v. 6）〔心臓の内部に存在するこのプルシャは意より成る。光がその本質であり、ちょうど米粒のごとく、ちょうど麦粒のごとし。これは万有の支配者であり、万有の統治者であり、彼はあらゆるものを支配する。〕

yathā vrīhir vā yavo vā śyāmāko vā śyāmākataṇḍulo vā/ evam ayam antarātmapuruṣo hiraṇyamayaḥ/（*Stapata-Brāhmaṇa* x.6.3.2）〔アートマンの中に存し、黄金より成るこのプルシャは、ちょうど米粒のごとく、麦粒のごとく、黍粒のごとく、黍粒の核のごとくである。〕

なお、中村元［1955: 187-191］、下田正弘［1993: 187, n.79］参照。

(106)（T）P 105a2-107a3'（法）883a23-c26'（曇）407b7(cf.407a3)-c19。

(107) この箇所は『宝性論』でも引用されており、次のように言う。

またそれ（如来性）が、無常・苦・無我・不浄想をもつ彼ら、顛倒想にふけっている人々にとって、いかにその領域ではないか、そのありさまは、詳しくは『大般涅槃経』の中で、世尊によって、池水中の摩尼宝珠の譬喩をもって明かされている。たとえば、比丘たちよ、夏のさかりに人々は水着を着て、各自それぞれに装飾と遊具をもって水中で遊んだとしよう。そのとき、そのうちの一人が本物の摩尼宝珠を水中に置いたとしよう。そこでその摩尼宝珠を得ようとして、みな装飾品を捨てて水中にもぐることになる。さて、彼らはそこにある砂粒や礫を摩尼宝珠だとおもって手につかみ、われこそは摩尼珠を得たとおもって引き上げ、池の岸に置いてみて、おや、これは摩尼宝珠ではない、との思いを抱くことだろう。そして池の水は、〔変わらずに〕摩尼宝珠の威力で、あたかも水自体の光のように、輝き続けるだろう。かくして彼らには、その輝きつづける水を見て、おお、さすがに摩尼宝珠だ、という奇特の思いが生じるだろう。さて、その中の一人で、方便を熟知していた智慧者がいて、摩尼珠をほんとうに手に入れるだろう。

それと同様に、比丘たちよ、汝らは一切は無常である、一切は苦である、一切は無我である、一切は不浄である、とすべてを把握することによって、くりかえしくりかえし修習し、あまたたび行じながら、法の真実を知らずにいるから、そのすべての試みられたことは無意味となる。それゆえ、比丘たちよ、けっして小石や砂利のごときありさまに留まってはならない。汝らは方便をよくこころえた者であってほしい。比丘たちよ、汝らが一切は無常である、一切は苦である、一切は無我である、一切は不浄であるといって、すべてを把握することによって、くりかえしくりかえし修習し、あまたたび行じきたったその一つ一つに常なるもの、楽なるもの、浄なるもの、我なるものがある。

yathā ca sa viparyāsābhiratānām anityaduḥkhānātmāśubhasaṃjñānām agocaras tathā vistareṇa Mahāparinirvāṇasūtre bhagavatā vāpītoyamaṇidṛṣṭāntena prasādhitaḥ/ tadyathāpi nāma bhikṣavo grīṣmakāle vartamāne salilabandhanaṃ baddhvā svaiḥ svair maṇḍanakopabhogair janāḥ salile krīḍeyuḥ/ atha tatraiko jātyaṃ vaiḍūryamaṇim antarudake sthāpayet/ tatas tasya vaiḍūryasyārthe sarve te maṇḍanakāni tyaktvā nimajjeyuḥ/ atha yat tatrāsti śarkaraṃ kaṭhalyaṃ vā tat te maṇir iti manyamānā gṛhītvā mayā labdho maṇir ity utsṛjyotsṛjya vāpītīre sthitvā nāyaṃ maṇir iti saṃjñāṃ pravarteyuḥ/ tac ca vāpy udakaṃ maṇiprabhāvena tatprabheva bhrājeta/ evaṃ teṣāṃ tad udakaṃ bhrājamānaṃ dṛṣṭvāho maṇir iti guṇasaṃjñā pravarteta/ atha tatraika upāyakuśalo medhāvī maṇiṃ tattvataḥ pratilabheta/ evam eva bhikṣavo yuṣmābhiḥ sarvam anityaṃ sarvaṃ duḥkhaṃ sarvam anātmakaṃ sarvam aśubham iti sarvagrahaṇena bhāvitabhāvitaṃ bahulīkṛtabahulīkṛtaṃ dharmatattvam ajānadbhis tat sarvaṃ ghaṭitaṃ nirarthakam/ tasmād bhikṣavo vāpīśarkarakaṭhalyavyavasthitā iva mā bhūtā upāyakuśalā yūyaṃ bhavata/ yad yad bhikṣavo yuṣmābhiḥ sarvam anityaṃ sarvaṃ duḥkhaṃ sarvam anātmakaṃ sarvam aśubham iti sarvagrahaṇena bhāvitabhāvitaṃ bahulīkṛtabahulīkṛtaṃ tatra tatraiva nityasukhaśubhātmakāni santi（*RGV*. pp.74.19-75.11).

高崎直道［1989］参照。なお涅槃経の対応箇所は、（T）P 33b4-34a2、（法）862b8-21、（曇）377c29-378a16。

(108)（法）当知我者是実、我者常住、非変易法、非磨滅法、我者是徳、我者自在（863a13-15）。

この理解はたとえば *Anattalakkhanasutta* において説かれる無我の説明と整合的である。あるものをアートマンと規定し得るためには、それはそれ自身を完全に制御できなくてはならないし、自在に操れるものでなければならない。この点にかんしては Harvey［1995: 49ff.］の有益な分析がある。

この（法）は、したがって、伝統的な部派の教義をしっかり踏まえ、それをブッダにかぎって逆転したものであることが分かる。

なお、「自在 aiśvarya」を「我 ātman」の徳性として解釈することについては上田昇［1990: 1-19］がチャンドラキールティの『四百論註』にかんする考察の中で取り上げている。それによれば当時の仏教徒の意識としては、仏を「自在」と見ることは必ずしも突飛ではないことが分かる。ただ、アートマンを表向きに肯定することははばかられていたようである。

管見による限り、『涅槃経』以前にアートマンを肯定した文献としては、『マハーヴァスツ』が存在するだけである。それも四顛倒の脈絡で出てきている。第三章付論㈠参照。

パーリにおいてはダンマパーラがウダーナアッタカターの中で如来を「アートマン」と表現する説を紹介している。tathāgato 'ti attā, taṃ hi diṭṭhigatiko kārakavekakādisaṃkhātaṃ niccadhuvādisaṃkhātaṃ vā tathāgatabhāvaṃ gato ti tathāgato ti voharati（*Udāna. A.* 340）. Bhattacharya,K.［1973: 125,2.2］, Ruegg［1973: 114,n.3］参照。これは『涅槃経』のアートマン理解とほとんど重なる。これについては後述する（第三章註(121)参照)。

(109) ①「医学究竟論」の譬喩

第一類では「哀歎品」で「常楽我浄」を説く箇所において、先ず如来は外道の我見を滅ぼすために無我を説き、その後、機が熟して「アートマン＝仏」を説くという。その間に医者が、息子にUttaratantraを教示するのは機が熟してからであることを譬喩として用いている（(法) 862b24-863a15′（T）P 34a5-35b8′（曇）378a17-379a5)。

これが第二類「問菩薩品」では同様の譬喩を用いて、「九部経」を理解した後に、「如来蔵の究竟論から、如来蔵は常住であると説示する」と内容が変わってしまう（(法) 893c22-29′（T）P 137b8-138a6′（曇）419c27-420a7)。

②「甘露と毒薬」の譬喩

第一類「哀歎品」の①と同じ箇所には「乳薬」が甘露であり、またかつ毒薬になることを説くくだりがある（(法) 862c18-22′（T）P 35a2-7′（曇）378a17-379a5)。つまり「アートマン」の説示が外道の場合には毒薬になるが、時期相応の「常楽我浄」の説示であればそれこそ最高の甘露になることを例えたものである。

第二類「如来性品」では同じ「甘露と毒薬」が「性dhātu」の説示のために用いられるようになる（(法) 884a25-b10′（T）P 109b7-110a6′（曇）409a17-b17)。「哀歎品」を考慮に入れつつ如来蔵思想に主張の中心を移しているのが分かる。

なお、この「同じ薬が甘露にも毒薬にもなる」という記述は、『チャラカサンヒター』に出てくる。yathā viṣaṃ yathā śastraṃ yathā 'gnir aśanir yathā/ tathauṣadham avijñātam vijñātam amṛtaṃ yathā//（1.124）; yogād api viṣaṃ tīkṣṇam uttamaṃ bheṣajaṃ bhavet/ bheṣajaṃ cāpi duryuktaṃ tīkṣṇaṃ saṃpadyate viṣaṃ// (1.126).

アーユルヴェーダと『涅槃経』の関係が指摘されているが（中川和也［1989: 32-39］、幅田裕美［1989a］）この箇所もそれを窺わせるものである。ただ第一類の成立時期を考慮に入れると、『チャラカ』の成立時期の方が下る可能性も高い。

(110) （法）仏告比丘「莫作是語。莫作是語。比丘。当知如来正法付大迦葉。大迦葉者、当為汝等、作帰依処。亦普救護一切衆生、如仏無異。比丘。当知譬如大王典領諸国、若欲遊行余国、要立一大臣、兼知国事、如王在時。我亦如是。於此世界、尋当安立摩訶迦葉」(862b1-7)。

（T）dge slong dag khyed de skad ma zer cig/ dge slong dag ngas ’od srung gi lag tu bstan pa gtad par bya ste/ ’di ni de bzhin gshegs pa dang ’dra bar dge slong rnams kyi rten lta bur ’gyur ro// dge slong rnams dang sems can rnams kyi skyabs lta bur ’gyur ro// dper na rgyal po grong khyer mang po’i mnga’ bdag grong khyer gcig (L zhig) tu song te (L ste)/ khyim bdag gcig rgyal por dbang bskur ba de bzhin tu ’jig rten gyi khams ’dir ngas ’od srung chen po dbang bskur ro// (P 33b1-3).

（曇）汝等不応作如是語。我今所有無上正法、悉以付嘱摩訶迦葉。是迦葉者、当為汝等、作大依止。猶如如来為諸衆生作依止処。摩訶迦葉亦復如是。当為汝等作依止処。譬如大王多所統領、若遊巡時、悉以国事付嘱大臣。如来亦爾。所有正法、亦以付嘱摩訶迦葉 (377c22-28)。

(111) nanu maṃ bhagavā rājā viya sakakavacaissariyānuppadānena attano kula-vaṃsa-patiṭṭhāpakaṃ puttaṃ saddhammavaṃsapatiṭṭhāpako me ayaṃ bhavissatīti mantvā iminā asādhāraṇena anuggahena anuggahesīti cintayanto, dhammavinayasaṃgāyanatthaṃ bhikkhūnaṃ ussāhaṃ janesi. (*Samanta*. 5.12-17)〔〔迦葉云く〕世尊は、ちょうど国王が自分の鎧や領土をその家系を守る王子に譲るように、「これは（＝迦葉）私の正法の護持者たるべきで

ある」と考えて、私に破格の恩恵を与えられたのだ、と考えて、法と律とを結集するために比丘を激励した〕と述べているのは『涅槃経』の内容に全く相応するのが分かるだろう。

canonical text においては「阿難・迦葉への教説の付嘱」に類する記述は『増一阿含』に出ている。「我今持此法付授迦葉及阿難。所以然者。我今年老以向八十。然如来不当取滅度。今持法宝付嘱二人。善念誦持使不断絶流布世間」(T2 726b27-c2)。

しかしこの例は『増一阿含』に限られている。一般的な形としては迦葉に対しては、āyasmantaṃ mahākassapaṃ bhagavā etad avoca/ ovada kassapa bhikkū/ karohi kassapa bhikkhūnaṃ dhammikathaṃ ahaṃ vā kassapa bhikkhū ovadeyyaṃ tvaṃ vā ahaṃ vā bhikkūnaṃ dhammikathaṃ kareyyaṃ tvaṃ vā (ahaṃ) vā ti/〔尊者マハーカッサパに世尊はおっしゃった。迦葉よ、諸比丘を教化するがよい。迦葉よ。比丘たちに法話をなせ。私か迦葉、そなたが比丘たちに教化すべきだ。私か迦葉、そなたが比丘たちに法話をすべきだ。〕(*SN*. ii. 203.30-204.2) という形を取る。そこでは迦葉には世尊の代わりに法を説くことが勧められている。同様の例は、*SN*. ii. 205.30-206.2; 208.14-18 (cf.『雑阿含』no.111-118)。しかしそこでは明確な法の付嘱は示されていない。

一方『阿育王経』では「世尊付法蔵与摩訶迦葉 (T50 152c12)」と明言する。しかしこれは上記の『サマンタパーサーディカー』の例を考えると必ずしも「北伝」に特徴的と見る必要はない。なおこの部分にかんしては下田正弘［1993: 181-182, n.60］参照。

(112) (法) 尊者阿難、諸声聞等、護持如来所説法蔵、欲令長存、無有是処。所以者何。以声聞乗故。唯諸菩薩摩訶薩・迦葉等、応令諮受、百千万劫堪任奉持如来法蔵。一切衆生悉当蒙慶。是故世尊、当令菩薩為衆生故請決所疑。……〔仏言〕有二因縁、当令菩薩任持正法 (863b11-19)。

(T) bcom ldan 'das dam pa'i chos kyi dbyig legs par gsungs pa dge slong kun dga' bo la sogs pa nyan thos thams cad la gtad na ni yun ring du gnas par mi 'gyur lags so// de ci'i slad du zhe na/ 'od srung chen po la sogs pa nyan thos thams cad ni mi rtag (P brtag) pa'i slad du'o// byang chub sems dpas zhus pa'i dbyig byang chub sems dpa' rnams la gtad na ni lo 'bum phrag mang por gnas 'gyur la/ 'phel bar yang 'gyur zhing byang chub sems dpa' thams cad la yang sman par 'gyur lags so// byang chub sems dpa' sems dpa' chen po rnams kyis ni de bzhin gshegs pa la zhu ba'i rngo thog la/ bdag cag sprang bu dang 'dra bas ni de bzhin gshegs pa la zhu ba'i rngo mi thog lags so// …… nga'i(＝*buddhasya) theg pa chen po ni byang chub sems dpa'i lag tu gtad na rgyu gnyis kyis yun ring du gnas par 'gyur ro// (P 37a3-8).

（曇）世尊亦爾。若以法宝、付嘱阿難及諸比丘、不得久住。何以故。一切声聞及大迦葉悉当無常。……是故応以無上仏法、付諸菩薩。以諸菩薩善能問答如是法宝、則得久住無量千世、増益熾盛、利安衆生。……諸大菩薩乃能問耳。我等智慧猶如蚊虻。何能諮請如来深法。……我（＝仏）亦曾念以此二縁、応以大乗付諸菩薩、令是妙法久住於世（379b13-23）。

(113)　註(111)参照。また『雑阿含』No.111～118.

(114)　（法）爾時世尊復告比丘、「於諸法律若有疑惑、当問如来」。諸比丘言、「唯然世尊。我等已修諸修之上、解知身相皆悉空寂」。仏告比丘、「汝等莫如一切智説而言、「我修一切身相皆悉空寂」。復告比丘、「汝於法律、猶有疑惑、応当更問」(863a16-21)。

（T）dge slong dag gzhan yang tshul khrims kyi gzhi ma gtogs par the tshom dang som nyi ci dang ci yod pa de dag khyed kyis nga la zhus shig dang/ ngas legs par gsungs pas khyed rangs par bya'o// nga ni bsgom pa thams cad las grol ba dang/ rang bzhin gyis stong pa chen po ston te/ dge slong khyed de bzhin gshegs pas bdag cag la rang bzhin gyis stong pa chen po ma bstan to zhes de sked ma zer cig/ dge slong dag gzhan yang tshul khrims kyi gzhi ma gtogs par the tshom dang som nyi ci dang ci yod pa de dag khyed kyis nga la zhus shig/（P 36a8-b2）.

（曇）仏復告諸比丘、「汝於戒律有所疑者、今悉汝問。我当解説、令汝心喜。我已修学一切諸法本性空寂、了了通達。汝等比丘、莫謂如来、唯修諸法本性空寂」。復告諸比丘、「若於戒律有所疑者、今可致問」（379a10-14）。

(115)（法）爾時世尊普告大会、「諸善男子善女人。於三法中、及諸律教、有所疑者、今皆応問」（863b22-23）。

（T）de nas de'i tshe bcom ldan 'das kyis 'khor rnams la bka' stal ba/ rigs gi bu'am rigs gi bu mo tshe ring po dag gzhi gsum ma gtogs pa dang/ tshul khrims kyi gzhi ma gtogs par khyod kyi yid gnyis dang/ som nyi dang/ the tshom ci yod pa nga la zhus shig（P 37a8-b1）.

（曇）爾時仏告一切大衆「善男子善女人。我之寿命不可称量。楽説之弁亦不可尽。汝等宜可随意諮問、若戒若帰、第二第三亦復如是」（379b23-26）。

(116)（法）863c9-24、（T）P 38a3-39a1、（曇）379c14-380b1。

また下田正弘［1993: 195-196, 210-218］参照。この偈頌においても（T）（曇）では増広部分が多い。（法）では以後の章立て〔長寿・金剛身・受持・四法・四依・分別邪正・四諦・四倒・如来性・文字・鳥喩・月譬・問菩薩・随喜〕にまったく対応している。

(117)（法）866a16-b19。

(118) 是摩訶迦葉、我涅槃後、摂護我法及諸戒律、令久住世（『仏本行集経』（T3 870a25-27））。

(119)（法）863a24-b11、（T）P 36b4-37a3、（曇）379a17-b13。

なお、この箇所の譬喩はただ『宝積経・摩訶迦葉会』に共通なものが見いだせる。ここは両経典ともに声聞を退け、菩薩にのみ正法を付嘱することを説いたものであり、『涅槃経』の成立についてもきわめて重要な役割がある。これについては第三章第四節第三項(二)に詳述する。

(120)　本章一九六―一九七頁参照。

(121)　(法) 855c24-25、(T) P 14a3-4、(曇) 369b5。

(122)　但し (曇) だけは例外であり「金剛身品」中「不浄物受蓄の禁止」のくだりで「『涅槃経』中、制諸比丘不応畜養奴婢・牛・羊・非法之物 (383c10-11)」と言って『涅槃経』の名前を挙げている。この箇所は既に見たように (註(86)参照)、(法) では不浄物受畜の禁止についてオーソリティを他の経典に譲っていた箇所である。それが今や『涅槃経』が制定したと名乗り出るまでになっている。第二類成立以後の挿入であることは疑いない。

(123)　(法) 迦葉菩薩白仏言「当何名斯経、云何奉持」(867c15-16)。

(T) gsol pa/ byang chub sems dpa' sems dpa' chen po rnams ji ltar mdo 'di'i ming yang dag par 'dzin pa lags/ ji ltar mdo 'di'i ming 'dzin pa'i grangs su gtogs pa lags/ (P 51a8-b1).

(曇) 迦葉菩薩白仏言「世尊。当何名此経、菩薩摩訶薩云何奉持」(385a2-3)。

(124)　そもそも経典の内容を偈頌であらかじめ述べるという手法自体が経典としては特徴的であろう。第二類には経典名の意識が強いことは確かである。『涅槃経』は名指しで経典を引用することを度々しているが、これはすべて第二類のことである。

(125)　以上で本書が以後考察の前提とすべき〈原始大乗涅槃経〉を構成するに当たっての記述上の問題はほぼ概観できたと思われる。われわれが求めてきたのは、一テクストの内部矛盾を解決し、三訳の相違の方向を明らかにするための理論的前提として求められる、いわば理念型としての〈原始大乗涅槃経〉の具体的な姿である。したがってこの理論的存在については、これで本章の所期の目的は達成された。ただ最後にこの〈原始大乗涅槃経〉なるものが、果たして歴史的に存在していたかどうか、つまり時間的にも「原始」という名を担える可能性があるのか、という問題について別の角度からの検討を加えておきたい。

別の角度といっても、〈原始大乗涅槃経〉の原典・翻訳等が発見されない以上、こうした問題について答えられるのは現在のところ中国の「訳経録」しかない。そこで諸経録を点検してこの〈原始大乗涅槃経〉にあたるものが存在したかどうかを見ることにしよう。

『涅槃経』にかんする「訳経録」の調査については布施浩岳［1942: 23-176］が貴重である。ここでなすべき研究のほとんどがそこで果たされており、以下の所論も多くその恩恵に預かっている。

先ず本書において『涅槃経』の名で呼んできた、いわゆる『大本涅槃経』にかんする経録には残念ながら〈原始大乗涅槃経〉の存在を示唆するような記述は見あたらない。『大本涅槃経』には（曇）（法）および『智猛訳二十巻』（現本欠）の三種類が知られているが、これら三訳は何れも「随喜品」に当たる部分までまとまってもたらされており〈原始大乗涅槃経〉に該当する諸品のみが先に伝えられたような記録は見いだすことができない（布施浩岳［1942: 64-176］）。ところが、この『大本涅槃経』が伝訳される以前に、一～二巻よりなるいわゆる『小本涅槃経』が大小乗併せて早くから翻訳されており、中にはすでに漢代から行われていた形跡があるものも存在する。実は驚くべきことに、この中に今われわれが求めてきた〈原始大乗涅槃経〉に該当すると思われる経典が、二種類存在するのである。

その一つは安法賢訳『大般涅槃経・二巻』である。記録は費長房『歴代三宝紀』に始まる。

大般涅槃経二巻、大本の前数品を略して二巻としたものである。竺道祖の魏録に見える。〔大本涅槃経の〕初めての訳出である。……外国の沙門・安法賢の訳で、多くの経録が魏の時代というが、何れの帝年であるかは不明である。……別録にも記載されている（大般涅槃経二巻、略大本前数品為此二巻。見竺道祖魏録初（v.l. 出）。……右二部合五巻、外国沙門安法賢訳。群録並云魏世、不弁何帝年。……又別録亦載（T49 56c26-57a2））。

この『涅槃経』の記録については『出三蔵記集』にはなく、『歴代三宝紀』が最初であるが、このままの形で『大唐内典録』『開元釈経録』等の経録に受け継がれていく。この記述に従うならば、安法賢訳なる『大般涅槃経』は、『大本涅槃経』の始めの数品を略して二巻となっているものである。われわれが求めた〈原始大乗涅槃経〉は、（法）でほぼ二巻分の分量を有しており、それは前半の六品分である。まさに分量・内容ともにこの『大般涅槃経・二巻』にそのまま当てはまる。

『歴代三宝紀』はそのまま信用するにはやや危険な経録と見なされる傾向がある。確かにその訳者比定については注意を払った方がよい。しかし、歴史的に存在しなかった文献を意味もなく捏造するようなことはとうていあり得ないことであり、この『涅槃経』の記述にしても、「魏代」「安法賢訳」という訳者・時代の比定については問題が残ったにしても『大般涅槃経・二巻』なる経典が、「略大本前数品」という内容をもって、何れかの時代の経録者の手元にあったことは否めない事実である。

この記録に早くに注目した布施浩岳は、

〔この記録は〕当時すでに欠本なりしを他経録に引用されたる竺道祖録を孫引きにして引用し、更に手元にあった別録すなわち恐らくは宋時の衆経別録によって補ったから、別録亦載としたものであって……斯くの如く、当時欠本なりしを、貴重な文献によって補ったものとする限り、長房録における本経の細註を採用するのが至当であって、本経は大本涅槃経の前数品を二巻となしたる大乗涅槃経であり、伝訳史上、初出の大乗涅槃経ということになる（布施浩岳 [1942: 32]）。

と、きわめて穏当な考察を施している。とすれば、この外形があまりにも一致した『大般涅槃経』を、ひとまずは、われわれの推定した〈原始大乗涅槃経〉と同定して、その歴史的存在の根拠としても問題はないであろう。

もう一つ〈原始大乗涅槃経〉とおぼしき経典が経録中に見える。それは支謙訳『大般泥洹経・二巻』である。この記録については『出三蔵記集』の系統と『歴代三宝紀』の系統で記述が異なっている。『出三蔵記集・巻二』に、

大般泥洹経二巻、道安は長阿含に出るというが、僧祐案ずるに、今の長阿含はこれと異なっている（大般泥洹経二

巻、安公云出長阿含、祐案今長阿含与此異（T55 6c15）。

と言い、さらに、

「般泥洹経條」に「支謙訳の大般泥洹経と方等泥洹経とが同じである」と述べている。つまり道安はこれを長阿含の『遊行経』とみており、僧祐は竺法護訳の『方等泥洹経』としているわけである。道安が手にしたものと、僧祐のものとは異なる文献だったのであろう。

これに対して『歴代三宝紀』では、

大般泥洹経二巻、これは大本涅槃経の序品と哀歎品を略して二巻としたものであり、後の三紙が少しく異なるだけである。竺道祖の呉録に出ている。道安は長阿含に出ると言うが、僧祐は今の長阿含はこれと異なっているという。大乗涅槃経の第二訳である（大般泥洹経二巻、此略大本序分・哀歎品為二巻、後三紙小異耳。見竺道祖呉録。道安云出長阿含、僧祐云、今長阿含与此異、第二出（T49 57a24-25））。

という。この費長房の記録は詳しい。おそらくは実際に経典を手にしていなければできない記述である。これが道安や僧祐が手にしたものと同じ経典である保証はどこにもないし、両系統の伝承の真偽は正すべくもないが、ここでも重要なことは費長房が「略大本序分・哀歎品為二巻、後三紙小異耳」という内容の経典を実際に目にしていたと推定されることである。とすれば、この『大般泥洹経・二巻』も、〈原始大乗涅槃経〉にきわめて近い内容と分量を有した経典として注目しておかねばならない。

これら安法賢訳『大般涅槃経・二巻』と支謙訳『大般泥洹経・二巻』の二経についてはこれ以上の情報は得られないので、断定はしかねるが、少なくともわれわれの推定した〈原始大乗涅槃経〉が「歴史的先行経典」として実在していたことの傍証には十分な内容だと思われる。とすれば、ここまで至って、〈原始大乗涅槃経〉は、単に理論的前提たる「理念型」に留まらない、時間的な意味でも「原始」という性格を備えたものになる可能性がきわめて高いことになる。

藤井教公［1994］はこの意見に疑義を呈している。当時中国では、既存の経典から一部の内容を抜粋する「抄経」という形態が存在し、この経録によるものもその抄経の一つである可能性が否定しきれない、というのである。それはその通りであろう。確かに仏遺教経などを見れば、中国において著名な経典を、さらに要約し、アレンジするやり方は存したのかもしれない。もしそうしたものを含めて、費長房が勝手な記述を施して筋を通したとすれば、上の記録もまったくインドに起源を持たないことになる。

しかし、もともと仏性・一闡提を巡る論争が一乗思想、五性格別思想などとの絡みで関心を集めていた涅槃経を、そうした議論をまったく含まない部分のみを抄経として編纂することが、どの程度確からしいのか、その可能性も同様に疑問である気がする。何れにせよ、現存しない経典を巡ってのこれ以上の議論はあまり意味をなさないだろう。ここでは〈原始大乗涅槃経〉の歴史的存在は直接問題としていないので、一可能性として経録の記述を挙げている、と理解されたい。

(126)（法）仏告迦葉。善哉善哉、善男子。護持正法応当如是滅諸狐疑学決定智。善男子。是為菩薩摩訶薩成就四法、善説方等般泥洹経（T12 875c19-21）。

（T）rigs kyi bu/ legs so legs so// dam pa’i chos srung bas ni de skad bya ba’i rigs so// bdag gi the tshom nges par byed ’dod pas ni de ltar bya ba’i rigs so// de ltar na byang chub sems dpa’ sems dpa’ chen po ni sna grangs ’di bzhis chos ston par byed do// byang chub sems dpa’ sna grangs bzhis chos ston pa’i le’u ste/ bzhi pa’o// (P 81a4-6).

（曇）仏言、善哉善哉、善男子。汝今善能護持正法。若有善男子善女人、欲断煩悩諸結縛者、当作如是護持正法（T12 396c8-10）。

(127) 内容に無関係と思われる部分に「分品」がある時、その「分品」の一般的理由を外部から想定することは、ほんらい不可能だろう。

しかし、ことばの問題として捉えたとき、この部分が構成された当初は written language (literacy) ではなく spoken language (orality) の媒体によるものだった可能性は想定することができるかもしれない。spoken language においては筋の整合性とは無関係に話が自由に発展していく傾向が強い。そうした中で、「四法品」の如く説き始めの意図から逸れて内容が説き重ねられ、膨れ上がった後に、区切りを付けようと思えば、全体の統一を取るために与えられた最も簡単な方法は、あらためて説き起こしの最初に戻ることである。そしてそれは「話しことば」においてはさほどの矛盾も感じる必要がない。現代のわれわれとて話し始めと話し終わりの主述が一致していなくても状況によっては何の苦痛も感じないのと同様である。そこに矛盾を指摘できるのは、脈絡を反復可能な言語に生きるもののレヴェルでありそれこそが「書きことば」の世界である。おそらく強い論理的整合性要求は「書き言葉」のレヴェルでなければ現れないだろう。

この理解は、オングによって紹介されるホメロスの叙事詩の形式を考慮に入れても矛盾を来さない。口伝の特徴を現している『イリヤス』の構造は、挿話の末尾においてその挿話の発端にあった要素を繰り返すというフォーミュラによっているという。いうなれば入れ子式のパズルになっているのである。それはまさにこの「四法品」の構成にも当てはまる内容となっている。

また、この「四法品」の中に後半三分の二に繰り返される「ブッダの世間随順説」と「解脱」の説は、refrain による表現の効果を予想することが可能である。それは「四法品」自身も強調するある種「三昧」の場による経典の制作を想定させるものである。この推定は後に考察する内容とも符合するので改めて取り上げたい(以上の内容にかんしては本書二五二―二六三頁参照)。

もちろんこうした考察が、分品がなされた「事実」のみをつかむために行われることを漠然と要求しているなら、以上の想定は何等その期待に答えるものではない。「事実」の中に僅かでも偶然的要素が絡んでいると見た場合、外部から想定したあらゆる理由はたちまち何の意味も持たなくなるのは当然である。従ってここに理由、すなわち何らかの「必然性」を想定しようという試みは、決して誰にも確かめようのない「事実」を明らかにする要求をもってなされるものではない。あくまで文献の持つ chapter が、性格を異にした文献の中でいかなる形で反映され得るかという「分品」の持つ意味の一つの可能性を提示しようとしているのである。

ただ一つ付言しておいた方がよいことは、この「世間随順」と「解脱論」は「四種の説法」のうちの一つ「善解因縁義 arthotpatti」に対応していると取れなくもない記述があることだ。「同様に私は因縁の力によって解脱を説明するのである。因縁によっても無量の功徳を有した涅槃は例えようがない。同様に大般涅槃に至ることも無量の功徳を有しているのである。de bzhin du ngas rgyu’i dbang gis thar pa brjod pa yin no// rgyu’i sgo nas mya ngan las ’das pa yon tan dpag tu med pa dang ldan pa dpe med pa kho na yin no/ de bzhin du yongs su mya ngan las ’das pa chen por ’gro ba yang yon tan dpag tu med pa dang ldan pa yin no/ (P 81a2-3)」。

しかし先ず rgyu’i dbang gis, *nidānena (or nidānavaśena) という言葉は明らかに四法品の最初に出る don gyi dmigs byung ba, *arthotpatti と異なっている。しかも上記の記述は「四法品」の末尾の部分であり、かえって分品のために置かれた伏線的記述と見るべきと判断すべきであろう。今はその解釈を取っておく。

(128) de bzhin gshegs pa dgra bcom pa yang dag par rdzogs pa’i sangs rgyas kyis ni/ gdul bar bya ba’i dbang gis skyes pa lta bur bdag nyid kyis bstan mod kyi/ ’khrig pa las skyes pa ma yin no// de bzhin gshegs pas yab yum gnyis yod pa lta bur bstan pa ’di ni/ ’jig rten dang mthun par mdzad pa yin no/ zhes zer ba de lta bu ni/ de bzhin gshegs pas gsungs pa’i mdo sde dang/ ’dul ba yin par rig par bya’o//……(P 95a4) de bzhin gshegs pa byung nas phyogs dang phyogs mtshams rnams su gom pa bdun bdun gshegs par bstan pa ni/ de bzhin gshegs pa’i thabs kyi

sku 'dzin pa yin no// zhes zer ba de lta bu ni/ sangs rgyas kyi gsungs pa'i mdo sde dang/ 'dul ba yin par rig par bya'o// (P 94b7-95a5).

(129) sgra gcan zin gyi phar bstan pa dang/ zas gtsang ma dang/ sgyu 'phrul pha mar bstan pa yang 'jig rten gyi don yin no// …… de bzhin gshegs pa ni 'khrig pa las byung ba ma yin te/ sgra gcan zin gyi phar gyur par bstan pa dang/ rang gi pha ma bstan pa yang 'jig rten dang mthun par bya ba tsam du zad do//…… (P 63b7-64a2).

[nga ni bskal pa mang po byed ba phrag grangs med pa nas lan 'ga' yang 'khrig pa las ma skyes te/ 'khrig pa las skyes pa'i lus las rgal pas na/ sha'i lus ma yin gyi/ chos kyi sku yin no// 'khrig pa'i mngal du 'jug pa 'di ni/ 'jig rten dang mthun par bya ba'i thabs tsam du zad do//]…… skyen par langs nas byang phyogs su kha bltas te gom pa bdun por nas lha dang mi dang lha ma yin dang bcas pa'i 'jig rten gyi bla na med par 'gyur bar bya'o zhes zer te/…… (P 61b8) byang nas langs te lho'i phyogs cha logs su gom pa bdun por nas …… nub kyi phyogs cha logs su gom pa bdun por nas …… shar phyogs su kha ba ltas te gom pa bdun por nas …… phyogs mtshams rnams su gom pa bdun por nas …… steng gi phyogs cha logs su gom pa bdun por nas …… 'og gi phyogs cha logs su gom pa bdun por nas ……(P 61b3-62a4).

(130) ここでは範囲が膨大になるので一々の記述は省略するが、この「四法品」と「分別邪正品」の記述の類似は「世間随順」の説に留まらず、教団的な問題における禁止事項でも共通している。

(131) この項にかんしては第三章第二節以下、および第四章第二節以下に詳しく論述する。

# 第三章　註

（1）第二章第五節参照。

（2）この章においては標準的な内容を有する（T）からの訳を基準に出す。

de bzhin gshegs pa 'dus byed kyi thabs la 'jug pa spyod du ma gzhug shig/ dge slong tshul khrims phung sum tshogs pa de bzhin gshegs pa 'dus ma byas pa la de bzhin gshegs pa 'dus byas yin no zhes zer bas ni mu stegs par gyur te shi yang bla'o// de bzhin gshegs pa 'dus ma byas yin bzhin du de bzhin gshegs pa 'dus byas yin no zhes zer ba gang yin pa de dag ni brdzun du smra ba yin no// de bzhin gshegs pa 'dus byas pa yin no zhes zer ba rnams ni rang gi khrim dang 'dra bar sems can dmyal bar 'gro bar 'gyur ro// btsun pa 'jam dpal de bzhin gshegs pa la 'dus bya dang 'dra bar ma lta zhig/ de phyin cad 'khror bar rgyu ba na mi shes pa la bzlas te bcom ldan 'das ni 'dus ma byas pa'o snyam pa'i shes pa 'ba' zhig (P shig)// rtogs par gyis shig// de ltar byas dang bsgoms pa de'i 'bras bus khyod myur ba kho nar de bzhin gshegs pa bzhin du mtshan sum cu (P bcu) rtsa gnyis dang ldan par 'gyur ro// (P 26a1-5).

（法）〔純陀〕文殊師利。当知如来是方便行。応如彼丈夫慚愧而死。寧同外道、翫習邪見。不為持戒比丘於無為如来作有為想、知而妄語、若於如来作有為想者、当知是人阿鼻地獄常為室宅。是故莫於如来作有為数。能於如来作無為想者、従是得度智慧大海。不為死尸之所迷惑。是為甚深智度成就。以此智果疾逮如来具足相好。(860a18-26)

(曇)〔純陀〕文殊師利。若善男子、有慚愧者、不応観仏同於諸行。文殊師利。外道邪見可説如来同於有為、持戒比丘不応如是。於如来所生有為想。若言如来是有為者、即是妄語。当知是人死入地獄、如人自処於己舎宅。文殊師利。如来真実是無為法。不応復言是有為也。汝従今日於生死中応捨無智、求於正智。当知如来即是無為。若能如是観如来者、具足当得三十二相、速疾成就阿耨多羅三藐三菩提。(374b9-18)

(3) ブッダ観の高まりは第二節第一項(二五二―二五四頁)参照。

(4) btsun pa 'jam dpal khyod kha zas la chags sam/ ci na zhal zas mang yang rung nyung yang rung brims shig/ ces bdag gi gzhen 'debs par byed/ bcom ldan 'das kyis lo drug gi bar du dka' ba spyod ba mdzad mdzad na/ ci da skad cig tsam yang gzhes (T bzhes) mi spyod dam/ de bzhin gshegs pa ni chos kyi sku yin te/ zhal zas kyi sku ma yin na/ ci bcom ldan 'das zhal zas gsol lam/ (P 26b3-5).

(法)純陀答曰、文殊師利。何煩催此垢穢食為。如来寧当待此食耶。如来六年在道樹下、難行苦行。日食麻米猶自支持。況今須臾豈不能耶。汝謂如来食此食乎。如来法身非穢食身。(860b7-11)

(曇)純陀答言、文殊師利。汝今何故、貪為此食、而言多少足与不足、令我時施。文殊師利。如来昔日苦行六年、尚自支持。況於今日須臾間耶。文殊師利。汝今実謂、如来正覚受斯食耶。然我定知、如来身者即是法身。非為食身。(374c4-9)

(5) 便宜のために若干の例を掲げておこう。まずニカーヤにおいては、

bhagavā etad avoca: dhammadāyādā me bhikkhave bhavatha mā āmisadāyādā (*MN*. i. 12.13ff.).〔世尊は言われた。比丘たちよ、法の施与者 dhammadāyāda たれ、財の施与者 āmisadāyāda となるな。〕

dve 'māni bhikkhave dānāni. katamāni dve? āmisa-dānañ ca dhamma-dānañ ca. imāni kho bhikkhave dānāni. etad aggaṃ bhikkhave imesaṃ dvinnaṃ dānānaṃ yadidaṃ dhamma-dānan iti（*AN*. i. 91.23–27）.〔二種類の布施がある。何が二種類なのか。āmisadāna と dhammadāna である。この二種のうち優れているのは dhammadāna である。〕

こうした例に見られるように、dhamma-dāyāda/dāna に対しては āmisa-dāyāda/dāna が立てられている。前者を尊重する意識についてはすでに、

sabbadānaṃ dhammadānaṃ jināti（*Dhp*. 354）; jayate dānaṃ dharmadānaṃ ca sarvaṃ（*Udv*. 26.31（v.l.））.〔すべての布施に法施が優る。〕

において確認される。また『倶舎論』においては、

dharmadānaṃ yathābhūta sūtrādyakliṣṭadeśanā（*Akbh*. 274.15）.〔真実なる法施とは、経典などの汚れなき教えである。〕

と述べる。『大智度論』では法施を五種類に分けている（T25 143c19–26）。それについては Lamotte［*Traité*: 692–693］参照。この他の論書や大乗経典類にかんしては Dantinne［1983: 169–170］参照。

なお、この涅槃経の用例ときわめて類似と思われる例がマハーヴァスツに確認される。マハーカーシュヤパの出家にさいしての一節である。

bhagavato putro oraso mukhato jāto dharmajo dharmanirmito dharmadāyādo na āmiṣadāyādo ...... aham ...... bhagavato putro oraso mukhato jāto dharmajo dharmanirmito dharmadāyādo na āmiṣadāyādo（*Mv*. iii 54.17–55.4）.

この他の例については、下田正弘［1993: 140–142］。

（6）先ず『般若経』に見られる dharmakāya の用法は基本的に bahubrīhi で解釈して構わないはずである。以下の議論は Harrison［1992a: 44-94］を参照する。例えば、

śakra āha, sacen me bhagavan ayaṃ jambūdvīpaḥ paripūrṇaś cūlikābaddhas tathāgataśarīrāṇāṃ dīyeta, iyaṃ ca prajñāpāramitā likhitvopanāmyeta, tata ekatareṇa bhāgena pravāryamāṇo 'nayor dvayor bhāgayoḥ sthāpitayor imām evāhaṃ bhagavan prajñāpāramitāṃ parigṛhṇīyām/ tat kasya hetoḥ/ yathāpi nāma tathāgata-netrī-citrīkāreṇa/ etad dhi tathāgatānāṃ bhūtārthikaṃ śarīram/ tat kasya hetoḥ/ uktaṃ hy etad bhagavatā/ dharmakāyā buddhā bhagavantaḥ/ mā khalu punar imaṃ bhikṣavaḥ satkāyaṃ kāyaṃ manyadhvam/ dharmakāya-pariniṣpattito māṃ bhikṣavo drakṣyatha/ eṣa ca tathāgatakāyo bhūtakoṭiprabhāvito draṣṭavyo, yad uta prajñāpāramitā（*AsP.* 48.4-11).〔シャクラは答えた。世尊よ、もしこのジャムブドゥヴィーパが如来の遺骨でその頂まで満たされ、差し出され、一方でこの般若波羅蜜が書き記されて差し出されるとしましょう。そこで与えられたこれらの布施のうち、何れか一方を与えられるなら、世尊よ、私はこの般若波羅蜜を受け取ります。それは何故かと言えば、如来の導師を尊敬するからであります。実にこれこそ本当の如来の遺骨なのです。何故なら世尊はこうおっしゃいました。ブッダ・世尊たちは法を身体とするものである。そして比丘たちよ、この色身 satkāya を身体と考えてはいけない。私を法を身体として完成しているとみなさい、と。この如来の身体は般若波羅蜜という究極の真実の現れと見なければなりません。〕

なお prabhāvita については第一章八七—八九頁参照。

dharmakāyā buddhā bhagavanta iti dharme prema ca gauravaṃ copādaya saddharmaparigrahaṃ karoti（*AsP.* 168.31-169.1).〔ブッダ・世尊たちは法を身体としているのである、と考えて、教えに対して愛情と尊敬をもって正しい教えを習得するのだ。〕

evam eva kulaputra ye kecit tathāgatarūpeṇa vā ghoṣeṇa vā abhiniviṣṭāḥ, te tathāgatasyāgamanaṃ ca gamanaṃ ca kalpayanti/ ye ca tathāgatasyāgamanaṃ ca gamanaṃ ca kalpayanti sarve te bālajātīyā duṣprajñajātīyā iti vaktavyāḥ, tad yathāpi nāma sa eva puruṣo yo 'nudake udakasaṃjñām utpādayati/ tat kasya hetoḥ/ na hi tathāgato rūpakāyato draṣṭavyaḥ/ dharmakāyās tathāgatāḥ/ na ca kulaputra dharmatā āgacchati vā gaccati vā/ evam eva kulaputra nāsti tathāgatānām āgamanaṃ vā gamanaṃ vā/ (*AsP.* 253.21-26). 〔ちょうどそのように、善男子よ、如来の色形や音声に執著している者は誰でも、如来が来られるとか去られるとか妄想するのだ。しかし、如来の去来を妄想する者は誰でも、ちょうど水にあらざるものを水と妄想する男のように、愚かな智慧のない者なのだ。それは何故かと言えば、如来は物質を身体とすると見られるべきではなく、如来は法を身体とするものなのだ。善男子よ、法性は去来がない。善男子よ、それと同様に如来には去来が存在しない。〕

上記の例で、dharmakāya は複数形で使われており明らかに所有複合語である。最後の例では「法＝ブッダ」との認識を鮮明にしている。『金剛般若経』でも、

ye māṃ rūpeṇa ca-adrākṣur ye māṃ ghoṣeṇa ca-anvayuḥ/ mithyā-prahāṇa-prasṛtā na māṃ drakṣyanti te janāḥ// dharmato buddhā draṣṭavyā dharmakāyā hi nāyakāḥ/ (*Vajrac.* 56-57). 〔私を色や形によって見る者、私を声によって理解する者、彼らは誤った努力をなす者であり、私を見る者ではない。諸仏は法として見るべきであり導師は法を身体とするものとして見るべきである。〕

この「如来＝法」という主張は明瞭である。以上の引用で確認される dharma は、釈尊の教えとしての deśanādharma および覚りの内容としての adhigamadharma と解釈してよい。すでに見たように大乗は「仏塔崇拝」の変更・否定にその動機を持っていた。それは「仏」の考察に伝統を持つ「仏塔信仰」の流れに対して「法」の伝統に与するもの

と考えられるだろう。肉身＝仏塔のブッダを否定する意識は、「法」にしかブッダの意義が存在しない確信がある。従ってこの dharmakāya を漠然とした、実体的な身体（cosmic body, absolute body, phantom body）のような概念で考えると逆に仏塔信仰に戻ってしまい、prajñāpāramitā と結びつかなくなってしまう。kāya は「集まり」の意味であるから、dharmakāya は「教法と所証の法の集合」と考えてよい。

『法華経』でもただ一箇所に見られる dharmakāya はいわゆる「法身」と訳すべきではないだろう。

sa paśyati mahāprajño dharmakāyam aśeṣataḥ/ nāsti yānatrayaṃ kiṃcid ekayāyam ihāsti tu// (*SP*. 143. 3-4).〔彼は偉大な智慧を持つ者であり、残りなく法の集まりを見る者である。三つの乗り物はなく、ただ一つの乗り物があるのだ。〕

dharmadhātu と同様の義で取らねばならない。

もちろん、こうした例はニカーヤに見られる dhammakāya と同列に並ぶものである。

"bhagavato 'mhi putto oraso mukhato jāto dhammajo dhammanimmito dhammadāyādo" ti/ taṃ kissa hetu? tathāgatassa h'etaṃ Vāseṭṭha adhivacanaṃ "dhammakāyo iti pi brahmakāyo iti pi, dhammabhūto iti pi brahmabhūto iti pīti." (*DN*. iii.84.21-25).〔私たちは世尊の嫡子である。彼の口から生まれ、法から生まれ、法で作られ、法の後継者である。それは何故か、何故ならヴァーセッタよ、これは如来の同義語である、すなわち法を身体とし、ブラフマンを身体とし、法から生まれ、ブラフマンから生まれたと言うのであるから。〕

また *SN*.（iii. 20）参照。

（7）第一章第三節第三～四項を参照。

（8）第二章第四節第三項㈢を参照。

（9）この問題は第四章第一節および第四節第一項において検討する。

(10) rigs kyi bu khyod kyis de bzhin gshegs pa rtag pa dang/ ther zug dang/ 'dus ma byas pa dang brtan par shes so// (P 26a6)

(法) 善男子、応如是知、如来常住無為非変易法。(860a27-28)

(曇) 如来是無為者、如来之身即是長寿。(374c12-13)

(11) yo nu kho, bhaginiyo evaṃ vadeyya: amussa telappadīpassa jhāyato telam pi aniccaṃ vipariṇāmadhammaṃ vattī pi aniccā vipariṇāmadhammā accī pi aniccā vipariṇāmadhammā, yā ca khvāssa ābhā sā niccā dhuvā sassatā avipariṇāmadhammā ti, sammā nu kho so, bhaginiyo, vadamāno vadeyyāti? no h' etaṁ, bhante (*MN*. iii. 273.18-24).

(12) なお『ミリンダパンハー』における同様の例において、tejas はあくまで「存在」を表すように用いられていた点に注意しておこう。この点については第一章註(31)参照。

(13) dhurvaṃ śivaṃ śāśvataṃ ca buddhānāṃ bhagavatāṃ kāyam ity avatāramāṇaḥ / (*RP*. 4.16).

nityo dhrvaḥ śivaḥ kāyas tava dharmamayo jinaḥ / vineyajanahetoḥ darśitā nirvṛis tvayā // (*Catuḥstava* 320. 3-4).

なお本書二五四―二五六頁および三八二―三八六頁参照。

(14) この問題については三二四―三三〇頁参照。

(15) bcom ldan 'das de ni de bzhin du mjal lags na ha cang sdug bsngal chen po mi bzod lags so// bcom ldan 'das thabs kyis yongs su mya ngan las 'da' bar mdzad pa la ni bdag glo bar ngas lags so// bcom ldan 'das kyis bka' stsal pa/ skul byed legs so legs so// rigs kyi bus ni nga'i mya ngan las 'das pa thabs de ltar blta bar bya'o// (P 28a 1-3).

(法) 純陀白仏、如是世尊、誠知如来方便泥洹。我故悲悩不能自持。(860c14-16)

(曇) 爾時純陀復白仏言、如是如是。誠如尊教。雖知如来方便示現入於涅槃、而我不能不懐苦悩。覆自思惟、復生慶悦。(375b1-3)

(16) bdag ces bya ba ni/ sangs rgyas shes bya ba'i don to// rtag ces bya ba ni/ chos kyi sku zhes bya ba'i don to// bde zhes bya ba ni/ mya ngan las 'das pa zhes bya ba'i don to// sdug ces bya ba ni/ chos kyi tshig dwags so//…… (32b7) sdug bsngal la bde'o snyam du 'du shes pa ni phyin ci log pa'o// bde ba la sdug bsngal lo snyam du 'du shes pa ni phyin ci log pa'o// mi rtag pa la rtag go snyam du 'du shes pa ni phyin ci log pa'o// rtag pa la mi rtag go snyam du 'du shes pa ni phyin ci log pa'o/ bdag med pa la bdag tu 'du shes pa ni phyin ci log pa'o// bdag yod pa la bdag med par 'du shes pa ni phyin ci log pa'o// mi sdug pa la sdug go snyam du 'du shes pa ni phyin ci log pa'o// sdug pa la mi sdug go snyam du 'du shes pa ni phyin ci log pa ste/ ……(34a1) khyod kyis thams cad kyi mu bzung nas gang dang gang bsgoms pa de dang de nyid la bde ba dang bdag dang rtag pa dang sdug pa yod de rnam pa bzhi po de dag ni phyin ci ma log pa zhes brjod par bya'o// (P 32b4-34a2).

(法) 如是衆生愚癡顛倒、計我計常計楽計浄。然彼仏者是我義。法身是常義。泥洹是楽義。仮名諸法是浄義。……苦楽想顛倒、楽苦想顛倒。無常常想顛倒、常無常想顛倒。非我我想顛倒、我非我想顛倒。不浄浄想顛倒、浄不浄想顛倒。如是四顛倒想者、不識平等於此所修非為正修。苦不苦修、無常常修。非我我修、不浄浄修。此四種修、是世間楽常我浄。離世間亦有四種楽常我浄。(862a12-24)

(曇) 我者即是仏義。常者是法身義。楽者是涅槃義。浄者是法義。……苦者計楽、楽者計苦、是顛倒法。無常計常、常計無常、是顛倒法。無我計我、我計無我、是顛倒法。不浄計浄、浄計不浄、是顛倒法。有如是等四顛倒法。……世間亦有常楽我浄。出世亦有常楽我浄。……無我者名為生死。我者名為如来。無常者声聞縁覚。常者如来法身。苦者一切外

道。楽者即是涅槃。不浄者即有為法。浄者諸仏菩薩所有正法。（377b21-c12）

(17) この問題にかんしては本章付論㈠参照。

(18) もっともこの「常楽我浄」のうち「我」を除いて肯定するものには『宝積経・迦葉品』がある。「聖種 ārya-gotra」について経は言う。

nāpi tatra gotre hīnotkṛṣṭamadhyamavyavasthānaṃ samaṃ tad gotram ākāśasamatayā/ nirviśeṣaṃ tad gotraṃ sarvadharmaikarasatayā/ .....satyaṃ tad gotraṃ paramārthasatyayā/ akṣayaṃ tad gotra atyaṃtatānutpannaṃ/ nityaṃ tad gotraṃ sadā dharmatathatayā/ sukhaṃ (←aśubhaṃ, Tib. bde ba'o) tad gotraṃ nirvāṇaparamatayā/ śubhaṃ tad gotraṃ sarvākāramalavigataṃ/ anātmā tad gotram ātmanaḥ parigaveṣyamāṇānupalaṃbhāt/ 〔その種姓は劣・優・中位という区別もなく、虚空と平等であることによって平等である。その種姓は一切法が一味であることにより無差別である。……その種姓は第一義諦によって真実である。その種姓は窮極的に不生であるから不滅である。その種姓は常に法の真如であることによって常住 nitya である。その種姓は最勝の涅槃 nirvāṇa であることによって楽 sukha である。その種姓は一切の垢を離れているから浄 śubha である。その種姓はアートマンを探求しても不可得なものであるから無我 anātman である（*KP*. 103-104）〕.

この部分では、「我」のみは否定されており、従来の伝統を越え出てはいない。「空」を積極的に説く経典でも、きわめて近接した脈絡にまで至りながら、ついに「我」の肯定はなされなかったことになる。

なお、ここに説かれた āryagotra にかんしては高崎直道［1974: 465-474］に詳しい分析がある。それによればこの āryagotra は「本質・内的因」といった意味をもち、dhātu に通じる概念であるという。

(19) 'jig rten pa rnams kyi bdag mthe bo tsam dang/ khre rgod kyi 'bru tsam zhes bya ba de lta bu ni ma yin no//

’jig rten pa rnams kyi bdag tu lta ba gang yin pa de lta bu yang ma yin te/ ’dir chos thams cad ni bag med pa zhes bya’o// chos thams cad ni/ bdag med pa yang ma yin te/ bdag ni de kho na nyid do// bdag ni rtag pa nyid do// bdag ni yon tan nyid do// bdag ni ther zug pa nyid do// bdag ni brtan pa nyid do// bdag ni zhi ba nyid do// zhes sman pa bzang po’i ’o ma bzhin du de bzhin gshegs pa yang de kho na nyid dang ldan pa ston par mdzad do// (P 36a5-7).

（法）当知我者是実。我者常住。非変易法。非磨滅法。我者是徳。我者自在。(863a13-14)

（曇）凡夫愚人所計我者。或言大如拇指。或如芥子。或如微塵。如来説我悉不如是。是故説言。諸法無我。実非無我。何者是我。若法是実。是真。是常。是主。是依性不変易者。是名為我。(378c27-379a3)

(20) ただし Bhattacharya,K. [1973: 133-135] は仏教におけるアートマンの脈絡を、おもにウパニシャッドと比較して詳しく論じているが、その中で基本的にアートマンを「個我」とは解釈せず、「個我を超えた普遍的本質」と理解する。そうすればこの「仏」の理解と一致することにもなろう。

(21) この「アートマン観」をまともに批判したと目されるものが『ウダーナアッタカター』にある。阿含・ニカーヤの中に見られる伝承で「無記」の一つに当たる著名な「如来は死後も常住か否か」の部分を註釈して、

tathāgato ’ti attā, taṃ hi diṭṭhigatiko kārakavedakādisaṃkhātaṃ niccadhuvādisaṃkhātaṃ vā tathāgatabhāvaṃ gato ti voharati (*Udāna.A.* 340).〔アートマンとは如来である、というのは、〔誤った〕見解に陥った者は、如来を、行為者・知者と呼んだり、常住・恒常と呼んだりする、そのような状態に至っているからだ、と説いている。〕

これとは対照的な立場が『大乗荘厳経論』で示される。

śūnyatāyāṃ viśuddhāyāṃ nairātmyān mārgalābhataḥ / buddhāḥ śuddhātmalābhitvāt gatā ātmamahātmatāṃ // (ix.23).〔諸仏は、空性という清浄性においては、無我として道を獲得しているため、諸仏は清浄なる本性を獲得しているから、アートマンの偉大性に達している。〕

tatra cānāsrave dhātau buddhānāṃ paramātmā nirdiśyate/ kiṃ kāraṇaṃ/ agranairātmyātmakatvāt/ agraṃ nairātmyaṃ viśuddhā tathatā, sā ca buddhānāṃ ātmā, svabhāvārthena tasyāṃ viśuddhāyāṃ agraṃ nairātmyam ātmānaṃ buddhā labhante śuddham/ ataḥ śuddhātmalābhitvāt buddhā ātmamāhātmyaṃ prāptā ity anenābhisaṃdhinā buddhānāṃ anāsrave dhātau paramātmā vyavasthāpyate (*MSA*. 38.1-5).〔そこでまた、ブッダの無漏なる界において、最高アートマンが示される。何ゆえにか。至高の無我を本性としているからである。最高なる無我は、清浄なる真如であり、それはまた諸仏の本性 ātman でもある。自性という点で、そこ（清浄）においては、最高の無我がアートマンであると悟っており、清浄を得ている。そこで諸仏は清浄なる本性を獲得しているので、偉大なるアートマンに至っていることになるという、その密意によって無漏なる界において、諸仏たちの最高アートマンが設定されている。〕

(22) この話題にかんしてはさまざまな研究者が発言しているが、代表的なものとして Weber［1921: 134-250］（深沢宏［1983: 175-317］）が挙げられる。また下田正弘［1996］参照。

(23) すでに序章において述べたが、仏教における如来蔵思想は、一定の解釈学的方法の中に収められている点を留意しておくべきである。この点をルエグは詳細に論じていた（序章第四節第三項（三七—三九頁）参照）。

(24) da ni de bzhin gshegs pa rtag pa'i sku dang/ mi shigs pa'i sku dang/ rdo rje'i sku dang/ shi'i sku ma yin pa dang/ chos kyi skur ltos shig// gsol pa/ gal te de bzhin gshegs pa yongs su mya ngan las 'da' bar mdzad na ni/ bdag de ltar mi lta lags so// gal te yongs su mya ngan las 'da' bar gyur na/ gzhig tu rung ba'i sku dang/ thal ba'i sku dang/ sha'i skur blta bar 'thsal lo// (P 45b7-46a1).

（法）爾時世尊復告迦葉。善男子。如来身者、是常住身。是不壊身。是金剛身。非穢食身。是則法身。当作是観。迦葉菩薩白仏言。世尊。非我凡品所能観也。所以者何。若当如来般泥洹者。便是破壊身。塵土身。穢食身。(866a16-20)

（曇）爾時世尊復告迦葉。善男子。如来身者、是常住身。不可壊身。金剛之身。非雑食身。即是法身。迦葉菩薩白仏言。世尊。如仏所説。如是等身我悉不見。唯見無常破壊微塵雑食等身。何以故。如来当入於涅槃故。(382c27-383a2)

(25) bka' stal pa/ rigs kyi bu mi'i lta bur sob sob po'i lus dang gzhig tu rung ba'i lus shes de skad ma zer zhig//...... (P 46a2) de bzhin gshegs pa ni bskal pa byed ba phrag du ma nas mi shig pa'i sku dang ldan zhing mi'i lu ma yin/ lha'i lus ma yin/ srid pa thams cad kyi lus ma yin/ sha'i lus ma yin te/ de bzhin gshegs pa'i sku ni lus med pa/ ma skyed pa/ ma 'gags pa/ yod pa ma yin pa/ 'jug pa med pa/...... mya ngan las 'da' bar gshegs pa yang ma yin/ mi ghsegs pa yang ma yin te/ de bzhin gshegs pa ni yon tan dpag du med pa dang ldan no// (P 46a1-47a4).

（法）仏告迦葉。善男子。莫謂我身与世人同。危脆破壊。長夜劫数輪転生死。如来身者是不壊身。非世人身。亦非天身。非穢食身。是非非身。亦不生亦不滅。……一切妄想取相言泥洹無以為比。如是無量功徳成就名如来身。(866a21-b19)

（曇）仏言。迦葉。汝今莫謂如来之身不堅可壊如凡夫身。善男子。汝今当知。如来之身無量億劫堅牢難壊。非人天身。非恐怖身。非雑食身。如来之身非身是身。不生不滅……般涅槃時不般涅槃。如来法身皆悉成就如是無量微妙功徳。(383a2-b6)

(26) de bzhin gshegs pa de lta bu'i yon tan dang ldan pa sha'i sku ma yin pa la kham pa'i snod bzhin du nad dam/ gnod pa'am/ 'jig par ga la 'gyur/ 'jig pa dang/ na ba dang/ mya ngan las 'da' bar ston pa gang yin pa de ni gdul bar bya ba'i dbang gi phyir yin par blta bar bya'o// de bas na deng phyin chad de bzhin gshegs pa'i sku rdo rje ltar mi shigs shing mkhregs par yid la gyis shig/ gzhan dag la yang sha'i sku ma yin no zhes ston cig/ de bzhin gshegs

pa ni chos kyi sku yin par khong du chud par gyis shig/...... deng slan chad de bzhin gshegs pa ni chos kyi sku ste/ rtag pa dang/ brtan pa dang/ ther zug pa dang/ zhi ba'o zhes gzhan dag la yang bstan par 'tshal na ...... (P 47a5-b1).

（法）〔仏〕如是迦葉。如来身相者、非(Text 作)声聞、辟支仏所知。如是成就如来身者、是為法身。非穢食身。云何当有若病若悩若壊如坏器耶。随受化者、現老病死。如来法身金剛難壊。迦葉。汝従今日当作是知。如来身者非穢食身。広為人説従妙因生則為法身、為金剛身、為淳厚身。当作是知常住法也。迦葉菩薩白仏言。世尊。如来功徳具足如是。云何当有若病若死。我従今日、当観如来法身、常住非変易法。善勝寂滅。為人広説。(866b19-28)

（曇）〔仏〕迦葉。如来真身功徳如是。云何復得諸疾患苦、危脆不堅、如坏器乎。迦葉。如来所以示病苦者、為欲調伏諸衆生故。善男子。汝今当知。如来之身即金剛身。汝従今日常当専心、思惟此義、莫念食身。亦当為人説、如来身即是法身。迦葉菩薩白仏言。世尊。如来成就如是功徳。其身云何当有病苦無常破壊。我従今日、常当思惟。如来之身是常法身。安楽之身。(383b9-17)

(27)　bcom ldan 'das de bzhin gshegs pa lta lags (S,T los) kyang bsam gyis mi khyab lags/ rtag pa dang/ brtan pa dang/ ther zug dang zhi ba lags te/ bsam gyis mi khyab bo zhes gzhan dag la yang bstan par 'thsal lo// (P 51 a3-4).

（法）唯然世尊。如来法王不可思議。如来常住非変易法。我当奉持。広為人説。(867c6-8)

（曇）世尊。如是如是。誠如聖教。仏法無量不可思議。如来亦爾不可思議。故知如来常住不壊無有変異。我今善学。亦当為人広宣是義。(384c18-21)

(28)　これは説一切有部の教義と整合性がある。後述第四章註(9)参照。

(29)　第一章第一節第二項および第三項参照。

(30) 第二章第七節参照。

(31) 第四章付論(二)参照。

(32) ngas pha ma gnyis kyi zla mtshan gyi dus su mngal du skye bar ston te/ de gnyis kyis kyang bdag cag gnyis kyi bur 'gyur ro snyam du yang dag par shes so// nga ni bskal pa mang po bye ba phrag grangs med pa nas lan 'ga' yang 'khrig pa las ma skyes te/ 'khrig pa las skyes pa'i lus las rgal bas na/ sha'i lus ma yin gyi/ chos kyi sku yin no// 'khrig pa'i mngal du 'jug pa 'di ni 'jig rten dang mthun par bya ba'i thabs tsam du zad do// …… (62a5) 'dzam bu'i gling la la ni/ nga gtsug phud 'cha' bar ston te/ sems can rnams kyis byis pa'i gtsug phud bcas so snyam du yang dag par shes mod kyi/ lha dang bcas pa'i 'jig rten na nga'i mgo bo nas 'dzin cing skra gcod nus pa'i mi su yang med de/ sngon bskal pa grangs med pa nas kyang ngas gtsug phud bca' ba'i mthar gtugs zin pas na/ spu gris nga'i skra gcod par 'gyur ba ni mi srid do// 'di ni 'jig rten dang mthun par bya ba tsam du zad de/ gtsug phud bca' ba ni byis pa 'ba' shig la bya ba yin no// 'dzam bu'i gling la lar ni nga dbang phyug chen po'i lha khang du 'gro bar yang ston te/ der dbang phug chen po dang/ tshangs pa dang/ 'jig rten skyong ba rnams kyis nga mthong na/ nga'i zhabs la phyag 'tshal te thal mo sbyor zhing 'dug go// nga ni sngon bskal pa byed ba phrag grangs med pa nas kyang lha dang/ mi dang/ lha ma yin rnams kyi lha'i yang lha yin pas na/ nams kyang dbang phyug chen po'i lha khang du mi 'gro ste/ der 'gro ba lta bur bstan pa 'di ni 'jig rten dang mthun par bya ba tsam du zad do// (P 61b2-62b1).

(法) 復於閻浮提、五欲之中、現受胎生。其諸父母謂我為子。而我過去無数劫来、愛欲永尽、無染汚身、無穢食身、清浄法身諸生已断。以方便智、随順世間。……生閻浮提、現遺頂髪。欲令衆生知此童子、頂髪倶生。諸天世人、無能執刀。臨其頂上為剃髪者。於無数劫已離頂髪。現有頂髪、随順世間。現入天祠。大力天神釈梵護世、稽首奉敬、帰命礼足。

於無数劫為天人尊。現入天祠、随順世間。(870c23-871a16)

(曇) 或閻浮提、示入母胎。令其父母、生我子想。而我此身、畢竟不従婬欲和合而得生也。我已久従無量劫来、離於婬欲。我今此身即是法身。随順世間、示現入胎。……於閻浮提、生七日已、又示剃髪。諸人皆謂、我是嬰児。初始剃髪。一切人天魔王波旬沙門婆羅門、無有能見我頂相者。況有持刀、臨之剃髪。若有持刀至我頂者、無有是処。我久已於無量劫中、剃除鬚髪。為欲随順世間法故。示現剃髪。我既生已、父母将我入天祠中。以我示於摩醯首羅。摩醯首羅即見我時。合掌恭敬立在一面。我已久於無量劫中、捨離如是入天祠法。為欲随順世間法故、示現如是。(388b24-c21)

(33) ただし非大乗系涅槃経においても、舎利・仏塔としてのブッダのみならず、禅定に端を発する法としてのブッダの要素も認められていた。すでにこの二つの要素を併せ持っていたことは留意しておく必要がある。

(34) この研究にかんしてはまず高原信一［1969］があり、それを受けて静谷正雄［1974: 282-283; 315-318］が原始大乗経典として *Lokānuvartanāsūtra* を位置づける。こうした研究を受けた Harrison［1982: 211-234］は、諸大乗文献との関係を幅広く指摘しながら興味深い報告をなしている。

現在、筆者の研究も含めてこの *Lokānuvartanāsūtra* の引用文献が判明しているものとしては次の七文献が挙げられる。

(a) *Mahāvastu* (i.167.15-170.10)
(b) *Niraupamyastava* (Tucci,G. (ed.) 309-325)
(c) *Prasannapadā* (548.5-9)
(d) *Madhyamakāvatāra* (134.1-135.12)
(e) *sTon nyid bdun cu pa'i 'grel pa* (P No.5268, Vol.99, 309b8-310a1; 362a3-4)
(f) *Mahāparinirvāṇasūtra* (Mahāyāna) (T No.374, Vol.12, 388b20-390a13; No.376, Vol.12, 870c21-872a12;

P No.788, Vol.31, Mdo Tu 61b2-66b3)

(g) *Lalitavistara* (119.7; 238.3; 392.8)

これらの文献を見ても、いわゆる中観派のものと見なされる文献が多数を占めていることが分かるだろう。

(35) na ca maithunasaṃbhūtaṃ sugatasya samucchritaṃ/ mātāpitṝñ ca deśenti eṣā lokānuvartanā// (*Mv*. i. 170.1-2)

(36) ji skad du shar gyi ri bo'i sde pa dang mthun pa'i tshigs su bcad pa dag las (*tadyathā pūrvaśailānugatāsu gāthāsu)/ gal te 'jig rten rnam 'dren rnams// 'jig rten mthun par mi 'jug na// sangs rgyas chos nyid gang yin dang// sangs rgyas sus kyang shes mi 'gyur// (1)

phung po dag dang khams rnams dang// skye mched rang bzhin gcig bzhed la// khams gsum po dag ston mdzad pa// 'di ni 'jig rten mthun 'jug yin// (2)

ming med pa yi chos kyi rnams// bsam du med pa'i ming dag gis// sems can rnams la yongs brjod pa// 'di ni 'jig rten mthun 'jug yin// (3)

dngos med nye bar ston mdzad cing// sangs rgyas rang bzhin la bzhugs pas// dngos med 'ga' yang 'dir med pa// 'di ni 'jig rten mthun 'jug yin// (4)

don dang don med mi gzigs la// 'gog pa dang ni dam pa'i don// smra ba rnams kyi mchog gsung ba// 'di ni 'jig rten mthun 'jug yin// (5)

zhig pa med cing skye med la// chos dbyings dang mnyam par gyur kyang// sreg pa'i bskal pa brjod mdzad pa// 'di ni 'jig rten mthun 'jug yin// (6)

dus gsum dag tu sems can gyi// rang bzhin dmigs pa ma yin la// sems can khams kyang ston mdzad pa// 'di ni 'jig rten mthun 'jug yin// (7)

〔すなわち東山不所伝の偈頌に言う。もし諸世間の導師が世間に随順して行動しないなら、仏のいかなる法性も、仏も誰にも知られないだろう。蘊界処が自性を持つと説かれ、三界をお説きになる。これは世間に随順されたのである。名もなき諸法を不可思議な名によって衆生たちに説かれた。これは世間に随順されたのである。非存在をお説きになりながら、仏は自性に住するので、非存在もここにはまったくない。これは世間に随順されているのである。利益と不利益を見ず、滅すれば勝義である。諸説者の最高の説者であること、これは世間に随順されているのである。不滅にして不生、法界に等しいのに燃焼劫をお説きになる。これは世間に随順されているのである。三世において衆生の自性をご覧になることなく、しかも衆生界をお説きになる。これは世間に随順されたのである。〕（*Madhyamakāvatāra* 134.1–135.12).

(37)　’jig rten mthun ’jug mdor gsungs pa/ ma skyes gnas pa med pa yi/ ’di ni chos kyi dbyings dang mtshungs/ mngal du ’jug pa ston pa yang/ ’di dag ’jig rten rjes ’jug phyir/ 〔*Lokānuvartanāsūtra* に言う。不生不住にしてこれ（＝仏）は法界に等しいが、それでも入胎を示す。それは世間に随順してのことである。〕(P Dbu ma, Ya 362a3-4).

(38)　dge ’don phal chen sde nyid kyi shar gyi ri bo’i sde dang nub kyi ri bo’i sde dag las kyang ’phral skad du/ shes rab kyi pha rol tu phyin pa la sogs pa theg pa chen po’i mdo dag ’byung ba’i phyir ro/ (P Dbu ma, Za 321a3-4).

このアヴァローキタヴラタの記述からすれば、般若経などの大乗が「大衆部」において存在していることが明らかである。時代を下るとはいえ、インド独自の伝承として、大乗の問題を探る際にはきわめて重要な記述である。この問題はすでに佐々木教悟［1964］において取り上げられていながら、その後ほとんど注目されることがなかったのが不思議に思える。われわれの『涅槃経』を中心とした考察でも大乗は大衆部との関連が最も強いことは疑いない。なおHarrison［1995］参照。

また、先に本章註(6)で考察した『般若経』におけるブッダの色身 rūpakāya の否定を思い出してほしい。そこでは、

evam eva kulaputra ye kecit tathāgatarūpeṇa vā ghoṣeṇa vā abhiniviṣṭāḥ, te tatāgatasyāgamanaṃ ca gamanaṃ ca kalpayanti/ ye ca tathāgatasyāgamanaṃ ca gamanaṃ ca kalpayanti sarve te bālajātīyā duṣprajñajātīyā iti vaktavyāḥ tad yathāpi nāma sa eva puruṣo yo 'nudake udakasaṃjñām utpādayati/ tat kasya hetoḥ/ na hi tathāgato rūpakāyato draṣṭavyaḥ/ dharmakāyās tathāgataḥ/ na ca kulaputra dharmatā āgacchati vā gaccati vā/ evam eva kulaputra nāsti tathāgatānām āgamanaṃ vā gamanaṃ vā/ (*AsP.* 253.21-26)
〔ちょうどそのように、善男子よ、如来の色形や音声によって執著している者は誰でも、如来が来られるとか去られるとか妄想するのだ。しかし、如来の去来を妄想する者は誰でも、ちょうど水にあらざるものを水と妄想する男のように、愚かな智慧のない者なのだ。それは何故かと言えば、如来は物質を身体とすると見られるべきではない。如来は法を身体とするものなのだ。善男子よ、法性は去来がない。善男子よ、それと同様に如来には去来が存在しない。〕

と述べて、如来は本来「法身 dharmakāya」であることを説いていた。これは *Lokānuvartanāsūtra* とまったく同一の内容になっていることが分かるだろう。ブッダの存在様式をめぐっての「世間随順説」と「空」とのかかわりは本質的である。

(39) *Cs.* (318.9-10).

(40) *Cs.* (320.3-4). なおこの問題は Ruegg [1971] 参照。

(41) ただし、涅槃経ではこの記述の引用を『首楞厳三昧経』からの引用であると明言する。この点は *Lokānuvartanāsūtra* との関係で問題となる。第四章第六節第四項で詳しく述べることにしたい。

(42) ngas ni bskal pa byed ba phrag grangs med pa nas shes rab kyi pha rol tu phyin pa bsgrubs te (T 86a3; P 63 b2-3).

(43)　gsol pa/ thar pa ji lta bu lags/ gzugs can lags sam/ gzugs ma mchis pa lags/ bka' stsal pa/ kha cig ni gzugs can no// kha cig ni gzugs can ma yin pa ste/ gzugs can ma yin pa ni nyan thos dang/ rangs sangs rgyas rnams kyi'o// sangs rgyas bcom ldan 'das rnams kyi ni gzugs can yin no// thar pa de ni gzugs dang gzugs med pa yin la gzugs yin no zhes byar yang mi rung ngo// .....(P 70a6) gsol pa/ bcom ldan 'das de bzhin gshegs pas yongs su mya ngan las 'das pa chen po'i tshul gyis thar pa bstan du gsol// ..... (P 70a7) yang bka' stsal pa/ thar pa zhes bya ba gang yin pa de ni ma skyes pa'i phyir de ni 'ching ba thams cad dang shin tu bral ba ste/ ji ltar pha ma phrad pa'i yon tan las bu ske ba de bzhin du skyes pa ma yin te/ .....(70a8) ma skyes pa zhes bya ba ni 'di ltar mar gyi nying khu rang bzhin gyis rang gi ngo bo nyid du 'dug pa de bzhin du de bzhin gshegs pa ni yab yum 'khrig pa las byung ba yang ma yin la/ de bzhin gshegs pas ni gdul bar bya ba'i dbang gis yab yum gnyis kyang bstan to// thar pa gang yin pa de ni de bzhin gshegs pa ste/ ma byung ba'i phyir ro// (P 70a1-b1).

（法）迦葉復問、解脱者為何等類。仏告迦葉。其解脱者色無色。無色者声聞縁覚解脱。色者如来解脱。解脱雖色不説是色。……迦葉菩薩白仏言、唯願世尊。重説如来大般泥洹解脱之義。仏告迦葉。其解脱者、於一切縛和合悉離。離和合者不生之生。如因父母而生其子是名為生。其解脱者則不如是。猶如醍醐本性清浄。不因父母愛欲長養。……(872c27-873a8)

（曇）迦葉復言、所言解脱為是色耶為非色乎。仏言、善男子。或有是色或非是色。言非色者即是声聞縁覚解脱。言是色者即是諸仏如来解脱。善男子。是故解脱亦色非色。如来為諸声聞弟子、説為非色。……爾時迦葉菩薩復白仏言、世尊。唯願哀愍、重垂広説、大涅槃行解脱之義。仏讃迦葉。善哉善哉、善男子。真解脱者名曰遠離一切繫縛。若真解脱離諸繫縛。則無有生亦無和合。譬如父母和合生子、真解脱者則不如是。是故解脱名曰不生。迦葉、譬如醍醐其性清浄。如来亦爾。非因父母和合而生、其性清浄。所以示現有父母者、為欲化度諸衆生故。(391c29-392a19)

（44） rnam par spong ba rnam par spong ba zhes bya ba ni/ bdag med pa gzung bar bstan te/ de ni de bzhin gshegs pa'i snying po la 'jug pa'o// ji ltar e raṇḍa dang/ 'dam bu'i sdong bu ni 'bras bu ma gtogs par thog thag du snying po med pa de bzhin du lha dang mi dang lha ma yin gyi lus thams cad ni de bzhin gshegs pa'i snying po ma gtogs pa thams cad e raṇḍa dang/ 'dam bu bzhin du snying po med do// srid pa snying po med pa tham cad rnam par spangs pa ni thar pa'o// thar pa ni rang la brda sprod pa yin te/ thar pa gang yin pa de ni de bzhin gshegs pa'o// (P 77a3-6).

（法）離諸欺誑、解脱我所、入如来蔵。其諸天人阿修羅身無有堅実、猶如伊蘭蘆葦芭蕉、無有堅実、離如来蔵。真解脱者入如来蔵。離諸虚偽、断一切有、解脱如是。(T12 874c9-12)

（曇）又解脱者、名為堅実。如竹葦蜱麻茎幹空虚而子堅実。除仏如来其余人天皆不堅実。真解脱者遠離一切諸有流等。如是解脱即是如来。(T12 394c28-395a2)

（45） khams khams shes bya ba la khams de ni sems can thams cad kyi khams so// srog de ni sems can thams cad kyi srog go// thar pa yang de dang 'dra ste thar pa gang yin pa de ni de bzhin gshegs pa'o// (P 77a8-b1).

（法）入於一性、種種性者、一切衆生性。種種寿者、一切衆生寿。真解脱者、則不如是。其解脱者、則是如来。(T12 874c14-16)

（46） lam chad pa lam chad pa zhes bya ba ni/ bdag med pa bsgoms nas rgyun mi 'chad pa'i tshul gyis bdag med pa 'dzin pa dang bdag bsgoms nas rgyum mi 'chad pa'i tshul gyis bdag 'dzin pa dang/ gnis ka'i phyogs bsgoms nas sangs rgyas kyi khams gang yin pa de ni yod do zhes de 'dzin pa gang yin pa de ni thar pa'o// thar pa gang yin pa de ni de bzhin gshegs pa'o// (P 78a7-b1).

（法）離於自在、離諸我所世俗非我。真実無我仏性顕現。其解脱者即是如来。(T12 875a9-10)

(曇) 又解脱者名断一切有為之法。出生一切無漏善法、断塞諸道、所謂若我、無我、非我、非無我。唯断取著不断我見。我見者名為仏性。仏性者即真解脱。真解脱者即是如来。(T12 395b10-14)

(47) 本章付論(一)註(140)参照。

(48) thar pa gang yin pa de ni bcos ma ma yin pa'i khams yin te (P 78b8).

(49) de ci'i slad du zhe na/ bsags pa'i khams ma gshigs (P bshig) pas na/ dngos po'i sgo nas mtshams med pa bgyid pa ma lags so// de bzhin gshegs pa'i sku la ni bsags pa'i khams kyi bag kyang ma mchis te/ chos kyi khams lags na/ ji ltar brgongs (P brgangs) su rung/ (P 80b1-2).

(法) 於長養身不傷壊者、無無間罪。如来無有長養之身。名自在法身。云何傷害。(T12 875b29-c1)

(曇) 何以故。如来身界不可壊故。所以者何。以無身聚唯有法性。(T12 396b15-16)

ことに (法) においては「如来＝解脱」を説くなかで、その性 dhātu を問題として取り上げる姿勢が見て取れる(874a24-b18参照)。たとえば「甚深難見。如諸衆生、各各自身有如来性、微妙 (v.l. 密) 難見。真解脱者、微妙 (v.l. 密) 難見、亦復如是 (874a11-13)」という表現にも認められるように、全く如来性品を予想させる内容を抱えている。しかし、この一文は (T) (曇) には存在しない。この箇所における如来蔵・仏性の表現の未定着ぶりは明らかである。

(50) この涅槃経における「解脱＝有」あるいは「声聞の解脱＝無」とする理解は、次の『宝性論』の一節と共通の文脈を形成していることが分かる。

yac ca tena mārgeṇa nirodho 'dhigataḥ so 'pi śrāvakanayena pradipocchedavat kleśa-duḥkhābhāvamātraprabhāvitaḥ / na cābhāvaḥ śaraṇam aśaraṇaṃ vā bhavitum arhati/ (*RGV*. 19.3-5). 〔そのような道によって到達される滅〔諦〕も、それもまた声聞のやり方で、灯火を消すように、煩悩と苦の無というだけで顕される。無では帰依処ともならないし、帰依処でないともならない。〕

涅槃経においても『宝性論』においても声聞の解脱は無としてとらえている。しかしこれは『ミリンダパンハー』における灯火の譬喩の使い方とは異なっている。後者においては、tejas は滅することがないものと理解されていた。第一章註(32)参照。

こうして見れば、涅槃経の「解脱＝有」という理解は、如来蔵思想にとって本質的な内容をもつことが分かる。

(51) われわれが通常おこなっている思想の発展とは、こうした追求姿勢にまとめられてもよいだろう。しかしこのことは、思想が終始、質を同一にしながら単に量的な変化として捉えられることを言おうとしたものではない。むしろこの態度は、原因と結果とを収めとることのできる、ある連続した過程を発見することによって、それを思想の描く運動と理解する態度を前提としている。

(52) ことに涅槃経は自説を名指しするとき、仏の「経と律」を一対にして表現する。

ただしニカーヤの中でもことに長部においては、律的要素が顔を出しており、その説相は大乗経典と共通するものがある。そこには大乗と比較的長部のニカーヤ独立経典との関連を見てもよいであろう。山極伸之[1996]は、律蔵と長部との関連を主題として解明を試みている。なお、本書第一章第四節第二項（一三四—一三六頁）参照。

(53) phyir mi 'ong ba zhes bya ba ni/ …… gzhan dag la yang sangs rgyas kyis gsungs pa ma yin par rung ba ma yin pa'i mdo rang bzo sna tshogs kyi tshig dang/ yi ge dang/ bran dang/ bran mo la sogs pa yongs su 'dzin pa ston mi srid pa dang/ glo bur gyi nye ba'i nyon mongs pa rnams kyis de la gnod par 'gyur mi srid pa dang/ nang gi nyon mongs pa rnams kyis de la gnod par 'gyur mi srid pa dang/ de bzhin gshegs pa'i khams bcabs te/ chos ston mi srid pa dang/ (P 81b8-82a2).

（法）阿那含者……不為人説非法典籍・離仏契経・世間歌頌・文飾記論・受畜奴婢非法等物。未起諸結能即覚知、過去諸結永不復縛、有所説法、不断仏性。（T12 876a15-19）

（曇）阿那含者、誹謗正法、若言聴蓄奴婢僕使・不浄之物、受持外道典籍書論、及為客塵煩悩所障、諸旧煩悩之所覆蓋、若蔵如来真実舎利……悉無是処。（T12 397a9-13）

(54) chos nyid ces bya ba ni de bzhin gshegs pa'i yongs su mya ngan las 'das pa'o// de bzhin gshegs pa rtag pa dang/ brtan pa dang/ ther zug pa'o zhes bya ba 'di ni sangs rgyas thams cad kyi chos nyid do// de bzhin gshegs pa mi rtag par mthong ba gang yin pa de dag ni …… de dag ni gang zag ma yin no// …… de ma yin pa'i gang zag bzhi po rnams ni tshad ma yin no// gang zag bzhi po dgongs pa'i tshig la mkhas pa dang/ de bzhin gshegs pa'i gsang ba'i de kho na nyid shes pa dang/ rtag pa yin par shes pa gang yin pa de dag ni/ de bzhin gshegs pa mi rtag go zhes sems skyed kyang mi srid do// gang zag bzhi po de dag ni rang nyid de bzhin gshegs pa dgra bcom pa yang dag par rdzogs pa'i sangs rgyas yin no// (P 92b5-8).

(55)（法）其名法者、即是如来大般泥洹。一切諸仏皆同此法。……如我所説四種人者善解如来方便密教。知諸如来是常住法・非変易法・非磨滅法。諸仏如来亦復在彼。（T12 879c3-8）

（曇）依法者、即是如来大般涅槃。一切仏法即是法性。是法性者即是如来。是故如来常住不変。……如上所説四人、出世護持法者、応当証知而為依止。……如是四人即名如来。何以故。是人能解如来密語及能説故。（T12 401c2-10）

(56) ただし後に述べるが（第四章第二節第二項および第五節第六項）、「四法品」においても、実質的に「如来＝人」という関係を述べたところがある。結論から言えば、これは菩薩が三昧の行をとおして如来と一体化し、その意識において教団の改革を目指そうとする内容を表現したものであり、その態度はもちろん、この「四依品」と共通する面をもつ。しかしけっしてこの四依品におけるほどに明瞭に宣言してはいない点に注意すべきである。

いくたびも繰り返すが、そもそも涅槃経は徐々に発展してくる。したがって前出の記述とは当然連続性が認められる。しかし同時に、その強調の程度などにおいて差異も出現しているのであり、この両者の微妙なバランスを観察することが解明の重要なカギとなる。この点は結論に至って明確にされるだろう。

(57)　dge slong dag/ khyed kyi rten ni ye shes yin no zhes bya ba ni de bzhin gshegs pa'i tshig bla dwags so// chos kyi sku gang yin pa de ni tshad ma yin no// thabs kyi sku gang yin pa de ni tshad ma ma yin no// thabs kyi sku la bltas na/ de bzhin gshegs pa'i sku la phung po dang/ khams dang/ skye mchad rnams ji ltar yod/ gal te med na yang sku gdung gi phung po ga las 'ongs/ de bas na sku gdung gi phyir 'jig rten na mchod rten 'byung ba yod kyi/ chos kyi sku ni 'byung ba med do// (P 93b2-4).

（法）其智慧者即是如来法身可信。方便身者則不可信。云何但見如来方便身已、而謂実有陰界諸入。若其無者為何処来、而今現有舎利積聚、以有舎利現於世故、謂其法身是穢食身。妄作是想、以是之故、識不可信。識不可信故、作識想者当知其人、亦不可信。（T12 879c27-880a4）

(58)　（曇）では「如来が常住であるのは法によって明言されることである。法とは常の意味でありまた無辺である（如来常者名為依法、法者名常、亦名無辺）（T12 402b1）」と述べている。これは「如来＝法」という関係からして（T）（法）に言うところと同じ趣旨になっている。やはり「仏塔」におけるブッダを「法」のレヴェルに持ち込もうとするものである。

(59)　'di na dge slong la la de bzhin gshegs pa'i snying po'i mdo sde chen po ston par byed do// sems can thams cad la ni sangs rgyas kyi khams yod la khams de rang rang gi lus la tshang ste/ sems can rnams kyis nyon mongs pa'i rnam pa zad par byas nas sangs rgyas su 'gyur te/ 'dod chen pa ni ma gtogs so// de la rgyal po'am rygal po'i blon po 'ga' zhig 'di skad ces zer te/ dge slong khyod sangs rgyas su 'gyur ram mi 'gyur/ sangs rgyas kyi khams khyod la yod dam med ces zer ba la/ dge slong de na re/ tshe dang ldan pa/ bdag sangs rgyas su 'gyur ram mi 'gyur ba lta sus shes mod kyi/ 'on kyang bdag gi lus la sangs rgyas kyi khams ni yod do zhe zer ro// de nas des dge slong de la smras pa/ dge slong khyod 'dod chen pa kho na ma yin na/ bdag ni sangs rgyas su 'gyur ro snyam du soms shig// de nas dge slong des de la smras pa/ tshed dang ldan pa/ chos de ni bdag gi lus la gor ma chag par yod do zhes gal te de skad zer na/ dge slong de la mi'i chos las bla mar gyur pa'i nyes pa yod ces bya'am/ med ces bya zhe na/ khams yod du zin kyang sbyin pa dang/ tshul khrims dang/ shes pa dang/ chos dang ldan pa rnams la yod par zad do zhes brjod par bya'o// (P 99a6-b3).

（法）復有比丘、広説如来蔵経、言一切衆生皆有仏性。在於身中、無量煩悩悉除滅已、仏便明顕。除一闡提。時有国王及諸大臣、問比丘言、汝当作仏不作仏耶。汝等身中、皆有仏性。彼比丘言。不知我当得作仏不。然我身中実有仏性。復語比丘。汝今莫作一闡提輩、而自計数我当作仏。比丘言、爾。但我身中実有仏性。然彼比丘雖作是説。非為自称得過人法。実有仏性、施戒生故。

復有比丘作是思惟。我当成仏、決定無疑。作是思惟。雖未得道果其福無量。以是義故、一切比丘、皆応修行是思惟法。所以者何。八十億種不清浄法、従是得離。清浄少欲、悉得成就。如来真性、由斯顕現。逮得百千諸法宝蔵。（881b23-c8）

（曇）復有比丘説仏秘蔵甚深経典、一切衆生皆有仏性。以是性故、断無量億諸煩悩結、即得成於阿耨多羅三藐三菩提。除一闡提。若王大臣、作如是言、比丘汝当作仏不作仏耶。有仏性不。比丘答言、我今身中定有仏性。成以不成、未能審之。王言、大徳、如其不作一闡提者、必成無疑。比丘言、爾実如王言。是人雖言定有仏性、亦復不犯波羅夷也。

復有比丘、即出家時作是思惟。我今必定成阿耨多羅三藐三菩提。如是之人、雖未得成無上道果、已為得福無量無辺不可称計。仮使有人当言、是人犯波羅夷、一切比丘無不犯者、何以故、我於往昔八十億劫、常離一切不浄之物。少欲知足、威儀成就。善修如来無上法蔵。亦自定知身有仏性。是故我今得成阿耨多羅三藐三菩提。得名為仏有大慈悲。（404c4-19）

（60）高崎直道［1974: 178］。

(61)　如来蔵 tathāgatagarbha を、可能性という因の意味合いで取るか、すでに実現された仏果の意味合いで取るかについては、文献によってニュアンスを異にする。涅槃経においては、これまでどちらかと言えば、仏果的な要素が強いと見られてきた。たとえばプトゥンはその代表であろう（下田正弘［1986］）。しかし、それはことに〈曇〉の増広部分においてあてはまることであり、三訳に共通するインド成立部に限って詳細に説相をたどれば、ここで述べるように、戒律の遵守などの実践によって実現されるべき「可能態」にとどまるものであることが分かる。

(62)　dge dslon rab tu byung nas sems par byed de/ kye ma bdag sangs rgyas su 'gyur ram mi 'gyur snyam pa'am/ bdag gis ni/ sangs rgyas nyid thob par 'gyur bar mngon no snyam du sems na 'bras bu ma thob tu zin kyang bsod nams mang po 'phel bar 'gyur ro// gal te de lta ma yin na/ dge slong thams cad kyang mi'i chos las bla mar 'gyur ro// de ci'i phyir zhe na/ ngas bskal pa bye ba phrag brgyad cu'i bar du rung ba ma yin pa'i dngos po yongs su 'dzin pa spangs te/ chog shes pa dang/ yo byad bsnyungs pa'i mchog la gnas nas de bzhin gshegs pa'i snying po yod par bsgoms te mngon par rdzogs par sangs rgyas nas …… zhes zer ba de lta bu ni/ de bzhin gshegs pa dgra bcom pa yang dag par rdzogs pa'i sangs rgyas kyis gsungs pa'i mdo sde dang/ 'dul ba yin par rig par bya'o// (P 99b3-7).

〈法〉復有比丘作是思惟。我当成仏、決定無疑。作是思惟。雖未得道果其福無量。以是義故、一切比丘、皆応修行是思惟法。所以者何。八十億種不清浄法、従是得離。清浄少欲、悉得成就。如来真性、由斯顕現。逮得百千諸法宝蔵。(881c3-8)

〈曇〉復有比丘、即出家時作是思惟。我今必定成阿耨多羅三藐三菩提。如是之人、雖未得成無上道果、已為得福無量無辺不可称計。仮使有人当言、是人犯波羅夷、一切比丘無不犯者、何以故、我於往昔八十億劫、常離一切不浄之物。少欲知足、威儀成就。善修如来無上法蔵。亦自定知身有仏性。是故我今得成阿耨多羅三藐三菩提。得名為仏有大慈悲。

(404c11-19)

(63)　(法) 如来真性由斯顕現 (881c7)、(曇) 亦自定知身有仏性 (404c18)。

(64)　sangs rgyas kyi bstan pa ni de ltar cha phrag ba yin na nyes pa spom po mi sdom par lta ga la mdzad/ gal te de tsam yang sdom par mi byed pa ni mchog tu ma bsdams pa yin no// ji zhig bzung ste tshul khrims srung zhe na/ sangs rgyas kyi khams yod la gsung rab yan lag dgu'i tshul gyis sangs rgyas su 'gyur ba'i rtog pa gcig pus sems can thams cad la sangs rgyas kyi khams yod do zhes bya ba dang/ shin tu rgyas pa las bdag med pa'i mchog yod do zhes smra ba ni/ gsung rab yan lag dgu'i tshul gyis mdo sde spong ba ma yin no// (P 100b3-5).

(法) 斯等皆是如来教誡決定之説。況犯麁罪。戒無麁細、当堅固持、為仏性故。若言九部不説衆生皆有仏性、又方等経亦説非我、是為誹謗九部契経。(882a1-4)

(曇) 我於経中亦説。有犯四波羅夷、乃至微細突吉羅等。応当苦治衆生。若不護持禁戒、云何当得見於仏性。一切衆生雖有仏性、要因持戒然後乃見。因見仏性、得成阿耨多羅三藐三菩提。九部経中、無方等経、是故不説有仏性也。経雖不説、当知実有。若作是説、当知是人真我弟子。(405a16-23)

(65)　[gsol pa] sems can thams cad la sangs rgyas kyi khams mchis par gsung rab yan lag dgu las nges par bstan na/ gang zag tu lta bar ji ltar mi 'gyur lags/ bdag gis thos pa bzhin du ji ltar gzung bar bgyi/ de ltar na ni mi'i chos las bla mar yang 'gyur lags so// bka' stsal pa/ ji ltar rgya mtsho'i nang na rin po che yon tan brgyad dang ldan pa sna tshogs med do zhes smra ba de bzhin du gsung rab yan lag dgu shin tu rgyas pa'i ye shes kyi rgya mtsho chen po las sangs rgyas kyi khams med do zhes zer ba yang de dang 'dra ste/ sangs rgyas kyi gsung 'di ni de dag gi yul ma yin la/ sangs rgyas kyi gsung ni sems can thams cad la de bzhin gshegs pa'i snying po yod do zhes bya ba'i gtan tshigs dang rtags rnams kyi sgo nas nyan thos dang rang sangs rgyas thams cad kyi yul yang ma yin par mngon no// theg pa chen po las ni bdag dang srog bshig pa yang med de/ de bas na sangs rgyas ni dbu ma'i lam zhes bya'o// gang dag bdag gi lus la sangs rgyas kyi khams yod de/ bdag gis sangs rgyas thob par 'gyur mod kyi/ nyon mongs pa zad par bya dgos so zhes de skad zer ba de dag ni nga'i nyan thos yin no// (P 100b5–101a2).

(66) (法) 云何不起衆生見耶。九部経中一切衆生皆有仏性。未所曾聞我当何取。或能自称説過人法。当知是等、如言大海無種種宝。彼雖受学九部契経、方等要蔵摩訶衍海、種種法宝非彼境界。然仏所説法、非為一切声聞縁覚、悉非其境界。見仏所説因縁相貌。亦復能知、一切衆生有如来性。不壊吾我・寿命之相。心存中道、言我身中皆有仏性、我当得仏。我今但当尽諸煩悩。如是説者是我声聞。(882a4–13)

(曇) 善男子、如汝所説。実不毀犯波羅夷也。善男子、譬如有人、説言大海唯有七宝、無八種者。是人無罪。若有説言、九部経中、無仏性者、亦復無罪。何以故。我於大乗大智海中説有仏性。二乗之人所不知見。是故説無不得罪也。如是境界諸仏所知。非是声聞縁覚所及。……有諸外道、或説我常、或説我断、如来不爾。亦説有我、亦説無我、是名中道。若有説言、仏説中道、一切衆生悉有仏性、煩悩覆故、不知不見。是故応当勤修、方便断壊煩悩。(405a27–b10)

(67) bdag la sangs rgyas su 'gyur ba'i sa bon de bzhin gshegs pa'i snying po zhes bya ba yod do// bdag gis sangs rgyas thob par 'gyur ro// bdag gis nyon mongs pa'i rnam pa rnams rnam par gzhom par bya'o// dge bsnyen khyed rnams la'ang sangs rgyas kyi khams yod de/ bdag cag kun kyang sangs rgyas su 'gyur zhing de bzhin gshegs pa'i sa thob par 'gyur ro// nyon mongs pa'i rnam pa rnams zad par bya'o snyam du sems pa de lta bu ni/ dam pa'i chos kyi rtog pa'i sgo nas byang chub sems dpa' yin te/ mi'i chos las bla mar 'gyur ba'i nyes pa byung ba ma yin no zhes nga zer ro// (P 101b8–102a3).

(法) 長養自身如来種子、速令仏性開発顕現。無量結患一時除滅。告諸衆生汝等皆成如来之性、滅諸煩悩。心在護法而作是説。我説斯等為菩薩也。以護法故無有自称得過人法越比尼罪。(882a25–b1)

（曇）復言、我今亦有仏性。有経名曰如来秘蔵、於是経中我当必定得成仏道。能尽無量億煩悩結。広為無量諸優婆塞、説言、汝等尽有仏性。我之与汝倶当安住如来道地。成阿耨多羅三藐三菩提。尽無量億諸煩悩結。作是説者、是人不名堕過人法、名為菩薩。（405c12–18）

（68）［'di ni sdug bsngal 'gog pa zhes bya ba la］stong pa nyid sgom pa ni gtan du stong pa nyid bsgom pa thams cad zad pa de bzhin gshegs pa'i snying po med par byed pa de lta bu ma yin te/…… (104a7) sems can thams cad la ni de bzhin gshegs pa'i snying po yod de/ de ni gsal bar mi mngon no// gang gi tshe nyon mongs pa zad pa de'i tshe de dzhin gshegs pa'i snying po la 'jug pa khyed kyis mthong bar 'gyur ro// …… de bzhin gshegs pa'i snying po bdag med par bsgoms shing gtan du stong pa nyid bsgoms pas ni sdug bsngal rnams mi 'gag par …… de bzhin gshegs pa'i snying po yod par bsgoms pa'i sems can rnams ni/ nyon mongs pa rnams yod bzhin du nyon mongs pa'i rnam pa 'gog par byed do// de ci'i phyir zhe na/ de bzhin gshegs pa'i snying po'i rken gyi phyir te/ (P 104a5–b2).

（法）苦滅諦者、若修行空、一切尽滅壊如来性、若修行空名滅諦者、彼諸外道相違義者、亦修行空得滅諦耶。当知一切皆有如来常住之性。滅諸結縛煩悩、永尽、顕現如来常住之性。起於一心便得妙果。常楽自在名法自在王。是為修行苦滅聖諦。若復修行於如来性、作空無我相、当知是輩如蛾投火。名滅諦者、是如来性。是如来実。滅除一切無量煩悩。所以者何。是如来性因故。如是知者、為知如来平等滅諦。若異此者、不名知滅。苦滅道者、如来法僧解脱之性。此四種法名為道諦。（883a2–13）

（曇）苦滅諦者、若有多修習学空法、是為不善。何以故。滅一切法故。壊於如来真法蔵故。作是修学、是名修空。修苦滅者、逆於一切諸外道等、若言修空是滅諦者、一切外道亦修空法応有滅諦。若有説言、有如来蔵、雖不可見、若能滅除一切煩悩、爾乃得入。若発此心一念因縁、於諸法中而得自在。若有修習如来密蔵無我空寂、如是之人於無量世、在生

死中流転受苦。若有不作如是修者、雖有煩悩疾能滅除。何以故。因知如来秘密蔵故。(406c7-17)

(69) 本章第二節第三項(二五七—二五九頁)参照。

(70) bdag med pa la bdag tu 'du shes pa ni phyin ci log yin no// bdag yod pa la bdag med par 'du shes pa ni phyin ci log yin no// de la 'jig rten pa rnams la bdag yod ces te/ 'jig rten pa bzhin du sangs rgyas kyi gsung la yang bdag yod pa ma yin te/ de bzhin gshegs pa'i snying po'i ming yang med do zhes bdag med pa sgom pa 'di ni/ phyin ci log gsum pa'o// (P 105a6-8).

(法) 非我我想顛倒。我非我想顛倒。言一切世間有我、是為顛倒。仏説如来性、是真実我、而於此義作非我修。是名第三顛倒。(883b3-5)

(曇) 無我我想、我無我想、是名顛倒。世間之人亦説有我。仏法之中亦説有我。世間之人雖説有我無有仏性、是則名為於無我中而生我想。是名顛倒。仏法有我即是仏性。世間之人説仏法無我。是名我中生無我想。若言仏法必定無我、是故如来勅諸弟子修習無我、名為顛倒。是名第三顛倒。(407a20-26)

(71) bcom ldan 'das ci lags/ srid pa nyi shu rtsa lnga bdag mchis shes bgyi'am/ ma mchis shes bgyi/ bka' stsal pa/ bdag ces bya ba ni de bzhin gshegs pa'i snying po'i don to// sangs rgyas kyi khams ni sems can thams cad la yod mod kyi/ de yang nyon mongs pa'i rnam pa rnams kyis bsgribs te bdag nyid la yod bzhin du sems can rnams kyis mthong bar mi nus so// (P 105b4-6).

(法) 迦葉菩薩復白仏言、「世尊。如来有我、二十五有為有為無」。仏告迦葉。「真実我者是如来性。当知一切衆生悉有、但彼衆生無量煩悩覆蔽不現」。(883b14-17)

(曇) 〔迦葉〕「世尊、二十五有有我不耶」。仏言、「善男子。我者即是如来蔵義。一切衆生悉有仏性。即是我義。如是我義従本已来、常為無量煩悩所覆。是故衆生不能得見」。(407b7-11)

(72)　(T)(P 105b6-106a4)、(法)(883b17-26)、(曇)(407b11-28)。

(73)　第二章第五節(二一〇—二一三頁)、および本章第一節を参照。

(74)　(T)(P 107a4-107b3)、(法)(883c10-18)、(曇)(407c20-408a9)。

(75)　(T)(P 107b3-108a2)、(法)(883c18-29)、(曇)(408a9-24)。

(76)　de bzhin tu sems can thams cad la de bzhin gshegs pa'i snying po yod mod kyi/ sems can rnams kyis ni de mi shes te/ mi dge ba'i grogs po la bsten pa'i nyes pa dang/ 'dod chags dang/ zhe sdeng dang/ gti mug gis non pas sems can rnams sems can dmyal ba dang/ dud 'gro dang/ yi dwags dang/ lha ma yin dang/ gdol pa dang/ bram ze dang/ rgyal rigs dang/ rje'u rigs dang/ dmangs rigs rnams su skye bar 'gyur ro// (P 108a2-4).

(法)若使一切皆有如来性者応無有異。而今現有長者梵志刹利居士旃陀羅等、諸衆生類種種異業、受身不同。……一切衆生亦復如是。各各皆有如来之性。習悪知識、起婬怒癡、堕三悪道、乃至周遍二十五有種種受身。(883c10-884a2)

(曇)一切衆生亦復如是。不能親近善知識故、雖有仏性皆不能見、而為貪婬瞋恚愚癡之所覆蔽故、堕地獄・畜生・餓鬼・阿修羅・旃陀羅・刹利・婆羅門・毘舎・首陀、生如是等種種家中。(408a24-28)

(77)　この記述は「如来蔵」という表現を除いて、『瑜伽師地論』の無明にかんする次の説明を想起させる。avidyā katamā/ asatpuruṣasaṃsevām āgamya asaddharmaśravanam ayoniśomanaskāraṃ naisargikaṃ vā smṛtisaṃpramoṣaṃ yaj jñeye vastuni …… kliṣṭam ajñānam / (Schmithausen [1987a: 519, n.1421.2]).

(78)　bdag ni thams cad du gnas pa ma yin la/ rin po che rdo rje ltar 'od gsal shing nyon mongs pa'i rnam pas bgribs pa yin no//……(108b2) sems can rnams yid che par 'gyur la nyon mongs pa zad par bya dgos pa tsam du zad do// de nas rdo rje bzhin du de bzhin gshegs pa'i snying po mthong bar 'gyur ro// (P 108b1-3).

(法)一切衆生亦復如是。各各皆有如来之性。習悪知識、起婬怒癡堕三悪道、乃至周遍二十五有種種受身。如来之性摩尼宝珠。没在煩悩婬怒癡瘡、不知所在。……於是如来復為方便、令滅無量煩悩熾然、開示顕現如来之性。(883c29-884a7)

（曇）是諸衆生為諸無量億煩悩等之所覆蔽不識仏性。若尽煩悩爾時乃得証知了了、如彼力士於明鏡中見其宝珠。(408b9-11)

(79) （T）(P 108b3-8)、（法）(884a7-13)、（曇）(408b13-22)。

(80) de bzhin gshegs pa'i snying po ni bcud kyi khams dang 'dra ba la nyon mongs pa'i rnam pas bsgribs shing 'dug ste/ sangs rgyas su 'gyur ba'i rgyur rog gcig tu zin kyang de las sems can rnams kyi las kyi rnam par smin pas ro mang por 'gyur te/ skyes pa dang/ bud med dang/ ma ning rnams 'byung bar 'gyur ro// de bzhin gshegs pa'i khams de ni skyes bu'i rang bzhin yin te/ …… gal te srog chags bsad par gyur na ni/ 'tsho ba po gtan med par byas par 'gyur la/ 'tsho ba po gtan med par 'gyur ba ni mi srid do// de la 'tsho ba po zhes bya ba ni de bzhin gshegs pa'i snying po yin la khams de ni/ gzhig pa'am/ gsad pa'am/ gtam med par bya mi nus la sangs rgyas nyid ma thob kyi bar du shin tu rnam par dag par mthong bar yang mi nus so// (P 108b8-109a5).

（法）如来性者多種之味。無量煩悩愚癡覆蔽、是故衆生不得上味如来之性。種種行業処処受身。彼如来性無可殺害。其諸死者名為寿短。如来之性名為真寿。不断不壊乃至成仏。如来之性無害無殺唯長養身。(884a14-18)

（曇）如来秘蔵、其味亦爾。為諸煩悩叢林所覆。無明衆生不能得見。一味者喩如仏性。以煩悩故、出種種味。所謂地獄・畜生・餓鬼・天人、男女非男非女。刹利・婆羅門・毘舎・首陀。仏性雄猛、難可沮壊。是故無有能殺害者。若有殺者、則断仏性。如是仏性、終不可断。性若可断、無有是処。……若得成就阿耨多羅三藐三菩提、爾乃証知、以是因縁、無能殺者。(408b22-c3)

なお、ニカーヤにおいて、jīva に代表されるいわゆる生命原理のようなものがいかに受け取られていたかについては、

Harvey［1995: 89–104］が詳しく述べているが、妥当な見解である。初期経典においては、経験的な自我の連続は認められていたように、経験的な生命原理は認められていると考えてよい。それは識 viññāṇa として表現されており、アートマンではない。しかし、識としての表現自体が、すでにウパニシャッドにおける表現を前提としたものである(Harvey［1995: 92–93］)。これは、すでに序章において述べたように、初期経典の担い手たちが、ヴェーダ伝承の知識を所有し、それに委ねて表現したものと考えてよい。なお下田正弘［1996］参照。

(81)　'jig rten pa rnams kyi bdag ni/ ldum bu sha ma ka'i 'bras bu tsam dang/ 'bras kyi 'bru tsam dang/ mthe bo tsam zhes bya ba la sogs par rtog pa ste/ mi bden pa'i rtog pa yin no// 'jig rten las 'das pa'i rtog pa ni/ sangs rgyas kyi khams yod par rtog pa gang yin pa ste/ don dam pa'i bden pa'i rtog pa yin no// ..... gzhan yang dper na gter gyi 'byung khung gi spyad shes pa'i mis 'jor (P gzhor) ram/ rko ba'i dpyad gzhan dag gis gter brkos na/ rdo dang gseg ma thams cad ni phye mar rlog par nus la/ rdo rje ni rnams kyang cung (P chung) zad kyang chod par mi nus te/ mtshon cha thams cad kyis kyang rdo rje rin po che mi chod pa de bzhin du rigs kyi bu/ de bzhin gshegs pa'i snying po skye ba po'i bdag ni lha dang bdud bye ba snyed kyis kyang mtshon cha thams cad kyis gcod par mi nus la bsags pa'i khams ni / rdo dang gseg ma bzhin du phye mar rlog nus so// de bzhin gshegs pa'i snying po 'tsho ba po ni rdo rje rin po che dang 'dra ste/ (P 109a8–b5).

(法)　如人穿地求金剛宝。手執利鑿鑿堅土石悉能令砕。唯有金剛、莫能断截如来之性、亦復如是。天魔利剣所不能傷。唯長養身受其傷壊、非如来性。是故当知如来之性無害無殺。(884a21–25)

(曇)　非聖之人、横計於我、大小諸相。猶如稗子、或如米豆、乃至母指。如是種種妄生憶想。妄想之想、無有真実。出世我相、名為仏性。如是計我、是名最善。……譬如有人、善知伏蔵。即取利钁、斸地直下、磐石沙礫、直過無難。唯至金剛、不能穿徹。夫金剛者、所有刀斧、不能沮壊。……衆生仏性亦復如是。一切論者、天魔波旬、及諸人天、所不能壊。五陰之相即是起作。起作之相、喩如石沙、可穿可壊。仏性者、喩如金剛、不可沮壊。以是義故、壊五陰者名為殺生。(408c10-22)

但しこの箇所では（法）においては「世間のアートマンは……」に当たる記述が落ちている。

（82）金剛の喩にしてもけっして大乗特有のものではなく、ニカーヤにおいてすでに知られたものである。

katamo ca bhikkhave vajirūpamacitto puggalo?　idha bhikkhave ekacco puggalo āsavānaṃ khayā anāsavaṃ cetovimuttiṃ paññāvimuttiṃ diṭṭh' eva dhamme sayaṃ abhiññā sacchikatvā upasampajja viharati. seyyathāpi bhikkhave vajirassa n' atthi kiñci abhejjaṃ maṇi vā pāsāṇo vā, evaṃ eva kho bhikkhave idh' ekacco puggalo āsavānaṃ khayā ...... pe ...... sacchikatvā upasampajja viharati（*AN*. i. 124.20-26).〔比丘たちよ、金剛のごとき心を持つ人とはいかなる者か。比丘たちよ、ある人が漏を尽くして、無漏なる心解脱を、慧解脱を、まさにこの世において自ら実現し、体得し、完成しているとしよう。ちょうど、比丘たちよ、金剛は、摩尼であれ、石であれ砕くことのできないものがあり得ないように、比丘たちよ、この人は……〕

ここではcittaにたいする形容として使われているところに特徴があるが、アングッタラニカーヤ自体が「心性本浄citta-pabhassara」という思想を有している（*AN*. i. 8-11）ことから判断すれば、この涅槃経の箇所の理解との共通性は十分に考慮されなければならないだろう。

（83）bdud rtsi rtag pa khams kyi dbyings// de la deng 'dir skyabs mchog song// bdud rtsi mchog gi khams de ni// nga yi khams yin sems can khams// rtag tu nga la skyabs song na// skyabs gsum bdag nyid khams su 'gyur// nga yi sku la khams yod kyis// bdag nyid 'di la khyod zhugs shig// sangs rgyas chos dang dge 'dun rnams// nga yi khams kyi rang bzhin te//（P 110a4-5).

（法）我今帰三宝　甚深如来性　自身如来蔵　仏法僧是三　如是帰依者　是名最上依。(884b12-14)

(曇) 無上甘露味　不生亦不死　迦葉汝今当　善分別三帰　如是三帰性　則是我之性　若能諦観察　我性有仏性　当知如是人　得入秘密蔵　知我及我所　是人已出世　仏法三宝性　無上第一尊　如我所説偈　其性義如是。(409b10-17)

(84)　gcig bu la skyabs su song zhig// ye ses 'di la ni skyabs gsum med de/ chos dang dge 'dun 'du ba'ang med do// sangs rgyas nyid chos kyang yin// dge 'dun yang yin te// de bzhin gshegs pa nyid gzhi gsum pa yang yin no// nyan thos kyi theg pa las ni/ byis pa rnams kyi 'jig rten pa'i lta ba gsal ba'i phyir gzhi gsum pa gzhag go// gal te khyod 'jig rten pa dang mthun(P 'thun) par byed na/ de'i tshul gyis skyabs kyi gzhi gsum du 'gro bar gyis la bdag sangs rgyas la skyabs su song nas sku gcig par gyur cig// de nas sangs rgyas nyid du gyur nas de bzhin gshegs pa'i rlabs byed par gyur cig// de bzhin gshegs pa dang mnyam par gyur nas sangs rgyas rnams la thal mo btud par mi bya'o// bdag sems can thams cad kyi skyabs chen po lta bur gyur cig// bdag gis chos kyi sku yang mi gtang bar sangs rgyas kyi khams dang mchod rten la phyag bya'o// phyag byed mi 'dod pa'i sems can thams cad kyi mchod rten lta bur bdag gyur cig// bdag gi lus sems can thams cad kyis phyag bya ba'i gnas su gyur cig// bdag chos la skyabs su song nas chos kyi skur gyur cig// (P 111a1-7).

(法)〔世尊〕汝莫如声聞　童蒙之智慧　唯是一帰依　当知非有三　如是平等道　仏法僧一味　為滅癡邪見　故立此三法　汝今欲示現　随順世間者　応当従此教　帰依於三宝　若人帰依仏　便為帰依我　帰依等正覚　正覚我已得　分別帰依者　則乱如来性　当於如来所　而作平等心　合掌恭敬礼　則礼一切仏　我与諸衆生　為最真実依　清浄妙法身　我已具足故　若礼舎利塔　応当敬礼我　我与諸衆生　為最真実塔　亦是真舎利　是故応敬礼。(884c21-885a7)

(曇) 汝今不応如諸声聞凡夫之人、分別三宝於此大乗無有三帰分別之相。所以者何。於仏性中即有法僧。為欲化度声聞凡夫故、分別説三帰異相。……若欲随順世間法者、則応分別有三帰依。……菩薩応作如是思惟。我今此身帰依於仏。若即此身得成仏道、既成仏已不当恭敬礼拝供養於諸世尊。何以故。諸仏平等、等為衆生、作帰依故。若欲尊重法身舎利、

便応礼敬、諸仏塔廟。（409c27–410a7）

（85） sems can su yang rung ste de bzhin gshegs pa’i snying po rtogs par bgyi ba’i slad du mdo ’di la mngon par dad pa rnams ni/ rang nyid skyabs gsum lags te/ des ni bdag nyid la skyabs su mchi bar bgyi’i/ gzhi gsum la ni mi dgos lags so// de ci’i slad du zhe na/ de bzhin gshegs pa’i snying po sangs rgyas kyi khams mchis pa’i slad du’o// rnam par brtags nas bdag gi lus la sangs rgyas kyi khams mchis so zhes brjod par bgyi’o// de ltar ’tshal nas des skyabs gsum du yang mchi bar mi bgis ste/ de nyid chos dang dge ’dun gyi skyabs su gyur pa dang/ nyan thos dang rang sangs rgyas rnams kyis rtag tu phyag bgyi ba’i gnas lags so// （P 112a6-b1）.

（86） garbha を胤と解釈する見解については原実［1987］及び Hara［1994a］参照。この理解は涅槃経においても生きてくる。

（87） （法）当於如来所　而作平等心　合掌恭敬礼　則礼一切仏　我与諸衆生　為最真実依　清浄妙法身　我已具足故
若礼舎利塔　応当敬礼我　我与諸衆生　為最真実塔　亦是真舎利　是故応敬礼　若帰依法者　応当帰依我　清浄妙法身
我已具足故。（885a1–9）

（曇）我今此身帰依於仏。若即此身得成仏道。既成仏已、不当恭敬礼拝供養於諸世尊。何以故。諸仏平等、等為衆生作帰依故。若欲尊重法身舎利、便応礼敬諸仏塔廟。所以者何。為欲化度諸衆生故。亦令衆生於我身中起塔廟想、礼拝供養。如是衆生、以我法身、為帰依処。（410a3–9）

なお、（法）における「応当敬礼我」などの表現における「我」は、一人称の呼称であって、reflexive に使われているものではないとの見方ができるかもしれない。とすればこの「我」は「自己」という意味ではなく、話し手である世尊自身を指すことになる。その際、この世尊と諸仏、さらには法身とは区別されて語られているという、奇妙な位置関係ができあがる。こうした問題は、この偈頌自体を説く意味上の主体が誰なのか、（法）においてはやや曖昧なところから起こってくるものである。しかし〈曇〉〈T〉を考慮すると、結論としては「自己の中の仏塔」に礼拝することを説いたものとの解釈しか残らない。この箇所では、話し手である世尊の「仏」たる所以は、むしろ如来蔵・仏性という根拠によることを述べたものであることと、法・僧への帰依は、仏への帰依によって実現される、という二点を理解すべきである。

まず〈法〉においては、迦葉の問いかけである「我今帰三宝　甚深如来性　自身如来蔵　仏法僧是三」という偈に相応した答えとして上記の内容が世尊によって説かれている。そして最後には迦葉が「一切衆生類　悉応自観察　自身如来蔵　皆是三帰依」(T12 885b7-8) という答えによってまとめあげる。結局は迦葉自身が、「自分の身体のなかに仏性・如来蔵が存する」ことを述べ、仏の帰依の根拠として明示しているのである。もちろんこの仏性 buddhadhātu は仏塔と重なりがあり、その比重を移し変えるようにして用いられている。

〈曇〉においては、以上の趣旨がより明確である。まず仏性において三宝が初めて認められることを明言し、三宝を区別するのは声聞のためであると言う (於仏性中即有法僧。為欲化度声聞凡夫故、分別説三帰異相 (409c29-410a1))。そして菩薩自らは、自分が成仏した以上は、世間を導く手だて以上の意味として諸仏に帰依する必要はなく、礼拝してはならないと言う (菩薩応作如是思惟。我今此身帰依於仏、若即此身得成仏道、既成仏已、不当恭敬礼拝供養於諸世尊 (T12 410a3-5))。そして続くくだりが本文に掲げた内容である。〈曇〉では「我」は菩薩を指しており、したがって経の担い手自身が「自らのうちに仏塔の想をいだく」という内容となっている。

加えて、この涅槃経とまったく同一の脈絡を持つ『宝積経・摩訶迦葉会』においては、帰依する対象が「自己」であることが明瞭になされていることを考慮しておけば、ここであげた解釈はより確からしくなる (本章第四節第三項㈢参照)。なお、もしこの「われ」が一人称であるとすれば、それはオーラルに特徴的な「話し手の物語への介入」の可能性がある点を付言しておこう。ナレーターが物語に出現してしまうのである。登場人物と語り手のオーヴァーラップは、口承作品の中にしばしば見出される。ただ、後述するが、基本的にこの部分は書写がなされたのちに完成されているはずである。一般に口伝の作品がたとえ書写されても、読誦・口承と並行して、多くの場合口承の影響が中心となって進んでいくことを考慮しておかねばならない。インド仏教においても事情は同様であり、書写と口伝・口承とは重なりあっている。書写が完成された時点で、口伝に特有の現象が消え去るわけではけっしてない。

(88) yang dag pa'i khams shes bya ba ni de bzhin gshegs pa'i snying po ste/ sangs rgyas kyi khams shes bya ba yin gyi/ khams thams cad spangs te rtag pa dang brtan pa la nan tan gyis shig/ (P 113a6-7).

(89) nga'i lus la bde ba'i sa bon de lta bu yod bzhin du (P 113a8-b1).

(90) nga'i lus la chos kyi sku'i sa bon de lta bu yod do snyam du shes pas (P 113b2).

(91) de bzhin gshegs pa'i snying po ni mar gyi snying khu lta bu'i rang bzhin can yin mod kyi/ nyon mongs pa'i rnam pa'i nyes gzhan du snang bar gyur te/ (P 115a1-2).

(92) lus 'di yang de dang 'dra ste/ sbrul gdug pa lta bu'i khams bzhi'i dug dang ldan mod kyi/ sman gyi rgyal po de bzhin gshegs pa'i snying po de yod pas na/ de bzhin gshegs pa'i snying po thog ma nas bcos ma ma yin pa'i khams yin la/ nyon mongs pa rnams ni glo bur du byung ba yin te/ sangs rgyas su 'gyur bar 'dod pa su yang rung ba rnams kyis ni nyong mongs pa'i rnam pa rnams gzhom par bya'o// (P 115a3-5).

(93) de bzhin gshegs pa'i snying po de yang nyon mongs pa'i rnam pas bsgribs pas bdag med pa bzhin du snang la/ mdo chen po 'di thos pa gang yin pa de dag yongs su mya ngan las 'das pa chen po 'di thos ma thag tu sha mo bzhin du de bzhin gshegs pa'i snying po'i shes pa skye bar 'gyur ro// (P 115a6-7).

(94) kye ma de bzhin gshegs pa'i snying po ni nyan thos dang rang sangs rgyas thams cad kyis mthong bar shin tu dka' ba dang/ rjes su shes par shin tu dka' ba dang/ bzod par shin tu dka' ba lags so// (P 115b3).

(95) sa bcu thob pa'i byang chub sems dpa' sems dpa' chen po yongs su sbyang ba'i dpyad thams cad byas ba rnams kyang de dang 'dra ste/ de ltar yongs su sbyang ba byas kyang mi de dag dang 'dra bar bdag nyid la de bzhin gshegs pa'i snying po yod par lan gnyis lan gsum gyi bar du ngas bstan pa dang de'u ma mthong ste ……(116a2) nga'i khams kyi bstan chos la 'jug pa'i mthong bar dka' ba yin no// (P 115b7-116a2).

(96) sa bcu thob pa'i byang chub sems dpa' sems dpa' chen po rnams kyis kyang bdag cag gis rang rang la de bzhin gshegs pa'i snying po yod par 'ol spyir mthong ngo snyam du sems na (P 116a3-4).

(97) sa bcu thob pa'i byang chub sems dpa' sems dpa' chen po rnams kyis kyang legs par brtags na rang gi lus la de bzhin gshegs pa'i snying po byas pa ma yin pa'i khams yod par 'ol spyir mthong bar zad do// (P 116a5-6).

(98) sa bcu thob pa'i byang chub sems dpa' sems dpa' chen po rnams kyis kyang rang gi lus la de bzhing gshegs pa'i snying po yod bzhin du yod par 'ol spyir mthong bar zad do// (P 116a7-8).

(99) sa bcu thob pa'i byang chub sems dpa' sems dpa' chen po rnams kyis kyang rang gi lus la sangs rgyas kyi khams yod bzhin du yod par 'ol spyir mthong bar zad do// (P 116b2).

(100) sa bcu thob pa'i byang chub sems dpa' sems dpa' chen po rnams kyi kyang rang gi lus la sangs rgyas kyi khams yod par 'ol spyir mthong bar zad do// (P 116b3-4).

(101) sa bcu thob pa'i byang chub sems dpa' sems dpa' chen po rnams kyis kyang rang gi lus la sangs rgyas kyi khams yod bzhin du bdag gi lus la de bzhin gshegs pa'i snying po yod do snyam du 'ol spyir mthong bar zad do// (P 116b6-7).

(102) P 116b8-117a1.

(103) de ltar na nyan thos dang rang sangs rgyas thams cad kyis kyang yongs su mya ngan las 'das pa chen po'i mdo

chen po 'di'i tshul gyis bdag gi lus la de bzhin gshegs pa'i snying po yod par yid ches par bya ste/ (P 117b1-2).

(104) de bzhin du mdo sde thams cad dang/ ting nge 'dzin thams cad dang/ theg pa chen pó ni yongs su mya ngan las 'das pa chen po'i mdo sde 'di'i khongs su 'dus so// ci'i phyir zhe na/ 'di las de bzhin gshegs pa'i snying po shin tu yongs su mthar thuġ pa gsal bar bstan pa'i phyir te/ (P 123b6-7).

(105) 高崎直道［1974: 75-79, 85-89, 165-166, 178-181, 758-763］。

(106) yaḥ kaścit kulaputro vā kuladuhitā vā tathāgatasyārhataḥ samyaksaṃbuddhasya parinirvṛtasya pūjāyai koṭiśaḥ saptaratnamayāṃs tathāgatadhātugarbhān stūpān kārayet（*AsP.* 31.9-11）.

この箇所の指摘は下田正弘［1991b］。

(107) yatas tena mahāśreṣṭhinā saṃcintya yathaitat suvarṇaṃ tatraiva garbhasaṃsthaṃ syāt tathā kartavyam iti tasya stūpasya sarvair eva caturbhiḥ pārśvaiḥ pratikaṇṭhukayā catvāri sopānāni ārabdhāni kārayitum（*Divy.* 150.30-32）. cf. 杉本卓洲［1984: 212-222］。

なお、この問題については第一章第二節第二項（八五―八六頁）参照。

(108) この問題は詳しくは後述する。第四章第六節第五項（三八六―三八七頁）参照。

(109) この部分については下田正弘［1996a］参照。

そこにおいても述べたが、*Kriyāsaṃgraha*（*KS*）第八章の冒頭には、dharmadhātu を stūpa として説明する件がある。先行研究を踏まえながら、この問題に関説しておこう（なお、先行研究としては Bénisti［1960］、種村隆元［1994: 53-66］）。

*KS* における仏塔の説明は、仏塔の種類、構造に、教理的な術語を配当する形で進められていく。具体的には四種の仏塔の型を分け、その四種に共通の仏塔構造を説明する件において、仏塔の各部分を三十七菩提分に対応させる形で明

かしている。第八章をテクスト校訂したベニスティは、dharmadhātuを、一般的には「聖遺物としてのブッダの法（教え）を記したものを収める」容器と見なしながらも、この*KS*の文脈では、こうしたdharmadhātu本来の狭い用法ではなく、stūpaそのものを指していると理解する（またフーシェの説を引いて、より一般的には儀礼としてのオブジェ全体を示すこともあるとする。Foucher [1900: 51]）。実際、フーシェはネパール出土の写本の中に、stūpa, caitya, dharmadhātuが、何れも区別なくstūpaそのものを指す用例を報告し、またミニチュアのストゥーパにdharmadhātuという銘が刻まれている例をも提示している（Foucher, *loc.cit.*）。

一方、Roth [1980] は、同じこの*Kriyāsaṃgraha*の最後に説かれる、

om dharmadhātu-garbhe svāhā ity anenāṣṭottara-śata-vāraṃ parijāped iti yaṣṭika-sthāpanam kuryāt

なる記述に注目した。そして、ここに説かれるdharmadhātuをベニスティの解釈と同じくstūpaと理解した上でdharmadhātugarbhaなる語を『宝性論』に説くtathāgatagarbhaの意味で解釈する。とすれば彼はここでtathāgatagarbhaをstūpagarbhaの意味でとらえ、stūpaを宿すことがtathāgatagarbhaという術語で表されていると見ていることになる。これはいまここで指摘をした、『八千頌般若』に見られるtathāgata-dhātugarbhāṃ stūpānという複合語の用例と、実質的に同じ用いられ方をしているケースと見てよいだろう。

なお明言はしていないが、ロートが根拠としている『宝性論』の典拠は次の箇所であろう。sa khalv eṣa tathāgatagarbho yathā dharmadhātugarbhas tathā satkāyadṛṣṭipatitānām agocara ity uktaṃ dṛṣṭipratipakṣatvād dharmadhātoḥ/（*RGV.* 76.16-18）〔この如来蔵は法界蔵dharmadhātugarbhaとしては、有身見に堕した者たちの理解できる領域ではないと言われる。法界は見を対治すべきものであるから〕。なお、Ruegg [1969: 266, n.4, 315, 379]、および高崎直道 [1989: 134] 参照。

このように仏塔に教義を対応させるのは、密教文献に限られたことではない。第一章で明かしたが、仏塔を巡っての

関心はすでに律蔵において語られており、その建築法、構造などをかなり詳細に知ることができる。ロートは、後代の文献において重要な概念となるdharmacaityaの原初形態とでもいうべきものを『根本説一切有部律』の中に確認し、仏塔構造の汎時代性を強調している（Roth, *op.cit.* 202）。やがて時代を下るとともに、この仏塔の構造はマンダラの構造とも対応関係が付けられていき、文献と仏塔との関係はますます深まって、両者が統一的な世界を構成するに至る（Kottkamp［1992］）。

(110) 月婆首那『宝積経・摩訶迦葉会』（T No.310, Vol.11, 501-514. 以下(月)とも）; *'Phags pa byams pa'i seng nge'i sgra chen po*（*Ārya-maitreyamahāsiṃhanādasūtra*）, P No.760(23), Vol.24, Zi 58b6-111a2.

　なおこの項の考察は下田正弘［1991b］に依っている。

(111) dper bgyi na mi la la zhig rgas shing gtugs la 'khogs par gyur cing/ de yang na tshod dgung lo brgya nyi shu tsam lags par gyur la/ mi de bro nad kyis thebs shing glo ba mi bde nas/ mchis mal gyi khri steng du mchis nyal bar gyur pa na/ mi shes rab 'chal ba'i rang bzhin can/ phyug pa nor mang ba longs spyod che ba la la zhig der mchis nas/ mi mchis mal gyi khri steng na mchis nyal ba de la/ kye skyes bu kho bo'i gter 'di khyod la gtams kyis/ kho bo gang gi tshe lo bcu'am nyi shu tsam na yul gzhan zhig nas/ phyir 'ong ba de'i tshe/ khyod kyis gter 'di kho bo la phyir phyin cig ces de'i sug par gter 'doms par bgyid cing/ de ltar gtams nas/ yul gzhan du mchi bar gyur la/ mi mchis mal gyi khri steng na mchis nyal ba de bu yang ma mchis/ bu mo yang ma mchis/ 'khor kyang ma mchis la/ de nas mi de yul gzhan du mchis nas/ ring po ma lags/ bar de yang 'gum pa'i dus bgyis par 'gyur na/ nor gyi tshogs de dag thams cad kyang/ chab 'tshal bar gyur pa'i slad na/ mi de slar mchis na su la ji skad bgyir yang ma mchis pa de bzhin du bcom ldan 'das gang zhig nyan thos nyi tshe bar spyod pa/ nyi tshe ba'i shes pa dang ldan pa/ zla ba ma mchis pa/ yun ring por mi gnas pa la/ dam pa'i chos kyi gter gdoms par bgyid na/ de yang

yun ring du gnas par mi 'gyur bar 'tshal bar bgyid lags so/ ……(68a3) bcom ldan 'das gang zhig byang chub sems dpa' la dam pa'i chos kyi gter 'doms par bgyid na de ni bskal pa bye ba khrag khrig 'bum phrag mang por yang chab 'tshal bar mi 'gyur zhing skye bo mang po la yang sman thogs par gyur la/ sang rgyas kyi gdung dang/ chos kyi gdung dang/ dge 'dun gyi gdung rgyun mi 'chad par yang 'gyur lags so/ (P Vol.24, Zi 67a4-68a4).

（月）世尊。譬如有人。年耆極老年百二十。身嬰（v.l.瘻）長病臥在床席。不能起止。時有一人巨富饒財。齎持珍宝至病人所。而語之言、我有縁事当至他方。以宝相寄為我守護。或十年還、若二十年。待我還時、汝当帰我。彼老病人臥在床席。無有子息、唯独一人。彼人去已未久之間、時彼病人困至命終。所寄財物悉皆散失。彼人行還、求索無所。世尊、声聞之人亦復如是。智慧微浅、修行甚少、又無伴侶。不能久住在於世間。若付正法不久散滅。爾時世尊。讃迦葉言、善哉善哉、迦葉。我已了知而故付汝。令彼癡人得聞此已、生於悔心。……世尊、菩薩摩訶薩亦復如是。若以法宝付諸菩薩、無量千億那由他劫、終無失壊利益無量無辺衆生。不断仏種。不断法輪。僧宝具足。（T11 503b1-25）

(112)　（法）世尊。譬如有人年百二十、身嬰長疾、委在床蓐。有一丈夫、無有智慧、財富無量。来詣其所、就彼床上、執病人手而語之言。「善男子。汝当取我珍宝庫蔵。我欲余行、遠至他国。或経十年、或二十年、我後還時、悉当帰我」。時彼病人、無有子息、又無眷属。病転増篤、遂便命終。所寄財物皆悉散失。財主後還、欲往求索、不知所在。如是世尊。……若使声聞問如来者、恐此正法不得久住。……唯諸菩薩、摩訶薩迦葉等、応令諮受、百千万劫堪任、奉持如来法蔵。

(T12 863a24-b14)

（曇）世尊。譬如老人年百二十、身嬰長病、寝臥床席、不能起居。気力虚劣、余命無幾。有一富人、縁事欲行、当至他方。以百斤金、寄是老人、而作是言。「我今他行。以是宝物持用相寄。或十年還、二十年還、汝当還我」。是時老人即便受之、而此老人復無継嗣。其後不久、病篤命終。所寄之物悉皆散失。財主行還、償索無所。如是癡人、不知籌量、可寄不可寄。是故行還、債索無所。以是因縁、喪失財宝。世尊、我等声聞、亦復如是。雖聞如来、慇懃教誡、不能受持令法久住。……若以法宝、付嘱阿難及諸比丘、不得久住。何以故。一切声聞及大迦葉、悉当無常。……是故応以無上仏法付諸菩薩。以諸菩薩善能問答。如是法宝則得久住無量千世、増益熾盛、利安衆生。(T12 379a21-b18)

(T) bcom ldan 'das dper gsol na/ mi la rga shing 'khogs la gtugs pa/ lo brgya nyi shu rtsa drug lon pa/ nad kyis thebs pa/ mal khri la mchis pa'i nad pa zhig mchis la mi la la zhig gis de'i sug par gter gtams te/ kye ma khyod kyis gter 'di long la gang gi tshe bdag lo bcu 'am lo nyi shu na byes nas phyir 'ongs pa dang/ de'i tshe 'di bdag la phyir byin cig ces bgyis nas des gtad de mchis la/ rgan po de yang bu ma mchis pa zhig ste/ mi de mchis nas ring po ma lags par mi rgan po de gum na/ mi de slar mchis te/ de de ltar nor gyi phung po chen po dang bral bar gyur kyang su la yang ji skad bgyir yang ma mchis pa de bzhin du bcom ldan 'das tshul khrims kyi gzhi ma gtogs par bdag cag gis zhus pa de yang nyan thos la yun ring du gnas par mi 'gyur la/ bdag cag la yang ji skad du zhu ba'i cha ma mchis lags so// .....(37a3) bcom ldan 'das dam pa'i chos kyi dbyig legs par gsungs pa dge slong kun dga' bo la sogs pa nyan thos thams cad la gtad na ni/ yun ring du gnas par mi 'gyur lags so// de ci'i slad du zhe na/ 'od srung chen po la sogs pa nyan thos thams cad ni mi rtag pa'i slad du'o/ byang chub sems dpas zhus pa'i dbyig byang chub sems dpa' rnams la gtad na ni lo 'bum phrag mang por gnas par 'gyur la/ 'phel bar yang 'gyur zhing byang chub sems dpa' thams cad la yang sman par 'gyur lags so// (P 36b4-37a6).

(113) 第二章第六節第一項及び第二章註(119)参照。

(114) 涅槃経の方が『摩訶迦葉会』よりも古いと考えられるそのほかの根拠をあげておこう。『摩訶迦葉会』では上記の記述が出たのちに、弥勒菩薩が登場し、仏は弥勒を相手に教団の堕落を戒める独白をなす。そのなかで、「菩薩は衆生に対して一子想 ekaputra(sama)saṃjñā をなすべきだ」と説いて、長者が息子を救うために牢獄に入る譬喩を述べる。

〔世尊〕たとえば商人や在家者に一人子がいて、……その子が何かのために王によって牢獄に入れられていたとき、……その商人や在家者はどんな想いで牢獄にはいっただろうか。……〔マイトレーヤ〕一人息子を解放しようとおもって入ったのです。〔世尊〕マイトレーヤよ、以上の譬喩で一人息子とは如何なるものかと言えば、菩薩が一切衆生に一子想を生ずるべきことであると理解しなさい（(T) 72b8-73a7)。

一方、涅槃経では「長寿品第五」において、菩薩が長寿の因を得るためには、「一子想」を修行することを述べる次のくだりがある。

例えばある人が、一人息子を解放するために、王の牢獄の中に入るように、長寿を望む菩薩たちも、一切衆生に一子想を修行すべきである（(T) 39b3-4)。

この二つの記述を比較したとき、涅槃経のほうがずっと簡略な形をとっていることが分かる。まず注意しておきたいのは、「一子想」という内容自体は、『大乗十法経』『入法界品』『楞伽経』『大集経・海慧菩薩品』など、複数の典籍に見えるにもかかわらず、ここにあげた「牢獄の譬喩」を使っているものは、やはり涅槃経と『摩訶迦葉会』に限られていることである。

さて、この譬喩をめぐる両経典の先後関係を考えてみよう。言うまでもなく、譬喩話の詳しさという観点からみれば、『摩訶迦葉会』が涅槃経を引用して具体的な話を付加したか、あるいは逆に涅槃経が『摩訶迦葉会』を省略して引用したかの何れかである。それを確かめるためには、ここに引用した記述が出てくる、それぞれの経典の中での脈絡における位置づけを探って、比較するしか方法はない。そのさいに留意しておきたいのは、この短いくだりにも、「衆生をあわれむ（利他）」という主題と、「一子想」という主題の二つの要素が入り込んでいることである。

まず『摩訶迦葉会』においては、話は、菩薩が乞食のために城邑に入るとき、けっして自己の利益・名誉のために活動をすることがあってはならないことを戒めるくだりとなっている。本文でも述べるように、本経は、仏塔信仰に絡んだ利養目的の比丘への批判が全体の主題となっており、それがさまざまに形を変えて登場している。この箇所もその流れに沿う部分であり、菩薩は自己のためではなく利他の衆生のためにこそ活動すべきであるという趣旨の譬喩として用いられている。その後にも利養目的をいましめ、自己目的を批判するくだりは続いて展開する。ところが、一子想のほうは、この箇所を除いて、後にも先にもまったく登場しない。この箇所のみで唐突に、まるで既知の術語であるかのような扱いがなされている。

一方、涅槃経の「長寿品」は、菩薩が長寿の因を獲得するために、この「一子想」を修行しなければならないことを説く章であり、「一子想」修習のための譬喩がさまざまなかたちで出てきている。そこでは「衆生への利他」と「一子想」とが密接に絡んだかたちで「長寿品」全体の主題を構成している。

この脈絡上の譬喩の働きからみた両経の相違を考慮にいれると、この譬喩話を一子想と結び付けて説く手法は、涅槃経にとって本質的なものであり、おそらくは涅槃経が説きはじめたものと考えられる。それを『摩訶迦葉会』は、そのセットを崩さないまま、自己の主張である「利他目的」という文脈に持ち込んだのであろう。そのため、『摩訶迦葉会』においては、利他目的の方は本論の構成と密接に結びついてはいても、「一子想」の方は単にことばとしての導入に終わっている印象を与えてしまう。

こうした事例を考えても、涅槃経の方が『摩訶迦葉会』に先行することは疑い得ない。なお、この箇所の考察については下田正弘 [1991b: 120,n.10] 参照。

(115) この論説にかんしては望月良晃 [1988: 178–182]。

(116) 'od srung phyi ma'i tshe phyi ma'i dus lnga brgya pa tha ma de la/ byang chub sems dpa' gang dag sdig pa'i grogs pos yongs su zin cing/ lhags pa'i bsams pa nyam chung ba de dag ni de bzhin gshegs pa'i sku gdung rnams la me tog dang/ bdug pa dang/ phye ma dang/ spos dang/ me tog 'phreng ba dang/ gdugs pa dang/ rgyal mtshan dang/ ba dan dang/ sil snyan dang/ mar me'i sbyin pa dag gis mchod pa'i las la brtson par 'gyur ro// 'od

srung des ni shes pa dang mi shes pa rnams kyi dge ba'i rtsa ba yang dag par bsgrub pa'i phyir/ mchod pa bshad pa yin na/ mi blun po de dag ni de la brtson par 'gyur te/ 'od srung ngas lha dang bcas pa'i 'jig rten gyi mdhun du/ dge slong dag khyed cag ni bdag nyid dul ba dang/ zhi bar sbyor ba'i rjes su brtson pas gnas par gyis shig// bram ze dang/ khyim bdag dad pa dang ldan pa dag yod na/ de dag ni nga'i sku gdung rnams la/ sku gdung gi mchod pa byed par 'gyur ro/ zhes de skad gsungs na/ 'od srung mi blun po de dag rnal 'byor kyang spangs/ spong ba yang spangs/ lung nod pa yang spangs/ kha ton bya ba yang spangs nas/ de bzhin gshegs pa'i sku gdung gi mchod pa'i las la brtson par 'gyur zhing/ (P Vol. 24, Zi 85a1-6).

（月）迦葉。当来末世後五百歳、有諸菩薩、親近悪友、少読誦経。唯作供養舎利之業。以香花瓔珞幡蓋灯明、供養如来舎利塔廟。迦葉。我為在家無智衆生、令種善根、説供養舎利。彼諸癡人不解我意、但作此業。迦葉。我於一切天人之中、常説此法。修奢摩他毘婆舎那、以自調伏。世間当有信楽婆羅門居士、供養舎利。迦葉。彼諸癡人、捨於読誦修禅智慧。供養舎利因之活命。（T11 507b13-22）

(117)　本章註(119)参照。

(118)　de bzhin gshegs pa mchod par dod pas/ bdag nyid mchod par bya'o/ …… ji ltar de bzhin gshegs pa dgra bcom pa yang dag par rdzogs pa'i sangs rgyas kyis/ mchod pa gang gis bdag nyid sems can thams cad kyi mchod pa'i gnas su 'os par mdzad pa/…… de bzhin gshegs pa'i sku gdung rnams la mchod par 'dod pas ni/ bdag nyi mchod par bya ste/ ji ltar/ de bzhin gshegs pas/ bdag nyid mchod pa mdzad ba de ltar/ mchod par bya zhing/ (P Vol. 24, Zi 98b8-99a5).

（月）何況供養。若供養仏、当供養自身。諸比丘言、云何供養自身。二比丘言、応如如来応正遍知、供養自身。一切衆生之所供養。如仏所学。応如是学。護持禁戒集諸善法。思惟諸法莫取法相。若能如是自供養者、当得天人之所供養。

若欲供養仏舎利者、当自供養。(T11 511b7-13)

(119) なおこの『摩訶迦葉会』は、たしかに「如来蔵・仏性」というタームこそ採用しないが、その内容はきわめて涅槃経に説く如来蔵思想と重なるものであることを注意しておこう。たとえば、如来像を作ることはそれで十分な功徳となるのだが、それ以上に、

ある菩薩が自己の内に仏身を観じ、法認を得るならば、その功徳がそれ(如来像をつくる)に勝ること、数限りもない((月)T11 512c16-19)。

と説いている。ここでは、自己のうちに仏が観察されることを説いており、それはまるで『如来蔵経』を想わせる内容である。

また、この経は観仏を勧める特徴を持つ。その方法は具体的であり、仏の像を見ながら、それが実際の如来と異ならないことを認め、さらにその如来が不生不滅の諸法の本質そのものであることにまで観想を高めていくことを説いている(T11 513c1-24)。こうした経の内容を考慮して、いま上に引用した「自己のうちに仏身を見る」ことを考えれば、如来蔵思想は、実際には如来を内に感ずる三昧の修行法の一つとして発生した可能性も考えておいてよいだろう。ことに『如来蔵経』に説かれる一連の譬喩などは、まさに観想の世界をそのまま現し出している印象を与える。

(120) 本節の記述は下田正弘[1991c]に基づき一部を改稿している。

この「常楽我浄」という定型句は、「四念処 catuḥsmṛtyupasthāna」との関連で成立したものではなく、恐らく「無常・苦・無我」という初期仏教以来の仏教の基本理念に、古来重視された「不浄観」が加わって成立したものである。四念処は『婆沙論』の時代になって「四顛倒—四不顛倒」の説と結びついたと考えられる。四念処は本来「不浄観」とは異質な観法である(下田正弘[1985: 545-546])。またこれと並んで経典中には、三昧系のものを中心として「常楽実我」という四顛倒を挙げる系列がある。これは「無常・苦・空・無我」に対立する形で立てられたものであり、パーリ

には確認されない形である。

なお、nityaが持つ語義について、それが実質、「内的存在」であるātmanと同義となることをHara［1959］が論じている。極めて興味深い。

(121)　この「常楽我浄」という四徳と無関係に大乗の文献で「我ātman」が説かれている例は、以下のようなものがある。

第一は『大集経・日蔵分』に「若有能観一切法、空・無我我所。言空処者即是無我、色亦無我、若観如来、即是我也(T13 257c14-16)」と言い、「如来がアートマンである」と表現されている。これはすでに考察したように、〈原始大乗涅槃経〉と同じ主張であることが分かる。

第二は『菩薩善戒経』「菩薩地忍品」に、「衆生者即是五陰。五陰無常。若無我者何有我所。是故無我無我所。菩薩復作是観、我者即是菩提之心。菩薩初発菩提心時、於衆生中得一子心、是名我所（T30 985c25-29）」と述べ、「我ātman」を「菩提心」、「我所ahaṃkāra」を「慈悲」に定義している。なお、この経典は「一子地」を説いたり、「一闡提・常楽我浄・医者の譬喩」を説くなど、きわめて『涅槃経』と題材が共通しているので、両者には緊密な関係が予想される。当然、時代的には『涅槃経』より下るものである。また中国編纂説にも注意する必要があるが（大野法道［1953: 159-165］）、そうなれば『涅槃経』の直接の影響が考えられる。しかし、以下に述べる『大乗荘厳経論』の例を考慮すると、決してインドに起源がないとは言えない。

第三には、すでに以前に取り上げたが、『大乗荘厳経論』に如来を「大我mahātman, paramātman」と説くくだりである。ix-23に対する注釈に言う。

tatra cānāsrave dhātau buddhānāṃ paramātmā nirdiśyate/ kiṃ kāraṇaṃ/ agranairātmyātmakatvāt/ agraṃ nairātmyaṃ viśuddhā tathatā, sā ca buddhānām ātmā, svabhāvārthena tasyāṃ viśuddhāyāṃ agraṃ nairātmyam ātmānaṃ buddhā labhante śuddhaṃ/ ataḥ śuddhātmalābhitvāt buddhā ātmamāhātmyaṃ prāptā ity anenābhisaṃdhinā buddhānām anāsrave dhātau paramātmā vyavasthāpyate（*MSA*. i. 38.1-5）〔そしてここでは無漏界において諸仏の大我性が示される。どうしてか。最高の無我を本質としているからである。最高の無我とは清浄なる真如である。そしてその真如は諸仏の本性（= ātman）であり、自性の意味として、その清浄において諸仏は最高の無我たる清浄なアートマンを獲得する。この清浄なアートマンを得たのであるから、諸仏はアートマンの偉大性に達したのである。この意味において諸仏の無漏界における最高我が確立されるのである。〕

この主張はおそらく anāsrave dhātau paramātmā vyavasthāpyate といった表現からして『勝鬘経』『宝性論』などの如来蔵文献と共通の脈絡を有していると考えて差し支えないだろう。以下本節における論述を参照してほしい。しかし、「仏」をアートマンと捉える点は〈原始大乗涅槃経〉の態度に共通している。

また同論には四顛倒の脈絡で、*avavādānuśāsanyādhikāra* 章に、

mahātmadṛṣṭir iti mahārthā yā sarvasatveṣv ātma-samacitta-lābhātma-dṛṣṭiḥ/ sā hi sarvasatvārthakriyā-hetutvāt mahārthā（*Sūtral*. i. 95.24-26）.〔大我見とは、それは一切衆生に対して自己との平等心を得た我見であり、大いなる利益を有する。その大義は一切衆生の利益をなす因だから、大いなる利益を有すると言われる。〕

この部分については先に述べた『菩薩善戒経』と等しい扱いになっている。こうした系統の「我」の捉え直しがインドに存在したことが分かる。

この他に、『マハーヴァストゥ』の例がある。*Mv*. i. 173.1-6参照。

またアッタカターにおいてまさに『涅槃経』を否定する記述が登場している点についてはすでに述べた *Udāna.A*. 340; cf. Bhattacarya,K.［1973: 15, n.2］; Rueggs［1973: 114,n.3］)。

これ以外には、ことに大乗文献にかんしては「我ātman」は「四徳」との関連で現れる。従って教理的にはこの「常楽我浄」が「我」を大乗文献に受容する大きな道筋をつけたことは間違いない。なお、「四徳」として登場する「常楽我浄」の四項は、文献によってはこの順序とは限らないが、本稿における考察の範囲内ではその順序についての問題は生じないので、一般的な表記をとって「常楽我浄」として代表させた。なお渡辺章悟［1987: 59-74］参照。

さて、この領域における主な研究で、渡辺章悟［1987］に論じられていないものを中心に考えておこう。先ず「仏教におけるアートマン」を論じたものにBhattacharya,K.［1973］が挙げられる。これは仏教文献の中で、「仏」をアートマンと表現するものを取り上げ、おもにウパニシャッドとの対比によってその共通性を明かそうとしているものである。しかし本稿で考察する範囲を超えた文献を扱っている訳ではなく、また仏教文献の時代考証もなされていないし、「常楽我浄」の表現も取り上げられていない。

またRuegg［1973］はプトゥンの著作に基づきながらも、如来蔵関係の文献を体系的に駆使した有益な著作である。しかし「常楽我浄」の句にかんしては、やはり議論がほとんどなされていない（cf. p.117,n.1）。この他にプサンは*Prasannapadā*の中で四顛倒の例として*Lv.* 18; *Mv.* i.344.11の例を挙げている。

こうした欧米の研究においてまったく取り上げられていないことを考えると、おそらくこの四句はことに漢訳で重視されたものであろうという印象をもつ。

(122)　肯定されるものの他に、「常楽我浄」を「不可得」と説く文献が存在する。その代表は『般若経』である〔例えば『大般若経』（T7 611b）、『小品般若』（T8 106b）、『放光般若』（T8 592b-c)にも見られる〕。ほか多数。もちろん、『般若経』の場合、「常楽我浄」のみを取り出して扱っているわけではなく、広く諸法の不可得が説かれる中に現れているに過ぎない。けれども主要な命題として定型化し否定され続けてきた四顛倒を、ここに至って単なる否定という枠組みからはずし『般若経』独自の「空」の主張の一環として用いたのは、本節で検討する「四徳」としての「常楽我浄」の成立に大きな一歩となったに違いない。『般若経』のこうした表現を媒介にせずして、仏教内部において「常楽我浄」そのものを肯定する思想は出現することはなかっただろう。「常楽我浄」説の代表文献である『涅槃経』自身も、「如来性品」において「有我＝如来蔵」と語る典拠として「我＝非我不二」を説く『般若経』を引用している。

この他「不可得」に類する記述では『文殊支利普超三昧経』(T15 No.627, 416a)、『坐禅三昧経』(T15 No.614, 283c)、『大集経・陀羅尼自在王菩薩品』(T13 No.397(2), 10a)、『同・虚空蔵菩薩品』(T13 117a)、『大乗頂王経』(T14 No.478, 599b)、『善思童子経』(T14 No.479, 608a) 等にも共通の記述が見られる。禅・三昧関係の経典が多いのが目を引く。

(123) 若菩薩摩訶薩、常作是念。「諸有情類於長夜中、為諸悪友所摂受故。其心常行三四顛倒。謂常想倒・心倒・見倒。若楽想倒・心倒・見倒、若我想倒・心倒・見倒。若浄想倒・心倒・見倒。我為如是諸有情故、応趣無上正等菩提、修諸菩薩摩訶薩行。証得無上正等覚時、為諸有情、説無倒法。謂説生死無常・無楽・無我・無浄。唯有涅槃微妙寂静、具足種種常楽我浄真実功徳」(T7 281c15–23)。

(124) 上述に対応する「初会」「三会」「四会」「五会」として、それぞれにT6 701b; T7 281c; 647b–c; 835b–c; 908c etc.

(125) *Pañcaviṃśatisāhasrikā-prajñāpāramitā* (Kimura ed.), iv. 198.4–8.

(126) なお、『般若経』ではこの他に「常楽我浄」を否定する箇所も存在する。従って同経には異なる文脈で、四顛倒の「否定・不可得・肯定」という三つの態度が存することになる。これらは決して相互に整合的な脈絡を構成しているわけでもなく、そこには恐らく否定→不可得→肯定という記述の新古関係が想定される。「不可得」は『般若経』の中心教理と考えられるので問題はないが、「肯定」されるに至るのは注目すべき変化である。

(127) *KP*. 94(137–138). なお、この箇所における『迦葉品』の異訳を比較した時、「常楽我浄」の解釈が、ことに第四項の「浄・不浄」の扱いを巡って変化している。これについては渡辺章悟［1987: 63–67］が詳しくこれを取り上げ、四法印との関わりを示唆しているが妥当な推論である。議論はそこに尽くされているので再録する必要を認めないが、ただこの変化にまったく対応するものに『菩薩地持経』（T30 926a13-16）、『菩薩善戒経』（T30 992a12-15）の関係があり、この両経の間でも同様の変化が認められる。これは四法印として説かれていたものを四顛倒の普及に合わせる形の改編と考えられる。また本章註(121)参照。

(128)　真諦訳『摂大乗論・世親釈』には「法身」を「常楽我浄」と形容する箇所がある（T31 173c28-174a4）が、他の訳には存在しない。この箇所に説かれた「常楽我浄」説が『宝性論』をそのまま下敷きにしていることは、すでに高崎直道［1964: 241-264］に詳しく説明されている。後述するが、如来蔵関係の文献では四徳を積極的に肯定するものがしばしば見られるが、真諦がそういう思想に精通していたことになれば、彼自身がこの四句を挿入する可能性は十分に考えられる。

(129)　この経中にもう一箇所四徳が肯定されているが（T3 711a8-9）、そこでも「六度成就智慧力　降伏一切諸怨敵　天魔煩悩及陰等　当得常楽我浄因」という表現で「涅槃」を指していると目される。但し「彼（＝仏）証得甘露身常住（T3 776a5）」なる表現もあるので、場合によっては「仏身」を意味している可能性もある。もし「仏身」であるとすれば次段(二)のタイプに属することになる。

(130)　但しこの「常楽我浄」にかんしてだけは闍那崛多自身の挿入を疑うべきかもしれない。というのは、やはり彼の手になる『大宝積経・護国長者会』なる経典が存在するが、その中には仏身の形容として「常楽我浄」が出てくる（T11 458a15）。しかしその原典である *Rāṣṭrapālaparipṛcchā* の対応箇所（*RP*. 4.16）では、dhruva, śiva, śāśvata の三句が対応しており、通常なら「堅固・清涼〔寂静〕・恒常〔不変〕」とでも訳されて然るべきところである。他の箇所についてはサンスクリット原典の直訳であり、テクストの相違とは考え難い。

但しこの部分は竺法護訳『徳光太子経』にはない後世の付加になると考えられる部分なので、『迦葉品』の例のように場合によっては「堅固・清涼・恒常」が「常楽我浄」へと変化した可能性も否定はできない。

(131)『菩薩投身飢餓虎起塔因縁経』は『六度集経』の中にも現れる有名な投身餓虎の本生物語を説いたものであるが、その中に「太子在衆人前、発大誓願。我今捨身救衆生命。所有功徳速成菩提、得金剛身・常楽我浄無為法身(T3 427a15-17)」という。しかしこの経典と内容的に対応する『菩薩本行経』『仏本行集経』『金光明経』等の該当箇所には「常楽我浄」の句が存在しない。訳者・法盛の挿入でなければ、四徳を法身にかけるやり方は後述する『勝鬘経』の影響であろう。

(132) まず『宝性論』では次のように述べる。

caturvidhaviparyāsaviparyayapratipakṣeṇa caturākārā tathāgatadharmakāyaguṇapāramitā phalaṃ draṣṭavyam/ …… sa khalv eṣa nityādilakṣaṇaṃ tathāgatadharmakāyam adhikṛtyeha viparyāso 'bhipreto yasya pratipakṣeṇa caturākārā tathāgatadharmakāyaguṇapāramitā vyavasthāpitā/ tadyathā nityapāramitā sukhapāramitātmapāramitā śubhapāramiteti/ (*RGV*. 30.10-18).〔四種の相反する顚倒を対治することによる果とは四つの形相を備えた如来の法身の徳性である波羅蜜と知るべきである。……常等(すなわち常楽我浄)を相とする如来の法身にかんして、これ(無常・苦・無我・不浄)がここで顚倒と考えられるものであり、この対治によって四つの形相を備えた如来の法身の徳性の完全性が確立されている。すなわち常波羅蜜・楽波羅蜜・我波羅蜜・浄波羅蜜である。〕

この直後に『勝鬘経』の前掲の一節を引用している。この『宝性論』と同じ作者であるとされる堅慧作になる『大乗法界無差別論』にも以下のように説く。

復次此菩提心、永離一切客塵過悪。不離一切功徳成就、得四種最上波羅蜜、名如来法身。如説世尊、如来法身、即是常波羅蜜・楽波羅蜜・我波羅蜜・浄波羅蜜。(T31 892c15-18; cf. 895b15-18)

ここで「如世尊説」と言っているのはもちろん『勝鬘経』のことである。そしてこの四徳にかんして『勝鬘経』と何の増減も見られない。

『無上依経』『仏性論』は『宝性論』の改編であることがすでに指摘されているし（Takasaki [1960: (30)-(37)]、服部正明 [1955: 160-174]）、真諦訳『摂大乗論世親釈』も『宝性論』を下敷きに作成されているわけだから、列挙する必要もなかろう。但し『大乗荘厳経論』のみは、前述の如く（註(121)参照）、全面的に『勝鬘経』の影響とは言い切れない部分がある。

また『金光明経・分別三身品』に「法身」にかんして、

依於自体説常、説我。依大三昧故説於楽。依於大智故説清浄。是故如来常住・自在・安楽・清浄。(T16 409c11-13)

と説くのは、多少教理が進んでいるが、法身に四徳をかけるやり方は『勝鬘経』の影響とみてよい。なお、高崎直道 [1974: 343-344]。

(133) P No.760, Mdo Hi 280a6-b1; *RGV.* 30.19-31.4.

(134) ただし ātman が śūnyatādṛṣṭi にたいする vicikitsā であると説くのは、如来蔵思想関係の作品に共通して見られる性質であり、これは neyārtha としての ātmavāda が成り立つための明確な意図 prayojana として重要である。Ruegg [1989] および序章第四節第四項（三七―三九頁）参照。

(135) 実は『涅槃経』の中にもすでに「空・不空」の問題を取り上げている。『涅槃経』「四法品」で、「仏性」を説く脈絡において、「壺に中身がなくても～壺と言われるように、中身が空でも壺は空ではない」旨を論じて「解脱＝如来の有」を説いている。そして「空と言われるのは、種々の煩悩と二十五有と苦と世間の言説と行為・行境を往来することがないので、ヨーグルトの壺にヨーグルトが無い〔時に空と呼ぶ〕のと同様に解脱も空と呼ばれる。〔しかし〕その時も壺の形は不動であるように、すぐれて楽・喜・常住・堅固・出世間法の行為・行境は存在する」と述べる。更にそうした「壺」でも最後は結局滅する性質をもつが、「解脱＝如来」はそれと異なり「無作なる界 bcom ma ma yin pa'i khams, *akṛtrimadhātu」で不壊なることを説く(78b1-8)。対応する〔曇〕では「空者、謂無二十五有及諸煩悩、一切苦・一切相・一切有為行、如瓶無酪則名為空。不空者、謂真実善色、常楽我浄、不動不変。猶如彼瓶色香味触故、名不空。是故解脱喩如彼瓶。彼瓶遇縁則有破壊。解脱不爾、不可破壊」(395b25-c1)。内容的に『勝鬘経』はまったく重なっていることが分かる。

(136) P 32b2-36a7.

(137) P 105a2-107a3.

(138) P Vol.24, 274b4-7; *RGV*. 3.1-2, 56.3-4.

(139) P Vol.24, 281a1-7; *RGV*. 73.2-6.

(140) なお『勝鬘経』と『涅槃経』の間には『涅槃経』→『勝鬘経』を窺わせるその他の事例が存在する。ここでそれを挙げておこう。それはいずれも教理的に大切な主張をしている箇所である。

先ず第一には「四諦」の解釈をめぐるものである。『涅槃経』「四諦品」(第二類)の中で、経は「苦滅諦」のみが satya と呼ぶに価し、他の「苦諦・集諦・道諦」はそうではないことを説いている。

善男子よ、これが苦であると言われるのは諸聖諦とは言わないのであり、その苦とは何かと言えば、苦と言われるものは牛・昆虫等と地獄のものたちにも存在するのである。(P 103b3-5)

おそらくはこれを受けて更に整理して発展させたと思われる記述が『勝鬘経』の中にも存在する。『涅槃経』と同様に「四諦」を論ずる中で言う。

世尊よ、これら四諦の中で〔苦・集・道という〕三つの諦は無常であり、〔滅という〕諦一つだけが常住なのです。それは何故かと言えば、三つの諦は有為相に属するからです。世尊よ。有為相に属するものは無常であります。

無常なものは虚妄なものです。虚妄なものは、真実ではなく、常住ではなく、従ってとうてい帰依所たりえません。それゆえ世尊よ、聖なる苦諦・集諦・道諦は正しくは諦ではなく、常住ではなく、帰依所ではありません。世尊よ、一つの諦だけが有為法を超越しています。無為法なるものは全て常住であります。常住なるものは全て虚妄ならざるものであります。世尊よ、虚妄ならざるものは真実であり、常住であって、帰依所たりえます。従って世尊よ、ここでただ苦滅諦だけがまさしく真実であり、常住であり帰依所なのです。(P Vol.24, 279a1-7)

この議論自体、『勝鬘経』の筋の展開に何故関連していくのか不明な脈絡である。おそらく『涅槃経』の用いる話題を踏襲し、整理し直しているのだろう。しかしもちろん、四諦のうち「苦滅」のみに特別の価値を付与するというのは、如来蔵思想としてはふさわしいものである。なぜなら、如来蔵思想が立脚すべきは、「到達された果」の世界であり、そこに至る道は、二次的にしか興味の中に入って来ないからである。これは阿含以来の教説の新たな定義のし直しとして理解してかまわない。

次は『涅槃経』が「如来性品」(第二類)の中で「三宝の常住」を説くが、結局は「仏」のみが唯一の帰依所に価することを定める部分がある。

如来そのものが三宝である。声聞乗の中では諸凡夫の世俗的な見解を破るために三宝を設定するのだ。もし汝が世間に随順するなら、そのやり方で三帰依をなし、自らは仏に帰依して一体となるべきだ。……いかなる衆生であれ、如来蔵を理解することによってこの経典を信じる者たちは自らが三帰依である。(P 111a2-4; 112a6)

これとまったく同様の主張が『勝鬘経』の中でなされる。

〔仏法僧の三宝の中で〕世尊よ、法というのは一乗道の教えの別名であります。また世尊よ。僧というのは三乗の教団の別名であります。そしてこの〔法・僧という〕二つの帰依所は部分的な帰依所であり、最高の帰依所ではありません。それはなぜかと言えば、世尊よ。一乗道を説く教えも、法身を体得することを窮極目標としているからです。……また世尊よ。三乗の教団の成員は、恐怖の念を持っています。如来に帰依を捧げて世間からの離脱を求めており、なお学ぶべきことを残し、なすべきことを残して、無上正等覚を求めて道に入ったものであります。従って世尊よ、これら二つの帰依所は最高の帰依所ではなく、一時的な帰依所であります。

世尊よ、誰であれ如来によって教化された衆生たちは如来に帰依を捧げるとそのおのずからなる結果としておこる信心によって、法と僧にも帰依を捧げます。世尊よ。〔法・僧の〕二つに帰依を捧げることは、おのずからなる結果としての信心によるのですが、世尊よ。如来に帰依を捧げるのはおのずからなる結果としておこる信心によるのではありません。世尊よ、如来に対する帰依こそは正真正銘の帰依であります。世尊よ。〔法・僧の〕二つに対する帰依も正しいものであれば、それは当然、最後には如来に帰依を捧げることになると考えるべきです。それはなぜかと言えば、世尊よ、如来と〔法・僧の〕二つの帰依所とは別のものではありません。世尊よ、如来こそは三つの帰依所にほかなりません。(P Vol.24, 275a7–b8)

『涅槃経』に言うところがきわめてまとまった形で、ここにまとめられ直しているのが分かるであろう。先に考察したように、この部分は『涅槃経』において、その如来蔵思想が成立していく過程を示唆する大切な箇所であった。最後に「空」を新たに『涅槃経』が定義し直す箇所をあげておこう。「四法品」の中「仏性」を「解脱」と等置して説く脈絡で次のようにいう。

空と言われるのは、例えば蜜・バター・油・水・ヨーグルトの壺にあってヨーグルトがあろうがなかろうがヨーグルト壺と言われ、同時に蜜や水が存在しようがしまいが蜜壺・水壺と言われるとすれば、はたしてそこで壺は空であると言われようか。それら〔中身が〕ないからといって壺が自性として空であると言われようか。形も色も存在する時にどうして空と言えようか。〔そんなことはないのである。同様に〕解脱はそのように空ではないのである。解脱には形も色も具足されている時、ちょうどヨーグルトの壺は空ではないと理解しても、ヨーグルトがないのだから空であると言われるように、解脱は空ではないのだけれども空と言われるのである。形は存在してもどうして空と言われるのかと言えば、空と言われるのは種々の煩悩と二十五有と苦と世間の言説と行為・行境を往来することがないので、ヨーグルトの壺にヨーグルトがない〔場合に空と呼ぶ〕のと同様に、解脱も空と呼ばれる。〔しかし〕その時も壺の形は不動であるように、すぐれて楽・喜・常住・堅固・出世間法の行為・行境は存在するのである。〔もっともこれは譬喩であって〕解脱は壺の形と同様に常住・堅固・恒常であるというわけではない。壺は壊れてしまう。因縁によってとどまっているだけである。解脱は有為ではないのだから壊れることはない。解脱は無作なる界 akṛtrimadhātu である。それは如来である。(P 78b1-8)

これが『勝鬘経』になれば、きわめて理論的にすっきりとまとめられる。

世尊よ、如来蔵の空の智慧は次の二種を内容としている。二種とは何かと言えば、すなわち、世尊よ。如来蔵には〔法身とは〕無関係の、智慧から切り離された、あらゆる煩悩の覆いが空であります。世尊よ、如来蔵は〔法身と〕密接・不可分なる、智慧と切り離しえないところの、ガンジス河の砂の数よりも多い、不可思議なる仏の徳性であり、不空であるのです。(P 278b6-7)

伝統的な「空」理解を「煩悩が空」で「如来蔵は不空」と理解し直している。こうした用例を確認すれば、何れも『涅槃経』で素朴に説かれていたものを、『勝鬘経』が理論的体系の中にすっきりとまとめ直していることが見て取れる。とすればこれまでまったくといってよいほど注目されなかったが、実は『勝鬘経』はきわめて『涅槃経』を意識してその内容の構成をなしていることが分かるのである。

なお、『勝鬘経』におけるアーラヤ識の概念については、高崎直道［1974: 350-366］をも参照。

# 第四章　註

(1)（法）其法師者、奉持戒行、清浄威儀、深楽大乗、為人広説。能以香・油・幡・華供具、与諸国王・大臣・長者更相献遺、而不毀失沙門法行、是名法師。(T12 867a27-b1)

(2) 第一章第五節第一項（本書一三七―一三九頁）参照。

(3) 第一章第五節第二項（本書一三九―一四三頁）参照。

(4) 第一章第三節第四項（ことに㈢、本書一二二―一二四頁）参照。Ebert [1985].

(5) Barua [1933: 416-419]. Kushan の項に dharmakathika という寄進者の名前が確認される。

(6) インドにおける聖地巡礼は当然独立の主題を形成する。仏教の巡礼については Bharati [1963] 参照。またジャイナ教にかんしては Granoff [1992] 参照。幾多の先行研究のなかで、インド全体にかんしては Bharadwaj [1973] を参照にした。

聖者の遺骨を崇拝する意識は仏教以前には確認されないと見てよいだろう。個人を崇拝する現象は仏教から興ったとさえ見られている（Bharati [1963: 152]）。したがって仏塔をめぐる聖地の発生は、おそらく仏教特有のものである。ジャイナ教に見られる聖人崇拝も、仏教の影響と見られている（Jain [1987: 132-140]. cf. Granoff [1992: 184,n.5]）。

巡礼の目的地とされる聖地は国家的な保護が持続しなければ、交通の安全や宿泊の確保などが保証されないため、やがて衰亡し忘れ去られてしまう運命にある。実際に残っている巡礼地そのものは、聖者に直接関連した土地というより、便宜的な要素によって決まっている可能性が高い（Bharati [1963: 156]）。

（7）Schopen [1987: 204] 参照。ことにシルカップの遺跡については、僧院とは全く無関係に仏塔が建てられているので、そうした例は想定されてよいだろう。しかしショーペンによれば、僧院と無関係に作られた仏塔の例は、ここシルカップに限られているという（Schopen [1985: 29-30]）。

（8）第二章第四節第二項㈡（一八三―一八五頁）および第四項㈡（二〇五―二〇七頁）参照。

（9）ブッダの捉え方において、その身体をあくまで人と同じ無常な法を有する存在として理解する者たちは、分別説部や説一切有部において確認される（Masuda [1925: 19]，Bareau [1955: 148, 172]，Bhattacharya,N.N. [1993: 196-197]，Poussin [*Kośa*. ii.200]）。その反対に立つのは、もちろん大衆部の者たちである（Masuda, *loc.cit.*, Bareau [1955: 57-58]）。そして彼らは、確かに南インドから中央インドまで広範囲に存在したことを考慮するとき、大がかりな遊行を実行した可能性が考えられてよいかもしれない。後代の論書は、客比丘を迎えるさいの礼儀について記しているが、そこに列挙される名をみても、やはり大衆部は広範囲な地域に伝播していることはまちがいない（cf. *Sśāsṭ*. 119.12-120.8）。

しかし、この涅槃経において想定したブッダの存在をめぐっての対立は、僧院における仏塔と聖地における仏塔という区別までを仮説的に視野に入れようとしているため、大衆部と上座部という部派間にみられるブッダ観の相違に帰してしまうことはできない。

（10）この問題に関しては第四章第五節第六項（三七三―三七八頁）を参照。そこでは『涅槃経』の特徴として戒律への「厳格主義」が一貫していることが明瞭に見てとれる。

(11) 第二章第四節全体を再度この観点で読み直して欲しい。

(12) (T) rigs kyi bu'am rigs kyi bu mo yongs su mya ngan las 'das pa chen po 'dis mya ngan las 'da' bar 'dod pas ni de bzhin gshegs pa dang/ chos dang dge 'dun rtag go zhes bya ba la brtson par bya'o// (P 52b1-2).

(13) Schopen [1987: 197-201].

(14) Schopen [1987: 214-215, n.9] 参照。

(15) 本書でいうところの「類型論」として代表されるインド仏教理解にあたるが、序章第五節第一項、および下田正弘 [1996] 参照。ただ、レイ自身も課題として述べているが、インド仏教を「僧院と林住」という二類型において見てしまうより、そこに「在家」という要素を加味して捉えたほうが理論的完成度は高まるはずである。しかし本書においても在家という要素は独立のパラメータとして扱っていない。

　こうしたカリスマ論については、Frauwallner [1956: 124-125] を参照。

(16) もっとも遊行から定住への変化は、必ずしもこうした「律法的厳化」を伴うと考える必要はない。反対に定住の場を得るにつれて、律法的な弛緩が起こってもかまわないはずである。とすればこうした変化は、まずは涅槃経のトレーガーたちに特徴的なものとして理解しておかねばならない。

　ただし、僧院型の仏教が成り立つためには、戒律の遵守が欠かせぬ契機として存在する点には注意しておいたほうがよい。たとえば現今の南方仏教においても、僧侶たちは俗人とは異なった戒律を厳格に守っている点にその宗教的カリスマ性が認められているのであり、第一義に両者を区別するものは、内面的な意識のありようというよりは、実現される形式的な差異である。儀礼的に浄化されているという意識は、僧俗の双方にとって本質的な内容を構成する。

(17) 二三二―二三五頁参照。

(18) 本章第七節付論(二)。

(19) bcom ldan 'das/ 'o na ji ltar bgyi lags/ dge slong ngam/ dge slong ma 'am/ dge bsnyen nam/ dge bsnyen ma gzhan gyis stsal pas 'tsho ba rnams kyi yul gang ma brtags pa'i zas mod pa der bsod snyoms sha dang 'dres pa ji ltar bgyi lags/ (P 56a5-6).

(20) (法) 迦葉菩薩白仏言、「世尊。若有国土多食肉者、一切乞食皆悉雑肉、諸比丘比丘尼優婆塞優婆夷、云何於中応清浄命」。(869b7-10)

(曇) 爾時迦葉復白仏言、「世尊。諸比丘比丘尼優婆塞優婆夷、因他而活、若乞食時得雑肉食、云何得食、応清浄法」。(386c5-8)

(21) この想定は次の事実と整合的である。すでに述べたが、涅槃経全体を通して、ことにこの章は大衆部と関連を持っており、その大衆部は、インド全体にその拠点を抱え、広範囲な勢力を持った部派であった。もし涅槃経がこうした事情を備えていたとすれば、地域差を予想しながら戒律を定めるという課題を背負うことになり、この問いが生まれることへの説明が可能となる。すくなくともここで涅槃経は、狭い範囲での定住社会を相手としていないことだけは確かである。

(22) de la yongs su bsags pa zhes bya ba ni rnam pa gnyis te/ 'dus byas yongs su bsags pa dang/ 'dus ma byas yongs su bsags pa'o// de la nyan thos ni 'dus byas yongs su bsags pa'i rnam pa'o// de bzhin gshegs pa ni 'dus ma byas yongs su bsags pa'i rnam pa'o// dge 'dun ni rnam pa gnyis te/ 'dus byas kyi dge 'dun dang/ 'dus ma byas kyi dge 'dun no// de la 'dus byas kyi dge 'dun zhes bya ba ni nyan thos kyi dge 'dun yin te/ nyan thos kyi dge 'dun la ni yongs su bsags pa'an med na/ bran dang bran mo la sogs pa rdzas ngan pa rnams dang/ mdzod dang/ bang ba yongs su 'dzin pa lta ga la yod de/ 'os ma yin pas na de dag ni lan tshwa dang/ til tsam yang yongs su bsags par mi byed do// ……(68b8) gal te 'dus byas kyi dge 'dun la yang yongs su bsags pa med na/ 'dus ma byas pa'i dge

'dun lta ga la yod// 'dus ma byas pa'i dge 'dun ni de bzhin gshegs pa ste/ de bzhin gshegs pa la gsang ba'i chos bstan pa ga la yod/ gsang ba gang yin pa de ni yongs su bsags pa'o// (P 68b2-69a1).

（法）積者聚積義。受取増益義。蔵者庫蔵義。蔵有所受、故曰蔵積。蔵積有二種。有為蔵積、無為蔵積。有為蔵積者謂声聞。無為蔵積者謂如来。僧有二種。等僧無等僧。等僧者声聞僧。声聞僧者亦無蔵積。而今云何受畜僮僕銭財倉庫。麻油塩等尚不蔵積、如来豈聴畜僮僕等、作是説言如来聴者、世世当堕、抜舌地獄。声聞等僧無蔵積者。……無為僧者諸仏如来。諸仏如来豈有隠密。若有隠密便是蔵積。(872b22-c5)

（曇）夫積聚者名曰財宝。……積聚有二種。一者有為。二者無為。有為積聚者即声聞行。無為積聚者即如来行。……僧亦有二種。有為無為。有為僧者名曰声聞。声聞僧者無有積聚、所謂奴婢非法之物庫蔵穀米塩豉胡麻大小諸豆。若有説言、如来聴畜奴婢僕使。如是之物、舌則巻縮。我諸所有声聞弟子名無積聚。(391b11-19)

(23) 第二章第四節第四項㈢（二〇八―二一〇頁）参照。

(24) gsol pa/ bcom ldan 'das/ ci lags/ sman pas rmas pa thams cad sos par bgyis nas yul dang/ grong khyer dang/ yul 'khor dang/ rgyal po'i pho brang 'khor gzhan gang na rmas pa rnams mchis pa der snang bar 'gyur ro zhes bgyi lags sam/ bka' stsal pa/ rigs kyi bu/ srog chags rmas pa thams cad kyi nad gso bar byed ces de skad ma zer cig/ gsor mi rung ba'i sems can gzhan rnams ni gso bar mi byed do// de ci'i phyir zhe na/ de dag gi nad ni gsor mi rung ba yin te/ de dag de bzhin du de bzhin gshegs pa ni gsor mi rung ba'i nad 'dod chen pa ma gtogs pa nad thams cad gso bar mdzad de/ gang mya ngan 'das pa de dag gsos pa yin no// (P 69b6-8).

（法）迦葉菩薩白仏言、云何世尊。為良医法能治一切瘡患、差已復現余方治諸病耶。仏言、如是。善男子。能療一切悉令離病、唯除重病不可治者。諸仏世尊亦復如是。除一闡提、諸余一切衆病悉治。(872c22-27)

（曇）迦葉菩薩復白仏言、世尊。世間医師悉能療治一切衆生瘡疣病不。善男子。世間瘡疣凡有二種。一者可治、二不可治。凡可治者医則能治。不可治者則不能治。……善男子。閻浮提内衆生有二。一者有信、二者無信。有信之人則名可治。何以故。定得涅槃無瘡疣故。是故我説治閻浮提諸衆生已。無信之人名一闡提。一闡提者名不可治。除一闡提余悉治已。(391c15–26)

(25) あるいは前註(21)を考慮にいれて、広範囲の乞食を問題にしていると理解してもよい。

(26) 本章第五節参照。

(27) 本章第三節参照。

(28) 『涅槃経』では次の形を取る。

rgan nam yang na gzhon yang rung// gang las chos ni rtogs ’gyur ba// bram ze sreg sbyin me bzhin du// de la bkur stis phyag kyang bya// rgan nam yang na gzhon yang rung// gang las chos ni rtogs ’gyur ba// dbang chen lha la bya ba bzhin// de la bkur stis phyag kyang bya// (P 87b6-8).

(法) 若知正法者　不問其長幼　尽心加供養　如人事火法　若人知法者　不問其長幼　尽心恭敬礼　如天奉帝釈。(878a10–13)

(曇) 有知法者　若老若少　故応供養　恭敬礼拝　猶如事火　婆羅門等　有知法者　若老若少　故応供養　恭敬礼拝　亦如諸天　奉事帝釈。(399c2–5)

これがウダーナヴァルガやダンマパダでは以下の形となる。

yasya dharmaṃ vijānīyāt samyaksaṃbuddhadeśitam/ satkṛtyainaṃ namasyeta hy agnihotram iva dvijaḥ// (*Udv.* 33.66).

yamhā dhammaṃ vijāneyya sammāsambuddhadesitaṃ/ sakkaccaṃ tan namasseyya aggihuttaṃ va brāhmaṇo// (*Dhp.* 392).

(29) ma 'ongs pa'i dus kyi byang chub sems dpa' rnams kyi phyir ngas bstan pa yin gyis nyan thos kyi theg pa pa rnams kyi phyir de skad bstan pa ni ma yi no// rigs kyi bu/ ngas sngar bstan pa dam pa'i chos nub pa'i dus dang/ 'tshul khrims dang ldan pa 'grib pa'i dus dang/ tshul khrims 'chal ba'i phyogs rnam par 'phel ba'i dus dang/ nges par 'gol ba dang/ chags pa med pa zad pa'i dus dang/ bran dang bran mo la sogs pa rdzas ngan pa du ma yongs su 'dzin par byed pa'i dus na skyes bu bzhi'i nang nas gcig tsam yang bran dang bran mo la sogs pa rdzas ngan pa du ma yongs su 'dzin pa'i dge 'dun gyi nang du khyim nas khyim med par rab tu byung nas/ de rnams kyi rung ba dang/ rung ba ma yin pa dang/ 'dul ba dang/ 'dul ba ma yin pa'i byed brag kyang shes/ de dag gi g-yel ba dang/ bdag nyid kyi nyes pa mang po'i gzhi yang shes te/ spyod pa 'di ni bcom ldan 'das kyi spyod pa ma yin no snyam du'ang shes nas yul dang dus la bltas te gsar bu rnams las gsung rab yan lag dgu slob par byed cing/ de dag pham pa byung ba yin par shes su zin kyang dam pa'i chos dbyung bar bya'o snyam ste kha rog par 'dug nas de 'ba' zhig sems shing dam pa'i chos bsrung ba kho na'i phyir 'jig rten du 'byung ngo// (P 88b1-6).

（法）此二偈説為菩薩故、非為声聞。善男子、我般泥洹後、如来正法欲滅之時、持戒衆滅、犯戒衆増。其諸清浄、得解脱者、皆悉潜隠。諸出家者、受非法財畜養奴婢。当爾之時、四種人中、若有一人出興於世、信家非家出家学道。亦現同彼受非法財畜養奴婢。然是人者自能分別是法、非法、是律、非律。悉知他人不持戒行。亦知自己所犯軽重。能知如来所応行処。解知時節方土法用。誦読如来九部経典時、有誦習九部経典、犯戒違律。是人雖知彼犯重罪、為護法故、方便黙然、不説其過、而自謙卑、従彼受学。於護法心而無所壊。(878a28-b11)

（曇）我為未来諸菩薩等学大乗者、説如是偈。不為声聞弟子説也。……如我先説正法滅已、毀正戒時、増長破戒。非法盛時一切聖人隠不現時、受畜奴婢不浄物時、是四人中当有一人、出現於世。剃除鬚髪、出家修道。見諸比丘各各、受畜奴婢僕使不浄之物。浄与不浄一切不知。是律非律亦復不識。是人為欲調伏如是諸比丘故、与共和光、不同其塵。自所行処及仏行処、善能別知。雖見諸人犯波羅夷、黙然不挙。何以故。我出於世為欲建立護持正法。是故黙然、而不挙処。(399c21–400a2)

(30)　(T) P 88b6–89b5′ (法) 878b13–c16′ (曇) 400a5–b17。

(31)　de bzhin du byang chub sems dpa’ yang nga ’das pa’i ’og tu dam pa’i chos dbyung ba’i don du thabs ci yang byed de/ rdzas ngan pa ’dun cing spyod pa ngan pa dang ldan pa dge ’dun gyi nang du tshul khrims ’chal ba dag dang tshul mthun par yang ston te/ tshul khrims ’chal ba de rnams kyi chos gos dang/ glegs bam dang/ yo byad de rnams de dag las ’phrog nas dge slong tshul khrims dang ldan pa rnams la sbyin par gang gis nus pa dang/ sgrub pa dang/ btso ba dang/ ’bru bsdu ba yang bsten te rung ba ma yin pa brgyad kyi dngos po len par byed pa rnams med par byed par gang gis nus pa dang/ bram zes gdol pa’i rgyal po la byas pa bzhin du de dag dang lhan cig tu skabs dbye ba dang/ gso sbyong dang/ thal mo sbyor bas ’dud pa’i las byed cing ’gal ba byed pa tshar gcod par gang gis nus pa dang/ g-yel ba rnams kyang dag pa’i dge ’dun du bsgyur zhing skye bo mang po la phan pa’i phyir theg pa chen po’i mdo’i sde tshan ston par gang gis nus pa’i byang chub sems dpa’ sems dpa’ chen po gang yin pa de’i ched du tshig su bcad pa de dag gsungs pa yin te/ (P 89b5–90a2).

(法) 現犯戒相、畜養奴婢、受非法財。詣彼犯戒悪比丘所。承事受学、書其経巻。書経巻已、転来教授持戒者故、与彼悪人同其止宿。周旋飲食、自手作食、人不授食。護正法故、便作方便。以諸八種非法之事、而降伏之令其迷悶。不復与彼、同其自恣布薩和合。降伏一切諸犯戒者、与諸清浄和合之衆、布薩自恣。以摩訶衍方等術法、広為人説、安穏済度無量衆生。是為菩薩護持正法。我為是等而説斯偈。若有比丘聞我所説、無護法心、而欲方便劾彼菩薩、起諸過者、仏所不聴。自言菩薩而実寛縦、作過悪者、我説是等為懈怠輩。我此方便微密之教、為護法菩薩。故説此偈。(878c16–29)

(曇) 以方便力、与彼破戒仮名。受畜一切、不浄物僧、同其事業。爾時菩薩、若見有人雖多犯戒、能治毀禁、諸悪比丘。即往其所、恭敬礼拜、四事供養。経書什物、悉以奉上。如其自無要当方便、従諸檀越、求覓而与。為是事故、応畜八種不浄之物。何以故。是人為治諸悪比丘。如彼童子駆擯陀羅。爾時菩薩、雖復恭敬、礼拝是人、受畜八種不浄之物、悉無有罪。何以故。以是菩薩為欲擯治諸悪比丘。令清浄僧得安穏住。流布方等大乗経典利益一切諸天人故。……以是因縁、我於経中説是二偈。令諸菩薩皆共讃嘆護法之人。(400b18-c1)

(32) byang chub sems dpa' yang dge slong tshul khrims dang ldan pa rnams med pa'i phyir dang/ dge 'dun gyis sgrub pa nyams pa'i phyir dang/ theg pa la g-yel ba yongs su 'phel ba'i phyir g-yel ba rnams dang lhan cig tu bsnyen par rdzogs pa dang/ skabs 'byed pa dang/ gso sbyong dang/ thal mo sbyar bas 'dud pa'i las byed pas rdzing zags pa bzhin du tshul khrims dang/ cho ga zags par 'gyur mod kyi/ rigs kyi bu/ byang chub sems dpa' dam pa'i chos 'byin par 'dod pa dang/ tshul khrims dang ldan pa'i mi ni/ rdzing bcos pa bzhin du de nyid bsnyen par rdzogs pa yin te/ dri ma med pa dang/ bshags pas bdag nyid dag par byas nas mdo sde dang/ 'dul ba de kho na nyid kyis rdzing bcos pa bzhin du 'chos par byed do// (P 90b2-5).

(法)彼具足戒、若懺悔者当言清浄。善男子。譬如坡塘破壊其水流出。所以者何。不懃修故。然善男子。坡塘破壊更修治者、其水還復。彼解怠者亦復如是。於具足戒、布薩自恣、所破壊処、戒水流出。所以者何。精進損減、懈怠増故。然是比丘、戒行損減、応更修治。従彼護法諸菩薩所、改励懺悔、令得清浄。(879a6-13)

(曇)本所受戒、如本不失。設有所犯、即応懺悔、悔已清浄。善男子。如故堤塘穿穴有孔、水則淋漏。何以故。無人治故、若有人治、水則不出。菩薩亦爾。雖与破戒、共作布薩、受戒自恣、同其僧事。所有戒律、不如堤塘穿穴淋漏。何以故。若無清浄持戒之人僧、則損減慢緩懈怠日有増長。若有清浄持戒之人、即能具足不失本戒。善男子。於乗緩者、乃名為緩。於戒緩者、不名為緩。菩薩摩訶薩、於此大乗、心不懈慢、是名本戒。為護正法、以大乗水而自澡浴。是故菩薩、雖現破戒、不名為緩。(400c17-28)

(33)　(T) P 91b2-92b2′ (法) 879b6-26′ (曇) 401a20-b8°

(34)　theg pa chen po 'di la ni nyes pa spom po'i nyes pa byung ba dang bsten par mi bya'o// nyes pa spom po zhes bya ba ni bcom ldan 'das kyi mchod rten bsrung ba'i phyir gzhan yong su gzung ba la me tog gi phreng ba btags pa de rnyings nas srad bu dgos pa'i phyir len par byed de/ dge slong rnams la 'dzem nas dge slong rnams la ma dris par dge slong gis blangs na/ nyes pa spom po'i nyes pa can du 'gyur ro// gal te 'di lta zhig gis cir yang mi 'gyur ro snyam du 'dzin te/ len par byed na yang de lta bu dag dang bsten par mi bya'o// rku ba'i sems kyis mchod rten bshig na yang nyes pa spom po'i nyes pa can du 'gyur te/ de lta bu dag dang bsten par mi bya'o// 'di na khrim bdag gam blon po la la zhig gis gal te chos kyi bsams pas sku gdung la bkur sti bya'am/ phag gu dgos pa'i phyir mchod rten rnying pa bshig ste/ blangs nas khyim bdag gam blon po des mchod rten de las gser dngul zhig byung na/ de dge slong 'ga' zhig gi lag tu gtad pa las dge slong des de blags te/ bdag gi (P ni) nor du byas la rtsod par byed na/ dge slong de la legs pa ma yin no// (P 102a3-8).

(法) 其摩訶衍有偸罪者、皆当駆出。有所取者、便是偸罪。人所受護塔物取如芥子、及不問主而取経巻者、皆是偸罪。賊心壊塔、亦犯偸罪。悉応駆出。若王大臣有故塔寺、欲作供養、為舎利故、或恭敬故、立一比丘為経営。主付其銭物而彼比丘輒取自用、令主呵責。是等比丘、亦応駆出。正使不男及二根者、皆応駆出。所以者何。越五戒故。(882b2-9)

(曇) 何等名為、大乗経中偸蘭遮罪。若有長者造立仏寺。以諸花鬘用供養仏。有比丘見花貫中縷、不問輒取犯偸蘭遮。若知不知亦如是犯、若以貪心破壊仏塔、犯偸蘭遮。如是之人不応親近。若王大臣見塔朽故、為欲修補供養舎利。於是塔中或得珍宝即寄比丘。比丘得已、自在而用、如是比丘名為不浄。多起闘諍。善優婆塞不応親近供養恭敬。(405c21-29)

(35)　第一章第三節第四項（一一九―一二〇頁）参照。*Śikṣ.* 56.5, 170.3, *Bbh.* 163.11, 166.20, *RP.* 29.8, *Gv.* 228.1, cf. Edgerton [ii. 608b-609, staupika].

(36) yadi punaḥ kāśyapa kiyad bahur api staupiko lābho bhavet/ sa vaiyāvṛtyakareṇa na saṃghena cāturdiśasaṃghe upanāmayitavyaḥ/ tat kasmād dhetoḥ/ yā staupikā antaśa ekadaśāpi ...... niryātitā bhavati/ sā sadevakasya lokasya caityaṃ/...... yac ca stūpe cīvaraṃ niryātitaṃ bhavati/ tat tatraiva tathāgatacaitye vātātapavṛṣṭibhiḥ parikṣayaṃ gacchatu/ na punaḥ staupikaṃ cīvaraṃ hiraṇyamūlyena parivartayitavyaṃ/ na hi staupikasya kaścid argho ...... (*Śikṣ*. 56.9-14).

また第一章註(135)、および Schopen [1987: 207-209] 参照。

(37) *Śikṣ*. 54.13ff. *Upālip*. 22.

(38) この点はとくに、文献の形成過程を探っていく際に注意しておかなければならない。第一章の論述からも明らかなように、現在の形の涅槃経も、〈原始大乗涅槃経〉を前提として、それに修正を施しながら作成されることが予想されるべきなのであり、新たなものが生み出されたとしても、それ以前に存在したものを全否定して成り立つわけではない。

この点が、たとえばわれわれが第一章第四節第一項において、般若経、法華経などの大乗経典を「仏塔信仰の否定」として位置づけながら、実際には経中に仏塔信仰を認めると目される記述が存在するのにたいして戸惑いを覚えてしまう原因の一つである。つまり、中心的な意図は仏塔よりも経典へと比重を移すところにあっても、前提となった要素である仏塔は、完全には否定し去ることなく、新たな体系のなかで共存させられる結果となっている。

(39) これは第二章で大乗涅槃経の考察において用いた視点であるが、大乗経典においては、そのメッセージを向けられる相手が、けっして単一の存在とは限らず、出家・在家双方にまたがる場合がある。その想定される相手によって、同じ文献においても異なった内容が説かれることも認めておいたほうがよい。なお一八二―一八五頁参照。

(40) 既出の経典名、あるいは品名を引用しつつ次の内容を展開するのは、たとえば法華経などにも顕著に現れる現象である。すでに記したが、この点で、既出部分を序品としつつ経典が構成されるとする勝呂信静［1993］は注目すべき考察である。

（41）四法品の経典名にかんしては、（T）（法）において『大般涅槃経』という固有名詞があげられるのに、（曇）においてはたんに「大般涅槃」となる特徴がある。四法品の冒頭においてもそうであるし（（T）P 52b6、（法）868a26、（曇）345b13-14）、善解因縁 arthotpatti の説明終了の箇所においてもしかりである（（T）P 58a5,8、（法）870a10、（曇）387b4）。（現『大般涅槃経』が完成された段階では、涅槃経は「如来蔵・仏性」を専らに説く経典であることが確定している。そのとき、この経典名は、中心の教理にのみふさわしいものと考えられ、それ以外の箇所の経名ははずされたのかもしれない。（曇）において後半（「四依品」以降）の影響がもっとも現れて、「経」が削除された可能性を考えておいてもよいかもしれない。）

（42）theg pa chen po pa rnams la yang sha'i mig dang ldan pa dag yod mod kyi/ de dag ni sangs rgyas kyi spyan zhes bya ba'i grangs su gtogs so// de ci'i phyir zhe na/ theg pa chen po sangs rgyas kyi theg pa'i mdo 'di kho na nyid 'dzin pa'i phyir ro// (P 83a6-7).

（法）正使肉眼信摩訶衍者、我説是等為仏眼数。所以者何。是人能持摩訶衍経、為仏乗故。（876b23-25）

（曇）学大乗者雖有肉眼、乃名仏眼。何以故。是大乗経名為仏乗、而此仏乗最上最勝。（397b25-27）

（43）yongs su mya ngan las 'das pa chen po'i mdo chen po ni mchog tu bzad par dka'o// kye ma mdo sde chen po 'di dang de bzhin gshegs pa rtag ces bya ba thos na yid ches par byed pa gang yin pa de dag ni mchog tu dka' ba byed pa yin te/ 'jig rten na u dum ba ra'i me tog bzhin du shin tu dkon no// nga 'das pa'i 'og tu mdo sde chen po 'di shin tu rnyed dka' bar 'gyur te/ (P 84a7-84b1).

（法）此摩訶衍大般泥洹経、甚為希有。若聞是経如来長存、能信受者、奇哉希有。如優曇鉢花、難得値遇。此大乗経亦復如是。奇哉希有。我泥洹已、遇此大乗経亦復如是。奇哉希有我泥洹已、諸衆生等聞此経者、亦甚希有。（876c23-

27)

（曇）是大涅槃微妙経典、不可消伏、甚奇甚特。若有聞者聞已信受。能信如来、是常住法。如是之人甚為希有如優曇花。我涅槃後、若有得聞如是大乗微妙経典、生信敬心、当知是等於未来世百千億劫不堕悪道。（398a7–12）

（44）［rigs kyi bu/ de bzhin du］gang na gang zag chos kyi sde dpon byed pa bzhi po de dag gnas pa de nyid du/ gang gi tshe byang chub sems dpa' sems dpa' chen po gcig kyang 'jig rten du byung ngam yang na gang na gnas kyang rung ste/ der de'i don du de dag gis theg pa chen po'i mdo sde'i mtshan dag gla rngan gyis 'bri（P 'dri）zhing 'brir（P 'dri）'jug ste bsgrubs nas glegs bam phyi tshes su bcug ste/ rnyed pa dang bkur sti'i phyir ram/ chos spyod pa'i phyir ram/ rten bca' ba'i phyir bkur（P skur）bar byed de/ byang chub sems dpa' sems dpa' chen po de la bsnyen bkur byed cing skye bo mang po theg pa chen po'i bcud kyis longs spyod par 'gyur te/…… byang chub sems dpa' sems dpa' chen po de gzi brjid kyi mthus sems can rnams kyis sngon ma thos pa'i tshig gi yi ge 'bru gcig pa'i thig le thos par 'gyur ro// yongs su mya ngan las 'das pa chen po'i mdo chen po sa phyogs gang na spyod pa'i sa phyogs ni rdo rje'i rang bzhin du 'gyur ro// sems can de dag kyang rdo rje'i rang bzhin du 'gyur ro zhes nga zer ro//（P 85a2–6）.

（法）大般泥洹摩訶衍経在所至処、当知此地悉為金剛。其有衆生聞此法者、書持誦説乃至一字、当知挙身亦是金剛。（877a20–23）

（曇）是四種人亦復如是。為此無上大法之将。是四種中或有一人、見於他方無量菩薩、雖学如是大乗経典。若自書写、若令他書。為利養故、為称誉故、為了法故、為依止故。為用博易其余経故。……是大涅槃微妙経典所流布処、当知其地即是金剛。是中諸人、亦如金剛。（398b7–18）

（45） api tu khalu punaḥ subhūte yasmin pṛthivīpradeśa ito dharmaparyāyād antaśaś catuṣpādikām api gāthām udgṛhya bhāṣyeta vā samprakāśyeta vā, sa pṛthivīpradeśaś caityabhūto bhavet sa-deva-mānuṣa-asurasya lokasya (*Vajrac.* 37.11-14).

(46) なお、「金剛」が初期経典においては修行者の心 citta をたとえたものとして用いられていたことについてはすでに述べた（第三章註(82)参照）。

(47) 'jig rten thams cad la snying brtse ba'i phyir glegs bam rnams la mchod pa dang bkur sti byed/ gzhan dag kyang byed du 'jug cing bla ma la gus pa lta bar byed la/ don kyang rdzogs par rtogs par 'gyur te/ bcom ldan 'das ni rtag pa dang/ brtan pa dang/ ther zug pa dang/ mi g-yo ba dang shin tu bde ba'o zhes bya ba dang/ sems can thams cad la de bzhin gshegs pa'i snying po yod do zhes ston par byed do/ (P 86a8-b2).

（法）能於正法欲滅之時、於方等経不起誹謗。能受、能書教人書。能持、能読誦説、能転、能善隠密、亦能守護、亦能顕示。哀愍世間、普令恭敬供養経巻。転教他人令其供養。智慧満足解深要義。善知如来是常住法。非変易法非磨滅法。安隠快楽善解衆生、各各自分有如来性。(877c1-7)

（曇）乃能於悪世中不謗是法。受持読誦書写経巻、亦勧他人令得書写。自能聴受復勧他人令得聴受、読誦通利。擁護堅持憐愍世間諸衆生故、供養是経。……所謂如来常住不変畢竟安楽。広説衆生悉有仏性。(398c29-399a7)

(48) 〔rigs kyi bu/〕byang chub sems dpa' sems dpa' chen po mdo sde 'di la slob pa ni/ byang chub sems dpa' sems dpa' chen po sa bcu thob pa rnams kyi grangs su gtogs so// 'di las phyi rol tu gyur pa rdzas kyis brid pa'i phyir ram/ gtam zlar bya ba'i phyir ram/ rnyed pa dang/ bkur sti dang/ tshig su bcad pa 'dod pa'i phyir thos pa tsam du zad de/ mdo sde spong bar mi byed na nga rgyal gyi dbang gis spong ba ma gtogs par sems can gzhan de dag ni/ sangs rgyas dgra bcom pa rnams kyi yang dag par rdzogs pa'i byang chub gang yin pa de rim gyis thob par 'gyur ro// (P 87b1-4).

（法）若有菩薩摩訶薩十地成満、及諸外道、能信受此摩訶衍経一言歴耳。斯等皆入如来菩薩大衆之数。正使利養為名誉故、読誦此経但不誹謗。如是等輩、皆悉当成、如来応供等正覚道。（877c29-878a4）

（曇）若有衆生発心始学是大乗典大涅槃経、書持読誦亦復如是。雖未具足位階十住則已堕於十住数中。或有衆生是仏弟子或非弟子、若因貪怖或因利養、聴受是経乃至一偈。聞已不謗当知是人則為已近阿耨多羅三藐三菩提。（399b18-23）

(49)　（法）若持如来常住二字、歴劫修習。是等衆生不久当成等正覚道、如我無異。（865b24-26）

（曇）常当繋心、修此二字、仏是常住。……若有善男子善女人、修此二字、当知是人随我所行至我至処。（382b9-11）

(50)　ここで先に考察した「四法品第八」と「四依品第九」における分品の根拠を思い出してほしい。そこでは「四法品」から「四依品」にいたって spoken language から written language へと移行した可能性を示唆していた（第二章註(127)）。その予想は、今の経典崇拝をめぐる考察とも整合的である。

また第一類においては、経典や律蔵の文字については否定的な態度を持っていた（本書一八二及び一八五頁参照）。この点でも、第一類が oral な媒体であったことは十分に想定されてよい。

(51)　序章において述べたが、この話題は、インド仏教学の領域においては研究が遅れているテーマの一つである。今後の研究に待つしかない。なお、第一章第五節第三項、および序章註(54)、(69)参照。

(52)　本章第四節第三項（三五一―三五三頁）参照。

(53)　本章第五節第二項（三六四―三六五頁）参照。註(64)参照。

(54)　この表現は「四法品」の「世間随順説」を構成する部分と全く並行して現れている。何度も触れたように『涅槃経』はこれを『首楞厳三昧経』から受け継いだ意識を持っている。（T）P 59b1-66b3、（法）870b10-872a12、（曇）388a11-390a14 を参照。

(55)　この話題については本章第六節第四項（三八二―三八六頁）参照。

(56)　この問題については序章第五節第二項（四四―四六頁）参照。

まったくの蛇足と思われるが、読者によっては次のような反論を抱かれるかもしれないので補足しておく。すなわち問題は、トレーガーたる法師・菩薩が、なぜ自らを如来と重なる意識を持ちはじめたか、というものなので、それは法師が菩薩として教団内において自己主張をしていくためにとった「目論見の結果」なのではないか。自らを如来と等しいと宣言することによって、なにがしかの利益を引き出そうとしたのが現実なのではないか、との端的な反論である。

しかし、われわれとしてはトレーガーがそうした意図を抱いていたか否かは、涅槃経の記述からするかぎり、知る術がないことを自覚しておかねばならない。さらに加えて、たとえそうした意図を抱いたとしても、それが何故この段階に及んで生まれ、経典の中で実現されるに至ったかのプロセスが明らかにできなければならない。意図さえあればそれが実現される、と考えるのは無謀である。当初抱いていた意図を、客観的な状況の中で修正したり、別の意図へと、場合によっては無自覚的に変更したりしながら進んでいかねばならないのが歴史のすがたであり、その動きを記述することがわれわれの目的となるはずである。Gombrich [1988a: 15-19] はカール・ポッパーに与して、こうした歴史主体の意図を持ち出して議論する危険を conspiracy theory の名前で指摘し、回避するよう促している。これはさまざまな議論において散見される陥穽であろう。

(57)　第三章第四節（二八三―二八七頁）参照。

(58)　このことを傍証すると思われるものが『宝性論』における内容である。論では、「仏性」の存在をあくまで「サンガの中に」という形で認めている点に注意しておこう。論の主題の関係を述べるくだりである。

buddhād dharmo dharmataś cāryasaṃghaḥ
saṃghe garbho jñānadhātvāptiniṣṭhaḥ/
tajjñānāptiś cāgrabodhir balādyair

dharmair yuktā sarvasattvārthakṛdbhiḥ// (*RGV*. 7.1-4, vi.3).
〔仏にもとづいて法がある。法にもとづいて聖者のサンガがある。サンガのうちに智慧の因としてその達成を目指している〔如来の〕胎児がある。その智慧の達成が最高の菩提で、〔十〕力などの一切衆生に利益をもたらす諸徳性を備えている。(高崎直道 [1989: 11])〕

(59) ただし Ray [1994], Silk [1994] などは例外である。

(60) 望月良晃 [1988: 3-43]。

(61) 望月良晃 [1988: 107]。

(62) ここで繰り返しておくが、われわれは望月の論述を、その結論まで含めて全体を退ける意図を持っているのではけっしてない。この望月の結論の主要部分である「icchantika が利養に貪著する者」とする見解については、本書においても支持されることは、あらかじめ述べたとおりである。他文献を多く引用してその中に位置付けようとする水谷とは異なって、望月の読みは涅槃経の流れをはるかに尊重している。

(63) 藤井教公 [1990] にはこうした姿勢が感じられる。もっともこの論文は、その先行論文であり、一闡提の思想的位相を強調した下田正弘 [1989a] を批判する意図をもって書かれているので、多少論述が「教団的事実の尊重」に偏り過ぎたのかもしれない。しかし何れにしてもその主張は、一闡提が教団的な実態をもった存在であることを示すに留まり、それが涅槃経全体の「地」といかなる関係にあるのかについては明かされていない。
なお、下田正弘 [1989a] は、一闡提を思想的な観点で、涅槃経の地と図との関連として明かしているが、教団的な観点からの解明は置き去りにされている点、その不備を認めなければならない。本節の以下の論述はそれを補うものである。

(64) dzam bu'i gling la lar ni ngas dam pa'i chos spong ba dang/ bdag nyid 'dod chen por ston te/ sems can rnams

kyis kye ma sems can 'di ni dam pa'i chos spong ba dang 'dod chen pa'o snyam du yang dag par shes la/ 'dod chen pa lta bur bstan pa ni ma 'ong pa'i sems can rnams kyi phyir te/ 'jig rten pa ni rtag tu 'dod chen pa yin gyi/ sangs rgyas ni 'dod chen pa ma yin no// (P 64b1-2).

（法）或復現為一闡提行、或現破僧。衆人悉見作無間業。其実無有壊僧之心。(871b26-28)

（曇）我又示現於閻浮提為一闡提。衆人皆見是一闡提。然我実非一闡提也。一闡提者云何能成阿耨多羅三藐三菩提。(389b15-17)

なおこの前に位置する次の一箇所を含めれば「四法品」の中の「一闡提」の全記述が網羅される。

（T）'o na 'dul ba'i bslab pa'i gzhi de ci'i phyir gcig car ma bcas she na/ de'i tshe kha cig pham pa bzhi'i nyes pa byung ba dag kyang yod/ dge 'dun gyi lhag ma bcu gsum gyi nyes pa byung ba dag kyang yod/ spang ba'i ltung ba sum cu'i nyes pa byung ba dag kyang yod/ ltung ba'i nyi tshe ba dgu bcu rtsa gcig gi nyes pa byung ba dag kyang yod/ so sor bshags par bya ba bshi'i nyes pa byung ba dag kyang yod/ bslab pa mang po'i chos kyi nyes pa byung ba dag kyang yod/ rtsod pa zhi bar bya ba bdun gyi nyes pa byung ba dag kyang yod/ rtag tu bslab pa thams cad las 'gal bar byed pa dag kyang yod/ mtshams med pa byed pa dag kyang yod/ mdo sde spong ba dag kyang yod/ 'dod chen po'i mthar thug pa'i rgyu'i mtshan nyid rdzogs pa dag kyang yod de/ 'di na dge slong sdig pa'i las byed pa chos thams cad las thal ba de dag gzhan dag gis bskul na yang bdag nyid mkhas pa yin par mngon pa'i nga rgyal byed cing 'chags par mi byed de/ (P 56b8-57a5). 〔律の学処は何故一度に制定されなかったのかというと、〔制戒の〕その時に、四波羅夷罪を犯した者があった、十三僧残罪を犯した者があった、三十捨堕罪を犯した者があった、九十一波逸提罪を犯した者があった、四悔過罪を犯した者があった、衆多学法罪を犯した者があった、七滅諍罪を犯した者があった、また常に全ての学処に違反するものがあっ

た、無間罪を犯す者があった、経典を誹謗する者があった、また一闡提に至るまでの因の相を満たす者があった。ここで悪業をなし、一切法から逸脱したこれらの比丘は、他の者に批判されても、私は智者である、という増上慢を抱き、告白をなさないのである。」

（法）其中有犯四重法者、有半十三有余法。有犯三十捨堕法。有犯九十一堕法。有犯四悔過法。有犯衆学法。有犯二不定法。有犯七滅諍法。有謗毀経教及一闡提輩。（869b29-c3）

（曇）亦遮四重、十三僧残、二不定法、三十捨堕、九十一堕、四悔過法、衆多学法、七滅諍等。或復有人尽破一切戒。云何一切。謂四重法乃至七滅諍法。或有人誹謗正法甚深経典。及一闡提具足成就、尽一切相無有因縁。（386c24-387a2）

この部分は「肉食の禁止」を制定する箇所に当たるが、ここでは初犯戒者とともに列挙されてその中で最も低位置に置かれていることが分かる。この説相は「経典の誹謗」と並べていることからして先に略した「長寿品第五」における一例と等しいと見てよい。

(65)　bka' stsal pa/ rigs kyi bu/ srog chags rmas pa thams cad kyi nad gso bar byed ces de skad ma zer cig/ gsor mi rung ba'i sems can gzhan rnams ni gso bar mi byed do/ de ci'i phyir zhe na/ de dag gi nad ni gsor mi rung ba yin te/ de dag de bzhin du de bzhin gshegs pa ni gsor mi rung ba'i nad 'dod chen pa ma gtogs pa nad thams cad gso bar mdzad de/ gang mya ngan las 'das pa de dag gsos pa yin no// (P 69b7-8).

（法）能療一切悉令離病。唯除重病不可治者。諸仏世尊亦復如是。除一闡提、諸余一切衆病悉治。（872c24-27）

（曇）世間瘡疣凡有二種。一者可治、二不可治。凡可治者医則能治。不可治者則不能治。……閻浮提内衆生有二。一者有信、二者無信。有信之人則名可治。何以故。定得涅槃、無瘡疣故。是故我説治閻浮提諸衆生已、無信之人名一闡提。一闡提者名不可治。除一闡提余悉治已。（391c17-26）

(66)　ya mtshan zhes bya ba ni ji ltar 'dod chen pa rnams kyis 'dod chen par ltung ba sangs rgyas su 'gyur zhes bya ba ni mi srid do// gang gi tshe dam pa'i chos la dad pa dang ldan pa'am dge bsnyen du gyur pa de'i tshe thar pa zad par 'gyur ro zhes bya ba ni mi srid de/ khams de ni rang bzhin gyis rmad du byung ba'o// de bas na thar pa ni rmad du byung ba zhes bya'o// 'dod chen pa'i ltar de bzhin gshegs pa ni zad pa med do// (P 73b6-8).

（法）如一闡提懈怠懶惰、尸臥終日言当成仏、若成仏者、無有是処。仮使信法諸優婆塞、欲求解脱、度彼岸者、亦無是処。況彼尸臥。所以者何。性非他成故。(873c11-15)

（曇）不定者如一闡提究竟不移。犯重禁者不成仏道無有是処。何以故。是人若於仏正法中心得浄信。爾時即便滅一闡提。若復得作優婆塞者、亦得断滅於一闡提。犯重禁者滅此罪已則得成仏。是故若言畢定不移不成仏道、無有是処。(393b5-10)

(67)　gzhan yang 'di na dge slong la la de bzhin gshegs pa'i snying po'i mdo sde chen po ston par byed do// sems can thams cad la ni sangs rgyas kyi khams yod la khams de rang rang gi lus la 'chang ste/ sems can rnams kyis nyon mongs pa'i rnam pa zad par byas nas sangs rgyas su 'gyur te/ 'dod chen pa ni ma gtogs so// de la rgyal po'am rgyal po'i blon po 'ga' zhig 'di skad ces zer te/ dge slong khyod sangs rgyas su 'gyur ram mi 'gyur/ sangs rgyas kyi khams khyod la yod dam med ces zer ba la/ dge slong de na re/ tshe dang ldan pa/ bdag sangs rgyas su 'gyur ram mi 'gyur ba lta sus shes mod kyi/ 'on kyang bdag gi lus la sang rgyas kyi khams ni yod do zhes zer ro//

de nas des dge slong de la smras pa/ dge slong khyod 'dod chen pa kho na ma yin na/ bdag ni sangs rgyas su 'gyur ro snyam du soms shig// de nas dge slong des de la smras pa/ tshe dang ldan pa/ chos de ni bdag gi lus la gor ma chag par yod do zhes gal te de skad zer na/ dge slong de la mi'i chos las bla mar gyur pa'i nyes pa yod ces bya'am/ med ces bya zhe na/ khams yod du zin kyang sbyin pa dang/ tshul khrims dang/ shes pa dang/ chos dang ldan pa rnams la yod par zad do zhes brjod par bya'o//

gzhan yang dge slong rab tu byung nas sems par byed de/ kye ma bdag sangs rgyas su 'gyur ram mi 'gyur snyam pa'am/ bdag gis ni sangs rgyas nyid thob par 'gyur bar mngon no snyam du sems na 'bras bu ma thob tu zin kyang bsod nams mang po 'pher bar 'gyur ro// gal te de lta ma yin na/ dge slong thams cad kyang mi'i chos las bla mar 'gyur ro// de ci'i phyir zhe na/ ngas bskal pa bye ba phrag brgyad cu'i bar du rung ba ma yin pa'i dngos po yongs su 'dzin pa spangs te/ cho ga shes pa dang/ yo byad bsnyungs pa'i mchog la gnas nas de bzhin gshegs pa'i snying po yod par bsgoms te mngon par rdzogs par sangs rgyas nas chos kyi phung po 'bum ston pa'i sangs rgyas bcom 'das snying rje chen po dang ldan par gyur pa'i phyir ro// (P 99a6-b6).

(68) (曇) 復有比丘、説仏秘蔵甚深経典。「一切衆生皆有仏性、以是性故断無量億諸煩悩結、即得成於阿耨多羅三藐三菩提、除一闡提」。若王大臣、作如是言、「比丘。汝当作仏不作仏耶。有仏性不」。比丘答言、「我今身中定有仏性。成以不成未能審之」。王言、「大徳、如其不作一闡提者、必成無疑」。比丘言、「爾実如王言」。是人雖言定有仏性、亦復不犯波羅夷也。

復有比丘、即出家時作是思惟。我今必定成阿耨多羅三藐三菩提。如是之人、雖未得成無上道果、已為得福、無量無辺不可称計。仮使有人当言、「是人犯波羅夷」、一切比丘無不犯者、何以故。我於往昔八十億劫、常離一切不浄之物、少欲知足、威儀成就、善修如来無上法蔵、亦自定知身有仏性。是故我今得 (v.l. adds 成) 阿耨多羅三藐三菩提。得名為仏有大慈悲。(404c4-19)

(法) も挙げておこう。

(法) 復有比丘、広説如来蔵経言、「一切衆生皆有仏性。在於身中無量煩悩悉除滅已、仏便明顕。除一闡提」。時有国王及諸大臣、問比丘言、「汝当作仏不作仏耶。汝等身中皆有仏性」。彼比丘言、「不知我当得作仏不。然我身中実有仏性」。復語比丘、「汝今莫作一闡提輩、而自計数我当作仏」。比丘言、「爾。但我身中実有仏性」。然彼比丘雖作是説。非為自称得過人法。実有仏性施戒生故。復有比丘作是思惟。「我当成仏決定無疑」。作是思惟。雖未得道果、其福無量。以是義故、一切比丘、皆応修行是思惟法。所以者何。八十億種不清浄法従是得離。清浄少欲悉得成就。如来真性由斯顕現。逮得百千諸法宝蔵。大悲世尊而作是説。(881b23-c8)

(曇)(T)と同じ内容になっている。また(法)から明らかなように、この「一切衆生悉有仏性」という主張は、修行を完成していくための「思惟法」として位置づけられている。けっして理論的な関心から、すでに結果として与えられた状態を示しているのではない。この点をも第三章第三節の考察においてなした涅槃経の如来蔵・仏性の特色として再度想起しておこう。

(69)　前註(68)参照。(法)復語比丘。汝今莫作一闡提輩、而自計数我当作仏(881b29-c1)。

(70)　bcom ldan ’das kyis bka’ stsal pa/ ’dod chen pa ma gtogs par yongs su mya ngan las ’das pa’i mdo chen po ’di rna lam du grag par thos pa tsam gyis kyang thams cad la byang chub kyi rgyu yod par ’gyur te/ sangs rgyas grangs med pa la bkur sti byas pa rnams kyis yongs su mya ngan las ’das pa chen po’i mdo chen po ’di thos par nus la/ dge ba’i rtsa ba ngan ngon ma yin pas byang chub kyi rgyu thob par ’gyur ro// (P 131a6-7).

(法)若善男子善女人、内道外道、若有至心及名聞利養。聴此方等大般泥洹戢心歴耳。(891c2-4)

(曇)又如仏言、若有衆生、聞大涅槃一経於耳、則得断除諸煩悩者、……仏言、善男子。除一闡提其余衆生聞是経已、悉皆能作菩提因縁。(417c7-12)

(71)　de bzhin du yongs su mya ngan las ’das pa chen po’i mdo chen po ’di yang sems can thams cad kyi sdig pa’i las kyi nad rnams sel bar byed de/ pham par byed pa rnams kyang rung/ mtshams med pa byed pa rnams kyang rung/ ’di las phyi rol pa rnams kyang rung ste/ byang chub dgos par mi ’dzin cing sems ma bskyed kyang byang chub kyi rgyu skyed par byed do// de ci'i phyir zhe na/ sdig pa thams cad kyi dug sman gyi sdong po'i sman ni yongs su mya ngan las 'das pa chen po'i mdo chen po yin pa'i phyir ro// …… gsor mi rung ba'i nad a na rga la zhes bya ba de ni ji ltar byas kyang gsor mi rung ngo// …… de bzhin du 'dod chen pa yang mdo sde 'dis byang chub tu gzhog par mi nus te/ de ni rgyu med pa dang/ shi ba yin pa'i phyir ro// (P 132a7-b4).

(法) 此摩訶衍般泥洹経、一切衆生悪業重病悉能療治。若四堕法無間罪業、及諸外道不楽菩提。聞斯方等一経耳者、為菩提因。所以者何。此摩訶衍般泥洹経、一切諸悪無不治故。唯除一闡提。所以者何。無菩提因故。(892a27-b2)

(曇) 是大涅槃微妙経典、亦復如是。能除一切衆生悪業四波羅夷五無間罪。若内若外所有諸悪、諸有未発菩提心者、因是則得発菩提心。何以故。是妙経典諸経中王。……聞已敬信所有一切煩悩重病皆悉除滅。唯不能令一闡提輩、安止住於阿耨多羅三藐三菩提。如彼妙薬、雖能療治(v.l. 愈)、種種重病、而不能治必死之人。(418a25-b4)

(72) dper na/ sman pa tshe'i rig byed yan lag brgyad kyi rgyud phyi ma shes pa ni sems can thams cad kyi nad gso bar byed mod kyi/ des kyang 'chi ba'i dus la bab pa'i nad gso mi nus pa de bzhin du yong su mya ngan las 'das pa chen po'i mdo chen po 'di yang sems can thams cad kyi nyon mongs pa'i nad thams cad bsal nas sems can rnams byang chub kyi rgyu la 'god par byed mod kyi/ 'chi ba'i dus la bab pa lta bu'i 'dod chen pa ni ma gtogs so// (P 135a1-3).

(法) 譬如良医、解八種術。一切諸病皆悉能治。唯除阿薩闍病。如是善男子。一切契経及諸三昧、能治一切婬怒癡等諸煩悩病。而不能治犯四重禁、無間罪業。善男子。復有良医過八種術、一切衆生諸有疾病、命行未尽悉能療治。唯命行尽不能令差。此摩訶衍般泥洹経亦復如是。一切衆生諸煩悩患、乃至不楽菩提未発心者、悉皆能治令発菩提。唯除一闡提。(893a19-27)

(曇) 復有良医過八種術、能除衆生所有病苦。唯不能治必死之病。是大涅槃大乗経典亦復如是。能除衆生一切煩悩。

安住如来清浄妙因。未発心者令得発心。唯除必死一闡提輩。（419b21-25）

（73）一闡提の具体例については望月良晃［1988: 379-464］参照。

（74）下田正弘［1989a］参照。この意見は、以下に展開する論述のごとく訂正しなければならない。

（75）dgra bcom pa yin par 'dod cing nyan thos kyi theg pa sun phyung nas nga ni byang chub sems dpa' ste/ shin tu rgyas pa ston pa yin no// sems can thams cad la de bzhin gshegs pa'i snying po'i yon tan rnams yod do// sangs rgyas yod do zhes zer zhing sangs rgyas su lung ston par byed de/ nga dang khyed kyis nyon mongs pa'i rnam pa chu'i bum pa bzhin du gzhom par bya'o// the tsom med par byang chub bsgom par bya ste/ mdo sde'i man ngag ni de lta bu yin no zhes zer ro// dper na rgyal po'i pho nya gtsang zhing snying nye la smra mkhas shing gzi byin che ba/ dgra'i nang du rang gi srog dang bsngos te rgyal po la tshig rdzogs par smra ba de bzhin du shes rab can shin tu rgyas pa gces par 'dzin pa ni byis pa rnams kyi nang du rang gi srog dang bsngos nas sems can thams cad la de bzhin gshegs pa'i snying po yod pas sangs rgyas su lung ston bar byed do// (P 133b8-134a4).

（法）似一闡提阿羅漢者、毀呰声聞、広説方等。語衆生言。我与汝等倶是菩薩。所以者何。一切皆有如来性故。然彼衆生謂一闡提、而言如来授我等決。汝亦如是。我与汝等皆当倶離無量煩悩衆魔悪業、如壊水瓶。於此契経必成菩提。勿復生疑。譬如烈士奉王使令、至他国中称歎王徳。寧失身命、要不移易。我等今日亦復如是。如来記説一切衆生皆有仏性。我等要当不惜身命、於凡愚中、広説此経。（892c11-20）

（曇）若人説言、我今不信声聞経典。信受大乗読誦解説、是故我今即是菩薩。一切衆生悉有仏性。以仏性故衆生身中即有十力三十二相八十種好。我之所説不異仏説。汝今与我倶破無量諸悪煩悩、如破水瓶。以破結故、即得見於阿耨多羅三藐三菩提。是人雖作如是演説。其心実不信有仏性。為利養故、随文而説。如是説者名為悪人。如是悪人不速受果如乳成酪。譬如王使善能談論、巧於方便、奉命他国。寧喪身命終不匿王所説言教。智者亦爾。於凡夫中不惜身命。要必宣説

大乗方等如来秘蔵。一切衆生皆有仏性。(419a7-19)

(76) 同質の議論は無我をめぐってHarvey [1995: 43-63] にもなされている。

(77) この理解は望月良晃 [1988] の主張と同じ方向にある。

(78) 下田正弘 [1989a]。

(79) 序章の註(48)参照。

(80) (T) 〔bka' stsal pa/ rigs kyi bu/ de bas na〕 dam pa'i chos bsrung bar 'dod pas ni dge slong ngam/ dge slong ma 'am/ dge bsnyen nam/ dge bsnyen ma gang na yod pa der bsrung bar bya'o// …… (49a7) dge slong rnams mtshon cha lag na thogs pa'i dge bsnyen dag gis mdun du bdar te rgyu bar bya'o// theg pa chen po 'di la ni dge bsnyen gyis bslab pa'i gzhi lnga blang bar mi bya ste/ dam pa'i chos bsrung (P srung) ba'i phyir lag na mtshon cha thogs shing dge slong rnams bsrung bar bya'o// gsol pa/ ci lags/ dge slong gang dag de lta bu'i dge bsnyen lag na mtshon cha thogs pa dang lhan cig 'grogs shing rgyu ba de dag slob dpon lags sam/ 'on te slob dpon ma lags/ tshul khrims 'chal ba zhes bgyi'am/ 'on te mi bgyi lags/ bcom ldan 'das kyis bka' stsal pa/ rigs kyi bu/ de bzhin gshegs pa yongs su mya ngan las 'das pa'i 'og tu nang 'khrug 'byung ba dang/ yul bcom pa dag 'byung bar 'gyur te/ dus ngan par gyur pa de'i tshe mu ge'i nyes pas cher rab tu 'byung zhing mgo reg tu 'gyur te/ de dag gis dge slong tshul khrims dang/ cho ga dang/ yon tan dang/ spyod pa phun sum tshogs pa dang ldan pa dag skrod par 'gyur// gsod par 'gyur te/ der dge slong tshul khrims dam ldan pa rnams kyis grong dang/ grong khyer dang/ ri khrod kyi grong dag tu ji ltar rgyu bar bya ste/ de lta bu dag gi dus na dge slong tshul khrims dang ldan pa slob dpon du gyur pa rnams lam du 'gro ba na rang gi srog bsrung ba'i phyir mtshon cha lag na thogs pa dag der (P dad) 'gro bar ngas gnang ngo// (P 49a6-b5).

（法）又復迦葉。夫為法師持浄戒者、常応自護。無自防具、勿軽挙動。若優婆塞不受具戒而学大乘、為護法故、持器仗者、当依是等、以為伴侶。迦葉菩薩復白仏言、世尊。已説与持仗（v.l. 杖）倶、為非律儀。仏告迦葉。我般泥洹後、濁世之中、因穀貴疾疫、詐形利養衆多無数。時有法師持戒持律威儀具足。為彼駆逐若害若殺。当爾之時、持戒法師、遊諸城邑険難広野。我聴与彼国王大臣野人居士旃陀羅等、不受具戒能護法者、以為伴侶。（867a16-26）

（曇）是故護法優婆塞等、応執刀杖擁護如是持法比丘。若有受持五戒之者、不得名為大乘人也。不受五戒為護正法、乃名大乘。護正法者、応当執持刀剣器仗侍説法者。迦葉白仏言、世尊。若諸比丘与如是等諸優婆塞持刀仗（v.l. 杖）者、共為伴侶為有師耶、為無師乎。為是持戒為是破戒。仏告迦葉。莫謂是等是破戒人。善男子。我涅槃後、濁悪之世、国土荒乱。互相抄掠人民飢餓。爾時多有為飢餓故発心出家。如是之人名為禿人。是禿人輩見有持戒威儀具足清浄比丘、護持正法。駆逐令出若殺若害。迦葉菩薩復白仏言。世尊。是持戒人、護正法者、云何当得遊行村落城邑教化。善男子。是故我今聴持戒人、依諸白衣持刀杖者、以為伴侶。若諸国王大臣長者優婆塞等、為護法故、雖持刀杖、我説是等名為持戒。（384a22-b9）

（81）na daṇḍapāṇissa agilānassa dhammaṃ desessāmīti sikkhā karaṇīyā/（*Vin.* iv. 200.25-26, sekhiya 58）.

（82）従今日後、不得為持刀人説法。……若比丘在嶮道・恐怖処行時、防衛人言、「尊者。為我説法」。彼雖捉刀、為説無罪。（『摩訶僧祇律』T22 No.1425, 410a8-18、cf. 持弓箭人（410b7-9）、持杖人（419c27-29））。

（83）いくたびも述べたが、大衆部の遊行にかんする性格は、その部派の勢力範囲が南インドから中央インドに渡っていることから考えても十分に想定されてよい。前註（9）参照。

（84）'di ni dge slong la la ......(P 47b6) tshul khrims kyi gtam dang/ bsod nams kyi gtam dang/ bsod nams kyi rnam par smin pa'i gtam dang/ chog shes pa dang bsnyung ba'i chos ston la/（P 47b5-7）.

（法）若有独処閑居……亦為人説施戒修徳行業因果。（866c7-10）

（曇）若有比丘随所至処、……所謂布施持戒福徳少欲知足。（383b27-c1）

（85） yat tad buddhānāṃ bhagavatāṃ anupūrvīyadharmadeśanā/ tadyathā dānakathāṃ śīlakathāṃ svargakathāṃ puṇyakathāṃ puṇyavipākakathāṃ/（*Mv.* iii. 257.12-13, 408.15, 413.2）.

（86） *Nettipakaraṇa* 140.14-15.

（87） 「三種の浄肉も食べないように制した。除外されていた十種のものもまた制するのである。……例えば人がヒングやニンニクを食するなら〔周囲の〕人々の心は嫌気がさし、平静にはならないであろう（P 55a6-8）」。なお、後述する第七節（付論㈠）を参照。

（88） この問題は詳しく二五四―二五六頁で触れたので改めて繰り返すことはしない。

（89） 確かにこの箇所には『首楞厳三昧経』とパラレルの記述も存在する。しかしそれは局限されており、中心的記述が *Lokānuvartanāsūtra* であることは疑うべくもない。

（90） この考察態度については第一章註(20)、及び本章註(56)参照。

（91） Lamotte [1965: 36-40].

（92） de bzhin gshegs pa thams cad kyi gsung ni snying po la mngon par mos pa'o/ （寺本婉雅・平松友嗣 [1935: 23]. また Walleser [1927: 29,n.36]、および Bareau [1954-56: 173] 参照。

（93） 第三章第二節第三項（二五七―二五九頁）参照。

（94） ただし、涅槃経の中には一箇所、大衆部との関連を疑わせる記述がある。それは戒律の項目を挙げる際に、捨堕法の数が異なっていることである。『摩訶僧祇律』においては九二が列挙されるのに対して、『涅槃経』は九一とする（(T) P 57a2、（法）867c1、（曇）386c27）。この涅槃経の数に相応する律は、現存のなかには存在しない。この点は問題として残しておかねばならない。なお、久保継成 [1964] 参照。また、上記の大衆部以外の例で、まったくパラレルの記述が単一の文献に発見されるのは、今のところ一例しかない。それは第二類中の記述であり、恐らくは説一切有部の伝承と見なされるものであり、「四法品第八」中「肉食の禁止」を規定する導入部分である。この箇所は全体としてはおそらく『摩訶僧祇律』の規定をさらに進めたものであった。しかしその前提として次の問答をなしている。

（T）質問の能力と言われるのは、ここである者が、如来・応供・正等覚の菩提に問をなすであろう。「世尊よ、私はどうすれば何も与えないで、世間で施者としての高き名声を得られるでしょうか」。如来はこのようにお答えになった。「貪欲を持たない者には使用人・女使用人を与えるようにしなさい。常に梵行を行う者には女を施しなさい。肉食をしないものには肉を施しなさい。……」（P 54b1-5）

この世尊の説明をさらに迦葉が「不適当ではないか」と否定し、それの追求を世尊が讃歎する形で「肉食禁止の規定」を設定していくのである。さて、ここに掲げた問答は、実は『雑阿含経』にそのままの形で出てくる。

ある時舎利弗は瓦屋の家に至り、瓦屋に器を乞うた。その時瓦屋は偈頌でこう答えた。「名声を得ながらしかもびた一文失わないでいるにはどうしたらよいのでしょう。実徳は優れていながらも、財産を減らさないにはどうしたらよいでしょう」。舎利弗は答えた。「肉を食べない者に肉を布施しなさい。梵行をなす者に女を施しなさい。ぜいたくなベッドに休まない者にぜいたくなベッドを施しなさい。……このような布施は財産を減らすことがありません。名誉は得ても一文も失わないでしょう……」（『雑阿含』No.1357, T2 372b20-c2）。

病の弟子のために布施を乞うた舎利弗は、瓦屋の信の無い質問と態度に対して機知で応答している。最後には「信がない者からは受け取らない」と言って去っていく内容の一部である。いま『涅槃経』はこの部分をしっかりと踏まえて議論を始めていることが分かるだろう。もちろん、その舎利弗の説いた答を用いながらも、それを否定する方向で話を進めることになる。さてこの部分はパーリにも『別訳』にも対応がない。もし『雑阿含経』が有部のものであるとすれば、『涅槃経』は有部の伝承も知っていたことになろう。ただしこの経典が有部に限らず各部派共通に利用されたものであった可能性はもちろん多少は考慮しておかなければならない。

なお、他に一箇所、これも第二類であるが「長寿品」の中で「十五日に布薩を行った際に争いが起き、殺人にまで発展したモチーフ」がある。そこにおいて涅槃経は次のように述べている。

マハーカーシャパとゴートラを等しくする者が申し上げた。「それならば、具足戒を受けた諸眷属たちが、十五日の布薩に集まったとき、無作法で身体は浄化せず、具足戒をうけていないある童子（出家者）が、壁の隅で隠れて〔その布薩を〕聞いていたとき、なぜ世尊は、鬼神の王たるヴァジュラパーニに〔その童子を〕粉塵のごとく砕くことをお許しになったのですか。実に、ヴァジュラパーニが童子を殺したということは、ヴァジュラパーニは残酷そのものであります。ですから、どうして世尊は、一切衆生をラーフラのごとくにご覧になるといえましょう」。世尊はおっしゃった。「善男子よ。そう言ってはいけない。その童子は幻である。……」(P 40a5-8)

このモチーフは一般に「正法滅亡の兆候」として広く知られているが、最も類似するのは『雑阿含六四〇経』である。そこでは三蔵に通じた者と、律に通じた者との争いという形で「正法の滅」を説く内容を持つ。

このほかには、例えば『阿毘達磨大毘婆沙論（T26 918a18-c13）』、『迦丁比丘説当来変経（T49 11b12）』、『迦旃延比丘説法没尽偈百二十章（T49 8c24ff.）』などに大筋で似通った記述が登場する。しかし、「布薩が行われるさいに鬼神が金剛杵で論争相手の比丘を殺害する」という筋は、涅槃経と『大集経・月蔵分（T13 378c6-9）』にしか見いだせない。涅槃経ではこの『雑阿含』の記述が進み、布薩の際の論争はなく、金剛杵による殺害のみが強調されていることになる。なお、この『雑阿含六四〇経』は、アショーカアヴァダーナの一種が『雑阿含』の編集時に紛れ込んだものと見られている。下田正弘［1993: 223］参照。

(95) この節は下田正弘［1989］［1990］［1991d］を総合して一部改稿し、それに新たな問題を加えたものである。

(96) 先ず部派仏教における「肉食」を取り扱ったものは多く見られるが、おそらくはこれを初めて取り上げたのは

Hopkins［1906: 455-464］であろう。ジャータカを中心に肉食の問題を扱っている。またMahīśāsakaの律における食物を扱ったものに、ジャワルスキーのものがある。Jaworski［1928: 96］［1930: 61］. 日本では中野義照［1955: 69-82］、さらに宮坂有勝［1966: 41］、近年の研究で部派に及ぶものとしては平川彰［1977: 59-77］が比較的網羅的である。他に佐藤密雄［1963: 623-635］、さらに三種の浄肉を扱ったPrasad［1979: 289-295］を参照。

大乗にかんするものとしてはわが国においては古くは大野法道［1953］に肉食を禁止した経典をあげているが、そこでは実質的な考察は加えられていない。その他には『涅槃経』『楞伽経』に説かれた不食肉を取り上げたものに土橋秀高［1980: 248-51］、安井広斉［1963: 1-13］、川崎信定［1985: 174-184］がある。

しかし注目すべきはRuegg［1973: 15-17,n.5］［1980: 235-241］であろう。この中でルエグは仏教における「不食肉」の歴史を研究し、大乗の菜食主義の発生に関して、仏教の伝統的な徳目の一つである不殺生から生み出されるものではなく、如来蔵思想の宗教的な教理によるもの、具体的には「慈karuṇā」や「悲maitrī」の思想によるものと結論している。さらにインド全体の菜食主義との関係について仏教側からヒンドゥー側への影響を示唆し、総じて、現在のヒンドゥイズムの菜食主義の源泉を如来蔵思想に求めようとしている。しかし、ヒンドゥー側の資料を見ても、仏教側の資料によっても如来蔵文献より早くに不食肉の動きは出てきておりこの意見は認めがたい。

また最近年、古代インド仏教における医薬としての食物を扱ったものにZysk［1991］が出された。これはインド医学をおもに仏教との関連において捉えた研究であり、医学と仏教との思想的連関を明かしたものとして注目される。さらに一連のシュミットハウゼンの仕事は、肉食を仏教の自然への態度から考察した示唆深いものとなっていることを付記しておこう（Schmithausen［1991］［1991a］）。

(97)　ヒンドゥイズム一般における「不食肉主義・菜食主義」についてはKane［*Dharma*: ii. 757-800］を忘れてはならない。またAlsdorf［1961］はインドの菜食主義と牛崇拝が非アーリア文化に由来するという説を出した。これに対してシュミットが反論し、本来ヴェーダ文化の中に肉食を否定する動きがあるとする意見を出している（Schmidt, H.-P. [1968: 625–655]）。本書ではこの両者を判断することはしなかったが、ヒンドゥイズムの肉食の問題を検討する上で十分参考にすべき論文である。この他、肉食・不殺生を扱ったものとして Halbfass [1983]、Hara [1984–86: 145–154]、土橋恭秀 [1979: 939–931(L)] が有益である。

ネオブッディストの指導者であったアンベードカルは、不可触民（アンタッチャブル）の成立について、本来ヒンドゥーの成員でありつつも村落共同体内の部族的紐帯を失った者たちが仏教徒であったためバラモンから軽視され、かつ牛肉食を止めなかったためにヒンドゥー社会全体から迫害を受けるようになったとしている。そしてアンタッチャブルをチャンダーラ等とは区別して、後四百年頃成立したものとしている（Ambedkar [1948: 3–155]）。この主張をそのままでは歴史的に認めがたいことを山崎元一 [1987: 111–112] が指摘している。

(98) 例えば Poussin [*Kośa.* iv. 145–146, n.4], Waldschmidt [1939: 76–77], Bareau [1968: 61–71].

(99) pāṇātipāto vadhachedabandhanaṃ theyyaṃ musāvādo nikatī vañcanāni ca ajjhenakujjaṃ paradārasevanā/ esāmagandho na hi maṃsabhojanaṃ// ye idha kāmesu asaññatā janā rasesu giddhā asucikamissitā/ natthikadiṭṭhi visamā durannayā esāmagandho na hi maṃsabhojanaṃ// (*Sn.* 242–243)（中村元 [1958: 46–48]）.

(100) *Vin.* (iv. 83)、『五分律』（T22 52c11–13）、『四分律』では「食に二種あり、正食・非正食なり。正食とは飯・麨・乾飯・魚および肉なり」という（T22 663a24–25）。また『摩訶僧祇律』では時薬の中に「一切の肉」を含めている（T22 244b20–c3, 354c27–355a3）。『十誦律』（T23 91b20–21）。『根本説一切有部毘奈耶』（T23 821b23–29）。

(101) *Vin.* (iv. 88.6–89.7)、『五分律』（T22 100a16–b10）、『四分律』（T22 664a12–b18）、『十誦律』（T23 96c2–97a22）、『根本説一切有部毘奈耶』（T23 827b20–828b11）。

(102) 『摩訶僧祇律』（T22 362b14–16）。

(103)「苾芻無病時に乞い、有病にして食すれば悪作、食時無犯なり。苾芻有病時に乞い、無病時に食すれば乞食無犯、食時堕罪なり」（T23 828b1-4）。

(104) 断わっておきたいが、ここで「病気」を「外」に対する肉食受容の「威儀」として意味付けたのは、決して「薬」としての規定が全く根拠のない言い訳であることを断定しようとまでしているのではない。例えば『チャラカサンヒター』に見られる次の例は、病と薬としての肉という、この律の規定と相応するものがある。

sarpis tailaṃ vasā majjā sneho diṣṭaś caturvidhaḥ// pānābhyañjanabastyarthaṃ nasyārthaṃ caiva yogataḥ/ snehanā jīvanā varṇyā balopacayavardhanāḥ// snehā hy ete ca vihitā vātapittakaphāpahāḥ/ (*Carakasaṃhitā* i. vs.86-88).〔油脂にはギー・油・脂肪・髄の四種があり、飲用・塗擦・浣腸および吸入剤として用いられる。これらの油脂は脂肪を与え、活力を与え、顔色をよくし、力と肉付きを増大させ、ヴァータとピッタとカパとを除去するものとされる（矢野道雄［1988: 16］）。〕

したがって律において「肉」が薬として重用されたことも事実であろう。しかし問題はそうした原則のみで解釈することができない規定が存することの方であり、そこに律を教団「内」に向かう規定としてだけ捉えることが不十分であり、言うなれば「内」と「外」の狭間に成立していることを指摘しておきたいのである。

さらに「肉」を「薬」として価値付けることは、魚・肉の脂に関しても規定がある。例えば、

その時病気の比丘たちは脂薬 vasā-bhesajja を使用した。そのことを世尊に申し上げた。「比丘たちよ。私は脂薬、即ち熊脂 acchavasa・魚脂 macchavasa・鰐脂 susukāvasa・豚脂 sūkaravasa・驢脂 gadrabhavasa を正しい時間に受け取り、正しい時間に調理し、正しい時間に混ぜ、油とともに食することを許そう」。(tena kho pana samayena gilānānaṃ bhikkhūnaṃ vasehi bhesajjehi attho hoti. bhagavato etam atthaṃ ārocesuṃ. anujānāmi bhikkhave vasāni bhesajjāni acchavasaṃ macchavasaṃ susukāvasaṃ sūkaravasaṃ gadrabhavasaṃ kāle paṭiggahitaṃ kāle nipakkaṃ kāle saṃsaṭṭhaṃ telaparibhogena paribhuñjituṃ.（*Vin*. i. 200.21-26)）、『摩訶僧祇律』(T22 544b21-26)、『四分律』(T22 627b1-4)、*MSV*. (iii. 1,5-6)、cf.『十誦律』(T23 391a9-10)。

これはヒンドゥー法典類でも確認される。『バウダーヤナ律法経』では、苦行者は慈悲の故にまずは食物の一部を創造主に捧げ、その後に残りを味わうことなく「薬」として享受するように説いている (Schmidt H.-P. [1968: 637])。しかし律蔵では、そうした一般的な心がけにとどまるものではなく、実際に薬として使われたことが分かる。

この肉脂の薬としての使用は『チャラカサンヒター』でも確認されるものである。

tasmāt tuṣārasamaye snigdhāmlalavaṇān rasān/ audakānūpamāṃsānāṃ medyānām upayojayet// bileśayānāṃ māṃsāni prasahānāṃ bhṛtāni ca/ (*Caraka*. vi.11-12).〔したがって寒いときには水生動物や沼沢地動物の清浄な肉と脂肪の液汁に油・酸・塩のラサを加えて食するとよい。穴居動物の肉、プラサハ類のブリタを食べるとよい。(cf. 矢野道雄 [1988: 48])〕

(105) tena kho pana samayena aññatarassa bhikkhuno amanussikābādho hoti. taṃ ācariyupajjhāyā upaṭṭhahantā nāsakkhiṃsu ārogaṃ kātuṃ. so sūkarasūnaṃ gantvā āmakamaṃsaṃ khādi āmakalohitaṃ pivi, tassa so amanussikābādho paṭippassambhi. bhagavato etam atthaṃ ārocesuṃ. anujānāmi bhikkhave amanussikābādhe āmakamaṃsaṃ āmakalohitan ti.（*Vin*. i. 202.31-203.2).

(106) 爾時世尊、在王舍城。時有顚狂病比丘、至殺牛処。食生肉飲血、病即差。還復本心畏慎。諸比丘白仏。仏言不犯。若有余比丘、有如是病。食生肉飲血、病得差者、聴食。(『四分律』(T22 868b5-9))

(107) 仏在舍衛国。長老施越狂病、受他語、噉生肉飲血、狂病当差。施越語諸比丘。我狂受他語、噉生肉、飲血。我今当云何。諸比丘以是事白仏。仏以是因縁集僧。集僧已、仏知故問。問施越、汝実狂受他語、噉生肉飲血。語諸比丘、我今当云何。汝実作是事不。答言、実作世尊。仏種種因縁讃戒讃持戒。讃戒讃持戒已、語諸比丘。従今日、若有如是病。聴嗽生肉、飲血。応屏処嗽、莫令人見（『十誦律』（T23 185a7–15））。

(108) śrāvastyāṃ nidānam/ āyuṣmān saikata unmattaḥ kṣiptacittas tena tenāhiṇḍate/ sa brāhmaṇagṛha[patis taṃ dṛṣṭvā āha/ …… śākyaputrīyaśramaṇā anāthā a]py apravrajitāḥ(!)/ yadi na pravrajito' bhaviṣyat jñātibhir asya cikitsā kṛtābhaviṣyat/ etat prakaraṇaṃ bhikṣavo bhagavata ārocayanti/ bhaga[vān āha evaṃ sati bhikṣavaḥ saikatasya bhikṣor glānyanirūpaṇāya praṣṭavyam/ atha te vaidyasakāśam upasaṃkrāntāḥ/ …… ārya āmamāṃsaṃ paribhuñjatu/ svastho bhaviṣyati/ bhadramukha kim asau puruṣādaḥ/ ārya na śakyam anyathā svasthena bhavitum/ etat prakara[ṇaṃ bhikṣavo bhagavata ārocayanti/ bhagāvan āha/ yady evaṃ bhaiṣajyaṃ sevitavyam/ na śakyam anyathā svasthena bhavitum/ māṃsaṃ dātavyam/ bhikṣavas tathā] evānuprayacchanti/ na khādati/ bhagavān āha/ akṣiṇī paṭṭakena baddhvā dātavyam/ tair dattam/ atiśīghraṃ paṭṭako muktaḥ/ tena hastau liptau dṛṣṭau/ tena vāntam/ bhagavān āha/ [sdyo na moktavyaḥ/ atha cet sadyo moktavyas tadā tasya hastau tadagrataḥ suśuddhe pā]nīye sthāpayitvā paścāt paṭṭako moktavyaḥ/ sa svasthībhūtḥ/ tasya sa eva dohadaḥ saṃvṛttaḥ/ etat prakaraṇaṃ bhikṣavo bhagavata ārocayanti/ bhagavān āha/ yadā svasthī[bhūtas tadā evaṃ śikṣāṃ samādāya] tatsamavasthānam ācaritavyam/ adhyācarati sātisāro bhavati/ (*MSV*. iii. 1,ix.10–x.11).

〔シュラーヴァスティでの出来事。長老のサイカタは狂気で精神が錯乱しており、あちこちさまよい歩いた。あるバラモンの居士が彼を見て言った。……「シャカの子息の沙門たちは出家はしていても孤独なのである。もし出家をしていなければ縁者たちが治療をしたであろうに」。その話を比丘たちは世尊に申し上げた。世尊はおっしゃった。「もしそうならば比丘たちよ。サイカタ比丘の病気の診断をしてもらうがよい」。そこで彼らは医者のもとに行った。……〔医者〕「尊者よ、生の肉を食べさせなさい。そうすれば回復するでしょう」。「どうして彼は食人者たりえましょうか」。「尊者よ。他の方法では回復が望めないのです」。その比丘たちは世尊に申し上げた。世尊はおっしゃった。「もしそうならば薬を準備しなさい。もしそうしなければ回復が望めないなら、肉を与えなさい」。比丘たちはその通りにした。彼は食べなかった。世尊はおっしゃった。「目を布で隠して与えなさい」。彼らは〔その通りにして〕与えた。ところがすぐに目隠しが取れてしまった。彼は手が〔肉の血で〕汚れているのを見て嘔吐してしまった。世尊はおっしゃった。「すぐに目隠しを取ってはいけない。もし目隠しを取るならば先ず彼の手を洗浄して水を準備して、その後で目隠しを取るべきである」。彼は回復した。彼は〔治ってもなお〕その〔肉を食すという〕欲求ばかりにとりつかれていた。その話を比丘は世尊に申し上げた。世尊はおっしゃった。「もし回復したのなら正しき学処に則ってそのことを行ずべきである。違反すればサーティサーラ罪である」(cf.『根本説一切有部毘奈耶薬事』(T24 2c8-27))。

なおここで注目すべきは、『根本有部律』では「生肉」を食させた根拠として「医者の判断」を持ち込んでいる点である。これは『十誦律』の「他の言」から発展したものと思われるが少々問題となる。なぜなら本来、律の本来のオーソリティは「世尊」のはずであり、いかなる縁由・状況があろうとも仏の判断一つによって一切の規定は正統性を有することが保証される仕組みになっている。これは『律』の大切な成立根拠である。『パーリ律』『十誦律』『四分律』はまさにその立場を維持している。ところが『根本有部律』のこの規定は「医者の判断を世尊が追認する」という形態を取っている。つまり規定の正統性の根拠を「世尊」には求めず「医者の判断」に委ねているのである。これは何を意味しているのであろうか。

この変化は『根本有部律』が「世尊」に代わって「医者の判断」という「より客観的な判断」を「律」の根拠として持ち出している点にある。これによって現れる効果は、「生肉」は世尊が許されたから食されるのではなく、治療法として、その他には方法がないから止むをえないという「医者の判断」に委ねることによって、生肉＝薬としての位置づけを確立し、さらにこの規定にかんする「世尊」の直接的な責任を回避するところにあると考えられる。おそらく『根本有部律』の特徴であろう。

(109) 爾時六群比丘持肉段生魚。為世人所嫌。云何沙門不能乞食、持肉段生魚而行。此壊敗人何道之有。〔諸比丘以是因縁往白世尊。仏言、呼六群比丘来、来已仏問比丘、汝実爾不。答言、実爾、世尊。〕仏告諸比丘、従今日後、不聴受生肉。若比丘病、得使浄人、知煮臉已、受取得自煮令熟（『摩訶僧祇律』巻三一（T22 478a2-8））。

(110) so evaṃ pabbajito samāno bhikkhūnaṃ sikkhāsājīvasamāpanno pāṇātipātaṃ pahāya pāṇātipātā paṭivirato hoti …… āmakamaṃsapaṭiggahaṇā paṭivirato hoti（*Cūḷahattihpadopamasutta, MN.* i.179.22-180.11）.

(111) 『象跡喩経』巻三六（T1 No.26(146) ことに657b参照）。さらにこの事実から『摩訶僧祇律』は南伝のニカーヤと同じ系統の伝承を持っていることも分かる。

(112) *Carakasaṃhitā* の Nidānasthāna（病因論）には、精神病 unmāda についての観察療法が説かれており、そこにはショック療法は挙げられているものの、「生肉」を処方することは書かれていない。また Cikitsāsthāna（治療論）には詳しく精神病の治療法が説かれているが、そこにも「生肉の受容」は全く説かれていない。

(113) 掲げた内容は *Vin.*(i. 216.27-218.38) の取意である。ブッダの学処制定の箇所は、

santi bhikkhave manussā saddhā pasannā, tehi attano pi maṃsāni pariccattāni. na bhikkhave manussamaṃsaṃ paribhuñjitabbam. yo paribhuñjeyya, āpattithullaccayassa. na ca bhikkhave appaṭivekkhitvā maṃsaṃ paribhuñjitabbam. yo paribhuñjeyya, āpattidukkaṭassā ti.（*Vin.* i. 218.33-38）.

(114) 規定全体については『五分律』(T22 148b10-c11) 参照。この箇所については「爾日波斯匿王有令、若有殺者当与重罪（T22 148b15-16）」。

(115) 『四分律』(T22 868c5-869a18)。「時波羅棕不屠殺」(868c11)。

(116) 『摩訶僧祇律』(T22 486a24-c1)。「値斎日都無殺」(486b7-8)。

(117) 『十誦律』(T23 185b29-186c1)。「波羅奈城中求肉不能得。王波摩達断殺故」(185c14-15)。

(118) 『根本説一切有部律』(T24 4a4-c11)。「其日国王夫人誕子、遂勅断屠。如有犯者、必加重罪」(4b23-24)。

(119) なお、『摩訶僧祇律』ではこのくだりで「人血の飲用禁止」を説いている。それによれば、「ある時、犯罪人が刑場に赴いていた。病に侵された比丘が薬として「人血」を医者から処方されたので、その罪人の刑執行人に「血」を布施してもらうべく頼む。執行人が快く受けたために、比丘は罪人が処刑されたその場所で「血」を両手で受けて飲んだ。人々はその行為を激しく罵ったために、世尊は学処を定められた」という(T22 486c1-16)。

先に『摩訶僧祇律』の「生肉受容禁止事項」を考察したが、その事実と相応しているものと思われる。ここに記された仏教徒の行為が、史実を反映しているとするなら、当時の社会から見ればかなり奇異に映り、相当の非難を招いたことは想像に難くない。

(120) 自らの命を犠牲にして布施をなしていく菩薩行は、シビ王本生[*JA.* No.499]を始めとして幅広い仏教文献に確認される。干潟龍祥[1961]参照。また岡田真美子[1992][1993]。

(121) tena kho pana samayena rañño hatthī maranti. manussā dubbhikkhe hatthimaṃsaṃ paribhuñjanti, bhikkhūnaṃ piṇḍāya carantānaṃ hatthimaṃsaṃ denti, bhikkhū hatthimaṃsaṃ paribhuñjanti. manussā ujjhāyanti khīyanti vipācenti: kathaṃ hi nāma samaṇā sakyaputtiyā hatthimaṃsaṃ paribhuñjissanti. rājaṅgaṃ hatthī, sace rājā jāneyya, na nesaṃ attamano assā' ti. bhagavato etam atthaṃ ārocesuṃ. na bhikkhave hatthimaṃsaṃ paribhuñjitabbaṃ. yo paribhuñjeyya, āpatti dukkaṭassā' ti. (*Vin.* i. 218.38-219.8).

(122) 『五分律』(T22 148c11-22)、『四分律』(T22 868b9-14)、『十誦律』(T23 186b2-16)、『根本説一切有部律』(T24 4c11-5a1)。

(123) 時瓶沙王象死。有諸小姓旃陀羅食肉、諸比丘亦有食者、時耆舊童子至仏所、……白仏言、世尊、瓶沙王象死。有諸小姓旃陀羅噉肉。諸比丘亦有噉者、比丘者出家人、人所敬重。唯願世尊、莫令食象肉(T22 486c27-a3)。なおこの規

定全体は、『摩訶僧祇律』(T22 486c27-487a7)。

(124) 規定の全体は *Vin.* (i. 219.25-220.3)。

(125) 『五分律』(T22 148c26)。

(126) 『十誦律』(T23 186c28-c1)。

(127) 規定の全体は『摩訶僧祇律』(T22 486c16-26)。

(128) 規定の全体は『四分律』(T22 868b18-29)。

(129) 規定の全体は『根本説一切有部律』(T24 5a2-b12)。

(130) Kosambhi, D.D. [1965: 93-95]、山崎利男 [1966: 144-147]。

(131) Mahalingam [1965: 43-44]、Zimmer [1968: 161]、Vogel [1972: 92-123]、宮坂宥勝 [1971: 350-363]、静谷正雄 [1978: 131-146]、定方晟 [1971: 535-539]、杉本卓洲 [1984: 393-403]。

(132) 時有比丘在波羅㮈国、乞食不得。彼旃陀羅家於彼得狗肉食之。諸比丘乞食。諸狗憎逐吠之。諸比丘作是念。我等或能食狗肉。故使衆狗憎逐吠我耳。諸比丘白仏。仏言、自今已去、不得食狗肉。若食得突吉羅（『四分律』(T22 868b29-c5)）。

(133) 『十誦律』(T23 186c3-17)。

(134) 諸比丘食狗肉。諸狗聞気、随後吠之。諸居士見問言、狗何以偏吠比丘。有人言、由食狗肉。便譏呵乃至告諸比丘亦如上。従今食狗肉突吉羅（『五分律』(T22 148c22-25)）。

(135) 『摩訶僧祇律』(T22 487a10-13)。

(136) 規定の全体は *Vin.* (i. 219.17-25)。

(137) 『法顕伝』の中、マッラー国の記述において、「町の人は全く殺生をせず、飲酒をせず、葱韮を食べないが、チャンダーラのみはそうではない」と言う。またチャンダーラが町に入るときは板木を鳴らしながら入り、一般市民とは別に住んでいることが記されている。これは『マヌ法典』の記述と一致するものである。第二章註(94)参照。

(138) Kane [ii, 2. 771-772].

(139) *Manusmṛti* (x.51).

(140) *Manusmṛti* (v.131) に「犬・肉食獣・チャンダーラなどのように卑しき階級のものに殺された肉」は食してもよいとする。また長沢和俊 [1971: 54-57] 参照。

(141) ヒンドゥー法典類でも食してはいけない肉の種類を列挙するが、その内容は法典によって異なっている。しかし、これらの中のかなりの部分が、「律」が挙げる禁止の肉種類と一致しており、部派教団の肉種類限定もこれらの法典類と同様の動機を持っていたことが容易に想像される。cf. Kane, *op.cit.* 777.

(142) 掲げた部分は *Vin.* (i.237.20-238.9) の取意である。なお、『五分律』(T22 149b27-c26)、『四分律』(T22 872a21-b18)、『十誦律』(T23 190a7-b24)。

(143) *MSV.* (iii.1. 236.9-237.5).

(144) この kalpika という語は、Kḷp-から来ており、本来 proper, suitable と言う意味しか持っていない。kalpikāraka を「浄人」と訳すのは漢訳に特徴的な訳であり、言語的に忠実とは言えない。Edgerton [ii. 173] 参照。

(145) 従今日後、不聴為殺。為殺者為比丘殺。為比丘殺者、一切比丘比丘尼式叉摩尼沙弥沙弥尼優婆塞優婆夷、尽不得食。如是乃至為優婆夷殺。一切比丘不得食。乃至優婆夷亦不得食。為有三事。見聞疑。……(『摩訶僧祇律』(T22 486a11-24))。

この部分は、同じ大衆部系の沙弥戒の律である *Sphuṭārthā Śrīghanācārasaṃgrahaṭīkā* (61.3-62.6) に、ほぼ同様の記述が見出せる。そこでも「浄肉」という言い方はしていない。さらにそこでは「父母の供養のため」と宣言されれば、肉を食することは許されるという新たな規定もなされている（mātāpitror yajñasya kṛte hatā ity evaṃ sati, doṣo' sti nāśnatām（*ibid.* 62.2-3））。

なお、縁由に関して『五分律』『四分律』『十誦律』は『パーリ律』と全く同じ内容の記述をなし、ジャイナ教徒の批判が契機となった「三種の浄肉」の制定であるが、『根本説一切有部律』は外道 tīrthika の批判とし、『摩訶僧祇律』では、比丘が在家者に新鮮な肉を布施してくれるように頼み、在家者たちから非難を受けたことが制定の理由となっていてジャイナ教徒は関係していない。周知のごとくジャイナ教では、開祖のジナ自身は必ずしも菜食主義を取った訳ではないが、時代を下ればきわめて厳しい菜食主義が現れてくる。そうしたジャイナ教徒から仏教に対して非難の目が向けられたことは十分に考えられるであろう。『パーリ律』以下四律の一致して言うところは、おそらく何かの歴史的事実を反映していると考えられる。『根本有部律』の「外道」もジャイナ教徒を指していると考えてよいであろう。

しかしもしこれが事実であるとすれば、『摩訶僧祇律』が記述を変更したと考えざるを得ない。それについてはどう解釈すべきであろうか。『摩訶僧祇律』が「ジャイナ教徒」を「在家者」と変えているのは、犠牲獣の肉食についての批判を、「外」からの批判としないで、教団の支持者という「内」からの批判に変更していることである。これはある意味で『摩訶僧祇律』がそれだけこの条項の制定に内からの、積極的な評価を下していることを示唆していると考えられる。先に考察した「生肉受容の禁止」にかんする同律の積極的な態度とも相応するものである。

(146) Prasad [1979: 293].

(147) *Manusmṛti* (v. 131).

(148) 最近の研究ではこの事情に関しては山崎元一［1987］が研究史を踏まえた所論を展開している。

(149) 中村元［1969: 400-465］、佐藤密雄［1963: 779-797］、田賀龍彦［1963: 311-300(L)］、岩本裕［1964: 48-66］、関稔［1973: 55-70］、Mukherjee［1966］、Lamotte［1970: 107-115］。

(150) *Vin.* (iii. 171.1-172.14).

(151) 『十誦律』(T23 264b23-265a29)。

(152) 『四分律』(T22 594a3-b27)。

(153) 『五分律』(T22 164a20-b7)。

(154) 『根本説一切有部律』(T24 149b8-22)。

(155) *Vin.* (iii. 172.4-5).

(156) *Vin.* (iv. 237.20-238.9).

(157) 上提婆達多五法不違仏説。但欲依此法壊仏法也。(T24 823a25-26)。なお、提婆の五法にかんする全体の規定は『毘尼母経』(T24 823a17-26) 参照。

(158) この四種の説法についてはアッタカターにパラレルとなる表現が見出せる。
cattāro sutta-nikkhēpā: atta'jjhāsayo parajjhāsayo pucchāvasiko aṭṭhuppatiko (*Sv.* i 50.25; *Ps.* i 15,24, *Ud-a.* 29.26)

(159) 'di na (P ni) la la zhig de bzhin gshegs pa dgra bcom pa yang dag par rdzogs pa'i sangs rgyas la zhu bar byed de/ bdom ldan 'das/ ji ltar bgyis na bdag gis su la yang ci yang ma stsal bar 'jig rten du sbyin pa por grags pa'i gtam snyam pa thob par 'gyur lags/ de bzhin gshegs pas de la de skad ces bka' stsal to// chags pa med pa la bran dang/ bran mo blang (P glang) bar stobs shig// gtan du tshangs par spyod pa la bu mo'i sbyin pa gyis shig// sha mi za ba la sha zar chug cig// chang mi 'thung ba (P pa) la chang 'thung du chug cig// dus su za ba la dus ma yin par zas byin cig// me tog phreng dang/ rgyun (P rgyan) mi thogs pa la byed ma dang/ spos dang/ me tog dang/ bdug pa rnams byin cig// de dag gi dus shes par gyis la mgron du bos shig dang/ khyod kyis de ltar byas

na/ 'jig rten 'dir sbyin bdag gi rgyal po yin no zhes grags pa chen por 'gyur te/ bsod nams 'phel bar ni mi 'gyur ro//

de nas 'od srung chen po dang rus gcig pas 'di skad ces gsol to// sha mi 'tshal ba la gzud pa ni ched cher bgyi ba lags na/ sha mi 'tshal ba la yang 'tshal du stsal na nongs par mi 'gyur lags sam/

bka' stsal pa/ rigs kyi bu/ legs so legs so// khyod kyis nga'i dgongs pa rig ste/ dam pa'i chos srung bas ni de ltar bya dgos so/ rigs kyi bu da phyin chad nga'i nyan thos rnams sha za bar mi gnang ngo// yul 'khor gyi bsod snyoms ni bu'i sha dang 'dra'o zhes bya na/ sha bza' bar ngas ji ltar gnang/ sha za ba ni byams pa chen po chad par 'gyur ro zhes ngas bstan to//

gsol pa/ bcom ldan 'das/ 'o na ji ltar mu gsum yongs su dag pa'i sha bza' bar gnang lags/

bka' stsal pa/ mu gsum yong su dag pa 'di ni ngas rim gyis bslab pa'i gzi bsdam pa'i phyir deng ngas bor ro//

gsol pa/ bcom ldan 'das/ ci las dgongs te don ched kyi mu dgu dang/ sha rnam pa bcu spang ba bka' stsal lags/

bka' stsal pa/ tshig bzhag pa de dag kyang sha mi bza' bar bsdam pa'i phyir bcad do//

gsol pa/ bcom ldan 'das ci las dgongs te sha dang nya sha bza' ba yang kha zas bzang por gsung lags/

bka' stsal pa/ ngas ni sha dang nya sha kha zas bzang por ma gsungs kyi/ ngas ni bu ram shing dang/ 'bras sā lu dang/ 'bru dang/ gro dang/ nas dang/ sran sde'u dang/ sran gre'u (P dre'u) rnams dang/ mngar bag kha ra dang/ li kha ra dang/ sbrang rtsi dang/ mar dang/ 'o ma dang/ 'bru mar rnams kha zas bzang por gsungs so//……

(55a4) gsol pa/ de lta na ni/ ba'i bcud rnam lnga dang/ til dang/ 'bru mar shing gi khu ba dang/ dud dang/ zab dar la sogs pa yang khrims su bca' ba'i rigs lags so//

bka' stsal pa/ gcer bu pa'i lta ba ma 'dzin cig/ da ni 'dus shes gzhan gyis nga kyod la bslab pa'i gzhi bca' bar bya ste/ mu gsum gyi sha yang mi bza' bar bsdams so// don ched du byas pa khyod kyis rig pa de yang bsdams so// sha rnam pa bcu la ma gtogs pa de yang spangs so// shi ba'i sha yang spangs so//…… rgyu de dag gis na byang chub sems dpa' sems dpa' chen po rnams sha mi za'o/ (P 54b1-55b2).

なお、この部分が『雑阿含一三五七経』にパラレルとなる記述が見いだされることについては本章註(94)参照。

(160) gsol pa/ bcom ldan 'das/ 'o na ji ltar bgyi lags/ dge slong ngam/ dge slong ma'am/ dge bsnyen nam/ dge bsnyen ma gzhan gyis stal pas 'tsho ba rnams kyis yul gang ma brtags pa'i zas mod pa der bsod snyoms sha dang 'dres pa ji ltar dag par bgyi lags// bka' stsal pa/ rigs kyi bu/ ci nas 'dul ba dang mi 'gal bar chus bkrus te bza' bar bya'o zhes ngas bstan to// yul de lta bu na zas dang/ skom sha'i zas kyis shas cher 'dres par snang ba de lta bu ni spang bar bya'o// snod gcig la gcig reg ste kha zas dngos ma 'dres pa de la ni nyes pa med do// sha'am/ nya sha'am/ ri dwags kyi sha'am/ rmig pa skam po'am/ sha'i bag gzhan gyis 'bags pa rnams kyang ltung byed du 'gyur ro zhes nga zer ro// sngar ni don gyi dmigs byung ba'i skabs su bstan to// da 'dir ni sha za ba las gnod par 'gyur bar ngas bstan to// (P 56a5-b1).

(161) (法) 迦葉菩薩白仏言、「世尊。若有国土多食肉者、一切乞食皆悉雑肉。諸比丘比丘尼優婆塞優婆夷、云何於中応清浄命」。仏告迦葉。「善男子。若食雑肉、応著水中、食与肉別。然後可食非越毘 (v.l. 比) 尼」。迦葉菩薩復白仏言。「若食与肉不可分者、此当云何」。仏告迦葉。「善男子。若常食肉国一切食皆有肉現。我聴却肉去汁壊其本味、然後可食。若魚鹿肉等自分可知。食者得罪。我今日説有因縁者制不食肉。無因縁者、因説大般泥洹。亦復制令不応食肉」。是名能随問答。(869b7-17)

(曇) 爾時迦葉復白仏言。「世尊。諸比丘比丘尼優婆塞優婆夷、因他而活、若乞食時、得雑肉食。云何得食応清浄法」。

仏言。「迦葉。当以水洗令与肉別然後乃食。若其食器為肉所汚、但使無味聴用無罪。若見食中多有肉者則不応受。一切現肉悉不応食、食者得罪。我今唱是断肉之制。若広説者即不可尽。涅槃時到、是故略説」。是則名為能随問答。(386c5-13)

(162) yāvan nāpaiti amedhyāktād gandho lepaś ca tatkṛtaḥ / tāvan mṛdvāri cādeyaṃ sarvāsu dravyaśuddhiṣu // (*Manu.* v.126).

(163) Kane [*Dharma.* ii,2.785-787] 参照。

(164) 『楞伽経』における「肉食」の考察はすでに安井広斉［1963］においてなされている。しかし本項でこれから述べるところと方向、結論ともに異なる。

(165) tatra tatra deśanāpāthe śikṣāpadānām anupūrvībandhaṃ niḥśreṇīpadavinyāsayogena trikoṭiṃ baddhvā na tad uddiśya kṛtāni pratiṣiddhāni/ tato daśaprakṛtimṛtāny api māṃsāni pratiṣiddāni/ iha tu sūtre sarveṇa sarvaṃ sarvathā sarvaṃ nirupāyena sarvaṃ praiṣiddham/ …… (l.11) na hi mahāmate āryaśrāvakāḥ prākṛtamanuṣyāhāram āharanti kuta eva māṃsarudhirāhāram akalpyam/ dharmāhārā hi mahāmate mama śrāvakāḥ pratyekabuddhā bodhisattvāś ca nāmiṣāhārāḥ prāg eva tathāgatāḥ/ dharmakāyā hi mahāmate tathāgatā dharmāhārasthitayo nāmiṣakāya na sarvāmiṣāhārasthitayo/ (*Laṅk.* 255.1-16).

(166) anujñātavān punar ahaṃ mahāmate sarvāryajanasevitam anāryajanavivarjitam anekaguṇavāhakam anekadoṣavivarjitaṃ sarvapūrvarṣipraṇītaṃ bhojanaṃ yad uta śāliyavagodhūma-mudgamāṣamasūrādisarpistailamadhuphāṇitaguḍakhaṇḍa-matspaṇḍikādiṣu samupapadyamānaṃ bhojanaṃ kalpyam iti kṛtvā (*Laṅk.* 249.14-250.3). cf. matspaṇḍikā, 末千提 (*ILAS.* 133b).

(167) teṣu teṣu jātiparivarteṣu sarvasattvāḥ svajanabandhubhāvasaṃjñā sarvasattvaikaputrakasaṃjñābhāvanārthaṃ

māṃsaṃ sarvam abhakṣyaṃ kṛpātmano bodhisattvasyābhakṣyaṃ māṃsam/ (*ibid.* 246.2-4).

(168) śukraśoṇitasaṃbhavād api mahāmate śucikāmatām upādāya bodhisattvasya māṃsam abhakṣyam/ (*ibid.* 246.10-11).

(169) udvejanakaratvād api mahāmate bhūtānāṃ maitrīm icchato yogino māṃsaṃ sarvam abhakṣyaṃ bodhisattvasya/ (*ibid.* 246.11-13).

(170) anāryajanajuṣṭaṃ durgandham akīrtikaratvād api mahāmate āryajanavivarjitatvāc ca māṃsam abhakṣyaṃ bodhisattvasya/ (*ibid.* 247.4-5).

(171) ṛṣibhojanāhāro hi mahāmate āryajano na māṃsarudhirāhāha ity ato 'pi bodhisattvasya māṃsam abhakṣyam/ (*ibid.* 247.5-7).

(172) śmaśānikānāṃ ca mahāmate āraṇyavanaprasthāny amanuṣyāvacarāṇi prāntāni śayanāsanāny adhyāvasatāṃ yogināṃ yogācārāṇāṃ maitrīvihāriṇāṃ vidyādharāṇāṃ vidyāsādhayitukāmānāṃ vidyāsādhanamokṣavighnakaratvān mahāyānasaṃprasthitānāṃ kulapurtāṇāṃ kuladuhitṝṇāṃ ca sarvayogasādhanāntarāyakaram ity api samanupaśyatāṃ mahāmate svaparātmahitakāmasya māṃsaṃ sarvam abhakṣyaṃ bodhisattvasya/ (*ibid.* 248.8-14).

(173) madyaṃ māṃsaṃ palāṇḍuṃ na bhakṣayeyaṃ mahāmune / bodhisattvair mahāsattvair bhāṣadbhir jinapuṅgavaiḥ // (1) (*ibid.* v.1 256.7-8).

(174) māṃsāni ca palāṇḍūś ca madyāni vividhāni ca / gṛñjanaṃ laśunaṃ caiva yogī nityaṃ vivarjayet // (5) (*ibid.* v.5 256.15-16).

(175) 『涅槃経』では「肉食禁止」のくだりで、肉食が「悪臭を放つ」ことを理由に挙げているが、そこで「例えば人がヒングやニンニクを食するなら人々の心には嫌気がさし、平静にはならないであろう（P 55a6-8）」と述べ、「肉食」と「香草類」とを結び付けている。

(176) laśunaṃ guñjanaṃ caiva palāṇḍuṃ kavakāni ca/ abhakṣyāṇi dvijātīnām amedhyaprabhavāni ca（*Manu.* v. 19).

(177) 長沢和俊［1971: 55］。

(178) 水谷真成［1971: 48］。

(179) yā pana bhikkhunī lasuṇaṃ khādeyya, pācittiyan ti（*Vin.* iv. 259.15-16）; yā puna bhikṣuṇī laśunaṃ khādaya pācattikaṃ（*Bhikṣuṇī-Vin.* 218.6).

ロートは後者『摩訶僧祇律』の部分の註において、この食物の禁止の理由は不確かだとしながらも、ヴァルナ・カースト制が進んでいることを示唆している。われわれの立場から見て妥当な推定である。

(180) さてこの他に注意すべき問題として『楞伽経』が挙げる「肉食禁止」の経典がある。

象腋・大雲・涅槃・央掘摩羅・楞伽経において私は肉食を忌避した（hastikakṣye mahāmeghe nirvāṇāṅgulimālike/ laṅkāvatārasūtre ca mayā māṃsaṃ vivarjitam//（*Laṅk.* 258.4-5））。

つまり肉食禁止の経典を『楞伽経』は自分の他に四つ挙げている。おそらく『大雲経』『央掘摩羅経』は『涅槃経』の影響下にあるとみて間違いない。それはこの両経と『涅槃経』の関係を詳細に明かした高崎直道［1974: 191-233, 276-301］の記述を辿れば十分に納得されるところである。

しかしもっとも注意すべきは『象腋経』（T17 No.814）である。異訳経典に『仏説無希望経』（T14 No.813）があり、チベット訳 *Hastikakṣasūtra*（P No.873, Vol.34）も存在する。『象腋経』はおそらく完成された如来蔵思想には関係がない。しかしこの経は「如来を舎利として見るのではなく、法身として見る（*ibid.* 784a12-24）」ことを主張し、しかも全体に「三昧」が重要な位置を占めているものである。この二つの点で、基本的な教理としては、涅槃経「四法品」にまったくオーバーラップしていることが分かるだろう。この経典は、漢訳年代（翻訳者は竺法護）を勘案すれば、すくなくとも涅槃経「四法品」よりは成立が早いと考えられる。とすれば、涅槃経への影響が考えられる唯一の経典となる可能性がある。

またこの経典では、肉食の禁止の他に「油を塗ること」も挙げる（若有菩薩、欲通達此陀羅尼章句、当好浄行、不食於肉、不油塗足、不往多衆、常於衆生起於慈心、莫作非法不浄之人而読此経。亦莫在於不浄処読（T17 No.814, 787a10-13)）。『楞伽経』はこの『象腋経』に禁止する「油を塗ること」も受け継いで禁止事項に挙げている（mrakṣaṇaṃ varjayet tailaṃ śalyaviddheṣu na svapet// (*Laṅk.* 256.17)）。この両経典では、菩薩が三昧を実践するヨーギンとして理解され、その実践の技術的な意味合いの中で肉食が禁止されていることがわかる。三昧を実践していく菩薩にとって、肉食は避けるべき食生活の態度として受け取られていたことは間違いなさそうだ。

(181) 詳細は省略するがこの『文殊師利問経』(T14 No.468, 492b-509a) は『大乗涅槃経』を踏まえて、それを改作しようとする面が見られる。そこでは如来を非穢肉身*nirāmiṣakāya であり、金剛身*vajrakāya と主張し、涅槃を方便として、大乗涅槃を示す (T14 494a1-2)。その上で無我 anātman を説いている。しかしそれでいて、肉食の禁止を言う経典の中に『涅槃経』を含めていない (493a6)。次註参照。

(182) 若為己殺、不得噉。若肉如材木已自腐爛、欲食得食。文殊師利。若欲噉肉者、諸説此呪。「多姪他。阿捺摩阿捺摩。阿視婆多阿視婆多。那舎那舎。陀呵陀呵。婆弗婆弗。僧柯慄多弭。莎呵」。此呪三説乃得噉肉飯亦不応食。……爾時文殊師利復白仏言「世尊。若得食肉者、象亀経・大雲経・指鬘経・楞伽経等諸経、何故悉断」。仏告文殊師利「如深広江、不見彼岸。若無因縁則不得渡。若有因縁、汝当渡不」。文殊師利白仏言「世尊。我当渡、我当渡。或以船、或以筏、或以余物」。仏復告文殊師利「以衆生無慈悲力、懐殺害意。為此因縁故断食肉。……若能不懐害心。大慈悲心為教化一切衆生故無有過罪。不得噉蒜。若有因縁得噉。若合薬治病則得用……」(T14 492c26-493a18)。

(183) Schmidt, H.-P. [1968].

諸律に見られる禁止される「肉」

| | 人肉 | 象肉 | 馬肉 | 犬肉 | 蛇肉 | 獅子肉 | 虎肉 | 豹肉 | 熊肉 | ハイエナ肉 | 豚肉 | 烏肉 | 鷲鳥肉 |
|---|---|---|---|---|---|---|---|---|---|---|---|---|---|
| パーリ律 | 1 ◎ | 2 ○ | 3 ○ | 4 ○ | 5 ◎ | 6 ○ | 7 △ | 8 △ | 9 △ | 10 △ | | | |
| 四分律 | 5 ◎ | 1 ○ | 2 ○ | 4 ○ | 3 ○ | | | | | | | | |
| 五分律 | 1 ◎ | 2 ◎ | 3 △ | 8 ○ | 9 ◎ | 4 ○ | 5 △ | 6 △ | 7 △ | | | | |
| 僧祇律 | 1 ◎ | 3 ◎ | 4 △ | 5 ○ | 2 ◎ | 10 × | | | | 9 × | 8 × | 6 ○ | 7 × |
| 十誦律 | 1 ◎ | 2 ○ | 3 ○ | 4 ○ | 5 ○ | | | | | | | | |
| 根本有部律 | 1 ◎ | 2 ○ | 3 △ | | 4 ◎ | | | | | | | | |

注：数字は各律に出てくる順序、◎・○・△・×は禁止に至る縁由説明が詳しいものから、全くないものまでの程度の違いを表す。なお、『十誦律』ではこれらの他に説明はなしに、不浄鳥獣肉・鵄肉・水蛭肉・蝦蟆肉を禁止している箇所が存在する。(T23 405b15-20)

# 第五章　註

（1）　もちろんスッタとアビダンマとは相互に重なり合っており、両者に厳密な境界を引くことはできない。経典の中には明らかに註釈経としての性格を持っているものも多い。すでに述べたが、教義の核が変わらなければ仏説としての資格を得ていたとすれば、こうした現象が生まれるのは当然である。しかし、それでもある段階でニカーヤとしての経典の制作活動は閉じてしまう。そののちには、あくまで註釈によって現実と経典とを相応させていかねばならないのは間違いない。

（2）　もちろん詳細に見るなら、四ニカーヤ・阿含においても広範囲なテーマが取り扱われており、すべてが禅定を中心に説明がつくわけではない。繰り返しになるが長部においては戒律的な問題をもかなり大がかりに論じており、そうした経典では必ずしも禅定をのみテーマとしているとは言えない。しかしそれでも、大乗経典やジャータカ、アヴァダーナなどと比較したとき、四ニカーヤ・阿含全体を見れば、実際の修行法を中心とした教義上の諸問題の伝承を第一として整理されていることは疑いないだろう。Bucknell and Stuart-Fox［1986］参照。

（3）　自立したテクストという概念は、オーラルな文化においては成り立ちにくく、それは必ず外界依存的な側面を持つ（序章註（54）、（69）参照）。こうした状況から脱するのは、書写されてのちの場合が多い。

(4)　きわめて早い時期から「ジャータカ」を部派教団が所有している事実を考慮にいれるなら、教義の保存とはまったく別の関心から、ブッダをめぐっての伝承が存在したことは考えられてよい。

このブッダの伝承の発生は、人為的になされたものであるより、おそらく自然発生的であった傾向が強いだろう。口伝の文化においては、傑出した歴史的人物の伝承は、当時存在した神話（インドの場合はプラーナ）の衣装をまとって受け継がれていく。シャーキャムニ・ブッダとラーマーヤナとの重なりはこうした事実を反映している。あるいは、神話が、歴史的人物の登場や事件の発生によって、具体的なすがたとして活力を与えられ、復活すると表現してよいかもしれない。出家教団の仏教者とはいっても、このインド文化を背景として存在しているのであるから、彼らはそうしたブッダ観の生成や、神話の活性化と無関係にあるはずはない。

(5)　「文学としてのことば」という表現はもちろん譬喩的な使い方にとどまる。すでに述べたが、オーラルな文化においては、神話に集約されるような、その文化に伝統的な素材によらないで知識が伝授されることば例外的である。したがって四ニカーヤ・阿含のように、神話をできるかぎり排除したかたちの伝承が可能になる背景には、特別な体制が整っていたことを予想しなければならない。ヴェーダ伝承のシステムが存在し、仏教教団がその技法に訴えたことが考えられるいわれはそこに存する。それは相当程度に文化の発達した、その意味で人為的な行為である（ただし、ヴェーダ関係の知識伝承の正確さを、一度疑う必要はある。つまり、いずれの口伝文化においても確認されるように、時代とともに、少なからずことばも推移し、それとともに、伝承されるヴェーダの知識内容も少しずつ推移してきた可能性は想定されてよい。そうすれば、例えばウパニシャッドと仏教との関連を問題とするとき、前者から後者への影響を語ること自体が問い直されることとなる。時代によってことば全体が動いて行ったとすれば、その土台の上にたつウパニシャッドが、仏教に一方向的に影響を与えたことを語るのは、あまり意味のないものとなるからである。しかし今はこの大切な問いは不問に付し、ヴェーダ伝承が動き得ない軸として設定できるものと仮定して論じた）。

それに比して、仏伝を神話（プラーナ）の材料によって作りあげようとするような流れ自体は、一定の水準に達した文化においては、幅広く認められると見てよい。その中では、物語、伝承の時間はつねに現在へと戻っていくから、というよりも、そのことばは現在を離れてしまうことは不可能だから、ことばは「時間を超えて成り立つ記号」ではなく、あくまで「たえず過ぎ去る現在とかかわる指標」とならざるを得ない。文字によって固定されたことばを有した者にとって「超時間」はいつでも可能と思えよう。しかし、音声によって過ぎ去ることばしか所有しえない者にとっては、現在という時間を超える世界は容易に想像しがたい。

こうした制約のもとに神話を伝承した文化内部の人間にあって、シャーキャムニ・ブッダの出現を一大事件として取り上げた人々には、いかなる世界が映じたのであろうか。それは、揺るぎない伝統の中で、自己を取り囲み支える環境と同様に確実に与えられ、しかも疑ったことのなかったことばが、はじめてたった一回のできごとによって受肉化される驚きだったに違いない。それは神話がまさに生命を宿した事件であっただろう。そして神話のことばは、あくまで伝統の中にのみ存在し続けたことを考えたとき、その事件は、ことばが生まれる太初に戻ったと表現されてもおかしくはなかっただろう。そうした者たちがブッダの伝記を語ろうとするとき、すでに存在した神話のかたちで十分だったはずである。なぜならブッダの出現は、彼らにとっては、神話の謎が解ける出来事としてしか映りえなかったはずだからである。

そうしたことばは、それ自身が生命力をもったものとして成り立っていなければならない。初期経典のなかにすでにこうした要素が現れていることを考えれば、むしろ実態は、神話のことばが地として存在し、その上に図として教義を示す記号としてはたらくことばが載せられていた、という言い方の方が適切かもしれない。

（6） もっとも三蔵という範疇が、どの程度厳密な概念としてとらえてよいか、あるいは実際に機能していたかという問題は問い直されてよい。さきに述べたが、たとえば長部における物語を主とした経典の形式においては、戒律と教義が並行して扱われていた。これは大乗涅槃経の型とひとしい。三枝充悳［1996］も三蔵に疑義を呈する。したがって、厳密にいえば、ニカーヤ・阿含においても経と律とは重なり合う部分をもっているのであり、両者を融合して説くのが大乗の独壇場ではない。

しかし、それでも経・律という範疇の区別と、大乗における律の不在を考えたとき、ほんらい大乗が経というカテゴリーにおいて生まれた概念であり、経の形態において律的な問題をも取り扱おうとしたものと見るのは妥当だろう。経が律まで伸びゆくところに大乗の一つの特色がある。この観点を据え、さらに長部を媒介として考察したとき、阿含・ニカーヤから大乗へという移行は、一層連続的なものととらえられる。

（7）　拡散する経典の内容を再統一するという、この論書のもつ特徴も、北伝に固有というわけではない。ブッダゴーサの『ヴィスッディマッガ』などは、経蔵全体を考慮に入れて、そこにあらわれる諸問題を解決するように説かれていることは間違いないだろう（Gethin［1992］）。しかし、後世まで作り続けられる大乗経典の拡散度合いは、ニカーヤに比すと比較にならない。このため論書の果たす役割の特徴が、北伝と南伝とで一往二分されることは考えられてよい。また大乗の場合もニカーヤと同様、明らかに論書の役割を果たす経が存在することも認めておかねばならない。とすれば経と論の厳密な区別は、作者が匿名か有名かによって分けられると考えておいてよいことになる。

（8）　ここでいう創始的大乗は、ひとまずはインド本来のプラーナ伝承に材料を取る仏伝作成の流れと、仏教固有の教義伝承の流れとが合流して生じたと見てよいだろう。そのさいにも、前者の傾向が強いものと、後者の影響が強いものとの間に一つの差異が確認される。

ブッダをめぐって制作される伝記的作品全体の核が、その「悟りの内容」にあるわけではない。むしろジャータカの関心は、ほんらい教義とは無関係に、ブッダの存在を物語として過去にむかって描いていくところにあるとさえ思われる。結論づけられる教誡は、必ずしも物語と本質的なつながりをもつようには思えない場合も多い。

しかしマハーヴァスツ、ラリタヴィスタラなどの仏伝に至れば、ブッダの悟りの内容は、ブッダの存在自身と密接に関連をもちはじめる。その点でジャータカとの間には明らかに質的な差異が存在すると見てよい。大乗経典は、この後者の延長上にあることはまちがいないだろう。

またもちろん、神話と教義、霊感と記号といった類別は当然理念的なものであって、実際には両者は融合して存在しているはずであり、完全に分断されていたことを想定するのは明らかな誤りである。実際には両者それぞれの割合で交じり合った傾向としてとらえなければならない。そうしたとき、神話の関心としてはブッダの超人性さえ確保されていれば十分だったはずなのに、伝記のなかで具体的な教義がその中心に要請されるようになったのは、やはりブッダの教えが作用した大きな変化と考えざるを得ない。

(9) これが正しいとすれば、声聞が部派教団の比丘を指したとする、平川を代表とする従来の理解は訂正の必要が生じてこよう。書写をもって声聞批判の基準とするなら、たとえば単に仏伝を口伝によって伝承するものたちも、批判されねばならないからである。その口伝の者たちはダルマバーナカであってよい。しかし菩薩であることはできないであろう。この点が、ブッダを伝記の題材として扱おうとする神話作成の側の関心と、そこにあくまで教義という核を据え直そうとする大乗関係のブッダ観との相違がある。後者においては、菩薩は単に過去のブッダではなく、現在、教義を具現しながらはたらきつつあるものとしてとらえ直されていることが分かるだろう。

もっとも声聞ということばの出現が、大乗よりも時代を下ることは考慮しておかねばならない。なお関心は異なるが同様のテーマを扱ったものとして佐々木閑［1995］参照。

(10) この点はWeber［1921: 260-263］参照。またインドのいわゆる王法 rājadharma にかんしてはさまざまな研究が存在するが、ここではWeber, ibid.、およびGonda［1969］, Scharfe［1989］参照。

仏教がアショーカ王によって保護されたことは、その教団の拡大に欠かせざる、むしろ決定的な要素であったことは誰しもが認めている。しかし、仏教側からすれば、ダルマがどんな人間でも守るべき普遍的な価値とされたことは、たとえ教団の拡張という成果の代償としてではあっても、好ましいことではなかっただろう。なぜなら、仏教はほんらい出家に基づく、そして一定の修行体制に基づく、具体的な教義を抱えているのであり、それは一つ一つ学んでいくべき大切な過程であって、決して簡単に万人に開かれゆく倫理などではなかったはずだからである。しかし、ここでダルマの相違を主張することは、あくまで、個別な倫理を超え、平等な価値観の育成を目指すアショーカ王の意図には沿わなくなる。破僧を戒める詔勅が度々出されているのは、まさにこうした仏教側と帝国側の軋轢を物語っているし、アショーカ王以降に、教団に異端者が侵入してくることを嘆く記述が出てくるのは、仏教側から見た世界の景色の変化を、素直に映し出している（cf. Lamotte［1958: 315-316］）。

またアショーカ王の破僧の戒めについては古くから議論が続いているが、最近年、佐々木閑とノーマンの間でもやり取りが続いている。Norman［1987］, Sasaki［1989］［1992］［1993］参照。

著者略歴

下田正弘（しもだ　まさひろ）

1957 年、福岡県に生まれる。東京大学文学部印度哲学印度文学専修課程卒業。東京大学大学院人文科学研究科博士課程単位取得退学。博士（文学）（東京大学）。現在、東京大学教授。この間に、ロンドン大学（SOAS)、ウィーン大学客員教授を務める。
著作に、『パリニッバーナ―終わりからの始まり』（シリーズ仏典のエッセンス、日本放送出版協会）、『日本仏教を問う――宗学のこれから』（智山勧学会編・元山公寿監修、春秋社）、編著に『シリーズ大乗仏教』全 10 巻（春秋社）、『新アジア仏教史』1 ～ 4（佼成出版社）、『仏教の事典』（朝倉書店）など。

涅槃経の研究――大乗経典の研究方法試論

1997年2月25日　初　版第1刷発行
2019年7月25日　新装版第1刷発行

著　者　下田正弘
発行者　神田　明
発行所　株式会社 春秋社
〒101-0021　東京都千代田区外神田2-18-6
電話　03-3255-9611（営業）　03-3255-9614（編集）
振替　00180-6-24861
http://www.shunjusha.co.jp/

印刷所　株式会社 ダイトー
製本所　ナショナル製本協同組合


ISBN978-4-393-11238-0 C3015
定価はカバー等に表示してあります

# A STUDY OF THE MAHĀPARINIRVĀṆASŪTRA

## WITH A FOCUS ON THE METHODOLOGY OF THE STUDY OF MAHĀYĀNASŪTRAS

BY

SHIMODA MASAHIRO, D.Litt.

*Associate Professor*
*University of Tokyo*

SHUNJŪ-SHA・TOKYO・1997

Table of Contents

with Brief Comments and Summary of Conclusions



The present work aims at contributing to the improvement of the methodology of the study of Mahāyāna *sūtras* by demonstrating as an example the process of the formation of the Mahāyāna *Mahāparinirvāṇasūtra* (MMPS).

[0] **Introduction** (p.3)

[01] Review of research in the field of studies on Mahāyāna *sūtras* both in Japan and overseas (pp.5-6)

This chapter clarifies the background of the present work as situated in the history of research on *sūtras* up to the present day.

[02] Several opinions concerning the origin as a sect of Mahāyāna Buddhism (pp.6-19)

[021] Mahāsāṅghika regarded as an origin of the Mahāyāna by Japanese scholarship (pp.6-8)

Buddhist studies in Japan in modern times started out in the midst of the confusion caused by the critiques of early Western scholarship on the authenticity of Mahāyāna Buddhism, on which almost all Japanese Buddhist sects had been based for about 1500 years. Some tried to resolve this problem by identifying the origins of the Mahāyāna with an established traditional sect. One of the most influential of such works was Mayeda[1903], which argued that the Mahāyāna derived from the Mahāsāṅghika school on the basis of two main reasons: that this fact is shown in certain Buddhist historical works like the *Smayabheda*, and

that there are considerable agreements in the doctrines of these two currents.

[022] Mahāsāṅghika and other scholastic sects (Nikāyas) as the origins of Mahāyāna Buddhism as proposed by Western and Indian scholarship (pp.8-10)

[023] Mahāyāna *sūtras* treated as a source of materials for revealing social background and *stūpa* worshipper groups composed mainly of lay people as an origin of the Mahāyāna (pp.10-12)

Based on the overall study of the Vinaya literature and a reading of Mahāyāna *sūtras* focusing on accounts revealing the social background of their thought, Hirakawa[1968] argues that the Mahāyāna could not have developed from traditional Nikāyas for several reasons (which will be called into question in the present work) and hypothesizes that there must have existed a *bodhisattvagaṇa* organized around *stūpas* and forming another current of Buddhism distinct from that of the *vihāras*. This view has had considerable influence on Japanese scholarship and has come to be accepted as an established theory replacing that of Mahāsāṅghika origins supported since the beginning of this century in Japan.

[024] Questions posed to Hirakawa[1968] by Japanese scholarship regarding *stūpa* worship by the laity as an origin of the Mahāyāna (pp. 12-13)

Takada[1969] immediately expressed his disagreement from the viewpoint of archaeology, saying that no evidence can be found in epigraphs or remains of Buddhist temples that proves the existence of a *bodhisattvagaṇa* around *stūpas*. Some scholars raised questions concerning the capabilities of the lay people in India.

[025] Questions concerning the origin of the Mahāyāna as [a] sect[/s] put forward by Western scholarship (pp.13-17)

[0251] Reconsideration of epigraphs regarding the Mahāyāna by Schopen[1979] and others (pp.14-16)

[0252] The Mahāyāna as schools, not as sects independent of the Nikāyas (pp.16-17)

[026] Discrepancies between history reconstructed from literary sources and that reconstructed from non-literary sources (pp.18-19)

[03] Studies on the process of compiling a *sūtra* (pp.19-30)

This position is based on the view that a *sūtra* must have been compiled during a certain duration of time and that it should be subjected to philological criticism before discussing its thought. This attitude stands opposed to that which regards a *sūtra* as an indivisable unit.

[031] Progressive compilation of non-Mahāyāna literature given as an indication of the understanding of a given text (pp.20-27)

[0311] Study of early or primitive Buddhism in the West (pp.20-22)

[0312] Study of early or primitive Buddhism in Japan (pp.22-24)

[0313] Study of Vinaya literature in the West and Japan (pp.24-25)

[0314] Crucial questions recently raised regarding the methodology of traditional Buddhist studies by Schopen[1985][1991] and Gombrich [1990] (pp.26-27)

We should reconsider the methodology of past Buddhist studies from the viewpoint of "orality and literacy" shown in Ong[1982].

[032] Studies on the Mahāyāna *sūtras* undertaken from this ([031]) viewpoint (pp.27-30)

Many Japanese scholars have contributed to this field, especially to the study of the *Saddharmapuṇḍarīka* (SP). One of the most influential is Fuse[1934], after which several works have been produced based on the same standpoint that the SP was compiled in three stages. However, Suguro[1993] treats these works with reserve and criticizes the exaggerated attempts to seek heterogeneity in the *sūtra*. Drawing our attention to the homogeneity of the SP, he declares that this work was compiled during a period about fifty years by a certain group in a progressive way such as to make the last chapter the beginning of a new enlarged text with little attention being paid to differences of detail.

[04] Differences between "the study of the history of ideas" and "the study of ideas" (pp.30-39)

The former tries to understand an idea in a given text in diachronic terms, placing it in a historical context, while the latter is synchronic, developing the structure of the idea.

[041] Nikāya and Āgama literature (pp.31-33)

Most scholars, with a few exceptions, have taken the former position and have described the ideas of early Buddhism with reference to the history of thought. But this methodology is not so self-evident that we should follow it blindly, as recent research has pointed out from the viewpoint of Abhidharma (Gethin[1992]), which has been a continuous current throughout the history of Buddhist ideas.

[042] Mahāyāna literature (pp.33-35)

A brief survey of Griffiths[1994] as an introduction to the study of methodology lacking in Japanese scholars.

[043] *Tathāgatagarbha* theory (pp.35-37)

Two monumental studies in the field covered by this present work, Ruegg[1969] and Takasaki[1974], are briefly discussed with regard to this point. Ruegg is slightly inclined to synchronic research since he goes down the path of history repeatedly ascertaining his standpoint by looking back to the *Ratnagotravibhāga* (RGV), guided by Tibetan commentaries that are to a greater or a lesser degree tinged with Abhidharmic influence. Takasaki, on the other hand, has a diachronic tendency. Going back in history, he divides the RGV into several elements that are supposed to have formed the RGV and substantiates them in the course of history.

[044] *Tathāgatagarbha* theory as regarded from the viewpoint of the hermeneutics of Buddhism (pp.37-39)

Review of Ruegg[1989] and related studies for the benefit of Japanese scholars.

## [05] Miscellaneous important studies aiming at a new stage in Buddhist studies (pp.39-48)

[051] Studies from the viewpoint of typology (pp.40-44)

Weber[1921], Eliade[1957], Rahula[1956], Dutt,S.[1957],

Dumont[1970], Hirakawa[1968], Ray[1994]

[052] Continuity of traditional sectarian Buddhism and Mahāyāna in the process of producing a *sūtra* (pp.44-46)

Review of MacQueen[1981-82] as an example.

[053] Orality and literacy in Buddhist literature (pp.47-48)

[06] Premises of this work (pp.48-55)

Summarizing the above-mentioned works, four questions are raised that need to be solved in the present work: (1) the relationship between the Mahāyāna and traditional Nikāya Buddhism, (2) how to harmonize the study of ideas and the study of social history with regard to a given *sūtra*, (3) the method of studying Mahāyāna *sūtras* without any help from commentaries and its validity, and (4) the refining of traditional methods of reconstructing an original text on the basis of the extant text. (This last question is discussed in [2.2].)

[061] Continuity of traditional Nikāya Buddhism and Mahāyāna (pp.49-51)

Most studies, especially recent studies, declare that Mahāyāna Buddhism cannot be separated from Nikāya Buddhism in its origins and historical background. We start from this understanding at a descriptive level. But we should also be careful not to ignore, for example, the "*stūpa* vs. *vihāra*" model as an *Idealtypus*. The confusion of these different levels has made discussions needlessly complex.

[062] Harmonization of the study of thought with the study of social history in one and the same *sūtra* (pp.52-53)

This is, of course, a universal issue, but it applies especially to Japanese scholars, who have been too influenced by the methodology of Hirakawa[1968], who reads Mahāyāna *sūtras* as materials for revealing historical facts. In order to resolve this problem, we at first remain within the context of the MMPS and behave for a while like a formalist. A certain word extracted from its context is to be looked on as neither historical nor idealistic, but as a kind of index. Then it is taken into the context of both history and thought, and it is found that it may

be colored by both. (This is mainly discussed in [4.5].)

[063] A case study for reading a Mahāyāna *sūtra* (pp.54-55)

As long as we respect history as much as possible, there is no doubt that one of the best approved ways of reading a classical Indian text is to follow some commentary. We can then be absolved of arbitrariness. But, strictly speaking, this means that we read only the commentary. In addition, most Mahāyāna *sūtras*, including the MMPS, do not have a commentary. We shall try to solve this problem by the same stance mentioned above: that is, remaining within the context of the MMPS and then stepping outside. For example, we cannot predicate the MMPS *a priori* on the RGV. We should rather initially refuse to introduce into the MMPS the connotations of *tathāgatagarbha* and *buddhadhātu* in the RGV. The context of the MMPS must provide us with some, at first, vague clues, which will take on a more distinct form in the course of our study so that it becomes possible to compare it with the RGV and other texts, and this order must never be reversed.

## [1] **The prehistory of the MMPS** (p.57)

This chapter examines some concepts that preexisted the MMPS, such as *nirvāṇa, nirvāṇasūtra*, *dhātu*, etc.

[11] The MPS belonging to the traditional non-Mahāyāna current (pp.60-81)

[111] Compilation of the MPS according to Bareau[1979] (pp.62-64)

[112] Formation of the nucleus of the MPS as a moot point in Bareau [1979]'s understanding (pp.64-75)

[1121] Historical facts and the compilation of a *sūtra* (pp.65-67)
[1122] Special motives attributed to the compilers of the MPS (pp.67-69)

Bareau and other scholars posit some historical facts in the formation of the nucleus of the MPS. It is to be admitted that historical facts would have been a necessary condition, but never a sufficient one. We should note that the MPS as describing the historical fact of the

Buddha's death would seriously conflict with other *sūtras* in the Nikāyas because all *sūtras* except the MPS are founded on the existence of the Buddha. The MPS cannot have been produced as a *sūtra* until this crucial problem had been solved in some way.

[1123] Buddha as being present in the *nirvāṇadhātu:* one type of interpretation of the Buddha's *nirvāṇa* (pp.69-72)

In the nucleus of the MPS, one solution is shown in the account that describes the last moment of the Buddha's death when he entered several stages of *dhyāna* in order to enter the sphere of *nirvāṇa.* This intermediation of *dhyāna* between this world and beyond should not be overlooked. The Buddha is present in the *nirvāṇadhātu* in a formless, invisible way.

[1124] Miracles that occurred with the *buddhaśarīra* after cremation (pp. 72-75)

The Buddha's *śarīra* (body) was guarded from fire by a cloth covering and pure *śarīras* (bones) were left after the cremation. This suggests another type of interpretation of the Buddha's existence as reflected in his visible legacy in the form of a *śarīra.*

[113] Development of the nucleus of the MPS (pp.75-81)

[1131] *Dharmakāya* as an example of the first type of the Buddha's *nirvāṇa* in the *Milindapañho* (pp.75-76)

The *Milindapañho* proclaims that the Buddha exists as *dharmakāya* by showing exactly the same interpretation as in the first type mentioned above.

[1132] *Rūpakāya* appearing in the MPS in the *Ekottarāgama* as an example of the second type of the Buddha's *nirvāṇa* (pp.77-78)

Two of the versions of the MPS in the *Ekottarāgama* describe the Buddha's body as a diamond in accordance with the second type. These two texts give priority to *stūpa* worship over the transmission of the teaching.

[1133] Further development toward *stūpa* worship of the latter type of motif (pp.78-80)

Many examples are found in the motif of *tejodhātu/jyotiṣprabhā* that describe *nirvāṇa*, cremation and *śarīra* relics linked to the founding of

*stūpas.*

[1134] *Stūpa* worship found in non-Mahāyāna literature (pp.80-81)

A *sutta* in the *Apadāna* quoted here is identical in motif with Mahāyāna *sūtras.*

[12] The *Buddhacarita* as a version of the MPS (pp.82-90)

[121] Parallel phrases found in the *Buddhacarita* and RGV (pp.82-85)

The former uses the term *dhātu* in the sense of "relics," while the latter uses it in the sense of "essence, element," but the wording is identical.

[122] Relationship between the *Buddhacarita* and other literature of the *tathāgatagarbha* theory (pp.85-86)

The **Anuttarāśrayasūtra*, one of the *tathāgatagarbha* texts, is so composed that quotations from the RGV are inserted between the beginning and ending of the *sūtra*, both of which are excerpts from the *Adbhutadharmaparyāya*, the main theme of which is the extolment of the miraculous superiority of the Buddha's relics.

[123] Agreement of the phrase "*dhātuparibhāvita-*" in the *Buddhacarita* with some epigraphs given by Schopen[1987] (pp.87-89)

[124] Essential connections between Buddha's *nirvāṇa* and the *stūpa* shown by Mus[1953], Ebert[1985], etc. (pp.89-90)

[13] *Stūpa* in the *Vinayapiṭaka* (pp.90-128)

This section is directed mainly at Japanese scholars with the aim of bridging the wide gap between most Japanese scholars and Westerners concerning the understanding of the *stūpa* in the *Vinayapiṭaka.* This gap seems to have arisen when two works on this theme came out in Japan and Europe respectively, that is, Hirakawa[1960] and Bareau[1962].

[131] Method of treating Vinaya literature in the present work (pp.91-94)

Bareau[1962] describes almost exhaustively the related accounts appearing in the *Vinayapiṭaka* without any excessive philological criticism. When dealing with materials postdating the *Vinayapiṭaka*, like the

MMPS, this study is all the more useful because it presents the accounts as they are without any interpretative comments.

[132] Hirakawa's work regarding the *stūpa* in the *Vinayapiṭaka* (pp.94-100)

[1321] Hirakawa[1960][1964] (pp.94-96)
[1322] Hirakawa[1968] (pp.96-100)

[133] Survey of all accounts concerning *stūpas* in the *Vinayapiṭaka* following Bareau[1962] with supplementation (pp.100-118)

[1331] Two origins of the *stūpa* (pp.100-102)
[1332] Structure of *stūpas* (pp.102-103)
[1333] Offerings (pp.103-108)
[1334] Images (pp.108-110)
[1335] Cult and ritual (pp.110-112)
[1336] Forbidden acts (pp.112-117)
[1337] Assets and economy of the *stūpa* (pp.117-118)

[134] *Stūpa* equated with the living Buddha (pp.119-124)
[1341] *Stūpa* as a legal entity (pp.119-120)
[1342] The living Buddha (pp.121-122)
[1343] *Stūpa* as a body of the Buddha in *parinirvāṇa* (pp.122-124)

[135] Absence in the Pāli Vinaya of accounts concerning *stūpa* regulations (pp.124-128)
[1351] Examples of the *stūpa* existing in the same way as found in Northern Buddhism (pp.124-126)
[1352] A possible way of understanding the absence of *stūpa* accounts in the Pāli Vinaya (pp.126-128)

[14] *Stūpa* in Mahāyāna literature (pp.129-136)

[141] The SP and the significance of the compilation of the Mahāyāna *sūtras* (pp.129-134)

Even the SP, which has often been regarded as endorsing *stūpapūjā*, plays down its value and attempts to replace it with the *sūtra* itself. In this transfer of value from actual ritual to the *sūtra* lies the significance

of producing a *sūtra* in the Mahāyāna.

[142] The absence of *stūpa* worship in the four Nikāyas and Āgamas (pp.134-136)

One of the remarkable distinctions between *sūtras* in the four Nikāyas and in the Mahāyāna is that the latter have considerably more accounts concerning *stūpa* worship. This is presumably the main reason for the postulation (by most Japanese scholars) of the existence of some groups of *stūpa* worshippers as an origin of the Mahāyāna. However, when we consider the fact that other accounts are also lacking in the four Nikāyas, such as *bodhisattva* stories, which should of course be included in the *Jātaka*, it becomes evident that the two categories of Nikāya and Mahāyāna share common materials but treat them differently.

[15] *Stūpa* and pilgrimage (pp.137-143)

[151] The MPS and pilgrimage (pp.137-139)

[152] Schopen[1987] again in this regard (pp.139-143)

[16] Reconsideration of the worship and the composition of *sūtras* (pp.143-151)

[161] Two main forms in which to embody the existence of the Buddha (pp.143-145)

One is *dharma*, *deśanā*- and *adhigama*-, the other is *rūpa*, *stūpa*, etc., and these correspond to the two ways of interpreting the Buddha's *nirvāṇa* mentioned in [1123][1124].

[162] The meaning of the *dharmaśarīra* in miniature *stūpas* in the context of *stūpa* worship and the composition of related *sūtras* (pp.145-149)

[163] Developments from *sūtras* showing a negative attitude toward *stūpa* worship to those showing a positive attitude (pp.149-151)

This proves that the Mahāyāna *sūtras* first appeared with the intention of bringing about a shift in value from actual ritual to *sūtra*, and proponents of *stūpapūjā* then came to make use of them simply as a

means of transmitting the *stūpa* cult, and it was not the reverse.

## [2] **The process of the formation of the Mahāyāna *Mahāparinirvāṇasūtra*** (p.153)

### [21] Sources and scope of the present study (pp.155-160)

#### [211] Scope (p.155)

#### [212] Sources (pp.156-160)

##### [2121] Chinese sources (pp.156-158)

Two Chinese versions of the MMPS are extant: Taishō No.374, abbreviated as Ch(2) in this summary and as (曇) in the main text, and is Taishō No.376, similarly abbreviated as Ch(1) and (法).

##### [2122] Tibetan sources (pp.158-159)

Tibetan sources are abbreviated as T in this summary and as (T) in the main text.

##### [2123] Sanskrit fragments (pp.159-160)

### [22] Introduction to chapters [2], [3], [4] (pp.160-162)

We should be careful not to make light of or neglect the harmony existing between individual sections when we try to describe the process of the formation of the present MMPS. As Suguro[1993] points out, those scholars who apply the method of philological criticism are apt to emphasize differences without explaining why the different parts should have been brought together.

### [23] The three stages of the MMPS presented in this work (pp.163-171)

Group 1, from Chapters 1 to 7 with the exception of Chapter 5 (chapter numbers follow Ch(1); see chart 1, p.177), and Group 2, Chapters 5 and 8 *infra*, with a subdivision into Group 2-1, Chapter 8, and Group 2-2, Chapter 9 *infra.*

#### [231] Suggestions by Ōchō[1986a][1986b] (pp.163-165)

#### [232] Two main reasons for positing three stages in the present MMPS

(pp.165-166)

When reading any one of the versions of the MMPS, we meet with quite a few discrepancies between Group 1 and Group 2 concerning not only ideas but also the assumed social background. If we postulate a proto-MMPS roughly equivalent to Group 1, this problem is readily resolved. In addition, we also find contradictions between the three versions of the MMPS, and by positing the same proto-MMPS these also disappear.

[233] Contradictions found between Group 1 and Group 2 in the same version of the MMPS (pp.167-168)

The proto-MMPS is required to function in a logical way so as to resolve the disagreements between Group 1 and Group 2, and therefore it need not, in principle, predate the MMPS.

[234] Contradictions between the three versions of the MMPS (pp.168-169)

We should reconstruct the proto-MMPS from Ch(1), T, and Ch(2) so as to resolve the contradictions in a certain sense logically. If the three vensions agree, we can roughly regard the passage in question as part of the proto-MMPS. We should at the same time pay careful attention to the possibility that the three versions were all modified in a similar manner in the course of the development of the proto-MMPS. If the three versions disagree, we first opt for Ch(1) since it can be regarded as the version most similar to the proto-MMPS when considering the manner of development of the three versions. But again we should take note of and exclude from the proto-MMPS cases in which it is to be suspected that the account of Ch(1) was accidentally modified without any logical reason inferable from the context. When considered from this standpoint, the proto-MMPS is not required to predate the present MMPS, but represents a logical premise.

[235] The prototype of the MMPS (pp.169-171)

The above two methods will in theory result in two different proto-MMPSs. But we were able to arrive at a single proto-MMPS that satisfies both requirements. This means that the contradictions found in the same version and those obtaining between the three versions share

the same origins.

[24] Changes in social background from Group 1 to Group 2 of the MMPS (pp.171-210)

[241] "*Bodhisattvaization*" of the proponents of the MMPS (pp.172-177)

[2411] Changes in the designation of the proponents found in Group 1 and Group 2 of the MMPS (pp.172-175)

The designation of the actual proponents is not fixed in Group 1. *Bhikṣu* and *dharmakathika* (or *bhāṇaka*) appear, but *bodhisattva* does not. Group 2, on the other hand, consistently uses the term *bodhisattva.*

[2412] Tendency for the word *dharmakathika* in Ch(1) in the Group 1 to be replaced by *bhikṣu or ācārya* in T and Ch(2) (pp.175-177)

It may be said that bodhisattvaization in designation takes place in the MMPS in the direction of Group 1 → Group 2, and Ch(1) → T → Ch(2).

[242] Social background of the proponents described in the "Vajrābhedakāyaparivarta" (Chapter 6) of Ch(1) (pp.178-191)

Only this chapter contains the disignatoin of *dharmakathika* (or *bhāṇaka*) and prescribes in detail the regulations, which tell us the social background of the proponents and can be said to be the main source of contradictions between Group 1 and Group 2.

[2421] Description of social background in Chapter 6: Translation of related sections from Ch(1) (pp.178-182)

[2422] Observations on and evaluation of [2421] (pp.182-185)

The *dharmakathikas* allow laymen to arm themselves in order to protect the *ācārya* without accepting the five precepts. They wander through dangerous areas and over mountains accompanied by lay people, including Caṇḍālas. They are not particularly strict in observing regulations, do not act on the basis of any institutional authority such as a Vinaya text, and give priority to acting in harmony with both the *saṅgha* and laymen by forming individual relationships.

[2423] Consideration of contradictions to be observed between Group 1

and Group 2 (pp.186-191)

The above attitudes are clearly negated in Group 2 of Ch(1). In addition, the corresponding chapter in T and Ch(2) prescribes almost the opposite conduct. It may be said that with increasing bodhisattvaization the behaviour of the *dharmakathikas* tended to be rejected.

[243] Appearance of new rigourism in regulations and appreciation of renouncer's life with increasing bodhisattvaization (pp.192-202)

[2431] Accounts that indicate proponents' leanings towards rigourism and attachment of greater importance to renunciants than to laymen (pp.192-194)

Between Group 1 and Group 2 of Ch(1) and between Ch(1), T and Ch(2) in Group 1 we encounter a clear change of attitude as expressed in the above heading.

[2432] A few examples suggestive of an appreciation of renunciation (pp.194-195)

In Group 1, criticism of lay people has been interpolated in T and Ch(2). In Group 2, Ch(1) also shows a higher appreciation of monks than of laymen.

[2433] Changes in the evaluation of the Bodhisattva Mañjuśrī as another example of the appreciation of renunciation (pp.196-200)

[2434] Appearance of the word *samādhi* in Group 2 as a further example (pp.200-202)

Strangely enough, Group 1 of Ch(1) does not contain the word *samādhi*, which is thought to be fundamental to Mahāyāna *sūtras*. In Group 2, this word plays a very important role, and T and Ch(1) have sporadic references to it in Group 1 too. *Samādhi* is of course peculiar to renunciation and rather foreign to laymen.

[244] Sectarianization or a kind of monasticization of proponents in Group 2 (pp.202-210)

[2441] Appearance of *ratnatraya* in Group 2 and reconsideration of Chapter 6 (pp.202-205)

Group 1 of Ch(1) proclaims the Buddha to be eternal but pays almost no attention to the *ratnatraya*. In Group 2, however, the *ratnatraya*

comes to be as highly esteemed as the Buddha. This change suggests that the proponents of Group 1 showed little interest in the *saṅgha* but gradually developed an interest in it in the Group 2. One of the most important discourses in Group 1 is the instructions on the *caturguṇa*, in which *nitya*, *sukha*, *ātman* and *śuddha* are accepted in a favorable light and equated with *dharmakāya*, *nirvāṇa*, *Buddha* and *dharma* respectively. *Saṅgha* is excluded from this set, an attitude that lacks in consideration when viewed from the standpoint of Group 2. If one recalls that the *dharmakathikas* in Group 1 were itinerant and did not seem to settle in a single place, then it seems only natural for them not to have been interested in forming *saṅghas*. The appearance of a new rigourism may also be regarded as a phenomenon accompanying sectarianization.

[2442] Change in proponents' life style from itinerancy to settled monasticism attested to in the shift from Group 1 to Group 2 (pp.205-207)

In Group 2, the five precepts are extolled. In order to confer them on the laity, the existence of a settled *saṅgha* would be indispensable. Their opinions of Caṇḍālas, who were their companions in Group 1, is also diminished. The ban on eating meat might also be a similar issue. This kind of discrimination is generally attributed to the character peculiar to a settled institution. In order to keep away from Caṇḍālas, knowledge of their residential area would be necessary, and this would be available to settled people.

[2443] Appearance of criticism of *śrāvakas* in Group 2 (pp.208-210)

Criticism of *śrāvakas*, the name of a certain group, is also foreign to Group 1 and fundamental to Group 2. This suggests that the proponents of Group 2 had grown to the stage that they felt tension with the outer world as groups, not as individuals.

## [25] Changes in aspects of thought in the MMPS from Group 1 to Group 2 (pp.210-219)

[251] The idea of the eternalness of the Buddha and the *tathāgatagarbha* theory, marking the difference between Group 1 and Group 2 (pp.211-212)

These two ideas appear almost clearly divided between Group 1 and Group 2.

[252] Change of "subject" in the context of ideas (pp.212-213)

The subject of Group 1 in the context of ideas is the Buddha. All passages contribute to clarifying the eternalness of the Buddha. On the other hand, the subject of Group 2, where *tathāgatagarbha* theory appears, is the *bodhisattva*. This is quite understandable, for both the Buddha and *sattvas* are necessary in *tathāgatagarbha* theory, and the *bodhisattva* is ideal for this role. Group 1, lacking the element of *sattvas*, does not anticipate *tathāgatagarbha* theory in its structure.

[253] Different ideas encapsulated in the same episodes (pp.213-219)

Almost identical parables with the same structure are often presented in Group 1 and Group 2 in order to advocate the Buddha's eternalness and *tathāgatagarbha* theory respectively. The most typical is the *caturguṇa* discourse. In Group 1, *ātman* is identified with the Buddha, while in Group 2 it is equated with *buddhadhātu*.

[26] The proto-MMPS (pp.220-232)

Group 1 of Ch(1) cannot as a whole be equated with the proto-MMPS since it has been somewhat modified under the influence of Group 2.

[261] Interpolation of Chapter 5 ("*Āyuṣparivarta", Group 2) into Group 1 (pp.220-230)

[2611] Redundancy of accounts concerning the entrusting of the *sūtra* (1) (pp.220-225)

One of the biggest problems concerns two accounts regarding the entrusting of this *sūtra* that appear in the middle of Chapter 4 (①, Group 1) and at the end of the same chapter (②, right before Group 2). In ①, it is proclaimed in all three versions that this *sūtra* should be entrusted to Mahākāśyapa as a *bhikṣu*. In ②, Ch(1) adds *bodhisattvas* to the inheritors of this *sūtra* together with Mahākāśyapa, while T and Ch(2) exclude Mahākāśyapa and recognize *bodhisattvas* only.

[2612] Redundancy of accounts 2 (pp.225-228)

The other important redundancy is found at the end of Chapter 4 and

at the beginning of Chapter 5 concerning the questions that the Buddha encourages to be asked. The former (③) concerns the Vinaya and Dharma while the latter concerns the *ratnatraya* and longevity (④). The latter is closely connected with the following content of Chapter 5, while the former is at first sight unrelated to the surrounding text. But, when carefully examined, ③ is found to be linked to the beginning of Chapter 6.

[2613] Two different Kāśyapas and the meaning of the interpolation of the "*Āyuṣparivarta" (pp.228-230)

All these redundancies are caused by the desire to insert between Chapters 4 and 6, Chapter 5 belonging to Group 2. This chapter plays a very important role in transforming the proto-MMPS into the present MMPS because it includes a table of contents covering the whole *sūtra*. In this process, Kāśyapa is also transformed from a *bhikṣu* into a *bodhisattva*.

[262] The existence of the "*Sūtranāmadeyaparivarta" (pp.230-232)

We thus arrive at almost the exact form of the proto-MMPS, which is composed of Chapters 1, 2, 3, 4, 6, and 7 with the omission of several accounts, chiefly ②, ④ and related passages. The existence of this proto-MMPS is attested with almost the same volume and content in Chinese scriptural catalogues (see note125), and the proto-MMPS thus gains historical reality.

[27] Two different stages in "*Caturdharmaparyāya" in Group 2 (Group 2-1) and the latter parts (the Group 2-2) (pp.232-235)

This division is not as clear-cut as the division between Group 1 and Group 2, but it still functions effectively for our study. The main reasons for dividing this part are as follows.

[271] Division of the name of the *parivarta* (pp.232-234)

[272] Reiteration of the same accounts (pp.234-235)

[273] Appearance of the *tathāgatagarbha/buddhadhātu* theory and the formation of the *pustaka* (p.235)

[3] **Changes in the thought of the MMPS** (p.237)

This chapter deepens the discussion of [25] and deals with the gradual maturation of ideas.

[31] Eternalness of the *buddhakāya* in the proto-MMPS (pp.239-251)

[311] Chapter 3 (pp.240-244)

This chapter makes Cunda, a householder, play a role in demonstrating the eternalness of the *buddhakāya* by refuting Mañjuśrī, who feels some hesitation in admitting it. Cunda's aim lies in extricating the *buddhakāya* from the *saṃskṛta* world to the *asaṃskṛta* world against the background of the view that considers the *buddhakāya* to be impermanent, as found in the Abhidharma. This *buddhakāya* is not to be identified with *stūpas* since Cunda negates the significance of offering food to the *buddhakāya*, a ritual attested to in the Vinaya mentioned earlier.

[312] Chapter 4 (pp.244-247)

The discourse on the *caturguṇa* is presented here and *ātman* is defined as the Buddha in terms of its being eternal, almighty and divine. This *ātman* has no connotations of individual essence and transcends this-worldliness. That this term never appears again until Chapter 12 might mean that the main intention of Group 1 lies in demonstrating the absoluteness of the Buddha and not necessarily in demonstrating *ātman*.

[313] Chapter 6 (pp.247-250)

This chapter shows that the *buddhakāya* is indestructible like a diamond, a simile which has close connections with the MPS in the *Ekottarāgama*, and it refuses to regard the Buddha as being fragile like pottery, which may be a symbol of the *stūpa*.

[314] Thought of Group 1: Summary of [311] to [313] (pp.250-251)

[32] Chapter 8 (Group 2-1) and telltale signs of the idea of *tathāgatagarbha* and *buddhadhātu* (pp.252-263)

[321] The idea of the *dharmakāya* in Chapter 8 (pp.252-254)

The concept of *lokānuvartanā* is the main theme in the first half of this chapter. This takes forward immensely the ideas found in Group 1 since the Buddha's biography as a visible form, which is essential to the *stūpa* cult, has been almost completely rejected.

[322] Agreement with other materials (pp.254-256)

The *Lokānuvartanāsūtra*, one of the sources of the accounts in this chapter, is closely related to the Mahāsāṅghika and the doctrine of *śūnyatā*. The *buddhakāya* is exalted to such a degree that it almost disappears into *śūnyatā*.

[323] *Tathāgatagarbha/buddhadhātu* sporadically appearing in the section illustrating the various forms of *mokṣa* (pp.256-263)

In the second half of this chapter, however, the *tathāgata* seems to be drawn back into this world of existence, although this time in the form of *garbha* or *dhātu*.

[33] *Tathāgatagarbha* theory from Chapter 9 onwards (Group 2-2) (pp.263-283)

[331] Chapter 9 (pp.263-267)

From this chapter onwards, *tathāgatagarbha* and *buddhadhātu* are explicitly advocated, as is recognized by the *sūtra* itself. Of importance is the fact that *buddhadhātu* is sometimes identified with the *stūpa* and the *stūpa* itself is regarded as the *upāyakāya*.

[332] Chapter 10 (pp.267-272)

The features of *tathāgatagarbha* and *buddhadhātu* here are as follows: (1) *buddhadhātu* is sometimes regarded as overlapping with the *stūpa*; (2) this is an element residing within the bodies of sentient beings; (3) it is sometimes expressed as indestructible *jīva* or *ātman*; (4) the *Tathāgatagarbhasūtra* (TGS) is quoted as *yukti*; (5) it is always connected with observing regulations and religious practices; and (6) *tathāgatagarbha* is an "embryo" to be nurtured, and *buddhadhātu* also signifies the possibility of becoming a Buddha.

[333] Chapters 11 and 12 (pp.272-274)

*Tathāgatagarbha*, mentioned in the context of *catuḥsatya* and

*caturviparīta*, is regarded as identical with *ātman* in *mokṣa*. This is consonant with the teaching given in [323].

[334] Chapter 13 (pp.274-283)

[3341] *Ātman* as *tathāgatagarbha* and *buddhadhātu* (pp.274-278)

*Buddhadhātu*, or *tathāgatagarbha*, exists as *ātman* covered with defilements in the body of every sentient being in the twenty-five kinds of worlds, and it becomes manifest when defilements vanish. *Buddhadhātu* is here explicitly regarded as *jīva* in individuals and strongly colored with the sense of an element of the physical body. This doctrine is expounded under the same structure as in Chapter 4 and tries to modify the understanding of *ātman* as the Buddha transcending this world into *buddhadhātu* immanent in this world.

[3342] *Buddhadhātu* as *stūpa* (pp.278-283)

It is very intriguing that this chapter focusses on *stūpa* worship and denigrates it after comparing it with *buddhadhātu*, stating that there is no need to salute a *stūpa* because we have an inner *stūpa* (viz. *buddhadhātu*) inherent within us.

## [34] The shift from the *buddhakāya* to *buddhadhātu* as a shift from the outer *stūpa* to the inner *stūpa* (pp.283-298)

[341] *Buddhakāya* thought in Group 1 and *tathāgatagarbha* thought in Group 2 (pp.284-287)

It is most probable that the MMPS would have introduced the idea of *tathāgatagarbha* from the TGS by overlapping it with the concept of *buddhadhātu*. The MMPS declares its own name in Chapter 7("*Sūtranāmadeyaparivarta") and develops its discourse for a time under this title. But it suddenly disappears at the beginning of the second half of Chapter 8, where the terms *tathāgatagarbha* and *buddhadhātu* are sporadically found, and is not mentioned again until Chapter 13 ("*Tathāgatadhātuparivarta"), after which it is again referred to repeatedly. In Chapter 9, which enumerates the attributes of those who are to be trusted, the MMPS mentions those who are courageous enough to openly advocate *tathāgatagarbha*. This makes us suspect that

the concept may have been kept hidden before that. In addition, in Chapter 10, where *tathāgatagarbha* theory is elucidated for the first time, the MMPS yields authority for the theory to the TGS. When considered in this light, the MMPS seems to have been in a turmoil during this short period when it encountered this concept from outside the *sūtra*. The main reason that the MMPS was able to accept the concept was probably the world surrounding the *dhātu* of *stūpa* worship. In this regard it is worth calling to mind the expressions used in Group 1, where *ātman* was equated with the Buddha. As for Group 2, *ātman* is *buddhadhātu*. If the screen of *stūpa* worship is brought between these two expressions, these are found to be exactly the same, for the Buddha is identical with *buddhadhātu* in this dimension. This does not mean that these two figures are identical in content. They differ in the position of their illumination: in Group 1 it comes from outside sentient beings, while in Group 2 it comes from within them. The internalization of the *stūpa* has here occurred.

[342] Characteristic features in the understanding of *tathāgatagarbha* in the MMPS (pp.288-291)

What could have made the MMPS consider the *tathāgatagarbha* of the TGS to be equivalent to *buddhadhātu*? It is not advisable to seek assistance in this regard from the RGV, which postdates the MMPS and excels in abstracting and synthesizing all ideas concerning the *tathāgatagarbha* theory. Here let us recall the dimension of *stūpa* worship. In the *Aṣṭasāhasrikā*, there appear phrases such as "*tathāgatadhātu-garbhān stūpān*" while in the *Divyāvadāna* it is recommended that a *stūpa* be built in the image of a "*garbha*." It is to be surmised that in such a context *tathāgatagarbha* was looked upon as the *stūpa* itself.

[343] Appearance of negative attitude toward *stūpa* worship (pp.291-298)

[3431] From Group 1 to Group 2 (pp.291-292)

Internalization of the *stūpa* means in a certain sense the digradation of the actual *stūpa* as such. This is indeed a tendency that grows throughout the MMPS, culminating in Chapter 13.

[3432] Agreement of wording with the **Maitreyasiṃhanādasūtra*

(MSNS) (pp.292-296)

Notable agreement is to be seen between the MMPS and the MSNS in this regard. One such example is a simile that is used in the MMPS at an important juncture between Group 1 and Group 2, and it functions to direct Group 1 into the current of Group 2. Group 2 and the MSNS share a negative attitude toward *stūpa* worship.

[3433] Agreement between the MMPS and MSNS in the degradation of the *stūpa* (pp.296-298)

Also worthy of attention is the fact that, the reason given by these two *sūtras* for degrading the value of the *stūpa* is exactly identical. That is to say, there is no need to worship the actual *stūpa* once one has an inner *stūpa* within oneself.

[35] Summary of changes in the thought of the MMPS (pp.298-304)

[351] The proto-MMPS or Group 1 (pp.298-300)

[352] Group 2-1 (pp.300-301)

[353] Group 2-2 (pp.301-304)

[36] Appendix(1): The concept of *catur-a-viparītadṛṣṭi* or *caturguṇa* (pp.304-319)

[361] *Caturguṇa* used in a positive sense (pp.305-315)

[3611] *Caturguṇa* used as attributes of *nirvāṇa* (pp.305-308)
[3612] *Caturguṇa* used as attributes of *dharmakāya* (pp.308-313)
[3613] *Caturguṇa* in the MMPS (pp.313-315)

[362] The intention of the *Śrīmālāsūtra* (pp.315-319)

[3621] From the MMPS to the *Śrīmālāsūtra* (pp.315-318)
[3622] *Tathāgatagarbha* as a basis of both *nirvāṇa* and *saṃsāra* (pp.318-319)

**[4] Changes in the social background of the MMPS** (p.321)

[41] The proponent[s] of the proto-MMPS (pp.323-330)

[411] Pilgrims to *stūpas* in sacred places as the hypothetical forerunners of the proponents of the proto-MMPS (pp.324-326)

It seems advisable to distinguish between two types of *stūpas*, namely, those at particular sacred places and those attached to monasteries. The former would have had a more religiously devotional ethos regarding the presence of the Buddha than the latter. As is indicated in the MPS, the concept of *parinirvāṇa* had a close relationship with pilgrimage. In view of the fact that the proponents of Group 1 were itinerants and in need of the help of lay people, they are thought to have been originally pilgrims to such sacred places. But when they began to compile the proto-MMPS, they came to settle in monasteries and shift their values from the *stūpa* to the *sūtra*.

[412] Some characteristics of the proponents of the proto-MMPS (pp. 327-329)

The central doctrine of the eternal nature of the Buddha and the main regulation forbidding private possessions can be explained by the fact that wandering pilgrims would have met with settled monasticism that was too intellectual as regards the *buddhakāya*, equating it with transient *dharma*, and furnished with much property.

[413] The proto-MMPS and a two-tiered model of Buddhism (pp.329-330)

[42] The proponents in Group 2 of the MMPS (pp.331-340)

[421] Social background of Chapter 8 (Group 2-1) (pp.331-334)

The proponents still appear to wander over a fairly wide area and show little interest in establishing their own *saṅgha*.

[422] Sectarianization in an established monastery attested to from Chapter 9 onwards (Group 2-2) (pp.334-336)

They began to organize their own group, including lay people, within the *saṅgha* where they had come to settle. They became so radical as to sanction the fetching of *sūtras* and daily goods from other *saṅghas* for their own members.

[423] *Stūpas* attached to a monastery (pp.337-340)

In Group 2-2 also the *stūpa* is mentioned and normally revered by these proponents. This in appearance contradicts the observation in [34], but the important point is that the MMPS is so composed as to include and harmonize different elements that evolved gradually, rather than excluding them to create a pure system. The *stūpa* in this case may be assumed to have been of the type attached to a monastery as found commonly in other Mahāyāna *sūtras*.

## [43] Emergence of the *pustaka* in Group 2-2 (pp.340-347)

### [431] Respect for the *pustaka* (pp.340-343)

The existence of the *sūtra* in the form of a *pustaka*, which is not mentioned until Group 2-2, comes to be as highly valued as the *tathāgata*, as is illustrated by the statement that the site where the *sūtra* remains is as eternal as a diamond, which was an important attribute of the Buddha in Group 1. It is to be surmised, by taking some other factors into consideration (see [432]), that the change from oral language to written language as the medium of *sūtra* occurred at the beginning of Group 2-2.

### [432] The significance of the appearance of the *pustaka* (pp.344-345)

### [433] From orality to literacy (pp.345-347)

When we posit this change of medium, another change in ideas —— the internalization of the *stūpa* and the birth of *tathāgatagarbha* theory —— is easier to understand. In literacy, the sense of vision dominates and one is able to look back over the text, and therefore, as has been pointed out by several scholars in this field (e.g., Ong[1982]), it is far easier to realize a world in which the intellect functions than in the case of orality. In addition, another change in social background, namely, sectarianization, is also more readily understandable. Literacy as such is of course confined to a limited elite, but on account of the materialization of the medium the non-elite majority are provided with the opportunity of coming in contact with the *sūtra* in the form of *pustakapūjā* and can be organized in groups that developed to the stage where they could be called *saṅghas*.

[44] Changes in the self-image of the proponents (pp.348-356)
Summary of [41]to[43] with some supplementation.

[441] *Dharmakathikas* in Group 1 (pp.348-349)

[442] The *bodhisattva* as an individual renouncer in Group 2-1 (pp.349-351)

[443] The *bodhisattva* as a member of an inner sect in Group 2-2 (pp. 351-354)

[444] Monasticization attested to in the Mahāyāna (pp.354-356)

[45] *Icchantika*: an image produced through a spectrum by light projected from the different directions of the study of ideas and the study of social background (pp.356-378)

[451] Previous studies (pp.357-363)

By criticizing the two main studies of the *icchantika*, these following three sections deals with the question of the methods that are generally adopted by (Japanese) scholars without much forethought. The first is that of trying to define the term *icchantika* by comparing it with other concepts that are deemed to be identical in content. This is a kind of tautology and a violation of *petitio principii*. Secondly, in clarifying the attributes of the *icchantika*, they begin for some reason with the presupposition that the two viewpoints of intellectual thought and social history are mutually exclusive. Our answer to these questions is given in the heading of [45].

[4511] Mizutani[1961] and Mochizuki[1988] (pp.357-359)

[4512] Questions concerning the methodology of these previous studies (pp.359-361)

[4513] The question of the methodology of the study of social background (pp.361-363)

[452] The emergence of the *icchantika* in the MMPS (pp.363-366)

The *icchantika* may be assumed to be foreign to Group 1 and essential to Group 2, for the term appears only once in Group 1, which must be a later addition, but more than fifty times in Group 2. It first appears

three times sporadically in the first half of Group 2-1 and is described as a figure superficially confused with the *tathāgata* himself.

[453] The function fulfilled by the *icchantika* in the culmination of *tathāgatagarbha* theory in the MMPS (pp.366-368)

At the time when the *tathāgatagarbha* is explicitly mentioned at the beginning in Chapter 10 (Group 2-2), the *icchantika* also begins to be mentioned in conjunction with the existence of *tathāgatagarbha / buddhadhātu* as a person who is attached to possesions and as an alternative about which the *bodhisattva* must make a choice. It seems to refer to a circumstantial position and not to definitive attributes applied to a particular individual or group.

[454] *Icchantikas* in Chapter 17 (pp.368-370)

This chapter has the *icchantika* as its main topic, and stereotyped phrases are repeated about thirty times. The *icchantika* is always coupled with *tathāgatagarbha / buddhadhātu* and strictly excluded from salvation to the extent that the *tathāgatagarbha* theory, which guarantees salvation for "all" sentient beings, is called into question.

[455] Function of the *icchantika* in the *tathāgatagarbha* theory of the MMPS (pp.370-373)

In Group 1, the Buddha (*asaṃskṛta*) and living beings (*saṃskṛta*) are clearly separate in nature, and the gulf between them is extremely important for directing people toward religious salvation. In the midst of attempts to remove this gap, for instance by donations to the Buddha as recommended in Chapter 3, salvation can be actually experienced. In Group 2-2, on the other hand, salvation is in theory inherently bestowed in the from of *buddhadhātu*. This may be an excellent theory, but it is less effective in practice because of the absence of any kind of gap between the refuge and the person taking refuge. Careful observation of the fact that in Group 2-2 *buddhadhātu* and *icchantika* are always mentioned as a pair functioning in a relationship of mutual tension leads us to understand the *icchantika* as an element that once again creates a break between *buddhadhātu* and sentient beings with respect to practice. Considered thus, the seemingly contradictory attitude of the

MMPS, with its optimism in theory and rigourism in practice, can be reasonably resolved.

[456] Two different aspects of the *icchantika* (pp.373-378)

The understanding indicated in [455] does not mean that the *icchantika* was originally created through the demands of *tathāgatagarbha* theory. It actually first appears in the first half of Group 2-1, where *tathāgatagarbha* theory has not yet been mentioned and the existence of the Buddha is most highly extolled, and it is stated that the *tathāgata* can be sometimes also taken for an *icchantika*. What is the *icchantika* here? The proponents came to identify themselves with *bodhisattvas* with the lofty aim of reforming the *saṅgha* where they had settled, only to find it full of illegal possessions and unaware of the eternal nature of the Buddha. These people would have been called *icchantika*, literally "greedy". However, it should also be noted that, in order to edify them, they had to disguise themselves by conforming in appearance with such sinful monks. Consequently, this *icchantika* must have also reflected the *bodhisattvas* themselves in the form of a trap in which they could be easily caught as soon as their missionary zeal weakened. These *bodhisattvas* identified themselves with the *tathāgata* as well. This may have been realized by means of *samādhi* as will be mentioned below, but their self-image is no less likely to have been an important cause, for they were convinced that there was no one but themselves, who believed in the eternal nature of the *tathāgata*, that could lead others to the same belief. Lastly, the TGS, from which the MMPS may be assumed to have introduced the *tathāgatagarbha* theory, has no such rigoristic element as the *icchantika*. This proves that the MMPS embodied the *icchantika* from the outset and went on to elaborate the entire theory in its own way, including the rigoristic element, even after having introduced the optimistic concept of *tathāgatagarbha* from outside the *sūtra*.

[46] The MMPS and the Mahāsāṅghika (pp.378-387)

This section discusses the relationship of the MMPS with traditional Nikāya schools, and the results concentrate on the Mahāsāṅghika.

[461] An exception in regulations for pilgrimage (pp.379-381)

Group 1 in the MMPS allows the laity to arm themselves in order to protect monks during pilgrimage which violates traditional Vinaya rules. But a single example of agreement with this exception can be found in the Vinaya of the Mahāsāṅghika, and if other elements are taken into account, the direction of influence would, remarkably enough, have been from the MMPS to the Mahāsāṅghika.

[462] *Ānupūrvīkathā* (pp.381-382)

Group 1 in the MMPS mentions so-called *ānupūrvīkathā*, a form which is so unusual that no parallels have been found in the Nikāyas or Āgamas with the two exceptions of the *Mahāvastu* and *Nettipakaraṇa*.

[463] The ban on eating meat (p.382)

Group 2-1 in the MMPS declares a ban on eating meat, discussed in detail in [47], in which we find notable agreement with the *Mahāsāṅghika Vinaya* in the following two points: (1) the number of sorts of prohibited meat is ten, and this ban is imposed (2) together with the ban on foods belonging to the category of *āmagandha*, like garlic, etc. As regards the former, this number is shared with the Mahāsāṅghika and Pāli Vinaya, while the latter agrees only with the Mahāsāṅghika.

[464] *Lokānuvartanā* (pp.382-386)

In the first half of Group 2-1, the MMPS carries over and develops Group 1 on the basis of the doctrine called *lokānuvartanā*, which is peculiar to the Mahāsāṅghika. The MMPS in fact alters to *Śūraṃgamasamādhi* the name of the *Lokānuvartanāsūtra,* which actually contains references to this doctrine, in order to match the context. The subject matter here in the first half of Group 2-1 is that *bodhisattvas* perform miracles just as the Buddha himself conforms to the world. This is possible only when the subject matter of the *Lokānuvartanāsūtra* and *Śūraṃgamasamādhisūtra* is combined.

[465] *Garbha* (pp.386-387)

As one of the doctrines of the Mahāsāṅghika, Vasumitra mentions that the discourse of the *tathāgata* is expressed as nothing other than *tathāgatagarbha*.

This section sketches, with some hypothetical elements still to be proved, the entire process leading from the Nikāyas and Āgamas to the Mahāyāna *sūtras* by summarizing the related discussions presented so far in this work.



As has been pointed out by not a few scholars, there are two main currents in which the Buddha's world has been transmitted. In one of

them, elite monks possessed of an education and meditation techniques entrusted their master's teachings to a verbal medium and elaborated on them until they matured in the form of the four Nikāyas. These works must originally have been composed so as to function as a kind of manual for meditation, and accordingly they are now still filled with words serving as signs or indices for a particular purpose.

[512] The other current of transmission of the Buddha's world (pp.425-426)

In the other current, the Buddha's legacy was entrusted to many kinds of non-verbal media, chiefly represented by iconography. However, what is important here is the existence of language akin to such media. This is the language of storytellers or poets. Since in the world of orality, as was the case in early Buddhism, signs and indices tend to be encapsulated in stories or poems, chances were always there for inspired speech to creep into the Nikāya tradition (cf. MacQueen[1981-82]). Some *sūtras* in the *Kuḍḍaka Nikāya* exhibit this feature.

[513] Mahāyāna *sūtras* as a fourth category separate from the *Tripiṭaka* (pp.427-428)

Once the tradition of producing *sūtras* in Nikāya Buddhism was terminated, the elite monks would have had no choice but to write commentaries on *sūtras* or *vinayas* when they wanted to exhibit their intellectual ability. However, if the tradition was revived with the appearance of Mahāyāna *sūtras,* they could act freely on a new stage outside the framework of the *Tripiṭaka*. In point of fact, when compared with the Nikāya tradition, Mahāyāna *sūtras* are more likely to discuss totally different subjects which should have been separately categorized into the Vinaya and Abhidharma, under the classification of the *Tripiṭaka*. The emergence of the early Mahāyāna *sūtras* would have provided a new stage for its followers on which to play out dramas of their own making.

[514] Different role of Abhidharma in traditional schools and Mahāyāna (pp.428-429)

The number of *sūtras* in the Nikāyas is limited, while in the Mahāyāna it is infinite, at least in principle. In accordance with this fact,

the Abhidharma in the Nikāya tradition, applied with the passage of time a limited number of principles to solving problems concerning increasingly complex phenomena, and consequently the number of Abhidharma treatises themselves increased. The Abhidharma in the Mahāyāna, on the other hand, had to condense into a homogeneous system the *sūtras* that continued to expand whenever they encountered a special problem (cf. Griffiths[1994]). However, it should be noted that these results ([513][514]) brought about in the history of Buddhism were not planned in advance, but produced as a by-product in the course of transmitting the Buddha's legacy in the manner described above. This is, for example, proved by the fact that a great number of *sūtras* encouraging *stūpa* worship postdate a smaller number of Mahāyāna *sūtras* with a negative attitude towards the *stūpapūjā*. The former regarded the rise of Mahāyāna *sūtras* as nothing more than the birth of a new medium and utilized them for changing the mode of propagation from orality and expressing the goals of *stūpa* worship, which had itself remained unchanged for a long time.

[515] Mahāyāna *sūtras* viewed from the typology of Buddhism (pp.430-431)

There are two types of monks, the forest dweller and the village dweller, in one and the same Nikāya throughout the long history of Buddhism. It may be assumed that by nature the former showed less interest in the saintliness awarded by an orthodox institution and was more inclined to participate in solitary meditation or pilgrimage to sacred places. It is true that Mahāyāna Buddhism would fall into the former category represented by forest monks (*āraṇyaka*) and lay persons (cf. Ray[1994]), but it is also to be noted that a Nikāya sect might have existed in a state of harmonization of heterogeneous elements as shown here. When the characteristic features of the four Nikāyas are carefully examined, it is evident that the Nikāya sects did not completely exclude opposite elements in establishing their system of transmission. It would be rather strange if we assumed that the Nikāyas did not seek the assistance of those monks who might have had some knowledge of traditional Indian myths, namely, *purāṇas*.

[516] From orality to literacy (pp.431-433)

If such a harmony did exist in early Buddhism, what would have been the main reason for the division of roles fulfilled by the four Nikāyas and the Mahāyāna *sūtras* such that the former tended to reflect institutional values and the latter individual values ? Would the exact reverse have also been possible ? When confronting this question, our attention is strongly drawn to the change in the medium of transmission from oral to written language. As long as the medium was restricted to oral language, as has been aptly pointed out by Gombrich[1988], it would be impossible to achieve the transmission of existing ideas unless supported by an institution with sufficient knowledge of transmission. But once the sounds of the *sūtras* were fixed in the written words, an individual monk was able, at least in principle, to express and transmit his ideas through the new medium without the help of an institution. With the change of medium, the element of individualism, which had itself existed since the earliest period of Buddhism, was provided with the right milieu for developing into *sūtras*. Mahāyāna *sūtras* are, needless to say, a typical legitimate progeny of the written language, a fact that is easily demonstrated by the usage of the word *śrāvaka,* or "listener", which embodies only despised values.

[517] Aśoka (pp.433-435)

Almost all scholars probably acknowledge that King Aśoka made an invaluable contribution to the development of the Buddhist *saṅghas.* However, the opposite side of the coin should also be considered. Aśoka was the first king in India to succeed in conquering almost the entire subcontinents. In order to establish a new ethics that would meet the new requirements in governing a far wider area uniformly, he would have had to go beyond Hindu *dharmas,* which existed only as a mass of very diverse ethics peculiar to each separate *jāti.* Needless to say, the Buddhist *dharma* was most suitable for his needs. However, the *dharma* propagated by Aśoka was a kind of universal morality to be observed by all people regardless of their individual beliefs. This cannot be regarded as identical with the Buddha's teaching, which has its own nuances. Aśoka's involvement in the formation of Buddhist *saṅghas*

would have had a great influence on the Buddhist *dharma* itself and removed the differences existing between not only the forest dweller and the village dweller but also monks and lay people. This movement would have also provided an ideal environment for the Mahāyāna to develop. (And it would not be a mere fantasy to suppose that King Aśoka might have played a major role in accelerating the spread of the written language, as has been suggested by some scholars, e.g. Weber[1921]. In ancient societies, the written language was often used in mainly political and commercial fields. It is probable that the first emperor to rule over most of the Indian subcontinent would have needed the written language for conveying his orders throughout the land.)

[518] Continuity of traditional schools and Mahāyāna (pp.436-438)

Viewed from any angle, the Mahāyāna must have derived from or coexisted with traditional schools. It is true, particularly in Japan, that the careless identification of Hīnayāna with traditional Nikāya schools has made the question all the more complex and taken us far afield from the historical facts. It is, however, no less true that the crucial question still remains, even if we succeed in reaching a more refined definition of Hīnayāna, that there do exist notable differences between the *sūtras* in the four Nikāyas and in the Mahāyāna.

Let us be reminded that two results completely unlike in appearance at present could have had the same origin in the past. It is widely acknowledged that in an unstable system, like that found in the system of transmission in the Buddhist *saṅgha,* a slight change in a single element may have considerable effects on the whole system itself in the long run. In such an unstable system, the degree of sensitiveness of the whole towards the part is much higher than in a stable system, and therefore a slight difference almost negligible at the time of input can become so great as to be almost irreconcilable at a later stage. Different elements, such as the two extremes of words functioning as signs and as metaphors, which might have existed in a kind of harmony or tension in one and the same Nikāya, could have been presented at any time with one side of their character emphasized. When they encountered an event such as the emergence of King Aśoka or a change in the

medium of transmission, the tension would lessen and they would be liberated to make their own free way. The fact that traditional and Mahāyāna Buddhism show similarities in material sources and differences in the understanding of them proves that the difference between both is nothing more than a partial cross section of the *sūtra*'s whole sequential, continuous transmission process and the cross section shows itself only when we cut across the process in accordance with the demands of the Mahāyāna, namely, the eager demand for a reconsideration or differentiation of traditional doctrines.

[519] Sources variously filtered and handed down to the present (pp.438-440)

This section is mainly directed at Japanese scholars, for whom it has been difficult to break free from traditional scholastic attitudes, and it suggests the importance of establishing a new category to replace Hīnayāna and Mahāyāna. Categorization has a decisive force that can cover with a single name any facts that one may have managed to discover.

[52] The process of compiling the MMPS (pp.440-450)

The history of the MMPS can be briefly summarized on the basis of the above hypothesis in the following manner.

[521] The MPS of traditional non-Mahāyāna Buddhism (pp.440-441)

The MPS of the non-Mahāyāna was compiled from the very outset with the aim of conveying the eternal nature of the Buddha present in *parinirvāṇa*. This can be verified by the fact that the nucleus of the *sūtras* contains two miracles, which respectively indicate two forms in which the Buddha is internalized. One is the Buddha's entry into *samādhis* at the last moment before death. The Buddha is present in the *nirvāṇadhātu* which transcends any kind of material form. The other miracle is the events surrounding the *buddhaśarīra*, which, on the contrary, suggests a materialized form in which the Buddha may be seen. The former current is inherited by and expressed in Abhidharmic works such as the *Milindapañho*, while the latter developed into *stūpa* worship found everywhere outside orthodox doctrine.

[522] The proto-MMPS (pp.441-443)

The proto-MMPS reconstructed on the basis of the present MMPS by applying a carefully examined method must have been born on the basis of the MPS or have developed from it. This evolution can be seen as a more sequential process when we interpolate between the two the MPS of the *Ekottarāgama*. The *dharmakathikas*, proponents of the proto-MMPS, must have had their origins in the pilgrims to *stūpas* in sacred places and thus showed less interest in a settled monastic life and more interest in wandering together with lay people, including outcastes armed with weapons. Strict in morality as they themselves were, they gave priority to the realization of harmony with the *saṅgha* that they entered by creating individual relationships with both monks and lay people instead of depending on any institutional authority like the Vinaya. They argued for the eternal existence of the Buddha and went so far as to define the Buddha as *ātman*. This can be seen as an attempt to transmit and internalize an image of the Buddha widely acknowledged outside the *sūtra* in the verbal form of the *sūtra*.

Two apparently unrelated aspects, namely, that the proponents of the proto-MMPS both severely criticize those who have much property and also insist on the eternal nature of the Buddha, dissolve into the single figure of wandering monks. Let us imagine the procedure whereby monks in the course of pilgrimage to sacred *stūpas* encountered an established monastery and came to settle there. In settled monasticism, especially like that of the Sarvāstivāda, intellectual monks would tend to place even the body of the Buddha on an equal par with other phenomena in a unitary system of *dharmas* and would consequently regard it as *anitya* and composed of *saṃskṛtadharmas*. This Buddhalogy (following Griffiths[1994]) is alien to the wandering monks, who have a strong desire to "see" the present Buddha in sacred places. Moreover, needless to say, property is essential to settled monasticism. These two aspects must have been the alternating images of one and the same scene that the proponents encountered.

However, they had already shifted their position from pilgrimage to settled monasticism when they began to compile the proto-MMPS; they

transferred the stage of the Buddha from the *stūpa* to the *sūtra*. In other words, they were affected by settled monasticism and shifted their Buddhalogy slightly toward a more intellectual, orthodox view.

[523] *Bodhisattvas* as individuals and the *lokānuvartanā* of the Buddha in Chapter 8 (pp.443-444)

They called themselves "*bodhisattvas*" and became stricter in observing regulations in the process of their settlement in monasteries. They established a new rule for a complete ban on eating meat. The concept of the Buddha originating in the *stūpa* was also drastically shaken and dissolved at a much greater speed into the idea of the Buddha composed of *dharmas*. The concept of *lokānuvartanā* had an important role in this process, and the Buddha's biography, on which *stūpa* worship relied to a large degree, was devalued. The existence of the Buddha evaporated in a sense into *śūnyatā*. The proponents still did not show much interest in forming their own group, and instead they came to identify themselves with the Buddha or *tathāgata* in an attempt to reform the established *saṅgha*. So far as is indicated by the text, this self-image of themselves as *bodhisattvas*, latent up until now, was stimulated through the medium of the *samādhi* that they performed. This means that *bodhisattvas* could in principle act as individual.

In the second half of this chapter, however, the Buddha, once seemingly dissolved into *śūnyatā,* is drawn back into existence through the ideas of *tathāgatagarbha* and *buddhadhātu*. The encounter with these concepts must have affected the fate of the *bodhisattvas* who already had a vague consciousness of identity with the *tathāgata*. It is highly likely that they introduced these concepts from the outside world, for example the TGS, but it is no less certain that this introduction was performed with good reason and in a manner peculiar to the MMPS. We should at least notice here that these two terms signify the *stūpa* in some contexts of the MMPS.

[524] *Bodhisattvas* as organized into a group and the maturation of *tathāgatagarbha* theory (pp.444-445)

The phrase "*sarvasattvāḥ tathāgatagarbhāḥ*" in the TGS was modified

to "**asti buddhadhātuḥ kāyeṣu sarvasattvāṇām*" in the MMPS. From Chapter 9 onwards, some unstable elements incorporated from the proto-MMPS up to Chapter 8 finally found a place in which to settle. First, the *stūpa,* which had been gradually degraded in value, was completely interiorized within the *bodhisattvas* in the form of *buddhadhātu* and *tathāgatagarbha.* This radical change is expressed in the dictum "the *buddhadhātu* is *ātman,*" which is doubtlessly a transformation of the phrase "the Buddha is *ātman*" in the proto-MMPS. However, when we introduce between these two phrases the dimension of *stūpa* worship, which always underlies the process of the formation of this *sūtra,* and project them onto it, we at once find that these two images have exactly the same form since the Buddha is nothing other than the *stūpa* (= *buddhadhātu*) in this dimension. This figure is produced by illuminating it from two opposite directions, the outer world and the inner world of the *bodhisattvas.*

Secondly, the *icchantika,* who appears in Chapter 8 as a circumstantial manifestation of the *tathāgata*, is also involved in this reform and is ultimately positioned at the opposite pole of *buddhadhātu.* With these two elements functioning together, this doctrine would have led its proponents to strive strongly towards their goal of *anuttarasaṃyaksambodhi* without allowing them to regard it merely as a form of optimism.

The establishment of this doctrine also made it possible for the *bodhisattvas* to organize a group composed of members who acknowledged the existence of *buddhadhātu* within themselves. This group maintained such a high degree of tension that it allowed its members to fetch daily necessities and *pustakas* from outside *saṅghas.* It is also worth noting that this time the MMPS materialized in the form of a *pustaka,* which was regarded as a concrete symbol of *buddhadhātu.* This change of medium opened the doors of the group, once closed to members, for lay people who were not intelligent enough to understand such an abstract doctrine as interiorized *buddhadhātu.*

[525] The position of the MMPS in the history of the compilation of Mahāyāna *sūtras* (pp.446-447)

What is the position occupied by the proto-MMPS in the process postulated in [51]? The proto-MMPS, despite calling itself "Mahāyāna" and being aware of the existence of *bodhisattvas,* does not call its proponents *bodhisattvas.* The *sūtra* would also probably have not existed in the form of a *pustaka.* Neither the concept of *bodhisattva* nor the medium of the written language may be supposed to have been necessary for producing the *sūtra.* However, these two elements were essential to the rise of Mahāyāna as described so far. The lack of these factors in the proto-MMPS would indicate that this text was composed at a certain advanced stage of the Mahāyāna when some Mahāyāna *sūtras* already existed, and therefore the proto-MMPS could be categorized as a secondary type of Mahāyāna and not an original type.

[526] From the MPS to the MMPS (pp.447-448)

When the process of the formation of the MMPS is considered in this manner, it becomes evident that this text contains within it "footprints" (*padas*) showing a continuous, sequential process starting from the non-Mahāyāna MPS and calminating in the *tathāgatagarbha* doctrine. If we are to study this kind of work, we cannot treat it as a unitary whole simply because it presents itself as such, nor can we take it apart because it embodies different stages. We have to carefully trace the movement of the text itself, which continuously differentiates earlier contexts so as to blend them harmoniously into a later larger context and then prepares this for differentiaion again in the next much larger context. These stages are gradually tinged with different nuances, so gradually in fact that they may all appear to be of the same colour depending on the angle from which they are viewed. That is why we were at first so particular about reading the text from within. We could not, for example, understand the word "*bodhisattva*" as having a fixed meaning regardless of the context, and we therefore had to refuse to introduce meanings from outside the context, not to mention from other texts.

At the same time, we cannot simply be satisfied with guaranteeing consistency of context by confining ourselves to the text. The MMPS forms a context with the outside world, namely, history. It is true that,

we initially remained within the text and "decolorized" the words of the MMPS to the extent that it became possible to observe their differences and similarities in a particular context. But then in order to make them come alive, we again set about coloring them by placing them against the historical background that may be assumed to have surrounded them. Historical facts are the only paint that may be used to color the words within a particular context.

[527] The disclosed text (pp.449-450)

When we posited the origins of the proponents of the proto-MMPS in pilgrims to *stūpas* in sacred places, the transformation brought about in the MMPS was thrown into clear relief. It is true that this attitude violates the principle of confining ourselves to known facts. Nevertheless, the present author dared to go beyond this principle, driven by an irresistible desire to ascertain the historical figure of the MMPS, a desire to determine whether the concepts in this *sūtra* are mere indices applicable to any time and space or whether, on the contrary, they represent a temporal entity able to arise only as long as a certain tension is maintained. If this task may be considered to have been successfully performed, this in turn has an important implication, namely, that the proto-MMPS has a chapter preceding its present opening chapter. This text is not closed in its present form, but open both behind and in front. Discovering the chapter preceding the beginning of the MMPS virtually decides the quality of our reading of the whole text. It is worth being reminded here that Mahāyāna *sūtras* generally use the term, *parivarta,* meaning "progressively developing, altering, changing," in the sense of "chapter." It is crucial to discover the larger underlying current toward which the given text opens itself.

The MMPS is part of a larger current that has flowed parallel to the question of the manner in which the Buddha exists. This current emerges as a "context" only when we carefully examine the text, as was the case with the origins of the proponents of the proto-MMPS. This context on which the text is woven is what we mean by history here.

[53] Epilogue: a methodology illustrated by a case study (pp.451-453)

In studying Mahāyāna *sūtras*, no reliable methodology can be coverted into abstract, general principles without forfeiting its real usefulness. It is absolutely essential to demonstrate a methodology by embodying it in a concrete case study if we are to make any real progress in the study of Mahāyāna *sūtras* instead of simply criticizing such research. The method by which we read the MMPS could perhaps be expressed as "imitating the movements of the *sūtra*." It is far more difficult to continue imitating, or experiencing the movement than it is to remain in one place interpreting or criticizing it. This stance invariably requires us to train ourselves both theoretically and philologically.



(I wish to express my gratitude to Mr. Rolf W. Giebel for reading the English draft and making a number of suggestions to improve my English.)

# 索　引

本索引は序章～第五章の本文中より最重要項目を中心に選定した。

## 和漢語

## く



## け

## こ

## ち

## つ



## て



## と

な



に

## ね



## は

## ま



## み



## む

# サンスクリット語・パーリ語

H

## チベット語

## その他欧文

# 参照文献および略号

*Akbh* = *Abhidharmakośabhāṣya* of Vasubandhu, Pradhan,P.(ed.), revised with introduction and indices by Haldar,A. (TSWS 8), Patna, 1975.
*Akbh.vy* = *Sphuṭārthā Abhidharmakośabhāṣyavyākhyā*, Wogihara,U.(ed.), rep. Tokyo, 1971.
*AN* = *Aṅguttara-Nikāya*, 5 Vols., PTS.
*Apd* = *Apadāna*, PTS.
*AsP* = *Aṣṭasāhasrikā-prajñāpāramitā*, with Haribhadra's Commentary Called *Āloka,* Vaidya,P.L.(ed.) (BST 4), Darbhanga, 1960.
*Av* = *Avadānaśataka*, Speyer,J.S.(ed.), 2 Vols., St.Petersburg, 1902/06.
*Bhikṣuṇī-vinaya*; Roth[1970].
*Buddhac* = *The Buddhacarita or the Act of Buddha*, Johnston,E.H.(ed.), 2 Vols., Delhi, 1973.
*Caraka* = *Carakasaṃhitā*, text with English Translation Sharma,R.K.(ed.), Bhagwan Dash, 2 Vols., Varanasi, 1976.
D = Tibetan translation of the *MMPS* in the Derge Kanjur.
*Dhp* = *Dhammapada*, PTS.
*Dhp.A* = *Dhammapada Commentary*, 4 Vols., PTS.
*Dipv* = *Dīpavaṃsa*, PTS.
*Divy* = *Divyāvadāna*, Vaidya,P.L.(ed.) (BST 20), Darbhanga, 1959.; Cowell and Neil(tr.), Cambridge, 1886.
*DN* = *Dīgha-Nikāya*, 3 Vols., PTS.
*DN.A* = *Sumaṅgalavilāsinī* (*Sum.vil.*), PTS.
*GDhp* = *Gāndhārī Dharmapada*, Brough,J.(ed.), London, 1962.
*Gv* = *Gaṇḍavyūha*, Suzuki,T.D. and Idzumi,H.(eds.), Kyoto, 1934-36; 2nd ed., photographically reproduced with corrections, 1949.
*ILAS* = An Index to the *Laṅkāvatārasūtra*, by Suzuki,D.T., Kyoto, 1934.
*Itiv* = *Itivuttaka*, PTS.
*Ja* = *Jātaka*, 6 Vols., PTS.
*Kathāvattu*, 2 Vols., PTS.
*Kośa* = de La Vallee Poussin,L., L'*Abhidharmakośa* de Vasubandhu. Traduction et annotations, 5 Vols., index, nouvelle édition anastatique, Bruxelles, 1971.
*KP* = *Kāśyapa-Parivarta*, Staël-Holstein, et al.(eds.), Shanghai, 1926.
L = Tibetan translation of the *MMPS* in the Lhasa Kanjur.
Lamotte[*Traité*]; Lamotte[1944-80].

*Laṅk* = *Laṅkāvatārasūtra*, Nanjio,B.(ed.), Kyoto, 1923. Index by Suzuki,D.T., see above, *ILAS*.
*Lv* = *Lalitavistara*, Lefmann,S.(ed.), Halle, 1902.
*Mahāvaṃsa*, PTS.
*Milin* = *Milindapañho*, PTS.
*MN* = *Majjhima-Nikāya*, 3 Vols., PTS.
MPSC(1) = Taishō, No.1(2), Vol.1, 11a-30b.
MPSC(2) = Taishō, No.5, Vol.1, 160b-175c.
MPSC(3) = Taishō, No.6, Vol.1, 176a-191a.
MPSC(4) = Taishō, No.7, Vol.1, 191b-207c.
MPS = *Mahāparinibbānasuttanta*, *Dīgha-Nikāya*, Vol.ii, pp.72-136.
MPSS = Das *Mahāparinirvāṇasūtra*; Waldschmidt[1950-51].
*MSV* = *Mūla-Sarvāstivāda-Vinaya*; Gilgit Manuscripts, Dutt,N.(ed.)., Vol.3, Parts i(undated), ii(1942), iii(1943), iv(1950), Srinagar, Kashmir.
*Mv* = *Mahāvastu*, 3 Vols., Senart,É.(ed.), Paris, 1882, 1890, 1897; Tr. see below, Jones[1973].
P = Tibetan translation of the *MMPS* in the Peking Kanjur.
*RGV* = *Ratnagotravibhāgo nāma Mahāyānottaratantraśāstra*, Johnston,E.H.(ed.), Patna, 1950.
*RP* = *Rāṣṭrapālaparipṛcchā*, Finot,L.(ed.) (Bibl.Buddh. 2), St.Petersburg, 1901; Tib. ed. and tr. Ensink,J, *The Question of Rāṣṭrapāla*, Zwolle, 1952.
S = Tibetan translation of the *MMPS* in the Stog Palace Kanjur.
*Samādh* = *Samādhirājasūtra*, Vaidya,P.L.(ed.) (BST 2), Darbhanga, 1961; Regamey,C.(ed.), Warsaw, 1938.
*Samanta* = *Samantapāsādikā*, PTS.
*Śikṣ* = *Śikṣāsamuccaya*, Bendall(ed.), St.Petersburg, 1897-1902.
*SN* = *Saṃyutta-Nikāya*, 5 Vols., PTS.
*Sn* = *Suttanipāta*, PTS.
*SP* = *Saddharmapuṇḍarīkasūtra*, Kern and Nanjio(eds.), St.Petersburg, 1912.
*Sśāsṭ* = *Sphuṭārthā Śrīghanācārasaṃgrahaṭīkā*, Sanghasena,S.(ed.) (TSWS 11), Patna, 1968; Tr.(1): Sanghasena,S., The Study of the *Sphuṭārthā Śrīghanācārasaṃgrahaṭīkā* (TSWS 24), Patna, 1983. The locations follow [1983]; Tr.(2): Derett,J.D.M., *A Textbook for Novices, Jayarakṣita's Perspicacious Commentary on the Compendium of Conduct by Śrīghana*, Publicazioni di Indologica Taurinensia, Torino, 1983.
*ŚsP* = *Śatasāhasrikā-prajñāpāramitā*, Ghosa,P.(ed.), Bibliotheca Indica, Calcutta, 1902ff.
*Sukh* = *Sukhāvatīvyūha* (*Larger and Smaller*), Müller,M.(ed.), Oxford, 1883; Vaidya,P.L.(ed.) (BST 13), in the *Mahāyānasaṃgraha*, Part 1, No.16, pp.221-

253.
*Sūtral* = Asaṅga, *Mahāyānasūtrālaṃkāra*, Lévi,S.(ed.), Bibliotheque de l'Ecole des Hautes Études, 159 and 190, Paris, 1907, 1911.
T = Taishō Shinshū Daizōkyō, Takakusu,J. and Watanabe,K.(eds.), 55 Vols., Tokyo, 1924-1929.
T = Tibetan translation of the *MPS* in the Tokyo Manuscripts (Kawaguchi Ekai Collection), kept in the Tōyō-bunko Library.
*Ud* = *Udānavarga*, Bernhard,F.(hrg.), Band i (Sanskrit Text aus den Turfanfunden, x), Göttingen, 1965.
*Udāna,A.* = The Commentary of the *Udāna*, PTS.
*Upālip* = *Vinayaviniścayaupāliparipṛcchā*, Piérre Python,O.P.(ed.), Paris, 1973.
*Vajrac* = *Vajracchedikā prajñāpāramitā*, Conze,E.(ed.), 1957, Rome.
*Vin* = *Vinayapiṭaka*, 5 Vols., PTS.

*CPD* = Critical Pāli Dictionary
Edgerton[i] = *Buddhist Hybrid Sanskrit Grammar and Dictionary*, Part 1, Grammar.
Edgerton[ii] = *Buddhist Hybrid Sanskrit Grammar and Dictionary*, Part 2, Dictionary.
*PTSD* = Rhys Davids and Stede, *Pali English Dictionary.*

Agasse,J.M.
[1978] "Le transfert de mérite dans le bouddhisme pāli classique," *JA*, pp.311-332.
Aiyar,V.N.
[1925-26] "An Inscribed Relic Casket from Kurram," *EI*, #18, pp.16-20.
Alsdorf,L.
[1959] "Aśokas Schism-edikt und das Dritte Konzil," *IIJ*, #3, pp.161-174.
[1961] *Beiträge zur Geschichte von Vegetarismus und Rinderverehrung in Indien*, Wiesbaden.
Ambedkar,B.R.
[1948] *The Untouchables, Who were They and Why They become Untouchables?*, Delhi.
Baily,H.W.
[1980] "A Kharoṣṭhī Inscription of Senavarma, King of Oḍi," *JRAS*, pp. 21-29.
Bareau,A.
[1954-56] "Trois traités sur les sectes bouddhiques attribués à

*Vasumitra, Bhavya et Vinītadeva,*" I^er partie, *JA*, #242, 1954, pp.229-266; II^ème partie, *JA*, #244, 1956, pp.167-200.
[1955] Les sectes bouddhique du petit vêhicule, *PEFEO*, #38, Saigon.
[1955a] Les premiers conciles bouddhiques, Paris.
[1962] "La construction et le culte des *stūpa* d'après *Vinayapiṭaka*," *BEFEO*, #50, pp.229-274.
[1968] "La nourriture offertê au Buddha lors de son dernier rêpas," *Mêlanges d'indianisme ã la mêmoire de L.Renou*, Paris, pp.61-71.
[1970-71] *Recherches sur la biographie du buddha dans les Sūtrapiṭaka et les Vinayapiṭaka anciens: ii. Les derniers mois, le parinirvāṇa et les funêrailles*, tome 1, PEFEO, #77, Paris;[1971] Do., tome 2, PEFEO, #77, Paris.
[1979] "La composition et les êtapes de la formation progressive du *Mahāparinirvāṇasūtra* ancien," *BEFEO*, #66, Paris, pp.45-103.

Barth,A.
[1898] "Le pêlerin Chinois I-Tshing," *Journal des Savants*, mai 1898, pp. 216-280, juillet, pp.425-438, septembre, pp.522-541. Rep. in *Quarante ans d'indianisme: Œuvres de Auguste Barth 4: Comptes rendus et notices* (1887-1898), Paris, 1918, pp.408-462.
[1914] *Œuvres de Auguste Barth*, I, Paris.

Barua,B.M.
[1933] "A Bodh-Gaya Image Inscription," *IHQ*, #9, pp.416-419.

Beal,S.
[1881] *The Vinaya of the Dharmaguputas according to the Chinese Version*, London.

Bechert,H.
[1961] "Aśokas "Schism-edikt" und der Begriff Saṅghabheda," *WZKSO*, #5, S.18-52.
[1973] "Note on the Formation of Buddhist Sects and the Origins of Mahāyāna," *German Scholars on India*, #1, Varanasi, pp.6-18.
[1985-87] *Zu Schulzugehörigkeit von Werken der Hīnayana-Literatur, I* (*Symposien zur Buddhismusforschung, III,1*). Abhandlungen der Akademie der Wissenschaften in Göttingen, Philologish-Historische Klasse, Dritte Folge 149, Göttingen, S.57-75; II (III,2), 1987.
[1990] "Studies in the Origin of Early Buddhist Schools, their Language and Literature," Preprint delivered at the University of Tokyo.
[1992] "Buddha-Field and Transfer of Merit in Theravāda Sources," *IIJ*, #35, pp.95-108.

Bênisti,M.

[1960] "Étude sur le stūpa dans l'Inde ancienne," *BEFEO*, #50-1, pp.37-116.

[1981] *Contribution à l'étude du stūpa bouddhique indien: les stūpa mineurs de Bodh-gayā et de Ratnagiri*, Tome i et ii, Paris.

Bentor,Y.

[1989] "The Redactions of the *Adbhutadharmaparyāya* from Gilgit," *JIABS*, #11-2, pp.21-52.

Bernhard,F.

[1965] *Udānavarga* I (Sanskrittexte aus den Turfanfunden), Göttingen.

Bhandarkar,D.R.

[1917] "Excavation near *Mirpur Khās*," *Progress Report of the Archeological Survey of India, Western Circle, for the Year Ending 31st March*, pp.47-48.

Bharadwaj,S.M.

[1973] *Hindu Places of Pilgrimage in India: A Study in Cultural Geography,* University of California Press.

Bharati,A.

[1963] "Pilgrimage in the Indian Tradition," *HR*, #3-1, pp.135-167.

Bhattacharya,B.

[1976] *Aśvaghoṣa: A Critical Study*, Santiniketan.

Bhattacharya,K.

[1973] *L'Ātman-Brahman dans le boudhisme ancien*, PEFEO, Paris.

Bhattacharyya,N.N.

[1981] *History of Researches on Indian Buddhism*, Delhi.

[1993] *Buddhism in the History of Indian Ideas*, Delhi.

Bloch,J.

[1950] *Les inscriptions d'Asoka*, Paris.

Bongard-Levin,G.M.

[1969] "On Buddhist Studies in USSR," *Journal of the Asiatic Society*, #9, pp.6ff.

[1986] *New Sanskrit Fragments of the Mahāyāna Mahāparinirvāṇasūtra, Central Asian Manuscript Collection at Leningrad*, SPB, Occasional Paper Series, vi, Tokyo.

Bongard-Levin,G.M. & Vorobyova-Desyatovskaya,M.I.

[1985] *Pamjatniki Indijskoj Pis'mennosti iz Central'noj Azii*, 1, Moscow.

Boucher,D.

[1991] "The Pratītyasamutpādagāthā and its Role in the Medieval Cult of the Relics," *JIABS*, #14-1, pp.1-27.

Braarvig,J.

[1985] "Dhāraṇī and Pratibhāna: Memory and Eloquence of the Bodhisattva," *JIABS*, #8-1, pp.17-29.
[1993] *Akṣayamatinirdeśasūtra*, Vol.1 &2, Oslo.
Brough,J.
[1962] *The Gāndhārī Dharmapada*, London.
Bucknell,R.S. and Stuart-Fox,M.
[1986] *The Twilight Language: Explorations in Buddhist Meditation and Symbolism*, London.
Bühler,G.
[1894] "Votive Inscription from the Sānchī Stūpas," *EI*, #2, pp.87-116; "The Bhattiprolu Inscriptions," *EI*, #2, pp.323-329, "Further Inscriptions from Sāñchī," *EI*, #2, pp.366-408.
Burnouf,E.
[1826] *Essai sur le pāli ou langue sacrēe de la presqu'île au-delā du Gange*, Paris. (par Burnouf,E. et Lassen,Chr.)
[1844] *Introduction ā l'histoire du buddhisme indien*, Paris.
[1852] *Le lotus de la bonne loi: traduit du sanscrit, accompagnē d'un accommentaire et de vingt et un mēmoires relatifs au buddhisme*, Paris.
Cabezōn,J,I.
[1995] "Buddhist Studies as a Discipline and the Role of Theory," *JIABS*, #18-2, pp.231-268.
Caillat,C.
[1984] "Prohibited Speech and Subhāsita in the Theravāda Tradition," *IT*, #14, Torino, pp.61-73.
Chakravarti,N.P.
[1931-32] "Two Brick Inscriptions from Nālanda," *EI*, #21, pp.193-199.
Chattopadhyaya,D.P.
[1959] *Lokāyata*, Delhi.
Christian,W.A.,Sr.
[1987] *Doctorines of Religious Communities: A Philosophical Study*, New Haven.
Cohen,R.S.
[1995] "Discontended Categories: Hīnayāna and Mahāyāna in Indian Buddhist History," *Journal of the American Academy of Religion*, #63-1, pp.1-25.
Collins,S.
[1982] *Selfless Persons: Imagery and Thought in Theravāda Buddhism*, Cambridge.
Conze,E.

[1960] *The Prajñāpāramitā Literature*, Indo-Iranian Monograph Ser. #6 (Second Edition, Revised and Enlarged in Tokyo, 1978).
[1962] *Buddhist Thought in India*, George Allen and Unwin.
[1967] *Thirty Years of Buddhist Research*, London.

Cousens,H.
[1929] *The Antiquities of Sind: With Historical Outline, Archeological Survey of India*, Vol.46 (Imperial Ser.), Calcutta.

Cousins,L.S.
[1983] "Pāli Oral Literature," Denwood,Ph. and Piatgorsky,A. (eds.), *Buddhist Studies Ancient and Modern*, London, pp.1-11.

Cunningham,A.
[1892] *Mahābodhi or the Great Buddhist Temple under the Bodhi Tree at Bodh-Gayā*, London.

Dallapiccola,A.L.
[1980] *The Stūpa, its Religious, Historical and Archtectural Significance*, Wiesbaden.

Dantinne,J.
[1983] *La Splendeur de l'inébranlable (Akṣobhyavyūha), Traduit et annoté*, Tome 1, PIOL, #29.

Dayal,H.
[1932] *The Bodhisattva Doctrine in Buddhist Sanskrit Literature*, London.

Demiéville, P.
[1924] *Les versions chinoises du Milindapañha*, PEFEO, #24.
[1932] "L'origine des sectes bouddhiques d'après Paramārtha," *MCB*, #1, pp.15-64.
[1951] "A propos du concile de Vaiśālī," *T'oung Pao*, #40, pp.239-296.

Dumont,L.
[1970] *Religion/ Politics and History in India*, Paris.

Durt,H. (with Riboud,K. and Tung-Hung,L.)
[1985] "A propos de <stūpa miniatures> votifs du V[e] siècle découvertes à Turfan et au Gansu," *Arts Asiatiques*, #40, pp.92-106.

Dutt.N.
[1930] *Aspects of Mahāyāna Buddhism and its Relation to Hīnayāna*, London.
[1931] "Notes on the Nāgārjunikoṇḍa Inscriptions," *IHQ*, #7, pp.633-653.
[1939] *Gilgit Manuscripts*, Vol.1, Srinagar.
[1967] "Introduction to Pāli Studies in India," *Mahābodhi*, #75, pp.138-

141.
Dutt.S.
[1957] *The Buddha and Five After Centuries*, London.
[1962] *Buddhist Monks and Monasteries of India: Their History and Their Contribution to Indian Culture*, London.
Ebert,J.
[1980] "Parinirvāṇa and Stūpa," in Dallapiccola[1980], pp.219-228.
[1985] *Parinirvāṇa: Untersuchungen zur ikonographischen Entwicklung von den indischen Anfangen bis nach China*, Publikationen der Abteilung Kunsthistorisches Institut der Universität Köln, Band #5, Stuttgart.
Eck,D.
[1981] *Darśan: Seeing the Divine Image in India*, Chambersburg.
Edgerton,F.
[1924] "The Meaning of Sāṃkya and Yoga," *American Journal of Philology*, #45, pp.1-46.
Eimer,H.
[1983] "Some Results of Recent Kanjur Research," Schuh,D. and Weiers, M.(eds.), *Archiv für zentralasiatische Geschichtsforschung*, Heft 1, Sankt Augustin, pp.5-25.
[1988] "A Note on the History of the Tibetan Kanjur," *Central Asiatic Journal*, #32-1/2, pp.64-72.
[1988a] "Arbeiten zur Überlieferung des tibetischen Kanjur am Indologischen Seminar/SFB 12 in Bonn," Eimer, H.(ed.) *Indology and Tibetology: Thirty Years of Indian and Indo-Tibetan Studies in Bonn* (*Indica et Tibetica 13*), Bonn, pp.35-42.
Eliade,M.
[1957] *Yoga: Immortality and Freedom, Translated from the French by* Trask,W.R., Princeton University.
Falk,von H.
[1993] *Schrift im alten Indien: ein Forschungsbericht mit Anmerkungen*, Tübingen.
Fergusson,J. and Burgess,J.
[1880] *The Cave Temples of India*, Delhi.
Fick,R.
[1897] *Die sociale Gliderung im nordöstlichen Indien zu Buddha's Zeit, mit besondere Berücksichtigung der Kastenfrage*, Kiel.
Foucher,A.
[1900] *Étude sur l'iconographie bouddhique*, Paris.

[1949] *La vie du Buddha*, Paris.
Franke,R.O.
[1908] "The Buddhist Councils at Rājagṛha and Vaiśālī as alleged in Cullavagga xi, xii," *Journal of the Pali Text Society*, pp.1-80.
[1913] *Dīghanikāya, Das Buch der langen Texte des buddhistischen Kanons*, S. 179-255.
Franz,H.G.
[1980] "Stūpa and Stūpa-Temple in the Gandhāran Regions and Central Asia," in Dallapiccola[1980], pp.39-85.
Frauwallner,E.
[1952] "Die buddhistischen Konzile," *ZDMG*, #102, pp.240-261.
[1953] *Geschichte der indischen Philosophie*, Salzburg.
[1956] *The Earliest Vinaya and the Beginnings of Buddhist Literature*, Rome.
Fussman,G.
[1982] "Documents ēpigraphiques kouchans (III). L'inscription kharoṣṭhī de Senavarma, roi d'Oḍi: une nouvelle lecture," *BEFEO*, #71, pp.1-46.
[1984] "Nouvelles inscriptions śaka (II)," *BEFEO*, #73, pp.31-52.
Gethin,R.M.L.
[1992] *The Buddhist Path to Awakening: A Study of the Bodhi-Pakkhiyā Dhammā*, E.J.Brill.
Ghosh,A.
[1937-38] "An Inscribed Brick from Nālandā of the Year 197," *EI*, #24, pp.20-22.
Gombrich,R.F.
[1988] "How the Mahāyāna Began," *Journal of the Pāli and Buddhist Studies*, #1, pp.29-46.
[1988a] *Theravāda Buddhism, A Social History from Ancient Benares to Modern Colombo*, London/ New York.
[1990] "Recovering the Buddha's Message," *Earliest Buddhism and Madhyamaka*, by Ruegg, D.S. and Schmithausen,L. #2, pp.1-23.
Gonda,J.
[1969] *Ancient Indian Kingship from the Religious Point of View*, Leiden.
[1970] *Eye and Gaze in the Veda*, Amsterdam.
Granoff,Ph.
[1992] "Worship as Commemoration: Pilgrimage, Death and Dying in Medieval Jainism," *BEI*, #10, pp.181-202.
Griffiths,P.

[1994] *On Being Buddha: The Classical Doctrine of Buddhahood*, Albany.

Grimm,G.

[1958] *The Doctrine of the Buddha, English Translation by Bhikkhu Silacara*, (2nd revised edition), Berlin (German Original: 1915).

Halbfass,W.

[1983] *Studies in Kumārila and Śaṅkara*, Reinbek.

Hammerich,L.H.

[1962] "Studies of Buddhism in Denmark," *Mahābodhi*, #70, pp.227-232.

Hara,M.

[1959] "A Note on the Sanskrit Word Nī-Tya-," *JAOS*, #79-2, pp.90-97.

[1984-86] "A Note on the Pāśpata Concept of Ahiṃsā," *Ṛtam (Sri Gopal Chandra Shinha Commemoration Volume)*, Vol.18, Lucknow, pp.145-154.

[1994] "Transfer of Merit in Hindu Literature and Religion," *The Memories of the Tōyō Bunko*, #52, pp.103-135.

[1994a] "Deva-garbha and Tathāgata-garbha," Skorupski,T. and Pagel, U.(eds.), *The Buddhist Forum, Papers in Honour and Appreciation of Professor David Seyfort Ruegg's Contribution to Indological, Buddhist and Tibetan Studies*, Vol.3, London, pp.37-55.

[1995] Review of von Hinüber[1989], *IIJ*, #38, pp.71-76.

[1996] Review of von Hinüber[1994], *IIJ*, #39, pp.163-188.

Harrison,P.

[1982] "Sanskrit Fragments of a Lokottaravādin Tradition," Hercus,L. A. et al(eds.), *Indological and Buddhist Studies, Volume in Honor of Professor J.W.de Jong on his Sixtieth Birthday*, Canberra, pp.211-234.

[1987] "Who Gets to Ride in the Great Vehicle? Self-image and Identity among the Followers of the Early Mahāyāna," *JIABS*, #10, pp.67-89.

[1990] *The Samādhi of Direct Encounter with the Buddhas of the Present: An Annoted English Translation of the Tibetan Version of the Pratyutpanna-Buddha-Saṃukhāvasthita-Samādhi-Sūtra with Several Appendices Relating to the History of the Text*, SPB Monograph, #5, Tokyo.

[1992] *Druma-kinnara-rāja-paripṛcchā-sūtra: A Critical Edition of the Tibetan Text (Recension [A] based on Eight Editions of the Kanjur and the Dunhuang Manuscript Fragment)*, Tokyo.

[1992a] "Is the Dharma-kāya the Real "Phamtom Body" of the Buddha?," *JIABS*, #15-1, pp.44-94.

[1995] "Some Reflections on the Personality of the Buddha," *The Ōtani*

*Gakuhō*, #74-4, pp.1-19(L).
Harvey,P.
[1995] *The Selfless Mind: Personality, Consciousness and Nirvāṇa in Early Buddhism*, London.
von Hinüber,O.
[1980] "Die Kolophone der Gilgit-Handschriften," *SII*, #5/6, pp.49-82.
[1982] "Upāli's Verses in the Majjhimanikāya and the Madhyāgama," Hercus,L.A. et al. (eds.), *Indological and Buddhist Studies: Volume in Honour of Professor J.W.de Jong on his Sixtieth Birthday*, Canberra, pp. 243-251.
[1983] "Sanskrit und Gāndhārī in Zentralasien," Röhrborn,K. et al. (eds.), *Sprachen des Buddhismus in Zentralasien*. Veröffentlichung der Societas Uralo-Altaica, #16, Wiesbaden, S.27-34.
[1985] "Die Bestimmung der Schulzugehörigkeit buddhistischer Texte nach sprachlichen Kriterien," in Bechert[1985].
[1985a] "Epigraphical Varieties of Continental Pāli from Devnimori and Ratnagiri," *Buddhism and Its Relation to Other Religions: Essay in Honour of Dr. Shozen Kumoi on his Seventieth Birthday*, Kyoto, pp.185-200.
[1989] "Das buddhistische Recht und die Phonetik des Pāli: Ein Abschnitt aus der Samantapāsādikā über die Vermeidung von Aussprachefehlern in Kammavācās," *SII*, #13/14, S.101-127.
[1989a] *Der Beginn der Schrift und frühe Schriftlichkeit in Indien*, Akademie der Wissenschaften und der Literatur, Abhandlungen der Geistes- und Sozialwissenschaftlichen Klasse, #11.
[1990] "Origin and Varieties of Buddhist Sanskrit," *Dialectes dans les littératures indo-aryennes*, PICI, #55, Paris, pp.241-253.
[1994] *Untersuchungen zur Mündlichkeit früher mittelindischer Texte der Buddhisten (Untersuchungen zur Sprachgeschichte und Handschriftenkunde des Pāli III)*, Akademie der Wissenschaften und der Literatur, Abhandlungen der Geistes- und Sozialwissenschaftlichen Klasse Jahrgang, #5, Stuttgart.
Hoernle,A.F.R.
[1916] *Manuscript Remains of Buddhist Literature Found in Eastern Turkestan*, Vol.1, Oxford.
Hoffinger,M.
[1946] *Étude sur le concile de Vaiśālī*, Louvain.
Hopkins,E.W.
[1895] *Religions of India*, Boston.

[1906] "The Buddhistic Rule against Eating Meat," *JAOS*, #27, pp.455-464.

Horner,I.B.

[1936] *Early Buddhist Theory of Man Perfected: A Study of the Arhan*, London.

Hultzsch,E.

[1925] *Inscriptions of Asoka*, Corpus Inscriptionum Indicarum, Vol.1, Oxford (rep. in Vanarasi, 1969).

Huntington,S.

[1985] *The Art of Ancient India: Buddhist, Hindu, Jain*, New York.

Jain,S.

[1987] *Varanasi*, Jaina Vidyā ke Agama Series, #2, pp.132-140.

Jaworski,W.

[1928] "La section des remèdes dans le vinaya des Mahīśāsaka et dans le vinaya Pāli," *RO*, #5, pp.92-101.

[1930] "La section de la nourriture dans le vinaya des Mahīśāsaka," *RO*, #7, pp.53-124.

Johnston,E.H.

[1938] "The Gopālpur Bricks," *JRAS*, pp.546-553.

Jones,J.J.

[1973] *The Mahāvastu, Translated from the Buddhist Sanskrit*, Vol.1-3, London (first published 1949).

de Jong, J.W.

[1954] "L'ēpisode d'Asita dans le Lalitavistara," *Asiatica, Festshrift F. Weller*, Leipzig.

[1976] *A Brief History of Buddhist Studies in Europe and America*, Varanasi.

Julien,S.

[1853] *Histoire de la vie de Hiouen-thsang*, Paris.

Kane,P.V.

[1968-77] *History of Dharmaśāstra*, 5 Vols., Poona (2nd ed.: Abbrev. Kane [*Dharma*]).

Kern,H.

[1882-84] *Der Buddhismus und seine Geschichte in Indien*, Leipzig.

[1884] *The Saddharma-puṇḍarīka or the Lotus of the True Law*, Müller, M. (ed.), The Sacred Books of the East, #21, London.

Kieffer-Plüz,P.

[1992] *Die Sīmā, Vorschriften zur Regelung der buddhistischen Gemeindegrenze in älteren buddhistischen Texten*, Berlin.

Kimura,R.
[1927] *Historical Studies of the Terms Hīnayāna and Mahāyāna and Outline of Mahāyāna Buddhism*, Calcutta University.

Kolmas,J.
[1974] "Buddhist Studies in Czechoslovakia," *Bulletin of Tibetology*, #9, pp.5-10.

Konow,S.
[1929] "Remarks on a Kharoṣṭhī Inscription from the Kurram Valley," *Indian Studies in Honour of Charles Rockwell Lanman*, Cambride, pp. 53-67.

Kosambi,D.D.
[1956] *Introduction to the Study of Indian History*, Bombay.
[1965] *Culture and Civilization of Ancient India*, Bombay.

Kottkamp,H.
[1992] *Der Stupa als Repräsentation des buddhistischen Heilsweges: Untersuchungen zur Entstehung und Entwicklung architektonischer Symbolik*, Studies in Oriental Religions, #25, Wiesbaden.

Kuroda,S.
[1893] *Outlines of Mahāyāna*, London.

Kwella,P.
[1978] "Some Remarks on the Style of Some Buddhist Sanskrit Texts," *IT*, #6, pp.169-175.

Lamotte,É.
[1944-80] *Le traité de la grande vertu de sagesse de Nāgārjuna*, 5 Vols., Vol.1 (pp.3-620), Louvain, 1944; Vol.2 (pp.621-1118), Louvain, 1949; Vol. 3 (pp.1119-1733), Louvain, 1970; Vol.4 (pp.1735-2162), Louvain,1976; Vol. 5 (pp.2163-2451), Louvain-La-Neuve, 1980. abbrev. Lamotte[*Traité*]).
[1947] "Légende du Buddha," *Revue de l'histoire des religions*, #124, pp. 31-71.
[1954] "Sur la formation du Mahāyāna," Schubert, J. and Schneider,U. (eds.), *Asiatica: Festschrift Friedrich Weller*, Leipzig, pp.377-396.
[1958] *L'histoire du bouddhisme indien, des origines à l'ère Śaka*, Louvain.
[1960] "Mañjuśrī," *T'oung Pao*, #48, Leiden, pp.1-96.
[1965] *La concentration de la marche héroïque (Śūraṃgamasamādhisūtra),* MCB, Bruxelles.
[1970] "Buddha insulta-t-il Devadatta," *BSOAS*, #33, pp.107-115.
[1976] *The Teaching of Vimalakīrti (Vimalakīrtinirdeśa), from the French Translation with Introduction and Notes* (*L'enseignement de*

*Vimalakīrti*), Rendered into English by Sara Boin, PTS, SBB, Vol.32, London.
[1988] "The Assessment of Textual Interpretation in Buddhism," in Lopez,Jr.D.S.[1988], pp.11-27.

de La Vallée Poussin, L.
[1898] *Bouddhisme: Études et matériaux*, London; [1913] Gand, Luzac & Co.
[1905] "Les deux premiers conciles," *Mouséon*, #6, pp.213-323.
[1929] "Notes bouddhiques VII: Le vinaya et la pureté d'intension" and "Note additionnelle," Académie Royale de Belgique: *Bulletins de la Classe des Lettres et des Sciences Morales et Politiques*, 5e série, #15, pp. 201-217, 233-234.
[1930] "Notes bouddhiques VIII: Opinions sur les relations deux véhicules au point de vue du Vinaya," *Académie Royale de Belgique: Bulletins de la Classe des Lettres et des Sciences Morales et Politiques*, 5e série, #16, pp.20-39.
[1931-32] "Notes de bibliographie bouddhique," *MCB*, #1, p.382.
[1936-37] "Musīla et Nārada, le chemin du nirvāṇa," *MCB*, #6, pp.189-222.
[1971] *L'Abhidharmakośa de Vasubandhu, Traduction et annotations, 5 volumes, index, nouvelle édition annastatique*, Bruxelles.

Leese,M.
[1991] "Coalescence of Purpose: Monastic and Royal Ideals at Ajanta," Parimoo,R. et al.(eds.), *The Art of Ajanta: New Perspectives*, New Delhi, pp.135-143.

Leifer,W.
[1971] *India and the Germans: 500 Years of Indo-German Contacts*, Bombay.

Lévi,S.
[1907] "Les éléments de formation du Divyāvadāna," *T'oung Pao*, #8, pp.105-122.
[1908] "Açvaghoṣa. Le Sūtrālaṃkāra et ses sources," *JA*, #2, pp.57-184.

Lopez,Jr., D.S.
[1988] *Buddhist Hermeneutics*, Los Angeles.

Lord,A.B.
[1960] *The Singer of Tales*, Harvard Studies in Comparative Literature, #24, Cambridge.

de Lubac,H.
[1952] *La rencontre du bouddhisme et de l'occident*, Paris.

Lüders,H.

[1911] *Bruchstücke buddhistischer Dramen*, Berlin.

[1911a] "Das Śāriputraprakaraṇa: ein Drama des Aśvaghoṣa," *Sitzungsberichte der Preussischen Akademie der Wissenschaften*, S.388-411.

[1941] *Bhārhut und die buddhistische Literatur*, Abhandlungen für die Kunde des Morgenlandes, #26-3, Leipzig.

MacGovern, W.M.

[1922] *Introduction to Mahāyāna Buddhism*, London.

MacQueen,G.

[1981-82] "Inspired Speech in Early Mahāyāna Buddhism 1," *Religion*, #11, pp.303-319; ibid.2, *Religion*, #12, pp.49-65.

Mahalingam,T.V.

[1965] "The Nāga in Indian Histroy and Culture," *JIH*, #43, pp.1-69.

Majumdar,N.G.

[1940] *The Monuments of Sāñchī*, Vol. 1 (Text by Marshall,Sir.John H. & Foucher,A.), Delhi.

Marshall,J.

[1921] *Excavation at Taxila: The Stūpa and Monasteries at Jauliāñ*, Memoir of the Archeological Survey of India, #7, Calcutta.

Masuda,J.

[1925] "Origin and Doctrine of Early Indian Buddhist Schools: A Translation of the Hsuan-chwang Version of Vasmitra's Treatise 異部宗輪論: Translated with Annotations," *Asia Major*, #2, pp.1-78.

Meier,G.

[1978] *Heutige Formen von Satipaṭṭhāna-Meditation, Dissertation zur Erlangung der Wurde des Doktors der Philosophie der Universität Hamburg*, Hamburg.

Minayeff,I.P.

[1894] *Recherches sur le bouddhisme*, Paris.

Mitra,D.

[1958-61] *Ratnagiri(1958-61)*, Vol.1, New Delhi, 1981-83, Memories of the Archeological Survey of India.

[1958] "The Indian Museum Inscription from Ratnagiri Orissa," *IHQ*, #34, pp.163-166.

[1960] "Ratnagiri: Unearthing of a New Buddhist Site in Orissa," *Indo-Asian Culture*, #9, pp.160-175.

[1971] *Buddhist Monuments*, Calcutta.

Mitra,S.N.

[1929] "The Lumbinī-pilgrimage Record in Two Inscriptions," *IHQ*, #5,

pp.728-753.
Mukherjee,B.
[1966] *Die Überlieferung von Devadatta: dem Widersacher des Buddha in den kanonischen Schriften*, München.
Mus,P.
[1932-34] "Les origines du stūpa et la transmigration: Essai d'archéologie religieuse comparée," *BEFEO*, #32, 1932, pp.269-439; #33, 1933, pp.577-980; #34, 1934, pp.175-400.
Nakamura,H.
[1980] *Indian Buddhism: A Survey with Bibliographical Notes*, Tokyo.
Norman,K.R.
[1969] *Elder's Verses*, Vol.1, PTS, London.
[1984] "The Value of the Pāli Tradition," *Jagajjoti, Buddha Jayanti Annual*, Calcutta, pp.1-9.
[1987] "Aśoka's Schism Edict," *Buddhist Seminar*, #46, pp.1-33.
Obesekere,G.
[1966] "The Buddhist Pantheon in Ceylon and its Extensions," *Antholopological Studies in Theravāda Buddhism*, New Haven, pp.1-26.
Ong,W.J.
[1982] *Orality and Literacy: The Technologizing of the Word*, London/New York.
Oldenberg,H.
[1879] *The Vinayapiṭaka*, Vol.1, PTS.
[1890] *Buddha: Sein Leben, seine Lehre, sine Gemeinde* (2nd ed.), Berlin.
[1898] "Buddhistische Studien," *ZDMG*, #52, S.613-694.
[1912] "Studien zum Mahāvastu," NGWG, pp.123-154.
Pargiter,F.E.
[1910-11] "The Kasia Copper-Plate," *ASIAR*, pp.73-77.
Parry,M.
[1928] *L'Épithète traditionelle dans Homère*, Paris. In English Translation, pp.1-190 in Parry,M.[1971: 1-190].
[1971] *The Making of Homeric Verse*, Parry,A.(ed.), Oxford.
Peiris,W.
[1973] *The Western Contribution to Buddhism*, Delhi.
Pollock,Sh.
[1985] "The Theory of Practice and the Practice of Theory in Indian Intellectual History," *JAOS*, #105-3, pp.499-519.
Prasad,C.S.
[1979] "Meat-Eating and the Rule of Tikoṭiparisuddha: Studies in Pāli

and Buddhism," Narain,A.K.(ed.), *A Memorial Volume in Honor of Bhikkhu Jagdish Kashap*, Delhi, pp.289-295.

Pyatgorsky,A.

[1968] "Buddhalogy in the USSR," *Mahābodhi*, #76, 82ff.

Przyluski,J.

[1918-20] *Le Parinirvāṇa et les funẽrailles du bouddha*, Extrait du Journal Asiatique (1918-1920), Paris, 1920.

[1923] *La legende de l'empẽreur Aśoka dans les textes indiens et chinois (Aśokāvadāna)*, Paris.

[1926-28] *Le concile de Rājagṛha; introduction ā l'histoire des canons et des sectes bouddhiques*, Paris.

[1927] "La place de Māra dans la mythologie bouddhique," *JA*, pp.115-123.

[1936] "Le partage des reliques du Buddha," *MCB*, #4, pp.341-367.

Rahula,W.

[1956] *History of Buddhism in Ceylon: The Anurādhapura Period, 3rd Century BC-10th Century AD*, Colombo.

Ray,R.A.

[1994] *Buddhist Saints in India: A Study in Buddhist Values and Orientations*, Oxford University Press.

Regamey,C.

[1951] "Christus und die Religionen der Erde," König,F. (ed.), *Handbuch der Religionsgeschichte*, Vol.3, Freiburg, pp.246-248.

[1957] "Le problẽme du bouddhisme primitif et les derniers travaux de Stanislaw Schayer," *RO*, #21, pp.37-58.

Rẽmusat,A.

[1836] *Foe koue ki, ou relation des royaumes bouddhiques: voyage dans la Tartarie, dans l'Afghanistan et dans l'Inde*, Paris.

Rhys Davids,C.A.F.

[1928] *Gotama the Man*, London.

[1930] *Sākya or Buddhist Origins*, London.

[1938] *What was the Original Gospel in 'Buddhism'*, London.

Rhys Davids,T.W.

[1890] *Buddhism, Being a Sketch of the Life and Teachings of Gautama the Buddha*, London.

Rockhill,W.

[1884] *The Life of the Buddha and the Early History of His Order*, London.

Roth,G.

[1970] *Bhikṣuṇī-Vinaya*, Patna (TSWS, #12).
[1980] "Symbolism of the Buddhist Stūpa," in Dallapiccola[1980] pp. 183-209.
Rowland,B.
[1967] *The Art and Architecture of India: Buddhist Hindu Jain*, Baltimore.
Ruegg,D.S.
[1969] *La théorie du Tathāgatagarbha et du Gotra: Études sur la sotériologie et la gnoséologie du Buddhism*, PEFEO, #70.
[1971] "Le dharmadhātustava de Nāgārjuna," *Études tibétaines*, Paris, pp.448-471.
[1973] *Le traité du Tathāgatagarbha du Bu ston Rin chen grub, traduction de de bžin gšhegs pa'i sñiṅ po gsal žin mdzes par byed pa'i rgyan*, PEFEO, #88.
[1980] "Ahiṃsā and Vegitarianism in the History of Buddhism," *Buddhist Studies in Honor of Walpola Rahula*, pp.253-241.
[1985] "Purport, Implicature and Presupposition: Sanskrit abhiprāya and Tibetan dgoṅs pa / dgongs gži as Hermeneutical Concepts," *JIPh*, #13, pp.309-325.
[1985a] "Über die Nikāya der Śrāvakas und den Ursprung der philosophischen Schulen des Buddhismus nach den tibetischen Quelen," in Bechert[1985-87], S.111-126.
[1989] *Buddha-nature, Mind and the Problem of Gradualism in a Comparative Perspective: On the Transmission and Reception of Buddhism in India and Tibet*, University of London.
[1990] "Allusiveness and Obliqueness in Buddhist Texts: Saṃdhā, Saṃdhi, Saṃdhyā and Abhisaṃdhi," *Dialectes dans les littératures Indo-Aryennes*, PICI, #55, Paris.
Salomon,R. & Schopen,G.
[1984] "The Indravarman(Avaca) Casket Inscription Reconsidered: Further Evidence for Canonical Passages in Buddhist Inscriptions," *JIABS*, #7-1, pp.107-123.
Sander,L.
[1985] "Pariṣad und parṣad in Vinaya- und Hīnayāna-Sūtra-Texten aus den Turfanfunden und aus Gilgit," in Bechert[1985-87].
Sarcar,H.
[1970-71] "Some Early Inscriptions in the Amarāvati Museum," *Journal of Ancient Indian History*, #4, p.9.
Sasaki,S.

[1989] "Buddhist Sects in the Aśoka Period (1): The Meaning of the Schism Edict," *Buddhist Studies* (『仏教研究』), #18, pp.181-202.

[1992] "Buddhist Sects in the Aśoka Period (2): Saṅghabheda 1," *Buddhist Studies* (『仏教研究』), #21, pp.157-176.

[1993] "Buddhist Sects in the Aśoka Period (3): Saṅghabheda 2," *Buddhist Studies* (『仏教研究』), #22, pp.167-199.

[1994] "Buddhist Sects in the Aśoka Period (4): The Structure of the Mahāsāṃghika Vinaya," *Buddhist Studies* (『仏教研究』), #23, pp.55-100.

[1995] "Buddhist Sects in the Aśoka Period (5): Presenting a Hypothesis," *Buddhist Studies* (『仏教研究』), #24, pp.165-225.

Schayer,St.

[1935] "Pre-canonical Buddhism," *Archiv Orientālinī*, #7, pp.121-132.

[1937] "New Contribution to the Problem of the Pre-hinayanistic Buddhism," *Polish Bulletin of Oriental Studies*, #1, pp.8-17.

Scharfe,H.

[1989] *The State in Indian Tradition*, E.J.Brill.

Schiefner,A.

[1869] *Tāranātha's Geschichte des Buddhismus in Indien*, St. Petersburg.

Schlingloff,D.

[1988] *Studies in the Ajanta Paintings: Identifications and Interpretations*, New Delhi.

Schmidt,H.-P.

[1968] "The Origin of Ahiṃsā", *Mēlanges d'indianisme ā la mēmoire de L.Renou*, Paris.

Schmidt,I.J.

[1832-37] "Über einige Grundlehren des Buddhaismus," *Mēmoire de l'Acd. Imp. d. Sc. de St. Pētersbourg*, I, 1832, pp.90-120, 222-262; Über die sogenannte dritte Welt der Buddhaisten, *ibid*., II, 1834, pp.1-39; Über die Tausend Buddhas einer Weltperiode der Einwohnung oder gleichmässigen Dauer, *ibid*., II, 1834, pp.41-86; Über das Mahājāna und Pradschnā Pāramita der Baudden, *ibid*., IV, 1837, pp.123-228.

Schmithausen,L.

[1970] "Zu den Rezensionen des Udānavargaḥ," *WZKSO*, #14, S.47-124.

[1976] "Die vier Konzentrationen der Aufmerksamkeit," *Zeitschrift für Missionwissenschaft und Religionwissenschaft*, #60, S.241-266.

[1981] "On Some Aspects of Descriptions or Theories of 'Liberating Insight' and 'Enlightenment' in Early Buddhism," *Studien zum Jainismus und Buddhismus (Gedenkschrift für Ludwig Alsdorf)*, hrsg. von Bruhn,K. und Wezler,A., S.199-250.

[1987] "Beiträge zur Schulzugehörigkeit und Textgeschichte kanonischer und postkanonischer buddhistischer Materialien," in Bechert [1985-87], pp.304-435.
[1987a] *Ālayavijñāna: On the Origin and the Early Development of a Central Concept of Yogācāra Philosophy*, Part 1&2, SPB Monograph Series, #4a & 4b, Tokyo.
[1991] *Buddhism and Nature: Lecture Expo 1990*, SPB, Paper Ser. #7.
[1991a] *The Problem of Sentience of Plants in Earliest Buddhism*, SPB, Monograh Ser. #6.

Schopen,G.
[1975] "The Phrase 'sa pṛthivīpradeśaś caityabhūto Bhavet' in the Vajracchedikā: Notes on the Cult of the Book in Mahāyāna," *IIJ*, #17, pp.147-181.
[1979] "Mahāyāna in Indian Inscriptions," *IIJ*, #21, pp.1-19.
[1982] "The Text on the 'Dhāraṇī Stones from Abhayagiriya': A Minor Contribution to the Study of Mahāyāna Literature in Ceylon," *JIABS*, # 5, pp.100-108.
[1985] "Two Problems in the History of Buddhism: The layman/ monk distinction and the doctrine of the transference of merits," *SII*, #10, pp. 9-47.
[1987] "Burial 'Ad Sanctos' and the Physical Presence of the Buddha in Early Indian Buddhism: A Study in the Archaeology of Religions," *Religion*, #17, pp.193-225.
[1990] "The Buddha as an Owner of Property and Permanent Resident in Medieval Indian Monastories," *JIPh*, #18, pp.181-217.
[1991] "Archaeology and Protestant Presuppositions in the Study of Indian Buddhism," *HR*, #31-1, pp.1-23.
[1991a] "Monks and the Relic Cult in the *Mahāparinibbānasutta*: An Old Misunderstanding in Regard to Monastic Buddhism," Shinohara,K. and Schopen,G. (eds.), *From Benares to Beijing: Essay on Buddhism and Chinese Religion in Honor of Prof. Jan Yun-hua*, Oakville.
[1992] "On Avoiding Ghosts and Social Censure: Monastic Funerals in the Mūlasarvāstivāda-Vinaya," *JIPh*, #20, pp.1-39.

Schrader,F.O.
[1904-05] "On the Problem of Nirvāṇa," *JPTS*, pp.157-170.

Schumann,W.
[1971] "Buddhism and Buddhist Studies in Germany," *Mahābodhi*, #79, pp.54-64.

Senart,É.

[1882] *Essai sur la légende du Buddha*, Pairs.

[1889] "Un roi de l'Inde au III^e siècle avant notre ère. Açoka et le bouddhisme," *Revue des Deux Mondes*, 1er, tome 92, pp.67-108.

Sharma,R.S.

[1983] *Material Culture and Social Formations in Ancient India*, Delhi.

Shimoda,M.

[1990] "The Sphuṭārthā Śrīghanācārasaṃgrahaṭīkā and the Chinese Mahāsāṅghika Vinaya," *IBK*, #39-1, pp.495-492(L).

[ 1994 ] "The Relationship between the Mahāyāna Mahāparinirvāṇasūtra and the Mahāsāṅghika," *IBK*, #42-2, pp.(22)-(27).

Silk,J.

[1994] *The Origins and Early History of the Mahāratnakūṭa Tradition of Mahāyāna Buddhism with a Study of the Ratnarāśisūtra and Related Materials*, The University of Michigan.

von Simson,G.

[1965] *Zur Diktion einiger Lehrtexte des buddhistischen Sanskritkanons*, München.

[1985] "Stil und Schulzugehörigkeit buddhistischer Sanskrittexte," in Bechert[1985], pp.76-93.

Sircar,D.C.

[1942] "A Note on the Bajaur Casket of the Reign of Menander," *EI*, #26, pp.318-321.

[1965] *Select Inscriptions Bearing on Indian History and Civilization*, Vol.1, 2nd Ed., Calcutta.

Smith,J.D.

[1977] "The Singer of the Song?: A Reassessment of Lord's 'Oral Theroy'," *Man(N.S.)*, #12, pp.141-153.

Spiro,M.E.

[1967] *Burmese Supernaturalism, A Study in the Explanation and Reduction of Suffering*, London.

[1970] *Buddhism and Society: A Great Tradition and its Burmese Vicissitudes*, New York.

von Staël-Holstein,Baron.A.

[1926] *The Kāśyapaparivarta, A Mahāyānasūtra of the Ratnakūṭa Class.*

Stcherbatsky,Th.

[1926] "Review of Poussin's Nirvāṇa," *BSOAS*, #4, pp.357-360.

[1927] *The Conception of Buddhist Nirvāṇa*, Leningrad.

Suzuki,D.T.

[1904] "The First Council," *Monist*, #14-2, 253-282.

[1907] *Outlines of Mahāyāna Buddhism*, London.

Takakusu,J.

[1896] *A Record of the Buddhist Religions as Practiced in India and the Malay Archipelago*, London (Rep. in Delhi, 1966).

Takasaki,J.

[1960] "Structure of the **Anuttarāśrayasūtra* (*Wu-shang-i-ching*)," *IBK*, #8-2, pp.(30)-(37).

Thomas,E.J.

[1927] *The Life of Buddha, as Legend and History*, London.

[1947] "Nirvāṇa and Parinirvāṇa," *India Antiqua*, Leiden, pp.294-295.

Toda,H.

[1981] *Saddharmapuṇḍarīkasūtra, Central Asian Manuscripts Romanized Text*, Tokushima.

Tucci,G.

[1932] "Two Hyms of the Catuḥ-stava of Nāgārjuna," *JRAS*, pp.309-325.

Vetter,T.

[1988] *The Ideas and Meditative Practices of Early Buddhism*, Leiden.

Vogel,J.Ph.

[1929] "Prakrit Inscriptions from a Buddhist Site at Nāgārjunikoṇḍa," *EI*, #20, p.22.

[1972] *Indian Serpent-Lore or the Nāga in Hindu Legend and Art*, Varanasi.

Waldschmidt,E.

[1939] "Beiträge zur Textgeschichte des Mahāparinirvāṇasūtra," *NAWG*, S.55-94.

[1944-48] *Die Überlieferung vom Lebensende des Buddha, eine vergleichende Analyse des Mahāparinirvāṇasūtra und seiner Textentsprechungen*, erster Teil, 1944, zweiter Teil, 1948, Göttingen.

[1948] "Wunderkäfte des Buddha, eine Episode im Sanskrittext des Mahāparinirvāṇasūtra," *NAWG; Von Ceylon bis Turfan*, 1967, pp.120ff.

[1950-51] *Das Mahāparinirvaṇasūtra, Text in Sanskrit und Tibetische, Verglichen mit dem Pāli nebst einer Übersetzung der Chinesischen Entsprichung im Vinaya der Mūlasarvastivādins*, Teil 1-3, Berlin.

[1961] "Der Buddha preist die Verehrungswürdigkeit seiner Reliquien," *NAWG*, S.375-385.

[1967] *Von Ceylon bis Turfan: Schriften zur Geschichte, Literatur, Religions und Kunst des indischen Kulturraumes*, Göttingen.

Walleser,M.

[1927] *Die buddhistische Philosophie in ihrer geschichtlichen Entwicklung, vierter Teil: Die Sekten des alten Buddhismus*, Heidelberg.

Wassiljev,W.

[1860] *Der Buddhismus, seine Dogmen, Geschichte und Literatur, eister Teil: allgemeine Übersicht, aus dem Russischen übersetzt von Schiefner, A.*

Weber,M.

[1921] *Gesammelte Aufsätze zur Religionssoziologie, II, Hinduismus und Buddhismus, 6.*, photomechanisch gedrückte Auflage(1. Afulage 1921), Tübingen, 1978.

Welbon,G.

[1968] *The Buddhist Nirvāṇa and its Western Interpreters*, Chicago.

Wilhelm,F.

[1968] "Kanika and Kaniṣka: Aśvaghoṣa and Mātṛceta," Basham,A.L. (ed.), *Papers on the Date of Kaniṣka*, Leiden, pp.337-345.

Williams,P.

[1989] *Mahāyāna Buddhism: the Doctrinal Foundations*, London, New York.

Windisch,E.

[1917-21] *Geschichte der Sanskrit-Philologie und indischen Altertumskunde*, I, Strassburg, 1917; II, Berlin und Leipzig, 1920; *Philologie und Altertumskunde in Indien. Drei nachgelassene Kapitel des III. Teils der Geschichte der Sanskrit-Philologie und indischen Altertumskunde*, Leipzig, 1921.

Wogihara,U.

[1932-35] *Abhisamayālaṃkārālokā Prajñāpāramitāvyākhyā*, Tokyo.

Yamakami,S.

[1912] *Systems of Buddhist Thought*, Calcutta.

Yamamoto,K.

[1973] *The Mahāyāna Mahāparinirvāṇasūtra, A Complete Translation from the Classical Chinese Language in 3 Volumes, Annoted and with Text Glossary, Index and Concordance*, Tokyo.

Yuyama,A.

[1981] *Sanskrit Fragments of the Mahāyāna Mahāparinirvāṇasūtra, 1. Koyasan Manuscript*, SPB, #6, Tokyo.

Zimmer,H.

[1968] *The Art of Indian Asia*, Vol.1, New York.

Zysk,K.G.

[1991] *Asceticism and Healing in Ancient India: Medicine in the*

*Buddhist Monastery*, Delhi.

ADAW = Abhandlungen der Deutschen Akademie der Wissenschaften zu Berlin, Klasse für Sprachen, Literatur und Kunst
ASIAR = Archeological Survey of India, Annual Report
BEFEO = Bulletin de l'École Française d'Extrême-Orient
BEI = Bulletin d'Études Indiennes
Bibl.Buddh. = Bibliotheca Buddhica
BIS = Berliner Indologische Studien
BSOAS = Bulletin of School of Oriental and African Studies
BST = Buddhist Sanskrit Texts
HR = History of Religion
IBK = Indo-gaku Bukkyō-gaku Kenkyū
IIJ = Indo-Iranian Journal
IT = Indologica Taurinensia
JA = Journal Asiatique
JAOS = Journal of the American Oriental Society
JIABS = Journal of the International Association of Buddhist Studies
JIH = Journal of Indian History
JIPh = Journal of Indian Philosophy
MCB = Mélanges Chinois et Bouddhiques
MPS = Mahāparinirvaṇasūtra
NAWG = Nachrichten der Akademie der Wissenschaften in Göttingen.
NGWG = Nachrichten der Gesellschaft der Wissenschaften in Göttingen
PEFEO = Publications de l'École Française d'Extrême-Orient
PICI = Publications de l'Institut de Civilisation Indienne
PIOL = Publications de l'Institut Orientaliste de Louvain
PTS = Pāli Text Society
RO = Rocznik Orientalistyczny
SBE = Sacred Books of the East
SII = Studien zur Indologie und Iranistik
SPB = Studia Philologica Buddhica
TSWS = Tibetan Sanskrit Works Series
WZKSO = Wiener Zeitschrift für die Kunde Süd- und Ostasiens
ZDMG = Zeitschrift der Deutschen Morgenlandischen Gesellschaft

姉崎正治
　[1911]『根本仏教』東京.
石川海浄

［1951］「大般涅槃経三巻本の在り方に就いて」『宇井伯寿博士還暦記念論集』東京，pp.47-70．
伊藤瑞叡
［1985-90］「法華経成立史（その１－その６）」『大崎学報』#140，1985，pp.1-16; #141，1986，pp.22-65; #142，1986，pp.25-54; #144，1988，pp.69-126; #146，1989，pp.119-146，#147，1990，pp.59-86．
岩本裕
［1964］「デーヴァダッタの反逆」『仏教説話』東京，pp.48-66．
宇井伯寿
［1923］「原始仏教資料論」『インド哲学研究』#2，東京，pp.113-260．
上田昇
［1990］「チャンドラキールティの無我論」『仏教学』#28，pp.1-19(L).
上田義文
［1969］「大乗仏教成立史論に関する疑問」『福井博士頌寿記念東洋文化論集』東京，pp.107-116．
江島恵教
［1975］「書評・高崎直道著『如来蔵思想の形成――インド大乗仏教思想研究』」『宗教研究』#49-2，pp.101-104．
榎本文雄
［1984］「説一切有部系アーガマの展開――『中阿含』と『雑阿含』をめぐって」『印度学仏教学研究』#32-2，pp.1070-1073．
横超慧日
［1986a］『涅槃経』東京.
［1986b］『涅槃経と浄土経』京都.
大野法道
［1953］『大乗戒経の研究』東京.
大南龍昇
［1974］「三昧経典と文殊菩薩」『印度学仏教学研究』#22-2，pp.930-934．
岡田真美子
［1992］「薬施捨身説話(1)――Soma薬身本生」『神戸女子大（文学部）紀要』#25，pp.119-136．
［1993］「薬施捨身説話(3)――薬用人肉食の問題」『印度学仏教学研究』#42-1，pp.(40)-(44)．
梶山雄一
［1974-75］『大乗仏典２・八千頌般若経Ⅰ』東京，1974;『大乗仏典３・八千頌般若経 II』東京，1975．
［1977］「塔・仏母・法身」『高井隆秀教授還暦記念論集・密教思想』京都，pp.43-59．
［1996］「仏陀観の発展」『仏教大学総合研究所紀要』#3，pp.5-46．

梶芳光運
［1980］『原始般若経の研究』東京.
川崎信定
［1985］「肉食とBhāvaviveka」『東方』#1, pp.174-184.
河村孝照
［1982］「仏性・一闡提」『講座・大乗仏教6　如来蔵思想』東京, pp.85-118.
［1990］「涅槃経において常住法身を得る条件」『印度学仏教学研究』#38-2, pp.292-298.
久保継成
［1964］「大乗涅槃経にあらわれた菩薩集団の性格」『印度学仏教学研究』#13-1, pp.198-207.
肥塚隆
［1985］「大乗仏教の美術」『講座大乗仏教』#10, 東京, pp.263-291.
三枝充悳
［1978］『初期仏教の思想』東京.
［1984］「般若経の成立史覚え書」『東洋学術研究』#23-1, pp.194-211.
［1986］「〈原始仏教〉について」『東洋学術研究』#25-1, pp.125-144.
［1987］『バウッダ・仏教』東京.
［1996］「「仏伝」と「仏教教団の成立」と――パーリ律蔵「大品」による(その1)」『大倉山文化会議研究年報』#7, pp.1-22.
佐々木教悟
［1964］「大乗上座部について」『印度学仏教学研究』#12-1, pp.150-153.
佐々木閑
［1991］「比丘と伎楽」『仏教史学』#34-1, pp.1-24.
［1995］「大乗仏教在家起源説の問題点」『花園大学文学部研究紀要』#27, pp.29-62.
定方晟
［1971］「仏典におけるナーガ」『印度学仏教学研究』#20-1, pp.535-539.
［1990］「十地とミトラス教の七階位」『印度学仏教学研究』#38-2, pp.862-855(L).
佐藤密雄
［1963］『原始仏教教団の研究』東京.
静谷正雄
［1954］「法師 dharmabhāṇaka について――初期大乗経典の作者に関する試論」『印度学仏教学研究』#3-1, pp.131-132.
［1974］『初期大乗仏教の成立過程』京都.
［1978］「インド仏教史とナーガ」『龍谷史壇』#73/74, pp.131-146.
［1978a］『インド仏教碑銘目録』京都.
下田正弘

［1985］「四念処における不浄観の問題」『印度学仏教学研究』#33-2，pp.545-546．
［1986］「プトゥンの如来蔵思想解釈――『宝性論』と『涅槃経』の立場」山口瑞鳳監修『チベットの仏教と社会』東京，pp.320-339．
［1989］「三種の浄肉再考――部派教団における肉食制限の方向」『仏教文化学術増刊号』#25,pp.1-21．
［1989a］「大乗涅槃経の思想構造――一闡提の問題について」『仏教学』#27，pp.69-95．
［1990］「東アジア仏教の戒律の特色――肉食禁止の由来をたずねて」『東洋学術研究』#29-4,pp.98-110．
［1991a］「『原始涅槃経』の存在――『大乗涅槃経』の成立史的研究その１」『東京大学東洋文化研究所紀要』#113,pp.1-126．
［1991b］「『大乗涅槃経』と『宝積経・摩訶迦葉会』――仏塔信仰の否定」『東方学』#82，pp.129-118(L).
［1991c］「常楽我浄――仏教におけるアートマン受容の一通路」『仏教学』#31，pp.1-24(L).
［1991d］「部派における薬としての肉食の諸相」『前田専学博士還暦記念論集　〈我〉の思想』東京，pp.534-553．
［1993］『蔵文和訳『大乗涅槃経』I』インド学仏教学叢書 #4，東京.
［1996］「《さとり》と《救い》――インド仏教類型論再考」『宗教研究』#70-1，pp.25-46．
［1996a］「仏塔信仰と如来蔵思想――Buddhacarita, *Anuttarāśrayasūtra, Ratnagotravibhāga, Kriyāsaṃgraha」『今西順吉教授還暦記念論集　インド思想と仏教文化』東京，pp.(307)-(318)．
末木文美士
［1995］『現代語訳「阿含経典」長阿含経』東京.
［1996］『ことばの思想史』東京.
杉本卓洲
［1984］『インド仏塔の研究――仏塔崇拝の生成と基盤』京都.
［1995］「般若経にみえる仏舎利および経典崇拝」『北陸宗教文化』#7，pp.1-15．
［1995a］「法蔵部と仏塔崇拝」『印度哲学仏教学』#10，pp.84-105．
勝呂信静
［1993］『法華経の成立と思想』東京.
鈴木隆泰
［1996］「『大法鼓経』の研究序説――構成，及び経題に関して」『仏教文化』#35，pp.2-22．
関稔
［1973］「初期仏教教団における異端者の問題――デーヴァダッタ伝説の再

検討」『日本仏教学会年報』#39, pp.55-70.
田賀龍彦
[1963] 「提婆の五法について」『日本仏教学会年報』#29, pp.311-300(L).
高楠順次郎
[1917] 「宝性院所蔵の梵本」『高野山時報』#82,pp.14-16.
高崎直道
[1964] 「真諦訳・摂大乗論世親釈における如来蔵説——宝性論との関連」『結城博士頌寿記念　仏教思想史論集』東京, pp.241-264.
[1974] 『如来蔵思想の形成』東京.
[1975] 『大乗経典・如来蔵経典』東京.
[1985a] 『仏性とは何か』京都.
[1985b] 「総説　大乗仏教の〈周辺〉——補論　大乗非仏説論の諸資料」『講座大乗仏教』#10, 東京, pp.1-34.
[1987] 「大乗の大般涅槃経梵文断簡について——ボンガード＝レヴィン教授の近業によせて」『仏教学』#22,pp.1-20(L).
[1988] 『如来蔵思想 I』京都.
[1989] 『宝性論』東京.
[1989a] 『如来蔵思想 II』京都.
高田修
[1969] 『仏像の起源』東京.
[1987] 『仏像の誕生』東京.
高原信一
[1964] 「マハーヴァスツに見られる『大我』について」『干潟博士古稀記念論文集』福岡, pp.283-294.
[1969] 「Mahāvastuにみられる福徳論」『福岡大学35周年記念論文集・人文篇』福岡, pp.177-141(L).
田中教照
[1993] 『初期仏教の修行道論』東京.
種村隆元
[1994] 「Kriyāsaṃgrahaの出家作法」『インド哲学仏教学研究』#2, pp.53-66.
塚本啓祥
[1969] 「仏伝の素材と構成(一)—(三)」『三蔵』#6, pp.37-45; #7, pp.46-52; #8, pp.53-61.
[1966] 『改訂増補・初期仏教教団史の研究』東京.
月輪賢隆
[1935] 「究竟一乗宝性論に就いて」『日本仏教学協会年報』#7, pp.21-39.
寺本婉雅・平松友嗣
[1935] 『蔵漢和三訳対校・異部宗輪論』東京.
ドゥ・ヨング

[1975]『仏教研究の歴史』(平川彰訳) 東京.
常盤大定
[1930]『仏性の研究』東京.
土橋恭秀
[1979]「Hiṃsāの大小について」『印度学仏教学研究』#27-2, pp.935-931(L).
土橋秀高
[1980]『戒律の研究』京都.
中川和也
[1989]「大乗涅槃経とアーユルヴェーダ」『仏教学』#26, pp.21-48.
長沢和俊
[1971]『法顕伝・宋雲行記』東京.
中谷英明
[1988]『スバシ写本の研究』京都.
中野義照
[1955]「原始仏教における飲食物」『山口益博士還暦記念印度学仏教学論叢』京都, pp.69-82.
中村元
[1955]『初期ヴェーダーンタの哲学』東京.
[1958]『ブッダのことば——スッタニパータ』東京.
[1963]『自我と無我』東京.
[1966]『インド古代史』東京.
[1969]『原始仏教の成立』東京.
[1980]『ブッダ最後の旅——大パリニッバーナ経』東京.
[1992a]『ゴータマブッダ I』東京.
[1992b]『ゴータマブッダII』東京.
中村元・早島鏡正
[1964]『ミリンダ王の問——インドとギリシャの対決・2』東京.
奈良康明
[1979]『仏教史(I)』東京.
[1985]「インド社会と大乗仏教」『講座大乗仏教』#10, 東京, pp.35-80.
西村実則
[1987]「サンスクリットと部派仏教教団(上)」『三康文化研究所年報』#19, pp.59-100.
[1995]「サンスクリットと部派仏教教団(中)」『三康文化研究所年報』#26/27, pp.33-79.
服部正明
[1955]「仏性論の一考察」『仏教史学』#4-3/4, pp.160-174.
花山勝道
[1954]「雑阿含経の阿育王譬喩について」『大倉山学院紀要』#1, pp.42-54.

幅田裕美
[1989a] 「大乗〈涅槃経〉の一考察」『印度学仏教学研究』#37-2, pp.867-865(L).
[1989b] 「大乗〈涅槃経〉と『象跡喩経』」『印度哲学研究』#4, pp.160-168.
[1990] 「大乗〈涅槃経〉におけるアートマン」『印度哲学研究』#5, pp.173-190.
[1993] 「大乗〈涅槃経〉未比定の梵文断簡について(1)」『印度哲学研究』#8, pp.129-144.
早島鏡正
[1964] 『初期仏教と社会生活』東京.
原実
[1987] 「ガルバ研究」『高崎直道博士還暦記念・インド学仏教学論集』東京, pp.816-800(L).
干潟龍祥
[1961] 『ジャータカ概観』東京.
平岡聡
[1991] 「ディヴィヤ・アヴァダーナの伝える仏塔崇拝の種々相」『仏教史学』#33-1, pp.18-37(L).
平川彰
[1960] 『律蔵の研究』東京.
[1964] 『原始仏教の研究』東京.
[1968] 『初期大乗仏教の研究』東京.
[1970] 「大乗仏教の興起と文殊菩薩」『印度学仏教学研究』#18-2, pp.580-593.
[1977] 「戒律と食物の関係」『禅文化研究所紀要』#9, pp.59-77.
[1981] 「大乗仏教の特質」『講座大乗仏教』#1, 東京, pp.1-58.
[1989] 『大乗仏教の教理と教団・平川彰著作集』#5, 東京.
[1989a] 『初期大乗仏教の研究(I)・平川彰著作集』#3, 東京.
[1990] 『初期大乗仏教の研究(II)・平川彰著作集』#4, 東京.
平野(村上)真完
[1964] 「因縁相応の梵文資料・印度古塔出土の煉瓦銘文の内容比定」『印度学仏教学研究』#12-1, pp.158-161.
深沢宏
[1983] 『マックス・ウェーバー 世界宗教の経済倫理(II) ヒンドゥー教と仏教』東京.
吹田隆道
[1992] 「『十誦律』に見る「大経」と方広経典——パリヤーヤ態を中心に」『印度学仏教学研究』#40-2, pp.(127)-(131).
藤井教公

［1983］「涅槃経における我」『仏教学』#16，pp.49-55.
［1990］「一闡提について」『印度学仏教学研究』#39-2，pp.537-541.
［1991］「大乗『涅槃経』におけるアートマン説」『前田専学博士還暦記念論集・〈我〉の思想』東京，pp.123-137.
［1994］「中国における小本大乗『涅槃経』の伝訳について」『大倉山論集』#35，pp.83-110.

藤田宏達
［1970］『原始浄土思想の研究』東京.
［1987］「原始仏教・初期仏教・根本仏教」『印度哲学仏教学』#2，pp.20-56.
［1988］「原始仏教における涅槃」『印度学仏教学研究』#37-1，pp.1-12.

布施浩岳
［1934］『法華経成立史』東京.
［1942］『涅槃宗の研究・前篇』東京.

本田義英
［1944］『法華経論』東京.

前田慧雲
［1903］『大乗仏教成立史論』東京.

前田恵学
［1964］『原始仏教聖典の成立史的研究』東京.

松田和信
［1988］『インド図書館所蔵——中央アジア出土大乗涅槃経梵文断簡集・スタイン・ヘルンレコレクション』東京.

松本史朗
［1988］『空と縁起』東京.
［1991］「涅槃経とアートマン」『前田専学博士還暦記念論集・〈我〉の思想』東京,pp.139-153.

松本文三郎
［1917］「涅槃経論」『宗教研究』旧 #2-6，pp.151-183; #2-7，pp.15-81.

水谷幸正
［1961］「一闡提攷」『仏教大学研究紀要』#37，pp.19-46.

水谷真成
［1971］『大唐西域記』東京.

水野弘元
［1981］『法句経の研究』東京.

御牧克己・他
［1985］『ブッダチャリタ』東京.

宮坂宥勝
［1966］「原始仏教の食(ĀHĀRA)と古ウパニシャッドの食物哲学」『高野山大学論叢』#2，pp.1-35.

［1971］『仏教の起源』東京.
宮本正尊
［1943］『根本中と空』東京.
村上真完
［1971］「大乗における在家と出家の問題」『仏教史学』#15-1，pp.1-18.
村上専精
［1906］『仏教統一論』東京.
望月良晃
［1988］『大乗涅槃経の研究——教団史的考察』東京.
森祖道
［1984］『パーリ仏教注釈文献の研究』東京.
諸戸素純
［1963］「大乗仏教の教団」『印度学仏教学研究』#3-1，pp.216-218.
安井広済
［1963］「入楞伽経における肉食の禁止——はしがき・梵文「食肉品」和訳・梵文訂正」『大谷学報』#43-2，pp.1-13.
矢野道雄
［1988］『インド医学概論』東京.
山極伸之
［1996］「パーリ長部「戒蘊品」と律蔵」『仏教大学文学部論集』#80，pp.35-51.
山口瑞鳳
［1985］「デンカルマ824年成立説」『成田山仏教研究所紀要』#9，pp.1-61.
［1988］「インドにおける方便」『東方』#3，pp.52-69.
山崎元一
［1987］『古代インド社会の研究』東京.
山田龍城
［1959］『大乗仏教成立論序説』京都.
湯山明
［1985］「西洋人の大乗仏教研究史」『講座大乗仏教』#10，東京，pp.221-261.
呂澂(Lu Cheng)
［1924］「雑阿含経刊定記」『内学』#1，pp.102-105.
渡辺海旭
［1909］「大般涅槃経梵文断片」『壷月全集』上，pp.570-585.
渡辺重朗
［1981］「涅槃経関係の基礎資料」『成田山紀要』#6，pp.129-171.
渡辺章悟
［1987］「顚倒論試論」『仏教学』#23，pp.51-83.
和辻哲郎
［1927］『原始仏教の実践哲学』東京.